實相經宗通

——第二輯

——平實導師 述

ISBN:978-986-6431-78-4

本經古來並未分品，是故此書亦無目次。

佛法是具體可證的，三乘菩提也都是可以親證的義學，並非不可證的思想、玄學或哲學。而三乘菩提的實證，都要依第八識如來藏的實存及常住不壞性，才能成立；否則二乘無學聖者所證的無餘涅槃即不免成爲斷滅空，而大乘菩薩所證的佛菩提道即成爲不可實證之戲論。如來藏心常住於一切有情五蘊之中，光明顯耀而不曾有絲毫遮隱；但因無明遮障的緣故，所以無法證得；只要親隨眞善知識建立正知正見，並且習得參禪功夫以及努力修集福德以後，親證如來藏而發起實相般若勝妙智慧，是指日可待的事。古來中國禪宗祖師的勝妙智慧，全都藉由參禪證得第八識如來藏而發起；佛世迴心大乘的阿羅漢們能成爲實義菩薩，也都是緣於實證如來藏才能發起實相般若勝妙智慧。如今這種勝妙智慧的實證法門，已經重現於台灣寶地，有大心的學佛人，當思自身是否願意空來人間一世而學無所成？或應奮起求證而成爲實義菩薩，頓超二乘無學及大乘凡夫之位？然後行所當爲，亦行於所不當爲，則不唐生一世也。

——平實導師

自序

大乘法之般若實證即是親證法界之實相，由於親證法界實相而了知萬法之本源，所見一切法不離**中道**而不墮二邊，如是現觀之智慧即名實相般若。一切已證實相法界而住於中道者，悉皆有此實相智慧，亦皆能親見實相法界之本來眞實與如如境界，即名**證眞如**者，是故一切證眞如者亦皆是親證實相而有實相般若之賢聖。如是賢聖亦皆同觀一切有情各各都有之眞實心性如金剛，永不可壞，名之爲親證**金剛般若**之賢聖。又親證實相者，必定得見涅槃之本際，洞見不迴心阿羅漢所入無餘涅槃中之本際，亦見定性聲聞聖者阿羅漢不知不見如是**涅槃本際**之事實。如是四理，一切有心修證大乘佛菩提道者皆應知悉；如是正理亦是亙古亙今永遠不變之理，故名如是覺悟者爲無上正等正覺。

關於眞實心之體性猶如金剛而永不可壞之正理，於拙著《金剛經宗通》中所說已多，於此即不贅述。**實相**者，謂宇宙萬有之本源，山河大地、無窮時空之所從來；亦謂一切有情身心之所從來，即是禪宗祖師所說父母未生前之自己本來面目，或謂本地風光、莫邪劍、眞如、佛性——成佛之性……等無量名所指涉之眞實體；以要言之，舉凡親見宇宙萬有之本源而能反復驗證眞實者，即名親證實相。

眞如者，謂此眞實心出生萬法而佐助萬法運作之時，能使所生之蘊處界內法及山河大地、宇宙星辰等外法運爲不絕，永無止盡，如是顯示自身之眞實性，而其自身之體性復如金剛永不可壞，合此二者故名爲眞；此眞實心於無始劫來如是生滅萬法之時，卻是如如不動，從來不於萬法起念而生厭惡或貪愛，乃至於未來無盡時空之中亦復如是絕無絲毫愛厭，永遠如如不動，故名爲如。合此**眞**與**如**等二法，故名**眞如**。

中道者，謂此實相心如來藏恆處中道，不墮二邊。世間人每執識陰六識覺知心自己爲常，不知前世覺知心是生滅法，唯能一世而住，捨壽入胎後即告永滅，不至今世；此世之識陰覺知心則是依此世五色根爲緣而生，非從前世往生而來此世，故有隔陰之迷，不憶前世。故說此世覺知心並非常住不變之本來面目，不論有念或離念之覺知心，捨壽入胎後永滅，不至後世，故此覺知心生滅有爲無常無我；而世間人不知，執此覺知心爲常，即墮常見外道所執之常，不離常邊。有一分外道經由觀行發現覺知心自己有如是過失，不能來往三世亙久永存，於是轉生一切有情死後斷滅之邪見，因此撥無因果，成就邪見，名爲斷見外道。然而親證此眞實心第八識如來藏者，現見一切有情之實際理地本是此心，不墮於覺知心與五陰境界中故離常見，亦因已見此心而知五陰永滅之後並非斷滅空故離斷見，亦見此實相心從來不住於六塵境界中，是故永遠不墮常斷二邊，亦復永遠不墮善惡、美醜、生滅、來去、一異、俱不俱、生死……等二邊。一切賢聖如是親證之後，轉依於如是實相法界境界，永遠不墮二邊而亦不離二邊，常住於三界之中自度度他，是名親證中道之賢聖。

涅槃者，無生無死、不生不滅之謂。阿羅漢以斷除我見、斷盡我所執及我執，捨壽之後永遠不受後有，永無後世五陰故不再流轉於三界生死之中，名爲入無餘涅槃。然而親證實相之賢聖菩薩，親見阿羅漢捨壽後不再受生，滅盡後有永無未來世之蘊處界時，如是無餘涅槃實即第八識如來藏獨存之境界。於其第八識獨存之際，無五蘊、十八界，迥無六塵及能知者，絕對寂靜亦絕對無我，故名無我，亦名涅槃寂靜，即是證得無生。而此絕對寂靜之涅槃中仍係如來藏獨存之境界，外於第八識如來藏即無涅槃之實證與存在；親證實相之菩薩於發願世世受生人間而世世陪同有緣眾生流轉生死之中，親見阿羅漢捨壽後所入之無餘涅槃境界，於阿羅漢未捨壽前即已存在，親見其捨壽後第八識獨存之無生無死、不生不滅而絕對寂靜之境界，無待捨壽滅盡蘊處界之後方見，故名實證無餘涅槃本際，名為本來自性清淨涅槃。能如是現觀者，能知萬法背後之實相境界，方名親證實相之賢聖，必有實相般若。

而此眞如心、涅槃心、中道心、金剛心，實即第八識如來藏也，是萬法生滅之實相，故名實相心。此實相心於因地名為阿賴耶識，通名如來藏、異熟識，即是求證實相智慧、求證中道智慧之佛弟子所應殷勤求證者。凡證此心而能轉依成功者，皆入菩薩五十二果位中之第七住位，已入三賢位之菩薩數中，其實相般若已非阿羅漢之所能知。若外於此眞實心如來藏而求佛法，皆無眞如可證，亦皆不見中道、涅槃，即無實相般若可言，名為無知無證般若之凡夫。舉凡否定此第八識眞如心如來藏者，即無眞正佛法可知可證；故說否定第八識心而竟勤心求證佛法者，即屬心外求法者，是名佛門外道。當代、後代一切禪宗大師與學人，於此皆應留心；以此緣故，平實特請《實相般若波羅蜜經》為大眾宣演；於宣演實相義理之時，益之以宗通之法，欲令眞求佛菩提道之眞實修行佛子得有入處，眞實生起實相般若，是故宣講《實相經宗通》。而今宣演圓滿整理成文，總有八輯，欲益今世、後世眞學佛法之有緣人；若世世代代皆有佛子因此實證者，非唯大乘佛法得以久住，亦令二乘正法得因諸菩薩之親證實相，亦得復興同能住世，即能廣利人天。茲以此書整理成文欲予出版流通天下，即述上理提醒學人，即以爲序。

佛子　平實　謹序

公元二〇一三年驚蟄　誌於竹桂山居

第二輯：

《實相般若波羅蜜經》

（延續第一輯所說）接下來說：「無相、非無相而悉遠離，出諸相境；超諸凡境，出凡夫行，過諸魔境，超越一切煩惱境界。」這個眞如心是沒有世間相的。世間就是講五陰、十二處、十八界，這就是有情世間。當你找到這個金剛心以後，你來觀察這個心——這個眞如，祂有沒有五陰相？有沒有十二處相？有沒有十八界相？看看祂有沒有我相、人相、眾生相、壽者相？祂什麼相都沒有，所以祂是眞正的無相之心。般若諸經裡面不是講嗎？說祂叫作「無心相心」；因爲祂沒有眾生所知心的那些法相，沒有蘊處界等世間心的心相；像這樣的心，才是般若的根本。因此，你親證這個金剛心以後若是想要找出祂的任何蘊處界心的心相，都無一相可得。可是在無一相可得之中，祂卻可以出生萬法之相；因爲一切的法相無非是從祂而來，無非是靠祂來存在，無非是靠祂來運作，無非是靠祂來生滅不斷，所以一切法相其實都是祂的法相；因爲都是依著祂在運作，依著祂而存在，也依著祂而消滅，然後依祂再換一個新的法相生出來；所以生死就是如來藏，說穿了就是這樣。

因此，外道們有人修精行仙的境界（其實就是密宗外道，可是他們全都沒有人修成，因爲他們至今還沒有人眞的成爲精行仙），有的外道是修地行仙，有的是煉丹（丹又有外丹與內丹的差別）、修丹道。可是他們那麼努力修，一萬人中找不到一個人修成的。好不容易終於找到一個人修成了，可是那個人早就死了，早已不在人間了。請問，這樣辛苦地修，結果依舊是於世間法不得自在，於出世間法更是毫無概念，認爲羽化登仙就很好了；可是羽化登仙以後，還得要歸天人所管。羽化登仙以後，歸誰管呢？那四王天的四大天王可要管他了，忉利天的諸天天主也是管得著他，像這樣羽化登仙有什麼意思？因爲他羽化登仙以後位列仙班，也只不過是個地行仙，在須彌山的山腰或者須彌山頂住而已，還是要歸人家管，那又何必呢？

然而菩薩卻不用去管這個，因爲菩薩的所見：生死本來就是如來藏相，由於如來藏的緣故而有生，由於如來藏的緣故而有死，世世生死都不曾稍離如來藏金剛心的境界。只要現觀事實是這樣，有般若智慧也有解脫功德的分證，那麼到了該死時揮揮手、說再見，就下輩子再來相見。就是這樣灑脫，不需要活著時窩在那邊盤腿或者煉丹，最後仍然不免一死，那麼辛苦幹什麼？都不需要。所以菩薩的所見，每一世的蘊處界固然都是緣起性空，可是每一世的蘊處界以及每一世蘊處界所顯現的緣起性空，全都是從如來藏中來，不離、不異於如來藏眞如心；所以這一切世間相、出世間相，都是如來藏相。菩薩這樣一看，轉依這個智慧了，何等自在！又何必害怕生死呢？又何必逃避生死呢？就因爲這樣，所以有許多阿羅漢們才願意迴小向大成爲菩薩，否則對已經解脫生死輪迴的阿羅漢們是沒有說服力的。

「出諸相境」，這意思就是說，當你找到了那個無世間心相的法界心，你就知道祂雖然無相、其實也非無相；因爲一切相都是祂，沒有一相不是祂，所以世尊說祂「無相、非無相」。雖然祂本身是無相的，又說一切相都是祂所生，依祂而存在，歸祂所有，所以祂又「非無相」。可是，祂卻又不落在這二種境界裡面，因爲不論是有相或無相，或者說，不論是無相或者非無相，都是由證得祂的意識來看祂、來說祂，可是祂從來也不看自己是無相或者非無相；祂從來都不看，也都不了知祂自己「無相」或者「非無相」，所以祂一向是遠離二邊的。自從意識證得祂以後，依著意識證祂而得到的實相智慧來現觀祂，才說祂是「無相」又「非無相」，可是祂自己都不了知自己「無相、非無相」，所以祂遠離「無相」、遠離「非無相」，當然是「出諸相境」。

還沒有找到如來藏的人，不要因爲聽不懂我說的這些道理就心灰意懶，因爲你學久了以後終究會找到祂。只要你不離開正覺同修會，繼續努力修行，總有一天會找到祂。人家說：「寧在大廟睡覺，不在小廟辦道。」如何是大廟？法大就是大廟。是什麼法大？是如來藏妙法。只要你能夠實證了，你就是證眞如了，這一些甚深般若妙法就不再是想像的境界了，而是你現前可以一面聽聞一面現觀的自住境界，確實如此。意思就是說，這個如來藏心雖然「無相、非無相」，而又遠離了「無相」，也遠離了「非無相」，祂當然是離開一切境界相。祂從來不住於任何境界中，凡是有境界可住的都是妄心，而祂從來不住於任何境界中，所以說祂「出諸相境」。

「超諸凡境，出凡夫行」，而且祂從來都超越一切的凡夫境界，永遠都不會落在凡夫的心行裡面，也永遠超過諸魔的境界，並且超越了一切煩惱的境界。爲什麼如此呢？也就是說，其實心眞如從來不落入凡夫的心行之中。凡夫的想法雖然有很多種，但是大略地歸納，其實也很好說：一種是善心，一種是惡心，大部分時候是無記心。「我要一天到晚行善才行，否則進不了上帝的天堂；如果不行善、爲富不仁，就像一隻駱駝要穿過針眼那麼難，所以我要努力行善。」這是善心。有的人一天到晚爲非作歹、無惡不作，就是惡心；無記心就是覺知心住在非善非惡的世間法中。可是，你要找心眞如時，若是落在善心、惡心裡面，你就找不到了，無始劫來祂就是如此。

那麼，如果從世間法來說，可以分成兩類：就是染心以及淨心。染心，是世間人：「我想要得到好名聲，我得開始救濟貧窮。」「我想要未來每一世都過得好，所以持戒不犯。」這是善心，但也是染心，因爲求未來有——所求的都是三界有。什麼叫作淨心？就是修行清淨：「我要清淨自心，當我去布施的時候，根本不管未來世有什麼果報。我要的是清淨心，所以不論我怎麼樣去行善，我都沒有想說：下一輩子可以去當上帝的奴僕，過好生活。我從來沒有想過，我這樣就叫作淨心。」他既不求名也不求利，一心行善，這個是淨心，可是這仍然都是意識心。想要找心眞如，若是落在染與淨上面用心，就找不到了。因爲金剛心如來藏從來不落入善、惡、淨、染之中，過去無始劫來如此，現在如此，未來無量劫後仍然如此，所以祂是超越於凡夫境界的。凡夫境界都會落在兩邊，但祂永遠不會落在兩邊。善惡染淨，祂永遠不在這裡面，所以「**超諸凡境**」。

既然「**超諸凡境**」，祂的所行就永遠超出於凡夫的所行，不在凡夫行之內，所以「**出凡夫行**」。凡夫行都是有爲有作，所求的是現在世的有或者未來世的有，都是凡夫的心行；都不外乎三界中的種種法，這就是凡夫行。有的人求生天：「**欲界天不夠瞧，我要到色界天去。**」欲界天雖然不夠瞧，可是有好多人卻生不了欲界天；他老哥心量大，心想：「**欲界天還不夠瞧，我要生到色界天去，所以我要修清淨梵行。**」修梵行的結果，去除了性障，五蓋不在了，禪定發起了，可以生到色界天去了；可是若要談到實相，他仍然是不懂，這樣子修行也還是凡夫行。乃至讓他修到非想非非想天的境界，仍然是沒有智慧，那還是凡夫行。所以，假使哪一天有人來說：「**你們正覺沒什麼。你看！我一上座打坐，息脈俱斷。不信，你請中醫師來幫我把脈，把**

我的鼻子捏起來，都沒關係！我嘴巴也閉起來。」你就告訴他：「請問，出定以後你還要不要心跳以及呼吸？」你就問他，他說：「出定後當然要啊！」你就說：「那你這個定還不夠瞧！」他一定要問你：「爲什麼不夠瞧？」你就告訴他：「因爲我們所證的是從來沒有心跳、從來沒有呼吸的，永遠住於大龍之定中，從來不出定，所以也不必入定。」「啊！還有這種定喲？」你說：「有啊！這就是我們正覺的大龍之定。」你有沒有謊言誑語呢？當然沒有，因爲你所證的確實是這種境界。那他說：「你就表演給我看啊！」你就呼、吸、呼、吸（大眾笑…）。他說：「那你還是在呼吸啊！」你說：「我在呼吸之中，還有不呼吸的。」他一定不服氣說：「哪有這種歪理？」可是事實上眞是這樣子，他一定弄不懂的，這才是妙。

「過諸魔境」，這也就是說，這如來藏祂其實也有許多的心行，可是祂的心行都不是妄心的心行，與妄心的心行從來都不相應，所以祂「超諸凡境」，祂一切的心行都是超出於凡夫的心行之外。既然是這樣，就是三界外法；三界外法，當然是「過諸魔境」。譬如魔的境界，如果以天魔來講，那只是欲界天的境界而已。如果以四魔來講，那就是三界的境界；可是你所證的這個眞如心，祂不在一切魔的境界裡面；菩薩就因爲證得這一種「過諸魔境」的心，因此產生了「過諸魔境」的智慧。所以菩薩想：「反正諸魔的境界，我可以來來去去，他們都管不了我，我又何必離開魔境？」所以就生生世世處在天魔境界裡面，把他的魔子魔民個個度了變成菩薩，天魔又對菩薩無可奈何。因爲天魔能夠奈何你的就是五欲，可是你當了菩薩以後不像聲聞人一樣離開欲界五塵，每天就住在五欲境界之中，好吃的照吃，都不會排斥。就因爲這樣子，天魔無技可施。天魔如果要把你綁死，只有一個辦法：用五欲之繩。可是你本來就在五欲之中，你渾身纏滿了五欲繩，照樣活動自如，那他可就傻眼了。

「超越一切煩惱境界」，至於生死魔呢？也無可奈何，你說：「死要來了，我就讓這個五蘊死亡，我又入胎再換一個新的五蘊來人間，可是我的實際仍然是不死的。」生死魔也奈何不了你，那當然是「過諸魔境」，那你又何必一天到晚想要像那一些定性阿羅漢一樣去離開生死？因爲你在生死的當下就已經離生死了，這就是大乘菩薩智慧深妙而不可思議的所在，這一種境界當然是「超越一切煩惱境界」。凡是煩惱都是三界中法，可是你這個心眞如從來都不是三界中法；所以一切煩惱的境界，當然是被你超越了。雖然五蘊本身還在煩惱之中，但你依止於如來藏，你就於煩惱之中超越了煩惱。

因爲假使有人告訴你說：「我最近修行很好，都沒有煩惱。」你就說：「那你修行太差了！」他會問你：「你難道一直都沒有煩惱嗎？」你說：「我還是有煩惱啊！」他說：「那你怎麼說我修行太差？」你就說：「正因爲你沒有煩惱，所以修行太差。」「爲什麼？」他一定要問你爲什麼，你說：「因爲你這個沒有煩惱是目前沒有煩惱，但修行以前還是煩惱一大堆；可是我證的沒有煩惱，是未證以前就沒有煩惱的；所以我現在五蘊煩煩惱惱時也沒有關係，因爲我所證的眞如心境界中，是從無始劫以來就沒有煩惱。」你這一說，他不傻眼才怪！這就是般若。所以就看你是從現象界來說，或是從實相法界來說，那都由著你說，他就只好去猜：「現在這一句話是講現象界的話？或者是在講實相法界？」他得要去猜了，那他可就煩惱死了，不能超越一切煩惱了；而你在煩惱中，已經超越一切煩惱境界，所以菩薩就因此而不怕煩惱。

世尊又說：「離諸識境，安處無住最上寂靜聖智境界，是故此法唯內所證。」說這個心眞如是離開諸識的境界。諸識，眼耳鼻舌身意都是識。祂們明明是心，爲什麼叫作識？因爲能識別。眼、眼識，眼識識別色塵。耳、耳識，耳識分別聲塵。乃至意、意識，意識識別法塵，所以就稱爲識。那意根呢？意根是根，但祂也是識。祂是意識的所依根，所以稱爲根；但祂也是識，叫作末那識，祂也能識別；只是祂識別的功能很差，是因爲意根遍緣一切境；遍緣一切境的時候，必須分散開來遍緣一切境界，祂的了別當然就變得很差了。有時候你可以試試看，譬如你把覺知心具足六塵去攀緣看看，當你同時攀緣六塵而想要對六塵全部了了分明時，對面的人在跟你講什麼話，你常常得重新再問一遍：「你剛才講什麼？」得要回問嘛！對不對？因爲你沒有辦法遍緣時全部都很清楚了別。所以你只能夠專注於一個小部分，識別功能才能很好。

可是意根遍緣一切法，包括前一世的臭骨頭，祂也緣，祂所緣的可多了，所以祂的識別能力就變得很差了。其實不該說意根是祂，祂才是有情我的眞正自我，具足我性，所以祂才是眞正的你；所以說：「你所緣的可多了，只是你自己不知道而已。」但是因爲意根這個你遍緣諸法的關係，所以就只能夠作很粗糙的了別，就是只能了別有沒有大變動。如果沒有大變動，那就不管了，祂還是繼續遍緣。如果某一種境界有大變動，讓祂覺得不管不行，就把意識覺知心的你從那邊拉過來，來了別這邊，所以祂顯然還是有了別性。假使沒有了別性，你們男眾睡著了就叫作睡干子，妳們女眾睡著了就叫作睡美人；因爲意根若是眞的沒有了別性，天亮了也不會知道，色身已經沒有疲勞了也不會知道，該醒來時也不懂，那如何去喚醒意識生起而醒過來？所以意根還是有了別性，只是了別性很差。然而心眞如卻是離開七轉識了別境界的，無始劫以來都不曾在七轉識所了別的六塵境界中作任何識別，所以說「離諸識境」。

但是，心眞如跟這七個識完全不一樣，祂根本不在這上面了別，因爲這七個識所了別的全部都是六塵中的法。一直到證悟了以後，菩薩才終於能夠了別實相法界，否則對實相法界是完全不知的。眾生們無始劫以來就有這種無明，對實相法界是從來都不知道的，所以對實相法界的無知，這個無明就叫作無始無明。無始以來就是這樣，一直到今世證悟了，才能說無始無明打破了。所以說，眾生七識心的境界，都是在現象界中運作的；而這個心眞如──這個如來藏──祂是離開這七識心所運作的六塵境界，祂絕對不會去干預或者好奇說：「你們七識心在幹什麼？我也來試試看。」祂永遠不會動這個念頭。七識心作什麼就讓祂們去作，祂是不在這些境界裡面去運作的。

那麼心眞如——這個第八識金剛心，祂安住於什麼境界呢？祂把自己處於無所住的「最上寂靜聖智境界」之中。也就是說，凡是菩薩所證的無所住至高無上的最殊勝寂靜的聖智境界，其實都是根源於祂；而祂自己可不管這個智慧，可是你覺知心證得祂以後就生起了這些智慧。也就是說，無住的智慧是因爲有住的意識心證得祂以後，知道祂於一切境都無所住，因此這個能證得祂的覺知心自己，就因爲證得祂而產生了無所住的智慧。眞正無所住的境界是指那個實相心、心眞如自己的境界，意識覺知心證得祂以後，就知道什麼叫作無所住的境界；然後轉依於祂，就成爲無住菩薩。這種境界是至高無上的境界，三界之中不論什麼人，不論他多麼尊貴，也是永遠都無法證得這一種境界，除非成爲菩薩而後實證了，所以這個境界是三界中最上的境界。但這個境界卻是絕對寂靜的，因爲連一塵也無；六塵萬法紛紛擾擾，都是意識心所知所住的境界，也是意根所住的境界；但是，心眞如從來迥無一塵，那就是最寂靜的境界。

也許有人說：「**我還沒有證得心眞如，你告訴我這個寂靜，我怎麼想像也想像不到。**」那不然，你就這樣想像（先用想像也好，讓自己增長一點信心），就想像一下說，睡著了以後意識斷滅的那個境界，也就是不領受六塵而無覺無知，有一個心就是這樣子從來都不領受六塵；你就先當作有另一個心是像這樣不領受六塵的，而那個心就叫作如來藏，就這樣先認知祂是能出生五陰、能出生意識的心，行不行？行。這樣子先想像一下，說有另一個眞我不領受六塵，想像一下祂不領受六塵是什麼境界。你一定會說：「**豈有此理！三界中哪有那種境界？**」對啊！你罵得沒錯，三界中確實沒有這種境界，因爲這是三界外的實相境界。假使不信邪，用很厚的鉛鑄造一個密室，把自己關進去看看有沒有聲音？有啊！因爲車子來來去去，地面也會震動。再不信邪，不然就懸空好了；懸空以後，經由繩索也會把震動聲音傳過來。再不然，怎麼辦呢？就弄到太空去好了，也可以啊！可是到了太空，你會發覺一樣好吵，因爲呼吸的聲音「呼噓、呼噓、呼噓」，然後又發覺心跳「砰、砰、砰、砰」，你說：「**哎呀！怎麼聲音這麼吵！**」我告訴你，三界中絕對沒有完全離開六塵的究竟寂靜境界。

可是，你現在只能想像的這個心處於三界中，祂卻不領受這一些六塵境界，從來都不領受；祂的境界是絕對寂靜的，祂自己單獨存在的境界，就是無餘涅槃，沒有絲毫六塵存在，所以三法印中才說「涅槃寂靜」。這樣一聽，你就懂得什麼叫作「涅槃寂靜」了，否則老是想著「涅槃為什麼是寂靜的？」總想不通；連涅槃都不懂了，怎麼能夠知道涅槃裡面是寂靜的？這一種境界，你得要實證心眞如才能理解；當你開悟而能夠現前觀察祂確實是住於這種境界時，你就發起了聖智；否則的話，一切的智慧都不能叫作聖智。要能夠如實了知這種絕對寂靜至高無上的境界，而住在這個境界之中的心，祂是本來就住在這個境界中；而且祂在這個境界中獨住的時候，祂從來沒有住，因為祂根本不了知自己住在這個境界中，才是眞正無住的心；像這樣子實證而能現觀的智慧才是聖智。當你了知自己住於什麼境界的時候，那就已經是了知了，已經了知就是住了，取相了。

有了這樣的聖智境界，你就會了知這個法絕對不是想像可以得的，一定要有善知識的教導，幫你修正到正確的方向以後，你一步一步去走，有一天一定會到達這個智慧境界。到了這個境界以後，你說：「原來這個境界中沒有境界。」對啊！本來就是沒有境界的境界，方便說名境界。但是，回頭返觀自己在跟別人討論佛法的時候，你會發覺：「怎麼他們都聽不懂？怎麼他們都說我好有智慧？」你自己沒有覺得自己多麼有智慧，但別人都說你很有智慧；因爲你講的，他們都聽不懂，無法推翻、又無法猜測，那當然要說你很有智慧。可是你心裡覺得：「這能有什麼智慧？法界中本來就是這樣。」你以爲的「本來」，他們卻得要想像；可是不論怎麼想像研究，都無法弄清楚。這樣就說，你這個意識轉依於所證的心眞如境界以後，你自己是「安處」於「無住最上寂靜聖智境界」，你就一定會認同 世尊這一句話說：「由於這些緣故，這個法眞的是唯內所證。」

往這個第八識眞實心外面去求法，是求不到什麼佛法的；心外求法，是永遠找不到法的，所以那些六識論者都是心外求法者。「六識論」的意思是說，他們主張人們總共就只有六個識。可是眼耳鼻舌身意這六個識，全都是生滅法；當他們把第八識心眞如否定後，又依聖教而把這六個識否定了（說祂是六個生滅法，因爲依照佛的聖教必須要這樣講，從常識來看也是夜夜斷滅的），不就成爲斷滅空了嗎？所以六識背後得要有一個眞實心常住才行，否則晚上眠熟而使六識斷滅以後一定會變成斷滅空，那麼眠熟時就一定會死亡。事實上卻是六識斷滅以後，人們沒有死亡，又可以醒過來。然而他們把第八識眞實法給否定了，那他們還能求什麼眞實不虛底佛法呢？當然要被叫作心外求法。

心外求法，故名外道，所以六識論者都叫作外道，因爲都與常見或斷見外道的認知一模一樣。即使他剃髮、燙了戒疤、穿著染色衣而住在寺院中，他還是外道，叫作佛門外道，全都因爲外於眞實心而求佛法——心外求法。這時不論你怎麼樣跟他說法，他都聽不懂；而他所說的，你都可以聽懂，馬上就可以挑出他的毛病；這時你就知道，這個法眞的是「唯內所證」。然而你「唯內所證」以後，卻不能拿個東西出來說：「這個就是如來藏，這個就是心眞如。」不管你怎麼拿出來，人家都說：「我只看到你的手，我也沒看到你的心。」因爲他永遠都落在現象界裡面。等他有一天終於悟了，找上門來，趕快跟你禮拜，然後就向你道歉說：「原來當初你已經把那個心拿出來給我看了，我就是沒有慧眼，所以我看不見。今天終於看見了，感謝！感謝！感謝！」再禮一拜。那時候，你可別說：「受之有愧！受之有愧！」你足足有一萬、一億個理由接受他這一拜，因為他是經由你的啓發而修正錯誤知見，然後努力修行才能證悟般若的。

接著說：「是即無垢無染、潔白清淨，最上最勝第一無比；常住堅固，究竟無壞之法。」也就是說，假使證得這種境界了，這純粹是智慧；現觀如來藏的本來自性清淨涅槃，現觀祂的眞實與如如的法性，你證眞如了。這個時候你就知道：「哎呀！原來般若諸經所講的，就是在講這個。」當你證得這個境界之後，你就知道這個才是「無垢無染」，不落於垢染的一切世間法裡面，而祂是本來就「潔白清淨」的，不必你去幫祂洗清淨。洗心革面是意識離念靈知心的事情，修行也是意識離念靈知的事情，祂眞如心可是從來不修行，也不必修行，而是離念靈知的你才需要修行。你悟了祂以後，祂也一樣不必修行，還是要你離念靈知心去修行。

你悟了而轉依祂，還是不能叫祂去修行，依舊要由你來修行。而你修行清淨以後，祂所含藏你的種子就清淨了。好奇怪呵？你離念靈知心修行清淨了，祂含藏你離念靈知心的種子也就清淨；這其實不奇怪，因為你離念靈知自己的種子都存在祂心裡面；你離念靈知心也是從祂心中而出現的，出現後還得依附著祂才能夠生存、才能夠運作、才能夠有貪瞋癡與清淨的修行。如果沒有祂，根本就沒有你離念靈知存在了，你還能有貪、瞋、癡？還能修清淨行？可是這樣一來就很清楚了：原來你離念靈知種子都存在祂裡面，所以你修行清淨了，祂所含藏你的種子就跟著清淨了，可是祂自己的本來清淨體性還是不變。所以，你需要修行，祂不需要修行；你悟了，還是你自己應該修行，但是祂不跟你修行。可是你修行清淨了，祂所含藏著你的種子就清淨了；所以你無法影響祂的體性，祂的體性是本來就潔白的、本來就是清淨的。

因爲你會起善念、起惡念，祂從來不起善念與惡念，你能叫祂修什麼行？祂根本不用修，也不會修行；而你證果了，你說「我是十地法王之位」，或者說「我還在三賢位中」，但你只是假人，祂才是眞人。祂是眞人，又不住在任何一位中，所以臨濟禪師才說祂是無位眞人，因爲祂本來就是「**潔白清淨**」而且「**無垢無染**」的。並且祂是「**最上最勝第一無比**」之法，因爲三界內外，你永遠找不到一個法可以比祂有更高的層次；三界內的一切法都從祂出生的，怎麼可能超越祂呢？這就好像說，女兒被媽媽生了以後，她永遠是媽媽的女兒，不可以說：「**現在妳老了，換妳來當女兒，現在我比較有能力，**

我來當媽媽。」行嗎?不行欸!因爲這是本就存在的事實,不是商量出來的。

法界中的眞實相只是一個事實,你無法去改變祂,你只能夠去證得祂,然後你去轉依祂,使自己究竟清淨而成就佛道。所以開悟不是要把妄心六識的自己變成眞實常住心,妄心自己永遠都是識陰或意識,不論怎麼變來變去,永遠是意識或識陰覺知心。即使不談前五識,單說第六意識,這個意識不管修行到多麼清淨,仍然是意識,依舊是在如來佛的掌心裡面。如來佛是誰?就是如來藏啊!不管意識心修得神通多麼廣大、多麼清淨,永遠都住在如來藏裡面,逃不出如來藏之外;所以孫悟空會七十二變也是沒有用的,永遠都在如來佛的手掌裡面,這是法界中的事實。所以不要期望經由佛法的修行,可以把第六意識心變成自心如來第八識;因爲意識心永遠不是如來,而你自己的如來是本來就是如來,你只要去把祂找出來,就轉依祂而成爲理上的「如來」。你說:「**我證得如來了,那麼成佛有望。**」就知道自己將來必定成佛;因爲你找到自心如來,而依於自心如來努力去修,修到種子究竟清淨時,你就是究竟位的如來。然而你成爲應身如來的時候,你還是逃不出你自己的自心如來的手掌心;因爲你這個應身如來雖然已經被一切佛弟子所歸依了，但也還是在自己的無垢識裡面，所以說三界中沒有一法可以超出於祂。

有人也許問：「你說的是三界內，那麼三界外呢？」請問，有哪個法能存在三界外？沒有！只有自心如來可以存在三界外，那麼請問：三界外還有誰能超過祂？三界外除了祂以外，沒有別的，絕無一法存在；既然三界外沒有任何一法存在，難道三界外還有哪個法可以勝過祂嗎？所以說祂「最上最勝第一無比」。然後也許有人說：「祂固然是三界內外最上最勝第一無比，但祂如果有一天壞掉了，怎麼辦？」告訴你：「祂常住堅固，而且究竟無壞。」因爲等你找到祂以後，你會發覺，沒有任何一個辦法可以把祂壞掉。即使是意根，唯識學說是恆審思量之心，阿羅漢也還是可以把意根壞掉。可是這個心，你沒有辦法壞掉祂，不論是誰都一樣。

這個不是我們空口說白話，因爲已經被考驗過了，我們這個如來藏妙法眞的叫作千錘百鍊。二〇〇三年初，那一批退轉的人落回識陰離念靈知而出來否定說：「你證得這個阿賴耶識，是可以毀壞之法，是生滅之法。」講得冠冕堂皇，好像證量多麼高。可是我們只問一句話說：「請問，如何使祂生？如何使祂滅？」哇！口似扁擔，張口結舌，他們的舌頭都好像打結了，都沒辦法動作了。到現在已經五年了，都還不敢回我這一句話（編案：這是二〇〇八年的開示）；因爲他們都找不到一個方法可以把祂滅掉，既不能滅就不可能有生。我們問他說：「什麼時候生？什麼時候滅？」他們當然答不出來，因爲沒有一個法可以把祂生、把祂滅。正因爲一切法都從祂而生，被祂所生的法怎麼能反過來滅壞祂？只有祂能滅掉別的法，別的法不能滅掉祂，因爲祂是萬法的根源。

所以這個心眞如第八識，是常住的、是堅固的。正因爲祂是堅固而不可壞的，所以稱爲金剛心。只有證得這個金剛心的宗派，才可以叫作金剛乘；因爲祂是金剛法，無一法可以壞祂。西藏密宗自稱什麼金剛乘，他們那個密宗全無金剛性的本質。什麼東西最軟？只有水最軟啦！我們就說密宗是「水乘」還可以啦！因爲有個特性——水往低處流，他們密宗不就是這樣子嗎？全都往欲界的最低處流去。欲界境界中本來已經是夠卑賤了，他們密宗還要往欲界的最低層次去鑽，那你說除了水乘以外，他們還能叫作什麼乘？（有人說：汙水乘。）稱呼他們是「汙水乘」也可以呵！汙水乘很適合他們的本質。若要談金剛，他們都沒資格；因爲他們每一個所宣稱的至高無上，乃至他們所謂的「報身佛」的境界全都是可壞的，而他們樂空雙運的那個離念靈知心也是可壞的，至於他們所驕傲的金剛杵，只不過是喇嘛們的性器官，夜晚睡著時就不再有金剛性了，也抵不過剪刀這麼一剪（大眾笑…），哪有金剛性可說？所以，如果要講金剛乘，我們才有資格，這就是禪宗所證的心眞如妙法，就是《金剛經》中說的金剛心——此經，也就是法相唯識宗教導你怎麼樣提升到無生法忍的第八識正法。

「如來出世、若不出世，是法常住。」也許還有人提出疑問說：「這個第八識如來藏是什麼時候出生的？」我說：「你問這個問題就好像在問先有雞，還是先有蛋一樣。」因爲如來藏是有人證了而證實祂存在，可是能夠證實祂存在的人卻是祂所生的，所以這問題有一點類似在問「先有雞？先有蛋？」一樣，這個眞如心如來藏並沒有一個開始的時候，祂本來就在，誰都無法找到祂出生的時候；法界中的事實本來就是這樣，所以世尊說祂「是法常住」，所以叫作「法爾如是」，在《阿含經》中正是因爲如此而稱祂是「諸法本母」。而這個法住於祂自己的無位眞人位子中，永遠都是這樣「法住法位」；祂永遠不會改變祂的性格，你不能把祂強拉到六塵中來運作，祂是絕對不了知六塵境界的，永遠如是；你不可能把祂拉過來六塵位中了別，因爲祂是「**法住法位**」，祂住於離六塵的自己境界中，就是永遠在六塵境界外那樣去運作。

祂是無可改變，無可消滅，也無一法能生祂，所以 世尊說祂「**常住堅固**」，而且祂是「**究竟**」之法、「**無壞**」之法。如果從世間人的境界來講，只有一個無壞之法——意根就是凡夫異生們的無壞之法；可是阿羅漢捨報時一樣可以壞滅意根，所以意根仍不是究竟堅固之法。但是這個如來藏永遠不可壞，即使卑賤如一隻小螞蟻的如來藏，你如果有能力把十方諸佛的威神力集合爲一個超大的威神力，要來毀壞那隻小螞蟻的如來藏，也一樣作不到，因爲沒有一法可以毀壞祂。一切法都是從如來藏中生，當然不可能回過頭來毀壞如來藏這個眞如心，所以說祂是「**究竟無壞**」之法，因此 世尊就說：「**如來出世、若不出世，是法常住。**」所以不要問我說：「**這如來藏是什麼時候開始有的？**」不管諸佛如來有沒有出世在人間爲大家演說這個如來藏，爲大家教導實證這個如來藏，如來藏這個眞如法都是常住的，是本來就在，不必你去修行加工讓祂生起、存在，也不必你加工去維持祂；因爲你縱使想辦法要把祂毀壞，也是永遠都毀壞不到祂，所以說這個法是「常住」法。不論人間有沒有如來出世為我們演說這個心眞如妙法，這個心眞如都是本來常住不滅的，所以 世尊說：「如來出世、若不出世，是法常住。」

接著 佛說：「善男子！菩薩為求此法，歷百千種難行苦行故得是法；得是法已，令諸有情悉住此法。」「善男子啊！菩薩為了求這個法，經歷過百種千種的難行苦行，才能夠得到這個法；得到了這個法以後，也可以幫助有情全部都住在這個法性之中。」這就是菩薩，有心常住於三界中幫助有緣人同證這個無比勝妙之常住法。所以我們拒絕聲聞種性的人得到這個勝妙法，因為有菩薩種性的人得了這個常住法以後，他知道無餘涅槃裡面就是這個常住法——心眞如，但他不會去求無餘涅槃。可是聲聞種性的人得了這個法以後，他的智慧將比阿羅漢更好，而他也知道無餘涅槃裡面就是這個心眞如，但他就是一心要取滅；那我度這個人開悟要作什麼？我辛辛苦苦把他度了出來，結果他得度以後卻說死後要入無餘涅槃。本來冀望這個人未來世可以幫助我弘法，救度更多的有緣人，結果全都落空了，好不傷心！眞的要傷心啊！因為白白作了好多苦工幫他悟了，他卻要走人，堅持要入無餘涅槃，那我何苦度他呢？我只要幫他斷盡思惑就夠了。所以聲聞人來了，我一定不幫他們得這個法；而菩薩們要得這個法的時候，也不能讓他們得的太容易，要遵照經中 世尊的教導，要讓他們歷經百千的難行苦行而證得的人，才會珍惜；得的太容易時，他心裡想：「喔！這麼簡單呵！」都不珍惜！將來就會亂傳一氣，正法就會因此而提早滅沒。

我早期弘法時就是太容易放手給所有人，才會有前後三次的法難，眞是搬石頭砸自己底腳。以前每週共修的時候，我就叫一個同修到樓上來引導，讓他知道密意；就這樣一次一個人，濫慈悲地不觀根器一體幫忙，沒多久，大家都知道密意了，結果竟然說：「這麼簡單呵！」然後就一一退轉，接著就毀謗妙法了。後來我想一想：「眾生既然是賤骨頭，那也沒關係，我就把他們磨。」後來磨過半年以後才讓他們開悟，還是沒有用。改爲磨一年，一年後讓他們悟了，還是沒有用，就改爲一年半。到一年半的時候，依舊會退轉，我想：「不要只加半年，乾脆再加一年。」就是要先共修兩年半用功。共修兩年半以後才悟出來，心裡面想：「我好歹也混了兩年半了，你叫我把所悟的第八識放棄、不承認，我才不樂意。」這時終於不退轉了，可眞是難得啦！因爲很難得，是表示說他認爲很稀有，所以從那個時候開始，我說：「不管是誰，乃至大師想要來學也是一樣，都得來上兩年半禪淨班的課，否則我不讓他開悟。」就從那個時候開始。

最早以前是說：「如果我這一世的歸依師父願意得法，我就上門去指導他。」可是他根本沒意願，因爲他那時還不知道這個法的勝妙與厲害。後來，反而是我自己改變了，我說：「我不要爲他特別開緣，假使他要得這個法，我就派張老師去那邊開班，他得要坐在那邊聽講，聽完兩年半以後我才要幫他開悟。」可是到了現在我又有不一樣的想法了。所以他們不能後悔，才一後悔，我又提高條件了，現在我說：「我連張老師也不派，你若是眞的想要得法，就來正覺上兩年半的課。」這表示什麼？他已經沒因緣了，可是一旦哪一天拉下老臉肯來上課，我就說他有因緣，一定要幫他證悟。所以說，有沒有因緣，都在他手上，不在我手上。早期那些人就是得的太容易了，以前又沒有要求他們先斷我見、斷三縛結，所以悟後才會退轉。好在那時傳的內容非常粗淺，也沒有教他們整理深細的部分，退轉了也就不會對正法產生太大傷害。其實當年他們都只是得到表相密意，並沒有眞正的體驗，因爲都是我明講了送給他們的，所以也就沒有洩露密意的問題存在。

這就是說，得這個法而不退轉，都是要依 世尊的開示一樣，得要歷經百千難行苦行以後才能得，才不會退轉，所以世尊說：「菩薩為求此法，歷百千種難行苦行故得是法。」《菩薩瓔珞本業經》裡面也講得很清楚，無量劫之前的王子舍利弗、天子法才，兩個人得了這個法，得的容易而沒有善知識攝受他們，當他們心中有疑時，沒有善知識來為他們開解：為什麼這是最上第一究竟之法。結果兩個人都退轉，退轉之後十劫之中無惡不造，當然也下過地獄。經過無量劫以後終於回來人間努力修行，再修行很多、很多劫以後，終於遇到了 釋迦牟尼佛，才算成為阿羅漢，然後又迴小向大成為眞實義菩薩。所以得的容易就會有弊端，因此要看種性。

假使種性好，我不會讓他很辛苦，我會讓他容易得法；雖然他的心中有疑，但是沒有關係，我自然能為他除疑；我有百千種方便，還怕沒辦法為他除疑嗎？可是如果悟緣還沒有成熟的人，我認為應該要讓他慢慢去磨練；磨練到因緣成熟了，性障消了，三縛結斷除了，擇法眼生起了，我再給他親自去參究，他有參究體驗就會有修慧；那時候才讓他得法，就不會退轉。可是，他如果自己去找人，聽說某一位師兄悟了，他就找上門去，就先探聽得了密意，我說他反而得不償失，因爲他沒有參究過程磨練後應該獲得的利益，失去的將比得到的更多——將來智慧的成長非常緩慢。這就是判斷的問題，對根機的判斷，是應該如何去判斷？判斷正確了，菩薩種性夠，慧力也夠——慧根圓滿了，我讓他輕鬆得法就行。如果是聲聞種性的人報名禪三，即使上山一百次，他還是會空手而回，我絕對不會幫他開悟的；因爲他得了妙法一定會退轉，退轉了反而不好，不免無惡不造。所以 世尊說：「菩薩爲求此法，歷百千種難行苦行故得是法。」

或許有人抗議說：「你偏心啦！爲什麼別的人，你就讓他悟得很容易？」我說：「因爲他過去世已曾歷經百千難行苦行，你過去世有嗎？你如果過去世沒有，就別要求我讓你容易開悟。我讓你不容易悟，反而是對你好，不是對我好；因爲你不容易悟，我還得施設許多方便善巧來使你一一體驗，很累人，而我也沒得到什麼好處，我反而少一個人可以用。」所以安排一個人什麼時候悟入，是應當要有很好的時機判斷才能夠去作，不能隨便亂作。意思就是說，一定要使菩薩「歷百千種難行苦行」以後，才能夠得到這個法。

這個法是不可思議的，是最上究竟絕對寂滅之法，不是三界中法，卻能夠在三界中找到祂，然後依憑這個法可以次第進修而在最後究竟成佛。因此，菩薩了知這個道理以後，經由聞、思、修、證而得到了這個法，就能返觀一切有情是多麼執著、多麼無知。一切有情都只看眼前：「這是我兒子，這是我老爸，這是我妻子，這是我丈夫。」這麼細心地照顧。可是過去世你都沒有眷屬嗎？當然有啊！過去世的家人也有好多，你爲什麼都不照顧？當然也要照顧啊！那麼要怎麼照顧他們？總不能把過去每一世的妻子（丈夫）都找回來同住，否則不免天下大亂了。菩薩當然不能毀壞世間法，所以不能把他們找回來同住，但是你要幫忙他們。要怎麼幫忙呢？要幫忙他們證悟，要幫忙他們趕快出離三界生死，無條件去幫忙。這就是菩薩底心性，所以要有這種心性的人才有資格開悟般若。

我記得《梵網經》說：「一切男子是我父，一切女人是我母。」有沒有對？你幫助過去世的父母、過去世的兒子、過去世的女兒，你還能向他們索取什麼回扣或供養嗎？都不需要嘛！你對過去世的父母，幫他們證悟而得解脫、證實相，這就夠了，不必說：「我知道你上一輩子是我的老爸，來住我家啦！來住我家讓我供養啦！」也不必啦！把許多往世的老爸都找回家裡同住，那你家現在這位老爸怎麼辦？那些老爸們這一世的子女還能捨得放他們離開嗎？所以菩薩不壞世間法而證菩提。

菩薩的報恩也是這樣去作：「這個人過去世是我的先生，他照顧我很多，我之所以能入佛門也是因爲他；可是他這一世的因緣不好，我的學佛因緣比他好，那我要怎麼樣度他悟入這個實相？」可是不必把過去世那個情分再拿回來，要轉爲道情，這就是菩薩，所以不該要求說：「你每天要來我家裡幫我作什麼工作。」不必這樣，對家人還要求什麼回報呢？譬如說，一個企業家，兒子被綁架了，他付出一千萬元贖金贖回來。兒子回家，企業家是不是要開口說：「兒子！你欠我一千萬元。」家人親屬之間沒有這回事，菩薩就是這樣。但菩薩不是只有照顧這一世的家人，也照顧過去世的許多家人，用什麼方法照顧呢？用佛法照顧他們，這就是菩薩的所作。所以 世尊開示說：菩薩因爲這樣的緣故，得了這個法以後，「令諸有情悉住此法」。

因此，菩薩悟了以後，看見別人被誤導，他絕對不會安忍，要改爲「不忍」。爲什麼不忍呢？因爲往世的家人們被大師誤導而走錯了路，耽誤道業還不打緊，反而會因邪見而回過頭來把正法加以否定，成就破法的大惡業，那些往世的家人死後將會下墮三惡道中，你怎能繼續安忍呢？因爲正法跟錯悟的大師所悟不同，大師當然要叫徒眾們共同否定正法；那麻煩就大了，因爲會貽害往世的家人萬年、萬世，不是只有貽害下一世而已。所以，如果說證悟了以後，看見別人在破邪顯正救護眾生時，他竟然沒有生起歡喜心；那麼這個人，你可以斷定：他不是眞的菩薩。眞的菩薩看見有人要殘害眾生的時候，寧可拿了一把刀去把那個惡人給殺了；自己下地獄都沒關係，要救那一些人。殺了那個惡人，會不會下地獄？不會！所以菩薩殺戒有開遮，殺了惡人不但不下地獄，還生天享福，因爲救了很多人。所以，得這個法以後要能夠「令諸有情悉住此法」，只要是有緣的人，就幫他們證悟這個妙法；這才是菩薩，菩薩絕對不是自了漢。

接著 佛陀作了個總結：「善男子！故說此法名爲眞如，說名實際，說名一切智，說名一切種智，說名不思議界，說名不二界。」因爲這個金剛法眞如心，祂就是這樣的一個特性：函蓋一切法。世出世間法，祂全部都函蓋。因此悟後就能夠觀察：祂雖然函蓋一切法，祂自己卻是眞實而如如不動的。

這樣就是證眞如了，也就是能夠觀察自己所證的第八識心具有眞實性與如如性，就是證眞如。所以，不要像那一些假名大師們一樣，要用意識去住在眞如的境界裡面，那叫作愚癡妄想，因爲意識永遠不可能轉變爲眞如。而眞如的境界是如來藏自己所住的境界，意識證得這個金剛心如來藏，現觀祂的眞如境界以後，轉依如來藏心的眞如境界，才能夠說意識是住於眞如境界，否則沒有眞如可證。把眞如之體第八識否定了，而說他有證眞如、能證眞如，那叫作愚癡妄想。

那麼，這個法名爲眞如，因爲祂是眞實與如如的。然後又說祂是實際，因爲祂是萬法的眞實本際。所有萬法，你要是推溯一切法的根源，推溯到最後一定都是祂，沒有一法不是祂；而祂是眞實存在的，是切實可證的，不是虛妄想，也不是施設法，所以說祂叫作實際。佛陀又說這個眞如法也是一切智，因爲具足世間法的智慧、出世間法的智慧，以及大乘的世出世間法智慧；世間與出世間一切法的實相智慧，都是由於找到祂而證得，所以又說祂是「一切智」。假使沒有祂，阿羅漢的涅槃就成爲斷滅空，所以一切法都是由祂而生，所以說爲「一切智」。又說是「一切種智」，因爲一切法的功能差別全部從祂而來，具足了知祂以後，就有了一切種子的智慧，稱爲具足一切種智，這樣就是成佛。而這個成佛的境界，乃至祂在因地的境界都是不可思議的法界，沒有辦法靠想像去得知，所以又說祂叫作「不思議界」。然後，這個法，沒有一個法可以跟祂相對待而存在，因爲祂是絕待的；既沒有一個法可以跟祂相提並論，所以祂是絕待的法；由於絕待的緣故，說祂是「不二界」。

《實相經》第二段經文的理說，我們上週已經講解完了。接著，今天要從宗門的說法來講解《實相經》這段經文的眞實宗義了，《景德傳燈錄》卷四：

【天台山雲居 智禪師 嘗有華嚴院僧繼宗問：「見性成佛，其義云何？」師曰：「清淨之性，本來湛然，無有動搖；不屬有無、淨穢、長短、取捨，體自翛然。如是明見，乃名見性。性即佛，佛即性，故云見性成佛。」曰：「性既清淨，不屬有無。因何有見？」師曰：「見無所見。」曰：「無所見，因何更有見？」師曰：「見處亦無。」曰：「如是見時，是誰之見？」師曰：「無有能見者。」曰：「究竟其理如何？」師曰：「汝知否？妄計爲有，即有能所，乃得名迷。隨見生解，便墮生死。明見之人即不然，終日見，未嘗見；

求見處體相不可得，能所俱絕，名爲見性。」曰：「此性遍一切處否？」師曰：「無處不遍。」曰：「凡夫具否？」師曰：「上言無處不遍，豈凡夫而不具乎？」曰：「因何諸佛菩薩不被生死所拘，而凡夫獨縈此苦？何曾得遍？」師曰：「凡夫於清淨性中計有能所，即墮生死；諸佛、大士善知清淨性中不屬有無，即能所不立。」曰：「若如是說，即有了、不了人。」師曰：「了尚不可得，豈有能了人乎？」曰：「至理如何？」師曰：「我以要言之，汝即應念：清淨性中無有凡聖，亦無了人、不了人。凡之與聖，二俱是名；若隨名生解，即墮生死。若知假名不實，即無有當名者。」又曰：「此是極究竟處。若云『我能了，彼不能了』，即是大病。見有淨穢、凡聖，亦是大病。作無凡聖解，又屬撥無因果。見有清淨性可棲止，亦大病；作不棲止解，亦大病。然清淨性中雖無動搖，具不壞方便應用及興慈運悲；如是興運之處，即生清淨之性，可謂見性成佛矣。」繼宗踊躍，禮謝而退。】

這一段宗門下的宗義，要問問你們座中還沒找到如來藏的人：聽了以後感覺如何？眞的深不可測，也摸不著邊。沒有找到如來藏時就是這麼一回事，聽到善知識東說西說、南說北說，總之就是聽不懂；每一個字都認得，每一句話都聽得清楚，就是不知道他的所云，這就是沒有破參者的苦處。我們正因為知道大家有這個苦處，所以每年要辦兩期禪三，每一期又有兩個梯次，就是因為不想讓大家那麼苦。

天台山雲居寺的智禪師，曾經有華嚴院的講經僧，名為繼宗，前來請問。大家可不要看這繼宗什麼都不懂，來見雲居禪師問東問西，還被留下了文字記錄，多丟臉！不要這樣想。到了今天，台灣海峽兩岸你要找到這麼一個肯問的講經僧，都還找不到呢！所以不要看輕人家，因為現在要找這種講經僧也難。我出來弘法這麼久，也快二十年了（編案：這是二〇〇八年所講），很快！一晃就過去了，可是有哪個講經僧曾經來問過一句？莫說請法，就連下問都沒有。所以，這繼宗以後一定有悟入的因緣，那不過是未來二、三世，悟在不久。

話說回來，這個華嚴院的講經僧繼宗法師，既然說是華嚴院，當然是專講《華嚴經》；他來請問：「禪宗說見性成佛，這個道理是怎麼說的呢？」雲居智禪師就答覆說：「這個清淨的體性，是本來就純清絕點，從不搖動的。」湛，是水很清而且又靜止不動很久了。所以修枯木禪的人，如果能夠坐到澄澄湛湛、純清絕點，他就覺得心裡面好歡喜，因爲這是從來不曾有過的境界，就很歡喜。一切妄想雜念都澄清了，而整個覺知心完全不動，這時叫作澄澄湛湛。可是這一種湛然之境，卻是打坐修來的，本來沒有；是打坐一段時間以後，把妄想制伏了，所以不生起妄想。然後展轉演變，進入澄澄湛湛的境界裡面去。但不管境界多麼深妙，他終究得要出定；所以這個定是修來的，不是本有的。然而，見性成佛所見的心眞如這個成佛之性，祂是本來就湛然不動的，不是修行以後才變成這樣的；然後又說明這種成佛之性，不屬於有或無兩邊所能含攝，也不屬於清淨或者汙穢兩邊所能函蓋；而且從來就不能夠用長短與取捨來形容祂的境界，因爲祂從來沒有長短、沒有取捨，無始劫以來一直都是如此——「**體自脩然**」；是從來就這樣寂靜而如如不動地存在，是本來就這樣，所以稱爲「自」。如果能夠這樣很明白很清楚地見到了心眞如這個成佛之性，才能叫作見性。雲居智禪師接著說：「**而這個性就是佛，佛也就是這個成佛之性，所以才說見性成佛。**」

這裡所講的佛性，不是《大般涅槃經》裡講的佛性。《大般涅槃經》中世尊講的佛性，是很嚴格、很狹義的定義，有專指的意涵，就是十住菩薩在山河大地上面眼見的佛性；到了入地以後所說的佛性，又變成廣義之說。所以經中講的見性，是眼見佛性，跟智禪師這裡所講的「心眞如具有能夠使人成佛的自性」這種佛性是不一樣的定義。智禪師講的這個佛性，就是《六祖壇經》裡六祖講的佛性，是說如來藏具有可以使人成佛的體性，不是《大般涅槃經》中所說的佛性，不是眼見佛性的那個佛性。但是這個定義，自古以來少人知，我們會裡面知道這個道理的人，也是少之又少；因爲正覺同修會裡到今天爲止，總共就只有十來位是眼見佛性的人，那叫作眼見佛性，是要在山河大地上可以看見自己的佛性，這才算數。若是從如來藏的自性去觀察，確定祂擁有可以使人修行而成佛的自性，這種佛性並不是眼見佛性所說的佛性，只是能使人修行成佛的自性，這裡要把前提先作一個說明。

智禪師這麼開示完了，繼宗法師既然還沒有找到如來藏，他當然是聽不懂，因此聽了開示反而還會再生起疑惑。沒有開悟的人聽了證悟菩薩開示而不起疑惑，他未來就沒有開悟的因緣；因爲他不會去探究，他只會想：「這個說法好像不太合道理，不理他，他那個一定是亂講的。」於是他這一世就失去了開悟明心的因緣。

這位繼宗法師接著問：「這一個成佛之性，既然是清淨的，不能說祂有，也不能說祂沒有。」既然不屬於有與無兩邊，不屬於有就不可能有見，因為凡是能見，當然都是三界有。譬如眼識能見，這眼識是三界有。意識與眼識同時存在的時候，意識就跟著眼識能見，這也是三界有。「這個成佛之性，既然不屬於有，也不屬於無，那就不應該有見，為什麼還講見性成佛呢？」這一問也是有道理，也可以說是問得好，因為很多人聽了也想問。智禪師就說：「禪宗這個見，是看見無所見。」或者說「這個見是無所見的」，也都講得通；而且你悟了，既見現象界，也見實相界，你要怎麼講也都通。因為你從所站的中心點來說，不論從哪個方向講過來，你都對，所以都通。

他說「見無所見」，是看見另一個沒有看見的心。這是內行人才這麼說：看見沒有看見的。如果外行人就會這麼說：「看見的時候沒有看見。」根本不符邏輯。可是外行人這一句話，等到內行人來說時，他也一樣說：「看見的時候沒有看見。」卻也對啊！這裡面到底有什麼蹊蹺，為什麼會如此？同樣一句話——看見的時候沒有看見；外行人說了，內行人說他是野狐；可是等到外行人問那個內行人說：「那你又怎麼說呢？」內行人卻同樣說：「看見的時候沒有看見。」還是同樣的說法，但他又正確了；一個字都不改，可是他說的卻對。大乘佛法的見道就是這麼厲害，要這樣子才是眞正實證的佛法。如果在禪師一句話下就倒了，那怎麼能叫作眞實的佛法？那只能叫作表相佛法，或者說他落入三界有。從智禪師所證的實相境界而說看見了沒看見底，或者解釋作看見的時候沒有看見，都可以。

這時候，繼宗法師又問了：「既然沒有看見，爲什麼你又說還有個看見底？」那麼，顯然這繼宗法師是把它解釋作：看見的時候沒有看見。他問的也對啊！看見的時候就是看見了，爲什麼又說沒有看見？那不是自相矛盾嗎？怎麼講也講不通，所以有此一問。智禪師又說：「所見的也沒有。」繼宗就問：「那我們這樣見的時候，又是誰能見？」沒想到智禪師接著說：「沒有一個能見的。」明明是講「見性」成佛，應當就是有所見，怎麼能說「見無所見」？然後又說「沒有能夠看見的」。繼宗法師當然聽不懂，越聽越迷糊，只好再問：「到底這個道理是怎麼樣呢？」弄不清楚，只好這樣問。其實很簡單，凡是看見了成佛之性，也就是說，凡是看見了如來藏金剛心的成佛之性，一定是有兩個法：一個能見，一個所見。否則，你怎麼看見有個能夠使人成佛之性？所以，第一個是有一個你所看見的那個被你看見的成佛之性，這個能使人成佛的自性永遠不見六塵中的一切法，是無所見者；第二個是你自己——你能見，可以看見無見的第八識實相心，所以有兩個。你能見，能見的你看見了自己的第八識具有能使你修行成佛之性，簡稱佛性；所以一定是自己看見了如來藏具有使自己修行成佛之性，那當然是一個有見、一個被見。

現在問題就出在這裡，看見了如來藏的成佛之性的人，他所看見的第八識如來藏是沒有能見六塵的功能的：他看見了如來藏從來沒有看見色塵，祂從來不見，這就是雲居禪師說的「見無所見」。那麼，看見如來藏成佛之性的這個能看見者，還是照著原來的樣子具有能見，不是說見了這個能成佛之性以後，因爲這個佛性離見聞覺知，就使覺知心自己要跟著離見聞覺知，所以雲居禪師說：「終日見，未嘗見。」能見的覺知心終日見個不停，但被照見的第八識實相心卻是未曾見過一事一物。

古來有許多講經僧就是這樣錯修佛法，因爲他看見經裡面說這個自心如來離見聞覺知，所以他就在那邊打坐，要把自己的見聞覺知給滅掉。然後也許哪一天，不小心坐著就睡著了，又剛好沒有跌倒；後來他醒過來，就說：「我剛才悟了，因爲我剛才眞的離見聞覺知。」這種人也被禪師罵過，我們《公案拈提》的書中都寫過了。

還有一種人，他就主張說：「你一定要看話頭，看到見山不是山，眼睛看見了色塵時能夠沒看見，耳朵聽見聲塵的時候卻又沒有聽見，這樣就是離見聞覺知，這樣就是開悟了。」這個標準比較高了，這個標準一定要進入兩個狀況中才能作到：一個就是未到地定過暗。在未到地定裡面對五塵無所覺知的時候，那也是沒有見聞覺知。第二個狀況，是進入二禪的等至位中，也不接觸五塵，就認爲已經離見聞覺知了，就誤認爲開悟，其實這二種都是錯會佛法。眞實佛法說的看見成佛之性，是有能見的，也有被見的；被見的心是從來不見色塵，因爲被見的是如來藏，如來藏從來離見聞覺知，無始以來就不見六塵，所以祂從來無所見。

當你找到了如來藏以後，你說：「今天去爬山，看見山光水色，美極了！」可是「美極了」只是你覺知心看見，你的自心如來第八識依舊沒看見，祂從來不見。你一直喊著祂：「如來啊！如來啊！你趕快看，風景好美啊！」祂還是不看，祂始終無所見。不論你把自己的如來趕快叫出來說：「看啊！看啊！欣賞啊！欣賞啊！」祂就是不看也不欣賞。所以懂了這個道理，才能夠瞭解禪師這裡在說什麼。眞悟禪師都說有一個能見的，同時還有一個無所見的；無所見的心，祂擁有使人成佛的佛性，而能見的覺知心憑著所證眞如心的具有使人成佛的自性來修行，所以也能夠成佛。因此，是一個有見，一個無見，兩心並存運作。

這樣如實證悟的人，當人家說：「你剛才看見什麼？」那就隨你高興怎麼答了，你也許告訴他說：「我剛才沒看見什麼。」他問你說：「你剛才明明在讚歎，說這盆花插得好美、好有韻味、好有氣質，爲什麼你又說沒看見？」你還是告訴他：「我還是沒看見。」因爲這時候，你是站在如來藏的立場來說「無所見」。所以眞正證悟了，就有這個好處：怎麼說就怎麼對，亂說一場也對。因爲當人家說：「你沒看見，你怎麼知道那花有多美？」你卻說：「在沒看見之中，我有看見。」豈有此理？世界哪有這種道理，沒看見就沒看見，沒看見之中竟然還有看見，那瞎子們也都能看見了。那就告訴他：「瞎子是沒看見的，但他還有另一個也沒看見。」也對啊！都對啊！這就是證悟大乘的好處，因爲你有這個實相的般若，所以你能夠這麼說，因爲法界的眞相就是：正常人都有一個能見六塵的心，還有另一個不見六塵的心，二個心同時並存、同時運作而不間斷，除非睡著了。

不知道實相法界與現象法界並存的人，就一心一意想要用同一個心去有見又無見，那法身慧命就死定了。所以禪師就會罵這種人：「有一般野狐，坐在那邊滅卻見聞覺知，就說他開悟了，都是野狐。」禪師就這樣子罵。所以，常住心第八識與生滅心七轉識妄心是同時存在的，不要把這兩種心弄成同一個心。開悟，是要用七轉識妄心的有所見，來看見那個從來無所見的第八識眞心如來藏。等你悟了以後，人家跟你說法論法，你有時候從妄心來說你的所見，有時候依於所見的那個如來藏的無所見來說是無見，當然都對啊！可是，如果沒有找到如來藏的人，也要跟著你這樣講，就好像看見西施美麗，所以自己也來塗塗抹抹，然後也模仿西施帶著小病的樣子，學著西施那樣有氣沒力慢條斯理地講話；然而她老姊是恐龍妹，再怎麼化妝，你說這種假西施會眞的美麗嗎？所以她只好被叫作東施了。

所以，沒有眞實證悟的人不能學人家眞悟的人那樣講話，誤以爲亂講一氣就是禪，眞的不是如此呵！人們往往以爲禪師家前言不對後語而亂講一氣，其實禪師每一句話都沒有亂講；從證悟者看來，禪師每一句話都有脈絡可循，只是錯悟者聽不懂，才會覺得前言不對後語。禪宗的禪，本來就是如此，這樣才是眞正大乘見道位的佛法。也許有人心裡面想：「那是你亂講的。」如果是我一個人亂講，爲什麼我們這一些明心的人都不肯走人？每到週二講經時還要特地來捧場，這是爲什麼呢？如果我眞是亂講，顯然他們是被騙了，應該早就走人了，可是爲什麼都不走？當然這表示說，我眞的沒有亂講，他們越聽越歡喜，越聽就越能觸類旁通而增長實相智慧。等到哪一天你悟了，你也許會亂講得比我更厲害，可是你似乎亂講的時候卻都沒有亂講，全都正確；因爲你有時從妄心來談，有時候從所證的眞心來談，當然全部都對啊！這就是實相般若的好處，悟與未悟由此分野。

所以，繼宗法師當時不知道悟的人是從能見的心來看見那個無所見的心，有時候從被看見的無所見的眞心來說。他聽不懂，無法去體會，所以怎麼聽都錯，怎麼想都想不通，到這個時候智禪師又說：「無有能見者。」這是從如來藏的無所見來講的。當他前面說見性成佛時，那是雙具兩邊，是有個能見的，還有一個被見的如來藏眞如是沒有能見的，祂具有成佛之性。當他說「見無所見」的時候，也是有兩個心，是「能、所」具足的；是『見』無所『見』」中的第一個「見」字，是指能見的這個妄心有「能見」，由這個妄心看見了「無所見」的眞心如來藏，所以說「見無所見」，「無所見」的這個「見」是「『見』無所『見』」第二個見字，所以這也是具足能見與所見。繼宗法師未悟，當然是聽不懂：「既然無所見，爲什麼還有能見？」他問爲什麼還能看見？他當然要問，好不容易遇見一個眞悟的禪師，眞悟的禪師可不是常常可以遇見的，當然他要一直追究下去；可是沒想到智禪師竟然跟他說：「沒有能見者。」這又是從如來藏的立場來說，是從涅槃的本際來講，那當然是沒有能見的人。

智禪師又不像我這樣，把能見與所見的道理講清楚，只依自己所悟的境界來說，所以繼宗法師當然聽不懂，只好這樣子問了：「到底你說的道理是什麼呢？」這時候智禪師又裝得一副很老婆的樣子（前面就是不跟他明講，現在又變得很老婆了），就講了一大堆：「你知道嗎？錯誤地去認知，然後把它執著爲眞實有，那就有能有所了，這樣的人就可以說他是迷人。」要是換了我當繼宗法師，當場就要質疑智禪師：「你剛剛說見無所見，不就有能所了嗎？你已經落入能所了，不是住在實相法界中了。」這就要罵他了。可是繼宗還沒有悟，當然只能由著智禪師講，也不知道智禪師講的話跟現在講的沒有能所，是什麼地方相符或相異？他弄不懂，無從問起，所以就只好聽智禪師繼續扯下去。

於是智禪師又繼續說：「隨著所知道的見解，去自己作任何的理解，都是錯誤的，都會落入生死之中。」意思是說，見這個成佛之性，一定得要親見才算數，用思惟想像的都不算數。然後，就說：「如果是分明看見的人，就不會這樣子；他一天到晚都在見，可是又什麼都沒見。」又來這一招了！所以你要是沒找到如來藏，眞是難死了！根本不知道該怎麼辦。你如果問我：「怎麼辦？」我就說：「參！」因爲參究是最重要底事。趕快把祂找出來而實證金剛般若，這才是最重要的。然後，智禪師說了這句話：「終日見，未嘗見。」是因爲覺知心終日都在見各種事物，而心眞如第八識從來都不曾有見。智禪師接著又說：「在轉依這個心眞如所住境界的情況下，你想要尋找能夠看見的處所，或者想要看見什麼地方是見，並不可得，乃至見的法相也都不可得；既沒有能見也沒有所見，看見了這樣的情況才叫作見性。」這才是眞的看見了金剛心的成佛之性。所以，這意思就是說，如來藏自身是離能所的；有能見、有所見時一定是在六塵中；可是金剛心如來藏從來不住在六塵中了別，因此就沒有能、所。「能所俱絕」，這是如來藏自身的境界。可是如果單單有如來藏這個能所俱絕的境界，而沒有覺知心來看到六塵外的如來藏這個境界，那你又怎麼能開悟？一定是要有一個妄心覺知心能看見，經由參禪參到後來，終於看見金剛心如來藏有這個「能所俱絕」的體性，隨即出生了實相智慧，這樣才叫作看見了成佛之性。

這一百年來，中國大乘佛教就死在這個地方：都是要把自己意識變成離能、離所的如來藏。就是死在這個地方，所以每天要打坐，一念不生、百事不想，說這樣叫作離能、所。大家從來沒有想過有人說明：進入了定中，離開了五塵時還是能、所具足，因爲覺知心面對定境中的法塵——面對那個定境時，定境本身就是法塵，還是有能、所。他們都不知道這一點，所以妄想要把妄心意識變成眞心而具有成佛之性。意思就是說，唯識增上慧學通達的人聽了一定會罵他：「你是想要把第六意識變成第八識如來藏。」一定會這樣罵他。正因爲他落入六識論裡面，所以法身慧命才會死掉，他的法身慧命就活不過來。這就是他們的癥結所在，他們修學佛法的瓶頸就在這個地方。然後，我們拿了一個木槌，想要把那個瓶頸敲斷，他們卻急了起來，弄了一層又一層的橡皮、水泥、鋼板，不斷地把它圈起來保護著；那你這個木槌再怎麼敲，他們的瓶頸終究敲不斷，永遠無法突破。那些大法師們就是這樣子，所以大乘佛教會弄到今天這個地步，就是那些大法師要把妄心變成眞心而給弄擰了。

眞正的大乘佛法，乃至眞正的二乘菩提，都是依八識論而成立；在佛法三乘菩提中——從初轉法輪的解脫道到第二、第三轉法輪的般若與唯識諸經中，自始至終都是主張人人同樣有八個識，從來沒有六識論者。那些表相大師們落入六識論中，所以一天到晚否定第八阿賴耶識、否定第七識意根。可是，明明經中有說意根，他沒辦法，就想出一個沒辦法中的辦法，就說：「意根就是意識落謝後的種子，所以還是有意根；但是意根種子現行時就變成意識了，意根就不存在了，所以還是六個識。」喔！意根可以這樣解釋？而他們這樣解釋，也是其來有自；因爲古時天竺聲聞法分裂出來的部派佛教凡夫論師佛護、安慧、清辨，他們就是這樣講的。那些聲聞法中的凡夫僧不甘寂寞，看人家菩薩們寫論，他們也要寫論，而且是以聲聞法中凡夫僧的所知所見，來寫大乘法的論；所以就寫出那種荒唐論，如今遺毒還在，毒死了印順和他的門徒們，全都死在這個地方；所以法身慧命都沒得救，眞的要命！

最近傳道法師怎麼說？他說：**「有人罵我是六識論者，其實我不是，我講的也是八識論。」**但他的八識論是怎麼解釋的呢？他說：**「有啊！我也是八識論，我說也有意根啊！意根從意識出生。我說也有第八識，第八識也是從意識出生的啊！當然有八個識。」**他所說的大意就是如此。喔！這樣把意識分成三個，就多出兩個識了，所以他自稱也是八識論者。如果要那樣說，也可以啊！我如果把眼識再分成兩個，就可以變成九個識了；那我把耳識也分成兩個就變成十個識了，同樣的邏輯，我當然可以把六個識都加以細分啊！對不對？但眼識分成兩個時還是眼識，耳識分成兩個時也還是耳識；所以意識分成三個時一樣還是意識，總共依舊是只有六個識，所以他這樣並不是眞正的八識論，那本質還是六識論；因爲不論意識分成幾個識，一樣是第六意識，依舊不能外於意識而成爲第七識、第八識。並且，一定是要意根與如來藏存在而且同時運作來支援意識的時候，意識才能生存；而意識睡著斷滅了的時候，如來藏跟意根還是繼續存在，怎麼可能眠熟斷滅而不存在的意識可以反過來出生依舊存在的意根與第八識？（編案：這些道理，平實導師在《第七意識與第八意識？》書中已有詳細解說，請自行購閱。）

如果他的邏輯可以講得通，他是不是被母親出生了以後又來出生他的媽媽呢？我都不知道啦！對啊！因爲意識是如來藏生的，意識是兒子，如來藏是媽媽，結果他反過來說：「兒子意識出生了如來藏媽媽，所以有兩個人。」這叫作胡扯！所以，只要把七、八兩個識否定了，保證他三乘菩提無一可證；他沒有任何一乘法義可以成功建立理論，至於實證就更別提了。因爲四阿含諸經裡面也講得很分明，聲聞菩提是要依本識常住—依入胎而生名色的識—依「諸法本母」的本識來說聲聞菩提。而緣覺菩提也一樣，佛說是要由十因緣觀行完成再來觀十二因緣，而十因緣觀裡面很清楚開示人們有八個識，那就與大乘法一樣都是八識論的主張，怎麼會是六識論的法義呢？難道要把佛法中的三乘菩提都與常見外道的六識論邪見合流嗎？

所以三乘菩提一切佛法，如果誰主張只有六個識而沒有第八識如來藏，就不可能證得眞如了；那你就知道他一定是凡夫，百分之一百二十是凡夫；縱使他百分之百證明不是凡夫，也還有二十分可以證明他是凡夫，他絕對逃不掉，永遠無法推翻這個事實。那麼，如果在大乘法中，說他參禪開悟了，結果竟是六識論者，你就說：「那他也是悟錯的人，不可能證悟，沒有實相般若。」所以，凡是用六識論的立場要來解讀禪宗祖師開悟的公案，想要從其中去找到可以幫助自己開悟的方法，門都沒有！一點點的希望都沒有，因此藉著這一段爲大家說清楚。

現在六識論的陣營中既然有人自稱不是六識論者，說他也是八識論者，表示他心中已有弘揚六識論的壓力了，否則他幹嘛要講這些話？因爲他一定是覺得說：「我不能承認我是六識論者，否則我就變成沒有開悟，也沒有證初果，就表示我說的法是有問題的。」那該怎麼辦？只好換句話來講：「其實我也是八識論者。」別人聽了會想說：「他可能有開悟吧？因爲他也是八識論者。」這就是說，禪師的所證從來就是第八識如來藏，沒有人說外於如來藏而有另外一個眞心可證的。只要落入意識心中或者落入意根，全部都是虛妄的，都是錯悟。

因此，智禪師這句話，你如果從八識論來理解，也有人為你解說了，你就可以正確瞭解了。當你找到如來藏的成佛之性了，你從這個成佛之性裡面，要尋找祂什麼地方是有所見，一定找不到；因為祂從來離六塵中的覺知，怎麼可能會有見呢？既然沒有見，就不可能還有能、所啦！也就沒有能見與所見，因此智禪師說：**「求見處體相不可得，能、所俱絕，名為見性。」**現在繼宗法師聽了，心裡面又出現一個問題，因為「能所俱絕」，當能所全部都絕蹤跡了、都不存在了，要這樣才叫作見到成佛之性，那麼到底這個成佛之性有沒有遍一切處？因為他是講《華嚴》的有名座主，講《華嚴》的人一定會談到遍一切時、遍一切處等等四種遍，除非他對《華嚴》一知半解，這時他當然要問這個問題。

現在糟糕了，智禪師說**「能所俱絕」**，既然能所都亡，又如何可能還有「見」？那應該也是看不見。既然能所都沒有了，如何能遍一切時、遍一切界、遍一切處？沒辦法啊！所以只好問：**「請問禪師，這個成佛之性有沒有遍一切處啊？」**一切處就是十二處——六根與六塵。他問：**「成佛之性有沒有遍六根與六塵啊？」**智禪師說：**「沒有一處是不遍的。」**也就是說，十二處這六根與六塵，隨你哪一根、哪一塵中，祂都在，無處不遍。其實繼宗法師這時心裡還是懷疑，但是不好意思再問下去了；畢竟人家是證悟者，繼宗法師是還沒有開悟的凡夫，怎麼好再質問？所以就從另一個方向再來問。因爲既然是要請法，就要客氣一點，請法的人總不能處處生疑公然質問。

所以，他又問：「這個成佛之性，是不是每一個凡夫都有呢？」智禪師就說：「我上面已經跟你說無處不遍了，無處不遍的時候，每一個有情都有十二處，每一處都有，」即使他生來眼盲、生來耳聾，少了兩處或者少了四處，至少也還有十處或八處，當然還是有啊！怎麼會沒有呢？所以智禪師說：「我已經跟你說無處不遍了，怎麼可能凡夫而沒有具備這個成佛之性呢？」所以你只要悟了，你聽悟者開示時就知道這本來就是這樣，還用得著解釋啊？可是對於還沒有找到的人，就一定得要解釋。

接著，繼宗法師又問：「爲什麼諸佛菩薩都不會被生死所拘束，而凡夫們卻單單要被生死的苦痛所繫縛呢？這樣說來，什麼地方可以說有遍一切處呢？」最後終於提出質問了。這意思就是說，繼宗法師以爲說，既然凡夫也都有這個成佛之性，那應該凡夫們也會跟菩薩一樣、跟佛一樣，就憑藉這個成佛之性而可以不被生死之苦所繫縛；可是爲什麼同樣都有成佛之性，諸佛菩薩不被生死苦所繫縛，而凡夫偏偏要被生死苦所繫縛呢？這樣看來，顯然這個成佛之性是不遍的，應該是只有佛菩薩才有，凡夫是沒有的。他的想法是這樣，這樣想法到底好不好？（大眾默然。）到底好不好？怎麼沒有意見？到底好不好？不好？對嘛！因爲如果法界中眞是這樣的話，那就意味著佛菩薩是本來就是佛菩薩，而凡夫則永遠都會是凡夫。那到底好不好？（眾答：不好。）喔！不好了！現在說不好了，爲什麼不要像剛才這樣默然呢？

可是也許有人會說：「好啊！」譬如印順法師啊！他解讀經教：「既然說唯證乃知，沒有證的人是不知道的；又說是不可思不可議，那凡夫顯然就是永遠無法證得。」他在書中的說法大約就是這樣。但他這樣講是錯誤的，所以他認爲說：「凡夫永遠是凡夫，是對的。但是凡夫菩薩們只要用『凡夫行』來行菩薩道，最後也可以成佛。」這樣講得通嗎？講不通，因爲凡夫的成佛還是凡夫佛，那到底他成佛想要幹嘛？就沒有意義了。所以一定是人人都有，但是其中有證與不證的差別；證了就成爲菩薩，證得究竟具足就會成佛，還沒有證就是凡夫，要不然就是二乘聖人「雖聖猶愚」：雖然是聖人了，仍然是愚人。

因爲他提出這樣質疑說：「何曾得遍？」顯然他認爲是不遍於凡夫的，成佛之性只有遍於佛菩薩。智禪師就答覆說：「凡夫眾生在成佛之性的本來清淨性裡面錯誤的認知，而把祂執著爲有能有所的心，就會落在意識裡面，因此就落在三界生死的苦痛之中。諸佛諸大菩薩們都善於了知這個清淨性裡面非有非無，不被有無兩邊所繫縛，從來不落在有無兩邊之中，所以才能夠能與所都遠離，不落在能所之中。」這麼解釋，繼宗法師還是不太能接受，因爲他還沒有能力現觀實相法界，所以他又說：「如果是像您這樣說的話，就應該是有兩種人了，一種人是了達的人，另外一種人是尚未了達的人。」本來他這樣講是沒有錯的，可是智禪師故意要跟他要迷糊，當作聽不懂他的話；這時候智禪師又不從禪機上面來說，他轉到如來藏自身的境界裡面來講：「『了達』這件事情都不可得了，何況還能夠有『能了達的人』呢？」你看，要詭計呵！所以，如果證悟的禪師不想幫他的忙，就會有時候從妄心來講，有時候改從眞心來講。當這個無緣人從妄心來問，他就從眞心講；這個無緣人聽到對眞心的開示時，他就從眞心的疑惑來問；禪師卻又從妄心這邊來講，就這樣子。於是繼宗法師就會從兩邊都追問，智禪師就把兩邊的境界都講進來，讓他去搞迷糊。

所以，古來的禪師沒有幾個人像我這樣子奢，他們手頭都很儉；每一個山頭的主法和尚都很儉，因爲：「老僧我行腳二十年，挨了多少棍棒，被人家喝出去多少遍，才有機緣悟入。你來這麼一問，就想要我把妙法給你，門都沒有。」一切老僧當然都不肯，因爲老禪師們每到初秋變天的季節，渾身痠痛——凡是挨過棍棒的地方都會痠痛，哪有可能隨便就讓人得法的？所以自古以來，最老婆的禪師只有兩個人，一個是大慧宗杲，一個是雪峰義存。因爲雪峰義存悟得很辛苦，所以他很能體諒人，他一生弄出一百五十個人開悟。大慧宗杲被宋高宗打壓而不許他弘法，但他恐怕宗門法脈斷絕了，所以即使被皇帝給遷移到閩南軟禁（閩南那個時候是蠻瘴之地），他也還是照樣度人證悟，也弄出了幾十個人來；當時在閩南度人開悟，有記錄的有五十三人，沒記錄的可不止。但今天我們都超越過去世了，因爲今天需要很多人來爲正法作事，爲了正法的久遠流傳需要很多人來共事。我們希望今天所作的事，可以讓正法再流傳三千年。三千年後，我再出來弘法就行了；以後三千年之中讓你們大家努力弘法利生修集福德就夠了，我希望可以隱居著過逍遙的生活；等你們有時候需要幫忙時我再出來幫幫忙，不一定要當法主。

這就是說，自古以來想要開悟的人很多，但這件事情不簡單，所以繼宗法師這麼說：「照你這麼講的時候，那就是有『了人』與『不了人』兩種？」這時候，智禪師又從眞心本身的立場來說：「『了』這件事情都不可能存在，何況還有『能了』的人？」這眞是欺人太甚，明明開悟就是了達，開悟者當然是「了人」，那麼被了的是誰呢？被了的即是成佛之性——如來藏本具的成佛之性，那當然是有「了」與「不了」兩類人。所以了與不了，一定有兩個層次可說：了的人跟被了的心。被了的心，是從來不了的。那麼從事相來說，找到或者說看見成佛之性的人就是「了人」，還沒有看見成佛之性的人就是不了的人。也是對啊！然而智禪師偏偏不跟他解釋這個道理，直接就從眞心自住的境界說：「『了』尚不可得，豈有能了之人呢？」所以說，如果無心爲人，就是這樣子從旁裡講去；因爲他要觀察這個人有沒有因緣得這個法，如果他還沒有因緣得這個法，給了他，倒是禍事一件；所以一定要觀察，不輕易放手。

諸佛菩薩來到人間示現，一樣是有八識心王具足，所以有的人愚癡，堅持六識論，就想要把自己意識覺知心靜坐變成離見聞覺知的第八識心，然後就說：「你看，經上說諸佛如來離見聞覺知，也說『法離見聞覺知』。」所以他就要每天打坐離見聞覺知，結果佛法越修就變成越笨的人，對三乘菩提的眞義，一問三不知，卻又講得頭頭是道：「你現在跟我講那麼多，還來質問我，那你就是有見聞覺知，你就是沒有悟。」所以，要了知這個道理並不容易，一定是要過來人才有能力來指導的。

繼宗法師問到這裡，無處可問了，再問也問不出所以然來；只好低下心來，重新再來問：「那麼究竟的道理是怎麼回事？」智禪師就說：「我就從重要的部分來爲你說，你應該要這樣記得；」這個「念」，並不是誦唸的意思，念就是記憶的意思；「你就應該要記得：這個清淨的成佛之性裡，沒有凡夫也沒有聖人可說，也沒有能了的人，也沒有不了的人。凡夫與聖人都只是個名稱；如果隨著這種名稱而在自己心中生起了思惟所得的理解，就會落到生死裡面去。如果知道這些假名都不眞實，那時候你就沒有一個可以被命名的人了，也就沒有一個可以被稱爲凡夫，或者被稱爲聖人的人了。」

你從這些字面上去讀或者從字面上去聽，能眞的理解嗎？還是不行啊！可是智禪師並不是沒有為人處，他也還是有所講解。也就是說，其實從實際情況來說，是有一個能證者，還有另一個所證者。譬如說，智禪師在爲繼宗法師說法的時候，他是有一個能說者，也有一個所說者，他所說的就是金剛心本具的成佛之性；但是畢竟得要有一個能說者，如果沒有五蘊這個能說者，智禪師根本就不在了，還能爲繼宗法師說法嗎？但是他畢竟還在說法，而他所說的如來藏的成佛之性自身的境界，不是能說的智禪師五蘊覺知心的境界。所以他說：實際理地沒有凡也沒有聖可說，凡與聖都只是一個施設。凡聖是依什麼來施設？凡聖是依學佛者有沒有親自看見了如來藏的成佛之性來施設的，並且是依實證或未證者的五蘊來施設。這個成佛之性被你找到、被你看見了，那麼你的三縛結不在了，你的實相般若也生起了，因此說你是解脫道中的初果聖人，同時是大乘別教中的第七住賢位菩薩，不再是凡夫位了。如果還沒有證得的人，就說他是凡夫，這就是大乘法中凡聖的分際。

從參禪修學佛法的事相來說，有能證與所證者，也有凡聖之別。如果證得這個成佛之性以後就被稱爲聖人了，這個解脫道中的初果聖人，同時也是大乘別教中的第七住賢人；然而這個賢與聖的封號，還是依五蘊來說的，是五蘊所擁有。可是這個五蘊聖人證得成佛之性，那個成佛之性是不分別凡與聖的。祂是被你所證的對象，不是應該要修行的人；祂也不是要來證這個法的人，祂也不是要來了達般若的人。所以，從祂的立場來說，沒有凡與聖可說，也沒有能了與不了的人可說。凡或者聖，都只是名稱。當有個人找到了如來藏的成佛之性，就封個聖人的名號給他；還沒有聽到成佛之性的人，或者已經聽到了，然後已在參禪還沒有找到的人，就說他是凡夫，後來實證了就說他是賢聖，其實都是同一個人，所以凡與聖都只是個名稱或封號。可是成佛之性的本身——也就是說如來藏本身，祂不去了別凡聖，不去了別悟與不悟，也不去了別有與無、垢與淨等等；從祂來講，沒有所謂了悟的人跟未悟的人。如果不懂這個道理，落入凡與聖、了與不了之中去思惟理解，就會落入生死之中，因爲那一定都是意識的境界。如果知道這些假名都不眞實，就沒有一個可以和凡聖假名相當的人。也就是說，如果知道凡與聖都是個假名，才是找到了這個成佛之性，才是眞正懂得它是假名。沒有眞正找到如來藏而現觀眞如以前，不可能眞的瞭解。

所以，剛學佛的人心裡面想：「經典裡面說聖人如何如何，如果我有一天開悟了，我應該會飛天遁地。」就是這樣想的啊！剛學佛的凡夫往往這樣想，然後有一天又讀到有禪師說：「悟了一定有六通。」哇！好高興，有六通。來到正覺，有一天被印證開悟時就說：「這樣叫作開悟喲？我怎麼不會飛？」我問說：「你爲什麼這樣問？」他說：「因爲祖師有講，悟了有六通。」我問他說：「你的如來藏在不在眼根？」「在啊！」「在不在耳根？」「在啊！」「乃至在不在意根？」「在啊！」「在這六根之中如來藏有沒有互通？」「有啊！哦！原來是這樣通喔！」你看，要不要命？

所以禪師怎麼說，凡夫就怎麼誤會，這本是平常事，自古以來就是這樣的。你們看，經裡面怎麼說，凡夫讀了就怎麼誤會。這是平常事，無足爲奇。因此，當你眞正的知道說，凡夫與聖人只是個假名；是依照大家的五蘊有沒有智慧，來定位他們是不是凡夫、是不是聖人。可是，一般人很普遍的想法，說聖人是夏天熱時不會流汗，冬天冷了不必添衣，很多人是這樣的想法。可是聖人與凡夫不是這樣來區別的，而是看他們對於解脫道的智慧有沒有證得，對於佛菩提的智慧有沒有證得，是這樣來區分的。

所以，當你證得如來藏的成佛之性了，從成佛之性裡面來看；不看五陰的自己，只看成佛之性本身，祂的境界裡面根本沒有「了人」或「不了人」，也沒有凡與聖可說。凡與聖，都是因爲我們有沒有證得祂，導致五陰有沒有擁有聖人的智慧，來說我們是凡夫或者聖人。當你證得祂以後，從祂的立場來看，卻完全沒有凡聖可說。你轉依於祂，是因爲五蘊自己虛妄，所以要轉依眞實的祂；轉依了眞實的祂，從祂的立場——當你站在祂的立場來看的時候，哪有凡與聖可說？所以，證悟的人不會一天到晚說「我是聖人」，你看到哪一個祖師有說過他是聖人？從來沒有。可是台灣前些年竟然有大法師說：「**師父在上面說法的一念心就是眞如佛性，你們在下面聽法的一念心就是眞如佛性，聖人說話是不打誑語的。**」那這樣子，他是不是聖人？（有人點頭。）你還點什麼頭？（大眾笑…）他只是五陰凡夫而假名聖人。他連假名聖人其實都不是了，因爲聖人只是個名詞，有了這個名詞以後，他還是那個五陰；可是他連這個道理都還沒有弄懂，他那個五陰怎麼可能是聖人？因爲他沒有找到成佛之性，而成佛之性是離凡聖的；如果他眞悟了而轉依離凡聖的如來藏，怎麼還可能自稱是聖人呢？所以眞正的佛法——三乘菩提——全部都沒有互相矛盾衝突的地方，它們都是相通的——相連而相通。

因此你要是悟得眞，從二乘菩提跟大乘菩提來看，完全是相通的，沒有絲毫的衝突。不是像他們講的，說什麼三轉法輪諸經前後矛盾，不是他們講的那樣。智禪師又這樣講：「即無有當名者。」其實繼宗法師還是聽不懂的。智禪師當然知道他聽不懂，所以接著說：「我方才所說的，是最究竟的地方。」爲什麼是最究竟的地方？因爲是如來藏成佛之性獨住的境界，沒有一個境界可以超過這個境界。然後又開始老婆起來，作了一些開示：「如果說『我能夠了知，而他不能夠了知；我能夠了達，他不能夠了達』；這就是一個大病。」這病不小啊！古人參禪時不是說有禪病嗎？說禪病要怎麼樣把它除掉。禪病，這個說法不是現在才有，古時候就有了。以前有人問禪病，大慧宗杲講：「禪有什麼病？禪從來沒有病。」然後就講了一堆所謂的禪病，說明其實禪沒有病。對啊！禪本來好好的，它有什麼病？是參禪的不懂才有病，禪本身哪有病？所以現在說的這個病，是假名禪病。如果落在「誰能了、誰不能了」，那就是意識心，那麼這樣的話，就是大病。

「如果看見有清淨與汙穢、看見有凡夫與聖人，也是落入意識心中了，那也是個大病。聽到人家這麼說，心裡面就想說那就是沒有凡夫與聖人了，那又變成撥無因果了。」所以你看，眞難呵！只要沒有悟，就有這個難處。「明明剛才禪師是說沒有凡也沒有聖，現在我繼宗跟著認同說沒有凡、聖，你又說我撥無因果，那我要怎麼辦？」眞的沒辦法，凡夫就是沒辦法。接著智禪師就說：「如果看見說有一個清淨性可以在那邊棲止，」鳥停在樹枝上，就叫作棲，就是把那個地方當作一個休息的地方；「如果看見有清淨的成佛之性可以安身棲止，那也是個大病。如果聽人家這樣講，說這是個大病，心裡面又想說：那就是沒有一個棲止的處所。那也是個大病。」你看，怎麼樣都是病。這個病什麼時候才會好？要來到正覺同修會，然後去大溪祖師堂打三以後才會好。否則這個病好不了，眞的好不了。爲什麼兩種都是病？因爲，如果說看見有清淨性可以棲止，那是誰看見？是意識。那就表示說，這個人悟了，把那個開悟抱得緊緊地說：「我悟了，我知道有那個清淨性可以棲止。」那是不是立足於五蘊我？對啊！「我」可以棲止於那個地方，那就是「我」，那又落在意識裡面，就表示轉依不成功，當然也是個病。

「如果聽人家這麼說，心裡面就想：那就是沒有一個可以棲止的地方。

那又變成斷滅論了。」如果沒有可棲止的地方，阿羅漢入了涅槃，豈不是斷滅空？那到底是該有棲止，還是沒有棲止？等你來問我，我就說：「還是沒有棲止。」「你不是說沒有棲止就是斷滅空嗎？」我說：「沒有棲止不一定是斷滅空，是你沒有棲止才會變成斷滅空，因為你認為沒有棲止就是空無。但我認為的沒有棲止，是阿羅漢入了涅槃以後，阿羅漢五蘊不在了，他還需要棲止什麼？而他的成佛之性還是在，可是沒有誰在棲止成佛之性，那不是沒有棲止嗎？」「喔！原來你這樣講呵！」「對啊！我就是這樣講，你若是想要我講另外一種也可以講啊！就是這樣啊！」這就是說，你有沒有眞正的悟入，才是說法正確與否的關鍵。眞要是悟了，你都可以講；對於一般人講一般話，對於禪師又講另一般話，所以禪師總是見人講人話、見鬼說鬼話。

禪師若是遇見了家裡人，講話好大聲，可是旁邊的人怎麼樣聽都聽不見。為什麼聽不見？因為每一個字都聽懂，但不懂得他們在講什麼，待在旁邊的人，努力地側耳聆聽以後，竟然都無所聞——聽了都等於沒聽見。那麼，只要你眞悟了，你可以離開兩邊：「作棲止解亦是病」，你知道病在何處；「作不棲止解亦是病」，你也知道病在何處，而你不會落在這兩邊。可是，還沒有找到這個成佛之性的人，聽你講來講去，你說這邊不對，他就落到那一邊；你說那邊不對，他又落回來這一邊，你再告訴他：「你又落回這一邊了，這又不對了。」他就茫然而不知該怎麼辦：「兩邊都不對，我該怎麼辦？」果然眞的無棲止處。

所以，禪師遇到這種人，就說他是無主之人。這類人的心中無主，沒有可依止的一個中心，所以就是無主之人。所以禪師看到哪個沙彌，他看了喜歡、想要度，就問他：「你是有主沙彌、無主沙彌？」意思是說，你有沒有依止師？可是人家有的沙彌是早就悟了，你別看他還沒有圓頂、還沒有受具足戒，但他早就悟了，這樣的沙彌就會答說：「有主。」禪師刻意問：「主在何處？」答：「伏惟和尚，萬福！萬福！」禪師一看，果然眞的有主，那就是別人的好徒弟了，不可能由這位禪師來度了。到底其中的蹊蹺在什麼地方？這個要急著眼看，不要當作看布袋戲一樣，因爲一晃就過去了。你只要眼尖，這麼一瞥，給你瞥見了，你現在就悟了，不必去到禪三了。不過，我要加個註腳：縱使悟了，禪三不一定考得過，因爲我們的勘驗標準很高。

回到智禪師的話來：「但是清淨性裡面，雖然沒有動搖，具有不可毀壞的種種方便應用，並且也能夠興慈運悲，」說能夠藉著這麼一悟就興起慈心而運作悲心；「像這樣興運的地方，就出生了清淨之性可以讓你看見；只要這麼看見了，就可以說是見性成佛了。」不過，這個仍不是究竟佛，只是理上的成佛，是在六即佛中的相似即佛位。這也就是說，這個成佛之性，雖然不會在六塵中被任何一法所動搖，但祂並不是像石頭、木塊一樣不動搖。石頭、木塊，你怎麼罵它，它都不會動搖，所以沒有人要罵石頭、木塊，一定要罵那個會動搖的心；所以如果罵人時一定是罵人，罵狗時就罵狗，不會罵石頭與木塊，因爲知道無情無心，根本不會被罵到，根本不會動搖，罵它作什麼？譬如說，有的人罵人時，如果是罵悶絕的人；你說他呆不呆？眞的呆啊！因爲悶絕的人不會反應，都不會因此而難過，他罵了能幹什麼？原來他只是在罵著別人使自己消火而已，不是眞的要罵。

可是，雖然你罵這個如來藏，祂也不會生氣、也不會動搖；但祂不是像石頭、木塊一樣無作用的，祂可以興慈運悲，因爲祂有種種的方便應用。這裡說的種種方便應用，你明心了就知道。「興慈運悲」，等你明心了，你也會知道。可是如果繼宗法師來問我：「如何是方便應用？如何是興慈運悲？請您開示。」好極了！我正找不到機會打人，他送上門來，我不打還等何時呢？這一下當然一掌就把他撲倒了。不打白不打，對不對？既然他要問「如何是方便應用、興慈運悲」，我當然要打他，並且打得他服氣。假使他不服氣，撂一句話給他：「三十年後自然會有個多嘴阿師講給你聽。」等到三十年後，還終於有個多嘴的眞悟禪師告訴他這個道理，他也夠倒楣了。不過，如果他宿世以來沒有這個因緣，禪師跟他授記三十年後多嘴阿師會跟他講明，那算是他撿到便宜了，因爲這等於提前給他在三十年後開悟。他本來是不曉得還要幾世才能悟的，所以到底被人家這麼授記，究竟是好是壞，也是要看各人的因緣，沒有絕對的好壞。如果本來是三年後可以悟，被禪師這麼一釘就釘死了，最快也要二十七年後才能悟入，那不是倒楣了嗎？所以問話的時候，還要懂得一些規矩，不能隨便問。隨便問，萬一禪師一個不耐煩，一句話預記說：「十劫之後，自然有多嘴人爲你明講。」那不就倒楣了？眞悟禪師們講話都是很毒的，所以問的時候不要隨便問。

智禪師當然不會解釋這個道理，所以他就說：「就像是這樣子在興運——在興慈運悲的地方，自然就出生了那個清淨之性可以給你看見。」如果祂都不興慈運悲，總是住於不移動處，你想要找到祂就很難；所以得要在祂興慈運悲之處，就很容易找到祂了。當你在祂興慈運悲的時候，找到了就一把抓住說：「原來是你這傢伙。」你就看見祂的成佛的清淨性。這時候就叫作禪宗的見性成佛了。

這樣開示完了，繼宗法師聽到這個聞所未聞法，好高興啊！因爲眞的從來沒聽過，所以非常的踴躍，禮謝而退。禮謝而退之後，其實說穿了，也只是得到一堆言語，都是糟粕，沒喝到一滴酒。可是，哪一天假使有誰來問我說：「繼宗法師怎麼這樣沒福報，一滴酒都沾不到，只得到一些酒糟？」我就告訴他：「繼宗法師三大鐔的濃酒吃了，都還說沒沾脣。」什麼地方是他喝了智禪師厚酒之處呢？這得要下點心，別光只是聽著，心想：「好幽默！好玩！禪門眞有趣！」這樣聽上一百遍，也是沒轍！公案仍然是公案，你仍然是你，不懂還是不懂，那就要被禪師罵：「啞者依前啞，盲者依前盲。」那不就很倒楣了嗎？

這意思在告訴我們什麼？在告訴我們說，成佛之性是如來藏才具有，其他七個識都不具有如來之性；只除了一個狀況，就是這個七識心悟得具有成佛之性的如來藏以後，才能夠說有成佛之性，否則就只有如來藏有成佛之性。而這個如來藏的成佛之性，祂是本來就清淨性，不是經由修行以後才變清淨的。修與不修，要弄清楚呵！要修行的是五蘊的我們，不要叫如來藏修行。所以，證悟的跟被證悟的，二邊要弄清楚。被證悟的如來藏，祂不必參禪；你想要證悟，所以你得要參禪。而你想要證悟參禪，你參禪所證悟之標的，就是那個不求悟的如來藏。如果遇到個假名禪師，他們會籠罩人說：「當你想求開悟的時候，你就是沒有開悟了。」我就說：「對啊！對啊！你講得很好。」也許他質疑我說：「你以前不是說，我這樣講不對？」我卻說：「是你不對，不是我不對。」因為我講的有道理，實際理地從來沒有想要開悟，有誰的如來藏曾經想要開悟？沒有啊！想要開悟的都是妄心七轉識，所以你想要開悟，你就弄錯了，就表示你沒有悟，所以不能想要開悟。（大眾笑⋯）所以我這樣講也對啊！可是他這樣講，他就錯了。

這就是說，你進了正覺求開悟，你要眞正得到大受用，別人講錯的法來到你手裡就可以變對了；他聽到你講對了，拿回去用時他又不對了。這樣才是棒，懂不懂？學佛得要學這種法，才可以說：「我學佛學得很快樂，不管路途多麼遙遠，我都無所謂。」你看，我們有同修是每週從花蓮趕來的，十年來都不怕遠路辛苦。以前，我在台中教一個禪淨班時，還有人是從台東來的。你看，為什麼能長期都這樣不怕辛苦？因為快樂嘛！真的是法樂無窮。大家要學這樣的法，千萬不要在那邊學那個好痛苦的六識論假法，然後每天要打坐熬腿，在那邊等候放腿的時間，總是等著說：「引磬為什麼還不敲？又不能放腿，我的腿好痠呵！」就在那邊熬著，都是在熬腿啊！因為一般人腿功都不好，熬到了十分鐘，往往以為半個鐘頭應該到了，該敲引磬了。因為實在很痛啊！所以想說大概快要敲了，心裡面大概在估計說：「可能超過五分鐘了，今天是誰監香？為什麼過了五分鐘都還不敲引磬？」然後就想：「不管他啦！也許是我把時間弄錯了；痛苦的時候覺得時間比較長，那我再忍一忍。」再忍啊！過了一會，還是沒有敲引磬。然後想一想，又忍著；這樣一直忍、一直忍，引磬始終沒有敲，心裡面就很難過了：「不管啦！我就偷偷放腿吧。」這一放腿，隨即聽到聲音：「ㄎㄧㄤ…」，剛好敲了引磬。像這樣修行，他快樂不快樂呢？不快樂啊！每天都是苦啊！只要一天不打坐，師父就說是前功盡棄，所以每天都得坐。家人看了也是覺得討厭：「一天到晚打坐，都不幫我作一些家事。」有時罵將起來，他心裡也不好過，家人也不好過，全家都痛苦。來我們正覺修學佛法就沒這回事，學佛學得很快樂，對不對？對嘛！這就是我們成立正覺同修會之目的，要大家都學得很快樂：快快樂樂地證悟，快快樂樂地悟後起修。可是，這個快樂是要建立在正知正見上面，如果建立在錯誤的知見上面，那就沒有辦法開悟的，永遠也無法眞的證得實相般若，當然就學得不快樂了。

所以，我這一世初學佛，那五年之中人家教給我的，都跟開悟的方向與方法完全顚倒。後來我說：「把它都丟了！我自己來弄。」因爲看話頭、參話頭的功夫，我也是自己摸索出來的，不是師父教的。我這個見山不是山的境界待了一年半，眞的是很苦欸！你們有誰待過一年半的見山不是山境界？說句老實話，見山不是山的境界是什麼樣，你們多數人都還沒經歷過；但我那時候一個人這樣待了一年半，眞的苦欸！後來想想，覺得這不是辦法；因爲心裡面很清楚知道，這個境界都已經完成了——這個功夫已經完成了，剩下的就是怎麼樣去悟入而已，而開悟絕對不是一點一滴去把它累積的，一定是一刹那間就突然通達了。所以，閉關參禪第十九天，中午坐到三點的時候探究別人教的禪與知見，後來決定：把它丟了，都不要了，我自己來。

當我自己來參究以後，就從明心見性四個字下手；不過半個鐘頭便解決了，開悟有什麼難的？眞是很容易的事情。所以我這一世剛出來度人的時候，覺得這個是很簡單、很單純的事情，爲什麼要刁難人家？所以，以前來共修的人都是統統有獎。可是這樣子統統有獎而明講的結果，那些人的法身慧命可就全都死掉了，而今只剩下幾個元老。現在可以算得出來，大概只有六、七個人。話說回來，剩下六、七個人，算來也還好啦！可以寬慰自心。然而大部分都死掉了，所以統統有獎時功德受用畢竟還是很差。後來度眾的經驗多了，知道原來不是大家都應該跟我一樣，就不再濫慈悲了，嚴格要求以後水準就大幅度提升了。有一次禪三有個女眾，我引導出來看見佛性的時候，她高興得跳起來，我怕她會抱住我，就趕快後退一步。（大眾笑…）因爲我已經知道她一定會很激動，可能會不由自主來這一招，（大眾笑…）所以那一次我有提防。我在最早的時期老是要求大家應該跟我一樣，後來知道是不可能的；因爲我見性的時候很酷的，根本不動其心，但是會跟眾生的心相應。眾生歡笑，我會跟著歡笑，但我心中並沒有歡喜。眾生在掉眼淚，我自己的淚也會掉下來，但是我沒有一絲絲的悲傷，也沒有什麼同理心，全都沒有，但就是直接會相應的。可是當時心裡非常酷，冷靜到無以復加，不知道要怎麼去形容它，就這樣自己解決明心與見性的事了。

所以說，一般人學佛一定要先建立正知見，這才是最重要的。如果正知見沒有建立，任憑你怎麼熬腿、怎麼參禪，怎麼樣不倒單，十年都不睡覺、努力地參究也沒有用；因為一定會落到意識裡面去，並且一定會想要把染汙的意識妄心變成清淨的眞如眞心，那就永遠都沒有機會可以開悟了，所以正知見的建立才是最重要的。

我們為什麼要寫那麼多書？作那麼多法義辨正？就是為了要把眾生的錯誤知見導正回來。當他們錯悟知見被導正回來以後，未來就有很大的機會可以悟入。所以錯誤知見一定要修正過來：清淨的眞心是本來就清淨、本來就是眞心，學禪絕對不是從不清淨的妄心轉變為眞心，決定不是從不清淨的妄心轉變為清淨的眞心；而是眞心本來就是眞心，清淨心是本來就清淨的。而這本來就清淨的眞心，是與從來有染汙的妄心同時同處；要由不淨的妄心自己來參禪，以參禪的方法找出自己本有的本自清淨的第八識金剛心，自然就會看見眞如法性。這個知見如果能夠建立起來，未來才有證悟的機會。

然後也要知道說：開悟明心時所證得之標的是如來藏，這個第八識如來藏不是修得的，而是本有的。而祂的自性清淨，也是本來就清淨的。但是祂含藏了不淨的種子，那不淨的種子就是會和我們七識心相應，從來都不跟如來藏相應。所以如果能夠努力修行，後來使妄心覺知心能夠變清淨了，而其實這個妄心的清淨性是轉依了你所證的那個成佛之性以後，次第去轉變七識心自己的染汙性成爲清淨性；這可是修得的，不是本有的清淨性。既不是本有的，而是修得的，那就表示是生滅法，不是本來清淨心，不是常住法。而常住的清淨心卻是本來就在，不是修行來的；是第八識眞如心本來就清淨，不是從染汙而修行轉變成清淨的。這個知見如果能夠正確地建立起來，那麼這一世想要證悟就容易多了。

可是，也許有人想說：「那不是有八個識嗎？爲什麼你現在說是兩個心：一個妄心，一個眞心？」我們就作一個簡單的區分：前七識都是有染汙的，也都是被生之法，所以合起來叫作妄心；第八識不但出生了前七識，還出生了我們的五色根，而祂是本來清淨的、本來就在的，所以稱爲自在心，這就是眞心。之所以要把前七識定位爲妄心，把第八識定位爲眞心，是因爲必要這樣子簡單劃分，大家才好參禪開悟。

第八識眞如心，祂有使眾生依憑修行成佛之自性。找到祂而見到了這個金剛心的成佛之性，就是一般禪宗祖師講的見性，但不是《大般涅槃經》講的眼見佛性。眼見佛性是非常珍貴的，中國禪宗一千七百則公案裡面，你找不到十二個見性的公案。而這些見性公案裡面，有時候其中兩、三個祖師，其實是同一個人在不同的時代示現。那你想，見性是容易還是難？所以，遇到了能夠讓我們眞正眼見的法，這是可以很迅速超越幾個位階的妙法。明心而開悟般若就是最大的一大步，直接就跳到第七住位。眼見佛性時，不必再修什麼觀行，不必像明心一樣辛苦地悟後整理增上；眼見佛性以後就叫你去享受佛性，只叫你去洗澡，叫你去看風景、去玩水、去喝茶，有時叫你吃一點好吃的東西，這些都可以；你就只是去享受佛性的境界，不必作什麼整理，那時世界如幻觀、身心如幻觀，當下成就。可是，明心以後很辛苦，要一考再考、三考四考。有的人明心了，考了兩次禪三還考不過去，這也大有人在。但見性不同，可怪的是，在無情上面可以看見自己的佛性，眞的好奇怪！可是，你在石頭上面、在山河大地上面看見自己的佛性了，那時候你卻發覺說：自己的佛性竟然不在石頭上面，也不在山河大地上面。好奇怪呵！可是看見了佛性時就是這樣看見的，本來就是如此。那眞的沒什麼奇怪，本來就是這樣，只是見與不見而有差別。

因此，如果有機會明心了，想要再跳越這三個階段，滿足十住位，那就拚啊！如果這一世跳到了七住位，再眼見佛性而跳到了十住位滿心，第一大阿僧祇劫就過了三分之一，未來再玩上好幾個大劫都沒問題，因爲你有放逸的本錢了；即使未來幾個大劫中都沒有佛陀示現在人間也沒關係，就在世間晃一晃、玩一玩也無所謂，因爲已經超過一大阿僧祇劫的三分之一了。這樣一聽，有沒有心癢癢地說「要趕快實證」？應該要有才對。但問題是，見性這一關眞的很難。我們有將近四百位的明心菩薩，眼見佛性的同修卻只有十來位，因爲很難得呵！所以，大家還是繼續努力爲正法去作事吧。這其實並不是爲正法，而是爲自己所作的；因爲這一關，就算是我想要硬送也送不出去，那三個條件是沒有辦法去強求的，也就是福德、定力、慧力。慧力，我一直在幫忙，但是另外一種見性所需要的慧力，卻是要在爲正法、爲眾生作事當中去培養出來的；那種慧力也需要，不是單靠在佛法裡面智慧的增長，所以這也說給大家作一個參考。

今天圓山捷運站這邊晚上的溫度還是三十四度，還眞熱呵！好像是越來越熱了。但是人有個毛病，我想理事長大概會認同：越老越不能抗熱。所以，有人問我說：「什麼時候要去朝聖？」我說：「我現在越來越沒有意願了。」這有兩個原因，一個原因是因爲天氣比以前還要熱。當然這是從年紀相對來說，因爲我四十八歲那一年去天竺的時候，還可以抗得住。雖然衣服從早上穿到晚上，到了旅館的時候，那衣服上都畫了地圖（因爲流了汗水都有鹽分，不停地流汗，乾了又濕、濕了又乾，然後到晚上換下來時都有地圖），印度眞是熱啊！現在另一個不想去的原因是，去到那邊心情一定會很複雜，因爲不管是菩提迦耶那個正覺大塔，或者不管到哪個地方去，反正只要是有 世尊聖跡的地方，除非已經荒頹了，否則都是被那些密宗喇嘛給佔據了。特別是正覺大塔與成道樹，都被喇嘛教佔據了，五色旗子掛得滿天飛，四處都是喇嘛自稱爲佛教正統；去到那邊，你說心情會好嗎？佛教聖跡被這一些搞雙身法的外道們全面佔據了，你去朝禮聖地時會怎麼感觸？所以，每一次想到這個，意願就降低一點。而且現在油價又漲到那麼高，地球有溫室效應，那就想：算了，別去了。所以，這個意願是越來越低了。有沒有機會這一世再去一趟天竺朝禮？那就隨順因緣了。除非 佛陀有什麼指示說應該去，否則的話，大概就是不想去了。這是題外話，這是說諸位這麼大熱天也趕了來聽經，眞是向道心切，令人可感。今天《實相經》要從二十八頁的第二段開始：

經文：【爾時世尊說此法門已，告金剛手菩薩言：「金剛手！若有人得聞此一切法自性清淨實相般若波羅蜜法門，一經於耳，是人所有煩惱障、業障、法障，極重諸罪皆自消滅，乃至菩提，不生惡道。若復有人能日日中，受持、讀誦、思惟、修習，即於現身得一切法平等性金剛三昧；餘十六生，當於一切法門而得自在遊戲快樂；乃至當獲諸佛如來金剛之身。」**爾時如來即說咒曰：**唅——！（長呼）**】**

講記：這是個長呼的咒。呼是大聲叫出來：「唅！」一個很大的聲音，（大眾笑…）笑的人自有他會笑的意思，有的人忍俊不禁，硬憋著不笑也有他的意思；悟了就曉得，到底他們笑的是什麼意思。所以說禪門之中，禪師一言一語，莫非是道，這裡面都有涵意。所以，有的禪師是專門罵人，罵人也是道。這樣才是大乘法，並不是教你說：「你每天就是要放下煩惱，坐在那邊如如不動。」說這樣才叫修道。當然，那樣其實也可以算是道，但是要叫作外道，因為心法不是那樣修的。

這是接著上一段經文而說。上一段經文中 世尊說明什麼是各種清淨位的菩薩。這個清淨位菩薩當然是很重要，因為如果不是於六塵、六根等等一切法中都是清淨位，就不可能入地，所以清淨位當然是很重要。問題是，如果還在凡夫位，對實相是完全不瞭解，根本就不可能轉依本來清淨的本際實相，他要怎麼樣進修變成清淨位的菩薩呢？所以歸結到最後，還是得要先求大乘佛菩提道的見道——禪宗的開悟明心。

我想起印順老法師有一句話，我是非常認同的。他說：「修學佛法的首要之務就是見道。」這是他自己講的，可是他反過來又罵：「其實求見道，那就是小乘急證精神的復活。」你看，這個人講話前言不對後語，自己講了然後又自己打嘴巴。這種現象，《妙雲集》中是處處可見，非常多的。現在我們不因為他破壞正法，就把他所有的話全部推翻；他說得對的，我們還是要認同，不要因人廢言。所以，他講的話當然有錯、有對，錯的我們就提出來辨正說明，但是對的也不能硬把他扭曲成錯的。所以，他講的修學佛法首要之務就是見道，這一點我們是要給與認同的。

現在，這實相般若波羅蜜法門，就是處處要指示人家見道。這部《實相經》經中說的就是這個道理，用意也就在這裡；要這樣來瞭解這部經，來閱讀、讀誦，才能夠提早見道。這一段經文的前一段文字說，世尊講過各種不同的清淨位，說那些清淨位才是眞的菩薩位。換句話說，如果是不清淨的，他就不是住於菩薩位中，而是住於凡夫位中。那麼，世尊說完這個清淨法門以後，就告訴金剛手菩薩說：「金剛手啊！假使有人能夠聽聞這個一切法自性清淨實相般若到彼岸的法門，只要他經過耳朵聽進去了，那麼這個人所有的煩惱障、業障、法障，一切非常重的罪業就都自己消滅掉。從這個時候起，一生又一生的修行，乃至最後到達究竟菩提位，他都不會再出生於三惡道中。如果有人能夠每一天當中，都來受持《實相般若波羅蜜經》，來讀誦、思惟、修習《實相般若波羅蜜經》，他就可以在現前這個色身之上，」也就是在這一世，因爲換身體就到下一世去了；「就在這一世於這個色身中，獲得一切法平等性金剛三昧；在到達究竟菩提果的最後十六生，也就是成佛前的最後十六世，都可以在一切法門之中得自在，遊戲於一切法門之中。」這是悟後快樂地過日子一直到成佛，這就是悟後進修到成佛前的十六生。那麼，最後這十六生過完了，世尊說：「乃至於將會獲得諸佛如來金剛之身。」然後，釋迦如來就說了一字咒：「唅——！」

這到底是什麼意思？這一部經裡面，如來的咒都叫作一字輪金剛咒。你慢慢地聽下去，都會聽到一個字的咒。接著再詳細地把它說明一下：「金剛手！如果有人可以聽聞到這個一切法自性清淨實相般若波羅蜜的法門，這個法門是說一切法的自性是清淨的。一切法自性清淨，就是實相，這個實相就是大乘般若到彼岸的道理。如果能夠聽聞到這個實相道理的法門，那麼這個人只要經過耳朵如實聽聞了，他的煩惱障、業障、法障，極重諸罪等煩惱皆自消滅。」講到這裡就會有一個問題了：這一部經存在已經二千五百多年，前面二千多年我們就不說它了，光說印在《大正藏》裡面流通到台灣，如今也有差不多四、五十年了。《大正藏》流通到台灣來，大量的印出來廣爲流通是二十年前的事（編案：這是二〇〇八年七月所說），這要讚歎白馬精舍，他們應該是依照成本來印行的，不是賺錢的事。我在二十年前請購了一套，台幣三萬六千元，眞夠便宜了，可見那是沒有賺錢的，這是大功德一件。意思是說，這部《實相般若波羅蜜經》，二十年中至少也應該有二、三千人讀過了，二、三千人算很保守的估計，可是爲什麼沒有看到這二、三千人，一經於耳就所有的煩惱障、業障、法障都消滅呢？這是爲什麼呢？因爲經中說的，跟現實上似乎是有出入的。爲什麼會有出入？那就是說，那些讀過這部經的那二、三千個人，他們沒有眞正「**聞此一切法自性清淨實相般若波羅蜜法門**」。他們讀了以後，都是得聞「**此一切法自性清淨實相般若波羅蜜**」的**文字法門**，全都落在文字上。這就是問題的所在，凡是落在文字上就不能得到這個法門。

這意思就是說，要眞正的聽聞到一切法自性清淨的道理，從一切法自性清淨的道理之中去實證了法界——實證了一切諸法的功能差別；而這一切諸法的功能差別都從什麼處來？把那個根源弄清楚了、證實了，那就是「**一切法自性清淨實相**」已經親證了，這才是眞正的「**一經於耳**」；否則就不是如實親證，就是尚未親聞。這個確實不容易懂，因爲當你恭閱四阿含諸經的時候，你也會發覺到：世尊處處都說一切法的自性不清淨，都說色陰是如何不淨，識陰是如何不淨，受想行陰又是如何不淨。在四阿含諸經裡面，你看不到一個地方說過五陰是清淨的。請問：五陰是不是一切法？是啊！五陰攝在一切法中。世尊明明說五陰是非常不清淨的，又說十二處、十八界也都不清淨，想要解脫三界生死輪迴的人就得要滅掉五陰、十二處、十八界。可是爲什麼到了第二轉法輪的般若期，並且在《實相般若波羅蜜經》裡面，卻說一切法自性清淨？這是什麼道理？要能夠聽聞這樣的道理，聽聞了以後還得要眞的懂了才是眞的「一經於耳」。一般人讀了、聽了都一定是不懂的，然後善知識就會告訴咱們：只要我們肯聽，一世又一世聽下去，總會遇到眞正的善知識吧？不會永遠都遇到瞎眼善知識吧？

好，只要有這麼一世，你遇見了眞善知識；然後這善知識就告訴你說：「一切法的自性是清淨的，因爲一切法雖然不淨，可是都攝歸如來藏，而如來藏是清淨的，所以一切法都是清淨的。」然後，又告訴你說：「從如來藏來看一切法的時候，根本沒有所謂的汙垢雜染，所以一切法的自性是清淨的。之所以會有不淨，都是因爲這七識心亂攀緣、亂分別所產生的；在金剛心如來藏的自住境界中看來，沒有所謂的不淨可說，所以一切法的自性本來是清淨的。」然後，善知識就告訴你：「如果想要證實一切法的自性都是清淨的，你就必須親自證明一切法都從如來藏來。」但那個如來藏在哪裡？當你把祂找出來，你就會看見實相法界中一切法本來清淨，就說：「果然！善知識不我欺也！」眞的沒有欺騙咱們。這時就知道：原來實相法界就是這麼回事。然後，詳細去把祂檢查、觀察以後發覺：果然我們所知的一切法，全都是從實相法界的如來藏中生出來的。這就知道實相法界了，知道實相法界就知道說：原來實相法界如來藏跟一切法非一非異。然後你就懂得不來不去、不生不滅、不垢不淨、不增不減、不黑不白。什麼樣相對的「不」的意涵，你全都知道了。反正永遠都是雙不，永遠是中道，你就知道了。

也許有人突然起了個調戲的念頭說：「難道你還可以說不男不女嗎？」我就告訴你：「也可以啊！不論誰找到如來藏，都知道祂不男不女。」這有什麼好奇怪的？你儘管用雙不的字句來調戲，結果還都是對的；只要是離兩邊的都對，你把世間法裡相對的事情，拿到如來藏上面而離兩邊演說，全都正確，這就是實相法界。《六祖壇經》講的三十六對，正是這個道理。像這樣無量「不」的中道，不只是八不中道，八不中道只是一個代表；你可以知道無量不的中道，全部都不落一切法的兩邊之中，你就有了般若（智慧），這就是實相般若。你有了實相般若以後，即使是剛見道沒幾個月，也可以觀察：我還沒有斷盡思惑，我也不是阿羅漢迴小向大再來行道，所以我沒有斷盡思惑；可是思惑具足存在的時候，我自己根本就是活在自己的如來藏裡面。當你觀察到自己是活在如來藏裡面，而如來藏從來不生不死，請問：你本身是不是住在不生不死的彼岸？是啊！既然還在生死當中，就已住於不生不死的彼岸，那你不是有波羅蜜了嗎？波羅蜜翻成中國話，就叫作到彼岸。

這就是說，你得要這樣實證金剛心以後才會眞的知道實相法界，才是親聞「**一切法自性清淨實相般若波羅蜜法門**」；如果聽人家在那邊依文解義一番，你聽了還是白聽。雖然是白聽，只是在見道的實證上面沒有直接幫助，但這個白聽還是有一個效果：可以增上自己對大乘實相般若波羅蜜的實證意樂。增上了實證的意樂以後，從初信位、二信位、三信位一直到十信位，將來也可以滿足十信位，那也不錯啊！滿足了十信位以後，就會願意來修六度波羅蜜多。否則的話，一般是不肯修學六度的。因爲，六度波羅蜜多一開始，在初住位要廣修布施。「喔！我趕快把口袋按緊一點，現在物價飛漲，還叫我布施，門都沒有！」對不對？聽到布施就在心裡起煩惱了，因爲信還沒有具足，一定會生起煩惱。信如果具足了，就不會起煩惱；他可以節省一點吃的，節省一點用的，每一個月多多少少也能布施。

所以，光是聽人家依文解義的表相般若的聽聞也是有用，但是在見道這個部分來講，就算是白聽了。所以，他即使去修布施，還沒有聽到正確的解說《實相般若波羅蜜經》以前，還是有可能墮落三惡道的，因爲他沒有聽聞正確的解釋。錯誤的解釋跟《實相般若波羅蜜經》的義理相違背，那就等於沒聽，那不能算是這段經文中說的「一經於耳」，連半經於耳都沒有，因爲是錯誤的演繹。譬如說，有人告訴你：「我明天叫某某人送二十萬元過去，並且加上二萬塊錢利息，謝謝你把這筆錢借我運用這麼久。」但明天人家送來的只是二十顆石頭加上二顆小石頭，那跟你所認知的二十萬元加上二萬元利息一樣不一樣？不一樣嘛！那就不能叫作二十二萬元啦！那叫作二十二顆石頭。

同樣的道理，「一經於耳」的應該是《實相般若波羅蜜經》；善知識如果用意識的境界帶進來宣講，那他所講的就不是《實相般若波羅蜜經》了；因為他解釋一切法時會解釋錯誤，然後對一切法自性也會解釋錯誤；然後把錯誤妄想產生的離念靈知意識心當作是自性清淨的金剛心，這樣來錯說實相。那你說，這樣會有波羅蜜嗎？根本就沒有波羅蜜——沒有到達無生無死底彼岸。所以這樣一來，他讀了幾十遍，或者聽人家講了好幾十遍，經於他耳朵的內容仍然不是《實相般若波羅蜜經》，而是現象界中沒有實相的不到無生無死彼岸的生死輪迴境界，所以正確的解說是非常重要的。他所說的既然違背了《實相般若波羅蜜經》，或者閱讀的人是錯會了《實相般若波羅蜜經》，同樣都落入意識輪迴境界中，那就不算此經的「一經於耳」了。所以依這樣來看，我們就說，到現在為止海峽兩岸大乘地區，竟然沒有人可以煩惱障、業障、法障都消失，這現象也就合理了，並不違背這一部經中這一段聖教的開示。對不對？對呵！如果這還要指責說經中所說不對，那就叫作強詞奪理了。所以這段經文中說的聖教，真是如實語。

這就是說，一切法的自性是清淨的，這才是實相智慧到彼岸的法門。也就是說，初轉法輪是要叫人捨棄一切染汙法，快速出離三界生死輪迴之苦，那是聲聞法中修的解脫道；可是第二轉法輪是菩薩法，能使人證得三賢位的菩薩果；第三轉法輪講的是使菩薩進修諸地的法，那就不能再教你要滅掉染汙法了，而是要教你把染汙法轉變，使它成爲清淨法而究竟轉依金剛心實相法界。然後，一世又一世不滅掉這個無漏的有爲法——就是不滅掉五蘊，要把五陰轉變爲五蘊——只是蘊集而沒有陰蓋，使五陰轉變爲五蘊。然後每一世都有五蘊，繼續不斷地利樂有情，繼續不斷地教導有情同樣走上這一條菩薩所行之路。然後在這個過程中，自己已經次第邁向佛地，預備轉入諸地了，所教導的有情也一步一步跟著自己邁向佛地。這樣才叫作「**實相般若波羅蜜法門**」，這就是第二轉法輪實相般若不同於初轉法輪解脫道的地方。

所以，在聲聞法的解脫道中是要你滅除一切法的，說一切法都是染汙的。但是，爲什麼要跟本來預定要講的第二轉、第三轉法輪的義理不同呢？這是爲了取信。因爲 世尊剛來人間成佛的時候，佛地的那種境界，有誰能瞭解呢？當時沒有人能瞭解的。那你若是一開始就說成佛要三大阿僧祇劫，大家聽了都走光了，誰還有膽跟著 世尊修學？都沒有信心啊！因爲你如果說成佛要三大阿僧祇劫，這個眞是「不可考」啊！沒有辦法證實啊！那麼眾生要怎麼相信你？你又教大眾說一開始就要努力修行布施，眾生要怎麼信你？沒辦法的，當然必須要先有實證出離三界的法來取信於大眾。怎麼取信於大眾呢？要先讓大眾實證解脫。於是 世尊開始演說聲聞法解脫道，證明當時所有的外道大師們都在講的涅槃解脫，實際上他們都錯證、錯說了，而釋迦牟尼佛所說的涅槃解脫才是正確的，並且是可以實證的。

世尊初轉法輪的意思是：「實證了解脫以後，你們可以用我教你的，去印證那一些外道大師們：他們有沒有得解脫、證涅槃？他們所說的涅槃正確不正確？」然後大家跟著 世尊的教導精勤修學，果然可以成爲眞正的阿羅漢，不是外道自稱阿羅漢時其實只是假阿羅漢，果然是有把握可以出離三界的。這樣，大家對 佛陀就眞的信受了：「一切外道大師都自稱是阿羅漢，他們那麼有名都作不到；他們認爲可以出離三界，認爲已經得涅槃的境界，結果都被佛陀證實不是涅槃、不是解脫。而這麼年輕的，才只有三十六歲的佛陀，竟然讓我這個老迦葉可以實證涅槃，可以成爲眞正的阿羅漢；證明我大迦葉原來所謂的涅槃與解脫，竟然都確定是錯誤的。」那麼大眾對 世尊說的正法不就有具足的信心了嗎？

所以 佛陀很有智慧，先去度大迦葉。他年紀那麼大了，徒眾很多，就先度他來取信於大眾。有一次，摩訶迦葉因爲修頭陀行，衣服破弊、鬚髮都長得很長，大眾對他不恭敬，佛陀就故意要讓大迦葉同坐祂的法座，所以當眾要分半座給大迦葉上來坐。大迦葉當然不敢上去坐，佛陀便教導他別坐那麼遠，要選個適合自己身分的處所，近 佛而坐；然後 佛陀開始讚歎大迦葉的修證，大眾才遠離表相而開始尊重大迦葉。大迦葉當場推辭說：「**世尊是我的大師，我是世尊的弟子，怎能與世尊共坐？**」大家嚇一跳說：「**這位大迦葉，佛陀竟然要分給他半座。**」於是 世尊開始推崇大迦葉，就說自己有初禪，大迦葉也有初禪；也說自己有四禪、五通，大迦葉也有四禪、五通；乃至說自己眞實解脫，大迦葉也有眞實解脫，於是大家對大迦葉生起希有難得的恭敬心了，對 世尊當然也更有信心了，佛法就能順利弘揚。

然而大迦葉爲什麼對 世尊有信心？因爲 世尊教導他以後，他證得阿羅漢果了，自己確認眞的可以出離三界生死了，這就是取信。阿羅漢果是一生就可以取證的，除非不是聲聞人而不想取證，或者是性障很重而斷不了五蓋，否則一生就可以取證。這樣來證信是最有力道的，也才能使大眾全都信服，所以初轉法輪時就得講一生可以取證的聲聞法解脫道。既然要取證阿羅漢果，想要出離三界生死，當然一切三界法都要滅掉，三界法就是五陰、十二處、十八界；這也證明三界一切法都是可滅的，既然要教他們滅，當然要讓他們瞭解三界一切法都是染汙的、都是有爲性的。然後大家都親自證明了，都能捨離三界一切法了，再告訴他們：「**這個聲聞道並不究竟，這種解脫果也不究竟，究竟的解脫是佛菩提，到達佛位時才算是究竟而圓滿的解脫。**」因爲有前面的證信，所以大家聽了就會信受；雖然後來演繹《法華經》時還是有五千個聲聞凡夫當場退席抗議，是因爲他們不相信，他們對三乘菩提的正信還不夠，所以從凡夫的見解中誤認爲說：「**你釋迦牟尼佛跟我師父阿羅漢是一樣的，憑什麼說你跟我師父不一樣？**」所以那五千聲聞凡夫僧當場退席拒聽。諸位想想看，五千人是多少人？我們現在這三個講堂都坐滿了，也就只是一千人；那麼正要開始講《法華經》時，五千聲聞人退走，那個規模之大，眞的很壯觀。可是 佛陀並沒有講一句話，靜靜地讓他們走人。所以妙法眞的很難使凡夫信受，這就是說，你唯有親證了，才能夠有具足的信心。

佛陀教導解脫道十幾年之後，已經有很多初果、二果、三果、四果的弟子，他們絕對會信。可是第二轉法輪以後，又到第三轉法輪快要結束，迴心於大乘法中的已證般若的大阿羅漢們，都希望 世尊宣講極勝妙的《法華經》；可是聲聞凡夫們都不想聽，他們認爲佛陀講這部經時一定是自我標榜。你看，有沒有具足信，就是差那麼多。所以這裡面（三乘經典）的法義，其實沒有所謂的互相矛盾的地方；因爲阿含解脫道只是要引導阿羅漢來實證菩薩之道的一個前方便而已，是從大乘教中分析出來的方便施設。可是有的人並不喜歡難以找到的黃金，他只喜歡輕易找到的黃銅；並且那個銅其實還不是眞銅，還只是精鐵去鍍銅的。實相般若才能說是黃銅，眞金則只有第三轉法輪所說的一切種智增上慧學。我這樣說，是什麼意思？是說他們堅持唯一的佛法就是解脫道，而他們所堅持的解脫道又是錯誤的，不但不是黃銅，連精鐵鍍銅都不是。

如何譬喻黃金、黃銅、鍍銅的精鐵？眞金就是第三轉法輪的一切種智，是眞正的成佛之道。黃銅則是第二轉法輪的般若諸經，可以讓人眞正的進入成佛之道的三賢位中，通達的時候就可以讓人到達初地，這三賢位的般若就好比黃銅，就是第二轉法輪的實相般若波羅蜜。那麼鍍銅的精鐵呢？就是一世可以成就的聲聞解脫道，最笨的初果人則是要歷經人天七次往返，可以得阿羅漢果，最多也不過是七次人天往返。可是成佛之道要三大無量數劫，那是沒有辦法相提並論的，所以我們才說，初轉法輪的聲聞道是鍍銅的精鐵。

可是，現在有人堅持說鍍銅的精鐵就是成佛之道，說這個解脫道就是成佛之道，主張大乘經典非 佛所說。那就是認定鍍銅的精鐵是最好的，認定說你所講的眞銅與眞金都是虛妄的，是自己施設的，有名而無實，所以主張般若就是性空唯名。現在問題又出生了，他們所取的那個黃銅，本質還不是黃銅，甚至連精鐵鍍銅都不是，只是生鐵或者錫、鉛去鍍了一層黃銅而已，只有表相看來好像是黃銅而沒有黃銅的本質，這就是當今大乘佛教界的現象。當然，這種人現在已經比較少了，我們正覺努力教育佛教界已經快有二十年了，現在這種人終於比較少了。可是，仍然還有一些核心分子，還在六識論錯誤的聲聞解脫道中掙扎圖存。掙扎圖存的結果，就是會繼續再誤導一批人。不曉得諸位認爲那一批人該不該救？有沒有人認爲不該救？我們就停止不救。有沒有人這樣認爲？請舉手！第三講堂？有沒有人這樣認爲？請舉手！沒有。我想第二講堂大概也是一樣。既然大家都認爲應該救，我們是不是要把他那個鍍銅的銅皮給撕掉，來顯示其中鉛或生鐵的本質？當然要嘛！當我們把那一層銅皮撕掉的時候，他們才會認清楚說：「原來我們這個銅還眞的不是銅，連聲聞道的精鐵都不是。」那時候才有可能會相信正覺同修會裡還有眞銅與眞金。這就是我們必須要繼續破斥或辨正應成派六識論假中觀的原因。

那麼，這樣子說明了以後，對於初轉法輪所講的一切法自性不淨，轉到第二轉法輪般若諸經講的一切法自性清淨，諸位就應該沒有疑惑了。因爲如果繼續說一切法自性不淨的話，那麼所有菩薩聽了，都跟阿羅漢一樣，都要滅掉一切法，捨報就不再受生於三界內了，所有菩薩們最多就是成爲阿羅漢入涅槃，以後再也沒有菩薩住在人間了，再也沒有人可以成佛了。所以，還眞不能夠自始至終都說：「一切法自性不淨。」要告訴所有迴心成爲菩薩的阿羅漢們說：「一切法的本性是清淨的，只是因爲有許多染汙的心所法存在，所以才會流轉生死；若是轉依自性清淨的金剛心實相境界來看時，一切法其實都是自性清淨金剛心內的生滅現象而已，並沒有所謂的淨與不淨可說，所以一切法自性清淨。」這與必須滅掉一切不淨法蘊處界的法義都沒有矛盾或衝突。

染汙的法無非就是人我與法我的執著，至於外我所的執著，那已經是等而下之了。所以，一定要爲大眾解說一切法自性清淨的實相心如來藏，教大家把正確的知見建立起來，然後可以依憑正確的知見去修學，終於可以實證金剛心如來藏。證得金剛心如來藏的時候，就可以自己證明一切法的自性清淨。然後，知道實相法界的狀況，就可以出生了實相般若。有了實相般若，可以現觀自己還沒有斷盡思惑之前，其實就已經到達無生無死底彼岸了；因爲如來藏本來就在無生無死的彼岸，從來都不在生死中；而你現在住在無生死底如來藏之中，你不就是住在無生死的彼岸了嗎？這就是於生死中離生死，於不生死中住於生死，才是實相智慧到無生死的彼岸——實相般若波羅蜜多。這樣子好不好？好啊！世間人都喜歡腳踏兩條船，可是他們都作不到；菩薩就可以腳踏兩條船，一腳踩在實相法界，另一隻腳同時踩在現象法界中。不迴心大乘的阿羅漢們可不行，一直要等到他迴小向大之後證得金剛心如來藏時，他就成爲菩薩，才一樣可以腳踏兩條船。如果不是這樣親證了實相法界，有誰成為阿羅漢以後還願意發願再來苦難的人間受生？沒有人願意這樣作的。

但是，菩薩因為在生死中就已經不生死，於不生死中卻無妨一世又一世有生死。所以，菩薩雖然還沒有離開胎昧，也敢發願說：「世尊！您如果要到其他各個小世界繼續弘法，沒有關係！您在這裡的遺法，我們就來承擔、住持。」也敢挑起重擔來啊！雖然才只是阿羅漢剛剛迴心大乘，也敢挑起來。那麼，八地、九地、妙覺等菩薩都跟 佛陀又到別的小世界去，又去開疆闢土廣為利樂眾生去了，佛教就這樣弘傳在娑婆世界中的各處小世界中。菩薩們的這個動力就是從這裡來的，這就是實相般若波羅蜜。有實相的智慧，所以住於金剛心不生不死的彼岸中，已經到了彼岸卻無妨同時又在蘊處界生死的此岸之中，一世又一世地繼續去投胎，在人間不斷地利樂眾生，去教導眾生可以跟自己一樣證得這樣的實相般若波羅蜜。

假使你有聽到今天我所說的這個「一切法自性清淨實相般若波羅蜜法門」，而且你所聽的都是正確的；是說如果你聽的時候有專心，不在打瞌睡，而且有正確地理解我所說的法義，就是「實相般若波羅蜜法門，一經於耳」。

這「一經於耳」，你所有的「煩惱障、業障、法障，極重諸罪皆自消滅」了。爲什麼呢？也許你說：「我才剛聽到而已，我以前沒有來聽，我今天第一次來，有這麼厲害嗎？」我說：有啊！只是你自己不知道而已，但是我知道啊！你要嘛就相信我，不然你不信就繼續懷疑，就當作沒有「一經於耳」也可以。因爲那是你的權利，你想要放棄，我也沒話說。

譬如說，你有五百億元財產，你說：「我全部要奉獻給國家，我都不要了。」國家不會嫌少，也不會嫌多，對不對？你想要全部奉獻，最好全部都獻出來，國家也不會有意見。一樣的嘛！這是你的權利，所以你如果放棄（雖然你放棄了以後我並沒有得到），但是我也沒有意見。爲什麼這「一經於耳」，你所有的「煩惱障、業障、法障」就會消滅？我當然要告訴你，不然你回去總是懷疑：「這蕭老師講這部經，我看是自己把它編造出來吹捧一番吧！」那你就失掉了今天「一經於耳」的功德了。

這就是說，不管你今天有沒有找到金剛心如來藏，你已經信受這樣的「一切法自性清淨實相般若波羅蜜法門」，相信未來所證的如來藏確實是可以證實「一切法自性清淨」，可以證實這就是「實相」，可以證實「實相般若」就是從金剛心的實證得來的，也可以自己很肯定說：「這麼多人都證了，他們也都確實如蕭老師所說的一樣，既在生死的此岸，同時也在不生不死的彼岸。既然這麼多人實證了，事實是這樣，我就信了。」信了以後會如何呢？信了以後將永遠不謗正法，永遠不謗菩薩僧，永遠不謗 佛陀；因爲不謗三寶的緣故，並且是不謗大乘三寶，就永遠不入三惡道。不謗大乘三寶的人，就不會再去造惡業，異生的種子就可以消滅一大半了。

因爲信受這樣勝妙的法，就算是還沒有證得金剛心如來藏，善知識也會告訴你說：「你所有的煩惱障，」煩惱障是指見惑與思惑，包括我所的執著；「都是你五陰自己底事情。可是，你的如來藏從來不與煩惱障相應。」你聽完了，就記住這一點，說：「我有一個如來藏是不跟煩惱障相應的，我相信有這麼一個如來藏，我要如何去找到祂？找到時就證實了。我沒找到以前就權且相信，至少相信比破法的人將來可能要下到三惡道要好一點。我不如就信這個，因爲讓我將來不生於惡道中，何樂不爲？」即使還有疑，半疑也就有半信了，也不錯啊！因爲有了半信的時候，雖然還有疑，至少不毀謗，永遠不墮三惡道中。這樣知道自己有一個理體，那個理體就是金剛心如來藏，祂是不會受煩惱障所遮障的，就先從理論上來轉依祂。

至於業障，業障就是造種種惡業而產生了見道與修道的障礙。造作種種惡業而產生了見道與修道的障礙，當那個種子現行的時候，可是很厲害的！平常生活時都沒事，平常跟大家共修時也都沒事，一到了選佛場可就知道了，什麼樣的狀況都會有，眞奇怪！我們都沒想到的奇怪事情，偏偏在選佛場中就是會有，那就是業障。許多人去選佛場之前，很有把握：「**我這一去，一定連過兩關，不但明心還能眼見佛性。**」沒想到去到那邊，不管怎麼樣努力，他就是昏昏沉沉、渾渾沌沌，就這樣四天三夜過完，眞是很奇怪底事！一旦離開了選佛場，才剛下了山，又很清醒了。你說，這不是業障，是什麼？還有的人很奇怪，在平常總是說：「**我都知道了，這個如來藏如何、如何、如何。**」進了小參室一考，腦袋都空白，連答都不會答。那是什麼東西呢？還是業障啊！又沒有人去遮障他，我在小參室裡也是很親切的（大眾笑⋯）。我從來沒有板起臉來看人的，可是爲什麼他就會腦袋都空掉了呢？聰明伶俐的舌頭都使不上力了，眞奇怪！這不就是業障嗎？還有很多人，在大殿裡面整理得清清楚楚，才一進了小參室，監香老師一問，又全都忘光了，又答不出來了，監香老師就說：「好吧！那你就下去整理吧！」才剛一出小參室的門，隨即又會了，你說怎麼辦？那不就是業障嗎？這種很奇怪的事情，非常多的。

所以，業障瞭解了以後，即使還沒有找到如來藏，沒關係！說如來藏是離見聞覺知的，從來不在六塵中的；可是業障都在六塵中，只有在六塵中會出現。可見這個業障到不了如來藏的境界，所以這個業障只能到達我們五陰的境界中；這業障從來都到不了你的如來藏境界中，你就依止自己那個如來藏。想像有一個如來藏也是好的，而我們的如來藏從來都不跟業障相應，這樣想像一下也不錯，因爲至少還有聖教量可以依靠。也許你說：「那個想像的有什麼用？」但是我要說，想像還是有用的，這《唯識三十論頌》裡面，就有這麼說：「現前立少物，謂是唯識性。」也就是說，你現前這個覺知心中，建立一個好像有一個東西—少物—就好像有一個東西，叫作唯識的眞實性；先想像萬法唯識的眞實性就是如來藏性，《唯識三十論頌》裡面還特別這麼講。那你日常生活中就會去注意：「我的第八識心如來藏在哪裡？」對學佛人來講，這個比以前年輕的時候找老公、老婆還要重要，這是生生世世中最重要的事。有好多人就是爲了這個而出家的，結果出家以後，才知道原來當初出家是出錯了，早知道是這樣，就等正覺的寺院成立才出家就好了。所以你建立這樣一個概念在心中，即使還沒有證得如來藏，那也是好的；因爲這樣的建立對自己有利，將來見道的因緣將會提早成熟，而且可以使自己永遠不謗大乘三寶，不墮落三惡道。

說完了業障，什麼叫法障呢？法障，現在其實很多，最嚴重的就是密宗的法義跟應成派中觀，其實應成派中觀本來即是密宗法義的一部分。應成派中觀就是六識論的邪見，他們說人類總共只有六個識：眼、耳、鼻、舌、身、意識。這應成派中觀推廣的背景，大家也得要瞭解，不然會奇怪說：「爲什麼有的人對原有的八個識不想要，偏偏要只取六個識？」如果兩個好處只能選一個時，有人要給你八億元，另一個人只要給你六億元，你當然要取八億元，爲什麼要只取六億元？笨蛋才會去取六億元而捨棄八億元。你本來就有八個心，爲什麼笨到要捨掉兩個自我？聰明人說：「那兩個心也是我的，我爲什麼要把祂捨掉呢？」傻瓜才要捨掉兩個自己。譬如說，一個人好好的，當然是說：「我有兩隻手，爲什麼叫我要捨掉一隻手？」人家告訴你說：「你本來就有兩隻手，你把另一隻手找出來，兩隻手配合就很好作事。」你偏偏不，偏偏要把自己一隻手綁在背後說：「我沒有那一隻手。」又如有人沒智慧，主張說一切人都只有五個識，都不會有舌識，然後極力否定舌識的存在，每天都忽略了他的舌識在了別味塵；當人家告訴他眞的有舌識，把舌識找出來說明給他聽，他還不信。天下就是有這樣的笨蛋啊！

那麼他們應成派中觀師爲什麼要這樣作？一定有背後的原因。那個背後的原因就是，他們只要建立了六識論，從此以後就可以說：「第七識證不到，沒關係，不理祂；第八識證不到，也不理祂；我只要主張人們都只有六個識就好了，那我證不到第七識、第八識時，你就不能夠說我不是賢聖，因爲我有證得六識全部。」從另一方面來說，應成派中觀師主張人類只有六識的最大原因，就是要維護密宗的雙身法無上瑜伽樂空雙運。所以應成派中觀是發源於學密的天竺祖師，從天竺開始時就是這樣。他們爲什麼要這樣呢？因爲要弄雙身法，不想否定、更不想離開雙身法。然而雙身法全都是身識、意識的境界，跟如來藏境界是不相應的；如來藏一向都離六塵境界，怎麼會與淫樂中的觸塵及法塵相應呢？那個淫樂境界到不了如來藏境界中的，因爲如來藏離見聞覺知；但密宗應成派中觀師們，卻要求徒眾們都要每天追求最強烈的第四喜淫樂，那都只是身識、意識境界。但如來藏離見聞覺知，兩種境界根本不能會通，那麼應成派中觀師們該怎麼辦？那就直接把第七、八識都否定掉。否定了以後想：「我只要主張六識論——人們都是只有六個識。第七識、第八識是方便施設的說法，只是意識的細分，依舊是意識。」這樣子，應成派中觀師的雙身法理論架構就可以成立及繼續存在。

所以，我才說印順法師表面上是破斥密宗，實際上是暗地裡支持密宗的。諸位可以看看印順法師的這些徒眾們，現在是不是一個一個都在跟密宗靠攏？以前只是暗地裡，現在已經明著靠攏了。這就是六識論者的背景，他們堅持六識論的原因就在這裡。因爲如果不這樣堅持，密宗的所有識陰境界的世俗法就全部破功，都不能繼續成立及存在，全部要化爲烏有。所以，密宗現在頭號敵人就是弘揚如來藏的人；很不巧的，我正好是這個人。我本意不是故意要破密宗，但是這個如來藏妙法的弘揚過程中沒辦法迴避，它就是會在無形中破斥了密宗，因爲他們的六識論不能跟八識論相應。現在話說回頭，這個「法障」什麼人最嚴重？就是六識論者——應成派中觀跟密宗雙身法的奉行者，他們的法障最嚴重。

現在，講一點比較有爭議的吧。釋昭慧教授（她不是法師，她是教授，因爲她要求大家不要站在佛教徒的觀點來講佛法，要求大家站在學術觀點來講佛法；所以我不承認她是法師，就說她是教授）其實應該叫她作盧瓊昭教授，她這一次「印順思想研討會」的題目叫作「大乘非佛說」，看來她認同「大乘非佛說」。那麼，請問：「**她究竟是聲聞僧，還是菩薩僧？**」（有人答：都不是。）厲害！沒有中計，因爲一旦她說「大乘非佛說」的時候，那就是一闡提業。一闡提業存在的時候，不但不是菩薩僧，連聲聞僧都不是了。她心裡認爲自己是菩薩僧，但她種種作爲的本質卻是在當聲聞僧；可是一旦破了大乘、誹謗大乘，當她具足根本、方便、成已三罪時，不但破了菩薩戒，就連聲聞僧的身分都不存在了，因爲連聲聞戒都已經破壞了，戒體已不在了。

毀謗了大乘三寶以後，法障絕對是最重的人，未來不曉得多久以後才能回到人間；回到人間的時候，聽到大乘法時還是會繼續毀謗，然後再下三惡道一直輪轉。他們眞的要累死　地藏王菩薩啦！就是因爲這樣，才會害他不斷進地獄去度人。這就是法障。法障之中比較輕的是什麼呢？我們不必分析得太細，不然就講不完。法障之中比較輕的就是說：「**哎呀！這個實相般若**

不是我們這一種根器能修的，那是大菩薩們修的，我們的層次差太多了。」什麼人說的呢？淨空法師。所以，二十年前我跟一個人去杭州南路見他，想要把了義實證的正法送給他，想要當場教導他怎麼樣明心，我就可以退休下來隱居；結果他才一聽到實相念佛，竟然馬上就扣我帽子：「喔！那你是大菩薩囉？我們是沒辦法的，你這種大菩薩才有辦法啦！」馬上扣帽子呵！那你說，他是不是有法障？這就是法障。不過，後來看他講解經典的內容時，他還是有在漸漸改變，有在進步，所以他的法障將來也許會漸漸減輕。

還有一種人的法障就是說：「我們師父說，正覺同修會那個法太深了，我們去學習以後，還是不可能修證的。」有沒有呢？有啊！因爲他們現在不敢否定，知道否定以後會是個大因果。他們不敢否定，但是怕徒眾離開他們，就說：「你們不要去學，你們的根性是不可能實證的啦！你看，他們那樣證了以後，那是什麼境界？你們怎麼可能證？老老實實唸佛就好，乖乖地每天打打坐靜心就好了。」就這樣子說，這也算是留住徒眾們的好手段。但是，這也是法障，只要徒眾們聽信了，就成爲他們自己的法障。聽了而不信，仍然要到正覺同修會去，那個法障就只是講的人所有，聽的人就沒有法障，這就要看各人怎麼想了。

如果你聽到了這個眞正滅業障、滅法障的法門，你就瞭解說：這個法障都是跟五陰相應，這個法障從來不跟自性清淨心相應；因爲法障是障礙五陰不能證得實相。可是自性清淨心，祂不是要來修實相法門的心，祂是你修實相法門時要證的心。你證得祂，就入了實相法門中；祂是你修證之標的，祂才不管你什麼法障或業障。不論法障或業障，都是障礙你五陰，不能障祂。你現在心裡面先建立有一個眞如——現前立少物，先建立有一個自己的唯識眞實性存在，那叫作第八識如來藏；而如來藏眞如離見聞覺知，不生不滅、不來不去，祂不在三界六塵諸法中，那祂怎麼可能會有法障？祂永遠也不會有法障，有法障的是五陰我。你心裡想：「好在我現在知道有這樣一個自性清淨心不會被法障所障，我先在知見上面轉依祂，我在正知正見上就沒有修學這個法時的障礙了。當我轉依祂以後，下一步當然要證祂。」到哪裡去求實證？當然就是去正覺同修會，因爲只有正覺在教人實證的法門。

然後就設法來到正覺修學，這樣子，極重諸罪都還不消滅，那才奇怪呢！極重諸罪還存在的人就進不了正覺講堂。進了正覺講堂以後，如果經過很多很多年還悟不了，那就是有業障，已不是法障了。業障的部分，就自己看要怎麼樣去作，那就有很多可作的事了。譬如說，以前修過密宗的雙身法、以前謗過如來藏妙法等等，這就是法障跟業障的因緣。毀謗勝義三寶的大惡業已經成就了，因爲身口都已經完成了，那就不但有業也有道。當然障法的業道成就了，進來正覺以後還是會有障礙的。

有的人可能不信，心想：「**我這麼努力，為什麼後來好幾次禪三都不錄取我？**」那沒辦法啊！你雖然很努力，可是我見了你這個照片，就直覺說這個緣還沒有到，就把它放到一邊了，只好等待未來業障、法障消滅的時候了。眞的，有的人很努力，可是緣還沒有到，能怎麼辦呢？這就是業障。這就是說，你如果有極重諸罪，就進不了正覺講堂。進得來，最多就是一些業障；隨後自己弄清楚是哪一些業障，就設法去把它消除掉，未來總是會再錄取去上山打禪三。錄取後就有希望了，因爲錄取了就有一分希望可以破參。

如果這樣，今天講的這一些，你都聽進去了，眞的是「**一經於耳**」，可以預料您「**乃至菩提，不生惡道**」。因爲永遠不謗大乘三寶，並且也相信自己有這麼一個唯識的眞實性在五陰中。因爲知道了這一點，就會知道不管作善業、作惡業，乃至偷偷背後罵某人，某人都不知道有人罵了他，可是自己的確有一個自性清淨心，祂都會幫著自動記下來：「我造了善業種子，祂也留下來；造了惡業種子，祂也留下來，祂都不分善惡一體收存。」這樣想一想，這惡業還是少作爲妙，《唯識三十論頌》裡說的「現前立少物」，如果信受了就是會有這個好處。如今這個《實相般若波羅蜜經》的眞實義，這個「一切法自性清淨實相般若波羅蜜」的法門，我講解了，也已經過你的耳朵了，你知道了這個道理，心裡告訴自己說：「難道同修會裡那三百多位明心的人，都是情願被長期欺騙的嗎？」想一想：「應該不會吧？」就能信受了。

你們也可以看看這個事實：「我們這些親教師們多麼有智慧，他們講的好多法義，其中有的我都還聽不懂。而他們講的又都異口同聲證明有這個第八識金剛心可以證，難道這些人都笨得願意被蕭平實欺騙二十年嗎？」再想一想：「不可能吧？不可能。」既然知道不可能，那個懷疑就消失了，疑蓋滅了，那就眞的相信了，當然永遠不會有毀謗勝妙金剛心妙法的惡業了。因此還是「現前立少物」比較好，這樣建立了以後，相信一切善業、惡業種子都會被祂收藏起來，因爲一切業種全都逃不掉。這是因爲五陰的一切生活造作，全部都在自己的金剛心如來藏裡面，不曾外於如來藏之外。菩薩的悟後所見，就是這樣。五陰既是生存在自己的如來藏裡面，當然五陰所造的一切業種，不論善惡業，全都會記存在自己的金剛心如來藏裡面，一點點都不會遺失。開悟以前，老是說「如來藏在我五陰裡面」，然後老是問：「在哪裡？在哪裡？」想要找出來。可是悟了以後，根本不用找，早已確定五陰的我自己本來就在如來藏廬山裡面。

有一首禪詩不是說「廬山煙雨浙江潮，未到千般恨不消」？可是到了以後才發覺，原來沒有別的事，就只是「廬山煙雨浙江潮」。原來到了金剛心實相境界中以後，卻說我本來就是在這裡面。可是爲什麼悟前始終不見廬山的眞面目呢？「只緣身在此山中」，你本來就住在如來藏裡面，可是找來找去，卻總問善知識說：「如來藏在哪裡？」這就是凡夫眾生。可是等你找到了以後說：「原來我都沒有離開過如來藏，我只是藉如來藏跟外面接觸。」這樣一想，這個「現前立少物」，還是得要信受。所以惡業不能造，善業無妨多造一些；但是造了善業以後不要執著，不然就會被善業牽引到天上去享福，來世又不在正覺中修行了。想一想，這樣子接著下去再修行，還會造惡業嗎？還會謗三寶嗎？還會謗最勝妙的金剛心如來藏妙法嗎？還會下三惡道嗎？都不會了，那不就證明說：「一經於耳……乃至菩提，不生惡道。」這不是正說嗎？這樣，今天大熱天擠公車、搭捷運、坐火車來，都值回票價了。

如果有人能夠在每一天都「受持」《實相般若波羅蜜經》，都能「讀誦」《實相般若波羅蜜經》，都能夠深入的「思惟」而且加以「修習」。這表示他已經證悟了。如果還沒有眞的證悟，一定不可能每天「受持、讀誦、思惟、修習」。只要能夠這樣子受持乃至修習，一定現生之中得到「一切法平等性金剛三昧」。也許你心裡抗議說：「豈有可能？我明天就開始每天都誦，每天思惟、修習，看有沒有這個三昧。」結果十天後來抗議說：「蕭老師！我沒有得到這個三昧，這部經是假的。」你可別這麼說，因爲你是誤會了「受持、讀誦、思惟、修習」。

你要是不信，我們講個典故好了，典故總不是我編造的吧？禪宗史上有個很有名的凌行婆，是個大悟底人；有一天派人送了銀錢來供養老趙州，老趙州問說：「這要作什麼？」這個使人就說：「我們家主人要請您轉經。」聲明要老趙州把整部《大藏經》都轉一轉。老趙州聽了，這纔衣擺一下，下了禪床，繞了一圈又坐上去，就說：「回去告訴凌行婆，已經爲您轉經完了。」銀錢和其他的供養物也就收下了。你看，好多法師們趕經懺，那個《梁皇寶懺》要誦七天；他們自己七天的辛苦，還得要好多法師配合再加上一大堆信眾參拜，多麼辛苦。人家老趙州就這樣子轉經，縱使對方送來幾百兩銀子，他也只是這麼下來禪床轉一圈就行了，這才是眞的「讀誦」。眞正懂得這樣子讀誦此經的人，一定是有「一切法平等性金剛三昧」的人。

要不然，「受持」也可以。假使哪一天有個人邀請你說：「大師父！我供養三百萬元，請您幫我受持《實相般若波羅蜜經》。」你就說：「好啊！那三百萬元什麼時候送來？」「明天送來。」「好，你明天送來，我後天幫你受持。」他明天眞的送來了，後天你就上門拜訪一下說：「阿彌陀佛！受持圓滿。」你就可以回家了，你已經幫他受持好了。

「思惟」，可能比較難，因爲思惟就得要像這樣以正確的方向、理路去思惟才能通。「修習」是什麼？修習就是像諸位悟後、也像我這樣悟後努力護持正法、弘揚正法，爲大眾解說等等，幫助大眾同樣來實證這個一切法平等性金剛三昧，這就是「修習」實相般若波羅蜜多。成佛之道，不是單靠智慧成就，因爲每一個階段的成就，你都必須要有能夠互相配合的福德。所以這個部分，你一定要靠著去利樂眾生來增加福德；而利樂眾生修集福德最快速、最廣大的，就是幫助大家實證這個「一切法平等性金剛三昧」，這才是最大的福德。所以，好多禪師一輩子只度一個人明心，他就走人了，因爲度一個人親證實相的福德就非常大了。因此你要瞭解，如果能夠每一天都像這樣「受持、讀誦、思惟、修習」，這個人現生之中，絕對是得到「一切法平等性金剛三昧」的。

也許有人想說：「我現在還沒證得，我要不要受持，要不要讀誦、思惟、修習呢？」我說還是要，你只是不能像禪師那樣受持、讀誦而已，你就把它拿來好好用八識論的正理去加以思惟整理，那也叫作「受持、讀誦、思惟、修習」；在這一世捨報前，無妨也可以從凡夫位的「受持、讀誦、思惟、修習」的熏習，轉爲賢聖位實證的「受持、讀誦、思惟、修習」，一樣得到「一切法平等性金剛三昧」。像這樣子修學，才是眞正在學佛。有很多人號稱學佛，只是在學羅漢；偏偏學羅漢時又學錯了，那才叫作可悲。更可悲的是，學羅漢時還學錯了，自己不知，竟然堅持號稱是學佛，結果是在謗佛；因爲他們把錯會的羅漢法拿出來說那都是 佛所講的羅漢法，那不是汙衊佛、謗佛嗎？佛說的明明是這樣子，他講的卻是另外一樣，竟也說那就是 佛說的；可是 佛沒有像他那樣說，那他就是謗佛。可是很少人能知道這個道理，只有詳讀四大部阿含諸經的人，也有實證解脫果的人，才會知道他們這樣把錯誤法義講成是 佛說的，就是謗佛。否則，每天從早到晚都把錯誤的說法指稱是 佛陀講的，其實 佛陀從來沒有像他那樣子講，那他不就是每天都在謗佛嗎？卻還不知道自己每天都在謗佛呢！當他有一天眞的實證解脫果了，才突然警覺到以前自己每天都是把錯誤的講法推說是 佛陀講的，眞的是在謗佛，也是謗法的大惡業，可得趕快好好懺悔了。

什麼叫作「一切法平等性金剛三昧」呢？那就是「實相般若波羅蜜」。當你證得實相心，現前看見如來藏對一切法都是平等對待的。如來藏不會對任何一法去加以區分高下，因爲如來藏從來不區分一切法的親與疏。可是，當你證得祂以後，你就可以知道一切法還是有高下而不平等，你就可以分清楚說一切法之中還是有親有疏的。要能夠分別一切法的高下、一切法的親與疏，你才是眞正證得「一切法平等性金剛三昧」的人。要這樣實證才是眞的佛法，而不是在意識層面在現象界中對諸法採取齊頭式的平等；就好像有人愚癡地要求說：「你不可以長特別高，如今你長特別高，我就幫你削掉身體的一部分。」那眞的不對啊！因爲人人各有高低不同，你不可以要求每一個人都長一樣高；你可以要求所有人在立足點平等，但不可以要求所有人長得一樣高。

然而佛法不是那個道理，佛法是立足點平等；你若是往昔比別人更多劫以前就早修佛道，那你這一世進步當然比較快；你若是往昔晚修佛道，這一世進步就比較慢，一定是平等的，所以這一世看來就一定會有各人互相不平等的現象。而你知道這個不平等背後的眞相，才是眞平等。同樣的，當你知道如來藏實相心對一切法是平等而無有高下時，你才能夠眞正地區別什麼法是高、什麼法是下。所以到這個時候，你就可以區別：一切種智的法是最高的，再來就是中觀之道——中道的觀行；再接下來才是聲聞的解脫道——四向、四果的實證與修行；其餘則無足論哉，因爲都只是世間法，而你可以如是正確地區別。但你可以如是正確區別的原因，卻是因爲證得「一切法平等性金剛三昧」，因爲你可以站在如來藏的立場來看一切法，你當然知道如來藏對一切法都是平等看待，從來不分高下，於是實相智慧就源源不絕地出生。這個「一切法平等性金剛三昧」，爲什麼會叫作「金剛三昧」？因爲這個三昧是不可壞的。也就是說，依於不可壞的金剛心來建立這個三昧，而這個三昧是不可壞的，不管誰來都無法推翻祂，因爲這是法界中永遠不會改變、也永遠不會被演變的實相。所以一切法平等的三昧，就叫作「金剛三昧」。「金剛三昧」所講的，也就是這個「一切法平等性」。當你切實地實證了，能夠深入去瞭解、去體驗、去觀行、去作整理，智慧越來越深妙了，就能一步一步邁向佛地；然後在成佛前的最後十六生，可以在一切法門中得到自在。那時是自在於一切法，而不是讓一切法自在於你；那時你可以操控一切法，當然那時可以於一切法中遊戲而得到法樂。其實這個法樂不必到最後十六生，從初地開始就有許多法樂了。當你法樂無窮時，世間法怎麼樣困頓都沒有關係。從生活表面看起來是很痛苦，也沒有關係，可是心中有這個法樂；所以再怎麼樣痛苦的境界，你都無所謂、都可以接受，這就是法樂。成佛前的最後十六生，那是於一切法自在的。初地、三地、五地、八地，於一切法都還有許多不自在的地方。可是，最後這十六生，他於一切法得自在，遊戲於一切法中而得快樂；這還不算是最大的成就，因爲乃至最後還可以獲得諸佛的如來金剛之身，就是自受用法身。這個自受用法身，等覺、妙覺菩薩是不知道的，唯佛與佛乃能知之，卻是要從因地三賢位中實證「一切法平等性金剛三昧」開始。但是要如何證得「一切法平等性金剛三昧」呢？你只要唸一個咒就好，每天就大聲唸：「唅———！唅———！」你就這樣修行就好了，然而大前提是要先有正確的實相金剛般若的知見。如果你在田裡下鋤，每下鋤頭就唸一聲：「唅———！」沒有關係！給人看作精神病患也沒關係，只要能證這個三昧，都划得來。

我們再來看看這理上是怎麼說實相金剛三昧的，我要用《不增不減經》來針對這一段經文作另一個層次、或者說另一個面向的說明。因爲這個實相金剛三昧，既然談到金剛，我們就得要對治當代所謂的金剛乘。其實我們才是眞正的金剛乘，他們根本沒資格自稱金剛乘；因爲他們那個法只是人間的生滅法，沒有絲毫的金剛性可言，只能說是爛蕃茄乘。正因爲密宗那個樂空雙運根本是無常生滅之法，沒有絲毫金剛不壞性可說，所以我故意要講這個

《不增不減經》：

【爾時世尊告慧命舍利弗：「此甚深義乃是如來智慧境界，亦是如來心所行處。舍利弗！如是深義，一切聲聞、緣覺智慧所不能知、所不能見，不能觀察，何況一切愚癡凡夫而能測量。唯有諸佛如來智慧乃能觀察、知見此義，舍利弗！一切聲聞、緣覺所有智慧，於此義中唯可仰信，不能如實知見觀察。舍利弗！甚深義者即是第一義諦，第一義諦者即是眾生界，眾生界者即是如來藏，如來藏者即是法身。舍利弗！如我所說法身義者，過於恒沙不離、不脫、不斷、不異、不思議佛法如來功德智慧。……復次舍利弗！如我上說，眾生界中示三種法，皆眞實如，不異不差。何謂三法？一者如來藏本際相應體及清淨法，二者如來藏本際不相應體及煩惱纏不清淨法，三者如來藏未來際平等恒及有法。舍利弗當知，如來藏本際相應體及清淨法者，此法如實不虛妄，不離、不脫智慧清淨眞如法界不思議法；無始本際來，有此清淨相應法體。舍利弗！我依此清淨眞如法界，爲眾生故，說爲不可思議法自性清淨心。」】

《不增不減經》主要是說眾生心不增不減，說哪個心呢？當然是說第八識眞實心。這是唯有大乘賢聖才能知、才能見、才能觀察的眞實心，一般有情所能知道的心都是夜夜斷滅無常的覺知心，錯悟的學佛人所知道的同樣是覺知心，差別只是能不能離開語言妄念而已，當然都不是如來藏心，而是夜夜都會斷滅的無常心，不是第八識眞實心。一切有情不管是在凡在聖，乃至成佛，同樣各個都有一個不增不減的第八識眞實心。我舉出這一段經文來，是要告訴大家：那些認定阿含聲聞道就是佛道、就是唯一佛法的人，是多麼無知；因爲連阿羅漢、辟支佛的智慧，都無法測度這個眞實心的狀況，何況他們只是落在識陰中的還沒有斷我見的一介凡夫，焉能知之。

然後我要藉此經文來對治密宗，密宗總是說自己的子光要觀想跟 佛陀的母光合併。他們先要觀想自己本尊化出光明，然後再觀想 佛陀無量的光明，然後要把觀想出來的自己光明去化入觀想的佛陀大光明裡面，要化入本尊中合併爲同一個光明，自稱這樣就是正統佛教的成佛境界。這麼一來，是不是有增有減？對啊！兩個光明心合併爲一個光明心，自己的光明心消失了，而 佛陀的光明心應該是分量增加了，就成爲有增有減了。問題是，他們觀想所得的子光、母光合併的結果，只是妄想的子光合併到妄想的母光，都不是眞的有光有心在合併，所以只能把密宗叫作妄想的宗教，因爲他們的理論與行門全部是妄想。

凡是佛教中所有的佛法名相，密宗裡都有，但他們所有的佛法名相的內容都只是自己妄想而取代或解釋。比如說，你講如來藏或者講阿賴耶識，密宗說：「我們也有證啊！」你問他們說：「你證的這個第八識是能生五陰身心的嗎？」他說：「我們證的如來藏是能生五陰。」你問他說：「那你證的如來藏是哪個？」「就是中脈裡面那個明點。」他們主張說觀想出來的中脈裡的明點能出生五陰，這眞是糊塗的妄想，可是也有人會信欸！你說，奇怪不奇怪？愚癡人還眞的信！因爲有智慧的人都會想：這個明點、中脈是由我覺知心中觀想出來的，我如果不觀想，它就不存在了。我觀想出來的中脈，是被我五陰觀想才生出來的、已經是虛妄的；因爲既是觀想出來的，就表示實體上並不存在；覺知心都已是被生的，都已是生滅虛假的，被覺知心觀想出來的中脈當然更虛假了。那麼他們在觀想出來的中脈裡邊，再觀想出一顆明點來；那不是虛妄中的虛妄嗎？然後他們主張說，這個被五陰觀想才出生的明點，可以出生能觀想它的五陰。這樣心想顚倒、邏輯不通、虛妄不眞的說法，竟然也有人會相信，你說愚癡不愚癡？

佛法中的名相，不管你說的是哪一種，他們密宗全都有。譬如說，正統佛教裡面說有證初地的事，那密宗所證初地是什麼？是從中脈裡面的最基本部分，也就是第一輪的海底輪觀想成就了，就叫作證得初地；漸漸往上觀想而觀想到心輪那個地方時，就叫作證得第七地、第八地；觀想到頂輪完成時，就說他們已經成就正統佛教的佛果了。所以，你正統佛教總共有十三地，到等覺位是十一地，妙覺最後身菩薩位是十二地，成佛時就是第十三地；他們密宗也說有十三地，但他們的十三地都是從中脈、從海底輪到頂輪，這樣去假名施設。所以，你講什麼佛法，他們密宗也都有，因此他們就自稱也是佛教，也自稱他們已經具足證得正統佛教所證的佛果了，才能往上修學密宗。但是，他們的佛法內容都跟正統佛教的內容不一樣，竟自稱已經全部證得正統佛教的佛果了，其實連佛法中最基本的初果實證都還沒有人證得；那麼這樣的密宗佛教當然就是冒牌貨，眞是標準的冒牌貨、仿冒品，套句現代的流行語說：就是山寨版的假佛教、假佛法。

譬如你是法拉利車廠，他們也說他們是法拉利車廠。你說：「**我賣的是**

法拉利的某一車型。」他們宣稱說：「我們也有那一型的法拉利跑車。」可是，等他交給你那一型的車子，你開到法拉利車廠來核對時，會吃驚地發覺全都不對，只是冒牌的假車，外表一模一樣，內裡卻全然不同。假藏傳佛教密宗四大派就是這樣的一家大公司，這家大公司已然經營千餘年了，從天竺騙到西藏、騙到中國、騙到日本，如今騙到台灣與全世界了；所以現代的洋人總是說：佛教就是密宗、密宗就是佛教。密宗像這樣自欺又欺人，然後一天到晚想的都是人家年輕美麗的老婆，睡了人家的妻子還要收取人家的供養，給的卻是仿冒的假佛法；你說，這樣妨害家庭、鼓吹邪淫、欺騙佛教徒的宗教，該不該讓它消失在人間？我以前是寄著一個希望說，他們應該趕快離開外道法而回到佛教來，但我現在發覺根本不可寄望。既然不可寄望，就要叫他們離開佛教。如果他們自稱是別的教，譬如說喇嘛教、薩滿教，明確表示他們不是佛教，傳的不是佛法，那我們佛教界就不管他們；只要他們不再自稱爲佛教卻用外道法取代佛法，那就跟我們佛教不相干了。可是，他們如果要冒稱是佛教，當然就與我們佛教相干，我們就不能不管了。

正統佛教中有時也作觀想，但卻是用來培養悲心、慈心，用來產生對欲界淫慾的厭惡心，或者是藉觀想極樂世界而增長往生極樂世界的至誠心，並不認爲所觀想的境界是眞實的；而密宗竟把觀想出來的內相分六塵境界當作是眞的，當他們觀想自己成就佛地的莊嚴色身時，就說自己成佛了；觀想出金山銀海時、觀想出滿山的食物來布施時，就說是眞的成就那些境界、眞的成就布施了，事實都與布施無關，也與佛法中的實證無關；也就是說，密宗是一個妄想的宗教，因爲他們所觀想出來的止觀都是妄想，卻當作是眞的。而這種觀想所謂的止觀，當意識心悶絕或眠熟而中斷了，所有觀想所得的止觀就不可能存在。或者當他們下座來作事，那些觀想所得的止觀也就不存在了。

在這個事實中，他們回座以後再觀想一個諸佛的母光出來，然後要把觀想出來自己的子光併入觀想出來的諸佛母光裡面；把這兩個妄想出來的光合併而說是成佛了，有什麼意義？還不如世俗人自己冊封右手當國王，再冊封自己的左手當鐵輪聖王，由自己的右手國王來給自己的左手鐵輪聖王管制，他當國王與轉輪聖王的大功就告成了。然而實際上有什麼大功可成？其實全都沒有！但密宗就是這樣的性質，可是有多少人知道他們這個本質？大部分的人都不知道，還信以爲眞地繼續迷信下去。我們知道這個事實了，如果都不講出來，就是吝於教導眾生，就是我們的過失。我們知道了，努力去告訴社會大眾，而社會大眾不接受，那是他們的過失，我們就沒過失。將來捨報的時候，釋迦牟尼佛來接引時問你說：「你這一世的菩薩道行得怎麼樣？」我說：「報告世尊，這一世我可以無愧於心，不敢說無愧於您。」至少可以無愧於心，世尊一定嘉勉說：「好啦！也許下輩子換個比較容易弘法的地方，讓你去。」也許看你有能力，反而說：「下輩子找個更艱苦的地方讓你去發揮。」你可別皺眉頭，你也得要去，因爲你有那個能力，你最適合，那你也得去。如果你怕苦，不肯去那邊投胎，你就不足以稱爲菩薩了。

來到正覺同修會裡，我就是要不斷地訓練你們：心量一定要夠大。可是話說回來，心量夠大，還得要有那個條件、那個本錢；若是還沒有那個條件與本錢，心量想要大也大不起來；自己覺得心量很大，只不過是自大罷了。想想看，我們會中好多證悟的人，剛來的時候對於明心這一件事情，都還覺得不太有把握；後來淨念相繼的功夫建立起來了，接著轉入看話頭，心想：「我眞的能夠看話頭欸！」想一想：「我開悟大概有希望了。」終於有大一點的信心了，這個時候若是發願就比以前大一些了。以前發願的時候心中總是虛虛地，就只敢發一些小願，不敢發大願。有了功夫，有把握了，敢發大一點點的願。等到破參以後回來，不管哪一部經典請出來讀：「都對欸！以前，爲什麼怎麼讀都讀不懂，而我現在可以讀懂。」喔！信心百倍了，這時候發願又不一樣了。所以，願的力量大或小，跟一個人的實證有關係。你要怎麼樣能夠去承擔世尊給你的更重大更艱苦的任務，還得要先有那些條件；你若還沒有那些承擔起來的能力，佛還不會交給你作；因爲你去了，是不可能成功的；不如派你去作另一個比較不那麼艱鉅的任務，你一定會成功。所以，如果有更艱鉅的任務要給你，你得要接受，因爲那絕對是你快速成長的一個機會，所以我要訓練你們心量越來越大。但是心量越來越大，也得要有條件，條件是什麼呢？就是證得這個「一切法平等性金剛三昧」。

這段時間大概就是一年之中最熱的時候，上週或上上週有講「月喻」。那是在增上班講的，說菩薩要如同月亮一樣；白月是指上半月，要在白月裡光明日增，就是功德日增；下半月稱爲黑月，光明日損，就是要使煩惱日日損減。我們修行就要像月亮的譬喻一樣，上半月要讓功德與智慧日增，下半月也要像月亮一樣，要使煩惱日損。練武的人也是這樣，我年輕練武的時候也是一樣，在一年當中，選最熱跟最冷的天氣，要特別勤練。最熱就是現在，這個節氣從小暑開始；立夏還不是最熱，要從小暑開始，接下來就是大暑，然後就是處暑。這個小暑到大暑、大暑到處暑，總共三個節氣之間有兩個階段，這兩個階段總共有三十天，在中醫界或者武術界，把這三十天分成三個階段：小暑開始的十天稱爲初伏（伏就是潛伏的伏，一切蟲蛇到了白天靠近中午就要趕快去躲起來，這叫作初伏天），第二個十天叫作二伏天，第二伏是最熱的時候，也就是大暑的前後五、六天，是最熱的時候。現在正是大暑前後五、六天之內，所以是一年中最熱的時候。接下來，就是處暑前的十天，稱爲三伏天。處暑過去以後就不那麼熱了，所以處暑過去的另一個節氣就叫作白露，野外晚上開始會有露水，沒那麼熱了。所以一年之中最熱的日子就是這個時候，但是不要因爲熱就懈怠，要像學武的人一樣，越是熱越要勞苦其身、堅定其志去努力；因爲熱有熱的好處，熱的時候其實也有很多因緣可以見道。冷也是一樣，冬天的冬至過後，第一個節氣開始，就會經歷大寒等過程，這時也是練武的最佳時機。練武的人都如此了，我們學佛更應該如少水魚，如救頭燃。

特別是像我這種年歲的人，以前都不覺得自己老，前兩年開始有一些四、五十歲的陌生人叫我「歐吉桑」。我想：他們的年紀不跟我差不多嗎？爲什麼老是叫我「歐吉桑」？我眞有那麼老嗎？結果這一兩年，人家都已開始叫我「阿伯」，想來我是更老了。啊！這個實在不好，因爲我的心還很年輕，從無始劫來，以如來藏的歲數來講、來看，六十幾歲的人當個嬰兒還差不多，怎麼能叫作老？沒想到人家都這樣叫我了，於是在身子上面也就不得不服老。這個就是無常，但是這個無常，要怎麼樣把它拿來用？這就是你們學佛人要懂的地方。

凡是任何法，到了大乘法中，都要使它成爲佛法，不能再是世間法。我們教導諸位的就是這一點，要大家現學現賣，才轉一手馬上就大賺一票功德，學佛是要這樣。如果學佛二十年，還沒有辦法「賣」，都還賣不出去，更別說「現買現賣」，就表示全都學錯了。大家想一想，經裡的記載，佛陀說法時，菩薩們乃至阿羅漢們也總是現學現賣，顯示是當場實證的，應該這樣說法、學法，才是眞正的佛法。你們今天這樣聽了，就不能再抱怨說：「哎呀！天氣這麼熱。」不能用作藉口而懈怠，要繼續努力用功。雖然我說自己年紀大，最近我在二樓佛堂寫書等等，也都不開冷氣了，就這樣子熱了喝一點冰水，電風扇拉近一點吹，電腦有些過熱就弄冰塊在它旁邊，讓它去吸冰塊的冷氣，這樣也可以撐過去。我大概可以省電百分之十以上，算是為整個有情的生存環境盡一點力量。雖然有能力去付電費，但是何妨為大家設想一點，自我犧牲一下，這也是菩薩應當自強之處。

但是來到正覺同修會裡，我們卻告訴行政組說，那共修時用的冷氣電費不能省，不要熱得大家心煩意燥，因為這是很重要的法會。我們宣說正法時才是眞正的法會——說法的聚會才是眞正的法會；在那邊弄梵唄「鏘、鏘、鏘」地唱誦，那其實不是眞正的法會，只是唱誦而不是眞正的法會。佛陀對法會的定義是：說法的聚會。既然我們每週講經或上課是說法的聚會，並且又是最了義法的法會，當然這電費不能省，要讓大家舒服地專心聽講（當然也不讓諸位會昏沉打瞌睡），所以別計較電費；至於說法時不讓諸位打瞌睡，則是我說法者的責任。那麼就這樣，希望大家兩個鐘頭聽得法樂無窮，一晃就過去了，得到很多的妙法眞義。

現在回到經文來，上一週說的第三段經文，我們引用了《不增不減經》的經文來解釋，也說明爲什麼我要引述這一部經；對治的目的是什麼，也都講過了。現在要來爲大家解釋一下，這一段經文的眞實義聽完了，再也不會被佛門裡的那一些常見外道所轉變，你就可以堅定而且心不改易，心得決定，往這一條成佛之路一直邁進。這《不增不減經》的經文裡面說，這時世尊告訴慧命舍利弗：「**這個甚深義是如來智慧的境界，也是如來心所運行的地方。**」這也就是說，眾生界是不增不減的，所以諸佛不可能侵略別人，或是騙眾生把眞實心合併爲諸佛所有，因爲一切有情的眞實心、金剛心、常住心第八識，全都是不增不減的。若是像《浮士德》裡面講的，把靈魂出賣給魔鬼，那只是一種戲論；實際上不可能有這種事情的，因爲魔鬼買了也拿不走，別人的靈魂還是別人的靈魂。而他們所謂的靈魂其實只是意識心，再加上一點點自己想像的意識心背後有一個常住不滅的心，那就是他們所謂的靈魂。但是在法界中，眾生界是不增不減的，不可能分割也不可能合併。

以前有一位大法師，他演說眞如時就講錯了；所以戒行雖然那麼精嚴，結果死後還是要下墮鬼神道。爲什麼會這樣呢？因爲他把佛法中最重要的部分給說錯了，得要擔負因果；後來是我們一位以前與他有很深厚因緣的師姊，把無相念佛的功夫連續三天迴向給他，才解脫於鬼神道，沒有再來要功德。《般若經》裡面所講的眞如，是指每一個人或者每一個有情都有的自心如來，也就是各自都有的第八識如來藏。在《般若經》裡面，常常用眞如這個名稱來稱呼第八識如來藏。那位法師有一次演講，並且被記錄下來，在報章或月刊上面流通說：「一萬隻螞蟻的眞如合併起來，才能成爲一個人的眞如；一千個人的眞如合併起來，才能成爲一條鯨魚的眞如。」語意大約如此。那時候我正在請人製作佛像，是家裡佛堂要供的；那時候已經快要驗收了，是在貼金箔的階段。那位製作佛像的師傅也是學佛的人，他就拿那位老法師的開示給我看，他覺得好像是有問題。我的回答很簡單，我說：「如果依照他這樣講的話，眞如心就變成可以分割、可以合併，經典就要修改了。反過來說，佛陀經中所說的如果沒錯，那他講的就是錯了。如果他講的沒錯，那就是聖言量錯了。你到底要信受誰說的？」當然他們兩位師傅就說：「當然要相信佛說的。」我說：「那不就結了？但是我們也不必去外面談論，說某某大法師講錯了，不必指名道姓說他講錯了。」

因爲我當年剛剛出來弘法時，說一句老實話，我那時也是鑾鄉愿的，總是想每一個人都好，不要評論別人。因爲從小到大，老父親教的就是這樣，總是說要「人人好」。閩南話就叫作「人人好」，都教我在社會走動時要「人人好」。既然人人都好，我當然不能評論別人，所以我也勸他們二位不要去評論那位錯說佛法的大法師。但我這樣子「人人好」的作爲，結果還是要被毀謗爲邪魔、外道，只因爲我弘傳的是第八識眞如，大師們弘傳的是第六意識離念靈知，法道全然不同，他們覺得無法與我和平相處，就開始無根毀謗我們正覺的第八識法義。後來我把心打橫了：「**我不說你們錯，你們也還是要說我錯了，既然如此，我乾脆就指說你們錯在何處。算了！我就不再『人人好』了。**」就這樣開始評論那些否定第八識正法的大師們，所以我弘法剛開始那五、六年都不說別人的法錯誤。不管誰來請問什麼人，譬如問到月溪法師或者問什麼人的法義，我都讚歎說「好」，全部都好。結果「好」到後來變成都是我不好，因爲人家都說：「**你說他們的法義正確，但他們的法跟你不一樣，所以你的法當然就是錯誤的法了。**」眞是正邪不能兩立，沒辦法，無可奈何，只能放棄想要當好人的作意。後來才終於知道說，原來當「惡人」

還是我的宿命，逃不掉啦！我只好一世又一世繼續當下去，反正我又不是只有這一世才開始當「惡人」，如今也有一點習慣了。

言歸正傳，這意思就是說，眾生法界是不可增減的。如果可增減的話，那就要把《心經》全面翻修，因爲可增減的就不可能是不來不去、不垢不淨。可增減的就一定是可生滅的，不可能是不生不滅的。可增減的法一定都不可能是中道，一定是落於兩邊。所以當　世尊告訴舍利弗說：「**這個甚深義，是如來智慧的境界，也是如來的心所行處。**」祂講的就是這個自心如來如來藏的自身境界，不是在講意識所住的境界。所以如果學佛的時候，不瞭解祂是講如來藏自心如來的自住境界，一直要把自己的意識心湊上去，想要求符合，一定會有許多破綻出現，遲早會被人辨正法義的。這就是說，如來心指的是如來藏，而如來心所行處，就是如來藏的所行處；因爲如來藏就是法身——諸法以如來藏爲身；如果沒有如來藏來出生諸法，以及作爲諸法出生以後的依止，諸法就不可能存在。

佛接著說：「**舍利弗！像這樣的深妙法義，一切聲聞、緣覺智慧所不能知、所不能見，不能觀察。**」這是　佛的聖言。以前，我剛出來弘法時，並沒有去讀很多的經典，所以有人問我說：「你讀過六百卷的《大般若經》沒有？」我說：「沒有，我讀過的可能還不到十分之一。」又有人問說：「那不然，《小品般若》你讀過沒有？」我說：「《小品般若》，我讀過的可能更少，可能不到二十分之一。」到現在都還是如此，因爲我不想去讀，我想要讀的是第三轉法輪的經典。但是有的人聽到這話，就想：「我就找般若系經典裡面的聖教來推翻你，來堵住你的嘴。」當然，我是後來才知道他們那個心態，沒想到他們找了兩、三年，找不到一句話可以堵我的嘴。因爲《般若經》講的就是如來藏，而我證的也是如來藏；我是從現觀如來藏的立場，一面觀察、一面講，一定跟般若諸經講的完全一樣，他們怎麼能夠拿《般若經》的聖教來推翻我呢？那麼有人偏偏不信邪，就寫信來質疑，我就回覆，他們還是沒輒！正覺同修會就這樣一而再、再而三地被考驗，考驗到現在反而招牌變得很亮；因爲本來我們都沒有去擦這個招牌，他們一天到晚不是拿泥巴來砸，而是拿布團來砸，越砸越亮。他們砸得都不痛，因爲不是石頭，而是布團。布團一直砸，砸久了，招牌都亮晶晶了，現在就是變成這樣啊！如果不是這樣，我們怎麼可能有《眞假開悟》、《識蘊眞義》，還有《燈影》那一類的書寫出來呢？眞沒機會寫，也不可能會主動來寫。最近還有人建議我說：「那本《燈影》應該把它改版成爲書局版，因爲內容太好了。」我卻說：「你個人覺得太好。可是這要改成書局版上架去，我看是沒有人買。」因爲他們大多讀不懂，內涵太深了。

你要賣好貨，也得要遇到識貨的人。經中不是有一個譬喻嗎？父親交代一大塊沉香木給兒子去市集賣，交代他：「如果沒有多少兩黃金，不許賣。」可是他在路邊等了老半天，都沒有人來買；因爲大家都不識貨，一聽他說要賣很多兩黃金，都當他是瘋子。他想：「隔壁攤子賣那些木頭，怎麼人家一直來買？我就只有這麼一根木頭，怎麼都賣不出去？」後來他就跟人家交換，換了以後一下子就賣走了，然後拿了幾文錢回家。他父親告訴他：「你眞的愚癡！你沒有遇到識貨的人，應該要慢慢等。」同樣的道理，你若遇到識貨的人，他才不管是不是結緣書，好就是好，他才不會計較是不是結緣書。

這就是說，眞實法是不可被改變的，永遠都不會有所演變的；因此，法界的實相，如果你的親證是眞實的、不是想像編造，也不是悟錯了而自己認爲那就是法界的實相；那麼你一定會有對法界實相的現觀，你可以住在現觀的境界中觀察著來說，不管你怎麼說，一定跟二轉法輪、三轉法輪的聖教量相契合。所以，你沒有讀過那些大部頭的經典也都沒關係，《大般若經》我讀不到十分之一，《小品般若經》我也讀不到二十分之一，到現在也沒起心動念過想要再去讀它；因爲我不想花時間細講般若，我想的是，直接讓大家去實證般若，然後我用第三轉法輪的經典，把你們快速地拉入一切種智中，讓你們智慧快速提升，才能爲正法的久住來作更多事，這才是我要作的事。

這是因爲我需要用的人，不是只懂般若的人；而且，你們並不是每一個人都可以像老趙州那樣活一百二十歲，大部分的人是已經在社會上打滾過一段時間才進同修會的，可以扳指頭算一算：「我後面大概還有四十年。」有的人算說：「我後面大概還有二十年。」就這樣算著。甚至於有人算說：「我能不能活到明年，都還不知道。」所以，即使我在增上班的課程講得很細、很豐富，有一點塡鴨的味道，但還是要塡，因爲總比沒有吃下去好。所以，我要諸位進步更快一些，而諸位一定要建立一個正確的觀念：佛法是法法相通，互有關聯，不可切割成各宗各派那樣的局部法義，應該是含攝三乘菩提全部法義的。

那麼有了這個知見，這段經文就好講了：「這一個不增不減的法，一切聲聞、緣覺聖人的智慧都不能了知。」因爲在二乘聖人還沒有迴小向大之前，佛陀是不會幫他們證悟的。一定是迴小向大開始修菩薩行了，願意生生世世行菩薩道而不會想要入涅槃了，而且心得決定永遠不會改變了，佛陀才有可能幫他明心親證般若；因爲這個法不傳給聲聞人，只傳給菩薩。所以聲聞人迴小向大以後心得決定了，表示這個人是永不退失的人，佛陀就要幫他開悟了；是因爲他對 佛陀有具足信，對於行菩薩道也已經心得決定了。如果是不迴心大乘，成爲決定性的聲聞人，簡稱爲定性聲聞，捨報時一定會入涅槃，那他就不會證悟實相，成爲這一句經文講的「一切聲聞、緣覺智慧所不能知」。因爲如來藏在何處，定性聲聞聖人不需要知道；佛陀不會告訴他，也不指點他去親證，就讓他去猜著。

沒有證得如來藏的時候，不曉得自心如來所行的境界，所以說聲聞不能知。而緣覺更不知道，因爲緣覺所修的，只有十因緣與十二因緣；獨覺是知道有這麼一個心，不從他聞，可是他也無法實證；無法實證時當然也是不能親見的，就不會有般若的現觀。佛世的阿羅漢們大多數是緣覺，他們是從佛陀口中親聞十因緣法而知道的，不是自己推知的。所以不迴心的聲聞不能知，得要 佛陀告訴他，才知有這麼一個自心如來，但不能證。獨覺雖然知，只是經由十因緣的觀察而推知一定有這麼一個心，可是仍然不能看見。菩薩追隨 佛陀一世又一世修菩薩道，當然不但能知也能見，並且還能現前觀察；因爲既然找到了如來藏的所在，那就可以去觀察祂。所以說，這個法非聲聞、緣覺所能知見，更不可能觀察祂，因爲二乘聖人的證道不需要親證這個本識如來藏。

那麼，如果聲聞、緣覺等聖者都不能知，那些還沒有進入初果位的凡夫大師們可不可能知見呢？我想，現在一定有人心裡面在笑著說：「你也別問我這個問題，把我當作那麼傻嗎？用膝蓋想一想就知道了：連阿羅漢、辟支佛都不知道了，沒有斷我見的大師們當然更不可能知道。」所以，如果有人還沒有證得聖果，但是他想要去觀察哪一些大師們是沒有斷我見的，其實很簡單，教諸位一個最簡單的觀察法：只要看他是弘揚六識論或者八識論，來作初步的判定。如果他認爲說：「如來藏是假名施設，其實就是緣起性空，最高、最終心就是意識。」那你就知道他是個六識論者。六識全都是識陰所攝，都是生滅法。他落在識陰中，就表示他是不可能斷我見的。他如果不承認有第八識如來藏，還有可能是證得如來藏的人嗎？你現在一定可以說：「這個用膝蓋想就知道了，你不必問我，也不必教我，我都知道。」那就恭喜你：你有最基本的抉擇分了。

所以，眞如心、不增不減心、如來心、非心心、不念心、無住心，正是第八識實相心的不同異名；凡夫們以及愚癡的二乘聖人當然不能測量，因爲愚癡凡夫連第八識眞如心的正知正見都不能建立起來，所以對眞如心當然不能知、也不能見，更不可能觀察祂，又如何能夠測量這個如來心勝妙法呢？只有諸佛如來的智慧才可能觀察了知，而且親見這個甚深義，菩薩們就追隨如來修學而能知能見這個甚深義。佛又開示說：「舍利弗！一切聲聞、緣覺所有的智慧，他們在這個眞實義裡面只能仰信，不能如實知、如實見、如實觀察。」是說二乘聖人聽聞　佛陀說有這個眞實法界，不墮於現象界的識陰等法中，聽了就信受，但是也只能夠景仰而無法親證祂，所以說他們只能仰信。因爲　佛所說的，他們有信心接受了，但是畢竟無法自己如實知、如實見而不能觀察，所以說「唯可仰信」而沒有能力如實的親見祂而觀察祂，所以對祂的所知就有許多的臆想猜測不如實。

接著　佛陀又說：「**舍利弗！甚深極甚深的義理就是第一義的眞實理，而第一義的眞實理也就是眾生界，眾生界其實就是如來藏，而如來藏就是法身。**」現在請問，諸位所見的諸方大師們，從民初以來或者從清末以來—廣欽老和尚除外不談—其他的所有大師們，不管出家、在家，有哪一個人是證得第八識法身？你們可以去檢查看看。凡是證得法身的人，有可能會教你每天打坐，去取證離念靈知嗎？絕對不可能！證得法身的人，他當然會告訴你說：「**我證得法身了，法身就是如來藏，所以你們跟我學，得要學著親證如來藏，不要落在意識裡面去。**」一定是這樣講。

如果他有證得法身，結果一生都不談法身；而人家跟隨他修學時，他都教人家要證意識離念靈知。那你應該要怎麼罵他？罵文雅一點就說「**居心叵測**」。居心叵測，就是說你不知道他在想什麼，故意要給你錯誤的法，而正確的卻不給你；這有一點承認他有證悟的意思，只是怕你得到這個勝妙法而故意不傳給你。如果是老粗，就罵一句閩南話，說他「歹心」，也就是說他惡意。你看，自己有好料，不肯給別人，單拿那些草料給人家。那是馬吃的，不是給人吃的，怎麼可以拿馬的草料給別人吃？他自己宣稱證得法身了，卻不幫你實證，然後只要你證得意識，那當然是心腸不好的人。可是，會有心腸不好的大師嗎？不可能有啦！結論當然就是他還沒有證得，這道理很簡單嘛！若是有證得如來藏法身的人，他出來弘法一生，不會吝於教導眾生親證法身，他至少總得要幫一、兩個徒弟親證法身嘛！才好讓他的血脈不至於中斷，這樣才能夠薪火相傳。

如果像許多寺廟裡面那樣，把一幅卷軸拉開來，上面寫著開山祖師第一代某某人、第二代某某人、第三代某某人，這樣子連續寫了五、六十代，而現代這個徒弟開口說要傳下法脈了，就在最後面加記一筆，寫上第六十一代王某某、謝某某或是蕭某某，然後要收一大筆款子供養，才會簽上他的名號、蓋上他的印章，說這樣就叫作法脈傳承，那有什麼意義？根本就沒有法血，哪裡還有法脈？爲了眞正的血緣須要延續下去，才須要脈，但他連眞正妙法的一點點血緣都沒有，那麼向他供上一大筆銀子而接受法脈的人，要他這個法脈幹什麼？十三、四年前，台灣還有頗有名氣的法師去大陸接了法脈，當時他好像花了五十萬元台幣得到一個卷軸；那個卷軸就從第一代寫下來，寫到最後那一代就是他，是當上了那個傳承的最後一代繼承者，卻是花五十萬元去買來的，然後就說有什麼法脈傳承。問題是，他那個所謂法脈傳承的卷軸，能夠拿到正覺同修會來顯示嗎？不但在正覺裡拿不出來，別的地方也拿不出去，因爲人家會笑話的。

如果想要當仁波切，那更容易。這麼多年以後的現在，只要花個兩百萬元就可以買得到了，想要當仁波切也眞的很容易。但是仁波切的意涵，跟他個人的實質並不相符，仁波切的意思是說尊貴的人。請問，住在人間一天到晚在想著人家的老婆，一心要跟年輕美麗的女信徒上床的那種人，是不是眞的仁波切？不是啊！因爲他的心中不乾不淨，並不是最尊貴的人，法律也不允許他的行爲。連世間法都不允許他了，何況能說他是佛法中最尊貴的人。人家可都要罵他是最下賤的人、心懷不軌的人。

所以說，有沒有實證法身，只要看他所弘揚的法就知道了。不過，有的道場很聰明（因爲現在不談如來藏不行了，現在台灣佛教界都知道說：要證悟如來藏才算是開悟。所以，如果人家要來學，一定要讓他知道說：我們這裡也有在教人修學如來藏妙法），所以，他們在網站貼文說：如來藏，我們道場也有在教導。不過，學人前往修學，不斷地修學，學到後來始終都沒有教導如何實證如來藏，就請問說：「**師父！您怎麼都不教我證如來藏？我要證第八識法身啊！**」這不是圖窮匕現嗎？於是師父說：「**如來藏是個方便施設，沒有如來藏可證；你只要懂得緣起性空，就是證如來藏了。**」結果學了好幾年以後，才發覺原來自己被騙了。所以，想要判斷一個大師有沒有悟，其實很簡單，就看他十幾年來、二十幾年來弘法，是不是在弘揚如來藏妙義，也就知道了嘛！可是他們會不會改？不會！因爲他們只要一改變說：我們現在開始要證如來藏。接著，徒弟們馬上就會提出要求：「**師父！請您幫我證如來藏，我們每年大力護持道場，現在想來打禪七，請您指導怎樣證得如來藏。**」那時他該怎麼辦呢？自己都還沒有親證，該怎麼辦？所以，只好繼續撐下去，這就是目前海峽兩岸佛教界的現況。

諸位今天有拿到《正覺電子報》？有一篇聲明，我們會一直把它登載下去；這是因爲有台灣的大法師去大陸宗教局告狀，說我們是破壞中國禪宗的佛教團體，請求宗教局不要核准我們的正法書籍在大陸出版，所以宗教局是不會發給我們書號的，我們的書就不能在大陸出版。台灣的大法師去告狀，大陸的大法師也這樣去告狀。這是宗教局裡官員私底下講出來的，現在，我們就是要讓這一些去告狀的大法師們出來聲明，要他們證明自己是眞正的禪宗。我要等他們出來聲明，但他們一定不敢出來說自己是眞正的禪宗，因爲他們之中沒有實證如來藏的人。假使他們出來聲明已證了，我們要問：「禪宗祖師們都證如來藏，你眞的證了沒？」要問他們這個問題。然後再問他們：「證如來藏的人是破壞禪宗的人嗎？」所以，他們未來永遠都不會有回應的，因爲一定都不敢回應，但我還是要叫他們啞口無言。

這就是說，你只要證得第八識法身了，不論是哪一部般若經典，你怎麼說法都對。橫說、豎說、乃至胡扯一通也對，禪師家不都如此嗎？因爲口中胡扯時，已經把弦外之音彈出來了。我們《金剛經宗通》已經講了很多典故舉證，說禪師指證別人那樣講不對，等到別人同樣來問時，他還是一樣回答，但他竟然對了，可是卻又不是強詞奪理，這才是眞禪宗。若不能如此，那就是假禪宗。因爲當代佛門裡的常見外道法師也說他是禪宗，說他是來弘揚禪宗的，這就像大陸一句名言說：「打著紅旗反紅旗。」就是這樣，其實他們正是以常見外道法取代中國禪宗祖師所證的第八識法身，他們才是打著禪宗旗號而眞正破壞禪宗的人。

所以，什麼是法身？一定要先瞭解。世尊說：「法身就是如來藏，如來藏就是甚深義，甚深義就是第一義諦。」所以我說：如來藏就是第一義諦。如果哪個大師一天到晚講第一義諦，那你就請一本《不增不減經》送給他，告訴他說：「師父啊！甚深義是不是第一義諦？」他當然說：「是啊！」再問他：「第一義是不是眾生界？」他會說：「不對！第一義諦怎麼會是眾生界？眾生界都是凡夫欸！」你就說：「師父！您錯了，因爲佛陀在經中就是這麼說的。」「佛有這麼說嗎？」因爲他們根本就沒有讀過這些了義經典。應該讀的他們都不讀，不必讀的卻讀一大堆。有位法師甚至於閉關六年之中，都是讀日本人鈴木大拙的著作，或者讀一些中國祖師的著作，《大藏經》都不讀。那他到底在閉什麼關呢？人家讀藏經來閉關，至少也是讀藏經，算是「讀經關」，他閉那個關是讀什麼關？只能叫作「讀書關」。讀什麼書？讀凡夫大師們寫的書，怪不得他弘法時要否定第八識，說要把第八阿賴耶識滅掉。

所以，佛說「甚深義者即是第一義諦，第一義諦者即是眾生界」，這是很重要的大乘正法知見。但問題是，爲什麼第一義諦就是眾生界？爲什麼說眾生的法界—眾生諸法的功能差別—就是第一義諦？因爲眾生一切法的功能差別都從如來藏來，若無如來藏眞如心，眾生五陰尚且不可能存在，何況能有眾生法界可說？而如來藏就是第一義眞實理所證之標的，所以第一義就是眾生界。眾生界是依什麼而出生、存在、運作、連綿不斷？當然都是依法身眞如心如來藏，假使不是如來藏心的支援、護持，十方諸佛根本就不可能成佛。

阿羅漢們結集四阿含諸經前，他們也都聽過大乘經典；他們聽到 世尊宣演大乘經典中的一句話而結集下來，佛所說的這一句話裡，已經很明白地顯示有第八識。在阿含部的《佛說鴦掘摩經》中 佛陀開示說：「解名色本，即得應眞。」只要眞正的理解，只要是正解名色的根本，就可以感應而證得佛法中眞實的果位。這個應眞，不迴心阿羅漢們的解釋是證得阿羅漢，然而佛陀的解釋呢，應眞就是佛果、就是成佛，包含相似即佛、分證即佛以及究竟即佛的果位。換句話說，學佛人應當要探究：名色的根本是什麼？色，當然是我們的五色根加上六塵，這都屬於色陰。名呢，受想行是名，但最主要的是識陰。識陰有六個識：眼、耳、鼻、舌、身、意六識。識陰的俱有依—

意根—也是名，名與色這一些法性是從哪裡來的？根本又是什麼？就是入胎而出生「名、色」的「識」。這是很簡單的道理。

在阿含部的經中記載，佛問阿難說：「這個本識如果不入胎，能有胎兒嗎？」阿難說：「不可能有。」佛又問：「如果這個識入了母胎就離開了，胎兒能生長嗎？」阿難說：「不行。」佛說：「如果這個識住胎而出生了名色，出了母胎以後，又離開了那個嬰兒，嬰兒能繼續存在不壞嗎？」阿難說：「不行。」然而 佛在其他的經中又說：「解名色本，即得應眞。」那意思就已經夠明白了，就是說一定有這個本識實存；這個本識是入胎來出生名色的，名色的名之中就已經有七個識了，當然祂不是意識，當然祂就是名色之本。佛說：「解名色本，即得應眞。」那不就是說，想要「應眞」的人一定要證這個本識嗎？否則不可能成爲眞正菩薩的，未來也不可能成佛。所以 世尊開示說，這個第一義諦就是眾生界，因爲每一個眾生的法界中都有這個第一義諦；而第一義諦就是如來藏，如來藏就是法身；因爲諸法都以如來藏爲所依之身，當然如來藏就是法身。

所以，如果說他證得大乘法了——見道了，結果一生弘揚正法，竟然都不談第八識如來藏，或者都在否定第八識如來藏，顯然這個大師是「不解名色本，不得應眞」。他從來不曾與眞實法相應過，他能跟什麼相應呢？跟妄心識陰相應，所以說他不解名色本；那麼他即得應什麼？（有人說：應妄。）對嘛！是「應妄」而不是「應眞」嘛！當他一生都與妄法相應的時候，而說他能度人，然後還去跟人家辦超度法會，好幾天「鏗鏗鏘鏘」唱個不停，其實他連自己都度不了，還能度死人？那可憐的死人要被他度到哪裡去，都還不知道，因爲他連自己都度不了。所以說，進得佛門，你如果想要實證而不是虛度時光、唐失錢財，就應該要求證眞實法。而眞實法只有一個法，因爲法界中從來沒有兩個眞實法並存，那就是唯一法身。世尊明確地開示說，法身就是如來藏，如來藏就是第一義諦，第一義諦就在各個有情眾生界中。如果不想求證這個法身，而說他能夠開悟、能夠發起實相般若，佛門中沒有這回事。

接著 佛說：「舍利弗！如同我剛才所說法身的眞實義，是超過恆河沙數的不離、不脫、不斷、不異、不思議佛法如來功德智慧。」換句話說，超過恆河沙數的不可思議佛法的如來功德智慧，與這個法身如來藏不離、不脫、不斷、不異；如果有人離開或否定法身如來藏，而說他有不可思議的佛法功德智慧，那是在自欺欺人；因爲不可思議的佛法如來功德智慧，不可能離如來藏法身而有，因爲一切佛法的功德與智慧，都是依於諸法所依身如來藏而出生的；也不能夠與如來藏法身脫離，一旦脫離了，連一法都無，何況能有不可思議的佛法智慧？而且不能斷絕與如來藏法身之間的關聯，只要一刹那斷絕聯繫了，連五陰都不存在了，當然佛法也就連一法都不存在了。那麼，如果說有人實證了不可思議佛法的功德智慧，說他親證了自心如來藏，結果所證的如來藏卻異於第八識如來藏，而是以觀想明點當作如來藏；這其實是異於如來藏，並非 佛說的「不異」如來藏，那他所謂的實證佛法功德智慧都是假的，他就是大妄語人。因爲如來法的功德與智慧都是從第八識如來藏中生出來的，也是時時刻刻都依第八識如來藏而有的，一刹那都不能離開，所以 佛說「不離、不脫、不斷、不異」於如來藏眞如心這個法身。

瞭解了這一點以後，諸位要判斷諸方大師有沒有證悟就很容易了，就看他這一世有沒有弘揚眞正的如來藏正法就夠了，其他都不必講。若是沒有證，講得一堆話也是白費他的口舌；你去對這種大師講得再多法也沒有用，還不如拿那一些跟他辯解的時間，用來讀我的《眞假開悟》來得更有利益，因爲他們是不可救藥的。不可救藥的原因，是他們爲了維持自己的名聞與利養，最怕的是眷屬走光了，剩下老朽一個——既老又朽，唯恐連名聲都沒了，那該怎麼辦？這就是他們最大的顧慮。但是，聖教量這麼清楚擺在這裡，所以他們就只好心裡面氣憤：「這蕭平實老是出來搞鬼！」因爲如來藏明明在他們那裡，他們卻證不到。派了人去正覺學，結果都歸入正覺，好像古時的外道須深成爲佛弟子一樣不肯回去了（大眾笑…）。那你說，如來藏老是藏著讓他們找不到，是不是很像鬼呢？所以我平實就是愛搞這個第八識「鬼」。

他們一直想要找出自己心中那個鬼，卻找不到。其實，那個鬼——如來藏——從來沒有跟他們捉迷藏。就像禪師說的「露堂堂」，他們自己沒慧眼看不見，不能怨責自己的法身如來藏，所以他們只好悶悶不樂。悶悶不樂的結果，要怎麼樣取悅自己呢？就只好多辦幾場國際佛學會議，辦得風風光光地，新聞媒體也來採訪，大家總是嘴裡「師父長、師父短」，那他心裡就很高興了。可是，辦完佛學會議，到了半夜睡覺時想到道業，又悶悶不樂了，因爲對自己不能交代——千瞞萬瞞就是瞞不了自己。所以，諸位進了正覺應該有歡喜心，因為心裡知道：「我只要進了正覺，遲早總會實證佛法功德智慧。假使我因緣差一點，十年、二十年也可以啊！人家是少小出家，是當小沙彌時出家的，到現在七、八十歲成為大比丘了都還證不得，我進正覺混個十年、二十年終於證得，也太便宜了。」這樣想就對了。

接著佛說：「復次舍利弗！如同我上面所說的那樣，在眾生界中一直不斷地示現三個法，這三個法都是眞實而如如，不異也不差於法身。」不異法身、不差法身，所以才會說眾生界即是第一義諦，所以才會說眾生界即是法身，原因就在這裡。所以，不要像達賴喇嘛說什麼在虛空中，如果是在虛空，他應該每天在太陽下或者沒太陽時，都應該趕快像練氣功的人一樣向虛空中一直抓、一直吸，看看能不能撈得到什麼能量。所以，達賴喇嘛的知見膚淺到這個地步，卻可以是密宗裡的最高法王；那麼諸位想一想，那密宗在佛教正法中能算老幾呢？他們連老么都排不上，因為他們都是心外求法的附佛法外道。佛陀說，這三個法，是在眾生界中不斷地示現，而且都是眞實而如如的，不可毀壞的，不異於如來藏；又說不差於如來藏，與如來藏是沒有差別的。換句話說，眾生界裡的一切法的功能差別，其實與如來藏是一體的。

世尊接著說：「有哪三個法呢？第一法，是如來藏本際相應體以及祂的清淨法。」這是說如來藏本際，因爲如來藏只是一個名稱，爲這一個眞實法方便爲眾生解說，來施設一個名稱叫作如來藏；其實祂本名不叫作如來藏，因爲祂無可名狀。如來藏是我們依眾生界、依菩薩法界，爲了方便幫助有緣人親證，所以安立一個名稱給祂，說祂叫作如來藏。否則的話，你要怎麼爲人演說如來藏這個妙法？因爲你來正覺就是要證那個心，那個心究竟是哪個心？你教導別人時只是說：「就是那個心。」像這樣子，你都不說「如來藏」這個名字，那麼你說的心到底指哪個心？也許有人認爲你說的是能見的心，有人說是能聞的心，到底是指哪個心？所以一定要安立一個名稱來說明。如同眼識，眼識本來也沒有名稱，但你要爲祂安立一個名稱才方便說明，才能與其他的心區分出來，人家才能聽懂你說的是哪個心。

同樣的道理，「如來藏」這名稱並不就是祂，但是安立一個名稱，一旦有誰講到這三個字，大家就知道是指稱這個第八識心，那就容易演說而弘揚了。這個「如來藏」三字只是個名稱，而「如來藏」三字的本際是什麼呢？就是這個心體自身，就是出生名色的這個第八識；而這個識，祂是個「相應體」。這表示說，祂是會跟你相應的；不只是一個假名施設的名稱，也不是緣起性空的異名詞，因為緣起性空不會跟你互動，而如來藏會跟你相應互動，當然是有功德而且眞實存在底心。在你還沒有開悟的時候，祂就已經跟你相應了，但你不知道祂一直在與你相應；等到你找到祂的時候，你會為我證明說：「蕭老師！你說這句話沒有錯，祂確實是一直在跟我相應；只是我以前沒有慧眼，看不見祂，所以不知道祂一直都與我相應。」

因此，如來藏心是「相應體」，絕對不是一個名言施設，也不是像印順法師所講的，如來藏就是緣起性空的假名施設方便說。如果眞是這樣，又何必要施設如來藏？只講緣起性空就好了，把緣起性空特地再施設如來藏的名詞而弄得更複雜，讓佛弟子們在許多施設的名詞裡團團轉，何必呢？其實不是他講的那樣，如來藏這個心是眞實存在的心，祂是一個「相應體」，因為祂時時都與眾生五陰相應。而且每一個人只要證得如來藏以後，就知道如來藏是怎麼樣相應的。那個時候，假使有個大魔王來說：「我跟你交易，三千大千世界送給你，買你的如來藏。」你一定說：「莫說一個三千大千世界，十方所有三千大千世界來跟我換，我也不要。」因為你賣了如來藏就沒命了，你要那個十方三千大千世界幹什麼？你賣了如來藏就沒命了，十方三千大千世界連一個都不是你的，何況能擁有十方世界。但實際上，誰也買不走任何有情的如來藏。既然現在知道祂會跟你相應，你就說：「好歹我已混進正覺，我每週二來，坐在這裡聽經。縱使聽到睡著了也沒關係，就算你講得不生動，讓我聽到睡著了，也許迷迷茫茫中隱隱約約聽到一句話而開悟了，那就值回票價了。」這還眞的是：在大廟中睡覺，勝過在小廟裡辦道。這意思就是說，如來藏是個「相應體」，祂不是唯名施設之法相。

這個「相應體」爲什麼說是「清淨法」？因爲祂永遠是眞實而如如的法性，祂從來不墮於染汙法之中，都不會與染汙法相應，所以說祂是清淨法——祂永遠示現祂的清淨自性。但祂的清淨自性卻不是修來的，是本來就那樣清淨的。所以，進了正覺最好，悟後不必一天到晚用種種方法想要把自己的妄心綁得死死、不許胡思亂想。在正覺裡面，不管你胡思亂想或者不胡思亂想，等你找到了如來藏以後，儘管胡思亂想你要想的，但你所悟的如來藏心還是本性清淨，不因爲你胡亂想，祂就改變爲染汙。佛菩提道這樣講起來，不是很好嗎？出去利樂眾生的時候，隨你怎樣說法，不論生起了多少語言文字都沒關係，不必一直要保持離念，因此你想要跟眾生說多少話都沒關係。那些落入離念靈知的人往往跟你說：「你不是開悟了？那你講這麼多話，不是又落入有念、有妄想境界中了嗎？就不是開悟了。」你說：「我雖然跟你講這麼多法而說了許多話，但我還是無念的。」他們說：「奇怪！你明明跟我講這些話，你一個念頭又一個念頭不斷出現，怎麼依舊是無念？」你說：「對啊！我本來就無念啊！我現在即使罵你，也還是無念的。」這才是眞的佛法，證得這樣的眞佛法，可以告慰自己說：「我此世不枉來人間這一趟，眞是暢快平生！」學佛本來就應該這樣，要學得很快樂，不要學到後來變成憂鬱症一樣：每天從早到晚，好吃的不許吃，好看的也不許看，好聽的也不許聽，連說話都覺得是罪過；什麼都不行，偏要自苦其身。遇到那些人，你就罵他：「自苦其身的結果是沒有意義的，何苦來哉！只要把你自己的本際找出來就會出生般若智慧了，不必每天保持離念。」悟後還沒有斷盡思惑及我所執，覺知心還是有染污的，所以覺知心悟後得要修行淨化；而如來藏本際是本來清淨的，不必我們去清淨祂；我們只要清淨五陰自己就好，如來藏中含藏的五陰煩惱種子就淨化了，但如來藏自身依舊是本來清淨的；所以你若是想要清淨祂自己的自性，都是多費功而沒有意義的事，因爲祂的自性是本來就已清淨的，所以稱爲「清淨法」。以上說的是第一個法：「如來藏本際相應體及清淨法」。

世尊說：「第二個法是如來藏本際不相應體及煩惱纏不清淨法。」這個在講誰？是講我們大家的五陰。當你找到如來藏以後，要把自己攝歸於如來藏。以前是把如來藏當作自己所有的，結果總是每天日用而不知；悟了以後才知道說，原來自己只是個過客，竟把主人據爲己有，當作是自家所有的一樣，這叫作其心顚倒。但是，悟了以後，很清楚看見說，原來我們色、受、想、行、識都是依附於如來藏才能存在，而且也是住在如來藏之中，從來不外於如來藏，與如來藏心沒有差距。這樣現觀的結果，就知道說，我們這一些法是與如來藏本來清淨自性的體性是不相應的；因爲我們五陰生來就是染汙的，所以我們五陰的境界是如來藏本際不相應體，並且我們五陰是煩惱所纏的不清淨法。

世間有沒有天生的聖人？有沒有？沒有啊？且不談出世間聖人，先說世間聖人好了。比如說孔老夫子，孔老夫子是不是一出生就仁民愛物？也不是啊！他小時候也跟人家爭執過、吵架過。要不然，就說阿羅漢好了，阿羅漢是出世間聖人，那個層級又更高了，比諸天天主還要高。那麼阿羅漢是不是天生的聖人？也不是啊！都是遇到　佛陀說法以後才能成爲聖人，所以才叫作聲聞聖人。既然沒有天生的聖人，怎麼能夠說這五陰是本來就清淨的呢？悟了如來藏以後現觀五陰的自己，不是本來清淨，是修行以後才清淨的；然後又來觀察眾生的五陰是染汙性的，可是五陰自己卻仍然屬於各自的如來藏所有；而五陰這些法是跟如來藏和合在一起，歸屬於如來藏，只是眾生不知道，所以就沒有般若智慧。而五陰是眞實存在於三界中的，五陰所住的六塵境界卻是如來藏所不住的境界，所以住在六塵中的五陰是「**如來藏本際不相應體**」。五陰也是不清淨法，不像如來藏那樣本來自性清淨；五陰總是被煩惱所纏而不清淨，如來藏卻是不與這些五陰的煩惱相應，所以五陰是「**煩惱纏不清淨法**」，卻是依附於如來藏本際而存在著。

「**第三個法、如來藏未來際平等恆及有法。**」這就是說，這個如來藏盡未來際是平等性，這個平等性永遠不會改變，也不會有任何一剎那曾經或者即將改變。眾生的五陰是會改變的，所以有生老病死，就會有種種不平等；

永遠不會改變的就不會有生老病死，而這個如來藏是永遠不會改變的。祂的自性從無始劫以來就已經是這樣子，去到未來無量劫以後，祂仍然是自性清淨的，仍然是本來而有種種的自性，而且祂是本來就清淨，本來就不生不死。由於如來藏有這個自性，祂永遠不會改變，盡未來際都是這樣平等的，並且祂的平等性「**恒及有法**」，而且是永遠如此，不會間斷的及於一切「**有法**」。也就是說，於三界有或者二十五有等一切有之中，如來藏這個平等性都恆常存在，這叫作「**平等恆及有法**」。並且不是只有幾個剎那存在，而是無始以來就是從來不曾間斷過一個剎那，祂的平等性永遠都及於一切有，這就是祂的第三種法。

修學佛菩提而證悟時就得要證這樣的法，如果去證那個睡著了就不見、就消失的離念靈知，何必辛苦去求證呢？因爲睡著了就不見了，死了當然更會消失了，投胎以後就永遠消失了，所以處胎時完全不存在了；這證實離念靈知根本去不到未來世，是生滅法。可是有一些大老闆，他們也很奇怪，在世間法智慧很高、很會賺錢，可是一遇到佛法，他們就全都迷信了。在世間法中有化學博士、電機博士……等，他們的邏輯學程度都非常好的，可是一遇到佛教大法師時，他們也迷信了，就把所有的邏輯學都捨棄了，眞的沒辦法！所以迷信到後來，把身上的支票簿拿出來，三千萬元一開：「師父！供養您，我跟您學定了。」就這樣迷信地學下去，學到後來被印證開悟時，伸手一摸也沒有什麼金剛印，因爲只是冬瓜印，蓋了就爛掉了，並不存在什麼印。佛菩提道中的印證，是要蓋了印以後還可以收藏起來保存好，也可以時時拿出來蓋，而且永遠不壞掉，才能叫作金剛印。冬瓜印有什麼用？結果竟還洋洋自得：「哎呀！我這一次終於悟了，這是我那鼎鼎有名的大師父印證的。」可是，他如果說給別人聽，說他開悟了，他可就倒楣了！因爲是成就大妄語業了。但是這個事實，有幾個人知道呢？

因此，佛陀作了個總結：「舍利弗！你應當知道，我所說的如來藏本際相應體及清淨法，這個法是如實而且不虛妄的。」換句話說，這個如來藏本際相應體是眞實存在的，不是虛妄的假名施設。也就是說，祂是眞實存在而可以被親證的，不但被一個人親證，而且還可以一代又一代相傳下來。那麼「這一個如實法，不離、不脫智慧清淨眞如法界不思議法。」也就是說，這個如來藏與智慧清淨眞如法界的不思議法是同在一起的。脫是分爲二個，離是暫時離開一下；「不脫、不離」是不能分開，也不會暫時離開而到別處去一下。而且祂是永遠恆時存在於諸法中，是永遠恆時存在於眾生有之中。並且「無始本際來，就有這個清淨相應的法體」，也就是說，這個如來藏是從無始以來（假使往前推而且眞的能夠推到有一個剛剛開始的本際，就算從那裡開始來觀察好了），如來藏是那時就已經存在著的，無法推斷祂是何時才存在的，因爲祂是無始恆存的。而祂這個與眾生相應的法體的清淨性，也都是無始本際以來就存在的，不是經由修行去改變成清淨性的，也不是長劫修行去把祂累積成功的。祂是本來就在那邊，祂是現成的。

潙山靈祐禪師有一次開示說：「如果法是修來的，那麼將來修行的因緣散壞時，這個修來的法就會跟著散壞了。」意思是說，眞實法匪從緣得，不是藉緣修行才得的，而是本來就存在的，你只是把祂找出來就行了。其實，他的開示也是達摩大師早就開示過的話。也就是說，祂是本來就存在著的，而你去把祂找出來，祂不是修來的。修來的是要藉各種因緣去修行才能得到，那麼修行的因緣將來散壞了，這個修來的法也就會跟著散壞不存了。所以說，努力打坐修離念靈知，離念靈知是不是藉緣而修得的？是。終於修成一念不生了，心裡面很歡喜說：「我終於一念不生了。」這一歡喜而生起念頭妄想時，離念靈知又壞掉了，因為生起妄念時，也就跟著壞掉了，藉緣而修的就是這樣子。所以不管他怎麼支撐著離念的境界，當老爸叫喚說：「阿牛啊！你過來啊！幫我拿個東西，我拿不到啊！」那是不是要下坐了？於是起了妄想：「老爸這個時候找我，眞不是時候。」起了妄想，離念靈知又壞掉了。可是，你如果是證得如來藏，那時你就說：「來了！老爸！我來幫你拿。」你再怎麼拿、再怎麼說話都沒關係；不論你怎麼亂心都沒關係，翻箱倒櫃亂得一塌糊塗時，你那個「如來藏本際」「清淨體」還是在，依舊本性清淨而離言語文字；你這個「如來藏本際」「清淨體」是不會改變的，因為祂不是你去修來的，祂是本來就如此清淨而從來離一切語言妄想，所以你只要把祂找出來就好。等到有一天，你眞的從那邊醒悟了，老爸又叫你找東西，你就找出來說：「老爸！我還眞的找到了。」老爸說：「找到了就給我啊！」你卻說：「我找到的這個不能給你啊！」就是這樣子。如果後來你老爸被你度了，學禪以後參究了，終於也悟得這個道理，那我告訴你：「你欠他的一世恩情一時酬畢，你就不再欠他什麼恩情了。」但又無妨繼續孝順他、供養他而成爲道侶。

這就是說，一定是要本來自己就在的才是將來永遠都不會壞滅的。如果是藉緣修來的，它未來就不免會滅。而這個法是無始本際來就存在，自從無始本際以來，祂就是清淨的，也是能夠與眾生相應的法體，然而眾生總是不知道，甚至學佛學了整整一世的大師們，也還是不知道，所以不懂這個「不離、不脫智慧清淨眞如法界」，於是祂就成爲「不思議法」了。由於誤會的緣故，就想要把虛妄有生、只能存在一世的覺知心修行離念，當作是眞實常住的不壞心，都不知道眞實是本來就存在的，都不知道「無始本際來，有此清淨相應法體」，所以就落入識陰離念靈知的生滅無常境界中。

接著 佛陀就開示說：「舍利弗啊！我就是依這個清淨眞如的法界，爲了愚癡眾生不懂的緣故，所以我特地爲這些眾生，說祂叫作不可思議法的自性清淨心。」因爲，眾生怎麼樣也想不到有這麼一個心眞實存在。現在，諸位知道有這麼一個心，我們正覺同修會裡面也有這麼多人爲你證明說：「我們眞的親證了，不是只有蕭老師一個人證得。」那麼，當你知道自己也有這麼一個本來自性清淨的心，無始劫以來就本然存在的，這時讓你作個選擇：你是要去選那個離念靈知？或者要選這個本來就存在、本來就自性清淨的心？對啊！那就很容易選擇了。這就好像說，有一錠白中透黃的白銀，另外有一個嵌在玻璃裡面的水銀，你到底要選哪一個？你當然要白銀，才不要選擇水銀；因爲白銀可以鍛鍊而作成各種珍貴底器物，那水銀卻不行，什麼都不能作，只是放在那邊好看，一不小心打破玻璃時它又流掉了。

所以說，要使自己成爲有智慧的人，這才是重要的。但是，作有智慧的人最難，因爲要兼顧人情，也要兼顧義理，這對一般人是作不到的。因爲有智慧的人，可以分開處理：「我原來的那位悟錯的師父，對我而言都沒有關係，他雖然沒悟，依舊是我的師父；逢年過節，我照樣去拜見，照樣去供養。至於了義法呢？可就人歸人、法歸法，要遵循世尊的教誨，不能將佛法拿來賣人情。所以法歸法，我該爲自己的道業繼續努力，我要繼續去求得所希望的更高層次的法，但是無損於我與以前跟隨的師父的情誼。」應該要如此，才是有智慧的人。

如果把法跟情混在一起的話，不但在出世間法裡弄不通，連世間法也都要混在一起，法官們也無用武之處了。因爲大家都要來拉關係、作人情，所有人都來個一表千里，就是：「法官大人！你是我老婆的表哥的表什麼、表什麼……，」一直表下去，結果說：「所以我們都是自己人。」那世間還有法治可說嗎？法律跟人情就是要分開，不分開怎麼辦案子？一定要分開，不然法官的工作作不了，要怎麼判案？「原來這是我的極遠房親戚，怎麼辦？」對不對？就不必管他嘛，親戚歸親戚，跟法律沒關係；如果你不在理上，我依法判你輸了，明天我再提一籃水果去拜訪你，既然是親戚嘛！就來跟你道歉。應該如此才對，這才是有智慧。否則，整個世間全都亂套了。

世間法中往往因爲人情而亂了套，佛法之中也因爲如此而亂了套；今天佛教界整個亂了套，就是從人情考慮而來的，就把法與情混在一起弄不清楚。不過這已是佛門常態，古時候是這樣，現在亦是如此，未來仍將會如此，所以能夠明心的人永遠是少數人。因此，以前有人打妄想說：「我們同修會將來一定會有幾萬人開悟。」我說：「你不要打妄想，世間沒有那麼多人可以證悟。」如果滿街都是開悟的聖人，那像什麼？即使是在 佛陀的時代，沒有開悟的凡夫依舊是證悟者的很多、很多倍；即使是那麼容易修證的阿羅漢道，也不是人人可證的。所以，我們郭總幹事常常說一句話：「菩薩種性無比尊貴。」他很看重每一個人，因爲進到正覺同修會裡來，都是種性尊貴的菩薩。

如果一開始就告訴大家說：「你找到的那個自性清淨心，有很多染汙種子。」大家就不太想要求證這個心了。所以不能一開始就這樣講，要先告訴大家說：「這個清淨心永遠都是清淨，永遠都是這樣，不會改變的，本來就是清淨的。」大家就有信心也有期待了。有一天眞的找到了以後說：「佛也眞的沒有騙人，心體本身確實是清淨的，從來不與染污法相應。至於如來藏心中含藏的種子不清淨，那是各人的事情，不是自性清淨心的事情，所以佛陀眞的沒有騙人。」所以有時候，勝妙法還只能先講一半，不能一時全講。所以，只有悟了以後才要告訴他說：「自性清淨心而有染汙。」那就是《勝鬘經》講的，那不在第二轉法輪裡面一開始就講，所以縱使要講，也要留到後面才講。

那麼這樣子，從別的經中援引出來印證《實相經》的這段經文講解完了，話說回來，這一個不可思議法自性清淨心不在別處，就跟你們每一個人的五陰自己同在一處。也許有人說：「哪有？我來這裡聽經那麼久了，我到現在都還沒看到，到底在哪裡？」可是 佛陀眞的沒有騙人，我也從來沒有騙人。但是話說回來，佛陀講了這一段經文，然後又說咒，祂爲什麼故意要講那個一字咒呢？用意何在？佛陀的機鋒其實很多，只是沒有全部記錄下來而已。例如南傳阿含《尼柯耶》裡面也有 佛陀的機鋒，可見那一部經，本來也是大乘經典，只是被聲聞人聽聞以後因爲聽不懂，所以結集時把 佛陀的禪門機鋒也寫進去了，但是沒有佛菩提的內容，因爲他們聽不懂所以記不住，所以大乘佛法的內容就沒有結集下來。

開示到最後，這時世尊講了一字咒：「唅——！」你如果不會唅，那也沒關係，你就像打呵欠一樣唅也可以。世尊這個一字咒，究竟意在何處？也許有人想不通，就說：「你講什麼一字咒？你這個解釋可能是自己發明的，佛的意思可能不是你說的那個樣子。」那不然，我們來看看宗門怎麼說，也許你就會知道這眞的是一字咒，《雲門匡眞禪師廣錄》卷中：

【舉「一切眞如含一切」，師云：「喚什麼作山河大地？」又云：「是諸法空相，不生不滅、不垢不淨。」】

雲門匡眞禪師跟你來這麼一段文字禪，禪緣還沒有成熟的人聽了歸聽了，既不痛又不癢。如果微風吹過，至少還有一陣微微的清涼；但他雲門老哥這一句話，到底講個什麼呢？爲什麼我又把它跟世尊的一字咒扯在一起？因爲這是同一個法。有一天他上堂，把經中的話或者祖師的話提出來講：「一切眞如含一切。」一切法都是眞如，所以叫作一切眞如，所以這一切眞如就包含了一切。這句話解釋過了，他就問大眾：「喚什麼作山河大地？」一般人大概會說：「反正禪師家就是不按牌理出牌。」什麼話？他們又不打橋牌！如果是可以按牌理出牌而讓你推理出來，那還叫作禪嗎？那還能叫作般若密意嗎？他可就沒資格當禪師了。然而他就只是在瞞人嗎？也不是，他已經明明白白的指示出一條正路了；禪師把坦途大道明明白白開在你眼前，問題是你有沒有慧眼看見這一條坦途大道。雲門這兩句話聽來好像不搭嘎，對不對？「一切眞如含一切。」接著就問：「喚什麼作山河大地？」二句話看來似乎完全不相干。當然，有的大師也許會去解釋：「這個一切眞如既然是包含一切法，山河大地也是一切法所含攝，所以山河大地也就是眞如。」那好，就請他把山河大地上的眞如找出來給我看看。找不出來，他就別這麼解釋。

如果他要問我：「那不然，眞如怎麼找？」我就說：「山河大地！」如果還聽不懂，我說：「你就去參三天吧！三天後，再來問。」三天後，如果還來問，我就告訴他：「現在兩岸航空公司的包機正好搭，您去大陸朗州山爬一爬。」果然聽話去朗州德山爬過了，回來台灣再來問我，我就說：「下週再搭包機去大陸，澧州水好好去玩一玩。」「這跟山河大地有什麼關係？」這不就是山河大地嗎？雲門也是這麼說啊！算來我還是比他奢侈呢，雲門老哥可比我儉多了；因爲大家弄不懂他在賣什麼藥，他葫蘆蓋又沒打開。他只說：「一切眞如含一切。」然後就問人家說：「喚什麼作山河大地？」看看大眾不會，一眾默然，他又說：「是諸法空相，不生不滅、不垢不淨。」然後他就沒事了，他就下堂了。

像這樣當禪師最輕鬆愉快，怪不得大家都要當禪師，只有傻瓜才要像平實我，當了禪師又當法師，辛苦講經講個不停。因爲禪師本來就是這樣，如果你質問說：「師父！您爲什麼說法時都這麼吝嗇？」那麼禪師一定會告訴你：「你們不是請我來當禪師的嗎？既然當禪師，禪師本來就是這樣說法。如果要請我來講經說法，那你改請別的法師去。」所以，說法有法師，教禪有禪師，講經有座主，傳戒有律師，造論有論師，但是這五師裡面，其實禪師最好當。不過說句老實話，禪師也是最難當的；因爲禪師家，在古時候遇到了風雨將來時，往往是渾身痠痛，禪師們的開悟智慧是多年行腳挨了多少棍棒才得來的。古時一般參禪人才一看見禪師伸手的時候，大多是一溜煙就走人了，恐怕禪師痛棒打下來，那是痛死人的。所以古時候開悟都沒有那麼簡單的，因此禪門祖師有一句話說：「**老僧今日因風雨，不覺憶起先師那一頓痛棒。**」爲什麼要這樣講？因爲如果不是時節因緣而變天，引起那渾身的痠痛，往往不會想起他已經往生的師父痛棒幫他開悟的恩德。所以，來正覺同修會學法是最便宜的，都不用挨打，而且禪三時眞的叫作呵護備至。

但問題是「**一切眞如含一切**」，什麼是一切？你又喚什麼作山河大地？還記得前面講《金剛經宗通》時說的嗎？套上來說就是：所謂山河大地即非山河大地，是名山河大地。這就是你要著眼的地方，可是又很難著眼，因爲不能在語言文字上著眼，這才是難啊！等到哪一天悟了，才知道說：「**不在語言文字上著眼是沒錯啦！可是卻還得要在語言文字上著眼。**」你說怪不怪？不怪？有的人卻說怪。那到底是怪還是不怪？就是怪又不怪都對，才眞是禪，眞的是如此。等到你說出了他的弦外之音，你就知道說，佛法從來不在語言文字上。但是我要加個附註：要假語言文字。「那到底是什麼意思？你蕭老師直接告訴我，不就結了？我在這邊聽了老半天，還是個悶葫蘆。」好吧！那我就告訴你：「不來不去，不生不滅。」

經文：【爾時世尊復以一切如來普光明相，爲諸菩薩說一切諸佛寂靜性成正覺實相般若波羅蜜法門。所謂：「金剛平等成正覺，大菩提堅固，性如金剛故；義平等成正覺，大菩提一義性故；法平等成正覺，大菩提自性清淨故；一切平等成正覺，大菩提離一切分別故。」】

講記：且放過山河大地，且放過不垢不淨、諸法空相，這段經文說：【世尊這個時候又以一切如來的普光明相，來爲諸菩薩大眾解說，一切諸佛寂靜性成就正覺的實相般若波羅蜜法門，這就是說：「金剛平等成正覺，是因爲這個大菩提很堅固，其性如金剛不壞的緣故；義理平等所以成就正覺，因爲大菩提是只有一個同樣的義理本性的緣故；佛法平等成正覺，是因爲這個大菩提的自性清淨的緣故；一切法平等而成就正等正覺，因爲大菩提是離一切

分別的緣故。」】

什麼叫作「一切如來普光明相」？其實，這個「一切如來普光明相」是三世如來都有的。諸位在不在三世如來數中？在啊！請問：你有沒有一切如來普光明相？有啊！每一個人都不斷地在放光，等到問你說：「你的光明找出來了沒有？」「沒有啊！我怎麼都沒看到？」其實一切時中，你的「普光明相」不曾一剎那間斷過。不管你是不是聚精會神在聽法，或者一面聽法、一面在打瞌睡，朦朦朧朧似聽非聽；乃至因為聽不懂，到後來厭倦了、膩了，乾脆就直接瞌睡起來，其實仍然一樣是有「一切如來普光明相」光明散發，不曾一剎那中斷過。那麼到底放光在何處？其實我們在《金剛經宗通》中一開始就說過了：「如來一切時放光。」不但諸佛如來一切時放光，你自己也是一切時放光，可不要一天到晚老是滅自己志氣，長他人威風。你也許說：「對嘛！我就是還沒有開悟，所以仰推如來。」那你為什麼不願意推崇自己呢？假使能夠下及自己，你就看見了你自己的「如來普光明相」。

「實相經宗通」講的《實相般若波羅蜜經》，上週講到「一切如來普光明相」，說大家各自的如來都有這個「普光明相」；今天要從第二十九頁第一行「爲諸菩薩說一切諸佛寂靜性成正覺實相般若波羅蜜法門」說起，先來解釋這一句。這句經文中說是「爲諸菩薩說」，不是爲諸聲聞說，更不可能是爲諸獨覺說，因爲辟支佛不出於佛世。雖然佛世的阿羅漢們本質也都算是緣覺而有辟支佛的智慧，因爲他們同樣修習十因緣及十二因緣法，但不是無師獨覺，所以仍然還叫作阿羅漢，仍然是聲聞而同時名爲緣覺。但是佛世沒有無師獨覺因緣法的聖者，所以阿羅漢們雖然也是緣覺而有辟支佛的本質與內涵，但仍然不是獨覺，仍然叫作阿羅漢，還是屬於聲聞人。言歸正傳，聲聞人是沒有資格聽聞的，除非他迴向菩薩道，發願永遠不入無餘涅槃，願意走向三大阿僧祇劫的佛菩提道，否則 佛陀不爲他們演說這個法門。雖然他們往往也在法會中同時聽聞，但卻是聽不懂的，佛陀也不是爲他們而講解的，所以這一句經文中表明實相智慧的前提是「爲諸菩薩說」。換句話說，你得要是菩薩，佛陀才會爲你講解這個法門；如果你不是菩薩，佛陀不會爲你演說這個法門，只會爲你說四聖諦、八正道，最多加上十因緣、十二因緣使你成爲緣覺。所以這個前提在一般大師演述成佛之道時，往往都是忽略的；但是我們了知這其中的因果，所以我們不會忽略這個前提，因此標舉出這個前提：「爲諸菩薩說。」

如果有人一心想著說：「我要在開悟了以後趕快斷盡我執，就可以入無餘涅槃了。」那表示這一個法門，他是學不到的。也許有人說：「你蕭老師又沒有他心通，你怎麼知道我在想什麼？」我是沒有他心通，可是我的種子流注時常常會感應到。所以有些人一直建議說：「某某人很好啦！老師，這回禪三你要錄取他啦！」可是我拿出報名表來，找到他的報名表時：「喔！原來是這個人。」再把相片一看，直覺不相應，就刷掉他了；因爲他不是菩薩種姓，他是聲聞人。所以，有很多事情是一般人所不知道的，總以爲不論什麼都要靠神通，其實不見得。有神通的人能夠知道他自己過去世，如果能知道過去十世，他的神通就算很不得了，可是他知道自己多劫以前的來歷嗎？他自己在一劫、二劫、三劫、千百劫之前幹過什麼事，爲什麼來到這一世，然後這一世爲什麼會生在娑婆世界中，爲什麼現在不得不幹了某一件事，他都不知道。可是久學菩薩不必修神通，在定中看見了些往世的事情他就知道了。這種見，有兩種狀況：一種是跟我們人間的情境是一樣的，另一種是只有黑白的影像，可是沒有聲音，看到時也會知道是什麼事情。因此，對於菩薩來講，不一定要有神通才會知道。如果是對於諸佛，眾生想要瞞　佛是絕無可能的。所以如果口頭上說：「我已經迴心菩薩道了，不再當聲聞人了。」心裡面卻還是聲聞，那保證　佛也不會讓他如實聽聞這個法門。

所以有一些事情，不是一般人所知道的；一般人都很看重世俗法，世俗法是看什麼？看表相。看表相當然就要攀交情，可是菩薩作事，交情歸交情、法歸法，佛法是不能拿來賣人情的。因此，再怎麼樣親的家人，我也不賣人情。我並不是沒有至親、好友在學佛，但是我不賣人情。甚至於兄長死的時候，我也不賣人情，因爲佛法不能賣人情。而這個誓願，不是這一世才這樣，我過去世就發過這種願，發誓不將佛法作人情。所以世間的情誼，我都會保持；但是佛法上面，我絕對不賣人情。在佛法上面，我很寡情，只幫助久學菩薩證悟。所有菩薩都必須如此，諸佛也都必須如此，否則的話，淨飯王請佛陀回宮供養，那時　佛陀乾脆把實相般若的密意跟他明講不就結了？可是爲什麼不明講？親如父親都不明講！可是，假使有一天淨飯王突然說：「你不跟我講，我要消滅你，我不讓你這個兒子弘法。」那對不起，佛陀對他父親的作法就不一樣了，那時可就嚴厲了；這是因爲佛法上本來就不通人情的，人情只有一世，佛法卻不是只有一世。所以，如果是聲聞人每天依附在 佛座邊，佛也不為他說這個法。也許有些定性聲聞心裡面想：「佛陀眞薄情，教給那麼多菩薩，就只是不肯教給我。」那是因為佛法本來就不賣人情，所以這個法是只為菩薩說的，不為聲聞人說，當然更不為不肯發起菩薩性的凡夫說。如果外道想要得這個法，門都沒有；除非他進得佛門，歸依了三寶，並且願意修菩薩行；否則，連阿羅漢都沒分了，不要說是外道。這個前提，請大家要注意到。佛法中是有很多前提的，不是完全沒有前提的。

也許有人說：「你們佛法不是講平等嗎？」對啊！是平等啊！你如果發起了菩薩性，你就平等了。你不發菩薩性，你自己已經跟人家不平等，我要怎麼跟你平等？譬如，有人跟他比賽，約定說：「你要遵守比賽規則。」可是他不遵守比賽規則，卻要求你平等遵守規則，這樣你能跟他平等嗎？同樣的道理，實相般若的實證一定是前提平等。前提就是：你是菩薩。如果你不是菩薩，你不能要求我平等，因為我的平等是：大家統統是菩薩。對一切菩薩，我講究平等。你若不是菩薩，我當然對你不平等，這是一定的。所以這個法，阿羅漢們若是想要證得，就一定要迴心大乘，願意無量世的行菩薩行，佛陀才會為他演說以及幫他實證，這就是前提。

佛陀「為諸菩薩說」時，說的是什麼？是「一切諸佛寂靜性」而成就「正覺實相般若波羅蜜法門」，也就是成就眞正覺悟實相智慧到彼岸的法門。先來解釋什麼是「一切諸佛寂靜性」，諸位也聽過很多次，或者曾有很多地方講過，說諸佛有三身，有時候讀經論也會讀到三身、四智。三身是法身、報身以及應身或者化身。這三身以什麼為根本？以法身為根本；如果沒有法身，就不可能有應身佛，更不可能有報身佛，化身佛就別提了。法身，上一週我們引據經文講過，法身即是如來藏，因為諸法都以祂為所依身。那麼，一切諸佛有三身，以法身為依歸。應身，在人間感應有緣的人而來降生示現受生、修道、成佛、轉法輪……等。化身，有時候在定中、有時候在夢中會來指點你，來接引你延續往世的法身慧命。莊嚴報身在色究竟天宮，教化的是諸地菩薩。三果人生到五不還天，只在下四天；除非佛攝受，不能生到色究竟天。若有因緣生到了色究竟天，色究竟天是諸地菩薩往生的地方——如果他不願生在人間；那麼，色究竟天這個報身佛仍然要依法身第八識而有，如果沒有法身無垢識就沒有報身，也沒有應身、化身。所以，一切諸佛的本質就是法身，就是無垢識如來藏。

這個一切諸佛所稱的無垢識，也就是因地的阿賴耶識如來藏，是本來寂靜性的常住金剛心。如來藏從來不對六塵加以了別，所以不領受六塵、不了知六塵，當然是「**寂靜性**」。這個「**寂靜性**」的如來藏，就是實相法界的「**一切諸佛**」；所以「**一切諸佛**」就以這個「**寂靜性**」的如來藏為本質；因此，「**一切諸佛**」就是指第八識如來藏。世尊說「**一切諸佛寂靜性**」，證得如來藏以後，可以現觀：祂時時刻刻對應外六塵而顯現內六塵，可是祂從來不了別六塵，自始至終都不領受自己所變現的內六塵，對於祂所接觸的外六塵也不作了別；祂猶如明鏡一樣，把外六塵影像反射給你，祂變現給你內六塵，可是明鏡如來藏並不了別那些六塵，祂是這樣的「**寂靜性**」。當你證得金剛心如來藏以後，你去觀察五陰的自己：我五陰是以這個金剛心為法身。然後，你去推究到諸佛身上，結果證實：原來諸佛也是以這個金剛心為法身，不能外於這個法身；而諸佛法身，我們因地時的法身，都同樣是「**寂靜性**」的。

這樣子，從現觀「**一切諸佛**」的「**寂靜性**」就可以成就正等正覺。只有這樣才能成爲正覺，否則都不能稱爲眞正的覺悟。所以，我們同修會的名稱就只能稱爲正覺，不能稱爲別的某某覺。不管你稱爲什麼覺，就都不對了；我們是標準的正覺，因爲證得「**一切諸佛寂靜性**」，當然具備了「**成正覺實相般若波羅蜜法門**」。如果有人要來跟我們較量，主張誰才有資格號稱正覺，我們隨時打開大門歡迎所有人前來論辯。因爲，如果也有人證得「**一切諸佛寂靜性**」，而確實成就眞正的覺悟，那表示我們正覺同修會有知音了。有知音還嫌不好嗎？所有的有情怕的就是寂寞，就怕沒有知音。所以世間人也是一樣，當某某人被自己引爲知音的時候，他有什麼困難就要去幫忙；不管如何大的困難總是要幫忙，因爲知音難得。古人不是常常浩歎嗎：「**一世知音有幾人？**」知音眞的很難得，所以我們當然歡迎。

但問題是，他們都在否定如來藏，都在提倡離念靈知，都提倡放下一切煩惱後的覺知心是常住不壞心。放下一切煩惱當然很好，可是放了一切煩惱後，獨獨放不下覺知心自我。把放下一切煩惱的覺知心自我抱得緊緊地，死也不肯否定掉，正是「我見」煩惱，哪能是我們的知音？所以，你要找到一個已經證得「**一切諸佛寂靜性**」的「**正覺**」菩薩，還眞的很困難。證得這個

「一切諸佛寂靜性」的人，他才有資格說是「正覺」——眞正的覺悟。因爲他眞是這樣覺悟了，就可以契合三乘菩提的經典；對於那些經典都可以互相印證、也可以互相契合，不會扞格不入；那麼，他就會知道實相是什麼，把《般若經》請出來一讀：「啊！原來實相就是根據這個金剛心如來藏來說的，因爲祂是一切諸法所依之身，一切諸法都從祂而生，祂是法身，所以實相就是金剛心如來藏。」包括那些否定如來藏的一切大師們，他們的五蘊十八界，乃至他們心中所有的一切法，也都從他們的如來藏中出生，只是他們不懂而忘恩負義否定了背後的大恩人——自心眞如。而他背後那個大恩人眞如，卻也從來都不生起苦惱，由著他去否定。等到未來無量世以後，經過好幾次的謗法、下地獄又上來，又謗法下地獄又上來，這樣不曉得經過幾劫以後，才終於體會出來說：「原來我離念靈知世世不同，顯然是生滅法，而且是依每一世獨有的不同五色根作助緣來出生的。」終於想通了，才知道說：「原來背後眞的有如來藏，離念靈知只是如來藏所生之無常心。」可是他依然不懂實相啊！還是證不了實相啊！得要等他有一天遇到眞正的善知識教導，然後使他證得如來藏了，再來看《般若經》，那時候才叫作恍然大悟：「原來《般若經》講的都是我這個金剛心。」但不是某大法師講的「當前這一念心」，他的這一念心就是：「師父說法的這一念心，諸位聽法的這一念心。」然而人家如來藏從來沒有起過任何一念，怎麼能叫作這一念心？

這時終於眞正懂得《大品般若經》、《小品般若經》，原來實相是講這個心所顯現的世間法、出世間法。不論世間法、出世間法，都從這個金剛心中出生，原來萬法的根源就是祂，這就是諸法功能的眞實相，簡稱爲法界實相。這樣子，有智慧了，從自己對這個如來藏心以及諸法之間的關聯去作現觀，現觀的結果產生了正確理解實相法界的智慧，這就是實相般若。這個智慧卻不是世間人的智慧，也不只是二乘聖人解脫分段生死的智慧，而是超越二乘聖人的不可思議解脫智慧，這就是實相般若。有了實相般若，還需不需要趕快入無餘涅槃？不需要啦！因爲你發覺說：「我五蘊十八界從來都住在如來藏裡面，不曾住在如來藏外；而如來藏從來沒有生死，如來藏本來就在離生死的彼岸，本來就在超越於生死的彼岸，那我住在祂裡面，我不就已經在無生無死底彼岸了嗎？那我何必要趕快取涅槃？」

等到人家聽到你這麼說明，他就誤會而懷疑說：「那你就不會死了，是不是？」你說：「不！我還是會死。」「你會死，怎麼說你已到了無生死的彼岸？」你說：「我會死的當下，就已經在無生死的彼岸了。」那個人搔一搔後腦勺，聽不懂。當然聽不懂啊！於是他拜託你一再爲他解釋，他還是聽不懂啊！你說：「眞拿你沒辦法啊！」往他的額頭一戳：「以後你自然會知道啦！」就不理他了。家裡父母不都是這樣嗎？這小孩子問東問西，老是聽不懂，後來不耐煩了，往他額頭一戳就把他戳開了：「以後你自然就懂了。」有時候父母把他額頭一戳，說：「你長大就懂了。」孩子說：「爲什麼都要等我長大？」所以他們就很喜歡唱：「只要我長大，只要我長大……」，因爲不懂所以苦惱。對凡夫也是一樣，等他法身慧命長大了，他就會這個「生死之中即無生死」底，那就表示說，他的法身慧命眞的出生而且長大了。

也就是說，發心入大乘時，那還是嬰兒，或者剛剛會坐、剛剛會走而已，還沒有長大，長大了就可以悟入實相般若。所以，你們有時候還是要唱一唱：「只要我長大。」眞的啊！你如果好好唱，這樣一直把它唱到老，一定也會悟啦！可是大前提一定要注意喔！大前提是你要有般若波羅蜜的正知正見。如果被人家誤導成爲離念靈知、放下煩惱、放下自我、把握自我，被人誤導入六識論邪見中，那你即使唱到十輩子以後，也還是悟不了。假使沒有這些問題，你只要唱上三十年，一定會悟入實相法界而生起實相般若的。這才是大乘法，無一處非法身慧命出生處，無一時非法身慧命出生時，所以禪師才可以千變萬化，著著都有爲人處；即使他吝嗇到不得了，也還是有爲人處，這樣才是大乘禪、宗門禪、般若禪，這個就是實相到彼岸。

只要你證得實相了，你的實相般若出生了，就可以現觀：在不離生死的當下就已經無生無死了。因爲會生死的五陰自己始終都在如來藏裡面生死，既然始終都在如來藏裡面，如來藏本來就不生不死，那不是已經到無生死底彼岸了嗎？既然到達生死邊際了，以後只需按部就班修行便能成佛，那你就可以說：我證得實相般若波羅蜜了。等到三十年後、五十年後（假使你現在只有二十歲，就說六十年後、七十年後），要跟家人 say goodbye 的時候，家人如果問：「你不是已經不生不死了？爲什麼今天又要死了離我們而去？」你說：「我離你們而去時也沒有死，我死了還是不死。」且讓他們疑著，疑到有一天，他們忍不住了就想：「我眞的弄不通，我非要把它弄清楚不行！原來正覺同修會有在教這個，我要去學。」你就度了他們了。這才是「正覺實相般若波羅蜜法門」，因爲是眞正底覺悟。不如此說，即非佛說。

可是成就這個「正覺實相般若波羅蜜」，他的法門依據卻是「一切諸佛寂靜性」。而「一切諸佛寂靜性」講的是金剛心如來藏的寂靜性，如來藏自己獨住無侶的這個「寂靜性」境界就是無餘涅槃裡面的境界。所以，由於不迴心阿羅漢沒有證得金剛心如來藏，無法了知「一切諸佛寂靜性」，因此貴爲人天應供的阿羅漢，來到一個初悟的第七住菩薩面前竟然開不了口，因爲菩薩只要問一句話說：「請問大阿羅漢，請問尊者：您將來入了無餘涅槃以後，那裡面是什麼？」只問他這一句，阿羅漢就只好嘴似扁擔，張不開口了，因爲他只知道入無餘涅槃時要滅盡五蘊、十八界自己，不留任何一蘊、一界，卻不知道無餘涅槃裡面的本際究竟是什麼。這就是說，他沒有證得「一切諸佛寂靜性」。

而一切諸佛的寂靜性，講的是如來藏的寂靜性，因爲一切諸佛以這個第八識爲法身，而第八識金剛心眞如是寂靜的，並且是始終寂靜——過去、現在、未來永遠都是寂靜的，而這是諸佛之所依、諸佛的根源。如果能夠證得「一切諸佛寂靜性」，你就成爲「正覺實相般若波羅蜜法門」的人，你就知道這個「實相般若波羅蜜法門」了。因爲你悟了，你一定會知道應該怎麼悟；由於你找到了祂，你就一定知道如何教導別人同樣去找到祂。雖然 佛陀告誡說：「不可以隨便教人家，不可以隨便告訴人家，否則即是虧損法事、虧損如來。」但你畢竟是知道這個實證法門的。

當你走過了這一條路，你自然可以告訴人家，這條路上有什麼風光。如果沒有走過這一條路，竟說：「我能教導你走這一條路。」那是廢話！所以，好多鄉愿的人很喜歡聽一句話：「你們不要問我：『師父您有沒有悟？』只要我能夠幫你們開悟就夠了。」鄉愿的人聽了很高興說：「對啊！我都不要問啊！只要師父能幫我開悟就行了。」問題是，他的師父如果沒有悟，他能幫你開悟嗎？他都不許人家悟後宣稱開悟，他自己連開悟都不敢承擔，還能幫你開悟嗎？這個是很簡單的道理，可是很多人不懂。假使連自己開悟了都不敢承認，而說他能幫你開悟，我告訴你：「這個人鐵定有問題。」因爲他自己沒有把握，他根本不知道開悟是要悟個什麼，悟的過程又是如何——要怎樣才能開悟實相般若，他都不知道。他既然都不知道，就是個門外漢，又怎麼能幫你開悟呢？所以，一定是要證得這個「一切諸佛寂靜性」，才是能夠成就「正覺實相般若波羅蜜法門」的人。

這個眞正覺悟「實相般若波羅蜜」的「法門」裡有一些內容，我們先從這一段經文的內容來作解釋，解釋完了再來看別的經文又怎麼開示的；這樣來互相對照，即使還沒有找到如來藏，也能夠去比對、印證說：這蕭平實講得對、不對？來到正覺，並不是蕭平實講怎麼樣你就怎麼樣。如果有一天蕭平實突然精神病發作亂講起來，那怎麼辦？眞的不行欸！所以你一定要去比對清楚。假使前言不對後語，這一定是胡扯，是不懂裝懂的亂講。凡是沒有實證而演說第一義諦妙法，一定會前言不對後語，自稱「遊心法海六十年」的印順老法師不就是這樣嗎？至於追隨他的其餘法師們，那就是等而下之了，都不能跟印順相提並論；不論是佛法知識的水平，或者前言不對後語的能力，都比不上印順，正反兩面都比不上。因爲印順是強不知以爲知的，他是最具體的表現者，他表現得最多；因爲他什麼法都要講，但都講錯。如果要以佛法的水平來講，諸大法師也不如印順，他們能寫出像印順那樣的《妙雲集》出來嗎？他們絕對作不到。所以，佛法的水平，他們都及不上印順；但是曲解佛法的嚴重度，他們也遠遠比不上印順。所以，一定要互相去比對以後，來確定這個部分講得對不對。

假使我十年前說的眞如不是第八識，而是意識的變相，那我今天專門在弘揚第八識如來藏法門，就是前言不對後語了；假使十多年前我弘揚的開悟明心法門，與十多年來弘揚的眼見佛性法門有矛盾、有衝突。如果眞是這樣，我蕭平實今天一定要出來澄清說：「以前講的那些法不對，或者現在講的不對；或者開悟明心的內容，或者眼見佛性的證境不對。」因爲如果明心與眼見佛性是互相矛盾、互相衝突的，其中一定有一個不對。既然講了兩個東西是不同而互相矛盾的，當然有一個不對；那時一定要公開澄清哪一個才是正確的，不能夠含糊籠統，捨報就走人了。那其實是不負責任的人，而印順法師正是如此。所以，假使我十九年前出來弘法的時候，弄的是意識，不是如來藏；假使我那時候弘法所見的佛性，跟現在教導大家所見的佛性是不同的，那我就是有問題的。好在，我們一開始就是這樣，以往不曾、未來也不會改變，一直都是這個樣子，因爲眞實法的眞如與佛性都是無法演變的，都是自始至終永遠不變的。懂得這個道理以後，就知道不能只憑著我對這一段經文的說明，你就全然相信了；還要看別的經文怎麼說，雖然是從另一個角度來說，你還是可以作一個比對。要比對正確沒有錯了，你才能夠全部信受。

學佛時最怕的是迷信，迷信是學佛人的致命傷，就是迷信大師的名氣、迷信大道場、迷信大排場。有好多人一迷信下去：「哎呀！不管了，一切隨緣，我師父怎麼說，我們就怎麼學啦！」這樣子隨緣就永遠隨下去，到底是隨了善法緣，還是隨了惡法緣呢？究竟是隨了佛法緣，還是隨了外道法緣呢？自己也都不知道，迷迷糊糊就這樣子隨緣到底；所以號稱學佛，一世唐捐其功就捨報了。花了一世的精神力氣，甚至有好多有錢人花了幾千萬、幾億元台幣護持大法師，這樣忠心耿耿跟著大法師學佛，結果老死茫然不知所趣：「到底我死了，要去哪裡？」都不知道，因爲他根本不知道「死了是回歸到如來藏」，而如來藏在哪裡？他也都不知道。然後在那邊想著，有一天忍不住了就問：「師父！我快死了，我到底要生到哪裡去？」師父說：「我也不知道啊！」那該怎麼辦？這種人很多呵！雖然好可憐，可是其實不可憐，因爲他們迷信而盲從。你們來正覺學法，可不能盲從，所以依照我的方式來解釋這一段經文之後，我還會引據別的經文來證明，讓大家互相對照。

「所謂：『金剛平等成正覺，大菩提堅固，性如金剛故；』」我還是要從理證上面來說明，後面再來引述其他的教證。依於「金剛」、「平等」而成就眞正底覺悟，這就是「成正覺實相般若波羅蜜法門」，這個法門的成就前提，是依「一切諸佛寂靜性」來說的。也就是說，這個「一切諸佛寂靜性」的如來藏，祂是永遠顯示「金剛」之性。

「金剛」之性是說祂永遠堅固而不可毀壞。我想諸位已經知道，三界中沒有一個東西是堅固而不可毀壞的。據說人間堅硬度最高的是鑽石，可是鑽石雖然堅硬度很高，它卻是脆，脆到人家可以切割它。聽說鑽石的切割，是用一個很堅固的鋼作成的刀片，輕輕一敲，它就變成兩半；可是它比鋼還要硬，硬到後來就變脆。它竟然硬到可以拿來割玻璃，所以很厲害；但是它雖然很堅硬、很厲害，仍然不是眞正的金剛，只是方便說它叫作金剛鑽，給它安一個名稱叫作金剛，其實也不是眞正的金剛。

世出世間一切法中，只有一物是金剛；此物非物，名爲第八識如來藏。因爲諸法都由祂而生，所以沒有一法可以破壞祂。既然諸法都是由祂而生，諸法怎麼可能回過頭來破壞祂呢？因爲諸法如果沒有祂，就不可能存在了，哪裡還能破壞祂？所以祂才叫作金剛。而這個金剛性是平等的，假使你找到了第八識金剛心，又有因緣遇到諸佛應化時，你也觀察「**諸佛是不是同樣這個金剛性**」？你會發覺同樣都是這個金剛心平等法性。然後看諸佛的金剛心跟自己一樣、不一樣？你會發覺這個第八識心體都還是一樣的。然後再來看：「**菩薩摩訶薩幫我證悟這個金剛心，我回過頭來看看：幫我開悟的這個菩薩，他是否也同樣是這個金剛心呢？**」結果發覺還是一樣。再來看看旁生有情好了，看那些畜生們的結果也是一樣。那時你又會發覺，你若是想要毀滅一隻螞蟻的金剛心，一定不可能成功的，你最多只能毀滅牠的五陰。假使你偏偏又有陰陽眼，有陰陽眼的人就可以看到有緣的餓鬼道眾生，看看餓鬼道裡的他們原來還是這個金剛心。看來看去，所有的有情都一樣，都是這個金剛心；而一切有情金剛心的體性全都一樣，都是平等平等而無差別，這個就是「**金剛平等**」。

因爲看見了一切有情金剛心全面性的平等以後，成就了眞實的覺悟，就稱爲「**正覺實相般若波羅蜜**」；懂得「**正覺實相般若波羅蜜**」，你就是有「**正覺實相般若波羅蜜法門**」。由於這個眞正覺悟的緣故，再從聖教中或者從你的實證基礎而作理上的推求，永遠推求不到有一個法可以壞滅祂。那麼這樣一來，你所證的大菩提（所謂大菩提就是說，這不是二乘小法）—佛菩提—就很堅固，永遠不會毀壞。因爲你經過現觀了，你不是聽人家說明而獲得的；更不是馬路上聽來的道聽塗說，而是自己親證的，所以你這個「大菩提」就「堅固」不移。爲什麼你的「大菩提」可以「堅固」不移呢？因爲你所證的「一切諸佛寂靜性」，也就是一切有情這個如來藏的「寂靜性」，祂這個心體的體性是猶如金剛一般不會改變，也不可能被毀壞。所有有情的金剛心都是如此，你就由這個「金剛平等」之性，而成就眞正的覺悟了——成正覺。

假使找到了金剛心，你要作的第一件事情是什麼？就是要這樣子觀察祂的金剛性、平等性、寂靜性。當你這樣觀察完成以後，接著要作的事情就是先來看一看：**我原來歸依而且教我修禪、參禪的那位師父，他有沒有證得這個金剛心？**假使你是從天主教、基督教轉過來的，你就要檢查：**咱們耶和華上帝有沒有證這個金剛心？**就依《舊約聖經》或《新約聖經》來詳細檢查。這當然要先檢查，如果你沒有先檢查，仍然繼續歸依耶和華，那你就是開悟的外道。可是，這句話講不通的，有語病啊！因爲外道有情都不可能開悟，開悟實相般若的人當然已經是內道了，怎麼還會是外道？確實是心內求法而實證了，再也不可能是外道了。可是，他卻又是開悟的外道，有沒有這種人？沒有啊！不可能有的。如果有這種人，那他一定是悟錯了，或者是聽來的般若密意，所以無法生起實相智慧而無法檢查上帝有沒有開悟。因爲當他從所謂的《聖經》中知道耶和華確實沒有證得這個金剛心時，他一定知道耶和華是不懂般若的，那時他一定會這麼想：「**顯然我的智慧比耶和華高，我幹嘛還要歸依他？是他要歸依我而學實相般若波羅蜜法門。**」對不對？對嘛！本來就應該如此。你的智慧已經比耶和華高，耶和華如果想要開悟般若，還得要來當你的學生。如果有人說他開悟了，竟然還繼續歸依耶和華，那表示他一定悟錯了，他一定落在意識境界裡面，不然怎麼會繼續歸依沒有開悟般若的耶和華？

天主教如是，再來看看其他的宗教；儒家算不算宗教？儒家稱爲「家」，不算是宗教；還有一貫道，還有什麼教？回教，你都可以去檢查看看。如果有人說他證悟實相般若了，還在歸依什麼元始天尊，還不肯離開道教，那表示他一定悟錯了，因爲他沒有慧眼來檢查：**元始天尊有沒有證得金剛心？**他根本沒有慧眼檢查。如果他是回教徒、基督教徒或者一貫道的道親，不管他是什麼教，假使他眞的開悟了，還會歸依他們嗎？因為開悟了以後，第一個要檢查：「**我們耶和華、我們阿拉有沒有悟這個如來藏？我們老母娘、我們元始天尊，有沒有悟這個如來藏？**」這是他一定要先檢查的，才能決定悟後的行止。檢查過了以後，他會發覺：他們都沒有證得金剛心。那就一定不知道「**一切諸佛寂靜性**」，也不知道「**金剛、平等、正覺**」，當然就沒有證得「**實相般若波羅蜜法門**」。如果他沒有能力檢查，繼續依止那些外道天神們，已經很明顯地表示他根本就沒有開悟。如果有開悟，檢查出來了，還會繼續歸依未悟的凡夫天神，那麼他這個人一定是神經病，因為他一定是兩套標準或者五套標準：「**依這個標準說我自己有悟，對於我原來的外道教主，我給他另一套比較低的標準定義他也有開悟。**」能夠用二套、三套標準來定義開悟，他的開悟當然也是有問題的，因為他一定是沒有生起慧眼來檢驗，一樣顯示他悟錯了。

這意思就是說，這個金剛心的「**寂靜性**」是一切有情都平等的。因為現觀到一切有情都平等，所以將來那一隻螞蟻到了果報受完了，牠的悟緣假使成熟了，牠一樣也可以證悟；都是平等性的，就是立足點都平等。但因為牠有惡報在，牠的異熟果使牠無法聽懂佛法，根本就不解人語，牠當然無法開悟。可是牠依舊有這個金剛心，只要牠的果報盡了，有一天成爲人類了，那時他的勝義根可以勝任修學佛法的工作；而他的福報也足夠了，就可以證悟實相般若波羅蜜。所以眞正的平等是誰都可以開悟的，只看是什麼時節因緣，在盡未來際的無量世中一定都會有時節因緣可以開悟。所以，如果你在作家事的時候，遇到一隻螞蟻，你就說：「**螞蟻老弟啊！你也可以開悟啊！你也是菩薩。**」如果螞蟻能聽話也會講話，牠問你說：「**什麼時候？**」你說：「**不是現在，是無量劫以後。**」這才是眞平等啊！

這不就是平等嗎？可是，你去看其他的宗教，他們是沒有平等性的。咱們來一一列舉看看，好不好？譬如一神教的天主教或者基督教，教徒們能不能跟上帝說：「**上帝啊！我有一天也要跟你一樣當上帝。**」行不行呢？你膽敢開這種大口，挑戰上帝，上帝就把你打入地獄去，而且要叫你永不超生。基督教如是，回教不也是如是嗎？有誰可以開口說「**我要跟阿拉您一樣，將來也要當眞主**」？可是，如果你去跟　釋迦牟尼佛說：「**佛陀啊！我有一天要跟您一樣當佛陀。**」佛陀就開心地說：「**好啊！這才是我的好弟子啊！**」如果你再去看看道教，你如果開口說：「玉皇上帝！我哪一天也要當玉皇上帝。」行不行？一定不行。不然，你跟一貫道老母娘說：「母娘啊！我有一天要像您一樣，我也要當母娘來出生五教教主。」行不行？當然也不行。不管在什麼宗教裡都不行，只有在佛教裡行。那你說，人間有什麼宗教是平等的？當然只有佛教具有永遠的平等性。

如果有人開口跟我說：「蕭老師！我這一世一定要證量跟你一樣。」我說：「那好啊！等你跟我一樣時，我就可以輕鬆很多了，我也可以不必在地球上跟五濁眾生廝混了，我可以到別的地方去了。」可是，如果在別的宗教裡，那可不行欸：「原來，你在竊想我的地位！」對不對？是啊！就是篡位（大眾笑…）。就是這樣子啊！可是在佛教中沒這回事。所以以前有人介紹說：「某某人是八地菩薩。」我說：「那好，請他來主持同修會，我退下來跟隨他學法。」結果他老人家不敢來，因爲他得要是這一塊料子。這個料子若是不能拿來做旗袍，只能當抹布用的，就不能拿來做旗袍。能不能上檯面，那是要有實質的。如果眞的有人能夠上來接替我，我就跟 佛陀稟報說：「世尊啊！下一輩子我可以到別的地方去了，這裡安穩無憂了，您在這裡的正法家業沒問題了。」我就可以這樣啊！為什麼一定要在這裡佔著不放？假使主張說：「我在這裡有這麼多的眷屬，當然我下輩子還要在這裡，世世跟他們相聚。」那就是執著眷屬，落入眷屬欲中；菩薩不該如此，佛陀要你去哪裡，你就去哪裡，不要有第二句話。

所以你若是眞要說「平等」，就只有佛法中有平等，其他外教沒有一個是平等的。有哪一個宗教裡，當教徒說要跟他的教主一樣時，教主會高興的？都沒有！只有佛教裡有。爲什麼佛教裡能這樣？歸根究柢，還是因爲「一切諸佛寂靜性」本來就「平等」；由於這個緣故，所以能夠容許這樣的平等性存在。這個平等性，並不是只有一段時間如此，而是永遠的，在所有的時間裡面永遠都如此；由於眞如心如來藏的體性猶如金剛一樣不可能稍稍毀壞，所以祂的平等性也就永遠不壞，這是第一種。

接著講，爲什麼「一切諸佛寂靜性」可以成就「正覺實相般若波羅蜜法門」呢？是因爲「義平等成正覺，大菩提一義性故」。就是說，所有人若是眞的親證大菩提時，都是同一種眞實義體性的緣故。「義平等」在二乘法中沒有這回事，在外道中更沒有這回事。「義平等」當然是講眞實義的平等，在二乘法中沒有眞實義可說，因爲二乘法中只有虛相法，沒有實相法，所以二乘法中沒有眞實義，當然沒有眞實義的平等性可言。爲什麼叫作虛相法而非實相？因爲二乘法是依於虛妄的五蘊、十二處、十八界來講緣起性空。可是第一義諦的實相境界，並不是緣起性空本無今有的法；實相是本然常住，法爾如是，不管諸佛有沒有出世，這個實相法界就是依照祂自己這個法性而安住著，永遠是如此而不改變，所以才叫作眞實義。

講緣起性空時，一定有一個對象，是因爲那個對象是藉緣而生起，其性本空而無常住不壞的法性；緣起性空只是在形容那個對象的生滅性，緣起性空自己並無實質。緣起性空所形容的對象叫作蘊處界，或者是蘊處界輾轉所生的一切諸法，這些法無常變異，才能叫作緣起性空；因爲都是本來無有，是受生以後藉緣而生，生起而住以後不斷地異滅，不斷變異以後終歸於空，是無常性才說是性空，這才是緣起性空；所以緣起性空是虛相法，依於生滅無常的蘊處界等一切世間法來說。由於緣起性空不會自己有緣起性空，一定是有個緣起的法，它的體性是無常的，才能夠性空，所以緣起性空這個法一定有其對象，這個對象就是三界法。可是，如來藏這個金剛心，是出生三界法的心，不在三界法中，怎麼可以說如來藏就是緣起性空的異名？緣起性空的對象，也就是說緣起性空所依附的法即是三界法，而三界法都從如來藏心中出生。如果沒有如來藏，尚且不可能有三界法，何況能有緣起性空？所以緣起性空是虛相。也就是說，三界有等諸法都是藉諸緣而生起，生起以後不斷地變異，最後壞滅、無常空。這個無常空，當然不可能是實相，因爲是無常之後的虛無。

壞滅而歸於空，可以說實嗎？假使有人堅持說是實，那眞好，我就說：「正覺同修會準備買一大塊地蓋大樓，讓所有人都能進來聽經，這需要好幾億元。既然你家那麼有錢，把你的錢統統送給我，而你的錢依舊是實，不是虛；所以，你可以全部送給我，你原有的錢還是在啊！因爲還是實啊！緣起性空既是實相，你的錢都送給我了，你的錢不在而緣起性空了，那是眞實，不是虛無。那你就抱著這個眞實，就把你的錢全部捐給我，好不好？」他一定說：「不好，因爲統統給你，我就虛了、不實了。」同樣的道理，蘊處界緣起性空，意思是：緣起性空這個觀念是依附蘊處界而存在的，而蘊處界是緣起性空的，依附緣起性空的蘊處界而存在的緣起性空觀念，當然更是緣起性空，那就是虛相。這樣像不像繞口令？像！但這個繞口令是世間眞實之理，因爲這已經顯示緣起性空的虛相。

然而諸法不自生、不他生、不共生、不無因生，能顯示緣起性空的蘊處界一樣不能自生、不是由他生、不是共生、不是無因生，一定是要由另一個不外於蘊處界而又屬於自己的法來出生，也就是不能由別人的如來藏來出生。蘊處界被自己的金剛心如來藏出生以後，就會顯示出蘊處界是緣起而性空，沒有自己存在不壞的實質，所以緣起性空是依附於不實的蘊處界才能存在的；正是因爲生滅性的蘊處界存在，才會說有緣起性空這個法。就好像因爲大家都看到牛的頭上有角，看到兔子時才會說兔子頭上沒有角；這表示兔無角是依牛有角的觀察而存在的。雖然兔無角這個說法、這個觀念是沒有誰可以推翻的，但不因爲無人可以推翻兔無角的事實，就主張兔無角是眞實常住本然存在的法，因爲是依牛有角才會有兔無角的想法或觀念。所以，兔無角是個眞理，沒錯，誰都無法推翻它；可是兔無角不是自己有，是相待於牛有角才有的觀念，因此證明兔無角仍然緣起性空。所以說，在二乘菩提中沒有眞實義、沒有實相，有眞實義而又能夠永遠平等的，才能叫作「大菩提一義性」。

在二乘菩提中眞的沒有平等，爲什麼呢？因爲二乘菩提的所悟是依蘊處界的緣起性空來實證，由這個緣起性空的實證而斷了我見、我執。既然是依生滅性的蘊處界來斷，顯然阿羅漢看到人，一定是先看蘊處界；那麼聲聞解脫道中的修行者所看當然也是蘊處界，所以依五蘊之相就說有下賤乞人、揹死人屍體的人、殺豬宰羊的人、清淨的修行人。眞是不平等啊！所以解脫道中的「義」是不平等的。即使是阿羅漢的所見也不是平等的，因爲他的所證不是大菩提，因爲他的所見是蘊處界滅後的無餘涅槃，那時是滅盡蘊處界的，已沒有蘊處界的我來了知了，如何還能有平等法存在呢？

但是菩薩的所見，當然同樣也看見了有情的蘊處界，但同時也看見有情的如來藏，是同時看見了大家的金剛心眞如。蘊處界雖然有所不等，可是金剛心永遠平等，金剛心顯現出來的眞如法性也都同樣平等，這樣的「義平等」才是眞實義。而且這個眞實義從來不會改變，不管你遇見了誰，都不會改變，不會因爲時空的變化而改變。無量世以前是如此，現在如此，未來的無量世以後仍然是如此，永遠不會改變。人間如此，把餓鬼道有情的金剛心眞如跟人間來比較，還是如此平等；拿餓鬼道跟諸天天主來比較，大家的金剛心眞如還是一樣；再把諸佛的金剛心眞如來跟螞蟻比較，也還是一樣。你這樣比較，諸佛也不會說：「**你怎麼拿我跟螞蟻比較？**」都不會，諸佛一定說你很有智慧，懂得這樣比較，因爲這樣才能從現量、聖教量進推到比量上來證實說，金剛心眞如是遍一切有情界都平等的。這一種道理放諸十方世界而皆準，放諸十方三世而皆準，放諸六法界、十法界而皆準，所以說祂是「**大菩提一義性**」。這個「**大菩提**」是只有這個道理而不會有二種不同的道理，所以說這個道理都是同樣的一個道理，而且永遠都不會改變；由於是這樣子證悟而成就正眞的覺悟，所以就叫作「**義平等成正覺**」。可是這個由「**義平等**」而成就的眞正覺悟，還是依各人都有的金剛心如來藏來說；因爲所有的有情，他們的金剛心如來藏都跟一切諸佛一樣的「**寂靜性**」而且永遠「**平等**」而不改變。

接著說：「**法平等成正覺，大菩提自性清淨故。**」「法」是平等的，什麼法呢？隨你怎麼說，哪個法都可以，都平等啊！你說：「**我知道啦！你當然是要依如來藏這個法來說。**」我說：「**你講對了。**」如來藏這個法永遠是平等的，依如來藏的親證而現觀到祂永遠的平等——祂對待一切法時都是平等的，你就會成就眞正的覺悟；因爲你現前看見，凡是一切諸佛菩薩所證的大菩提，他們證的大菩提全部都同樣自性清淨，不是修行以後才清淨；都是本來就自性清淨，這才叫作「法平等成正覺」。有人也許心裡面想一想，開個玩笑說：「你蕭老師剛剛說，不管說什麼法都行。那我就說蘊處界平等成正覺，行不行？」我說：「行啊！爲什麼不行？因爲蘊處界同樣是緣起性空，可是蘊處界的緣起性空同樣都依『一切諸佛寂靜性』而來的，都是依金剛心眞如的平等性而來，那不就還是『法平等性』嗎？所以，不管你說什麼法都行。」

也許突然間有個西藏密宗的喇嘛來了，他說：「我們雙身法裡面的樂空雙運，也是法平等性，也可以成正覺。」我說：「那就看你怎麼樣成了，依照你的解釋你就成不了正覺，依照我的解釋可以成正覺，因爲還是從金剛心如來藏來看待。然而你總是落在身識意識的境界中貪著淫觸，落入色陰與識陰中，那就不對了，那是不平等的。因爲等一下你離開了雙身法的樂空雙運時，你就沒樂空雙運了，那原來的樂空雙運法就變成生滅法了，可就不平等啊！平等法應該是遍一切時都如此不變，所以你就不對了。」「那你蕭老師剛剛不是說也可以對嗎？」我說：「對啊！我是依如來藏來說。因為你的蘊處界、你的六塵，全部都從如來藏來；一切有情都一樣，所有六塵也都從如來藏來，那不是平等嗎？不但你們雙身法中的色蘊、識蘊，包括你們在修的樂空雙運中的境界相的樂觸相分，也是從如來藏來的。密宗裡的一切人都是如此，你的上師如此，你的徒弟也如此，你本身也如此，依金剛心眞如而言，淫觸也全都是平等性。你們的本際實相法界中同樣都很平等，即使你們正在樂空雙運時也是如此的，可是你們都不知道這個平等性，所以，你講的樂空雙運平等性不通，我講的樂空雙運平等性也可以通。」

這是誰講的？誰會這樣講呢？就是《華嚴經》中的婆須蜜多，她就是這樣教人家證得金剛心眞如的平等性，但她有眞槍實彈去教。所以她的莊園很大，佣人很多，因為她的學費很高，不像我們這樣免費地教。她的學費很高很高，但也可以這樣子幫人親證實相；因為這個法是遍一切界的，當然也遍於色陰、身識、觸塵之中，當然就一樣遍於淫觸之中，這才是眞正的平等性。可是西藏密宗那些喇嘛們都假藉婆須蜜多的名義，說他們的樂空雙運也是佛法，那根本就是贓誣婆須蜜多。她是針對好色之人教導實證金剛心如來藏，現觀如來藏的眞如法性，是寂靜而離六塵見聞覺知的眞如境界，不是像密宗喇嘛們教樂空雙運那種追求淫觸的境界相，怎麼能相提並論？所以，他們那個法不平等。因此說「**法平等成正覺**」，只要你證悟了，用什麼「法」來講都可以是「**平等成正覺**」。可是一旦落在身識或意識心裡面，那就是「法」不平等也不能成正覺了，因爲一定是落在六塵境界相上面，在六塵境界相上面永遠都有高低廣狹的差別，不可能平等。這樣子去親證「**一切諸佛寂靜性**」，現前觀察一切諸法平等而成就正覺，才是眞正的成就了正覺。

「**大菩提自性清淨故**」，是說這樣所證的菩提是大菩提，也就是佛菩提，而所證的這個佛菩提，是根源於一切諸佛的寂靜性而來。這個寂靜性就是講法身如來藏，而這個法身如來藏在六塵外的覺了自性，是本有而非有生有滅，是本來清淨無染的自性；證得第八識本覺的無染自性就是實證佛菩提，就是大乘佛菩提道中的覺悟。這個覺悟所悟的自性，也就是法身金剛心眞如在六塵外運行的本覺自性；是本來就清淨性的，不是出生以後修行改變才清淨的，這樣實證了就稱爲開悟般若而證得佛菩提。

菩提就稱爲覺，可是這個覺，是很深的法，因爲有很多種的覺。一般人說的覺，是要常常保持覺醒而不要昏沈，是不要有語言妄想生起而離念，或是放下煩惱而不生起語言妄想，錯認爲這樣就是禪宗的覺悟；可是馬鳴菩薩說這些都叫作「不覺」，是誤會禪宗開悟所說的覺悟。他們每天都要打坐，打坐的時候不可以昏沉，都說：「我要永遠都清清楚楚明明白白，要時時覺醒。如果煩惱生起了，心中有語言妄想了，就把它制伏而不再生起語言妄想，這就是覺悟。」馬鳴菩薩就說：「這個叫作不覺。」所以，咱們其實應該寫一些漂亮的字（也許請張老師來寫），就把《起信論》那一段話寫下來，然後印製出來再加以護貝或者裱褙裝上漂亮的框，送到各寺院去，讓他們掛在壁上，幫他們離開妄知妄見。馬鳴菩薩說：「前念不覺起於煩惱，後念制伏令不更生，此雖名覺，即是不覺。」你看，馬鳴菩薩這樣明白指出來說，那樣子一念不生的離念靈知就是不覺，因爲這種覺是落在六塵境界中的妄覺，不是第八識金剛心眞如的本覺。

所以他們一天到晚在打坐求一念不生，說一念不生的時候，只要沒有妄想而了了知覺，認爲那就是覺，就是菩提，就是禪宗的開悟，其實都落入識陰六識的離念靈知境界中。然而馬鳴菩薩說，這個叫作不覺；因爲這是妄知妄覺，是識陰六識出生以後才有的生滅性的覺知，不離生滅性的六塵境界，不是金剛心眞如運行於六塵境界外的本覺，所以這樣的覺悟是悟錯了，不能叫作菩提。菩提那個覺，是講如來藏無始以來不曾有生而永遠不滅的本然覺了、清淨自性。如來藏的這個本然覺了、清淨自性又叫作什麼？《楞嚴經》中說是「識心圓明」，就是第八識圓滿光明的意思，又叫作「妙圓明無作本心」。你意識所不知道的，祂都知道，祂都很清楚明白，卻不在六塵境界中，這個才是眞覺；悟得這樣的眞覺，才能叫作菩提。可是這種覺，從來不落入六塵之中，不與一切六塵中的染汙法相應。換句話說，密宗那一些法王們，都是跟染汙法相應，顯然不是菩提，因爲他們的無上瑜伽樂空雙運即身成佛的境界，全都跟六塵相應，而且是跟六塵中最重貪愛的欲界最低層次相應。可是這一個眞正的菩提、大菩提、大覺，祂是無始劫以來就不曾與六塵相應的，也是不了別六塵境界的；可是祂卻很厲害，意識覺知心所不知道的，祂都能知道；意識覺知心作不到的，祂都能作到；而祂的大覺就是本來自性清淨的緣故，所以祂永遠不會跟染汙法相應。也因爲所有十方三世一切有情的大菩提，都是一樣的自性清淨，所以說，「金剛平等成正覺、義平等成正覺、法平等成正覺」，也就是諸法「平等成正覺」，因爲「大菩提堅固，性如金剛故」，也因爲「大菩提一義性故、大菩提自性清淨故」。

但這是第八識的本來清淨自性的境界，不是密宗所墮識陰六識的染污自性境界；假使達賴喇嘛從世界各地聚集來相當於幾十億元台幣錢財，想要眞的實證大菩提而能夠一次就全部奉獻給婆須蜜多，婆須蜜多應該會教他去證這個大菩提。不過達賴喇嘛不可能一見面就被婆須蜜多教會，婆須蜜多的教導有很多層次，有的人是一見面就會得她教的大菩提了，有的人跟她說說話就會大菩提了；有的人在她的教導下，跟她點頭就會了；有的人得要跟她拉拉手才會，有的人得要跟她抱一抱才會；至於最笨的是要跟她上床玩過幾個晚上才能會得大菩提，那就是達賴喇嘛的層次（大眾爆笑…）。我不是嘲笑他，我這樣講還算是抬舉他；因爲若是說到實質，他究竟有沒有悟得大菩提的資格？他即使拿了五十億元台幣去供養，婆須蜜多肯不肯接待他，都還是個問題；也許婆須蜜多會認爲達賴還沒有這個證悟的因緣，因爲達賴至今還不肯承認自己有這個第八識金剛心。

如來藏法的親證是很珍貴的，不可以隨隨便便寫了到處去流通，不可以隨隨便便收了錢財到處去幫人實證的，一定要先觀察對方是否有證得金剛心眞如的條件，婆須蜜多當然也得先觀察確定了才能幫助達賴。因爲祂有這樣的珍貴體性，不是外道所應得，不是佛門中悟緣未成熟的凡夫所應得；乃至不是定性阿羅漢所應該得，除非他們迴小向大眞正成爲菩薩了。話說回來，你如果能夠證得一個心是這樣的「**法平等**」，當然可以成就眞正的覺悟——「**成正覺**」。證得金剛心眞如，能夠成就眞正覺悟的緣由是什麼？是因爲這個大覺—大菩提—是自性本來清淨的緣故。

世尊又開示說：「**一切平等成正覺，大菩提離一切分別故。**」一切都平等，請諸位試著去想想看、觀察看看：三界中有哪個法是在一切法中都平等的？一定找不到。一切法，就別講太遠了，講近一點好了，把它限縮範圍到自己的十八界裡好了。眼聚，眼這一聚有三個法：眼根、色塵以及眼識，這樣成爲一聚。眼這一聚法裡面有三個法，這眼根、色塵以及眼識三個法，有沒有平等？不平等啊！色塵是由眼根—這眼根當然包括扶塵根與勝義根—來顯示，由覺知心裡面的眼識加以了別。如果沒有色塵與眼根，了別色塵的眼識就不能存在，連生起都作不到，那麼眼根、色塵、眼識這三法是平等或不平等呢？不平等啊！再說，這色塵如果沒有眼根，也不能顯示出來，那麼色塵與眼根之間也不平等。可是單有眼根，也無法去了知色塵，還得要靠眼識；而色塵自己也不能顯示色塵，要有眼根來顯示，也不能了別色塵自己；那麼這三法之間到底有沒有平等？它們三個法既然是互相依靠的法，就有能依與所依，顯然不平等。

要不然，再從眼聚來跟耳聚比較看看，也是不平等。假使這二聚法是平等的，應該眼聚也能了聲，耳聚也能見色，那才能叫作平等；可是顯然不行，所以也都不平等。可是 世尊竟然說「**一切平等成正覺**」，是說一切法的平等性，那麼究竟是哪個法能夠於一切法中全然都不分別而平等的？諸位都知道是金剛心如來藏。確實是如此，如來藏出生一切法的時候，自始至終都不加以分別高下好壞，永遠都是平等看待，這才是「**一切平等**」。一般所說的平等，都是有侷限的，不遍於一切；而如來藏是遍一切的，祂於一切處、一切界中，也就是於三界的一切境界中，也是遍於十八界中，並且遍於一切時及一切識中，也都是如此平等，這才叫作「**一切平等**」。由於這樣親證「一切平等」的緣故，才能眞正的「成正覺」。

如來藏不會說：「你意根比較厲害，你是作主者，我是要聽你的，所以我比較重視你意根。」祂可不會這樣，祂全部平等看待，在支援七識心的時候應該如何就如何。如果你證得如來藏以後，不是如此，老是說：「張三跟我比較好，又是我的上司；李四都不太甩我，所以我處處要反對他；我也不管上司張三說的對不對，我都要支持他。」如果這樣的話，就表示說，對於「法」的轉依沒有成功。換句話說，菩薩不好當；菩薩在世間法中，跟每一個人都可以有交情；可是一旦論到法，他就鐵臉不認人，眞實義菩薩就是這樣。所以菩薩是個很奇特的有情，在法上面很寡情，絕對不徇私；另一方面卻又很多情，再怎麼樣辛苦，他都要來人間幫忙眾生。如果這一世沒有遇到有緣人，沒有關係，下一世再來幫忙，他都願意啊！他不會說：「我就入涅槃去了。」不會啊！可是緣還沒有熟的人，他的法就是不放手給，鐵面無私。你說，這種人複雜不複雜？眞的複雜！眞的奇特！所以，阿羅漢才弄不懂菩薩在想什麼。因此，所證的法如果是在一切時、一切處、一切界、一切識裡面，都是平等的，你當然就要轉依祂。這樣轉依了，你的道業就提升上去了。

轉依得越成功的，道業提升得越高；轉依不成功，道業就沒有提升；轉依得越少，也就提升得越少。

話說回來，「一切平等成正覺」，爲什麼證得「一切平等」時就能夠「成就眞正的覺悟」呢？是因爲「大菩提離一切分別故」。「大菩提」就是大覺悟，這個眞覺、大覺，從來不會分別善惡以及喜歡或厭惡，也不分別生死輪迴或解脫，這就是第八識眞覺的特性，這樣親證的才是大菩提。這與二乘菩提完全不同，因爲二乘菩提中的阿羅漢、緣覺，都還是要分別生死輪迴與涅槃解脫的，但實相法界眞如心是從來都不分別生死或輪迴的。從世間法的層面來說，如果情執深重：「哎呀！我跟著你蕭平實開悟了，是沒有錯啦！雖然我師父落在離念靈知中，我還是要說他是有開悟的。」那這樣，是轉依成功還是不成功呢？（眾答：不成功。）不成功嘛！因爲執著於原來的師父，然而在大菩提中，沒有悟或不悟、我的師父或別人的師父的差別。明知道以前追隨的師父是落在離念靈知裡面，不離識陰境界，自己悟了如來藏是離見聞覺知的，是超越識陰境界的，卻偏要強硬地狡辯說：「我師父也是開悟的人，他說的離念靈知其實也是如來藏，只是不同的名稱而已。」他也可以這樣狡辯，那你說他轉依有沒有成功？沒有成功轉依如來藏嘛！轉依沒有成功就表示說，他所知道的開悟的內容只是一個知識，他並不是眞的開悟，因爲他的三縛結都還存在，疑見根本沒有斷除，顯然他是去向熟悉的開悟者打聽密意而知道的，導致自己的大菩提智慧還沒有生起，使他無法轉依如來藏金剛心的「**寂靜性**」。

在金剛心如來藏的境界中，沒有任何分別，不會因爲是自己原來的師父，就曲意爲他狡辯；所以說大菩提是離一切分別的，而離念靈知是識陰境界，永遠不可能離一切分別的。並且這個「**大菩提**」—證得第八識金剛心而生起的覺悟—祂的「**離一切分別**」並不是暫時之間離一切分別，而是遍一切時都離分別。這一世出生之前在母胎中就已經如此，上一世還沒有死、還沒有入胎時就已經如此，往前推到無量劫之前就已經如此；並且未來永無窮盡的時間裡還將如此，這樣才能夠說是離一切分別。可是，能夠這樣的「**大菩提**」—這樣眞正的大覺悟—到底是什麼？就是「**一切諸佛寂靜性**」，這個「**寂靜性**」就是指諸佛金剛心無垢識—眾生因地就有的第八識如來藏—的「**寂靜性**」。

這段《實相經》的經文這樣子講解完了，聽起來有沒有覺得說：「你蕭老師講的，跟人家講的都不一樣，到底有沒有問題？」如果有人這樣想，而願意繼續聽下去，這個人才有機會開悟。如果聽不下去，心裡起了煩惱：「你講的跟我師父講的都不一樣，跟各大山頭講的也都不一樣，你個人獨樹一幟，我很懷疑！」那麼聽了心裡面生起煩惱，不願意再聽下去，那他所修的佛菩提道就會出問題了。我還是得要告訴大家一個道理：「如果正覺所說的法跟諸大山頭都一樣，你可以提出一個義正辭嚴的要求；這個要求，我會馬上接受。」也就是說：「你正覺可以關門了，因為你講的法，別人都已經講過了，不必你再設立正覺同修會來重複演說。」我一定會接受。我若是不想關門，認為應該要眞正利益所有佛弟子四眾道業有成，我就要講跟人家不一樣的，而這個不一樣的法一定是要符合三乘菩提聖教的。

在應該歸入阿含部的《羅云忍辱經》中，佛有開示過：「佛之明法，與俗相背；俗之所珍，道之所賤。清濁異流，明愚異趣；忠佞相讐，邪常嫉正。」說的是：諸佛所傳授令人遠離無明而具有光明智慧的法，跟世俗人所說的所謂解脫與智慧是互相違背的；世俗人所珍視的解脫只是世間境界，卻是佛菩提道中所輕賤的輪迴流轉境界；而佛法中的解脫是滅盡五蘊、十八界的，是努力修習解脫道的凡夫們所不喜歡的，是「異趣」而「異流」，當然不免「忠佞相讐，邪常嫉正」。所以清淨與污濁的水是應該分開來流動而不可能混在一起的，否則就全部都成爲濁流了；因此，有智慧光明的聖者與愚癡的世俗解脫，不可能同道而行，一定會分開而各自前進的；正因如此，忠於實相與眞正解脫的人，與奸佞媚俗的錯悟者之間，看來是互相仇視的，但其實永遠只是邪見的人在嫌嫉正法。

世尊已經這麼開示了，請問：世間是應該悟者多？還是應該悟者少？（有人答：悟者少。）開悟者一定永遠是少數人嘛！不可能百萬將軍一個兵。百萬士兵一將軍，可以說得通；百萬將軍一個兵，絕對講不通。佛說「明愚異趣」，也說「邪常嫉正」，也就是說，明就是智慧光明，愚就是愚癡的人、就是黑暗，這兩種人所喜樂的方向是不一樣的。所以說：「俗之所珍，道之所賤。」俗人最珍貴的是什麼？是我執之心；即使錢被騙光了，至少「我」自己還在；於是心灰意懶，投入哲學，投入落在世俗法中的所謂佛法，最後悟出來的結果依舊是：「我思故我在。」哲學界很有名的名詞「我思故我在」，那就是我見與我執的內容，不外於蘊處界自我，這就是哲學的本質，這是以前有一段時期很興盛的理性主義所主張的「存在」。但問題是，這個存在的本身還是五陰的我，自認爲離開生死輪迴了，依舊是在欲界中生死輪迴，完全沒有離開欲界。

這個五陰的我，正好是世俗人—未斷我見的凡夫俗人—所最喜歡的，所以是**「俗之所珍」**。世俗人最難斷的就是我見、我執，俗人最喜歡的就是五陰的我，不願意斷我見、我執。你去看看各大道場講的，不都是離念靈知嗎？如果不講離念靈知，他就換一個方式：**「放下一切煩惱，把握自我。」**這是不是五陰我？還是五陰我啊！這就是俗人所喜歡的。如果你教導大家：**「把握自己。」**所有俗人都會喜歡，因爲不是要叫他「自殺」，所以都會喜歡。可是，如果學佛是要學死、要自殺、要否定自己，才一聽到眞正的解脫生死入涅槃時要滅盡十八界自己，一般學佛人乃至大師們聽了都說：**「喔！自己才是最珍貴的，爲什麼要把自己殺掉、否定掉？」**所以不管去到哪裡，都要跟你講自尊：**「你別傷了我的自尊，也別傷了人家的自尊喔！」**自尊，是誰在自尊？五陰我！還是識陰、意識。請問：在近代大乘佛教界中很有名望的離念靈知，再來是「放下一切煩惱，把握自我」，這二種是不是「俗之所珍」？正是「俗之所珍」，因爲好多大法師都這樣子倡導。然而　佛陀卻說：「俗之所珍，道之所賤。」在修證眞正的解脫道、佛菩提道中，是輕賤這個俗人所珍視的自我，所以才要修學及設法實證五陰無我，佛菩提道甚至還要加修「法無我」。不幸的是，五陰「我」正是現代佛教界中「俗之所珍」，你去檢查各大山頭五十年來的說法，不都是如此嗎？都落入「俗之所珍」。

現在問題來了，咱們正覺出來弘揚俗之所賤的第八識如來藏妙法。有人想：「因爲我聽說證如來藏時，祂是離見聞覺知的，說我要轉依祂的境界，那我證了祂幹什麼？吃了好吃的，我也不能領受好吃的味道；我遇見了美女，也不能好好端詳她多麼美，那我證這個離見聞覺知的如來藏幹什麼？偏偏你又證明我錯了，說我離念靈知不對，那還得了，我偏偏要抵制你。不抵制不行，否則我的名聞利養都會流失掉，我的眷屬也會跑光了。」那就會產生一個現象，正是　佛講的：「忠佞相讐。」忠，就是說，忠實於眞實的法。佞臣就是奸臣，當然不喜歡忠臣，他就會仇視你，於是種種的抵制、逼迫就出現了，明知自己悟錯了，明知正覺的所悟才是眞正佛法，依舊要寫文章、寫書來無根毀謗。所以，如果正覺同修會不被錯悟的凡夫法師們抵制，你們就應該要走人了，因爲正覺同修會的法一定是跟他們一樣成爲俗人之所珍，因此他們才不抵制正覺的法義，那麼正覺將會是「道之所賤」的世俗法。

而我們二十年來被抵制得很厲害，這二年他們的抵制才開始減弱下來，這表示正覺的第八識法教，才是諸位應該珍惜的；因爲這是「俗之所賤」，當然是我們「道之所珍」。所以，他們以前就是要罵：「你們正覺同修會，以及所證的如來藏，都是外道神我，你們是新興宗教，不是佛教。」你們一定聽過這個話，我相信被正覺評論法義而無法正確回應的慧廣法師，他一定會私下這麼毀謗。這表示什麼？這表示他們的法都落在五陰自我裡面，而五陰「我」是不能遍在四種一切中的，不是一切平等。而你證如來藏以後，你會發覺一切時、一切界、一切處、一切識裡面，祂統統平等而遍及這四種一切之中。而且祂從來無二心，絕對不會說：「今天意根對我太兇了，我明天要對意識好一點，不要再對意根那麼好。」祂絕對不會，祂永遠平等看待諸法。這樣證悟以後能夠如實現觀，才能夠說他的開悟是「一切平等成正覺」。

而這樣成就正覺的原因，是因爲「大菩提離一切分別故」。雖然你的五陰、十八界都是自己的如來藏所生，可是你的如來藏不會去分別說：「這個色身才是比較重要的，意識覺知心是次要的；意識覺知心是我生了色身，再生了六塵以後我才能再生起六識，有了六識以後才會有覺知，所以這識陰六個識的覺知性比較不重要。」假使你的如來藏第八識會這樣分別，明天就會不讓你醒來，讓你覺知心不能生起而繼續不存在。識陰沒有生起而不存在，就會一直睡，睡到後天去，乃至睡到明年、後年去。事實上會不會這樣呢？永遠不會，如來藏從來不會作分別，因爲祂是大菩提的所證，祂永遠離開六塵中的一切分別，但又有六塵外的凡、愚所不知的微細分別在運作著；這樣的實證才是眞覺，不是妄覺；這樣的眞覺就是證得本覺，證得本覺的覺悟才能叫作大覺，這不是在二乘菩提中的覺悟可以想像和猜測的智慧。如果不是悟得如來藏這個眞覺，統統叫作妄覺，都不是眞覺，不是大覺。所以，二乘菩提中的聖人既然不是悟這個眞覺，當然他們所證的菩提都不能稱爲大菩提，只能稱爲二乘菩提；這還是客氣的說法，如果不客氣一點就說是小菩提；因爲聲聞法中的覺悟眞的是小菩提，所知的智慧很有限，不是大菩提——二乘聖人所悟的都不是這個本來「寂靜性」的眞覺。而這個眞覺是「離一切分別」的，所以才能夠由於悟後現觀祂於一切法中一切平等，菩薩是這樣成就了眞正的覺悟。

接著再回到經文裡面來，看經文又是怎麼說的。我們當然要舉示一些經文出來說明，因爲講經說法時不能胡扯，一定要有根據。根據有兩個方面：一個是教證，另一個是理證。你在理上如何證明它是如此，爲大家解說了，你的理證當然要符合教典的聖言量，要能夠引用教典來證明，這就是教證。這一段經文裡面說：「**金剛平等成正覺，大菩提堅固，性如金剛故。**」金剛就是說眞如，也就是講這個第八識眞心的體性，但「眞如」是以如來藏金剛心爲體。實相般若裡面所證的眞如，如果沒有如來藏這個心爲體，就沒有眞如可說。因爲眞如就是說眞實與如如，可是眞實與如如只是一個體性，這個體性要依附於第八識實相心才能存在，總不能夠憑空而有眞如。

如果可以憑空而說眞實與如如，那就好辦了；你一生的積蓄存在銀行裡，比如說有二千萬元台幣，到時候去領錢的時候，銀行說：「好！讓你提款。」就給你一張寫著「二千萬元」四字的紙條。可是，這「二千萬元」四字的紙條有體、無體呢？當然無體。你拿著這一張紙條寫著「二千萬元」四字，你走出銀行去買房子、買車子，都買不到欸！因爲無體。所以，「二千萬元」一定要有個「體」，什麼「體」呢？代表著存在銀行帳戶中那二千萬元的台幣，要以那個台幣本質爲體，當你去提款時，銀行得要給你二千萬元台幣紙鈔或支票，才有購買力。可是，那一張便條紙寫著「二千萬元」，並沒有台幣的實體，只是「二千萬元」這幾個字，那沒有購買力，表示那張紙條並沒有二千萬元的實體。

同樣的道理，眞如是以如來藏心爲體；因爲這個眞實性與如如性，一定是有個東西具有眞實性與如如性，才能夠說有眞如，否則他所說的眞如就成爲性空唯名——徒有名相而沒有眞如的本質。大乘法中如此，在二乘法中也一樣，比如說緣起性空，是以什麼爲體？你就答：「**以蘊處界爲體。**」因爲，如果沒有蘊處界，哪來的緣起性空？所以說，緣起性空以蘊處界爲體。如果有人好事，他想要找你的毛病，他又來質問說：「**蘊處界以何爲體？**」你就說：「**蘊處界以眞如爲體。**」他還想要窮追到底：「**眞如以何爲體？**」你就舉拳在他頭上猛敲一搥，就走了。他明天不信邪，找上門來：「**你爲什麼打我？你還欠我一搥，你昨天無緣無故就打了我一搥。**」你就說：「**你眞的想知道？**」

「想啊！爲什麼不想？不然我要把昨天這一搥要回來。」那就再給他一搥。他得了二搥，還要再問，你就拿他沒轍了，因爲他實在沒智慧，不是上根也不是中根人，你就只好告訴他：「眞如以如來藏爲體。」就這樣子，他有沒有悟緣現觀眞如以何爲體，就看他聽不聽得進去。

所以，如果沒有一個心具有眞實性與如如性，而說他證眞如，那都是騙人的，只是大妄語。如果他拿離念靈知來說他證眞如了，當他告訴你說：「我證的眞如是離念靈知。」他話還沒有講完，你就一巴掌給他。他氣起來質問：「你爲什麼打我？」你就問他說：「你現在還『如』嗎？你如果是『如』，就不會質問我爲什麼打你。」他總不能夠說：「我剛才『如』，你打了我以後才不『如』。」那他的「如」就成爲變異法，那就不是眞實的如，那叫作假如，不名「眞如」，當然他不敢回答依舊是如。所以，眞如一定有個體，不能憑空說有眞實性與如如性。眞實性與如如性，是講什麼法有眞實性與如如性呢？當然是說每一個人的第八識如來藏同樣具有眞實與如如的體性，所以說如來藏即是眞如。

爲什麼如來藏要說是眞如呢？因爲性若金剛而不可壞。因爲這個眞如始終就是不可壞的，所以般若諸經裡面有時候說眞如猶如金剛，就是在講這個道理。因爲這個眞實性與如如性是永遠不可被壞的，因爲如來藏性如金剛而不可壞，沒有一法可以壞祂，當然永遠是如，所以祂所顯現的眞實與如如的法性——眞如，當然就永遠不可壞。也就是說，眞如是金剛心的所顯性。這個金剛心如來藏，不論什麼時候都顯現祂的眞如法性，而這個金剛心永遠不可壞，所以眞如也永遠不可壞。因此，證得金剛心如來藏就能夠現觀眞如，能夠現觀眞如時才是證得大菩提；這樣子現觀所證的大菩提時，一定會看見金剛心就是法界的實相，就會看見金剛心是平等心，像這樣開悟的菩薩才是成就正覺的人；所以 佛說：「**金剛平等成正覺，大菩提堅固，性如金剛故。**」然後，因爲這個眞如性是只有金剛心如來藏才有，所以有時就用眞如來指稱如來藏。因此有時候眞如兩個字是在講如來藏，不一定是指如來藏心體顯示的眞實如如法性。接著再來看看 佛陀在《深密解脫經》卷二中怎麼說：

【「功德林！一切法相有三種相。何等爲三？所謂虛妄分別相、因緣相、第一義相。功德林！何者虛妄分別相？所謂名相所說法體，及種種相名用義等。功德林！何者諸法因緣之相？所謂十二因緣，依此法生彼法，謂依無明

緣行乃至生大苦聚處。功德林！何者是諸法第一義相？所謂諸法『眞如』之體，諸菩薩等正念修行、至心修行，證不二法；證彼法已，乃至得成就阿耨多羅三藐三菩提。」】

眞如是不二法，眞如只有一種，當然是平等的，因此不可以說：「各人證各人的眞如，你正覺何必要求別人所證的眞如法性要跟你們一樣？」這段經文也是在講平等，可是平等法不能離不平等法而證，如果離了不平等法，你就找不到平等法。這個說法是不是很奇怪呢？你們來到正覺以前，一定沒聽過這樣的說法。其實，在哲學中或者在佛學學術界中，有一派人很早就講過：「**假必依實**。」（編案：唐朝佛教界已有此說，清涼澄觀《大方廣佛華嚴經疏》卷二十一〈夜摩宮中偈讚品〉：「假必依實，同聚現故。」）凡是假有的、暫時而有的法，必定是依於一個眞實法、永不壞滅的法才能存在。這話的言外之意就是說，眞實法一定與被生的生滅性假法同時同處，這就是他們所講的「**假必依實**」的道理；也就是說，如果沒有眞實法，就不可能有虛妄的假法。可是虛妄的假法如果滅掉了，只剩下那個眞實存在的宇宙眞相——他們哲學界叫作宇宙眞相，只剩下那個宇宙眞相的時候，那宇宙眞相是離見聞覺知的，又如何能覺知祂自己？那時又找不到眞實法了，所以我說：你要找到那個眞如，還得要依虛妄法才能找到。正因爲有虛妄法的蘊處界存在，才有能找的我們來找出自我所依的眞實法。能找的自我是依那個應該被找出來的眞實法而存在，如果沒有自己這個虛妄法，就不可能去找到那個眞實法；因爲連自己都不在了，誰能找、能見呢？

就如前面所舉的那位繼宗法師去見智禪師一樣，他始終弄不清楚這種道理。但是你如果懂了這個道理，你就知道說：「我得要保留著自己虛妄的五蘊境界，然後我才能藉這個虛妄的蘊處界作爲工具，來找那個背後的眞如。」因爲眞實法與虛妄法兩者是同在一起的。眞如與虛妄的蘊處界，眞的叫作你儂我儂；因爲祂不但遍一切時，又遍一切界、遍一切識、遍一切處，所以遍十八界。既然這樣，你把十八界自己滅了，還有誰能找祂？所以不能入無餘涅槃，要留著十八界、五陰的自己，然後悟得祂跟我們自己是和合在一起的眞相。那麼大家就好好來找，可別像達賴在一本書裡講的「在虛空」，大家若依照他的胡說而往虛空去找，那就變虛空外道了。這裡講的正是這個道理，佛陀爲大家開示這個道理，說眞如是金剛心如來藏的所顯性，這個「諸法眞如之體」是金剛心如來藏，就是宇宙萬法背後的實相；可是你要找這個眞如心體，卻不能離開虛妄法蘊處界來找；要保留著虛妄法蘊處界，你才能夠修學佛道而找出眞如心體如來藏，才能夠現觀如來藏心在諸法中的眞如性，才能夠悟後進修而在最後成就佛地的功德。

所以佛說：「功德林啊！一切法相都有三種相，何等爲三？就是虛妄分別相、因緣相和第一義相。」換句話說，我們每一個有情存在的當下，都有這三相，都離不開這三相。佛解釋說：「什麼是虛妄分別相呢？也就是名相所說的法體，以及種種相名用義。」「名相」，譬如說受、想、行、識這四個法就叫作名，這裡面每一個名稱所表示的法相就稱爲名相。先從最後一個「識」來說，「識」這個法屬於「名」所說的四種法中的一種法相，所以識陰本身就是「名相」之一。這個識陰「名相」所講的就是六個識的見聞覺知等法相，識陰是以眼等六個識爲體，所以識陰兩個字是「名相」之一；因此說，識陰這個名相是說識陰這個「名」的法相，即是總稱眼耳鼻舌身意等六個識，但是識陰這個「名」的法相是個虛妄分別相。

爲什麼要稱爲名？因爲受、想、行、識四個法相是心與心所法，無形無色但卻眞的存在於三界中，但不像色陰可以用手去指出來給人知道，你如果不用名字來指稱受想行識就無法指稱祂，因此一定要用名才能指稱祂。如果不用名，你要怎麼指稱耳識等？比如說眼識好了，你一直指著眼處，人家會以爲你是在指眼睛，人家會以爲你的眼睛出了問題、很痛苦；不管你怎樣去指、去表示，人家都會誤認爲你在說眼睛，不會知道你是在講眼識。可是你如果施設了眼識這個名稱，直接講出來說：「我說的是眼識。」「喔！是眼識，不是眼睛。」大家聽了都知道了！這就叫作「名」。經由眼等六識不同作用的法相，所以有眼等六識這六個名的建立，接著要來說祂們的用——名的用。什麼是名的用？「用」就是說「眼識」這兩個字可以表示眼識，這就是這個名的用。什麼是「名」的義？因爲依根立名就稱爲眼識，是依眼根立名，所以眼識不同於耳識等。但眼等六識都是生滅性的虛妄法，依虛妄法而作分別所以立名爲眼識乃至意識，這樣的六識名稱就是一個虛妄分別相，因爲這個都是在虛妄法上面來作分別而建立的名相。

今天還是繼續講《實相般若波羅蜜經》，上一週我們講補充資料「理說」時，講到一切法相有三種相，說有虛妄分別相、因緣相和第一義相，已講到什麼叫作虛妄分別相，也就是說「名相」所說的法體都是虛妄法，依此虛妄法而建立的「名相」就稱爲虛妄分別相；這個有生滅的法體衍生出來的種種相、名、用、義，自然也都是虛妄分別相。我們上週針對這個部分講了一點點眼識之「名相」。至於眼識的法相是什麼？眼識的法相就是了別色塵，特別是對顯色的了別，也就是對青黃赤白等顏色的了別，了別顯色之功能就是眼識法的「相」。什麼是眼識的「名」？眼識的名是說祂依根立名，說祂是依於眼根的運作才能了別顯色，所以依眼根而建立祂叫作眼識；所以眼識這個名稱，就是指稱眼識這個名所說的法體——這個眼識的名。

相、名、用，「用」是在說什麼？是在說祂有什麼作用。眼識的作用就是了別色塵，你從什麼相來知道祂的用是了別色塵呢？是從祂了別色塵的這個過程來知道祂是了別色塵，所以了別色塵就是眼識這個名的用。義，就是說這個眼識以眼根立名來說，眼識的「識」字是指稱祂能了別，眼識的「眼」是指眼識所了別的是色塵，這個意思就是眼識二字之名的義。眼識如此，耳識仍然如此，耳識的相、名、用、義就依此類推。鼻、舌、身乃至最後一個意識，意識這個名也是屬於分別相，就是前面這一行講的「虛妄分別相」。「虛妄分別相」中總共有六個識——六種法相，這六種法相就是六種「虛妄分別相」。因爲識陰這六個識本身都是虛妄法，所分別的對象也都屬於虛妄法六塵，識陰六識的覺了功能都不屬於實相法如來藏的本覺，所以都叫作「虛妄分別」。

如來藏也有祂的分別性，因爲如來藏叫作阿賴耶識、異熟識、無垢識，一識多名；既然稱爲識，當然會有識別的功能；這第八識雖有分別的功能，但不屬於虛妄法裡的分別性，也不是有生必滅的識陰六識的妄知妄覺，所以說祂爲「本覺」。證得如來藏本覺的分別性的人，就稱爲始覺位的菩薩；若在大菩提—佛菩提—中修行，但仍然無法證得如來藏本覺的六塵外的分別性，就稱爲不覺位的凡夫菩薩。如果自己認爲開悟了，是悟到虛妄分別相，也就是仍在六識中的某一識或六識的分別性之中，這樣悟得的是識陰裡的境界，沒有悟到超越識陰的第八識的本覺，這樣的悟只是一個「虛妄分別相」，我們就說他悟錯了，他就是不覺位的凡夫菩薩。如來藏的本覺又稱爲眞覺，祂所分別的內涵都不在六塵境界中的虛妄法性上，所以祂的分別性就稱爲本覺或眞覺。

這裡所說的「虛妄分別相」總共有六個識，這六個識所分別的都是「虛妄相」，就是分別生滅性的六塵相。因此說，凡夫們的眼識如此，他們的耳、鼻、舌、身識也是如此；依此類推，意識也是如此，都不外於生滅性的六塵境界等法相；既然意識的相、名、用、義也是一樣的，因爲都是分別虛妄法，當然同樣是識陰所含攝，同樣是根、塵二法爲緣而由眞如心所生的虛妄法，所分別的對象也是虛妄的六塵；連同前五識也都和意識一樣，也是「虛妄分別相」所含攝。譬如說，意識分別種種的法塵，意識又配合著前五識也詳細地分別前五識所不能分別的五塵中的種種細相，但是意識之所分別，仍然是六塵中的法，因此意識仍然是「虛妄分別相」。

這個意識要到什麼時候，才算開始有了不虛妄的分別相呢？是要從證得初果的智慧以後，才開始有了第一分不虛妄的分別相。從初果的時候開始，能夠分別蘊處界粗法的無常故苦、故空，空故無我；這是第一分的不虛妄分別相，可是仍然沒有涉及實相法界，仍然是在現象法界中所說的分別；而這個分別都仍然是在虛妄法上的正分別，但這個正分別已經開始踏出了出離三界的第一步，能夠現前觀察六根、六塵、六識全部虛妄。雖然六識自身依舊是虛妄分別法，但是意識對這六識自身的虛妄性有了初步的現觀，這就已經發起了第一分不虛妄的分別相。

菩薩在斷我見、斷三縛結而得初果之後，還要繼續去求證諸法的本源——《阿含經》中說的「**諸法本母**」——要去求證自我的本源，就是要探究五蘊、十八界自己是從哪裡生出來的，就是禪宗說的親證本來面目。因此斷我見以後得要熏習六度波羅蜜多，修到第六度的時候，當他找到了十八界的本源，現觀五蘊十八界是從自心如來藏金剛心而出生，這時候的意識雖然還是虛妄法、還是有分別心，但是祂已經有了對不虛妄法金剛心的分別功能，這就是第二分的不虛妄分別相。但意識自己仍然屬於虛妄法，不因爲如此就使意識成爲不虛妄法。這個意識已經有了不虛妄的分別相，但意識的自身仍然屬於虛妄法；要到大乘佛法中的證果開始，也就是眞正轉依成功時，把虛妄的識陰六識都攝歸金剛心實相法界時，才說不是虛妄法，也才有了對不虛妄法的分別相，但是祂自身仍然屬於虛妄分別相，因爲單從意識自身而言，仍然是虛妄法。

然而意識本身爲什麼會是虛妄的分別相呢？因爲意識的本身仍然不脫

於識陰的範圍。在阿含諸經以及大乘諸經中，佛說識陰的定義是二法因緣生或二法爲緣生。哪二法呢？就是根與塵兩法。藉這根、塵二法爲因緣才能從本識如來藏中出生的，都屬於識陰所含攝。而識陰是虛妄分別法，所以假使有人說他開悟了，是悟得離念靈知；那麼他可以去檢查——這離念靈知是不是識陰所攝？是不是意識？一旦確定了祂是意識，不外於識陰，那就應該知道自己是悟錯了，仍然未離五陰我的範疇，顯然還未斷除三縛結，就應該重起爐灶改弦易轍了。這就是說，凡屬於二法爲緣所生的——凡是要依憑根與塵二法作爲因緣才能夠出生的心，都屬於識陰所含攝，未超越常見外道的境界。而根與塵二法爲緣生的法，總共只有六個，就是眼識、耳識乃至意識；而這六個識生來都是虛妄分別，從來都在分別生滅性的六塵諸法，所以祂們都是「**虛妄分別相**」。

意識的相、名、用、義怎麼界定？相，當意識覺知心在分別六塵中的種種諸法的過程，就是意識的行相。名，祂一樣是依根立名，是因爲意識的生起要以意根作爲俱有依——要藉意根的存在及作意才能生起。乃至意識正在運行的過程中，也不能離開意根的運作；如果意根不在了，或者意根不想讓意識現起，意識就無法存在，也無法作任何的了別，所以意識依意根而生起、而存在、而運作，於是依意根立名爲意識。而意識的「義」，意思是什麼？就是廣泛分別的意思；所以意識依於意根而作廣泛的分別，祂就叫作意識；依於這個事實，意識這個語言或者文字就是意識的名。而意識的用，祂比眼、耳、鼻、舌、身五識的用，更要廣泛多了，而且祂對諸法的分別要比前五識來得更深入、更廣泛。譬如以眼識來說，眼識所能分別的就只有顯色，也就是顏色青、黃、赤、白以及明暗。但是，青、黃、赤、白、明暗之中，有很多深細的差別，譬如明是多麼地亮，亮到什麼程度，或者只有一點點的亮，這裡面的差別非常多；譬如顏色青、黃、赤、白之中，以青來講，那麼青就有很多種的青；在染料業來講，聽說一般的染料業，光是一個青就有兩百多個顏色。在印刷廠也是如此，所以我們出版社有一個色表，是印刷廠送給我們的，當我們想要選擇哪一個顏色時，就依色表上的標記而告訴他一個代碼，他就依那樣的顏色來印。光是青這個色彩已是如此，其餘的黃、赤、白、黑等等其實也都一樣，都有很多微細的差別，但這些微細的色彩差別都不是眼識所能了別，那就要靠意識來了別了。

所以，有的人對顯色很敏感，看見了某一件衣服，這件衣服是什麼顏色的？紅。她對那個紅色很喜愛，當你問她是什麼顏色時，她說「紅色」。可是，你拿了同款式的很多種紅色衣服給她看時，她都說：「不是那個紅色。」就只是差一點點，她就說不是她要的紅色，因爲她對顯色很敏銳。後來去到店裡面，眞的把她所看見的那一件同款式紅衣買下來，拿來跟你的比對，果然不同，但只是差一點點。這就是意識對顯色細相的分別功能，不是單單知道紅色而已，這不是眼識所能了別的。意思就是說，意識在五塵上的了別，祂是非常深細、非常廣泛的。這就顯示說，意識的用不像前五識那麼差、那麼受侷限。

並且，意識還可以去深入分析，這種紅色應該要怎麼樣才能調得出來。譬如畫畫的人，調色的功夫就很重要。我年輕時也學過廣告畫，那個調色就是功夫；可是這個功夫的深細部分就沒辦法教，因爲不會的就是不會，你怎麼教他也不會。但是會的人，他不管什麼顏色都可以調出來，只要你提供一個色樣給他就行了。所以意識可以了別說，這個顏色該怎麼調，都可以調出來。但眼識就不行，眼識雖然是專門看色彩的，但祂對色彩的微細部分竟然無法觀察。這就顯示說，意識的「用」遠比前五識更廣、更深而且更微細。意識的用，從哪裡看得出來？從各種法的深細了別之中可以看出來，祂的「用」確實是很深細、很廣泛。

意識的「義」是什麼？意識的「義」是說，以意根為緣，秉承意根的作意去作種種的分別，然後依於意根作為俱有依來建立祂的名稱，所以叫作意識，這就是意識的義。你這樣子依此類推，要像孔老夫子說的舉一反三。如果你聽懂了眼識，其實意識你也能夠這樣推斷出來，六識的用就全部知道了，這叫作舉一反六，然後你就會瞭解：「原來我以前跟著大師學禪和開悟，結果都是學錯也悟錯了。」當你確實瞭解識陰六識的相、用、名、義，你就會知道識陰六識的分別功能境界，全都是二法因緣生，都是「虛妄分別相」的境界。所悟的法如果是「虛妄分別相」所攝，他所證悟的心一定是面對生滅性的虛妄法，這個虛妄了知的心當然不離「虛妄分別」法，那麼這個「悟」就是錯悟，就是落到「虛妄分別相」裡面去了。

這樣子，三種相的第一個「虛妄分別相」，大家瞭解了。接著說，什麼是諸法的「因緣相」？這裡說的因緣，不是增上慧學四緣裡面的因緣，而是說以前一個法爲因，用那個因來作助緣而生起這個法，成爲「**此生故彼生，此滅故彼滅**」，這就是因緣法。可是，因緣法如果細說，還有眞實因緣、虛妄因緣。虛妄因緣，就是流轉法，從無明一直流轉出去，或者說從如來藏阿賴耶識一直流轉下去，這就是虛妄因緣法。什麼是眞實因緣法呢？那就是逆推。流轉的因緣法是黑法，逆推的因緣法是白法。白法使人得以解脫，黑法使人隨順於流轉，因此就有無量的生死。逆推的白法裡面又分爲流轉法以及眞實法，十二因緣法屬於流轉法，但是十因緣就屬於眞實法。

眾生之所以會有十二因緣的流轉，都是因爲無明；無明即是不瞭解五蘊自我的虛妄，另一個層面的無明則是不瞭解滅盡自我以後仍有本際常住不滅。由於有無明，就會有無量世以來每一世不斷造作的種種行，由於種種行不願滅除就會有識陰六識不斷地現行與運作，死後就一定會再去受生而有名色，而名色的這些行都緣於意識不斷的「**虛妄分別**」而產生。由於往世意識不斷的「**虛妄分別**」而產生了行以後，就產生了一個動力，這個動力必然會繼續產生這一世的名色，然後就有觸、受等等，乃至擁有了後世有的種子——有，因此必定要再去受生然後再出生，這就是流轉。

可是你如果從生老病死等苦往上逆推而到無明支，逆推到最後的無明時會發覺一個必須解決的問題：名色會從哪裡生出來？是什麼原因世世都有名色？結果是名色因爲貪愛於觸。想想看，有哪一個人是不喜歡觸？這個觸不是講觸覺的觸，是講眼觸色那個觸，就是接觸的意思。就如眼觸色或如耳觸聲，乃至意觸法那個觸。有誰不希望接觸六塵？沒有！大家都希望接觸六塵。只有一種人不想接觸六塵，就是證得二禪以上的人。他每天喜歡進入等至位中安住，不想接觸六塵，可是還有定境中的法塵使他不得不觸。也許你們會質疑我說：「蕭老師！你現在爲什麼又不每天打坐了？」我不是不想打坐，我是沒時間打坐，因爲對我來說，打坐實在太奢侈了，現在爲眾生的法身慧命奮鬥，連睡覺的時間都不夠用了，還可以拿來享受定境嗎？

所以，當一個人了知到這個部分，就會探究說，要依靠什麼才能有觸？就知道爲了保持有觸，一定要靠名色，如果不是有名色就不會有對於六塵的觸。可是這個觸是流轉生死的因緣，求出生死的人若是想要斷這個觸，就得要斷除名色。名色斷除了，就是無餘涅槃。可是很多的初果人、二果人知道這一點，爲什麼他們的名色還斷除不了？爲什麼他們死後到了中陰境界，還會繼續去投胎或者生到欲界天去？這是爲什麼？都是因爲往世所造無量的行，使他的意識執著於名色，意識不斷緣於名色而造作種種行，不想把行立即斷除，就沒辦法斷除名色。所以，識陰（最主要的當然是意識）這六識是罪魁禍首。認清楚這識陰六個識是罪魁禍首了，願意把自己打死——當然不是叫你自殺；我說的把自己打死，是完全否定而不再愛樂於六識自己，這時就不再愛樂於種種行——於六識的行有關的種種心行、口行、身行就不再愛樂了。對於行不再愛樂時，最後一分無明就斷盡了，這就是逆推的十二因緣。這個十二因緣的逆推，結果是使人知道因爲無明的關係，才會使人不斷的流轉生死。

無明斷盡了就不願意再去受生，就遠離三界生死苦；但是佛教界的大師與學人們都知道這個道理，爲何卻無法實證解脫果？爲何都還留在凡夫位中？原因有二，第一是對五蘊、十八界的內涵沒有全部弄清楚，也沒有全部瞭解五蘊、十八界的虛妄，這時就要探討無明是什麼？無明就是不明白名色的虛妄。因爲這個無明，所以一世又一世要把握自己。他想要把握哪個自己呢？是見聞覺知的自己、處處作主的自己；爲了要不斷把握住自己，就必須再去投胎出生，才能繼續有覺知心的自己，所以想要把握自己時就變成我執深重的人了。如果無明打破了，就知道說：「五蘊的我根本不該把握自己，我是虛妄的，我把握虛妄的自己，不就是堅固地幫助自己不斷受生而繼續輪轉生死嗎？」因爲想要把握自己的想法就是我見與我執，正是會導致有情流轉生死的無明；這個無明會幫助有情不斷地一世又一世去取得名色，當然死後一定要去受生而取得名色，世世都想要取得名色就是增長無明，是幫助自己流轉生死。

阿羅漢們是要捨棄自己全部的名色，錯悟的凡夫大師們卻要不斷地把握自己，還教導徒眾們都要把握自己；大家都想要把握自己，就是一世又一世跟著師父輪轉生死。所以說佛法背俗，佛法絕對不媚俗，像密宗喇嘛教師徒貪財、好色，怎麼可能是佛法？眞正的佛法，不會像世間人說的：「**我們應該好好地生活，努力增進大眾生活上的福祉。**」那只是引導人們繼續生死流轉的善事；佛法不是這樣講，佛法是要叫大家死了永遠不再受生，永遠的死滅，不再落入三界生死苦之中，所以才叫作「滅度」，佛法中從來沒有說「生度」的。菩薩則是有能力滅度自己以後，發願世世受生於人間，教導大家同樣可以有能力滅度而離開生死苦。所以能否遠離生死苦而滅盡十二因緣的流轉，要從滅除無明來下手；但是無明無法斷除的原因固然是因爲不懂得五蘊十八界的自己都是生滅無常的，另一個無法滅除無明的原因，往往是恐懼落入斷滅空，所以不敢斷盡我執、不敢想要入無餘涅槃，都是因爲他不知道五蘊十八界滅後仍有本識常住不滅，不是斷滅空，這就是於內有恐懼——對內法如來藏金剛心無法證得，所以心懷恐懼。正因爲這個緣故，即使已經知道蘊處界全都虛妄了，大家依舊無法實證因緣法而不能成爲辟支佛，乃至連初果都證不到，就是因爲不懂十因緣法所致。

十因緣法是在告訴我們：應該推定眾生的名色是從一個本識中出生的，這個本識不是識陰六識所含攝的。大家知道了這個道理，我就可以接著說：這個十二因緣的逆推，爲什麼從比較深妙的層次，又說它還是黑法、還是流轉法呢？明明因緣法是遏止流轉、停止流轉的法呀！原因就是因爲這樣的打破無明，仍然不是眞正的打破無明。單單推究十二因緣法，沒有辦法成爲辟支佛，依舊斷不了我見，因爲心裡面始終有懷疑：「我打破了這個無明，我把對自己名色的執著全部斷除了，死了不再出生中陰，也不再去受生，名色永斷而成爲無餘涅槃；但是我這樣的無餘涅槃，是不是斷滅空？」這一探究的結果，由於還有這個無明的緣故，就認爲無餘涅槃裡面還眞的是斷滅空。這樣一來，就成爲《阿含經》中說的於外有恐怖了，也就是對外法五陰十八界斷滅而誤以爲是斷滅空的無餘涅槃境界，心中會有恐怖而不願斷滅，因此斷不了我見就只好永遠當凡夫了。

這時該怎麼辦？這時得要重新推究，從老病死再推究生：生之所以有生，以什麼爲因？以前世所種下的後有種子爲因。這樣一直逆推，逆推到名色從哪裡來？這一推究，清楚了：原來識陰六個識加上意根都是名所含攝，但這個名以及色陰是從哪裡來的？一定是從名等七識之外的另一個識生出來的；色不能生心，當然一定有另一個心、另一個識能出生我們名等七個識以及五色根、六塵。這時知道名色不是無因生，也不是單有諸緣就能共生名色，一定是由自己的本識藉諸緣來出生，才會有色陰及名等七識心。知道了這個道理，當然要說：「原來一切法往上推溯，只能推到這個本識爲止。」這個本識就是眾生萬法的源頭，所以　佛陀在十因緣法中說：「齊識而還，不能過彼。」一切諸法都不可能超過那個本識如來藏。

在因緣法中，我們的意識等六識識陰，再加上意根末那識總共是七個識，正是眾生的自我，所以都叫作「此」識，屬於名色的「名」所含攝。我們的名與色是由識生，這個能生名色」（含七識心）的識，顯然是七識外的另一個識，不是五陰的自己，所以世尊稱祂爲「彼」識；而我們七識心都是從彼識出生的，我們色陰也是從彼識出生的。修習十因緣法而推究到必然會有彼識以後，再往前推，就沒有任何一法可得了；所以佛陀說，推究到彼識以後就只能退回來，彼識的前面不論你怎麼推究，永無一法可得，所以諸法都不能夠超過那個識：「**齊識而還，不能過彼。**」這樣子弄清楚了：原來把名色自我滅盡以後，還有個本識在那邊，顯然把自己滅了以後不去受生並不是斷滅空，那麼對於外法五陰十八界的斷滅就不再恐怖了，這時對於外法蘊處界永遠壞滅而有恐怖的無明就滅除了，他就可以安心當他的辟支佛了，死後就不再受生而入無餘涅槃，永遠不受後有而解脫於三界生死苦了。

也許有人想：「**你說名色的根源是識，那不一定吧？名色的根源也許是個物質吧？**」這正是現代物理學家的迷思。請問物質如果能生心，以現代的科技，電腦應該都能有心了。對啊！因爲你給它個指令，它就幫你處理得好好的，可是它有心嗎？它沒有心，它只是一個程式，那個程式是人設計放在那邊的，它就是完全依照那個程式去運作，它不能思考，沒有心。所以不可能是由物質而生心，物質永遠都不會生心的。所以，一定是有一個常住不壞的心，才能出生我們七轉識覺知心、作主的心。我們這六識心加上意根就能夠清清楚楚、明明白白而且可以處處作主，但我們這些心都由那個識而生，不可能是由物質來出生我們能夠覺知和作主的這個妄心。所以，像這樣子逆推的結果，知道是有一個本識始終都在那邊常住不滅，而我們名色滅了以後就是無餘涅槃，仍然有彼識常住而成爲無餘涅槃，所以無餘涅槃裡面不是斷滅空，依這樣的正知見斷盡我執時就可以安心了。斷除我執、心得決定的時候，有了這樣的定力，他就是證得因緣觀的緣覺阿羅漢了，這就是這段經文中說的**「因緣相」**。

可是因緣爲什麼要稱之爲「因緣」？譬如說老病死，以什麼爲因而使眾生緣於老病死呢？是緣於生爲因，才會有這一世的老病死，所以老病死是以生爲因緣，生就是老病死的因緣。這樣子依此推尋，上一因爲下一法的緣，所以上一法就是下一法的因緣。但這不是大乘佛法增上慧學、唯識學裡面講的那個因緣，這是在因緣觀中所說的因緣；大乘無生忍中所說的因緣，與因緣觀中所說的因緣，這二種因緣的定義是不同的。

那麼這個因緣法，為什麼要把它跟「虛妄分別相」給區分開來？因為四聖諦、八正道、四念處觀等等，都涉不上這個能出生名色的本識，可是因緣法的觀行若想眞的成就，一定要探究彼識——金剛心如來藏，要在比量上確定彼識是一定存在的，也就是一定要先探究十因緣法；當十因緣法觀行成就而且心得決定時，觀行十二因緣法才能成就，否則十二因緣法的觀行絕對不可能成功（編案：詳見平實導師的《阿含正義》依教依理所作的開示）。因為因緣法裡面有這個能生名色的彼識，所以它就不歸屬於「虛妄分別相」，就說是諸法的「因緣相」，因此另外區分開來。因緣法，主要就是說：依此法而生彼法，此生故彼生；若無此法已生，則無彼法隨後出生。從另一個方向推過來說「此滅故彼滅」，無明滅除了，也不再受生，於是脫離三界生死苦，輪迴的現象就消滅了。一樣的道理，也就是依無明緣於行，乃至依生緣於大苦聚處，於是世世流轉不斷；逆推之後就是說，眾生之所以會輪轉生死，都因為無明。

可是，阿羅漢無法藉因緣法來推溯十因緣，自己沒有智慧去斷定說：名色以彼識為因，阿羅漢是要靠 佛陀來開示給他知道。所以，凡夫們在討論說：「佛陀滅度後是有、是無、是非有非無，阿羅漢滅度後是有、是無、是非有非無。」佛陀都說：「這是無記。」說凡夫眾生們對這個題目所討論的內容全部都是無記。為什麼呢？因為，他們連我見都還沒有斷除，都還沒有入門，就來討論諸佛或阿羅漢入涅槃以後是不是斷滅空，那不是完全沒有意義的事嗎？當然要說他們的所說都是無記。可是，如果初果人、二果人或者阿羅漢去問 佛說：「佛陀！我們將來捨報，滅了名色、入了涅槃，是不是斷滅空？」那時候就不是無記了，佛陀就講得很清楚：「入了涅槃以後，還有本際獨存，就是彼識。」阿羅漢要靠 佛陀這樣開示，才能於內、於外都無恐懼，死時安心滅除自己而不再出生中陰身，永遠不受後有，於是永離三界生死苦。但阿羅漢自己推究不到這一點，而辟支佛能夠自行推斷到這一點。阿羅漢要經由 佛陀的音聲開示，才了知這一點，所以俱解脫、慧解脫阿羅漢雖然有辟支佛的功德，還是叫作阿羅漢，頂多說他們是緣覺，不叫作獨覺，所以不稱為辟支佛，仍然是聲聞，因為都是從 佛陀那裡聽來的。這就是因緣法：此生故彼生，此滅故彼滅。從無明緣行一直到生緣老病死、憂悲苦惱，這都是在現象界中的事。只有逆推十因緣到最後一支時，才是談到實相界；因緣法雖然也談到實相界了，可是二乘聖者觸不到、證不實——沒有辦法在現量上來證實彼識如來藏的存在；因爲那個部分是第一義諦，是屬於實相法界的法相，是菩薩之所證的第一義相。

所以，接著要說第三個法相，所謂諸法眞如之體，就是諸法的「**第一義相**」——「**一切法相有三種相**」裡面的第三種相，就是第一義相。我們在前面引述的《深密解脫經》中說：菩薩由於證得「**諸法『眞如』之體**」，所以依此眞如之體第八識金剛心而生起了智慧，此後依這個第八識心體而繼續進修，最後才可以成佛。話說回來，世尊說諸法之中有眞實而如如之體，但諸法明明是生住異滅的，爲什麼會說「**諸法『眞如』之體**」呢？這表示眞如之體並不是諸法本身，而是諸法之中確實顯現了眞如法性；而眞如所依的某一個體，那個體當然是心、識，那個心、識當然是眞實也是如如的，這才是眞如之體，所以有時就簡稱開悟明心爲證眞如。禪宗開悟時是說要證眞如，唯識宗裡的眞見道位也說要證眞如，那麼證眞如是要怎麼證？一定是要證得某一個法，而那個法是眞實而如如的；是永遠眞如，不是暫時的眞如；也是本來就眞如，不是修行以後才變成眞如。

那麼諸法眞如之體究竟是什麼？就是十因緣推溯到最後的名色之所從來的彼識。因爲推尋一切法之後，最多只能推尋到彼識爲止，再過去就沒有任何一法可得了，所以 世尊說：「**齊識而還，不能過彼**。」你只能夠推斷到那個本識爲止，所能推究出來的法，最多就只能跟祂相齊，全都只能到祂那裡爲止，無法再過去了，所以說「**齊識而還**」，到彼識就只能退回來了，因爲再往前就沒有任何一法可以讓你推尋得到，祂是萬法的源頭。而那個本識，辟支佛們都找不到，那個識正好就是菩薩們所證的「**第一義相**」。如果那一個出生名色的本識之前還有法，那你可就倒楣了，因爲你修學因緣法將永遠修不成功，一定會推尋無盡，所以你推尋十因緣法或十二因緣法時，全都變成推尋無盡，再也不能稱爲十因緣或十二因緣了。

所以結論是，六識都是從執著於身口意行而來，而行支的不可滅，是因爲無明遮障的緣故。無明還應該以什麼爲因？對不對？對啊！應該還要有因，可是十二因緣法推尋到無明時，再過去明明就沒有了，爲什麼無明還應該以什麼爲因？這是因爲無明不可能獨自存在，因無明非物亦非心，不能獨自存在，是因爲覺知心或意識對解脫生死的事情無知，是依意識等心而說有無明；但意識等心是夜夜斷滅之心，當意識眠熟斷滅時無明是否就該消失了？可是無明卻是依舊存在，當然是依於本識才會有無明存在，所以推尋無明時就知道無明是依彼本識而存在；所以不論十因緣或十二因緣法，全都是「齊識而還，不能過彼」。

如果那個本識之前還有法，那你可倒楣了，你永遠成不了佛了，因爲大家都可以不斷地發明下去：「你證得第八識，我證得第九識，我比你更高明。」當他出來說他證得第九識時，人家又說：「你第九識還不夠看，我還有個第十識，叫作眞如。」好啊！他說他證第十識叫作眞如時，人家又出來說：「你那個還不是眞眞如，我證的才是眞眞如：我證得第十一識。」好啦！一直疊上去，不斷地增加上去，要到何時能了？眞是沒有了期，那麼因緣法就變成無窮無盡，那就沒有人能夠窮究因緣法，當然也不可能有人成佛了，因爲成佛是一定要究竟窮盡因緣法才行的。可是，佛陀早就講在那邊等著凡夫們的妄想了：「齊識而還，」說一切人推究到那個本識就得要退回來，又說：「不能過彼。」因爲到那個本識爲止，你要是繼續往前推究時一定會發覺，在彼識的前方並沒有任何一法可得。而祂是本來就自在，本來就眞，本來就如，菩薩證得彼識而現觀祂自體的眞實性與如如性，這就叫作證眞如。這個證眞如，才是第一義諦法；證眞如以後出生的智慧可以作憑藉而講出第一義諦妙法，這就是「第一義相」。當你證得第一義諦法，有了第一義諦的智慧了，就說你有實相般若智慧，證明你已經證得實相般若了。那麼，證得實相般若而顯現於外時，就懂諸法的「第一義相」，也就是「諸法『眞如』之體」。

所以在二乘菩提中，說一切法生住異滅、無常故空、空故無我；可是來到第二與第三轉法輪時就不一樣了，說一切法不生不滅，本質上卻與初轉法輪說的一切法苦、空、無常、無我的道理沒有違背。爲什麼一切法不生不滅？因爲這時說的一切法是如來藏的代名詞，因爲從如來藏來看一切法時，一切生滅法全都攝歸如來藏，而如來藏不生不滅，所以一切法就跟著如來藏不生不滅；所以世尊說「一切諸法本來涅槃」，古德也說「眾生本來涅槃」。既然一切眾生本來都涅槃，又說這種涅槃本來成就，那又何必要入無餘涅槃？菩薩證了金剛心如來藏以後，從如來藏實相法界來看，現前觀察一切眾生都各自住在自己的如來藏之中，而如來藏本來就不生不死，不生不死就是涅槃，眾生當然也是本來涅槃。既然一切眾生都是本來就不生不死，阿羅漢們卻故意要把有生有死的五蘊滅掉，可是滅掉五蘊以後還是生前那個第八識的本來不生不死——仍然是實相法界如來藏的不生不死，那又何必多此一舉而堅持要滅掉五蘊呢？所以菩薩這樣子一看，就說：「**我根本就不必入無餘涅槃，我每一世有生死，但就是沒有生死。**」這叫作本來自性清淨涅槃。

這個本來自性清淨涅槃，就是眞如的異名。因爲是本來性，不是從緣而生，無生就無滅，這就是眞實。實相心如來藏是本來清淨、本來涅槃的，不就是如嗎？而祂有一切法的功能差別，也就是執持三界有一切法的種子，能出生蘊處界等萬法，不就是本來已有自性嗎？既是本來自性，當然也是眞實；因爲非眞之法，不可能是一切法的本來自性；所以，本來自性清淨涅槃，其實就是眞如的異名。當你證得實相法界如來藏的時候，觀察這個如來藏具有本來性、自性性、清淨性、涅槃性，而祂的自性性、清淨性、涅槃性，都是本來就有的，不是修行才有，這不就是眞實與如如嗎？這不就是證眞如而能夠現觀實相境界了嗎？當你這樣觀察的時候，用你的智慧來觀察一切法，果然「諸法『真如』之體」就是彼識如來藏；而如來藏永遠是眞實與如如，能夠現觀祂永遠眞實與如如，這就是證眞如了。

你已經證得這個眞如了，接著回到經文來說，緣於這個「諸法『眞如』之體，諸菩薩等正念修行、至心修行，證不二法」；諸法眞如之體彼識，是不二法，我們就說祂叫作孤家或者寡人，因爲沒有人能跟祂相提並論；乃至諸佛也不能跟祂相提並論，因爲諸佛之所從來也還是這個心；若沒有這個第八識「諸法『眞如』之體」，就沒有諸佛可以示現在三界中。菩薩們現觀沒有一法可以跟祂相提並論，因爲一切法都從祂而生；能夠這樣證得「諸法『眞如』之體」而「正念修行、至心修行」的菩薩們，就是「證不二法」。證得這個不二之法以後，就根據這個法、依憑這個法，一步一步次第修行，乃至最後可以成就無上正等正覺而成佛。

這樣看來，《實相經》說的「義平等、法平等」，還有「一切平等」的眞實義，是不是已經更瞭解了？所以，如果法是正確的，雖然從不同的方向、不同的層面解說，同時也引述其他經中的經文解說出來時，聽起來似乎是在解說不一樣的法，但是不會互相衝突，因爲所說是同一個實相心的法界。如果所證的法是錯誤的，從不同的方向、不同的層面演說，或者引述其他的經文來解說時，不可能互通，一定要不斷地修改說法。如果我們十九年前開始弘法時（編案：這是二〇〇八年八月演說的）是離念靈知，那麼我們是不是要再三的改變？一定要修改說法啊！因爲當年如果有人被我印證時，我說：「對啦！離念靈知就是眞如，你開悟了。」結果他回去家裡，《景德傳燈錄》、《五燈會元》請了出來一讀：「不懂啊！還是不懂啊！跟悟前一樣讀不懂。」那怎麼辦？那不然把《般若經》請出來，還是印證不了。如果再把第三轉法輪的唯識經典請出來比對時，那更不通；因爲那裡面講的都是如來藏阿賴耶識，不是識陰離念靈知，那我們今天弘揚第八識妙義時是不是要修改了？當然要改啊！因爲不改的話，每一個被印證的人回來講堂時都要說：「蕭老師！你說的這個很不通呵！因爲我印證這一些公案與經文時都印證不通；如今您又說離念靈知是識陰境界，說要證第八識的眞如法性才算是開悟，和以前您爲我們印證的內容不同啊！」那當然要改了；於是乎一改、再改、三改、四改、五改、六改，改得一塌糊塗，那會弄死人啊！會有許多人受不了。本來是開悟的聖者——因爲已經被我印證了，突然我又說他這個離念靈知不是開悟，那他不是要難過死了？要怎麼收拾大妄語業？有的人受不了，眞的會抹脖子。因爲有的人道心很堅強，一定認爲：是可忍、孰不可忍？

可是，我們從來就是這兩個東西，一直都沒有改變：一個就是證眞如，也就是如來藏的眞如性；另一個就是眼見佛性。這眼見佛性，很多人想要推翻我們，但永遠也推翻不了。這個眼見佛性，解悟的人想要來取代我們，也是取代不了。十九年前一開始弘法時，我們就是這樣弘法；然後我們漸漸把更深妙的法繼續講出來，牢關、入地的內容次第以及諸地各種的現觀，而基礎還是這個明心與見性，依舊不變。我們弘法，始與終都不會改變法義；到我將來捨報的時候，我還是不會變；諸佛也不能來叫我改變，因爲諸佛如果來叫我改變，祂們說的經典就得要全面大翻修，所以也不可能來叫我變，因爲我證的是祂們的經典所說的。而且，我所證、所傳授的，以及諸佛的所證，全都一樣是不二法——第八識實相法界金剛心。而這個實相法界金剛心是不二之法，是絕待之法，也就是說，這樣的法才是不二法。

但是這個不二法，你一開始就必須正確。如果一開始就含糊了，你這個法就一定會成爲相待的二法。而不二法的實證，只有「第一義相」才算數。

因爲聲聞聖者所觀行的對象都是現象界的法，都是虛妄法；緣覺也是在虛妄法中觀行，不過是換個方式藉因緣觀來推尋，但他們有智慧推出一定是有另一個心恆存，才能出生我們的名與色；如果不是心，不可能出生我們的名與色。他們有這個智慧，已經自己知道有一個眞實法在，名之爲彼識、本識，只是沒有那個智慧來實證。但是菩薩一世又一世隨佛修學，只爲了證不二法而繼續進修更深入的內涵。菩薩在初轉法輪時期也聽聞 佛陀演說聲聞法，聽歸聽，心不愛樂，沒有喜樂之心，因爲早就實證了；可是一旦聽到實相、明心、眞如、佛性，眼睛就亮了，這就是菩薩。

所以聲聞人如果聽到苦啊、空啊、無我啊、無常啊，就說：「哎呀！這個法太好了！」他就趕快去出家了，出家以後看到一切法時永遠都是苦、空、無我、無常，什麼都不愛，那就是標準的聲聞相。可是，有的人出家了以後說：「難道出家只有這樣嗎？我不信，我不要這樣。」找來找去，找不到眞正的佛菩提道啊！到處去找，始終找不到；後來終於聽到有個地方說可以明心、可以見性，「哇！」眼睛就亮起來：「這才是我要的！」這就是菩薩。所以，如果有誰聽到經典裡面說常、樂、我、淨，就說那是僞經，那就是聲聞人中的凡夫。如果他說那就是僞經，你就給他一句：「那你就是聲聞人！」篤定沒有錯，你心中可以很篤定地說。

可是，如果有人說：「大乘非佛說。」他還算不算聲聞人？（有人答：不算。）不算呵！雖然他是基於聲聞人的立場來講「大乘非佛說」，但他已經成爲一闡提人了；因爲此話一出，善根永盡，已經不是聲聞人了，只是剩下聲聞人的心、聲聞人的表相，但是來世已經不會在人間了，當然不是聲聞人。他的意思等於說：「釋迦佛不是佛，釋迦佛只是阿羅漢而已，釋迦佛還沒有成佛。」不幸的是，那種說法其實本來只是一分日本人—是日本學術研究之中極少分的一分人—他們認爲大乘非佛說。而那些人是什麼背景呢？他們是信天主教的人。然而身爲佛教比丘或比丘尼，應該都是 佛陀座下的弟子，竟然去信一神教的人作出來推翻佛教的佛學研究結論，可悲不可悲呢？眞的可悲啊！可是這種論點，只在台灣流行，在大陸不怎麼流行；因爲大陸的佛學學術界一面倒的認定如來藏思想才是中國傳統佛教的精神，所以在大陸倡言大乘非佛說，沒有市場。只有在台灣才有市場，那是因爲印順不斷地推崇，然後台灣三大山頭迷信印順而跟著推動，再加上幾個小法師常年推動才會這樣；所以只在台灣有市場，以外沒有市場。那麼他們「大乘非佛說」的說法，在日本有沒有市場？也沒有，因爲日本大部分人信天主教，一部分人屬於民間信仰，其實是東密信徒而把佛教拉下來同於民間信仰。因爲日本早就沒有曹洞宗了，臨濟宗也沒有在日本發揚起來，只剩下宗派的名稱而沒有實質了。

日本的佛教是什麼？就是東密。東密的根本經典仍然是坦特羅佛教的《大日經》、《金剛頂經》、《一切如來金剛三業最上祕密大教王經》，還是雙身法的外道僞經，所以東密寺院的住持可以住在寺中娶妻生子。但不管那一分學術研究者怎麼說，不論他們怎麼否定大乘佛教，日本的東密終究還是承認大乘的；所以那一分一神教的日本佛學研究者在那邊主張大乘非佛說，也沒有市場，因爲東密信徒們都不歡迎他們。至於天主教的信徒，認爲說：「這個主張跟我無關。」他們也不關心。所以，大乘非佛說的發源地是日本，可是在日本也沒有市場，只有在台灣有市場，都是因爲印順法師而推廣起來的，可見以前台灣佛教界的知見層次很低。對啊！層次很低才會這樣迷信，你去看看大陸佛教徒或者大陸的佛學學術界，他們承不承認「大乘非佛說」？並不承認。

可是大陸的內政部好像有意要承認那一分日本人的邪見，我在去年聽說他們有意幫日本松本史朗等人印出「大乘非佛說」主張的書籍，但他們是因為不懂佛教。那一分日本人作了錯誤的學術研究出來，台灣整個大乘佛教的法師、居士們把經典、論典請出來讀，其實自己也不懂；而大陸的內政部似乎是抵抗不了假藉學術之名打擊中國佛教的日本人著作，有心無力又可能是想要打擊中國佛教的結果，才會想要為那一分不學無術的日本人印出破壞中國佛教的書籍（編案：後來有消息稱松本等人委婉拒絕了。美國人寫的《修剪菩提樹》邪書，則是從松本史朗等人的著作援引而寫成的，極力毀謗中國大乘佛教）；但是大陸其他的政府單位，我想是不會認同的。

所以「大乘非佛說」只有台灣的某些愚癡人相信，以前慈航法師早就反對過印順這種主張了，也曾放話說：「未來一定會有人來收拾印順的邪說。」所以說，那種主張，日本人不信，大陸人也不信；現在台灣這一塊市場，我們要把它取回來，不再讓這種邪說繼續發揚。因為「大乘非佛說」如果成真，接著呢，十年前不是有一個外國人寫書說「釋迦牟尼佛不是歷史人物」嗎？那也會變成真的。釋迦牟尼佛是佛教教主，竟然也可以說不是歷史人物。那些一心想要壞滅佛教的人們是怎麼計劃而次第進行的呢：先把 文殊、普賢幹掉，說 文殊、普賢都不是歷史人物，接著就可以把 釋迦牟尼佛幹掉了，前幾年不是還有外國人公開說「釋迦牟尼佛不是歷史上眞正出現過的人」嗎？

但 文殊、觀世音等菩薩如果不是歷史人物，爲什麼有那麼多 文殊的典故還留存著？印度現在都還有 文殊菩薩的紀念塚，跟 維摩詰菩薩的紀念塔一樣繼續存在著，所以我說他們那些人眞的叫作處心積慮。印順法師等人爲什麼會跟著外國人這樣作呢？因爲讀不懂大乘經典，眞的太難懂了！即使眞正的阿羅漢也讀不懂，必須已經迴小向大以後，佛陀又以教外別傳方式幫助他證了如來藏，才終於能夠讀懂第二轉法輪的諸經，第三轉法輪諸經可就常常要猜測的了。那你說，他們那些凡夫怎麼可能讀得懂？既然讀不懂，要怎麼解決弘法時被人質問的窘困？最好的辦法就是否定，直接說那不是 佛陀講的，是後人編造出來的；從此以後就一概沒事，什麼事都沒有了。

可是問題來了，他們把大乘法推翻了，二乘法的實證與涅槃就跟著不能夠成立了；所以我們提出來說：「你們否定了七、八識，說第八識不是實有，只是方便說；那你們去把《阿含經》請出來，看到阿羅漢入涅槃是要滅盡五陰、滅盡十八界的，如果你們眞的證得解脫道了，那時你們把六識都滅了，請問阿羅漢的涅槃是不是斷滅空？」糟糕了！這一問，他們只好嘴掛壁上，他們臉上的嘴已經不是他的了，他們都無法動口了。他們從來不曾遇到過誰提出這個質問，因爲大家都不懂而不知道從何處問起；可是當我們提出這個質問時，這還只是最簡單的質問，還不必談到更深奧的。這最簡單的質問，我們提出來已經十來年了，他們人間佛教否定大乘的六識論者之中，有誰能答？沒有！南傳佛法自己稱說有阿羅漢，我還是公開說：「就算他們眞的是阿羅漢，來到正覺講堂時，保證他們還是開不了口。」他們聽了，氣我氣得要死：「那個蕭平實講話好狂！」又說什麼我好慢，偏偏我的習氣種子就是慢跟疑除得最乾淨，更不會有現行；因爲我很清楚知道，我根本沒有慢，我只是實話實說罷了。

也曾有人說：「我要寫書破蕭平實。」那就寫寫看嘛！有名氣的教授放話說要寫書公開破我，還不只一位。如今兩、三年了，怎麼還不寫一本出來讓我欣賞、欣賞？而我寫了書破他們，他們竟然能忍得住，他們這個忍功眞是厲害欸！這如果是我，誰破了我這個法，我把經典拿來印證沒有錯了，他們竟然敢破斥，我是一定要回覆的。雖然我不起瞋，但還是要回覆，因爲回覆寫文章時也是我的法樂之一。但是，爲什麼我始終等不到那些主張大乘非佛說的教授寫一本書來破我呢？因爲他們現在已經知道自己的見解錯誤。這意思就是說，第一義諦相是菩薩的境界，不是二乘人的境界。二乘聖人都證不了，何況是那一些還沒有斷我見的二乘法中的凡夫，都還落在意識心裡面。所以，諸法的三相之中，第一個「虛妄分別相」，他們就弄不清楚了；第二個「因緣相」，他們更弄不清楚；最後的「第一義相」，那可就更沒得說了，連說都不用跟他說。最後 佛陀說：「如果證得這個不二法門，有了第一義諦相，乃至可以成就無上正等正覺。」不是只有成就解脫果，因爲解脫果只是二乘果，只是佛菩提道中的副產品而已。

《實相經》的經文裡面說：「義平等成正覺，大菩提一義性故。」我們再引用《佛說法集經》卷一的 世尊開示來作說明：

【「善男子！若見離世間性有涅槃性，如是菩薩不知見空。若見世間眞如性、涅槃眞如性，此二法性唯是一相，所謂無爲之性。若見世間眞如性、涅槃眞如性，其相平等無有高下，不生於疑，不驚不怖，是名知世間性、涅槃性二法平等能說空者。」

眞正的佛法就是要這樣證，如果經中這個道理不懂，說他開悟實相般若了，那叫作自欺欺人。開悟了，有實相般若了，這個法竟然不懂，顯然他的開悟並沒有產生智慧。無怪乎四十年來的台灣佛教界，沒有人把《般若經》請出來公開宣講。爲什麼不講？都只是拿一些經典文字湊上古人的科判來說——食古人涎唾。都是吃古人的口水，沒有自己的見地。以前註解《楞伽經》時，我說我把那三種譯本的註解（因爲《大正藏》裡面《楞伽經》的註解，我記得有兩種或三種註解），我把它們分開來一一讀過，覺得沒有參考價値，就用自己所知道的去註解。我說出了《楞伽經詳解》不根據古人所說而註解的事情，好些人就在網站上罵：「這蕭平實眞狂傲！古人的註解，他竟然都不參考。」問題是，那些註解的古人有沒有證悟啊？經中的那七種第一義、七種性自性，他們註解對了嗎？他們都註解錯了欸！那我還要參考它幹什麼？所以你要是悟得眞，你必須有把握自己悟得眞，才能夠很踏實。不然學佛三十年、四十年，臨老時還是虛無飄渺；到底佛法大意是什麼？還是弄不清楚。講到佛法，他是可以跟人家長篇大論地說；但是回到家裡，晚上要睡覺的時候捫心自問：「我眞的懂佛法嗎？」心裡面就畏懼了：「糟糕了！我今天爲人家說那麼多的佛法，有沒有講錯？講錯了要負因果，那怎麼辦？」因爲解釋正法時，所說對與錯的因果都很重；沒悟的人是講得越多就錯得越多，那怎麼辦？只有眞悟了，才不會講得越多錯得越多。如果自己悟錯了，對人家印證的人越多，他的業就越重；印證得越少，業就越少。那些大師們如果夠聰明，就宣布說：「我從今天開始，不跟人家印證了。」他的業就可以少一點，否則每年印證個幾十人、百人下去，捨報的時候該怎麼辦呢？想到這一點，難道腳底不會冰涼嗎？因爲，自己是不是眞的證悟，在正覺同修會弘法快二十年的今天，他們心裡早就很清楚了！有一句俗話說：「啞巴吃湯圓，心裡有數。」到底自己吃了幾顆，自己還不知道嗎？所以我們就來看《法集經》裡面佛陀怎麼說，然後把你所證得的如來藏，套進這段經文裡面來印證，看看有沒有完全契合？或者是格格不入？你就可以心得決定：確定要繼續依止第八識如來藏？或是確定要回到以前大師所教導的離念靈知意識境界中？若是確定要依止金剛心如來藏，心得決定以後就是得「定」而有三昧了，保證再也不會退轉而回去離念靈知意識境界中了。

「若見離世間性有涅槃性，如是菩薩不知見空。」這是說：「如果看見了離世間性而有涅槃性，像這樣的菩薩就是不知空性、也不見空性的人。」所謂「離世間性」，世間性是指什麼？就是蘊處界世間的自性。如果菩薩看見了某一法，說他離開世間性—離開蘊處界諸法—而可以看見不生不滅的涅槃，佛說這個菩薩是不知道空性、也是沒有看見空性的人，他根本不懂空性。這句經文，我們怎麼解釋，而大師們又會怎麼解釋呢？咱們來琢磨一下，好不好？大師們一定會這樣說：「如果你眞的懂空性，眞的看見了空性，那你就是要在世間法的蘊處界上面，看到蘊處界是生滅法，終歸於無常，無常故苦、苦故空、空故無我，這樣你就是知見了空性。」對不對？對啊！諸方大師都這麼解釋啊！你們不論到哪裡聞法，他們都這麼說。可是，如果這樣講的話，般若就跟二乘菩提一樣了，佛陀第二轉法輪可都成爲贅語，全都是多講的了。有沒有人這樣認爲？有沒有？有啊！怎麼你們都不說有？（大眾笑…）因爲印順法師就是這麼說的。

印順認爲般若就是在講緣起性空，只是重新宣講《阿含經》解脫道的法，所以般若的眞義就是《阿含經》講過的蘊處界諸法緣起性空，因此他對般若的判教是性空唯名，他的《妙雲集》是這樣講的。那麼這樣子，佛陀第二轉法輪那十九年講《般若經》，都要叫作無義語，或是叫作戲論了，因爲蘊處界緣起性空的道理已經在第一轉法輪講《阿含經》時期講十幾年了，何必要再用般若這種方式再來重講同一種道理呢？那豈不成爲綺語？看來只是換一個方式，讓大家覺得新鮮，其實還是在講聲聞解脫道的緣起性空，所以印順法師判第二轉法輪的般若諸經爲性空唯名。但其實不然，世尊可不是閑著無聊而換個方式重講聲聞解脫道，而是講蘊處界之所從來的眞如心——第八識如來藏，使大家生起不共二乘聖者的實相般若智慧。所以我們講的金剛般若、實相般若就跟迷信印順法師著作的諸方大師不一樣了，**金剛般若**說的是蘊處界等一切法依如來藏而有，一切法生滅不住，苦、空、無常、無我，但能生萬法的如來藏性如金剛、永不可壞，而且恆住中道境界中；這樣子實證而且能夠現觀金剛心的法界，自己證明眞的如此而且心得決定了，就是證得金剛般若。**實相般若**說的是有情三界萬法之所從來，就是背後的金剛心如來藏；金剛心如來藏出生了蘊處界及山河大地等萬法，而這些萬法都依如來藏才能夠存在，與如來藏不一不異，其實本就屬於如來藏，這才是宇宙萬有、一切有情生命背後的實相；如此親證而確實現觀了，並且實相智慧生起而能夠心得決定了，就是有了實相般若的智慧。

所以我們說的是：一定要在蘊處界存在而生滅不住的當下，你就可以看見有另一個不生不滅性；因爲蘊處界被實相心如來藏所生之後，被生的蘊處界是一直都跟實相心同時同處，從來不曾一剎那分開過。如果有人離開了蘊處界的這種世間性、生滅性，而說他看見有不生不滅的涅槃，說要進入無餘涅槃中才能眞的看見空性，那個人一定是「不見空、不知空」的凡夫，因爲實相般若說的空性不是這樣子。佛在四阿含諸經中所說聲聞聖者的有餘、無餘涅槃，都已經不落於斷滅空了，更何況實相法界中的空性境界。佛總是說，阿羅漢思惟四聖諦以後，自知成爲阿羅漢，自知所作已辦、梵行已立、不受後有、解脫、知如眞。他們是自證自知的，雖然解脫之法是從 佛陀那裡聽來，可是他思惟以後自己親證，自己知道死後可以「不受後有」，因此去向佛陀報告自己成爲阿羅漢了。而 佛陀對阿羅漢們所證的涅槃，往往又會加了幾個字來說明：「眞實、清涼、寂靜」，有時還會加上「常住不變」來強調。

那這樣子，阿羅漢死後滅盡五蘊的無餘涅槃是斷滅空嗎？顯然不是，可是竟然有人說：「這蘊處界緣起性空，死後全都滅掉了以後，那就是空，就是般若諸經講的空性。」那麼他講的解脫道與般若不就是斷滅空了嗎？這樣的人就是說：「空是外於蘊處界的，當蘊處界都壞掉而不存在了，一切空無時就叫作空性。」那就是　世尊所破斥的離世間性而有涅槃性。

好啦！依據　佛這個開示，我就公開說：「你印順法師不知空、不見空。」印順法師如果遇見你而被你這麼講了，他也只好閉嘴不答。以前他可以講很多，是因爲以前沒有正覺同修會；自從有了正覺同修會以後，他就只能閉嘴。我們寫了很多書籍公開評論了他那麼多的法，他從來不敢回應。信徒們曾經爲印順說話：「我們不回應啦！因爲你們是下駟，我們是上駟。」請問，沒有斷我見、沒有證如來藏，而且誤會般若的印順等人會是上駟？斷我見又證如來藏的正覺等人是下駟？這個道理通嗎？印順自己也知道不通，所以他不敢落實在文字上面講。這意思就是說，眞正的般若不是在講阿含諸經所說的蘊處界的緣起性空，因爲如果是這樣的話，般若就是世俗諦了，就不是諸經中說的第一義諦了，因爲印順認定《般若經》講緣起性空，所說明的對象是蘊處界等世俗法藉緣生起以後生滅不住。然而般若所講的，其實是世俗諦蘊處界緣起性空等法之所從來，就是實相法界的金剛心如來藏，不是蘊處界等三界世俗之法緣起性空。因此，讀《般若經》時如果全部用聲聞道的緣起性空道理來讀，只是表面通，可是眞的處處不通；最後只能用扭曲解釋的方法來會通，其實都只是誤會般若眞義。

世尊接著說：「**若見世間眞如性、涅槃眞如性，此二法性唯是一相，所謂無爲之性。**」世間法中的眞如性、涅槃中的眞如性，這兩種法性只有一相。當你找到實相心如來藏的時候，你一定會認同這樣的開示，因爲找到如來藏以後，你去觀察：阿羅漢入了無餘涅槃，把蘊處界自己的名色全部滅掉，沒有一法存在了，那時候的涅槃就是如來藏自己的境界，都沒有蘊處界的境界了；而如來藏自己的境界，就叫作涅槃眞如性；可是，這個涅槃眞如性在世間法蘊處界中，祂就已經存在了，因爲世間法蘊處界與如來藏涅槃、如來藏眞如性是同時存在的。並且，世間法蘊處界這個眞如性，其實就是如來藏的眞如性，所以世尊說：「**此二法性唯是一相。**」並沒有二種眞如無爲。

但是，如果有人把這個世間法蘊處界滅了以後，說要證如來藏的眞如性，他就永遠沒有實證的時候，因爲他把五蘊自己滅了以後，自己已經不存在了，而如來藏不會在這上面生起證自證分，所以祂不會反觀說：「**我所生的五蘊你滅了，現在剩下我如來藏獨住就是涅槃。**」祂不會這樣反觀自己，祂永遠如如不動。所以你把蘊處界滅了，你已經不存在了，無法知道如來藏在無餘涅槃中的眞如法性了，而祂如來藏又不會反觀自己的眞如法性，那你五蘊還能夠證得世間眞如性、涅槃眞如性嗎？當然不可能，因爲涅槃眞如性是在世間法蘊處界存在的當下就已經存在了。如果離開了五蘊這個世間性而能夠有涅槃的眞如性，那一定是誤會。所以當你證得如來藏的時候，你就會看見五蘊世間裡同時存在的第八識的眞如性、以及第八識單獨存在的無餘涅槃裡的眞如性；這時你將會自己證實，這二種眞如性其實只有一相，叫作如來藏虛空無爲的眞如相，其實是同一個眞如。

因爲阿羅漢把自己的名色滅了，成爲無餘涅槃時，還是他的如來藏獨住。而如來藏在我們世間法同時存在的當下，祂就已經是寂靜的、不分別的、無生死的，是從來離染垢，也從來離清淨法，不落染垢清淨兩邊；祂本來就是不落兩邊的，本來就是不生不死的，本來就是自性清淨涅槃。阿羅漢把自己名色滅盡了，他的如來藏一樣保持原來的涅槃眞如；阿羅漢還沒有入涅槃之前，他的如來藏也還是原來的眞實而如如的涅槃；所以滅了名色而進入無餘涅槃的結果，還是他以前未入涅槃前的世間眞如境界，那就是世間的眞如性，還是一樣的眞如性啊！所以，菩薩見這二法唯是一相：如來藏的眞如法相。而如來藏自己的自性從來都是無爲之性，因爲祂絕對不會作主想要幹什麼或想要離開什麼，所以永遠是眞如。

從慧解脫阿羅漢到俱解脫阿羅漢，再到三明六通的大阿羅漢，不就是解脫三界生死的極果了嗎？解脫三界生死的究竟果就是三明六通，可是三明六通的阿羅漢看看日頭快到中午了，他還會起心動念托鉢去了，否則這一餓下來，就是四十八個鐘頭，因爲日食一餐，上一餐是二十四小時前吃的，如果今天中午沒有托鉢到，太晚去了，人家都布施完了，那麼空鉢回來，就要再挨餓二十四個鐘頭，總共要餓四十八個鐘頭。三明六通阿羅漢也會想到這一點，當他想到這一點的時候，他的五蘊是不是眞如？既不眞也不如了，因爲在世間法上著想了。可是這時他的如來藏繼續都不動心，不管吃或不吃，時間過了或者還早，全都不管；他的實相心如來藏從來都不管這個，永遠都是如如不動的。可是如來藏心這個如如不動，這個無爲性、眞實性，卻是在阿羅漢入涅槃之前就已存在；而祂從無始以來就是如此，永遠都是眞如無爲之性，不會像三明六通大阿羅漢，看看日頭升高了，心想該去托缽了。阿羅漢會這麼想，可是他不生不死的眞如心都不這麼想；既然他的眞如心如來藏都不這麼想，豈不是眞正的無爲之性？所以，眞實證到無爲之性的人一定是菩薩，他會看到世間眞如性與涅槃眞如性，這兩個法性唯是一相：如來藏的眞如法相。這樣就是證得般若的菩薩。

世尊接著開示說：「如果看見了世間眞如性、涅槃眞如性，這兩個眞如性的法相平等無有高下，心中不會產生疑惑，沒有懷疑，不驚懼也不恐怖，這個人就是知世間性、涅槃性二個法平等，而能夠爲人解說如何是空的人。」這好像是在說我呵？（大眾笑…）其實不只說我，也是在說你們，因爲你們有很多人證得了；假使現在還沒有證得，將來也會證得。當你證得的時候，世尊這段經文不就是在說你所住的境界嗎？總而言之，這是說菩薩，不是在說二乘聖者。意思就是說，如果能夠這樣證，看見了自己的蘊處界世間存在的當下就已經有眞如性顯示著，而這個眞如性跟阿羅漢入了涅槃以後那個涅槃中的眞實性、如如性，這兩個境界中的眞如法相是平等而沒有高下的。因爲你證得如來藏而觀察這個實相法界以後，你就有能力這樣現觀。你如此現觀了以後，心中就不會有疑惑。當別人告訴你說：「你如果要入涅槃，就要把自己名色全部滅盡。」你說：「可以啊！我如果要入涅槃，我就把自己名色全部滅盡，沒有一點點的驚怖之心。」可是，那些大師們都落在離念靈知，你如果告訴他們說：「你如果證無餘涅槃，是要把自己名色全部滅盡的喔！」他們會這樣子說：「這還得了！我要把握自己欸！怎麼可以把自己名色滅盡？」如果他們可以把自己滅盡了，那他們即使爲了求證阿羅漢果而不得不把整個道場送給你，他們心中也都不擔心了。爲什麼呢？是可忍，孰不可忍？「如果證無餘涅槃時是要把我的名色全都滅盡了，那我來世還想要再來統領這個佛教大道場，我的打算不就全都落空了嗎？」落入離念靈知的大師們總是這樣想。但問題是，那樣的人就成爲「見有高下」，他所謂的、所證的眞如，顯然就不是眞如了；那他更看不見涅槃中的眞如，心中就會有高下分別。

當他們心中有高下的時候，一定生疑驚怖，所以當他們讀到《阿含經》

中說：「阿羅漢入無餘涅槃時，要滅盡十八界，要滅盡五陰，再也不受後有的名色了。」他們第一個念頭就是：「這個法義一定是大迦葉他們結集錯了，不然就是後人再度編輯而把它湊上去的。」所以對阿含部諸經就不肯全盤接受，只接受一部分。沒想到他們這個說法不成立，因爲四阿含中已經明文記載：經藏、律藏、雜藏的結集時，經藏中的四阿含經文，是每一阿含各以「六十足素」寫起來的，所以是當場結集完成的，我就把這個考證寫在《阿含正義》書中。所以他們那一些說法，都是外道的心態。爲什麼叫作外道呢？因爲落在實相心外之想像法中。心外之法是什麼？是眞心如來藏以外的意識境界，或是名聞利養境界，那都叫作外道境界，成爲心外求法。所以，你看他們主張「大乘非佛說」，把般若跟第三轉法輪的唯識諸經排除了，只剩下二乘法才認定爲佛法。那，既然他們主張「大乘非佛說」，至少小乘法的四阿含諸經，他們總該認定是 佛陀所說的吧？不！他們認爲四阿含裡面只有一小部分眞的是 佛說，其他大部分經文都不是 佛說的，印順就是這樣認爲。他這樣子作，佛法豈不是太簡單了：「凡是我不會的經文都非佛說。」那麼佛教的教義就全面極簡單化了。極簡單化以後，佛學學術界裡不事修證的人士就可以出頭了，大家不必辛苦地眞修實證了。

但是這樣的人，佛說他們都不是「能說空者」；「能說空」的人是同時看見了世間眞如性、涅槃眞如性二者平等不二。爲什麼平等不二呢？因爲這二法本來就是同一個法，是同一個實相心如來藏所顯示出來的眞如性；所以不論是在五蘊世間裡由實相心顯示出來的眞如性，或是滅盡五蘊後的無餘涅槃裡的眞如性，世尊說：「**其相平等無有高下。**」差別只是在入涅槃前看祂的眞如性，或者是入無餘涅槃以後來看祂的眞如性，可是這兩個眞如性同樣是他自己的如來藏顯示出來的眞如性；因爲如來藏永遠是眞實與如如，入涅槃以後只是滅掉五陰世間而獨留實相心本有的眞如性而已，所以你證得實相心如來藏以後看來看去，眞的「**其相平等無有高下**」。

親眼現觀了，就不需再生疑，也不必再驚怖了；因爲不管怎麼驚怖，這個法界的實相不可能因爲你驚怖恐懼，祂就改變。祂的這二種「**世間眞如性、涅槃眞如性**」絕對不會自己改變，也不會被外力改變。不論你對這個事實怎麼高興，祂都不會改變；不論你對這個事實怎麼恐怖驚懼，祂也不會改變。既然如此，你看見這二種眞如法相時又何必恐怖驚懼？所以也不必高興，因爲也不會因你看見與否或因爲你接不接受而有改變。所以證悟了以後看見這二種眞如性的實相時，是應該很平常，不必一天到晚說：「我開悟了，我開悟了。」不需要嘛！你如果這樣的話，就落在五蘊「我」裡面，成爲沒有轉依如來藏的知解宗徒而成爲凡夫了。因爲如來藏是眞實與如如，祂永遠是如如不動的，那你爲什麼要一直在動心說「我」開悟了？都不需要嘛！如果能夠這樣，這個人就是已經知道世間眞如性、涅槃眞如性二法平等的實義菩薩了。

當你這樣現前看見實相的時候，你把自己的名色收攝並歸納於如來藏中來看，自己就是如來藏，如來藏就是自己。這樣使生滅的名色自己與常住不變的如來藏平等不二的時候，你已經不需要像阿羅漢那樣一定要入無餘涅槃了。這時你所證得的空性就具足兩種空了：一個是空相，一個是空性。空相，指的是如來藏所生的名色自我，全都是虛妄出生、假有不實、無常故空、空故無我，這就是空相。可是另一邊，出生了空相蘊處界的那個如來藏，祂是諸法背後的實相，祂無形無色猶如虛空，可是祂有自性——有一切性，因爲一切法都從祂而生，因此名爲空性。現觀實相心如來藏的眞如法性，在世間或在無餘涅槃位中，永遠都不改其眞如性，卻又能生萬法而無形無色，所以名爲空性。是說實相心如來藏雖然空無形色，但祂有能生萬法的自性，不是沒有自性而假名施設的「性空唯名」之名詞，眞悟實相的菩薩們都如是現觀，才會有實相般若智慧。

這樣子現觀而住以後，當人家來問「空」的時候，有時候我就從空相爲他講；另一個人又來問「空」，我就從空性爲他講。後來，他們兩個人討論起來說：「我們都去跟蕭平實問空，怎麼兩個人所聞的都不一樣？」等到他們兩個人一起來問的時候，我說：「一樣啊！哪有不一樣？」也就是說，當我跟他說空相的時候，我一定會附帶說：「這空相是從空性中來，這個空性出生了那個空相，二者不一亦不異。所以在我看來是一樣的啊！可是你只適合得到那一點空相之法，我就給你那一點空相之法。假使你適合得到那個空性的法義，我就說給你空性的法義，就只是這樣的差別而已，哪有不同？不同的是你們，我還是一樣，空性與空相不一亦不異，從來都是如此。」

最會發揮這種道理的，就是中國的禪師們。中國禪師們的手法，表現得淋漓盡致的如今就在正覺同修會中，所以當你來問說：「如何是諸法空相？」

我就說：「如來藏。」三個字答了，就沒事了。對不對？對啊！如果又有人來問：「如何是如來藏？」我說：「諸法空相。」也答了！因為也告訴他如來藏在哪裡了，我並不是沒有為他講解，我還是為他講出來了；如果他自己聽不懂，那是他的事。可是，這樣的問答要怎麼解釋呢？依於意識思惟來解釋時，永遠都解釋不通，只有家裡人才可以解釋得通。可是，家裡人互相之間根本用不著解釋；站在旁邊的門外人呢？聽二個家裡人在那邊喧嘩講得好大聲，興高采烈在講如來藏，講空性、空相，結果他們側耳旁聽都無所聞，一句也沒有聽到，為什麼呢？因為都聽不懂。這才是眞正的佛法，眞正要開悟，必須如此實證。如果能夠這樣知、能夠這樣見，這個人就是「平等能說空者」。

關於《實相經》中說的「法平等成正覺，大菩提自性清淨故；」我們也來引剛才所援引的同一部經的經文來說。《佛說法集經》卷一：

「眞如為實體，非眞如法即是虛妄；實體即眞如，眞如即如來，是故如來名得涅槃。」

這是說「眞如」是實體法，眞如不是虛妄法，因為這時眞如講的就是如來藏，而這個如來藏能生名色、能生山河大地，乃至能生宇宙十方虛空中無量無數的四大微塵，卻又永遠眞實而如如，所以祂是實體。「非眞如法即是虛妄」，不管哪一個法，如果不是眞如法，那就是虛妄的；因爲都是所生法，都由這個眞如法所生，那當然都是虛妄法。佛又說：「實體即眞如，眞如即如來。」說這個眞實能生諸法的如如心體才可以說是實體之法，而祂就是眞如。如果不是眞實而常住不壞的心體，就不可能是實體法，就不可能出生萬法；所以能生萬法的一定是眞實存在而且常住不壞的如如心體，所以說「實體即眞如」。由此就可以證明「假必依實」，有世間邏輯智慧的哲學家們都知道這一點，只是他們找不到實體法眞如，所以只能成爲哲學家而無法成爲實義菩薩。

由此也可以證明，因緣生、因緣滅的意識不可能成爲眞如心，不可能成爲能生蘊處界、能生萬法的「結生相續識」，因爲，不論粗細意識都是因緣生、因緣滅；所以說宗喀巴等應成派中觀師主張細意識能生蘊處界諸法，眞的是胡扯，宗喀巴還在他的《廣論》中說意識是「結生相續識」，眞是胡說八道。世尊說「實體即眞如」，然而接著又說「眞如即如來」，說眞如就是眞正的如來；所以在前面的《金剛經宗通》中我們說：如果以色見如來，以音聲求如來，以覺知心見如來，這個人就是沒有看見眞正如來的愚人。因爲眞正的如來是這個第八識眞如心，報身佛、應身佛、化身佛全都一樣，都是由這個眞如心法身佛所出生的。又由於這個眞如——這個如來藏，祂本來就是不生不滅的涅槃，所以　世尊說：「是故如來名得涅槃。」「如來」就是因此而被　世尊證明爲眞正證得涅槃的人。

世尊說：「是故如來名得涅槃。」這句話背地裡是講什麼？是說阿羅漢不得涅槃。爲什麼說阿羅漢不得涅槃？阿羅漢明明證得有餘涅槃、無餘涅槃兩種，這時爲什麼卻說如來名爲得涅槃者，暗指阿羅漢們不得涅槃？大家要知道，世尊說阿羅漢得涅槃，那是方便說，那是在初轉法輪時說，因爲他們死後確實可以入無餘涅槃。可是問題來了，他們將來捨壽滅了名色自己以後變成無餘涅槃，在無餘涅槃中仍然是他的如來藏實相心，但那時阿羅漢們的名色已經滅盡了，並沒有阿羅漢自己的名色存在了，所以依舊不知道他自己的如來藏何在。既然沒有名色自己存在而不知道自己的如來藏何在，那麼在無餘涅槃中就沒有他們可以看到涅槃、證到涅槃了。將來他們滅了名色以後，涅槃裡面到底是什麼？他們並不知道，所以他們依舊看不到；而他們生前也看不到無餘涅槃裡面的如來藏，可是無餘涅槃是依如來藏滅盡一切名色而施設的，所以我說阿羅漢們不得涅槃。

你們證得如來藏以後，看見了如來藏寂滅、眞實、清涼、從來不生不死，所以知道如來藏的寂滅、眞實、清涼、不生不死就是無餘涅槃。你們現在依舊活著還沒有捨棄名色時，如果把名色的自己放在一邊不看，單單看如來藏自己的境界，不就是寂滅、眞實、清涼、不生不死嗎？這就是無餘涅槃中的境界。所以你證得實相心如來藏以後，現前就已看見無餘涅槃裡面是怎麼回事了。可是，阿羅漢不知道自己的如來藏何在，他無法看見無餘涅槃裡面是什麼，所以我說阿羅漢不得涅槃。

所以，十年前我把《邪見與佛法》講出來的時候，其實我還沒有讀過經論中對涅槃的說法；可是我的現觀就是如此，我就直接講出來，也印出來讓大家去看。可是這種說法，在近代佛教界，大家都是第一次聽聞；當時大陸有些同修好用心，馬上就印了三千本，所有的寺院都寄去，想要利益他們。結果一百本倒有九十九本被收去燒掉，那些大法師們說：「邪書！邪書！」因爲聞所未聞，無法信受，就說：「這蕭平實竟然敢說阿羅漢沒有證涅槃，好大膽子！分明是邪魔外道。」可是如今有誰能推翻我的說法？沒有人能推翻。如果有人去找經論來推翻的話，他會發覺經論裡也證明我的說法是正確的；而我在說出來很多年以後，曾看到大菩薩的論中早就說過這種道理了，所以我說阿羅漢們沒有證得涅槃的說法，依舊不是創見。

因爲阿羅漢們死後入無餘涅槃時，名色滅了，還有誰能證如來藏那個涅槃？而捨壽的阿羅漢們各自的如來藏仍然好端端地，依舊如同生前一樣是涅槃。可是，菩薩名色還在時就找到如來藏了，就能現觀阿羅漢們將來死時入無餘涅槃以後，還是如來藏這個不生不滅的眞如法性。所以，這樣證得涅槃的人，才是修如來法的人，也才是證如來法的人，所以 世尊最後這一句話總結說：「是故如來名得涅槃。」就是說，修學如來乘的菩薩們才能說是得涅槃的人，言外之意就是說：你們聽我說法能入涅槃的阿羅漢們其實沒有得到涅槃。

阿羅漢聽 佛陀講《般若經》的時候，當然聽懂這個意思，當然要趕快迴小向大來得涅槃。因爲他們一定會想：「本來在初轉法輪時期已被佛陀印證說已得涅槃，現在第二轉法輪的時候，佛陀竟然說咱們沒得涅槃，那還得了！當然要像菩薩們一樣趕快來修如來法，來得涅槃。」所以阿羅漢們後來一個一個迴小向大成爲菩薩，沒有迴小向大的定性聲聞聖者就變成少數，當時四果人加上三果人不會超過兩百位，大部分的阿羅漢都迴小向大成爲菩薩了。因此，眞實的如來就是法身，法身就是眞如，眞如就是如來藏，如來藏叫作無垢識，無垢識在因地又叫作異熟識或阿賴耶識；阿賴耶識就被眞悟底禪師們叫作本地風光，本地風光就是莫邪劍，莫邪劍就是石上無根樹。那眞是講不盡啦！

以前，大陸有個黃明堯——上平居士，他不懂般若，不懂禪宗的開悟，寫好文章上網貼了罵：「**蕭平實亂講一通，說這個第八識有時又稱爲眞心，有時又稱爲如來藏，有時候又叫作阿賴耶識，有時又稱爲眞如，講得亂七八糟，他亂講一通！**」意思大約是如此。但他不知道這就是同一個東西有許多名稱，譬如學生、老師、媽媽、女兒、奶奶、阿姨、嬸嬸，可以是同一個人。這個媽媽面對她的老母親時，她就是女兒；面對她的兒女時，她就是媽媽；面對孫子時，她又是奶奶。當她面對她的老師時，她就是學生；可是她也在學校教書，她不是又當老師嗎？面對不同人時就可以有不同的名稱，所以她也可以成爲阿姨、嬸嬸；這些個名稱講的都是同一個人，不能夠不明事理而指責說：「**你這個人怎麼講話都顚顚倒倒！如果是同一個人，你怎能說她是媽媽，又是老師，又是學生。**」不能這麼說嘛！

所以，通達於法的人跟沒有通達的人，差異是很大的，而大多數的學佛人是不通達法的。所以我在講堂一上座滔滔不絕，都不打草稿；可是我在外面時，一句佛法也不講，因爲無從說起。除非我告訴他說：「**我是蕭平實，我講法，你要聽。**」可是我不願意說我是蕭平實，因爲我眞的不是蕭平實，我是眞如，那我要怎麼說？面對那些正知見還不夠的人，沒辦法講，乾脆不講就沒事了。所以有時候辦事出門去，到外面素食館坐在那邊吃午飯，旁邊有人在講眞如啦、佛性啦、破初參啦、看見佛性啦……，我都當作沒聽見，我連瞧一下都不瞧。他們也不知道我是誰，兩廂無事，天下太平。這樣不是最好嗎？何必去跟他們在那邊講一些雜七雜八的，一定講不通的，因爲我若講出佛法時，跟他們的知見一定不同。我如果公開說我就是蕭平實，他們可能也不信，認爲我是假冒的，那我說了法，他們可能心想：「**你是老幾？**」那我不就得要跟他爭辯了嗎？何苦來哉！所以在正覺講堂裡可以不斷地說、快樂地說，出去會外時我一句話也不講。沒有知音，說向何人？所以說，一般學佛人都不懂：一定是要證如來藏才叫作證眞如，證眞如的人才是證涅槃的人。阿羅漢還沒有迴小向大以前，都是沒有證眞如的人，所以他們以前都不是修學如來乘，只是修學聲聞乘；一直要到迴小向大以後，在 佛陀的指導下證得第八識如來藏以後，才能現觀祂確實有眞如性，才是眞的證眞如了，才成爲眞的菩薩，才眞的證得涅槃。阿羅漢們如果肯迴小向大，佛陀沒有不幫他們開悟的；因爲阿羅漢們自知能入涅槃以後，自知能出三界有以後，如果肯迴心來修如來乘而常住於人間，這個人可以住持正法，絕對不會退轉；因爲他會從解脫道所證的來印證這個如來藏的涅槃境界，他就不會退轉了。但這樣的人，其實是往昔無數劫以來就廣行過菩薩道的人，只是因爲隔陰之迷而忘記了，所以 佛陀特地來這裡示現受生等八相成道，然後幫大家證涅槃、證眞如，而且幫大家通達般若而進入初地等菩薩位中。所以阿羅漢們只要肯迴小向大，一定可以證眞如，佛陀絕對會幫忙，因爲這種眾生是異類——是極特別的眾生。

如果你能這樣證，那麼《實相經》中說的「**法平等成正覺，大菩提自性**

法又是一切萬法的本源，是三界中最大至高之法，當然要稱爲大菩提。所以在《法華經》中，世尊以羊車、鹿車、大白牛車來譬喻三乘菩提，因此佛菩提道當然稱爲大菩提。

而這個大菩提的自性爲什麼是清淨的呢？因爲大菩提的理體就是實相心如來藏，而實相心如來藏的自性有許多種，其中一種就是本來清淨性。正因爲實相心如來藏從來不分別、不取捨，離好惡、離貪厭，無苦無樂，離明與無明兩邊，不住生死亦不住涅槃，永遠不分別垢染或清淨，對諸法一視同仁，所以是自性清淨的。當祂出生蘊處界等萬法時，卻不會對所出生的萬法區分高下貴賤，總是一體平等看待，所以祂的自性是清淨的；正因爲祂這種清淨的自性，也正因爲祂是萬法的本源，所以證得祂的人，才能依止祂而繼續進修，三大阿僧祇劫以後成爲無上正等正覺的佛陀，所以說祂是大菩提的理體。若否定了祂，就沒有大菩提之體可以實證，所說的大菩提—佛菩提—就成爲空談，就是戲論。因此，由於祂是大菩提的理體，由於祂的自性本來清淨，才能使菩薩們親證祂的時候，現觀所證的眞如心、實相心這個法確實是始終本末都平等，才能說是「法平等成正覺」。而這個「法平等成正覺」

的原因，就是「**大菩提自性清淨故**」。

接下來，還要繼續解釋經文裡面講的：「**一切平等成正覺，大菩提離一切分別故。**」我們先舉《佛說法集經》的經文來作個說明，然後再歸結到《實相經》的這一句經文來說。

《佛說法集經》卷一：「**實際不戲論，餘法即戲論，諸佛如來究竟實際，是故如來名得涅槃。**」《實相經》這邊說：「**一切平等成正覺，大菩提離一切分別故。**」與《佛說法集經》的這一段經文有什麼關聯？一定是有關聯，我才要舉出來爲大家講解。在《實相經》的經文中說：「**一切平等，這樣實證的人才能成就正覺。**」如果所悟的心不是看待一切法都平等的，也不是無始以來就平等的，他就是沒有眞的離分別，就不是成正覺。那麼應該給他個名稱，叫什麼覺呢？叫作錯覺、謬覺，或者邪覺。總之，就是不正確的覺悟。事實上，古今佛門中一直存在這樣的一個現象：一般人都是錯覺者，大多是錯誤地認爲自己眞的覺悟了。這也是一個事實。而這個現象與事實，不會只有末法時代的今天才如此，所以當年 佛陀還是得要宣講這個道理。如果不是很普遍會錯悟的法，當年 世尊就不必再來講「**一切平等成**

正覺」的道理了。

假使你們出去同修會外，不管遇到什麼大師或者什麼有名的居士，他們總是說：「你要時時刻刻保持覺醒，並且不能落於無記之中，要每一刹那都正念分明，對一切人都要平等看待。」我相信大多數學禪的人在外面道場逛過來的，大概都聽過這樣的開示。在六、七年前，大陸八大修行人僅存的最後一位，他叫作徐恆志。這老居士跟他的師兄元音老人是一樣的落處，他常常告訴「心中心法」的學眾們：「你們要時時保持正念分明。」他講的法跟元音老人一樣，都是要保持無雜念，要住在離念靈知之中；同樣規定徒眾們，每天最少要打坐兩個小時，要連續坐六百座，修完了就是開悟。如果逢年過節事情忙，忘了坐，前面坐過的五百座就不算數，還要從頭再來過，而且是要每天兩個鐘頭不間斷。他們宣稱，如果能夠這樣連續坐六百座，坐到後來都不打妄想了，每天坐在蒲團上，都住在離念靈知境界中，就是開悟了。

可是我看他自己其實也沒開悟——依照他自己的標準來看。因爲他們後來讀了我的書，又改了個說法；是由於我們說他那個清淨的覺知常常會起妄想，必須是從來都不起妄想的才是眞覺；所以他們後來只好改個說法：「前念已過，後念未起，這中間是沒有雜念的，而這個沒有雜念的離念靈知是時時刻刻都存在的，也是從來都不曾起過語言分別的，只是你沒有察覺到。」就改了這樣的說法，但這還是意識境界，只是落在意識的率爾心等前二心中，所以無法分別，而不是眞的無分別心，因爲意識的自性是會分別的，是想要分別的，縱使離念時也還是在分別的，當然不離識陰境界。所以他們這種說法，他們所謂的開悟，就不名正覺，要叫作錯覺。一般人的錯覺，是因爲老花或者精神昏憒所以弄不清楚，成爲錯覺。他們卻是把法義給弄錯而自以爲覺悟了。

還有一位台灣很有名的居士，他竟然可以拿天上的白雲來耕，也眞的很厲害，而他開示的名句就是：「要時時警覺，不要起妄想；只要把覺知心隨時管帶好，讓它都不攀緣，永遠住在清淨的覺知裡面；能夠這樣時時刻刻保持警覺，就是開悟。因爲這樣就可以得到安祥，完全離念而時時警覺、都不昏沈，這樣得到安祥的境界就是開悟者的境界。」大約是如此說的。但是，不管以上所說的哪一種覺，都是意識面對六塵而產生的覺，這個覺在六塵之外是不可能存在的，而六塵中的覺知都是有生有滅之法，也都是對實相法界錯誤的認知，所以都是錯覺而非正覺。

以前我們講《楞嚴經》的時候，經文裡面有講，覺知心七處徵心，到最後加上第八處徵心，也證明覺知心沒有一個所在的地方，因爲覺知心不是物質。但是 佛陀卻附帶一句畫龍點睛：覺知心的法性離塵無體。這覺知心只要離開了六塵，就沒有自體性了，不能存在了。也就是說，覺知心是依六塵爲助緣才能生起及存在的，當然不是離塵有體的絕待之法，就一定不是實相法界。不曉得諸位以前聽我講《楞嚴經》以後還記不記得：這個覺知心離塵無體。所以祂是依六塵才能生起、才能存在、才能運作的，離開了六塵就沒有自體性，祂就不能存在了。然而以上所舉例的大法師、大居士的開示，他們主張所應覺悟的心體是離念靈知，都是攀緣於六塵才能存在的虛妄心，是不是也一樣「離塵無體」呢？離念靈知一定要依六塵才能存在，祂的了了靈知就是依附六塵而存在的分別性，所以住在離念靈知境界中走路時，才不會踩到狗屎，才不會掉入水溝裡或撞上電線桿，證明離念靈知的了別性是藉塵而起、離塵無體的。也就是說，一定是離開六塵而不在六塵中，卻可以繼續保有祂原來的分別性；換句話說，祂的分別性是不在六塵中運行的，是在六塵外的諸法中時時刻刻永不中斷而能持續了別的，所以離塵有體；不是像覺知心離念靈知，離開了六塵就沒有自體性存在。悟得這樣的離塵有體的心，才是「一切平等成正覺」，因爲祂是大菩提所證悟之標的，也因爲祂對六塵中的一切法都離分別的緣故。

那麼再拉回來說，依這一段經文說的「大菩提離一切分別故」，來看看錯覺的大師們所謂的「覺」，不管是警覺或者離念靈知，是不是能夠離一切分別？即使是前念已過，後念未起之間的極短暫離念靈知，都還是有分別的；如果是短到率爾初心、尋求心的階段，仍然都是分別心，只是因爲時間太短，短到還沒有足夠資料可供分別，所以無法作出分別的結果來；如果延長到第三剎那成爲決定心時，就一定能夠分別完成了，所以還是分別心，不是無分別心。

譬如當你告訴對方說：「你被印證開悟了，你是有證得一個離念靈知不分別的心，那我請問你：你的功夫好不好呢？」他一定說：「好。」因爲炫耀離念靈知境界是未斷我見者的本性，他既然也跟你一樣號稱開悟者，他一定會告訴你說：「我離念靈知的功夫還不錯。」你就問他：「請問你離念靈知的境界悟後起修，是不是從前念已過、後念未起這個很短暫的時刻來修行增長的，那你現在把離念靈知延長到多長了？」他說：「我至少也能延長一個鐘頭離念。」你就告訴他：「不必一個鐘頭，你只要保持一分鐘離念就行了，那麼離念一分鐘時就都是沒有分別的境界了，你就只要保持沒有分別一分鐘就好，行不行？」他當然說：「可以啊！」你就說：「那麼現在就開始吧！」他才一開始，你就一巴掌給他，他質問說：「你爲什麼打我？」你說：「你現在是無分別，怎麼會知道我打了你？」那他這一個火鍋還眞是白挨了，對不對？他吃了你這一記火鍋，還眞的白吃；他又不能不吃，因爲他講的沒道理啊！因爲他的道理是錯誤的。

也就是說，那個所謂前念已過，後念未起中間短暫的離念靈知，還是有分別，所以離念後第五秒被你打的時候是很清楚知道被你打了。縱使延長到一小時的離念靈知，功夫很不錯了，依舊是分別心，依舊持續在分別；因爲他把離念靈知延長以後，其實還是同一個意識心；意識心是離塵無體的，既然意識離念而持續存在著，就一定同時在分別六塵境界，不外於分別六塵的境界。那麼，如果正在離念時是眞的無分別，就不該知道人家正要打他或者打了他。也許有一天，我這個說法流傳到他們那邊去了，你又這樣問他的時候，他已經先防著你這一招了；當你的手才一伸出去，他一閃就躲過去了，那你就問他：「你怎麼會知道要閃開呢？你如果眞的無分別，怎麼知道要閃開？」所以不管他怎麼樣應對，全都錯了，全都應付不了你的善心質問。這就是說，眞正的佛菩提就是眞正的大菩提，大菩提之道一定是離一切分別，不管什麼樣的六塵境界中的分別全都遠離。六塵中所有的分別都不在祂身上現前，所以才要叫作一切分別都遠離了，不是只離某一種分別，而是離一切分別。

要懂得用正知正見來檢驗所有的善知識，才不會被假善知識所誤導。當他們所謂的「覺」都落在能分別之中，這就很清楚知道他們那個覺悟並不是大菩提，最多只能夠說爲世俗菩提；因爲那是世俗人能覺照的境界，世俗人的覺悟就是這樣悟的，這當然要叫作世俗菩提。末法時代創造新菩提的人可眞不少，就會有很多的菩提：清涼菩提、環保菩提、醫療菩提、救濟菩提、行善菩提⋯⋯，很多、很多的菩提。現在我們爲他們施設了一個菩提，就稱呼他們是世俗菩提；但這個世俗菩提卻函蓋他們所有的菩提，因爲他們所謂的醫療菩提、清涼菩提等，全都落在三界世俗法中，當然是世俗菩提，不是三乘菩提中的任何一種，因爲都是世俗法而只知道世俗人的妄知妄覺。所以，他們那樣自稱的「成正覺」都是騙自己，也騙別人。只有眞正「一切平等」所「成」就的「正覺」，祂的平等性是遍於六塵一切法中的，可是無妨仍然有非三界六塵中法的分別能力以及其他的功德，這樣證悟才是眞正的「一切平等」，才是眞正的「成正覺」，否則都是成妄覺。

《佛說法集經》裡面說：「**實際不戲論，餘法即戲論，諸佛如來究竟實際，是故如來名得涅槃。**」這是說，自稱不戲論諸法的時候就已經是戲論了。在這個前提下面來看，有什麼法是離戲論的？所謂戲論，當然要先界定清楚。凡是所說非第一義，就是戲論。凡是所悟的自身不屬於第一義的法，就是戲論法。現在來探究看看，第一義有沒有二法？除了能生萬法的實相心如來藏以外，找不到其餘的法可以稱爲第一義。而這個法就只有一種，沒有二種、三種；這個法在三界中也是絕待的，沒有其他任何一法可以和祂相提並論；所以第一義只有一種，沒有兩種。第一義如果有兩種，那麼諸佛至少就會有兩種；第一義如果有十種，諸佛就應該分爲十種。可是三世十方諸佛成佛以來，都完全是一樣的智慧、一樣的境界，從來沒有二種；當然第一義也就是只有一種，這就是能生萬法的心，當然就只是如來藏一種心。而如來藏這個法是不戲論法，因爲祂從來不落在第一義以外的法裡面。當你五陰十八界需要什麼，祂儘管供應你；你需要什麼樣的戲論相分，祂也都供應你；可是祂自己不落在其中，祂是永遠離戲論的。永遠不戲論的就是第一義，就是諸法背後的實際；不戲論法以外的其他種種法，全都是戲論之法。換句話說，不管什麼，只要不是不戲論的法，落在餘法之中，統統都是戲論之法。這些戲論之法，是諸佛如來所究竟了知的；而不戲論之法，也是諸佛如來所究竟了知的。因爲諸佛如來對於戲論與不戲論法，已經究竟實際，所以才說「**如來名爲已得涅槃**」。

所以，在初轉法輪時說二乘聖人得涅槃；到了般若第二轉法輪的時期，說菩薩得涅槃、二乘聖者不得涅槃，原因就在這裡。這是因爲諸佛如來已經究竟了涅槃的實際，諸菩薩隨佛修學也知道涅槃的實際，只是不究竟，可是二乘聖人連涅槃的實際在何處都還不知道。菩薩隨佛修學實證以後已經知道了，也看見自己五陰本來就住在涅槃的實際裡面，從來不曾外於涅槃心如來藏，而無餘涅槃或其餘三種涅槃也是依如來藏而施設的；以此緣故說菩薩確實有證得涅槃，叫作本來自性清淨涅槃。如來當然證涅槃，具足四種涅槃；而諸地菩薩，可以取證二乘聖人所證的有餘、無餘涅槃，卻都不取證，轉依實相心如來藏的本來自性清淨涅槃，永不入滅而常在人間受生、行菩薩道；但是二乘聖人卻不知道菩薩所證的本來自性清淨涅槃，這個本來自性清淨涅槃就是「不戲論法」，這個不戲論法以外的餘法就是戲論。

瞭解這個道理以後，大家來看看有情們，特別是指人間有情的八識心王；這八識心王裡面只有一個如來藏是不戲論法，其餘的意根與前六識都是戲論法，因爲都會與六塵中的各種分別相應，從來都在六塵中打滾；也都會與六塵相應而起分別，只有分別性或多或少的不同，沒有不分別的。如果所悟的實相法界是落在這一些分別法中，那就是戲論法，就不是非戲論法。那這樣，就是世俗菩提不離一切分別故，不是佛說的「大菩提離一切分別故」。

離念靈知境界正是不離一切分別，所以在「不離一切分別故」的前面，應該冠上一句話：「一切不平等成錯覺。」因爲他們所謂的覺，都在這裡面，全部都屬於六塵中的覺知、了知，才會在見色聞聲時說是「了了分明而不分別」。全都「了了」當然就是分別完成了，還說是不分別呢！因為離念靈知從來沒有真的親證一絲一毫「大菩提離一切分別故」的境界。所以，如何是「一切平等成正覺」，這真是參禪者、大乘法中求見道者，最重要的一大課題。假使落在離念靈知識陰境界中，當他們說：「我們了了分明而不分別時，沒有任何戲論，都不作戲論。」其實依舊是戲論，因為當他們公開宣示自己「不戲論餘法」時，那個「不戲論餘法」的覺知心——離念靈知，自己正是戲論之法，不是不戲論法的涅槃實際；以戲論法離念靈知而不戲論離念靈知所面對的諸法時，依舊是戲論境界，因為離念靈知自己就是戲論之法。

那麼，這樣來解釋經文，解釋到這裡，我們就作一個結論：「想要成就正確覺悟的人，不應該想要將自己的戲論法妄心來修行轉變成為不戲論法真如心。」這就如同說，人間有一個人養了一條狗、一隻貓、一隻烏龜，或者說乃至其他什麼寵物，總共養了七種。結果這七種寵物，牠們有一天竟然想說：「我們這七隻寵物要努力修行，將來我們也來變成人類，我們自己來當主人。」變不變得成呢？絕對是變不成的；因為主人永遠都會是人類，那七種寵物今生則是永遠都會是動物，不可能經由修行實證而變成人類來當主人。我這樣解釋，講這個譬喻，希望同修會外的人聽了以後，能夠眞的懂得佛菩提的道理。換句話說，眼識永遠是眼識，祂永遠不可能變成耳識，更不可能變成實相心如來藏不戲論之法，永遠都不可能修行變成住在無餘涅槃中的心。耳、鼻、舌、身、意識亦復如是，乃至意根也是如此，永遠都會是意根，不可能經由修行來變成如來藏而進入無餘涅槃中常住。

所以，那些愚癡的大師、愚癡的名師們，都想要把覺知心第六意識經由修行來變成第八識眞實心；但這意識本來是生滅心，打從一開始就是意、法因緣生的生滅心，想要修行變成非因緣生的不壞心，是永遠不可能的事。因爲凡有生之法最後終歸於滅，只要有出生，將來就一定會滅，從來沒有過一個有生之法而不滅的；意識心既然是因緣生的心，就不可能跳脫這個定律。所以，愚癡的人想要把識陰等生滅心，修成離念靈知而變成不生滅的金剛心，那是永遠不可能的，因爲不符合法界的定律。

識陰六識本來就是有分別的心，他們都想要把祂修行變成無分別心，這也是不可能成功的；因爲既然曾經分別過，未來就一定還會有分別性。假使有一天，我跟他們打包票說：「我有一個好法門，可以幫你們眞的把分別心變成無分別，你要不要？」他們一定會說：「要。」我當然要把後果先告訴他們，才是負責的人；你每賣一樣產品，一定要把那個副作用先講清楚才可以賣，我就告訴他們：「可是，你這個分別心離念靈知變成無分別以後，將來你吃飯的時候不知道吃飯，走路時也不知道走路；看見你的師父、看見你的徒弟時，你也都將不認得，你要不要變成無分別？」他們一定會回答說：「不要。我們要的是無分別時依舊了了分明。」原來他們要的還是分別心，不是眞的要證得無分別心。這就是他們的想法，而他們自己從來都不知道自己有這樣的過失。

你看，我在書上寫出這種道理來，我把這個道理寫在《公案拈提》或是其他的書裡，他們也不是沒讀過；因爲只要誰被我在公案中拈提了，或是在我的書中評論了，他們的徒弟都會買去送他們，所以全都讀過了。可是，他們爲什麼還要繼續以離念靈知弘法而說就是禪宗的開悟境界呢？那顯示說，他們的智慧不足以了知這個道理；或者說，心中已經了知了，可是看看環境卻沒有台階可以下台去；既然沒有台階就無法下台，因爲以前跟人家蓋了很多開悟的冬瓜印，現在要推翻自己以前的印證而說：「以前跟你們蓋的開悟印章不算數。」那該怎麼收拾局面？所以全都死在這裡。他們沒有那個勇氣來承認自己的錯誤，所以他們的格，算起來都跟市場中一小部分的小販一樣，賣出了貨卻不承認自己賣出的貨是仿冒品。他們沒有勇氣，所以不肯承認自己的錯誤；先要有勇氣承認錯誤，將來才有機會可以證悟。所以，他們都是要把一個錯誤的東西去變成一個正確的東西，好像是想要把榕樹變成檜木一樣的愚癡，那種修行原理根本就不對；因爲主人所養的那七隻寵物，狗就永遠是狗，貓永遠都是貓，不可能經過修行以後就轉變成主人人類之身。其他的寵物，不論是狐狸、雞、鴨、鵝等，全都是如此。

這個道理，諸位得要瞭解；眞心如來藏本來就是眞心，即使是從來都不修行的阿貓、阿狗的第八識如來藏，都是本來已經存在的眞心，不是修行以後把妄心轉變成的。眞心如來藏是本來就存在，而妄心的七轉識自己永遠是妄心，不會因爲修行就轉變成眞心去取代原來已經存在的第八識眞心。大家要記住這個道理，說給所有佛門中正在修禪的人，在正知正見上面幫他們一把。所以不可能說：「我找到眞心了，我開悟了，可是你來跟我講話，我就生起語言妄想而沒有開悟了。」不可能這樣，因爲眞心如來藏是本來就在的，你講話、或者去唱卡拉ＯＫ、或者去跳舞，乃至去比賽，或者說參加演講比賽，很激烈辯論的場合也可以，這個時候都是識陰與意根大動其心，但你的眞心第八識還是分明顯現，依舊如如不動其心，繼續顯示祂的眞如法相，依舊遠離語言文字，也依舊不了別六塵境界；不因爲你心中有語言文字出現，祂就開始有語言文字妄想而變成沒有開悟。所以，只要有人說：「**你開悟後要時時保任哦！**」那你就要探究他說的保任是什麼意涵，如果是對於所證的如來藏繼續保有正確的見地，心得決定而繼續生起大信，那就是眞的保任。如果是要保任離念靈知，心中不要生起語言文字，那個不是宗門裡的保任；那叫作修學禪定的初門，也還只是初門，還不是實證，當然不是禪宗般若禪開悟後應有的保任。

所以，眞心是本來就眞，妄心是本來就妄。本來就妄的心，不可能經由修行來變成眞心而取代眞心；就像是那一些寵物，狐狸、狗、貓……等，都沒有辦法修行來變成主人，牠們七隻永遠是人類主人的寵物。這樣算不算在罵人？眞是把天下人都罵了。對不對？對啊！包括把我自己都罵在裡面了。因爲只有如來藏才是眞正的主人，祂寵我們，可眞寵得不得了；因此我們七轉識都要認清楚這一點，要安分守己，不要說：「我要修行，我要變成如來藏，我要取代你如來藏。」那是永遠不可能的。如來藏的主人身分，祂是無始劫以來就永遠都是主人。如果祂不是永遠的主人，祂不可能那樣寵我們的。所以祂永遠是我們的主人，我們永遠都背叛不了祂。

這樣說，以後會外的大師們、學人們，聽到這個道理以後，就可以死心了，不會再想要把七轉識妄心或識陰六識妄心的自己，想要去變成眞心如來藏，也不會再想要把會分別的自己去變成無分別的白癡。也不會再想要把自己這個生滅的覺知心變成不生滅的白癡心，因爲八識心王各有各的運作範圍，不會也不可能經由修行就互相轉變或互相混淆的。這妄心再怎麼樣修行，神通如何的廣大，永遠也取代不了眞心的功德，永遠都不可能轉變成第八識如來藏。所以從我們開始，往上到一切的大菩薩、一切諸佛都一樣；下至那一些凡夫大師們、三惡道的有情，也都一樣不許逾分，都不許超越七識心自己的本分。千萬不要妄想說：「我們七轉識妄心要修行變成主人第八識。」所以，他們如果還想要修行去轉變，那就是打妄想；妄想的結果是心裡很不服氣，有時會公開宣稱：「我們覺知心眞的變成主人第八識了。」那就是說他宣稱開悟而成就大妄語業了，死後他的主人如來藏就會把他打入三惡道。對啊！他的如來藏就會實行因果律，下一世不就下去了嗎？所以好多的名師們，你看他們穿著法衣，身上的大紅祖衣披著，三百萬元的蜜蠟念珠掛在胸前，安坐在法座上，身旁有八大護法擁護著，眞是威風凜凜；可是他們「後有」的本質已經變成什麼了？他們自己竟然都不知道，這才是眞的可憐啦！如果知道了就不會可憐，因爲他們一定會設法補救。這意思就是說，七識心一定要安分守己，別妄想修行以後會變成第八識眞心。

所以，我們現在可以提出一個運動：安分守己運動。社會上或佛教界常常有人在提倡某某運動等，我們就提倡安分守己運動。如何安分守己：**不要妄想把妄心七識心的自己修行變成眞心，不要妄想七識心自己可以去取代眞心，要安分守己**。懂這個道理，就可以跟這個人談論佛法了。若是不懂這個道理，你跟他談佛法都沒有用的，他永遠會在宗門外面繼續晃來晃去，永遠晃不進宗門裡來；假使有一天他晃進來了，聽到我這麼一說，心中頓起煩惱，一定會趕快走人，因爲眞的聽不下去了，因爲他心裡面想：「**你都在罵我！**」其實很冤枉，因爲我根本沒有在罵他，我只是敘述那個千古以來—其實應該說是無始劫以來—永遠都不會改變的眞理。

所以，應該用自己也就是妄心意識—因爲意識最會分別—來分別出眞心如來藏在何處。其實所謂的「自己」應該是誰？應該是意根，因爲覺知心是被意根自己所用的。所以，你要想什麼，覺知心就會想什麼；覺知心不會跟你意根反抗說：「**我偏要想另外一種事情。**」反而是覺知心希望什麼都不想時，意根總是經常會丟出一些念頭讓覺知心的你去想，所以坐禪始終坐不好，你們有沒有觀察到這一點？如果想要在解脫道上有很正確的實證，這一點一定要弄清楚——處處作主的心才是自己；覺知心，能分別六塵的覺知心並不是自己。

假使你把能分別的覺知心、把離念靈知當作眞正的自己，那你就完蛋了，因爲你只剩下兩條路可以走：第一條路、就是晚上睡著就死掉，因眠熟時離念靈知一定斷滅而不存在了。第二條路、就是明天一覺起來要打自己巴掌，因爲你已知道離念靈知不是睡覺時依舊存在的自己。爲什麼呢？因爲你睡著以後，你意根自己還在啊！可是你的覺知心離念靈知斷滅了、不存在了，所以覺知心是被你意根所用的。這六識覺知心是被你所用的，而你是站在背後使用覺知心去想東想西。來到正覺講堂聽經時，你說：「**我不要打妄想，我也不要想公司的事，家裡的事情我更不想，我現在要專心聽法。**」覺知心就開始專心聽法了。可是來這裡聞法之前，公司裡發生一件非常嚴重的危機，雖然認爲妙法還是得要聽，可是心裡面常常會想起公司那件事情。爲什麼覺知心會想呢？因爲意根決定要想一下公司發生的那件事情。

所以如果認定覺知心就是自己，慘了！因爲睡著了以後覺知心斷了，自己不就消滅了嗎？如果有人狡辯說：「**不！我覺知心只是睡著了，覺知心還存在，我明天早上還會自己再起來。**」那就是無因論外道。對嘛！因爲覺知心無因而起，這是與無因論外道合流，他絕對是外道，沒有辦法辯解。這樣跟《阿含經》中 佛陀講的「**有因有緣世間集**」就不符合了，因爲覺知心生起來時，顯然識陰世間又集了，依舊脫不出要假藉因與緣才能合集而出現的正理呀！如果覺知心是自己獨自存在的，不是藉因與緣才能在第二天早上重新出現的，那麼應該大家晚上都別睡覺了，因爲覺知心一旦睡覺眠熟以後就成爲斷滅了，覺知心自己就不在了；無因不能生起任何一法，所以明早覺知心就不可能再出生了。那麼這樣子，那些大師們教導大家說要「把握自己」，就應該每天晚上都要修不倒單，並且在打坐修不倒單之前還要使用興奮劑，否則他會打瞌睡；一旦打瞌睡，一開始打呼時就斷滅了，就不能「把握自己」了。這是眞正存在的事實啊！佛法是很現實的，只要有智慧的人當面一辨正，愚癡者的說法就沒有辦法跳脫於智者的手掌。

所以，眞實心第八識的本來常住，以及妄心七轉識被眞實心所寵愛、所溺愛，這是法界中的事實。如果有人聽了這樣的說法，就說：「**那爲什麼我們要這麼辛苦修行？乾脆叫眞心修行就好了，爲什麼要我們來修行？因爲祂本來就是眞的，而我永遠是虛妄的，那我修行到成佛時，我還是妄心而繼續保持我的虛妄性，那我修行幹嘛？修行的事情應該交給眞心去修。**」有沒有道理？你剛剛一聽，好像他說的蠻有道理的。可是問題來了，如果眞心需要修行，祂就不叫作眞心了，因爲祂一定還是妄心，只有妄心才需要修行轉變。如果你的妄心七識心本來就是眞心了，那你還需要修行嗎？一定不需要修行，所以眞心第八識本來就不需要修行，需要修行的當然是妄心。反過來說，如果有人主張說：「**妄心不必修行，應該由眞心去修行。**」意思就是說，那個眞心一定也是在三界境界中，祂不能住在三界外；那麼他說的那個能修行的眞心，一定還是妄心七識心中的某一個心，逃不出妄心的範圍。

所以，如果說他眞的下定決心說：「我叫眞心修行。」而他的眞心眞的可以修行，那他一定是錯把妄心當作眞心了。以前陳履安競選總統時說：「我如果選上了，一定以眞心爲民眾服務。」他這句話是以證悟者的身分說的，因爲他競選時有一本書裡面寫著：這個離念靈知、誠懇的心就是眞心。所以他競選的時候流通那一本書，競選時又說要以眞心爲大家服務，那麼他那一句話確實是說：「我用眞實心爲大眾服務，不會用妄心爲大眾服務。」他眞的這樣講，問題是他競選的時候，他每一句話不都是用妄心來講的嗎？他哪裡知道眞心？他根本不知道眞心是本來就存在的第八識如來藏，不是離念靈知心。

這就是說，眞心是不用修行的，而眞心也不會修行，祂也沒有必要修行；要修行的當然永遠是妄心，要參禪的也是妄心，都是咱們自己妄心。可是妄心的本質到底是誰？妄心的本質就是意根。因爲身體累了所以打瞌睡了，不想要再聽法了。但覺知心並沒有起這樣的念頭，可是意根經由覺知心的離念靈知，知道身體累了；而意根對身體有愛護的心，這是祂的習慣性，因爲從小媽媽就講：「時候晚了，身體很累了，趕快睡覺，明天才有精神。」就這樣子，從小時候就這樣被媽媽教導，一世又一世都是如此；覺知心這樣聽懂了，意根接受了，確實也是很累了，所以意根，當你正在這裡聽法時，偏偏這一段時間蕭老師講得不夠幽默，所以就想要休息一會兒，意根不需要語言就可以作意決定要睡一會兒，覺知心就中斷了，就開始打瞌睡了。這樣看來，誰才是自我？是意根這個會作主的心。弄清楚了呵？意根才是眞正的自我啦！

所以妄心的總根源還是意根，當你睡到頭垂下去了，覺知心不在了，意根卻還在。接著當大家都聽到笑起來時，意根經由法塵的變動，可以再作一個決定：「爲何大家都在大笑？趕快起來聽聽看啊！到底剛才是什麼事？那麼好笑啊？」喔！覺知心又出現了。所以，你們要懂得去觀察，哪個才是眞正的妄心自己。可是，一般人都因爲意根不太會分別、不太會思惟或覺察，於是被覺知心的錯誤觀察、錯誤認知所影響，意根反而去把覺知心認作自己，不知道自己其實就是意根，世俗人都是這樣子。可是你在佛法中修行時還是要靠覺知心，因爲你意根自己笨笨的，永遠都是只會到處攀緣，什麼都放不下，煩惱一大堆，卻不太會分別，更別說是思惟了，那你要靠誰來修行呢？所以意根當然要靠覺知心來幫助自己，要用覺知心作修行的工具。如果我們修行修到累了，可以把覺知心丟掉就睡覺了：「讓覺知心暫時斷滅，這沒有關係，我睡我的覺。」等到睡完一覺，有體力了，有精神了，再把覺知心叫出來：「該起床了，繼續修行了。」於是意根叫出覺知心來爲你修行，就稱爲醒過來修行了，要這樣觀察妄心的眞相。

我們現在且不管有幾個識，就把七個識合起來都說爲妄心，暫時說妄心是一個心，就是了了分明、處處作主的心，這妄心是應該要修行的人。妄心自己該怎麼樣修行？先學到一些正確的知見，後來也學得一些功夫了，然後開始來參禪。有一天終於找到了如來藏：「啊！原來我修行以後眞心含藏的種子會變清淨，祂的種子清淨了就是我妄心清淨了；我妄心不清淨是因爲我是住在祂裡面，祂含藏著我的所有種子都是不淨的，所以我妄心就不清淨；而我妄心修行把不淨的我變清淨了以後，祂所含藏我的種子就清淨了，我就成爲清淨的心了。」所以修行到最後還是要修妄心自己，不是修祂眞心。「祂不用修行，祂自己的體性是本來就清淨的，但祂含藏我妄心的種子是不淨的，所以修行最後還是修我自己。」我們妄心修行清淨了，祂就裡外都淨，這樣才是眞正的修行。

可是，你想要這樣修行，願意把自己修行變成清淨，願意去承受那個修行轉變的痛苦過程，其實就是這兩個原因：「第一、就是因爲有祂常住不壞，我的修行才不會唐捐其功。」這就好像俗話講的「有拜就有保庇」，對不對？接著第二個原因說：「我有努力修行把自己弄清淨，那麼祂眞心的內涵就會清淨，而祂顯現於外的表相—祂的自性—永遠還是本來清淨的。」這就是第二個道理。由於祂自己的體性是本來就清淨的，當你妄心找到祂以後，你用妄心自己來跟祂比對，發覺說：「哎呀！不好意思，每天面見你，都是覺得不好意思；因爲你那麼清淨，我這麼髒，所以覺得慚愧啊！」會覺得慚愧，就是實義菩薩了，這叫作有慚有愧，表示悟後成功轉依祂的清淨自性了。凡夫開口閉口都說：「我最清淨了，世界上沒有誰比我更清淨。」因爲這樣，所以他叫作凡夫，因爲他無慚無愧，沒有清淨法可供他轉依，總是以五陰自我爲中心。可是菩薩們說：「哎呀！慚愧！慚愧！原來你那麼清淨，而我每天依著你生存，我卻這麼不淨。你都寵愛我，從來沒有講過一句閑話，從來不曾起過一念瞋來罵過我，我眞的慚愧、慚愧啊！所以我要轉依你。」這個「你」當然就是實相心如來藏，你轉依了祂，觀照著如來藏是本來自性清淨涅槃，然後把自己轉變來依止祂的清淨性。這樣去修行，當然就是修行的第二個道理。這樣來修行，就可以轉依眞實心的眞如性來作依止。如果悟得如來藏以後，還是繼續在與人爭強鬥勝，還是每天想要贏過別人，老是說別人講的法義不如自己，其實他還沒有成功轉依如來藏清淨心，還是落在五陰我之中，他只是知道斷我見的內涵而已，並沒有眞的斷我見。

但是修學佛菩提道的見道，首先要證眞如。這個眞如的親證，得要先去參禪而找到了這個眞如心，也就是要先找到了第八識實相心如來藏，才能夠現前觀察祂是眞實與如如，才是證眞如。祂的眞實與如如性，是永遠都不會改變的，永遠都是如此；要這樣來修行，才是大乘佛菩提道的正修行。否則口說修行，斗大的問號卻在腦子裡面：「修行眞的有用嗎？我修行眞的會變清淨嗎？我修行眞的有功德嗎？」因爲他心中無主，所學的一切善法、清淨法都是無所依的，使他覺得修行的結果虛無飄渺。假使你找到了如來藏，你會發覺：「原來眞如、實相就是這樣，我參禪就是要找到祂；找到祂就開悟般若了，悟後修行還是我在修，不是祂眞心如來藏要修行。」從此以後，就安分守己腳踏實地去修了，腳下再也不像以前那樣虛浮不實了，這樣修道才是眞理。

這一段經文講解了那麼多的「平等」，到底「平等」在講什麼？講的就是一切時平等，講一切處、一切界、一切識平等，所以如來藏絕對不會說：「這個意根比較厲害，我要特別重視祂。」祂不會這樣，雖然祂從來都聽命於意根，可是祂從來不會特別看重意根，不會因爲這樣就輕視說：「你這個眼識這麼笨。」這才是眞平等。所以當你懂得這個道理：可以由你自己來實證如來藏，然後觀察所證的這個平等心如來藏，發覺祂眞的是本來自性清淨涅槃，祂具有四種涅槃的功德。那麼，你就轉依於祂，就可以了知眞如而知道實相般若是什麼，實相智慧就開始出生了。也就是說，你從此就有實相的智慧了：「哎呀！原來實相的智慧，就是由於親證了平等心如來藏，而能現觀祂的眞如性，現觀祂的本來性、自性性、清淨性、涅槃性。」然後，你就依這樣的所證去修行，可以讓你的覺知心意識住於第一義諦的法相之中，這樣才是眞正在修行的人。還沒有見道證眞如而說他在修行，說他在修道，到底是修什麼道？還沒有見道就不可能進入修道位，怎麼可能修道呢？而竟然都說在修道；可是他畢竟眞的在修行，當然不能說他沒有在修道，所以就叫作修外道；因爲他確實在修道，很努力很精進地自苦其身、勞役其形，所以當然也是修道，但並不是佛法中講的修道，而是心外修道。

證眞如、證實相，是大乘菩提「眞見道位」實證的唯一標的，那麼，再來看看《深密解脫經》裡面 佛陀是怎麼說的。《深密解脫經》卷五，佛云：

「文殊師利！實諦相者，所謂眞如。住諦相者，所謂人相。」

這幾句經文說的是不是我們剛剛講的道理？先來談眞實的道理——實諦。第一義諦就是實諦，就是眞實的道理，簡稱眞諦；就表示不是世俗諦；世俗諦是修證世俗法蘊處界的無我、苦、空、無常，「實諦」則是第一義諦，表示他所證的不是虛妄法，而是出生一切虛妄法的眞實法的正理；這不是在世俗法蘊處界的緣起性空上面去證，而是證得緣起性空背後的眞實法。這個眞實法的道理是眞實而無法推翻的，所以叫作「實諦」，才會叫作實相，否則便要改稱爲虛相。世出世間至高無上之法即是第一義，即是第八識的眞如法性，顯示這個第一義的正理即是第一義諦。

世尊說：「實諦相者，所謂眞如。」眞如，不管這個眞如說的是如來藏的眞如法性，或者有時是指說如來藏心體本身，都可以；顯示眞如法性眞實道理的法相就是「實諦」的法相——「實諦相」。蘊處界存在的當下，就會有這個眞實諦的法相存在，因爲世俗法蘊處界由眞如所生，眞如就是第八識平等心如來藏，而大乘見道所要證的就是證祂。證得祂以後就可以現觀祂的眞實與如如，就是證眞如。證眞如的人，一定能現觀蘊處界諸法全都是從祂心中出生的，那麼證得祂的人就是「住諦相者」，是已經親自證得「實諦」了，那你就住於實諦的法相之中，所以一定是有一個「住諦相者」。

「住諦相者，所謂人相。」「人相」是指什麼？指五陰。主要是指五陰裡面的識陰，也就是覺知心，這就是「人相」。一定是有一個人來證得「實諦」，否則「實諦」就與人們的修行無關了，所以證得「實諦」的人就可以住於「實諦的法相」中。可是「實諦相」是指誰？當然是指平等心如來藏。而能夠證得實諦相的一定是人，一定是具有五蘊之人類，當然是有「人相」。如果沒有一個具有五蘊相的人類有情，誰能夠證得「實諦相」呢？所以，我們弘法的早期，有一些愚癡人說：「你們正覺主張由自己這個妄心來證眞心，那你們就是有能證與所證嘛！那怎麼能說是證得絕待之眞如呢？別騙人了。」喔！他們還跟你談「能、所」欸！看來他們好像蠻有智慧的喔？但問題是那不能叫作智慧，只能叫作誤會佛法。佛法說的是你要證得一個實相心，那個心本身離能所，而不是要能證的自己去修行遠離能所；因爲五蘊自己本來就是永遠都有「能、所」的，既然已經有了能所，後來縱使眞的能夠變成沒有能所，將來會不會再變回來又成爲有能所？一定會啊！這是法界中不變的定律。所以冀望或者錯誤地期望把自己變成沒有能所、離能所，那是誤會經文、誤會聖教量了。聖教量說的是，你所證的是離能所的，才是證得「實諦」，而不是要能證的自己去離能所；因此 世尊說：「實諦相者，所謂眞如。住諦相者，所謂人相。」

《般若經》講了那麼多的無分別、無能所、平等性，都是在敘述實相法界的眞相，而不是在敘述能夠修行、能夠「住諦相者」，因爲能夠修行的人我是生滅不住、緣起性空的虛妄法，在初轉法輪時期早就講過了，不必在第二轉法輪的《般若經》中再三乃至再十重講。因此，既然要證一個本來離能所，永遠離能所的實相法界，當然要有這個住在能所當中的人，當然是由五蘊自己成為能證者嘛！這樣才有辦法去證得離能所的眞如心，才能現觀實相法界裡的種種法相，這才是修學大乘佛法初入道的人應該具有的正知見。如果沒有能證者、沒有能修行者，又要如何修學及實證離能所的「實諦相」呢？換句話說，一定是要有「實諦相」與「住諦相者」，也就是能夠顯示「實諦相」的被證的平等心眞如，以及能證實諦相而住於「實諦相」中的不平等心離念靈知或有念靈知，成為「住諦相者」，否則他就不是菩薩了。否則他一定會成為常見外道，常見外道就是主張五蘊自己是常，想要把非常的五蘊自己轉變為常的實相，那叫作常見外道。

所以《深密解脫經》這一段經文裡面，世尊很清楚告訴我們：一個是所證的，一個是能證的。我們五蘊是能證的人，由能證的人證得所證的實相；而那個實相是從來就離能所，從來就離分別，從來就無人我，從來就沒有蘊處界的我性，這才是眞我，才是眞實諦而非世俗諦，才是實相。而我們證得祂以後，發覺這樣的眞實諦，是無可取代的，無可扭曲的，無可變更的，也是都無法加以演變的，永遠都是如此，所以是實諦。我們能證的人就是覺知心的自己、意根的自己，實證後，心裡面就生起了實諦相的作意；住於實諦相的作意之中，就可以眞正的開始悟後起修的過程。但是，無妨家裡的老爸還是老爸，家裡的老媽還是老媽，家裡的兒子女兒依舊是兒子女兒；妻子還是妻子，丈夫還是丈夫，就不會有那些錯悟者說的：「我現在開悟了，當聖人了。太太！妳每天要服侍我。」就不會這樣了。那些悟錯的人，爲什麼會犯這個毛病？會要家人供養或服侍他？他們從所謂「開悟」的那一天開始，不再肯爲家人作事了，卻要家人供養他，因爲他們都同樣落在我相、人相裡面，而他們沒有智慧「住諦」，何況能知「住諦相」？因爲他們沒有證得那個「實諦相」，問題就出在這裡。

《深密解脫經》這一句的開示，跟我們前面所講的是不是完全一樣呢？你可以拿來加以比對、加以檢查，來看看這蕭平實講的是不是正確。凡是出來弘揚佛法的人，不論大師或小師，同樣都要被人檢驗，不許逃避。我們以前是不檢驗別人的，都是他們來否定我們，所以我們被逼而回頭來檢驗他們，否則我們不會主動去檢驗他們的。可是互相檢驗了以後，結果是先檢驗我們的人，他們自己反而通不過檢驗；所以正覺妙法到現在弘傳十九年了（編案：這是二〇〇八年九月所說），還是屹立不搖。爲什麼能夠這樣呢？因爲我們的法正確，符合聖教量，而我們所證的現量也符合法界中的眞實相，所以無可推翻，別人想要把我們演變也演變不成功。

以前，會裡有一批人要把我們演變，要我們演變成另一種不同的眞如。他們這樣主張：「這個眞如，你如果眞的證眞如了，當你的手被刀子割了，我用眞如叫它不痛就不痛，叫它不流血它就不流血。」這是什麼心？這叫作作主的心，是有我想要它不流血啊！是有我想要它不痛啊！可是，如來藏才不管你痛不痛、流不流血。這意思就是說，他們自己演變的結果，一定會違背法界的實相，就會跟聖教量處處扞格不入，也會跟法界現量中的正理講不通。所以被有邏輯智慧的人旁敲側擊，他們就瓦解了；因爲他們所謂的眞如並不是金剛之性，禁不得旁敲側擊；這邊敲一下，他們就掉下一塊；側面再擊一下，他們又掉下一塊；經過幾次的敲擊，他們最後就全面瓦解了。

可是金剛之性是不可演變的，也沒有誰能夠想出辦法把祂演變，祂是本來如是。這個本來如是，不是大乘經中才講，阿含部二乘經裡面就講了：「法爾如是，是法本來，最上最大，最極高勝。」這是《阿含經》中就說的。其實這本來就是大乘經，專門解說諸法之所從來的「諸法本母」，就是第八識如來藏，但被阿羅漢們結集成二乘經了。在大乘經中也說：「諸佛出世、若不出世，諸法法爾不離眞如。」所以，一定是有一個能證的人，來證所證的實諦相——平等心眞如，這樣才是正法。那麼這樣說，當然是眞心與妄心並行的了。瞭解了這個道理，諸位可以返觀一下說：「我在這裡，那實諦相在哪裡？」這時當然要來探究這一點，好！那就看宗門怎說了，《雲門匡眞禪師廣錄》卷二：

【或云：「佛法中，菩提、涅槃、眞如、解脫，並爲增語。汝道世諦，以何爲增語？」代云：「鬧市裏一箇、兩箇。」又云：「菩提、涅槃。」】

這個「或云」，是雲門匡眞禪師自己所講的。雲門匡眞這麼講：「佛法之中，菩提、涅槃、眞如、解脫，這些看來很神聖的文字言語，全部都是多說的。」你看，禪師就是這麼講。這是不是很狂妄？不是。一般人剛接觸到禪師的開示時，都會覺得這些禪師們好像很狂；其實他們不狂，一點點狂都沒有，因爲他們總是說如實語。不懂禪、不懂眞正佛法的初機學人讀了我的書，也總是覺得我很狂，但我其實只是把禪門的風格繼續顯揚出來罷了，他們不懂就覺得我狂。言歸正傳，雲門的意思是說，表面上看來，這些佛法名相「菩提、涅槃、眞如、解脫」都很神聖；可是當你悟後轉依眞如時，從眞如的立場來看，就沒有菩提乃至解脫等語言文字可說了，這些名相言語當然全都是「增語」。當你依於所證的眞如而住，依於所證的本來涅槃而住，同時也就依解脫、菩提而住，就沒有語言文字可說了。凡是你爲別人講出「菩提、涅槃、眞如、解脫」的時候，全都是爲人而說，不是你自己所住的「平等」與「正覺」的境界，全都是爲人悉檀。因此，當你解說出來的時候，已經不是你內心所住的實相法界了，所以雲門說那都是「增語」。既然是「增語」，爲什麼還要來講這些話呢？又爲什麼多講了很多的法以後，還是要繼續再講下去呢？都是爲人，不是爲己。

講了這些話以後，雲門接著就問：「你們倒是說說看，那世俗諦中以什麼爲增語呢？」從證悟後所住的勝義諦中而言，根本就沒有語言文字可說，還有什麼「菩提、涅槃、眞如、解脫」可說的呢？所以這些言語全都是增語。換個立場而從世俗諦解脫道來看時，又是以什麼爲增語呢？換句話說：在世間法中又要說什麼是增語呢？也就是說，他是從勝義諦中起了悲心入廛垂手，才會這麼老婆而說了這麼多話。那「十牛圖」講的「入廛垂手」，這四個字還眞好，因爲你悟了以後，總不能夠自己抽起腿來只顧享受法樂；一定要出而爲眾生，不論多麼辛苦，你都應該作。只有一個情況，你可以抽腿，就是遇到亂世時根本沒有辦法弘法。如果再要增加一個情況，就是說：「當代之世已經有眞悟者在弘法了，正法的未來無憂了，用不著我了。」那你當然可以隱遁山林，不必走入廟堂。可是，如果沒有人把正法延續下去，而環境又可以把正法弘揚起來時，你當然要出來弘法。出來弘法接引有緣人，就叫作入塵垂手。塵，是說市塵，不是四禪。入塵，就是進入大街小巷市井小民作生意來來往往的地方。入塵以後應該要怎麼樣呢？得要垂手。垂手，就是接引別人；當別人爬不上去時，你就垂下手來幫他拉上去。入塵垂手所說的話，當然都叫作世諦，禪門是這樣來規範世諦，是說，向世俗人中流布眞諦的行爲。

雲門又說：「既然了義佛法中的菩提、涅槃、眞如、解脫全部都是增語，那麼你說說看，在世諦中，」也就是在接引人的時候，「應該是以什麼爲增語？」當然大家都不會。因爲自古以來，禪師座下能夠跟他對話的，始終都沒有幾個，不像我們現在有三百多個人了。知道大家不會答，雲門就代替大家說了：「鬧市裡一個、兩個。」眞的喔？入廛垂手的時候，鬧市裡豈止一個、兩個？我說是百千個。聰明有智的學禪人要懂得看，他到鬧市裡要大聲開口：「老闆！給我三塊豆腐。」那老闆爲了接引他，很俐落地包了豆腐給他；「多少錢？」老闆很大聲地吆喝：「三文錢！」人家這樣聽了也就悟了。就是這樣子，所以鬧市裡只要有一個、兩個這樣的老闆，就會有別人能開悟了，還需要多嗎？可是，雲門禪師這句話是像我說的這個意思嗎？豈非盡是增語了？其實不是，雲門這些增語中也還有更直接的，絲毫都不拖泥帶水地直指實相，只是難會。等到悟得深了才終於知道：原來他說的是這回事。可是悟了以後知道這回事的時候，差別智已經算是不錯的了。一般人剛悟時，到這裡還是不懂：爲什麼雲門要說「鬧市裡一個、兩個」？因爲這是禪宗門下的「啐啄同時」機鋒，著實難會。

也許有人說：「你講這個話，太誇大了吧？」我說：「不誇大。」以前，也有禪師是這樣的。他正在參禪，始終都參不出來。有一天，師父派他下山辦事，剛好走過市集；當時走到肉案子前，正巧有一個顧客說：「老闆！來一斤精肉。」他嫌肉太肥，這老闆聽了不高興，把切肉刀拿起來，往肉砧上一丟就插在砧板上，接著雙手叉在腰間質問說：「我哪一塊不是精肉？」這個禪師走過旁邊，正好看見這一幕，聽了進去，當時就悟了。你說說看：這不就是鬧市裡一個、兩個嗎？鬧市裡一個、兩個，不好嗎？可是，等你會了那個公案，你還是會不得雲門這個「鬧市裡一個、兩個」。到底我在說什麼？這個不好聯結吧？聯結不起來吧？因爲鬧市裡，一個買豬肉底，一個賣豬肉底，兩人幾句對話，就這樣使那個旁邊的參禪僧悟了。「一個、兩個」，沒有錯，完全沒有錯；只要你有因緣，鬧市裡面不一定要那兩個，往往只要一個就夠了，所以雲門禪師說：「鬧市裡一個、兩個。」可是，直饒你從這個公案裡面會去了，你還是沒有眞會「鬧市裡一個、兩個」。而這「一個、兩個」其實都是一樣的。

如果哪位師兄、師姊弄不清楚，下週二找上講堂來問，我就告訴他：「三個。」（大眾爆笑…）一個、兩個還不夠，還加了他一個，不正是三個？但我說的是「三個」嗎？參禪眞的很難吧？眞的難啊！可是一旦緣熟了，卻也易如反掌。可是對一般參禪人而言，這個事情就是這麼難，直饒你把那個禪師的公案弄通了，回頭再來看說：「爲什麼雲門禪師說『鬧市裡一個、兩個』？」

你就想說：「那就是，那個禪師如何、如何，這個買肉、賣肉的如何、如何，所以他就悟了，悟的也是眞的。」而你所悟的，縱然是眞的，你來解釋這句「鬧市裡一個、兩個」，我還是說你錯，因爲你確實錯了。奇怪吧？

所以眞要說悟，很簡單！大家都可以說悟；但是眞正悟入時，有皮毛，也有眞正深入的悟。而那些落在皮毛裡面的，也都自稱開悟了，所以同修會外就有許多人自以爲開悟了；我弘法早期那幾年有接見外客，然而勘驗的結果都是落在表相裡面，自以爲悟，從來不曾離開五陰；到如今，求見於我的外客也還如是。他們所講的意涵套上公案時也通，問題是內涵不一樣。所以，找對了師父還眞的很重要，看表相是沒有用的。即使是眞悟時，還是要進到禪門裡面關起門來密談、細細勘驗，公開講的都不算數；因爲往往雙方的認知不同時，但表相上看來是相同的，就會像臨濟禪師被他的師父從機鋒上誤認爲開悟了一樣。所以就算你刺探到密意，我還是說你沒有悟，因爲雲門這個「鬧市裡一個、兩個」，你依舊不通，不免落在五陰中。有一天忍不住，來問我這一句到底是什麼意思，我卻說是「三個」。爲什麼是「三個」？你再怎麼解釋，也都解釋不通，只是會自以爲通，所以就不是眞的悟了。眞的開悟就是要如此，一個、兩個也通，三個也通。

那麼，自以爲的通，其實全都沒有通。所以，你要買什麼產品，可不要只看表相；表相一樣，內涵不一定一樣。最近，有一個電器廣告很流行：「仝款都嘸仝師傅。（閩南語）」對啊！你從外表看起來是一模一樣，講起來時也一模一樣，但不同的師傅製作出來時，產品就是不同，內涵是不會一樣的。以前香港月溪法師不也是這樣嗎？上座講了一堆，然後他也學人家禪師一樣的作略，就舉起拂子來往桌子一拍，就下座了。表面看來跟眞悟底禪師們一樣，可是內涵一樣不一樣呢？內涵大大不同，所以才叫「毫釐有差，天地懸隔」。

清涼禪師跟紹修山主說：「毫釐有差，天地懸隔。師兄你怎麼會？」紹修山主答覆說：「毫釐有差，天地懸隔。」紹修山主答完了，清涼禪師淡淡地講一句話說：「你像這樣子會，怎麼可能眞的會呢？」意思是說：「像你這樣去體會這八個字，怎麼能夠眞的體會出這八個字的言外之意？」紹修山主一聽清涼師兄說話不一樣，就反過來請問：「那麼師兄您是怎麼說的呢？」因爲當清涼文益問他的時候，紹修山主答覆說：「毫釐有差，天地懸隔。」

等到紹修山主反過來問的時候，清涼禪師也還是答他：「毫釐有差，天地懸隔。」一字不易，連一個字都沒改。可是紹修山主才剛一聽，哎呀！不得了！原來如此，趕快就地頂禮師兄三拜。會了那個公案，才會這「一個、兩個」，這才是眞的悟，否則談什麼開悟？全都是野狐。本是野狐身，開口也說悟，閉口也道悟，捨報的時候可就知道了。這個事情不等閒，承擔開悟這個事情眞的不是一件小事；所以，眞的要弄懂這「鬧市裡一個、兩個」的眞義，而不是我剛剛講的那個肉販的公案。雲門的「鬧市裡一個、兩個」，不是肉販公案那個「一個、兩個」；他這個「一個、兩個」，就是我講的「三個」。那你說，禪門裡面到底有什麼樣的蹊蹺，竟然會有這麼多的玄機？等你眞正的悟了，這些玄機自然都不玄了，因爲都是現成可觀的，那你就是眞悟了，自然就生起實相般若，就能現觀眞如了。

雲門講過了以後，看看這「一個、兩個」的現成公案，大家都不會，只好重新再提示一下：「菩提、涅槃。」看來還是一樣的啊！這「菩提、涅槃」跟他的「鬧市裡一個、兩個」是一樣的，跟我講的「三個」也是一樣的，都沒有差別。假使有人還是弄不清楚，想要打破砂鍋問到底，再來問，我就告訴他：「眞如、解脱。」懂得爲何是這樣的人，才是眞悟的人。如果他又死纏爛打，一天到晚都來問，我就一天到晚跟他答，也沒有關係啦！如果他又來問了，我就說：「你長得很英俊。」如果他怕我煩，換他太太來問，我就說：「妳長得很漂亮。」反正我總有話答他，都是眞理，沒有一絲一毫誑惑於他，這才是眞正的佛法，佛法應當如此。

絕對不許是：**上座的時候開悟，下座時心中有語言時就是沒有悟**。那算什麼悟？那個悟可眞是變異法。他爲什麼會落到變異法裡面？因爲他在修道參禪的是妄心自己，想要證的也是妄心自己，不離識陰六識等妄心；這是想要把妄心離念認爲是開悟而轉變成眞如心如來藏，就只好每天在那裡熬腿——盤坐拘身，然後用種種制伏妄念的方法來拘束覺知心；他總是把自己給束縛在那邊，上座拘身拘心以後妄念不生就說是開悟了，下座以後不能拘身也不能拘心時又有語言妄念了，就說是沒有開悟或是悟境退失了。那就是上座時開悟，下座就不悟；打坐的時候是開悟，說法的時候又成爲沒有住在悟境中的凡夫。那麼這樣子，他所說底法，你要不要聽呢？因爲他說法時已經是離開悟境的凡夫，那你去聽他說法幹嘛？有智慧的人要聽一個永遠都住在悟境中的人來講法，如果是聽那個說法時就失去悟境的人所說，他那時既然已經沒有悟境，說出來的法當然就不是證悟的內容，那他當然不可能幫你開悟。諸位認不認同這樣的說法？認同呵！沒有人搖頭，都是點頭，這表示諸位眞的有智慧。

這意思就是說，眞實的佛法不能虛構，眞實的佛法也不可能被演變。凡是可以被演變的都是虛妄法，都不是眞正的佛法。什麼人才會把佛法演變呢？凡夫。眞悟的菩薩永遠不會演變佛法。佛陀時代菩薩們跟著 佛陀所證的法，傳到了東土震旦；東土弘揚以後呢，如今又來到蓬萊仙島，仍然是這樣的法，一樣是第八識平等心如來藏，永遠不可能被演變的。只要你對第一義諦的「實諦相」是實證的，你就不會、也不需要演變，因爲你知道祂不可能被演變；不是因爲不允許演變，而是無法去演變祂。祂的實質是不可能被演變的，這樣親證的就是眞實的佛法。諸位！你如果想要證得一個亙古都不可能演變的法，今晚你就來對了地方。這一家寶號只賣不可被演變的法，絕對不賣鍍金鍍銅的假法。若是眞黃金，不論你怎麼精煉它，它始終是黃金，不會演變。如果是黃銅或者烏鉛來鍍金，火一燒熔馬上見分曉，於是從黃金演變成銅或鉛了，然後被人指責時，只好再去鍍金而說是演變成功了。悟錯了，總有一天會有人出來指導他；如果他傲慢而不接受指導，那個指導可就變成指戳了，這是古來宗門之內無可避免的事。

那麼既然如此，不管今天你找到如來藏了沒有，還是要繼續再深入，因爲見道位有三乘菩提的差別。在大乘法中與在二乘法中不一樣。二乘法的見道過程，最多拖不了三天就全部解決了；可是，大乘法中的見道，卻是一大阿僧祇劫的三十分之二十四，那時間是多久呢？因爲見道不退的人只是第七住位，第一大阿僧祇劫分爲三十心，第七住位是見道位，只是其中一心而已；可是眞見道以後繼續進修，一直到十迴向滿心時還都是見道位，只爲了要通達見道位的般若智慧，名爲相見道。這樣子，大乘見道的時程，顯然是一大阿僧祇劫的三十分之二十四。所以，即使你找到了如來藏，還是要繼續再深入，否則無法圓滿見道的功德，就無法進入初地的入地心，不是通達般若。

聽到我說的這一句話，會有兩種反應。第一種人的反應是：「喔！大乘見道這麼辛苦，悟了以後還要繼續修學那麼久，到底這是要修幾劫呢？也算不清楚欸！」於是怕辛苦，退失了：「我不要去正覺修學佛法。人家別的道場一悟就沒事了，他們正覺開悟了以後還要修那麼久；還不是只有下一世要繼續學，是很多劫之中都得繼續進修。這太辛苦了，我不學了。」這是第一種人。另外一種人說：「哎呀！這個好啊！原來悟了以後，還有那麼多可以學的妙法，我非要好好學不可；只要這一開悟了以後，就可學更多妙法，快速提升，一世就會完成好幾個位階的實證，賺飽了！」就是會產生這兩種不同看法底人。諸位想要作哪一種人，我就不管；但是，我會把你當作是第二種人，所以我就繼續講下去。來！下一段：

經文：【爾時世尊說此法門已，復告金剛手菩薩言：「金剛手！若有人得聞此四種寂靜性成正覺實相般若波羅蜜法門，受持讀誦，思惟修習，應知是人即得超於一切惡道，疾證阿耨多羅三藐三菩提。」**爾時如來復說咒曰：**

唵——！(長呼)**】**

這個一字咒是長呼，這個梵音要念作「唵——！」(大眾笑…)長呼。(有一位小菩薩跟著學：唵——！)這位小菩薩好像懂得它是什麼意思欸！(大眾又笑…)好！回到經文來。

講記：上一段經文中的四種「平等成正覺」講完了以後，接著世尊就告訴金剛手菩薩說：「金剛手啊！如果有人有那個福報，聽聞到這四種寂靜性成正覺的實相般若到彼岸的法門，他能夠受持讀誦，思惟修習，應該知道這個人就能夠超越於一切的惡道，也可以迅速地證得無上正等正覺。」這時如來又說咒，這個咒是這麼說的：

「唵——！」

佛陀講到這裡是作一個總結：如果有人聽聞到這四種「寂靜性成正覺」的實相智慧到彼岸的法門，就作一個結論說，這四種寂靜性可以使人成就正覺。四種的寂靜性，也就是說，「金剛平等成正覺」是寂靜性的，「義平等成正覺」也是寂靜性的，「法平等成正覺」、「一切平等成正覺」，全都是寂靜性的。這意思很明白地告訴我們說，從「金剛平等成正覺」乃至「一切平等成正覺」，都是離六塵見聞覺知的，都不落在六塵中。假使落在六塵中，一定不是寂靜性。

譬如有的大師說：「靜坐到沒有語言妄想、離念靈知的時候，那就是證悟。」請問：他這個離念靈知，縱使他能夠解釋說祂是金剛性、義平等、法平等、一切平等，請問是不是眞的寂靜性？不可能！因爲離念靈知永遠都在六塵中，只要是在六塵中就不是絕對的寂靜性。不是絕對寂靜的心性，一定會對六塵境界生起貪厭的心行，又怎能是眞如呢？既不是眞如就不是「實諦相」，那他所住的境界一定是六塵境界而不是眞實諦的境界相，當然不符合第一義諦。不論去到哪個大山頭，有哪一個山頭和尚敢說他的離念靈知是離六塵的寂靜性？諸位如果遇到那些大師們，都可以問他們：「佛陀說的成正覺，這個所證是寂靜性的，都是不住六塵中的寂靜性，請問大師父您：您的所證是這樣的寂靜性嗎？」他一定會告訴你：「是。」爲什麼呢？因爲他不懂你所問的境界而自以爲懂。他的開悟成正覺是打坐，然後坐到澄澄湛湛，外面也沒什麼聲音（其實還是有聲音，可是因爲他打坐的時候，徒弟們都不敢打擾他，都幫他照顧得好好的。貓、狗來了就趕走，小朋友喧嘩時更是要趕走，如果有鳥在那邊叫，也要去趕開，所以，他認爲是寂靜性的），但眞的是寂靜嗎？不然！因爲風吹草動，徒弟們總趕不了吧？風吹草動，他都聽得清清楚楚。當他坐到澄澄湛湛的時候，心臟在跳著：「砰、砰，砰、砰……」還有節奏呢！他也無可奈何。他沒有辦法離開心跳的聲音，一定是「砰砰、砰砰、砰砰」有節奏給他聽，叫他不寂寞。這樣是眞正的寂靜性嗎？眞不寂靜。假使他能夠故意起作意說，我不要管心跳的聲音，可是接著還有呼吸的聲音，絕對不寂靜。

《實相經》中說四種的平等成正覺，全都是寂靜性的；這表示說，眞正開悟者所證的心一定是離六塵境界而實際存在著的；既然不依六塵而存在，當然不了別六塵中的諸法，這樣才是眞正的寂靜性。當你證得這個寂靜性的心，你就可以正確解釋這四種平等，因爲你所證的一定是眞如，一定契合「實諦相」。如果證得的是六塵中的離念靈知，那就沒有辦法如實解說四種平等性，因爲祂不是寂靜性的。於是他解釋的時候一定會依文解義，無法從自心流露來說，並且一定會變成曲解。譬如說，如果有個大師告訴你說：「你什麼都不要管，把所有的煩惱都放下，當你放下煩惱的時候就是開悟了。」請問：這有沒有大過失？有呵！因爲確實有，當你依循他的教示來放下一切煩惱，什麼都不想，然而：「公司昨天被人家倒債一千萬，我也不想。」眞的能夠不想時，這樣就開悟了嗎？沒有，因爲我見具足，都不曾涉及實相法界的眞如法性。他反觀自己，心中沒有語言文字的作意：「我放下了一切煩惱，我現在清清楚楚、明明白白，我都不起煩惱。」可是不想煩惱的覺知心這個「我」還是在，由於不知道這個「我」是生滅而虛假的，所以「我見」分明。這樣子，連聲聞初果都取不到了，還能叫作開悟般若的菩薩嗎？當然不可能。

如果人家教你說：「你要時時保持覺醒，不要昏沈，要清清楚楚、明明白白，這就是覺悟菩提的覺。」好，時時保持覺醒的時候，並且把妄想煩惱全都放下了，可是覺醒者是誰？還是識陰、意識，依舊是覺知心，仍然不離我見，依舊外於三乘菩提。像這樣能夠是眞平等嗎？不行！因爲正當他放下煩惱，心中不生起煩惱，也都沒有妄想的時候，可是老爸來找他了，他趕快就站起來了；兒子來了他卻動也不動，這是平等嗎？顯然他不平等。「因爲那是老爸，我尊敬他，我要趕快站起來。兒子，兒子是我在養的，不甩他。」這有平等嗎？所以有很多的地方都是可以加以檢驗平等性的。如果願意深入聖教裡面，你可以拿出很多奇奇怪怪的檢驗方法，是他們都想不到的。而我說了出來，這十九年來，我所說的檢驗方法，包括講經、講論時所說出來的，實在太多了，我自己也弄不清楚有幾種方法，但每一種方法都可以檢驗。

但是，對諸位而言，我們正覺同修會所證的法，能不能透過那麼多的法去檢驗以後，仍然證明是眞的？這才是最重要的課題。正覺傳授所證的第八識眞如心，都可以通過檢驗；從來沒有一個聖教量可以推翻正覺所證的這個法，因爲都互相符合；所以正覺才能夠在強敵環伺之下，而仍然屹立不搖。以前有人勸我說：「老師！你不要這個也評，那個也評，這樣不符合作戰原則啦！」（大眾笑⋯⋯）因爲他們以前搞政戰，說要聯合次要敵人來打擊主要敵人，就勸我：「你全部一網打盡，全部都評論，那不就四面楚歌了嗎？」我說：「沒有關係啦！因爲我們這個法是眞正的金剛，不管他們拿刀槍或什麼武器來，都沒有辦法奈何我們，四面楚歌又如何？」結果，我們就這樣走過來了。所以，我終究沒有接受勸導去變成一個老好人、或者虛僞的好人。

虛僞的好人就是說：「那個跟我的衝突比較小，這個衝突比較大，我就聯合那個來打這個。」那我就變成虛僞的人了，不是嗎？我不用管這個啦！只要不對的，我全部都講了。反正我早期都推崇他們，他們也沒有誰推崇過我（大眾笑⋯⋯）。他們對正覺不認同，甚至連默然不評都不肯，那我推崇他們都白推崇了。我推崇他們，他們還是要殺我，那我乾脆把他們一起殺了。這就是人家講的一句話說「一不作，二不休」，也是被他們逼到無可奈何了，想要當老好人都當不成。這就是說，你如果要當老好人，只有一個情況當得成，就是你跟他們所悟一樣，而且每天都公開推崇他們。他們悟錯了，你也跟著悟錯了，並且天天推崇他們，也就雙方沒事了；最多只是讓他們覺得自己那個境界是悟得淺，他們就不會否定你；因爲你開悟的內容跟他們一樣是離念靈知，他們若是否定你，就等於否定自己。可是，當你所悟與他們不同，你即使稱讚他們，他們也要否定你，這是無可奈何的事。

所以，佛陀當年還沒有去找外道破邪顯正時，外道們不也是一直在攻擊佛陀嗎？因爲佛陀講的法義跟他們講的不一樣。但外道與凡夫們大多是不會檢討自己的，只會一味地攻擊 佛陀把解脫、把涅槃講錯了，所以後來 佛陀就開始摧邪顯正。有哪個外道在毀謗 佛陀，聖弟子們聽到了就回來稟告：「外道這麼說：『明天瞿曇如果來了，我就用瞿曇的法來破瞿曇的法，讓他一句話也講不得。』」佛陀聽了，默不作聲；明天早上要托缽了，佛陀就提前離開道場，先去那個外道那邊繞一下說：「聽說你昨天有這麼講。」外道回答說：「有啊！」因爲有很多人證，沒辦法賴掉。佛陀就說：「你也不必用我的法來破我的法，乾脆我用你的法來破你的法，好不好？」外道的徒弟們都鼓掌說：「這個好啊！如果能夠這樣，眞的就夠厲害了。」他們不知道其實是在把師父推向火坑，因爲他們大家這樣認同以後，外道就沒有辦法阻止或推辭了。於是 佛陀就用外道所講的說給外道們聽，說外道這樣一講，就會有什麼過失，又會有什麼過失，錯在哪裡。於是外道們什麼都不敢講，最後只好率領著徒弟歸依 佛陀了。即使沒有評論 佛陀，佛陀有時也會主動去找他們，度他們證阿羅漢果，大迦葉、二迦葉、三迦葉，不都是這樣成爲佛弟子嗎？正因爲法是絕對正確的，誰都無法推翻，所以只要是願意依止正理的人，聽了 佛陀的說法以後都會成爲佛弟子，都是這樣嘛！

這意思就是說，所證一定要符合法界的實相。所以，不管誰在說他所證的法是「金剛平等成正覺、義平等成正覺」，乃至「一切平等成正覺」，一定都是「寂靜性成正覺」。如果那個法不是絕對寂靜性的，換句話說，如果他所證的那個法不是離六塵境界的本覺，就不是絕對的寂靜性；既不是寂靜性的，就會成錯覺而不能成正覺。一定是具足這四種平等而且是「寂靜性成正覺」的法門，才能夠稱爲實相智慧到彼岸的智慧——實相般若波羅蜜。「得聞此四種寂靜性成正覺實相般若波羅蜜法門」——有因緣可以聽聞這四種平等而且都是「寂靜性成正覺」的實相智慧到解脫彼岸的法門。這句聖教在告訴我們什麼道理呢？告訴我們說，這四種寂靜性成正覺的實相智慧到解脫彼岸的法門，是智慧法門，不是世間禪定的法門。假使有人用修定的方法要制心一處不起妄想，想要以四禪八定的實證來求解脫，那其實不是智慧，那是在修世間禪定，那麼他應該叫作成正覺的實相禪定波羅蜜法門。可是，這裡的聖教明明告訴你說「實相般若波羅蜜」法門，不是講「禪定波羅蜜」。說句題外話，即使修禪定而想要成就波羅蜜，背後也是要依靠實相般若智慧。

爲什麼這一句經文要講這麼長？不能說短一點嗎？念起來都要念老半天。爲什麼要這樣長呢？因爲一個字都不能少。這就是實相般若波羅蜜法門，到解脫生死的彼岸是靠智慧而不是靠禪定。所以，如果誰規定你說：「你如果要開悟，一定要每天至少坐幾個鐘頭，要天天連續不斷打坐六百座。」我告訴你，那一定是錯悟的人，因爲那是想要靠禪定定境來成就實相般若。可是，這個實相智慧，它明明叫作智慧；既是智慧，爲什麼要用世間定的方法來修？所以這就有問題了。即使是禪定波羅蜜多，也是在講靜慮而非世間禪定；是經由靜慮法門而修學如何實證平等心如來藏，然後才能發起實相般若而且心得決定，就是禪定——靜慮而後心得決定，因爲禪就是靜慮。所以眞正的佛法是智慧法門，不是修世間禪定的法門，精修世間禪定並不能得解脫。即使是俱解脫的阿羅漢，也不是靠禪定而得解脫的，也是靠智慧才能夠從非非想定，或是從無所有定裡面去轉入滅盡定，這也是靠斷我見的智慧而證得的；所以他的俱解脫也是從智慧來的，但因爲有禪定幫助所以成爲俱解脫，若沒有具足世間禪定就成爲慧解脫。所以還是要靠智慧得解脫，不是靠世間禪定在那邊熬腿拘束身心而證四禪八定以後妄認爲解脫。

一週又過去了，今天要從「受持讀誦，思惟修習」開始講起。今天要講解的經文是：「**受持讀誦，思惟修習，應知是人即得超於一切惡道，疾證阿耨多羅三藐三菩提。**」

受持，不管是受持《金剛般若波羅蜜經》或者《實相般若波羅蜜經》，都是很不容易的事情；因爲太深奧、太微妙，很難以理解它，更別說是實證。所以，要受持了義究竟勝妙微細的法，是非常困難的。這不是末法時代的今天才如此，而是古時就已經如此了。不但古時如此，而且是在 佛陀的年代就已經如此了。也許諸位想：「**大乘經中的記載，實證的菩薩們有那麼多。**」

可是那麼多的菩薩，除了等覺位與妙覺位的菩薩，因爲是來佐助 世尊弘法而必須陪同 佛陀受生在人間，除此以外大多數的菩薩們並不是人類，而是天界來的菩薩，他們是過去世就已經證悟了；還有從他方世界來的大菩薩們，而人間的菩薩始終是少數。眞正的菩薩而屬於人類的，除了少數幾位是因爲 佛陀來這裡降生應化的因緣，而跟隨來的那幾位等覺、十地菩薩以外，在這個娑婆的地球上，人類菩薩證悟的人數是很少的。所以，以人身示現的就只有 文殊、彌勒、維摩詰、觀世音、大勢至……等人，其他的大部分是從天界或他方世界來的菩薩，你要找到很多示現人身的菩薩，是很困難的。

也許有人腦筋轉得快，很快就想到說：「那後來阿羅漢們，你看《法華經》不是講嗎？大部分人都迴小向大了，被佛陀授記了，那不是菩薩嗎？」我說：「對啦！那也是菩薩，卻是從阿羅漢位迴心過來大乘的。」可是，那些大阿羅漢總共有多少？一千二百五十位，扣掉那些聲聞種性的不迴心阿羅漢五十位，才算是迴心大乘的大阿羅漢菩薩。可是他們全部迴心於大乘，也是後來因爲 佛陀的二轉法輪、三轉法輪時間久了，才眞正成爲被授記的菩薩。那是到什麼時期呢？已經是第三轉法輪的後期了；還不是第三轉法輪的前期，都已經是後期了。於是他們座下的許多阿羅漢弟子們才跟著迴小向大，成爲眞正的菩薩，但也只是在三賢位中，未來世中還得要繼續努力修行很多劫才能入地。

諸位想想看，佛陀那個年代，是佛陀弘法的晚期才開始使大乘法教興盛起來，那麼大乘佛法是不是在 佛陀住世時就已廣大弘揚的呢？答案是「很難推廣」，因爲甚深而且難信；光是信受就很困難了，更別說是實證而受持了。而且老實說，佛陀手頭也是抓得很緊；那些阿羅漢們在第三轉法輪經典開始宣講的時候，大多數都是還沒有悟得般若的。所以你們看，像《維摩詰經》、《金剛經》正在宣講時，有幾個阿羅漢是有開悟般若的？那都是極少數人。因此，想要受持大乘法很不容易。如果那些阿羅漢們迴小向大（不說一半，就算全部好了），全部一千二百五十人；以那時佛教興盛狀況的聲聞弟子與佛弟子人數來作比例，到底大乘菩薩們的比例是高或是低呢？那比例當然是很低。那時候佛教是獨霸印度宗教界的，實證的菩薩們也才只有那麼些人物，所以算是很少。

也許我將來走的時候，我們同修會明心的人數會超過那些阿羅漢。但是，如果以全部佛教徒的人數來算，是多、還是少呢？還是很少啊！看我們同修會弘法到現在，會員才二千多人，加上新班的學員；因爲沒有共修半年以上不許入會；再加上新班學員，我猜大概就只有三千人左右，人數算很少（編案：這是二〇〇八年八月所說，此書印行時已經大增。信眾，不在此數）。就算全部這三千人都悟了，有人也許想：「喔！那太好了。」可是，就算都悟了，在佛教徒的總人數裡面，仍然是極少數，所以想要努力推廣了義的大乘佛教是不容易的。因此，大乘佛法的廣傳，只能在表相正法上，若是在實證的了義正法上是不可能廣傳的，所以我們從來不期待有很多很多的人受持如來藏妙法。我沒有這樣期待過，因爲，這個期待在我《禪門摩尼寶聚》印出來不到半年時就破滅了，我就知道沒希望了；因爲那本寶貝，人家都不認得，反而都說你這個是黃銅製成的。所以，要受持大乘的了義法，確實不容易，更別說是推廣了。

大家也可以看看（且不說大陸，光說台灣好了），我們證實佛法的見道入門就是親證第八識如來藏，可是台灣這些大山頭，有幾個是公開推崇如來藏的？別說推崇，就說承認吧，還眞難得欸！眞不容易找到有幾個現在肯承認佛法的實證就是證如來藏。那些大大小小的山頭那麼多，有幾個公開推崇過如來藏妙義？有幾個肯公開宣稱大乘的證悟就是證如來藏？很難找到啦！其實連一個也沒有。所以，你叫他們要信受第八識眞如法，還眞的不容易，他們只能繼續被邪師誤導而作錯誤的受持：「我們只要不執著，放下一切，就是證悟了。」這樣的凡夫所知的大乘法，他們會受持；但是眞正要證如來藏妙法，你很難叫他們受持的。

不過，我們還是會繼續作、繼續努力。他們不信受，就設法要他們信受。他們如果不信受，繼續毀謗如來藏，我就破斥他們的法，讓他們被攤在陽光下來檢驗，讓大家瞭解說：「喔！原來他們沒有證得如來藏。」大家就想說：「那他們就是沒有開悟啦！他們確實悟錯了。」這樣子來逼他們，佛教正法的復興，就只有這一條路可以走。因爲人之所愛，無非五陰；但是大師們之所愛，無非是五陰所附帶的名聲與利養；這就是大師們的所愛，無一不是如此。但是名聞與利養對他們和四眾弟子們，不但此世無益，也是後世無益，所以要逼他們信受第八識妙法。

逼他們信受了，正法才有繼續生存的空間，否則你弘揚的如來藏正法就會被他們擠壓。雖然你並不想度盡所有人，但是他們會擠壓你，因爲他們有恐懼：「我的徒弟都會跑過去正覺。」其實根本不可能這樣子發展出來，但是他們心中有恐懼，就必須要擠壓你。那我們就反過來，從消極變成積極，硬逼著他們要承認如來藏正法。如果他們膽敢否定如來藏正法，我們就公開評論他們，讓他們的立足之地越來越小，到最後如果只剩下針錐之地，他們就要倒了，對不對？因爲站不穩了。如果他們噤聲不語，不再抵制如來藏正法，那我們就是弘揚正法，不再評論他們，這就是我的原則。

所以，受持大乘法是不容易的，因爲受持以後還得要讀誦。可是你叫他們要讀誦，他們會覺得很痛苦，因爲《金剛經》請出來，每一個字都認得，但是意思已經完全不懂了。以前他們還自覺讀得懂，自從正覺出世弘法以後，他們開始覺得讀不懂了，已經變成這樣啊！「叫我每天都要課誦《金剛經》，還要每天讀誦，那乾脆殺了我吧！」如果是更深的經，特別是第三轉法輪的經，你要叫他們讀誦，他們會覺得更痛苦，因爲那裡面講的是第八識妙法，他們都沒有實證，明明都不懂，卻又要每天讀誦，那不正是怨憎會嗎？是怨憎會。因爲：「這部經我很討厭，我眞的讀不懂，卻規定我每天要去面對它。」就是怨憎會啊！這會使他們每天都住在八苦中，眞的好苦欸！所以要每天讀誦了義經，也是很難啊！假使大師們之中，有人願意每天一遍又一遍去讀誦他所不懂的大乘經，這個人才有希望能證悟。如果因爲不懂，就排斥或者乾脆否定，不管是哪一種人，都是與佛菩提的見道無緣者；所以說，《實相般若波羅蜜經》，要叫他們讀誦也眞的很難。

因爲他這麼一段又一段讀下來，最後都是：爾時如來復說咒曰：「唵——！」或是說咒曰：「啥——！」那到底是唵個什麼、啥個什麼？他們也都不知道啊！他們一定會覺得很奇怪：「爲什麼才講上一、二段經文，又來個一字咒？再講過一、二段，又來個一字咒？」如果要說那是一字禪吧！可是禪門的公案他們又不通。這一字禪當然更難通，因爲一字禪比禪門祖師證悟的公案更深、更難會。在這個情況下，他們每天要課誦的時候，都會先覺得煩惱。勉強課誦完了，心裡面一定會嘀嘀咕咕：「這部經典，我再怎麼誦，根本也不可能會開悟啊！也不可能會懂得啊！」可是每天又要這麼讀誦，好煩惱！不過他們如果願意壓制著煩惱，每天一直誦下去，最後終究還是有機會可以開悟實相而獲得實相般若的。這是因爲他們的心態觀念都會漸漸改變，後來他們可以信受了義法，信受之後繼續讀誦下去，當有一天人家說：「這如來藏是可證的，般若智慧眞是可以實證的。」那時他的善根已經足夠了，一聽就會相應，然後一頭栽進去，直到悟了才會去返觀以前學佛的道路。

所以，即使能夠每天讀誦也是很不容易啊！你看世俗人，你叫他白天沒事的時候，拿一本他讀不懂的書，每天讀一遍，他願不願意？他絕對不肯。那本書對他只有一個用途，就是當作催眠書；想要快速睡著的時候拿它來躺在床上讀，越讀就越沒有興趣，然後眼皮漸漸就闔下來、睡著了。只有這個用途，除此以外，別無他用。如果是佛教經典，總不能拿來晚上當催眠書用吧！那只能一板正經地讀。可是一板正經地讀，卻始終都不懂，那你叫他要每天讀誦，難囉！

如果不只是讀誦，而是要思惟，那會怎麼樣呢？有的人擠破了腦袋，一樣想不通，恐怕腦袋還眞的要擠破了。他們不管怎麼樣思惟，都沒辦法通透；譬如《金剛經》不是家喻戶曉的經典嗎？問題是，誰把它思惟通了？那些大師們思惟的結果，就說：「《金剛經》講的很簡單啦！就是一切法空。」連被推崇爲佛學泰斗的釋印順都還是如此呢，可見都會思惟錯了。一般人則是連思惟都不敢思惟的，總覺得經中的境界與自己距離太遙遠了，但有的大師卻敢說：「**我知道啦！《金剛經》就是叫我們什麼都不要執著啦！**」就教導大家：「**放下煩惱啦！放下一切啦！當你全都放捨了，就開悟了。**」但問題是，把煩惱放下了，把一切都放下了，名聞利養全都放下了，卻又反過來教大家都要「**把握自己**」；原來他放不下自己，那還是五蘊「我」啊！連我見都斷不了，怎麼跟《金剛經》的第一義相應呢？所以思惟也會思惟錯誤。不幸的是，這種現象卻是很普遍的，可見思惟經義也是不容易的，因自古以來思惟錯了的人，比比皆是。

至於修習，要怎麼修習？當大山頭的堂頭和尚都修習錯、都弄錯了；大家前仆後繼註解《金剛經》也都註解錯了，那應該要怎麼樣修習？註解《金剛經》、註解《心經》的人，從古至今眞的是前仆後繼。因爲前面的一位大師註解過了以後印書出去賣，一千本賣了一年賣不完；接著過幾年，又有一位大師也來註解，他印書出來滿懷希望說：「**我註解這麼好，一定大銷、大賣吧！**」結果沒想到：一千本還是一年賣不完。可是永遠都會後繼有人，這叫作前仆後繼；前面那個人倒了——一千本一年都賣不完（這是總經銷講的，不是我們講的。他們看得起我們，是因爲我們第一刷二千本，通常幾個月就賣完了，然後又再刷，然後外面都有人會繼續再來叫書。所以，那總經銷看中我們說：「你們的書不錯，都還會有人繼續再買。」這表示說，我們沒有「前仆」，我們是前面一堆已出版的書繼續賣，後面連續再出新書)。他們那些人卻是首刷一千本，一年還賣不完；而且是五百本上架以後賣不完，剩下的回收下來退回給出版者，就沒有人再叫書了。可是註解《金剛經》的人還是前仆後繼，代有其人，永遠不會缺乏願意前仆後繼的人；看到前輩倒了，他們不信邪，覺得自己比較行，所以還要再註解一遍，再印出來賣，然後他也跟著倒下來，同樣是一千本賣一年還賣不完。就這樣子，代有其人，永遠不缺乏這種人。你想，在這種普遍的情況下，你說有誰能正確地修習《金剛般若波羅蜜經》、《實相般若波羅蜜經》？眞的很困難啦！

所以世尊說：「假使有人能夠眞正受持讀誦、思惟修習這部經，你應該要知道，這個人一定可以超於一切惡道，」因爲這個人絕對不會謗法，不謗法就不會毀謗賢聖，因爲他知道什麼是實相：「如來藏就是實相，而如來藏這個實相，古來少人證，今日更無論。」既然如此，竟然有人出世弘法，不但親證還能教別人親證如來藏，他就知道這個人不可毀謗。既不謗法，也不謗賢聖，他當然更不會造惡業，那麼這個人怎麼可能墮落三惡道呢？所以世尊這麼講：「如果有人聽聞這樣的實相般若波羅蜜法門而能夠受持讀誦、思惟修習，應知是人即得超於一切惡道，」世尊這話眞的是如實語、誠實語、不誑語，應該加上一句「慈悲語」，因爲只有大慈大悲才會這樣講，想要預防智慧不夠的人胡亂毀謗而下墮三惡道。

然後又說：「這一個人也會很快速地證得無上正等正覺。」無上正等正覺就是大乘佛法的見道，因爲所悟的是無上法，並且他是眞實平等寂靜而正確的覺悟。如果能夠受持讀誦、思惟修習，不謗法也不謗賢聖，當他有一天聽到有人實證如來藏，並且去把善知識所說的加以檢查，證明這個人一定是親證如來藏的人，否則無法這麼說，否則他無法度人同樣證得如來藏。那麼，他對善知識就有信心了：「我一定要去跟這個人學。」他就會開始安排因緣，設法排除困難；或者兩年、或者三年、或者五年，把困難排除掉，他就進入正覺同修會了。這樣的人，是可以很快速地證得無上正等正覺的，因爲他出發時的方向是正確的。如果一開始方向就錯了，受持的時候當然跟著受持錯了，讀誦時一定也始終讀不懂，然後自己去思惟當然又會思惟錯了。思惟錯了不打緊，跟著大善知識去修學，原來那是假名大善知識；這樣子誤修亂習的結果，我說「應知是人即得入於一切惡道」，因爲他悟錯了就不能忍於眞善知識的說法不同於他，於是一定會謗法而跟著毀謗賢聖，這是不可避免的。因爲他思惟錯了、受持錯了、讀誦錯了，也修習錯了，落到離念靈知又被師父印證開悟了。「**哇！得到了金剛寶印了，好高興啊！我是開悟的聖者。**」突然，有一天出來一個人說：「**你那個都是錯悟的邪法。**」他想：「**你的名氣又不如我師父，憑什麼說我悟錯了？**」假使那個人又示現在家相，那更要挨他的罵了，因爲他認爲「不罵白不罵」。這樣一來就變成誹謗賢聖、誹謗正法，所以我說「應知是人即得入於一切惡道」。難免要入的嘛！這是很正常的事情。所以接下來，他想要證阿耨多羅三藐三菩提，那就只能聽雞啼（編案：雞啼聲的河洛語譯成國語就是：久——久、久），眞的沒有辦法「**疾證無上正等正覺**」啦！他一定不可能疾證。

因爲謗法、謗賢聖而自以爲在護法的人，他心裡是不會改變的。他自以爲眞的是在護持佛教正法，所以不會改變他的觀念與作法。結果入了三惡道再回到人間，那是一百多劫以後的事了。因爲，他如果在謗法與謗賢聖上面，有根本罪、有方便罪，而且也有成已罪，謗的又是了義正法，又是眞正的賢聖，那是要去受七十大劫的地獄苦。地獄苦受完了不是結束了，還要去餓鬼道跟人家搶膿痰。一口痰搶不搶得到，還不知道，這樣還要再過幾十劫。然後再去畜生道裡還那個業，畜生要當幾劫呢？也是幾十劫，然後才能回來人間。

這眞的不是小事，然而有多少人知道這個果報？知道的人眞是太少了！所以大家輕易地毀謗了義正法與實證賢聖時，都不以爲意，一點點都不擔心後世的果報。這一下去三惡道中，要多久才能再度回來人間呢？不知道。算他短一點好了，一百五十劫就好了；因爲當畜生以後想要再回來當人，也是很不容易的。像以前　佛陀叫三明六通的大阿羅漢（好像是舍利弗尊者）看看那一隻鴿子：「你看牠以前是什麼？」大阿羅漢一直往前推，推到以前八萬大劫時牠還是鴿子。八萬大劫欸！所以我說一百幾十劫，還算是客氣、還算是縮短了說；就算拉長到一百九十九劫好了，比起八萬大劫還是很少的。可是，別小看那一百多劫，那個苦痛眞的很難承受，卻又不能不承受。這樣長劫受苦回來人間以後，如果那個觀念與心態還沒有改變的話，才一聽到如來藏妙法，他心中的惡見種子引生起來，又加以毀謗，於是墮落三惡道的故事又得重複再來一遍，好像是沒完沒了一樣，眞的很可憐！

所以，如果「受持讀誦，思惟修習」錯了，眞的沒有辦法「超於一切惡道」；想要實證「實相般若波羅蜜」，眞的要心態正確，受持也要正確，別老是受持相似像法。而且「讀誦、思惟、修習」時也一樣要正確，如果都能正確，一定可以「超於一切惡道」，也一定可以很快速地證得「無上正等正覺」，也就是進入大乘法的見道位中。可是 佛陀這麼說完了，到底要怎麼證呢？如來當然要幫助我們了。「爾時如來復說咒曰：唵——！」到這個地步，咱們就不能再往下說了。如果硬要往下說來利益大眾，那我就這麼說：「外行看熱鬧，內行看門道。」

再來看補充資料，這個實相的道理，現在要舉一段宗門裡眞正的典故，來讓大家遠離表相佛法——遠離相似像法，《景德傳燈錄》卷五：（詳續第三輯中演述。）

佛菩提二主要道次第概要表——二道並修，以外無別佛法

佛菩提道——大菩提道

遠波羅蜜多

十信位修集信心——一劫乃至一萬劫

資糧位

初住位修集布施功德（以財施為主）。
二住位修集持戒功德。
三住位修集忍辱功德。
四住位修集精進功德。
五住位修集禪定功德。
六住位修集般若功德（熏習般若中觀及斷我見，加行位也）。

外門廣修六度萬行

見道位

七住位明心般若正觀現前，親證本來自性清淨涅槃。
八住位起於一切法現觀般若中道。漸除性障。
十住位眼見佛性，世界如幻觀成就。

一至十行位，於廣行六度萬行中，依般若中道慧，現觀陰處界猶如陽焰，至第十行滿心位，陽焰觀成就。

一至十迴向位熏習一切種智；修除性障，唯留最後一分思惑不斷。第十迴向滿心位成就菩薩道如夢觀。

內門廣修六度萬行

初地：第十迴向位滿心時，成就道種智一分（八識心王一一親證後，領受五法、三自性、七種第一義、七種性自性、二種無我法）復由勇發十無盡願，成通達位菩薩。復又永伏性障而不具斷，能證慧解脫而不取證，由大願故留惑潤生。此地主修法施波羅蜜多及百法明門。證「猶如鏡像」現觀，故滿初地心。

二地：初地功德滿足以後，再成就道種智一分而入二地；主修戒波羅蜜多及一切種智。滿心位成就「猶如光影」現觀，戒行自然清淨。

解脫道：二乘菩提

斷三縛結，成初果解脫 ← 薄貪瞋癡，成二果解脫 ← 斷五下分結，成三果解脫

入地前的四加行令煩惱障現行悉斷，成四果解脫，留惑潤生。分段生死已斷，煩惱障習氣種子開始斷除，兼斷無始無明上煩惱。

圓滿成就究竟佛果

近波羅蜜多 — 大波羅蜜多 — 圓滿波羅蜜多

修道位 — 究竟位

三地：二地滿心再證道種智一分，故入三地。此地主修忍波羅蜜多及四禪八定、四無量心、五神通。能成就俱解脫果而不取證，留惑潤生。滿心位成就「猶如谷響」現觀及無漏妙定意生身。

四地：由三地再證道種智一分故入四地。主修精進波羅蜜多，於此土及他方世界廣度有緣，無有疲倦。進修一切種智，滿心位成就「如水中月」現觀。

五地：由四地再證道種智一分故入五地。主修禪定波羅蜜多及一切種智，斷除下乘涅槃貪。滿心位成就「變化所成」現觀。

六地：由五地再證道種智一分故入六地。此地主修般若波羅蜜多——依道種智現觀十二因緣一一有支及意生身化身，皆自心眞如變化所現，「非有似有」，成就細相觀，不由加行而自然證得滅盡定，成俱解脫大乘無學。

七地：由六地「非有似有」現觀，再證道種智一分故入七地。此地主修一切種智及方便波羅蜜多，由重觀十二有支一一支中之流轉門及還滅門一切細相，成就方便善巧，念念隨入滅盡定。滿心位證得「如犍闥婆城」現觀。

八地：由七地極細相觀成就故再證道種智一分而入八地。此地主修一切種智及願波羅蜜多。至滿心位純無相觀任運恆起，故於相土自在，滿心位復證「如實覺知諸法相意生身」故。

九地：由八地再證道種智一分故入九地。主修力波羅蜜多及一切種智，成就四無礙，滿心位證得「種類俱生無行作意生身」。

十地：由九地再證道種智一分故入此地。此地主修一切種智——智波羅蜜多。滿心位起大法智雲，及現起大法智雲所含藏種種功德，成受職菩薩。

等覺：由十地道種智成就故入此地。此地應修一切種智，圓滿等覺地無生法忍；於百劫中修集極廣大福德，以之圓滿三十二大人相及無量隨形好。

妙覺：示現受生人間已斷盡煩惱障一切習氣種子，並斷盡所知障一切隨眠，永斷變易生死無明，成就大般涅槃，四智圓明。人間捨壽後，報身常住色究竟天利樂十方地上菩薩；以諸化身利樂有情，永無盡期，成就究竟佛道。

七地滿心斷除故意保留之最後一分思惑時，煩惱障所攝色、受、想三陰有漏習氣種子全部斷盡。 ←

煩惱障所攝行、識二陰無漏習氣種子任運漸斷，所知障所攝上煩惱任運漸斷。 ←

斷盡變易生死成就大般涅槃

佛子蕭平實 謹製
（二〇〇九、〇二 修訂）
（二〇一二、〇二 增補）

佛教正覺同修會〈修學佛道次第表〉

第一階段

* 以憶佛及拜佛方式修習動中定力。
* 學第一義佛法及禪法知見。
* 無相拜佛功夫成就。
* 具備一念相續功夫—動靜中皆能看話頭。
* 努力培植福德資糧，勤修三福淨業。

第二階段

* 參話頭，參公案。
* 開悟明心，一片悟境。
* 鍛鍊功夫求見佛性。
* 眼見佛性〈餘五根亦如是〉親見世界如幻，成就如幻觀。
* 學習禪門差別智。
* 深入第一義經典。
* 修除性障及隨分修學禪定。
* 修證十行位陽焰觀。

第三階段

* 學一切種智真實正理—楞伽經、解深密經、成唯識論…。
* 參究末後句。
* 解悟末後句。
* 透牢關—親自體驗所悟末後句境界，親見實相，無得無失。
* 救護一切衆生迴向正道。護持了義正法，修證十迴向位如夢觀。
* 發十無盡願，修習百法明門，親證猶如鏡像現觀。
* 修除五蓋，發起禪定。持一切善法戒。親證猶如光影現觀。
* 進修四禪八定、四無量心、五神通。進修大乘種智，求證猶如谷響現觀。

佛教正覺同修會 共修現況 及 招生公告 2016/1/16

一、共修現況：（請在共修時間來電，以免無人接聽。）

台北正覺講堂 103台北市承德路三段277號九樓 捷運淡水線圓山站旁
Tel..**總機** 02-25957295（晚上）（**分機：九樓**辦公室 10、11；知客櫃檯 12、13。 **十樓**知客櫃檯 15、16；書局櫃檯 14。 **五樓**辦公室 18；知客櫃檯 19。**二樓**辦公室 20；知客櫃檯 21。）
Fax..25954493

第一講堂 台北市承德路三段277號九樓

禪淨班：週一晚上班、週三晚上班、週四晚上班、週五晚上班、週六下午班、週六上午班（皆須報名建立學籍後始可參加共修，欲報名者詳見本公告末頁）

增上班：瑜伽師地論詳解：每月第一、三、五週之週末 17.50～20.50 平實導師講解（僅限已明心之會員參加）

禪門差別智：每月第一週日全天 平實導師主講（事冗暫停）。

佛藏經詳解 平實導師主講。已於2013/12/17開講，歡迎已發成佛大願的菩薩種性學人，攜眷共同參與此殊勝法會聽講。詳解 釋迦世尊於《佛藏經》中所開示的眞實義理，更爲今時後世佛子四眾，闡述佛陀演說此經的本懷。眞實尋求佛菩提道的有緣佛子，親承聽聞如是勝妙開示，當能如實理解經中義理，亦能了知於大乘法中：如何是諸法實相？善知識、惡知識要如何簡擇？如何才是清淨持戒？如何才能清淨說法？於此末法之世，眾生五濁益重，不知佛、不解法、不識僧，唯見表相，不信眞實，貪著五欲，諸方大師不淨說法，各各將導大量徒眾趣入三塗，如是師徒俱堪憐憫。是故，平實導師以大慈悲心，用淺白易懂之語句，佐以實例、譬喻而爲演說，普令聞者易解佛意，皆得契入佛法正道，如實了知佛法大藏。

此經中，對於實相念佛多所著墨，亦指出念佛要點：以實相爲依，念佛者應依止淨戒、依止清淨僧寶，捨離違犯重戒之師僧，應受學清淨之法，遠離邪見。本經是現代佛門大法師所厭惡之經典：一者由於大法師們已全都落入意識境界而無法親證實相，故於此經中所說實相全無所知，都不樂有人聞此經名，以免讀後提出問疑時無法回答；二者現代大乘佛法地區，已經普被藏密喇嘛教滲透，許多有名之大法師們大多已曾或繼續在修練雙身法，都已失去聲聞戒體及菩薩戒體，成爲地獄種姓人，已非眞正出家之人，本質只是身著僧衣而住在寺院中的世俗人。這些人對於此經都是讀不懂的，也是極爲厭惡的；他們尚不樂見此經之印行，何況流通與講解？今爲救護廣大學佛人，兼欲護持佛教血脈永續常傳，特選此經宣講之。每逢週二 18.50~20.50 開示，不限制聽講資格。會外人士需憑身分證件換證入內聽講（此是大樓管理處之安全規定，敬請見諒）。桃園、台中、台南、高雄等地講堂，亦於每週二晚上播放平實導師所講本經之 DVD，不必出示身分證件即可入內聽講，歡迎各地善信同霑法益。

第二講堂　台北市承德路三段 267 號十樓。

禪淨班：週一晚上班、週六下午班。

進階班：週三晚上班、週四晚上班、週五晚上班（禪淨班結業後轉入共修）。

佛藏經詳解：平實導師講解。每週二 18.50~20.50（影像音聲即時傳輸）。本會學員憑上課證進入聽講，會外學人請以身分證件換證進入聽講（此為大樓管理處安全管理規定之要求，敬請諒解）。

第三講堂　台北市承德路三段 277 號五樓。

進階班：週一晚上班、週三晚上班、週四晚上班、週五晚上班。

佛藏經詳解：平實導師講解。每週二 18.50~20.50（影像音聲即時傳輸）。本會學員憑上課證進入聽講，會外學人請以身分證件換證進入聽講（此為大樓管理處安全管理規定之要求，敬請諒解）。

第四講堂　台北市承德路三段 267 號二樓。

進階班：週一晚上班、週三晚上班、週四晚上班、週五晚上班（禪淨班結業後轉入共修）。

佛藏經詳解：平實導師講解。每週二 18.50~20.50（影像音聲即時傳輸）。本會學員憑上課證進入聽講，會外學人請以身分證件換證進入聽講（此為大樓管理處安全管理規定之要求，敬請諒解）。

第五、第六講堂　為**開放式講堂**，不需以身分證件換證即可進入聽講，台北市承德路三段 267 號地下一樓、地下二樓。已規劃整修完成，每逢週二晚上講經時段開放給會外人士自由聽經，請由大樓側面梯階逕行進入聽講。**聽講者請尊重講者的著作權及肖像權，請勿錄音錄影，以免違法；若有錄音錄影被查獲者，將依法處理。**

正覺祖師堂　大溪鎮美華里信義路 650 巷坑底 5 之 6 號（台 3 號省道 34 公里處 妙法寺對面斜坡道進入）電話 03-3886110　傳眞 03-3881692 本堂供奉 克勤圓悟大師，專供會員每年四月、十月各二次精進禪三共修，兼作本會出家菩薩掛單常住之用。除禪三時間以外，每逢單月第一週之週日 9:00~17:00 開放會內、外人士參訪，當天並提供午齋結緣。教內共修團體或道場，得另申請其餘時間作團體參訪，務請事先與常住確定日期，以便安排常住菩薩接引導覽，亦免妨礙常住菩薩之日常作息及修行。

桃園正覺講堂（第一、第二講堂）：桃園市介壽路 286、288 號 10 樓（陽明運動公園對面）電話：03-3749363（請於共修時聯繫，或與台北聯繫）

禪淨班：週一晚上班、週三晚上班、週四晚上班、週五晚上班。

進階班：週六上午班、週五晚上班。

佛藏經詳解：平實導師講解。每週二晚上，以台北正覺講堂所錄 DVD 放映；歡迎會外學人共同聽講，不需出示身分證件。

新竹正覺講堂 新竹市東光路55號二樓之一　電話03-5724297（晚上）

第一講堂：

禪淨班：週一晚上班、週五晚上班、週六上午班。

進階班：週三晚上班、週四晚上班（由禪淨班結業後轉入共修）。

佛藏經詳解：平實導師講解。每週二晚上，以台北正覺講堂所錄DVD放映。歡迎會外學人共同聽講，不需出示身分證件。

第二講堂：

禪淨班：週三晚上班、週四晚上班。

佛藏經詳解：每週二晚上與第一講堂同時播放佛藏經詳解DVD。

台中正覺講堂 04-23816090（晚上）

第一講堂 台中市南屯區五權西路二段666號13樓之四（國泰世華銀行樓上。鄰近縣市經第一高速公路前來者，由五權西路交流道可以快速到達，大樓旁有停車場，對面有素食館）。

禪淨班：週三晚上班、週四晚上班。

進階班：週一晚上班、週六上午班（由禪淨班結業後轉入共修）。

增上班：單週週末以台北增上班課程錄成DVD放映之，限已明心之會員參加。

佛藏經詳解：平實導師講解。每週二晚上，以台北正覺講堂所錄DVD放映。歡迎會外學人共同聽講，不需出示身分證件。

第二講堂 台中市南屯區五權西路二段666號4樓

禪淨班：週一晚上班、週三晚上班、週六上午班。

進階班：週五晚上班（由禪淨班結業後轉入共修）。

佛藏經詳解：每週二晚上與第一講堂同時播放佛藏經詳解DVD。

第三講堂、第四講堂：台中市南屯區五權西路二段666號4樓。

嘉義正覺講堂 嘉義市友愛路288號八樓之一　電話：05-2318228

第一講堂：

禪淨班：週一晚上班、週四晚上班、週五晚上班。

進階班：週三晚上班（由禪淨班結業後轉入共修）。

佛藏經詳解：平實導師講解。每週二晚上，以台北正覺講堂所錄DVD放映。歡迎會外學人共同聽講，不需出示身分證件。

第二講堂 嘉義市友愛路288號八樓之二。

台南正覺講堂

第一講堂 台南市西門路四段15號4樓。06-2820541（晚上）

禪淨班：週一晚上班、週三晚上班、週四晚上班、週五晚上班、週六下午班。

增上班：單週週末下午，以台北增上班課程錄成DVD放映之，限已明心之會員參加。

佛藏經詳解：平實導師講解。每週二晚上，以台北正覺講堂所錄DVD放映。歡迎會外學人共同聽講，不需出示身分證件。

第二講堂　台南市西門路四段 15 號 3 樓。

佛藏經詳解：每週二晚上與第一講堂同時播放佛藏經詳解 DVD。

第三講堂　台南市西門路四段 15 號 3 樓。

進階班：週三晚上班、週四晚上班、週六上午班（由禪淨班結業後轉入共修）。

佛藏經詳解：每週二晚上與第一講堂同時播放佛藏經詳解 DVD。

高雄正覺講堂　高雄市新興區中正三路 45 號五樓 07-2234248（晚上）

第一講堂（五樓）：

禪淨班：週一晚上班、週三晚上班、週四晚上班、週五晚上班、週六上午班。

增上班：單週週末下午，以台北增上班課程錄成 DVD 放映之，限已明心之會員參加。

佛藏經詳解：平實導師講解。每週二晚上，以台北正覺講堂所錄 DVD 放映。歡迎會外學人共同聽講，不需出示身分證件。

第二講堂（四樓）：

進階班：週三晚上班、週四晚上班、週六上午班（由禪淨班結業後轉入共修）。

佛藏經詳解：每週二晚上與第一講堂同時播放佛藏經詳解 DVD。

第三講堂（三樓）：

進階班：週四晚上班（由禪淨班結業後轉入共修）。

香港正覺講堂　☆**已遷移新址**☆

九龍觀塘，成業街 10 號，電訊一代廣場 27 樓 E 室。

（觀塘地鐵站 B1 出口，步行約 4 分鐘）。電話：(852) 23262231

英文地址：Unit E, 27th Floor, TG Place, 10 Shing Yip Street, Kwun Tong, Kowloon

禪淨班：雙週六下午班 14:30-17:30，已經額滿。
雙週日下午班 14:30-17:30，2016 年 4 月底前尚可報名。

進階班：雙週五晚上班（由禪淨班結業後轉入共修）。

增上班：單週週末上午，以台北增上班課程錄成 DVD 放映之，限已明心之會員參加。

妙法蓮華經詳解：平實導師講解。雙週六 19:00-21:00，以台北正覺講堂所錄 DVD 放映；歡迎會外學人共同聽講，不需出示身分證件。

美國洛杉磯正覺講堂　☆已遷移新址☆

825 S. Lemon Ave Diamond Bar, CA 91798 U.S.A.
Tel. (909) 595-5222（請於週六 9:00~18:00 之間聯繫）
Cell. (626) 454-0607

禪淨班：每逢週末 15：30~17：30 上課。

進階班：每逢週末上午 10：00~12：00 上課。

佛藏經詳解：平實導師講解。每週六下午 13：00~15：00，以台北正覺講堂所錄 DVD 放映。歡迎各界人士共享第一義諦無上法益，不需報名。

二、招生公告　**本會台北講堂及全省各講堂，每逢四月、十月下旬開新班，每週共修一次**（每次二小時。開課日起三個月內仍可插班）；**但美國洛杉磯共修處之禪淨班得隨時插班共修。各班共修期間皆爲二年半，欲參加者請向本會函索報名表**（各共修處皆於共修時間方有人執事，非共修時間請勿電詢或前來洽詢、請書），**或直接從本會官方網站**(http://www.enlighten.org.tw/newsflash/class)**或成佛之道網站下載報名表**。共修期滿時，若經報名禪三審核通過者，可參加四天三夜之禪三精進共修，有機會明心、取證如來藏，發起般若實相智慧，成爲實義菩薩，脫離凡夫菩薩位。

三、新春禮佛祈福　農曆**年假**期間停止共修：自農曆新年前七天起停止共修與弘法，正月 8 日起回復共修、弘法事務。新春期間正月初一～初七 9.00～17.00 開放台北講堂、正月初一～初三開放新竹講堂、台中講堂、台南講堂、高雄講堂，以及大溪禪三道場（正覺祖師堂），方便會員供佛、祈福及會外人士請書。美國洛杉磯共修處之休假時間，請逕詢該共修處。

密宗四大派修雙身法，是外道性力派的邪法；又以生滅的識陰作為常住法，是常見外道，是假的藏傳佛教。

西藏覺囊巴以他空見弘揚第八識如來藏勝法，才是真藏傳佛教

佛教正覺同修會　弘法行事表

2014/08/19

1、**禪淨班**　以無相念佛及拜佛方式修習動中定力，實證一心不亂功夫。傳授解脫道正理及第一義諦佛法，以及參禪知見。共修期間：二年六個月。每逢四月、十月開新班，詳見招生公告表。

2、**《佛藏經》詳解**　平實導師主講。已於 2013/12/17 開講，歡迎已發成佛大願的菩薩種性學人，攜眷共同參與此殊勝法會聽講。詳解釋迦世尊於《佛藏經》中所開示的眞實義理，更爲今時後世佛子四眾，闡述 佛陀演說此經的本懷。眞實尋求佛菩提道的有緣佛子，親承聽聞如是勝妙開示，當能如實理解經中義理，亦能了知於大乘法中：如何是諸法實相？善知識、惡知識要如何簡擇？如何才是清淨持戒？如何才能清淨說法？於此末法之世，眾生五濁益重，不知佛、不解法、不識僧，唯見表相，不信眞實，貪著五欲，諸方大師不淨說法，各各將導大量徒眾趣入三塗，如是師徒俱堪憐憫。是故，平實導師以大慈悲心，用淺白易懂之語句，佐以實例、譬喻而爲演說，普令聞者易解佛意，皆得契入佛法正道，如實了知佛法大藏。每逢週二 18.50~20.50 開示，不限制聽講資格。會外人士需憑身分證件換證入內聽講（此是大樓管理處之安全規定，敬請見諒）。桃園、新竹、台中、台南、高雄等地講堂，亦於每週二晚上播放平實導師講經之 DVD，不必出示身分證件即可入內聽講，歡迎各地善信同霑法益。

有某道場專弘淨土法門數十年，於教導信徒研讀《佛藏經》時，往往告誡信徒曰：「後半部不許閱讀。」由此緣故坐令信徒失去提升念佛層次之機緣，師徒只能低品位往生淨土，令人深覺愚癡無智。由有多人建議故，平實導師開始宣講《佛藏經》，藉以轉易如是邪見，並提升念佛人之知見與往生品位。此經中，對於實相念佛多所著墨，亦指出念佛要點：以實相爲依，念佛者應依止淨戒、依止清淨僧寶，捨離違犯重戒之師僧，應受學清淨之法，遠離邪見。本經是現代佛門大法師所厭惡之經典：一者由於大法師們已全都落入意識境界而無法親證實相，故於此經中所說實相全無所知，都不樂有人聞此經名，以免讀後提出問疑時無法回答；二者現代大乘佛法地區，已經普被藏密喇嘛教滲透，許多有名之大法師們大多已曾或繼續在修練雙身法，都已失去聲聞戒體及菩薩戒體，成爲地獄種姓人，已非眞正出家之人，本質上只是身著僧衣而住在寺院中的世俗人。這些人對於此經都是讀不懂的，也是極爲厭惡的；他們尚不樂見此經之印行，何況流通與講解？今爲救護廣大學佛人，兼欲護持佛教血脈永續常傳，特選此經宣講之，主講者平實導師。

3、**瑜伽師地論**詳解　詳解論中所言凡夫地至佛地等 17 師之修證境界與理論，從凡夫地、聲聞地……宣演到諸地所證一切種智之眞實正理。由平實導師開講，每逢一、三、五週之週末晚上開示，僅限已明心之會員參加。

4、**精進禪三**　主三和尚：平實導師。於四天三夜中，以克勤圓悟大師及大慧宗杲之禪風，施設機鋒與小參、公案密意之開示，幫助會員剋期取證，親證不生不滅之眞實心——人人本有之如來藏。每年四月、十月各舉辦二個梯次；平實導師主持。僅限本會會員參加禪淨班共修期滿，報名審核通過者，方可參加。並選擇會中定力、慧力、福德三條件皆已具足之已明心會員，給以指引，令得眼見自己無形無相之佛性遍佈山河大地，眞實而無障礙，得以肉眼現觀世界身心悉皆如幻，具足成就如幻觀，圓滿十住菩薩之證境。

5、**阿含經**詳解　選擇重要之阿含部經典，依無餘涅槃之實際而加以詳解，令大眾得以現觀諸法緣起性空，亦復不墮斷滅見中，顯示經中所隱說之涅槃實際—如來藏—確實已於四阿含中隱說；令大眾得以聞後觀行，確實斷除我見乃至我執，證得**見到**眞現觀，乃至**身證**……等眞現觀；已得大乘或二乘見道者，亦可由此聞熏及聞後之觀行，除斷我所之貪著，成就慧解脫果。由平實導師詳解。不限制聽講資格。

6、**大法鼓經**詳解　詳解末法時代大乘佛法修行之道。佛教正法消毒妙藥塗於大鼓而以擊之，凡有眾生聞之者，一切邪見鉅毒悉皆消殞；此經即是大法鼓之正義，凡聞之者，所有邪見之毒悉皆滅除，見道不難；亦能發起菩薩無量功德，是故諸大菩薩遠從諸方佛土來此娑婆聞修此經。由平實導師詳解。不限制聽講資格。

7、**解深密經**詳解　重講本經之目的，在於令諸已悟之人明解大乘法道之成佛次第，以及悟後進修一切種智之內涵，確實證知三種自性性，並得據此證解七眞如、十眞如等正理。每逢週二 18.50~20.50 開示，由平實導師詳解。將於《大法鼓經》講畢後開講。不限制聽講資格。

8、**成唯識論**詳解　詳解一切種智眞實正理，詳細剖析一切種智之微細深妙廣大正理；並加以舉例說明，使已悟之會員深入體驗所證如來藏之微密行相；及證驗見分相分與所生一切法，皆由如來藏—阿賴耶識—直接或展轉而生，因此證知一切法無我，證知無餘涅槃之本際。將於增上班《瑜伽師地論》講畢後，由平實導師重講。僅限已明心之會員參加。

9、**精選如來藏系經典**詳解　精選如來藏系經典一部，詳細解說，以此完全印證會員所悟如來藏之眞實，得入不退轉住。另行擇期詳細解說之，由平實導師講解。僅限已明心之會員參加。

10、**禪門差別智**　藉禪宗公案之微細淆訛難知難解之處，加以宣說及剖析，以增進明心、見性之功德，啓發差別智，建立擇法眼。每月第一週日全天，由平實導師開示，僅限破參明心後，復又眼見佛性者參加（事冗暫停）。

11、**枯木禪**　先講智者大師的《小止觀》，後說《釋禪波羅蜜》，詳解四禪八定之修證理論與實修方法，細述一般學人修定之邪見與岔路，及對禪定證境之誤會，消除枉用功夫、浪費生命之現象。已悟般若者，可以藉此而實修初禪，進入大乘通教及聲聞教的三果心解脫境界，配合應有的大福德及後得無分別智、十無盡願，即可進入初地心中。親教師：平實導師。未來緣熟時將於大溪正覺寺開講。不限制聽講資格。

註：本會例行年假，自 2004 年起，改爲每年農曆新年前七天開始停息弘法事務及共修課程，農曆正月 8 日回復所有共修及弘法事務。新春期間（每日 9.00~17.00）開放台北講堂，方便會員禮佛祈福及會外人士請書。大溪鎮的正覺祖師堂，開放參訪時間，詳見〈正覺電子報〉或成佛之道網站。本表得因時節因緣需要而隨時修改之，不另作通知。

佛教正覺同修會　贈閱書籍 目錄　2015/09/29

1.**無相念佛**　平實導師著　回郵 10 元
2.**念佛三昧修學次第**　平實導師述著　回郵 25 元
3.**正法眼藏—護法集**　平實導師述著　回郵 35 元
4.**真假開悟簡易辨正法＆佛子之省思**　平實導師著　回郵 3.5 元
5.**生命實相之辨正**　平實導師著　回郵 10 元
6.**如何契入念佛法門**（附：印順法師否定極樂世界）平實導師著　回郵 3.5 元
7.**平實書箋**—答元覽居士書　平實導師著　回郵 35 元
8.**三乘唯識**—如來藏系經律彙編　平實導師編　回郵 80 元
（精裝本　長 27 cm　寬 21 cm　高 7.5 cm　重 2.8 公斤）
9.**三時繫念全集**—修正本　回郵掛號 40 元（長 26.5 cm×寬 19 cm）
10.**明心與初地**　平實導師述　回郵 3.5 元
11.**邪見與佛法**　平實導師述著　回郵 20 元
12.**菩薩正道**—回應義雲高、釋性圓…等外道之邪見　正燦居士著 回郵 20 元
13.**甘露法雨**　平實導師述　回郵 20 元
14.**我與無我**　平實導師述　回郵 20 元
15.**學佛之心態**—修正錯誤之學佛心態始能與正法相應 孫正德老師著 回郵35元
附錄：平實導師著**《略說八、九識並存…等之過失》**
16.**大乘無我觀**—《悟前與悟後》別說　平實導師述著　回郵 20 元
17.**佛教之危機**—中國台灣地區現代佛教之真相（附錄：公案拈提六則）
平實導師著　回郵 25 元
18.**燈 影**—燈下黑（覆「求教後學」來函等）　平實導師著　回郵 35 元
19.**護法與毀法**—覆上平居士與徐恒志居士網站毀法二文
張正圜老師著　回郵 35 元
20.**淨土聖道**—兼評**選擇本願念佛**　正德老師著 由正覺同修會購贈 回郵25元
21.**辨唯識性相**—對「紫蓮心海《辯唯識性相》書中否定阿賴耶識」之回應
正覺同修會 台南共修處法義組 著　回郵25元
22.**假如來藏**—對法蓮法師《如來藏與阿賴耶識》書中否定阿賴耶識之回應
正覺同修會 台南共修處法義組 著　回郵 35 元
23.**入不二門**—公案拈提集錦 第一輯（於平實導師公案拈提諸書中選錄約二十則，
合輯為一冊流通之）平實導師著　回郵 20 元
24.**真假邪說**—西藏密宗索達吉喇嘛《破除邪說論》真是邪說
釋正安法師著　回郵 35 元
25.**真假開悟**—真如、如來藏、阿賴耶識間之關係　平實導師述著　回郵 35 元
26.**真假禪和**—辨正釋傳聖之謗法謬說　孫正德老師著　回郵 30 元

27.**眼見佛性**—駁慧廣法師眼見佛性的含義文中謬說

游正光老師著　回郵25元

28.**普門自在**—公案拈提集錦 第二輯（於平實導師公案拈提諸書中選錄約二十則，合輯爲一冊流通之）平實導師著　回郵25元

29.**印順法師的悲哀**—以現代禪的質疑為線索　恒毓博士著　回郵25元

30.**識蘊真義**—現觀識蘊內涵、取證初果、親斷三縛結之具體行門。

—依《成唯識論》及《惟識述記》正義，略顯安慧《大乘廣五蘊論》之邪謬

平實導師著　回郵35元

31.**正覺電子報** 各期紙版本　免附回郵　每次最多函索三期或三本。

（已無存書之較早各期，不另增印贈閱）

32.**現代人應有的宗教觀**　蔡正禮老師 著　回郵3.5元

33.**遠惑趣道**—正覺電子報般若信箱問答錄　第一輯　回郵20元

34.**遠惑趣道**—正覺電子報般若信箱問答錄　第二輯　回郵20元

35.**確保您的權益**—器官捐贈應注意自我保護　游正光老師 著　回郵10元

36.**正覺教團電視弘法三乘菩提 DVD 光碟（一）**

由正覺教團多位親教師共同講述錄製 DVD 8 片，MP3 一片，共 9 片。有二大講題：一爲「三乘菩提之意涵」，二爲「學佛的正知見」。內容精闢，深入淺出，精彩絕倫，幫助大眾快速建立三乘法道的正知見，免被外道邪見所誤導。有志修學三乘佛法之學人不可不看。（製作工本費 100 元，回郵 25 元）

37.**正覺教團電視弘法 DVD 專輯（二）**

總有二大講題：一爲「三乘菩提之念佛法門」，一爲「學佛正知見（第二篇）」，由正覺教團多位親教師輪番講述，內容詳細闡述如何修學念佛法門、實證念佛三昧，以及學佛應具有的正確知見，可以幫助發願往生西方極樂淨土之學人，得以把握往生，更可令學人快速建立三乘法道的正知見，免於被外道邪見所誤導。有志修學三乘佛法之學人不可不看。（一套 17 片，工本費 160 元。回郵 35 元）

38.**佛藏經** 燙金精裝本　每冊回郵 20 元。正修佛法之道場欲大量索取者，請正式發函並蓋用大印寄來索取（2008.04.30 起開始敬贈）

39.**喇嘛性世界**—揭開假藏傳佛教譚崔瑜伽的面紗　張善思 等人合著

由正覺同修會購贈　回郵20元

40.**假藏傳佛教的神話**—性、謊言、喇嘛教　張正玄教授編著　回郵20元

由正覺同修會購贈　回郵20元

41.**隨　緣**—理隨緣與事隨緣　平實導師述　回郵20元。

42.**學佛的覺醒**　正枝居士 著　回郵25元

43.**導師之真實義**　蔡正禮老師 著　回郵10元

44.**淺談達賴喇嘛之雙身法**—兼論解讀「密續」之達文西密碼

吳明芷居士 著　回郵10元

45.**魔界轉世**　張正玄居士 著　回郵10元

46.**一貫道與開悟**　蔡正禮老師 著　回郵10元

47.**博愛**—愛盡天下女人　正覺教育基金會 編印　回郵10元
48.**意識虛妄經教彙編**—實證解脫道的關鍵經文　正覺同修會編印　回郵25元
49.**邪箭囈語**—破斥藏密外道多識仁波切《破魔金剛箭雨論》之邪說
陸正元老師著　上、下冊回郵各30元
50.**真假沙門**—依 佛聖教闡釋佛教僧寶之定義
蔡正禮老師著　俟正覺電子報連載後結集出版
51.**真假禪宗**—藉評論釋性廣《印順導師對變質禪法之批判
及對禪宗之肯定》以顯示真假禪宗
附論一：凡夫知見 無助於佛法之信解行證
附論二：世間與出世間一切法皆從如來藏實際而生而顯
余正偉老師著　俟正覺電子報連載後結集出版　回郵未定
52.**假鋒虛焰金剛乘**—揭示顯密正理，兼破索達吉師徒《般若鋒兮金剛焰》。
釋正安 法師著　俟正覺電子報連載後結集出版

★ 上列贈書之郵資，係台灣本島地區郵資，大陸、港、澳地區及外國地區，請另計酌增（大陸、港、澳、國外地區之郵票不許通用）。尚未出版之書，請勿先寄來郵資，以免增加作業煩擾。

★ 本目錄若有變動，唯於後印之書籍及「成佛之道」網站上修正公佈之，不另行個別通知。

函索書籍請寄：佛教正覺同修會　103台北市承德路3段277號9樓
台灣地區函索書籍者請附寄郵票，無時間購買郵票者可以等值現金抵用，但不接受郵政劃撥、支票、匯票。大陸地區得以人民幣計算，國外地區請以美元計算（請勿寄來當地郵票，在台灣地區不能使用）。欲以掛號寄遞者，請另附掛號郵資。

親自索閱：正覺同修會各共修處。　★請於共修時間前往取書，餘時無人在道場，請勿前往索取；共修時間與地點，詳見書末正覺同修會共修現況表（以近期之共修現況表爲準）。

註：正智出版社發售之局版書，請向各大書局購閱。若書局之書架上已經售出而無陳列者，請向書局櫃台指定洽購；若書局不便代購者，請於正覺同修會共修時間前往各共修處請購，正智出版社已派人於共修時間送書前往各共修處流通。 郵政劃撥購書及 大陸地區 購書，請詳別頁正智出版社發售書籍目錄最後頁之說明。

成佛之道 網站：http://www.a202.idv.tw　　正覺同修會已出版之結緣書籍，多已登載於 成佛之道 網站，若住外國、或住處遙遠，不便取得正覺同修會贈閱書籍者，可以從本網站閱讀及下載。　　書局版之《宗通與說通》亦已上網，台灣讀者可向書局洽購，售價 300 元。《狂密與眞密》第一輯~第四輯，亦於 2003.5.1.全部於本網站登載完畢；台灣地區讀者請向書局洽購，每輯約 400 頁，售價 300 元（網站下載紙張費用較貴，容易散失，難以保存，亦較不精美）。

＊＊假藏傳佛教修雙身法，非佛教＊＊

正智出版社 籌募弘法基金發售書籍目錄 2016/8/8

1.**宗門正眼**—公案拈提 第一輯 重拈 平實導師著 500 元
因重寫內容大幅度增加故，字體必須改小，並增爲 576 頁 主文 546 頁。比初版更精彩、更有內容。初版《禪門摩尼寶聚》之讀者，可寄回本公司免費調換新版書。免附回郵，亦無截止期限。（2007 年起，每冊附贈本公司精製公案拈提〈超意境〉CD 一片。市售價格 280 元，多購多贈。）

2.**禪淨圓融** 平實導師著 200 元（第一版舊書可換新版書。）

3.**真實如來藏** 平實導師著 400 元

4.**禪—悟前與悟後** 平實導師著 上、下冊，每冊 250 元

5.**宗門法眼**—公案拈提 第二輯 平實導師著 500 元
（2007 年起，每冊附贈本公司精製公案拈提〈超意境〉CD 一片）

6.**楞伽經詳解** 平實導師著 全套共 10 輯 每輯 250 元

7.**宗門道眼**—公案拈提 第三輯 平實導師著 500 元
（2007 年起，每冊附贈本公司精製公案拈提〈超意境〉CD 一片）

8.**宗門血脈**—公案拈提 第四輯 平實導師著 500 元
（2007 年起，每冊附贈本公司精製公案拈提〈超意境〉CD 一片）

9.**宗通與說通**—成佛之道 平實導師著 主文 381 頁 全書 400 頁售價 300 元

10.**宗門正道**—公案拈提 第五輯 平實導師著 500 元
（2007 年起，每冊附贈本公司精製公案拈提〈超意境〉CD 一片）

11.**狂密與真密 一～四輯** 平實導師著 西藏密宗是人間最邪淫的宗教，本質不是佛教，只是披著佛教外衣的印度教性力派流毒的喇嘛教。此書中將西藏密宗密傳之男女雙身合修樂空雙運所有祕密與修法，毫無保留完全公開，並將全部喇嘛們所不知道的部分也一併公開。內容比大辣出版社喧騰一時的《西藏慾經》更詳細。並且函蓋藏密的所有祕密及其錯誤的中觀見、如來藏見……等，藏密的所有法義都在書中詳述、分析、辨正。每輯主文三百餘頁 每輯全書約 400 頁 售價每輯 300 元

12.**宗門正義**—公案拈提 第六輯 平實導師著 500 元
（2007 年起，每冊附贈本公司精製公案拈提〈超意境〉CD 一片）

13.**心經密意**—心經與解脫道、佛菩提道、祖師公案之關係與密意 平實導師述 300 元

14.**宗門密意**—公案拈提 第七輯 平實導師著 500 元
（2007 年起，每冊附贈本公司精製公案拈提〈超意境〉CD 一片）

15.**淨土聖道**—兼評「選擇本願念佛」 正德老師著 200 元

16.**起信論講記** 平實導師述著 共六輯 每輯三百餘頁 售價各 250 元

17.**優婆塞戒經講記** 平實導師述著 共八輯 每輯三百餘頁 售價各 250 元

18.**真假活佛**—略論附佛外道盧勝彥之邪說（對前岳靈犀網站主張「盧勝彥是證悟者」之修正） 正犀居士（岳靈犀）著 流通價 140 元

19.**阿含正義**—唯識學探源 平實導師著 共七輯 每輯 300 元

20.**超意境** CD 以平實導師公案拈提書中超越意境之頌詞，加上曲風優美的旋律，錄成令人嚮往的超意境歌曲，其中包括正覺發願文及平實導師親自譜成的黃梅調歌曲一首。詞曲雋永，殊堪翫味，可供學禪者吟詠，有助於見道。內附設計精美的彩色小冊，解說每一首詞的背景本事。每片 280 元。【每購買公案拈提書籍一冊，即贈送一片。】

21.**菩薩底憂鬱** CD 將菩薩情懷及禪宗公案寫成新詞，並製作成超越意境的優美歌曲。1.主題曲〈菩薩底憂鬱〉，描述地後菩薩能離三界生死而迴向繼續生在人間，但因尚未斷盡習氣種子而有極深沈之憂鬱，非三賢位菩薩及二乘聖者所知，此憂鬱在七地滿心位方才斷盡；本曲之詞中所說義理極深，昔來所未曾見；此曲係以優美的情歌風格寫詞及作曲，聞者得以激發嚮往諸地菩薩境界之大心，詞、曲都非常優美，難得一見；其中勝妙義理之解說，已印在附贈之彩色小冊中。2.以各輯公案拈提中直示禪門入處之頌文，作成各種不同曲風之超意境歌曲，值得玩味、參究；聆聽公案拈提之優美歌曲時，請同時閱讀內附之印刷精美說明小冊，可以領會超越三界的證悟境界；未悟者可以因此引發求悟之意向及疑情，眞發菩提心而邁向求悟之途，乃至因此眞實悟入般若，成眞菩薩。3.正覺總持咒新曲，總持佛法大意；總持咒之義理，已加以解說並印在隨附之小冊中。本 CD 共有十首歌曲，長達 63 分鐘。每盒各附贈二張購書優惠券。每片 280 元。

22.**禪意無限** CD 平實導師以公案拈提書中偈頌寫成不同風格曲子，與他人所寫不同風格曲子共同錄製出版，幫助參禪人進入禪門超越意識之境界。盒中附贈彩色印製的精美解說小冊，以供聆聽時閱讀，令參禪人得以發起參禪之疑情，即有機會證悟本來面目而發起實相智慧，實證大乘菩提般若，能如實證知般若經中的眞實意。本 CD 共有十首歌曲，長達 69 分鐘，每盒各附贈二張購書優惠券。每片 280 元。

23.**我的菩提路**第一輯　釋悟圓、釋善藏等人合著　售價 300 元

24.**我的菩提路**第二輯　郭正益、張志成等人合著　售價 300 元

25.**鈍鳥與靈龜**—考證後代凡夫對大慧宗杲禪師的無根誹謗。

平實導師著 共 458 頁 售價 350 元

26.**維摩詰經講記** 平實導師述 共六輯 每輯三百餘頁 售價各 250 元

27.**真假外道**—破劉東亮、杜大威、釋證嚴常見外道見　正光老師著　200 元

28.**勝鬘經講記**—兼論印順《勝鬘經講記》對於《勝鬘經》之誤解。

平實導師述　共六輯　每輯三百餘頁　售價 250 元

29.**楞嚴經講記** 平實導師述 共 **15** 輯，每輯三百餘頁 售價 300 元

30.**明心與眼見佛性**—駁慧廣〈蕭氏「眼見佛性」與「明心」之非〉文中謬說

正光老師著　共 448 頁　售價 300 元

31.**見性與看話頭** 黃正倖老師 著，本書是禪宗參禪的方法論。

內文 375 頁，全書 416 頁，售價 300 元。

32.**達賴真面目**—玩盡天下女人 白正偉老師 等著 中英對照彩色精裝大本 800 元

33.**喇嘛性世界**—揭開假藏傳佛教譚崔瑜伽的面紗　張善思 等人著　200 元
34.**假藏傳佛教的神話**—性、謊言、喇嘛教　正玄教授編著　200 元
35.**金剛經宗通**　平實導師述　共九輯　每輯售價 250 元。
36.**空行母**—性別、身分定位，以及藏傳佛教。
珍妮·坎貝爾著 呂艾倫 中譯 售價 250 元
37.**末代達賴**—性交教主的悲歌　張善思、呂艾倫、辛燕編著 售價 250 元
38.**霧峰無霧**—給哥哥的信　辨正釋印順對佛法的無量誤解
游宗明 老師著　售價 250 元
39.**第七意識與第八意識？**—穿越時空「超意識」
平實導師述　每冊 300 元
40.**黯淡的達賴**—失去光彩的諾貝爾和平獎
正覺教育基金會編著　每冊 250 元
41.**童女迦葉考**—論呂凱文〈佛教輪迴思想的論述分析〉之謬。
平實導師 著　定價 180 元
42.**人間佛教**—實證者必定不悖三乘菩提
平實導師 述，定價 400 元
43.**實相經宗通**　平實導師述　共八輯　每輯 250 元
44.**真心告訴您(一)**—達賴喇嘛在幹什麼？
正覺教育基金會編著　售價 250 元
45.**中觀金鑑**—詳述應成派中觀的起源與其破法本質
孫正德老師著　分為上、中、下三冊，每冊 250 元
46.**佛法入門**—迅速進入三乘佛法大門，消除久學佛法漫無方向之窘境。
○○居士著　將於正覺電子報連載後出版。售價 250 元
47.**藏傳佛教要義**—《狂密與真密》之簡體字版　平實導師 著 上、下冊
僅在大陸流通　每冊 300 元
48.**法華經講義**　平實導師述　共二十五輯　每輯 300 元
已於 2015/05/31 起開始出版，每二個月出版一輯
49.**西藏「活佛轉世」制度**—附佛、造神、世俗法
許正豐、張正玄老師合著　定價 150 元
50.**廣論三部曲**　郭正益老師著　定價 150 元
51.**真心告訴您(二)**—達賴喇嘛是佛教僧侶嗎？
—補祝達賴喇嘛八十大壽
正覺教育基金會編著　售價 300 元
52.**廣論之平議**—宗喀巴《菩提道次第廣論》之平議　正雄居士著
約二或三輯　俟正覺電子報連載後結集出版　書價未定
53.**末法導護**—對印順法師中心思想之綜合判攝　正慶老師著　書價未定
54.**菩薩學處**—菩薩四攝六度之要義　陸正元老師著　出版日期未定。
55.**八識規矩頌**詳解　○○居士 註解　出版日期另訂　書價未定。

56.**印度佛教史**—法義與考證。依法義史實評論印順《印度佛教思想史、佛教史地考論》之謬說　正偉老師著　出版日期未定　書價未定

57.**中國佛教史**—依中國佛教正法史實而論。○○老師 著　書價未定。

58.**中論正義**—釋龍樹菩薩《中論》頌正理。
孫正德老師著　出版日期未定　書價未定

59.**中觀正義**—註解平實導師《中論正義頌》。
○○法師（居士）著　出版日期未定　書價未定

60.**佛藏經講記**　平實導師述　出版日期未定　書價未定

61.**阿含經講記**—將選錄四阿含中數部重要經典全經講解之，講後整理出版。
平實導師述　約二輯　每輯 300 元　出版日期未定

62.**寶積經講記**　平實導師述　每輯三百餘頁 優惠價 300 元　出版日期未定

63.**解深密經講記**　平實導師述 約四輯　將於重講後整理出版

64.**成唯識論略解**　平實導師著　五～六輯　每輯300 元　出版日期未定

65.**修習止觀坐禪法要講記**　平實導師述　每輯三百餘頁
將於正覺寺建成後重講、以講記逐輯出版　出版日期未定

66.**無門關**—《無門關》公案拈提　平實導師著　出版日期未定

67.**中觀再論**—兼述印順《中觀今論》謬誤之平議。正光老師著 出版日期未定

68.**輪迴與超度**—佛教超度法會之真義。
○○法師（居士）著　出版日期未定　書價未定

69.**《釋摩訶衍論》平議**—對偽稱龍樹所造《釋摩訶衍論》之平議
○○法師（居士）著　出版日期未定　書價未定

70.**正覺發願文**註解—以真實大願為因 得證菩提
正德老師著　出版日期未定　書價未定

71.**正覺總持咒**—佛法之總持　正圜老師著　出版日期未定　書價未定

72.**涅槃**—論四種涅槃　平實導師著　出版日期未定　書價未定

73.**三自性**—依四食、五蘊、十二因緣、十八界法，說三性三無性。
作者未定　出版日期未定

74.**道品**—從三自性說大小乘三十七道品　作者未定　出版日期未定

75.**大乘緣起觀**—依四聖諦七真如現觀十二緣起 作者未定　出版日期未定

76.**三德**—論解脫德、法身德、般若德。　作者未定　出版日期未定

77.**真假如來藏**—對印順《如來藏之研究》謬說之平議　作者未定 出版日期未定

78.**大乘道次第**　作者未定　出版日期未定　書價未定

79.**四緣**—依如來藏故有四緣。　作者未定　出版日期未定

80.**空之探究**—印順《空之探究》謬誤之平議　作者未定 出版日期未定

81.**十法義**—論阿含經中十法之正義　作者未定　出版日期未定

82.**外道見**—論述外道六十二見　作者未定　出版日期未定

正智出版社有限公司書籍介紹

禪淨圓融：言淨土諸祖所未曾言，示諸宗祖師所未曾示；禪淨圓融，另闢成佛捷徑，兼顧自力他力，闡釋淨土門之速行易行道，亦同時揭櫫聖教門之速行易行道；令廣大淨土行者得免緩行難證之苦，亦令聖道門行者得以藉著淨土速行道而加快成佛之時劫。乃前無古人之超勝見地，非一般弘揚禪淨法門典籍也，先讀爲快。平實導師著200元。

宗門正眼—**公案拈提**第一輯：繼承克勤圜悟大師碧巖錄宗旨之禪門鉅作。先則舉示當代大法師之邪說，消弭當代禪門大師鄉愿之心態，摧破當今禪門「世俗禪」之妄談；次則旁通教法，表顯宗門正理；繼以道之次第，消弭古今狂禪；後藉言語及文字機鋒，直示宗門入處。悲智雙運，禪味十足，數百年來難得一睹之禪門鉅著也。平實導師著 500元（原初版書《禪門摩尼寶聚》，改版後補充爲五百餘頁新書，總計多達二十四萬字，內容更精彩，並改名爲《宗門正眼》，讀者原購初版《禪門摩尼寶聚》皆可寄回本公司免費換新，免附回郵，亦無截止期限）（2007年起，凡購買公案拈提第一輯至第七輯，每購一輯皆贈送本公司精製公案拈提〈超意境〉CD一片，市售價格280元，多購多贈）。

禪—悟前與悟後：本書能建立學人悟道之信心與正確知見，圓滿具足而有次第地詳述禪悟之功夫與禪悟之內容，指陳參禪中細微淆訛之處，能使學人明自眞心、見自本性。若未能悟入，亦能以正確知見辨別古今中外一切大師究係眞悟？或屬錯悟？便有能力揀擇，捨名師而選明師，後時必有悟道之緣。一旦悟道，遲者七次人天往返，便出三界，速者一生取辦。學人欲求開悟者，不可不讀。平實導師著。上、下冊共500元，單冊250元。

眞實如來藏：如來藏眞實存在，乃宇宙萬有之本體，並非印順法師、達賴喇嘛等人所說之「唯有名相、無此心體」。如來藏是涅槃之本際，是一切有智之人竭盡心智、不斷探索而不能得之生命實相；是古今中外許多大師自以爲悟而當面錯過之生命實相。如來藏即是阿賴耶識，乃是一切有情本自具足、不生不滅之眞實心。當代中外大師於此書出版之前所未能言者，作者於本書中盡情流露、詳細闡釋。眞悟者讀之，必能增益悟境、智慧增上；錯悟者讀之，必能檢討自己之錯誤，免犯大妄語業；未悟者讀之，能知參禪之理路，亦能以之檢查一切名師是否眞悟。此書是一切哲學家、宗教家、學佛者及欲昇華心智之人必讀之鉅著。 平實導師著 售價400元。

宗門法眼——**公案拈提**第二輯：列舉實例，闡釋土城廣欽老和尚之悟處；並直示這位不識字的老和尚妙智橫生之根由，繼而剖析禪宗歷代大德之開悟公案，解析當代密宗高僧卡盧仁波切之錯悟證據，並例舉當代顯宗高僧、大居士之錯悟證據（凡健在者，爲免影響其名聞利養，皆隱其名）。藉辨正當代名師之邪見，向廣大佛子指陳禪悟之正道，彰顯宗門法眼。悲勇兼出，強捋虎鬚；慈智雙運，巧探驪龍；摩尼寶珠在手，直示宗門入處，禪味十足；若非大悟徹底，不能爲之。禪門精奇人物，允宜人手一冊，供作參究及悟後印證之圭臬。本書於2008年4月改版，增寫為大約500頁篇幅，以利學人研讀參究時更易悟入宗門正法，以前所購初版首刷及初版二刷舊書，皆可免費換取新書。平實導師著 500元（2007年起，凡購買公案拈提第一輯至第七輯，每購一輯皆贈送本公司精製公案拈提〈超意境〉CD一片，市售價格280元，多購多贈）。

宗門道眼——**公案拈提**第三輯：繼宗門法眼之後，再以金剛之作略、慈悲之胸懷、犀利之筆觸，舉示寒山、拾得、布袋三大士之悟處，消弭當代錯悟者對於寒山大士……等之誤會及誹謗。亦舉出民初以來與虛雲和尚齊名之蜀郡鹽亭袁煥仙夫子——南懷瑾老師之師，其「悟處」何在？並蒐羅許多眞悟祖師之證悟公案，顯示禪宗歷代祖師之睿智，指陳部分祖師、奧修及當代顯密大師之謬悟，作爲殷鑑，幫助禪子建立及修正參禪之方向及知見。假使讀者閱此書已，一時尚未能悟，亦可一面加功用行，一面以此宗門道眼辨別眞假善知識，避開錯誤之印證及歧路，可免大妄語業之長劫慘痛果報。欲修禪宗之禪者，務請細讀。平實導師著 售價500元（2007年起，凡購買公案拈提第一輯至第七輯，每購一輯皆贈送本公司精製公案拈提〈超意境〉CD一片，市售價格280元，多購多贈）。

楞伽經詳解：本經是禪宗見道者印證所悟眞僞之根本經典，亦是禪宗見道者悟後起修之依據經典；故達摩祖師於印證二祖慧可大師之後，將此經典連同佛鉢祖衣一併交付二祖，令其依此經典佛示金言、進入修道位，修學一切種智。由此可知此經對於眞悟之人修學佛道，是非常重要之一部經典。此經能破外道邪說，亦破佛門中錯悟名師之謬說，亦破禪宗部分祖師之狂禪：不讀經典、一向主張「一悟即成究竟佛」之謬執。並開示愚夫所行禪、觀察義禪、攀緣如禪、如來禪等差別，令行者對於三乘禪法差異有所分辨；亦糾正禪宗祖師古來對於如來禪之誤解，嗣後可免以訛傳訛之弊。此經亦是法相唯識宗之根本經典，禪者悟後欲修一切種智而入初地者，必須詳讀。 平實導師著，全套共十輯，已全部出版完畢，每輯主文約320頁，每冊約352頁，定價250元。

宗門血脈—**公案拈提**第**四**輯：末法怪象—許多修行人自以爲悟，每將無念靈知認作眞實；崇尚二乘法諸師及其徒眾，則將外於**如來藏之緣起性空**—無因論之無常空、斷滅空、一切法空—錯認爲 佛所說之般若空性。這兩種現象已於當今海峽兩岸及美加地區顯密大師之中普遍存在；人人自以爲悟，心高氣壯，便敢寫書解釋祖師證悟之公案，大多出於意識思惟所得，言不及義，錯誤百出，因此誤導廣大佛子同陷大妄語之地獄業中而不能自知。彼等書中所說之悟處，其實處處違背第一義經典之聖言量。彼等諸人不論是否身披袈裟，都非佛法宗門血脈，或雖有禪宗法脈之傳承，亦只徒具形式；猶如螟蛉，非眞血脈，未悟得根本眞實故。禪子欲知佛、祖之眞血脈者，請讀此書，便知分曉。平實導師著，主文452頁，全書464頁，定價500元（2007年起，凡購買公案拈提第一輯至第七輯，每購一輯皆贈送本公司精製公案拈提〈超意境〉CD一片，市售價格280元，多購多贈）。

宗通與說通：古今中外，錯誤之人如麻似粟，每以常見外道所說之靈知心，認作眞心；或妄想虛空之勝性能量爲眞如，或錯認物質四大元素藉冥性（靈知心本體）能成就吾人色身及知覺，或認初禪至四禪中之了知心爲不生不滅之涅槃心。此等皆非通宗者之見地。復有錯悟之人一向主張「宗門與教門不相干」，此即尚未通達宗門之人也。其實宗門與教門互通不二，宗門所證者乃是眞如與佛性，教門所說者乃說宗門證悟之眞如佛性，故教門與宗門不二。本書作者以宗教二門互通之見地，細說「宗通與說通」，從初見道至悟後起修之道、細說分明；並將諸宗諸派在整體佛教中之地位與次第，加以明確之教判，學人讀之即可了知佛法之梗概也。欲擇明師學法之前，允宜先讀。平實導師著，主文共381頁，全書392頁，只售成本價300元。

宗門正道—公案拈提第五輯：修學大乘佛法有二果須證解脫果及大菩提果。二乘人不證大菩提果，唯證解脫果；此果之智慧，名爲聲聞菩提、緣覺菩提。大乘佛子所證二果之菩提果爲佛菩提，故名大菩提果，其慧名爲一切種智函蓋二乘解脫果。然此大乘二果修證，須經由禪宗之宗門證悟方能相應。而宗門證悟極難，自古已然；其所以難者，咎在古今佛教界普遍存在三種邪見：1.以修定認作佛法，2.以無因論之緣起性空—否定涅槃本際如來藏以後之一切法空作爲佛法，3.以常見外道邪見（離語言妄念之靈知性）作爲佛法。如是邪見，或因自身正見未立所致，或因邪師之邪教導所致，或因無始劫來虛妄熏習所致。若不破除此三種邪見，永劫不悟宗門眞義、不入大乘正道，唯能外門廣修菩薩行。平實導師於此書中，有極爲詳細之說明，有志佛子欲摧邪見、入於內門修菩薩行者，當閱此書。主文共496頁，全書512頁。售價500元（2007年起，凡購買公案拈提第一輯至第七輯，每購一輯皆贈送本公司精製公案拈提〈超意境〉CD一片，市售價格280元，多購多贈）。

狂密與眞密：密教之修學，皆由有相之觀行法門而入，其最終目標仍不離顯教經典所說第一義諦之修證；若離顯教第一義經典、或違背顯教第一義經典，即非佛教。西藏密教之觀行法，如灌頂、觀想、遷識法、寶瓶氣、大聖歡喜雙身修法、喜金剛、無上瑜伽、大樂光明、樂空雙運等，皆是印度教兩性生生不息思想之轉化，自始至終皆以如何能運用交合淫樂之法達到全身受樂爲其中心思想，純屬欲界五欲的貪愛，不能令人超出欲界輪迴，更不能令人斷除我見；何況大乘之明心與見性，更無論矣！故密宗之法絕非佛法也。而其明光大手印、大圓滿法教，又皆同以常見外道所說離語言妄念之無念靈知心錯認爲佛地之眞如，不能直指不生不滅之眞如。西藏密宗所有法王與徒眾，都尚未開頂門眼，不能辨別眞僞，以依人不依法、依密續不依經典故，不肯將其上師喇嘛所說對照第一義經典，純依密續之藏密祖師所說爲準，因此而誇大其證德與證量，動輒謂彼祖師上師爲究竟佛、爲地上菩薩；如今台海兩岸亦有自謂其師證量高於 釋迦文佛者，然觀其師所述，猶未見道，仍在觀行即佛階段，尚未到禪宗相似即佛、分證即佛階位，竟敢標榜爲究竟佛及地上法王，誑惑初機學人。凡此怪象皆是狂密，不同於眞密之修行者。近年狂密盛行，密宗行者被誤導者極眾，動輒自謂已證佛地眞如，自視爲究竟佛，陷於大妄語業中而不知自省，反謗顯宗眞修實證者之證量粗淺；或如義雲高與釋性圓…等人，於報紙上公然誹謗眞實證道者爲「騙子、無道人、人妖、癩蛤蟆…」等，造下誹謗大乘勝義僧之大惡業；或以外道法中有爲有作之甘露、魔術……等法，誑騙初機學人，狂言彼外道法爲眞佛法。如是怪象，在西藏密宗及附藏密之外道中，不一而足，舉之不盡，學人宜應愼思明辨，以免上當後又犯毀破菩薩戒之重罪。密宗學人若欲遠離邪知邪見者，請閱此書，即能了知密宗之邪謬，從此遠離邪見與邪修，轉入眞正之佛道。

平實導師著 共四輯 每輯約400頁（主文約340頁）每輯售價300元。

宗門正義——公案拈提第六輯：佛教有六大危機，乃是藏密化、世俗化、膚淺化、學術化、宗門密意失傳、悟後進修諸地之次第混淆；其中尤以宗門密意之失傳，爲當代佛教最大之危機。由宗門密意失傳故，易令世尊本懷普被錯解，易令世尊正法被轉易爲外道法，以及加以淺化、世俗化，是故宗門密意之廣泛弘傳與具緣佛弟子，極爲重要。然而欲令宗門密意之廣泛弘傳予具緣之佛弟子者，必須同時配合錯誤知見之解析、普令佛弟子知之，然後輔以公案解析之直示入處，方能令具緣之佛弟子悟入。而此二者，皆須以公案拈提之方式爲之，方易成其功、竟其業，是故平實導師續作宗門正義一書，以利學人。全書500餘頁，售價500元（2007年起，凡購買公案拈提第一輯至第七輯，每購一輯皆贈送本公司精製公案拈提〈超意境〉CD一片，市售價格280元，多購多贈）。

心經密意——心經與解脫道、佛菩提道、祖師公案之關係與密意。二乘菩提所證之解脫道，實依第八識心之斷除煩惱障現行而立解脫之名；大乘菩提所證之佛菩提道，實依親證第八識如來藏之涅槃性、清淨自性、及其中道性而立般若之名；禪宗祖師公案所證之眞心，即是此第八識如來藏；是故三乘佛法所修所證之三乘菩提，皆依此如來藏心而立名也。此第八識心，即是《心經》所說之心也。證得此如來藏已，即能漸入大乘佛菩提道，亦可因證知此心而了知二乘無學所不能知之無餘涅槃本際，是故《心經》之密意，與三乘佛菩提之關係極爲密切、不可分割，三乘佛法皆依此心而立名故。今者平實導師以其所證解脫道之無生智及佛菩提之般若種智，將《心經》與解脫道、佛菩提道、祖師公案之關係與密意，以演講之方式，用淺顯之語句和盤托出，發前人所未言，呈三乘菩提之眞義，令人藉此《心經密意》一舉而窺三乘菩提之堂奧，迴異諸方言不及義之說；欲求眞實佛智者、不可不讀！主文317頁，連同跋文及序文⋯等共384頁，售價300元。

宗門密意—公案拈提第七輯：佛教之世俗化，將導致學人以信仰作爲學佛，則將以感應及世間法之庇祐，作爲學佛之主要目標，不能了知學佛之主要目標爲親證三乘菩提。大乘菩提則以般若實相智慧爲主要修習目標，以二乘菩提解脫道爲附帶修習之標的；是故學習大乘法者，應以禪宗之證悟爲要務，能親入大乘菩提之實相般若智慧中故，般若實相智慧非二乘聖人所能知故。此書則以台灣世俗化佛教之三大法師，說法似是而非之實例，配合眞悟祖師之公案解析，提示證悟般若之關節，令學人易得悟入。平實導師著，全書五百餘頁，售價500元（2007年起，凡購買公案拈提第一輯至第七輯，每購一輯皆贈送本公司精製公案拈提〈超意境〉CD一片，市售價格280元，多購多贈）。

淨土聖道—兼評日本本願念佛：佛法甚深極廣，般若玄微，非諸二乘聖僧所能知之，一切凡夫更無論矣！所謂一切證量皆歸淨土是也！是故大乘法中「聖道之淨土、淨土之聖道」，其義甚深，難可了知；乃至眞悟之人，初心亦難知也。今有正德老師眞實證悟後，復能深探淨土與聖道之緊密關係，憐憫眾生之誤會淨土實義，亦欲利益廣大淨土行人同入聖道，同獲淨土中之聖道門要義，乃振奮心神、書以成文，今得刊行天下。主文279頁，連同序文等共301頁，總有十一萬六千餘字，正德老師著，成本價200元。

起信論講記：詳解大乘起信論**心生滅門**與**心眞如門**之眞實意旨，消除以往大師與學人對起信論所說**心生滅門**之誤解，由是而得了知眞心如來藏之非常非斷中道正理；亦因此一講解，令此論以往隱晦而被誤解之眞實義，得以如實顯示，令大乘佛菩提道之正理得以顯揚光大；初機學者亦可藉此正論所顯示之法義，對大乘法理生起正信，從此得以眞發菩提心，眞入大乘法中修學，世世常修菩薩正行。平實導師演述，共六輯，都已出版，每輯三百餘頁，售價各250元。

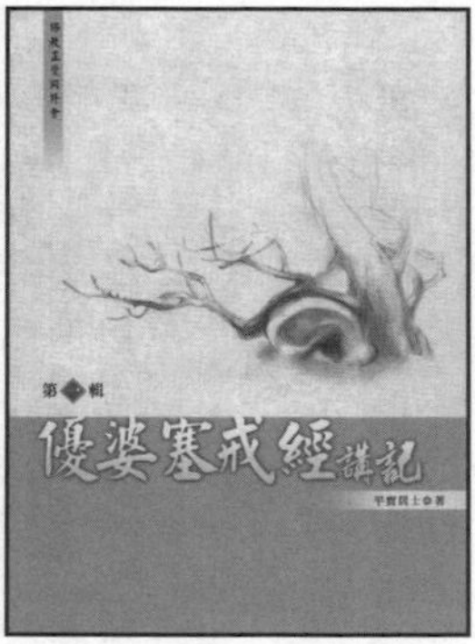

優婆塞戒經講記：本經詳述在家菩薩修學大乘佛法，應如何受持菩薩戒？對人間善行應如何看待？對三寶應如何護持？應如何正確地修集此世後世證法之福德？應如何修集後世「行菩薩道之資糧」？並詳述第一義諦之正義：五蘊非我非異我、自作自受、異作異受、不作不受……等深妙法義，乃是修學大乘佛法、行菩薩行之在家菩薩所應當了知者。出家菩薩今世或未來世登地已，捨報之後多數將如華嚴經中諸大菩薩，以在家菩薩身而修行菩薩行，故亦應以此經所述正理而修之，配合《楞伽經、解深密經、楞嚴經、華嚴經》等道次第正理，方得漸次成就佛道；故此經是一切大乘行者皆應證知之正法。平實導師講述，每輯三百餘頁，售價各250元；共八輯，已全部出版。

真假活佛—略論附佛外道盧勝彥之邪說：人人身中都有眞活佛，永生不滅而有大神用，但眾生都不了知，所以常被身外的西藏密宗假活佛籠罩欺瞞。本來就眞實存在的眞活佛，才是眞正的密宗無上密！諾那活佛因此而說禪宗是大密宗，但藏密的所有活佛都不知道、也不曾實證自身中的眞活佛。本書詳實宣示眞活佛的道理，舉證盧勝彥的「佛法」不是眞佛法，也顯示盧勝彥是假活佛，直接的闡釋第一義佛法見道的眞實正理。眞佛宗的所有上師與學人們，都應該詳細閱讀，包括盧勝彥個人在內。正犀居士著，優惠價140元。

阿含正義—唯識學探源：廣說四大部《阿含經》諸經中隱說之眞正義理，一一舉示佛陀本懷，令阿含時期初轉法輪根本經典之眞義，如實顯現於佛子眼前。並提示末法大師對於阿含眞義誤解之實例，一一比對之，證實唯識增上慧學確於原始佛法之阿含諸經中已隱覆密意而略說之，證實 世尊確於原始佛法中已曾密意而說第八識如來藏之總相；亦證實 世尊在四阿含中已說此藏識是名色十八界之因、之本—證明如來藏是能生萬法之根本心。佛子可據此修正以往受諸大師（譬如西藏密宗應成派中觀師：印順、昭慧、性廣、大願、達賴、宗喀巴、寂天、月稱、……等人）誤導之邪見，建立正見，轉入正道乃至親證初果而無困難；書中並詳說三果所證的**心解脫**，以及四果**慧解脫**的親證，都是如實可行的具體知見與行門。全書共七輯，已出版完畢。平實導師著，每輯三百餘頁，售價300元。

超意境ＣＤ：以平實導師公案拈提書中超越意境之頌詞，加上曲風優美的旋律，錄成令人嚮往的超意境歌曲，其中包括正覺發願文及平實導師親自譜成的黃梅調歌曲一首。詞曲雋永，殊堪翫味，可供學禪者吟詠，有助於見道。內附設計精美的彩色小冊，解說每一首詞的背景本事。每片280元。【每購買公案拈提書籍一冊，即贈送一片。】

鈍鳥與靈龜：鈍鳥及靈龜二物，被宗門證悟者說爲二種人：前者是精修禪定而無智慧者，也是以定爲禪的愚癡禪人；後者是或有禪定、或無禪定的宗門證悟者，凡已證悟者皆是靈龜。但後來被人虛造事實，用以嘲笑大慧宗杲禪師，說他雖是靈龜，卻不免被天童禪師預記「患背」痛苦而亡：「鈍鳥離巢易，靈龜脫殼難。」藉以貶低大慧宗杲的證量。同時將天童禪師實證如來藏的證量，曲解爲意識境界的離念靈知。自從大慧禪師入滅以後，錯悟凡夫對他的不實毀謗就一直存在著，不曾止息，並且捏造的假事實也隨著年月的增加而越來越多，終至編成「鈍鳥與靈龜」的假公案、假故事。本書是考證大慧與天童之間的不朽情誼，顯現這件假公案的虛妄不實；更見大慧宗杲面對惡勢力時的正直不阿，亦顯示大慧對天童禪師的至情深義，將使後人對大慧宗杲的誣謗至此而止，不再有人誤犯毀謗賢聖的惡業。書中亦舉證宗門的所悟確以第八識如來藏爲標的，詳讀之後必可改正以前被錯悟大師誤導的參禪知見，日後必定有助於實證禪宗的開悟境界，得階大乘眞見道位中，即是實證般若之賢聖。全書459頁，售價350元。

我的菩提路第一輯：凡夫及二乘聖人不能實證的佛菩提證悟，末法時代的今天仍然有人能得實證，由正覺同修會釋悟圓、釋善藏法師等二十餘位實證如來藏者所寫的見道報告，已爲當代學人見證宗門正法之絲縷不絕，證明大乘義學的法脈仍然存在，爲末法時代求悟般若之學人照耀出光明的坦途。由二十餘位大乘見道者所繕，敘述各種不同的學法、見道因緣與過程，參禪求悟者必讀。全書三百餘頁，售價300元。

我的菩提路第二輯：由郭正益老師等人合著，書中詳述彼等諸人歷經各處道場學法，一一修學而加以檢擇之不同過程以後，因閱讀正覺同修會、正智出版社書籍而發起抉擇分，轉入正覺同修會中修學；乃至學法及見道之過程，都一一詳述之。其中張志成等人係由前現代禪轉進正覺同修會，張志成原爲現代禪副宗長，以前未閱本會書籍時，曾被人藉其名義著文評論 平實導師（詳見《宗通與說通》辨正及《眼見佛性》書末附錄…等）；後因偶然接觸正覺同修會書籍，深覺以前聽人評論平實導師之語不實，於是投入極多時間閱讀本會書籍、深入思辨，詳細探索中觀與唯識之關聯與異同，認爲正覺之法義方是正法，深覺相應；亦解開多年來對佛法的迷雲，確定應依八識論正理修學方是正法。乃不顧面子，毅然前往正覺同修會面見平實導師懺悔，並正式學法求悟。今已與其同修王美伶（亦爲前現代禪傳法老師），同樣證悟如來藏而證得法界實相，生起實相般若眞智。此書中尚有七年來本會第一位眼見佛性者之見性報告一篇，一同供養大乘佛弟子。全書四百頁，售價300元。

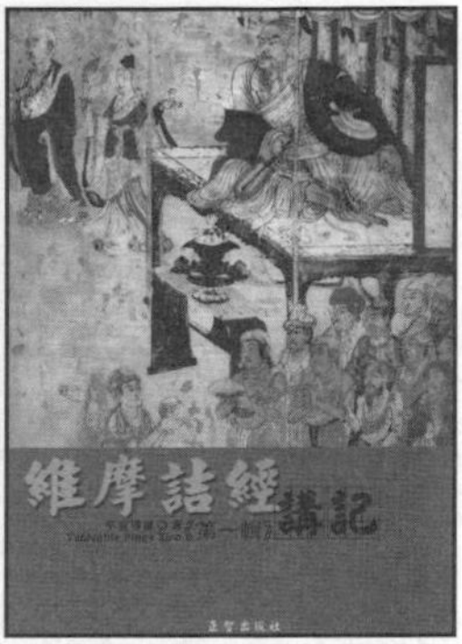

維摩詰經講記：本經係 世尊在世時，由等覺菩薩維摩詰居士藉疾病而演說之大乘菩提無上妙義，所說函蓋甚廣，然極簡略，是故今時諸方大師與學人讀之悉皆錯解，何況能知其中隱含之深妙正義，是故普遍無法爲人解說；若強爲人說，則成依文解義而有諸多過失。今由平實導師公開宣講之後，詳實解釋其中密意，令維摩詰菩薩所說大乘不可思議解脫之深妙正法得以正確宣流於人間，利益當代學人及與諸方大師。書中詳實演述大乘佛法深妙不共二乘之智慧境界，顯示諸法之中絕待之實相境界，建立大乘菩薩妙道於永遠不敗不壞之地，以此成就護法偉功，欲冀永利娑婆人天。已經宣講圓滿整理成書流通，以利諸方大師及諸學人。全書共六輯，每輯三百餘頁，售價各250元。

菩薩底憂鬱CD將菩薩情懷及禪宗公案寫成新詞，並製作成超越意境的優美歌曲。1.主題曲〈菩薩底憂鬱〉，描述地後菩薩能離三界生死而迴向繼續生在人間，但因尚未斷盡習氣種子而有極深沈之憂鬱，非三賢位菩薩及二乘聖者所知，此憂鬱在七地滿心位方才斷盡；本曲之詞中所說義理極深，昔來所未曾見；此曲係以優美的情歌風格寫詞及作曲，聞者得以激發嚮往諸地菩薩境界之大心，詞、曲都非常優美，難得一見；其中勝妙義理之解說，已印在附贈之彩色小冊中。2.以各輯公案拈提中直示禪門入處之頌文，作成各種不同曲風之超意境歌曲，值得玩味、參究；聆聽公案拈提之優美歌曲時，請同時閱讀內附之印刷精美說明小冊，可以領會超越三界的證悟境界；未悟者可以因此引發求悟之意向及疑情，眞發菩提心而邁向求悟之途，乃至因此眞實悟入般若，成眞菩薩。3.正覺總持咒新曲，總持佛法大意；總持咒之義理，已加以解說並印在隨附之小冊中。本CD共有十首歌曲，長達63分鐘，附贈二張購書優惠券。每片280元。

勝鬘經講記：如來藏爲三乘菩提之所依，若離如來藏心體及其含藏之一切種子，即無三界有情及一切世間法，亦無二乘菩提緣起性空之出世間法；本經詳說無始無明、一念無明皆依如來藏而有之正理，藉著詳解煩惱障與所知障間之關係，令學人深入了知二乘菩提與佛菩提相異之妙理；聞後即可了知佛菩提之特勝處及三乘修道之方向與原理，邁向攝受正法而速成佛道的境界中。平實導師講述，共六輯，每輯三百餘頁，售價各250元。

楞嚴經講記：楞嚴經係密教部之重要經典，亦是顯教中普受重視之經典；經中宣說明心與見性之內涵極爲詳細，將一切法都會歸如來藏及佛性—妙眞如性；亦闡釋佛菩提道修學過程中之種種魔境，以及外道誤會涅槃之狀況，旁及三界世間之起源。然因言句深澀難解，法義亦復深妙寬廣，學人讀之普難通達，是故讀者大多誤會，不能如實理解佛所說之明心與見性內涵，亦因是故多有悟錯之人引爲開悟之證言，成就大妄語罪。今由平實導師詳細講解之後，整理成文，以易讀易懂之語體文刊行天下，以利學人。全書十五輯，全部出版完畢。每輯三百餘頁，售價每輯300元。

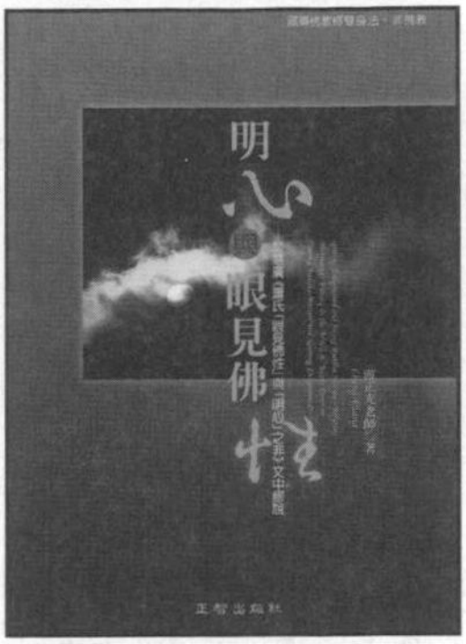

明心與眼見佛性：本書細述明心與眼見佛性之異同，同時顯示了中國禪宗破初參明心與重關眼見佛性二關之間的關聯；書中又藉法義辨正而旁述其他許多勝妙法義，讀後必能遠離佛門長久以來積非成是的錯誤知見，令讀者在佛法的實證上有極大助益。也藉慧廣法師的謬論來教導佛門學人回歸正知正見，遠離古今禪門錯悟者所墮的意識境界，非唯有助於斷我見，也對未來的開悟明心實證第八識如來藏有所助益，是故學禪者都應細讀之。游正光老師著　共448頁 售價300元。

見性與看話頭：黃正倖老師的《見性與看話頭》於《正覺電子報》連載完畢，今結集出版。書中詳說禪宗看話頭的詳細方法，並細說看話頭與眼見佛性的關係，以及眼見佛性者求見佛性前必須具備的條件。本書是禪宗實修者追求明心開悟時參禪的方法書，也是求見佛性者作功夫時必讀的方法書，內容兼顧眼見佛性的理論與實修之方法，是依實修之體驗配合理論而詳述，條理分明而且極爲詳實、周全、深入。本書內文375頁，全書416頁，售價300元。

禪意無限CD平實導師以公案拈提書中偈頌寫成不同風格曲子，與他人所寫不同風格曲子共同錄製出版，幫助參禪人進入禪門超越意識之境界。盒中附贈彩色印製的精美解說小冊，以供聆聽時閱讀，令參禪人得以發起參禪之疑情，即有機會證悟本來面目，實證大乘菩提般若。本CD共有十首歌曲，長達69分鐘，每盒各附贈二張購書優惠券。每片280元。

金剛經宗通：三界唯心，萬法唯識，是成佛之修證內容，是諸地菩薩之所修；般若則是成佛之道（實證三界唯心、萬法唯識）的入門，若未證悟實相般若，即無成佛之可能，必將永在外門廣行菩薩六度，永在凡夫位中。然而實相般若的發起，全賴實證萬法的實相；若欲證知萬法的眞相，則必須探究萬法之所從來，則須實證自心如來—金剛心如來藏，然後現觀這個金剛心的金剛性、眞實性、如如性、清淨性、涅槃性、能生萬法的自性性、本住性，名爲證眞如；進而現觀三界六道唯是此金剛心所成，人間萬法須藉八識心王和合運作方能現起。如是實證《華嚴經》的「三界唯心、萬法唯識」以後，由此等現觀而發起實相般若智慧，繼續進修第十住位的如幻觀、第十行位的陽焰觀、第十迴向位的如夢觀，再生起增上意樂而勇發十無盡願，方能滿足三賢位的實證，轉入初地；自知成佛之道而無偏倚，從此按部就班、次第進修乃至成佛。第八識自心如來是般若智慧之所依，般若智慧的修證則要從實證金剛心自心如來開始；《金剛經》則是解說自心如來之經典，是一切三賢位菩薩所應進修之實相般若經典。這一套書，是將平實導師宣講的《金剛經宗通》內容，整理成文字而流通之；書中所說義理，迥異古今諸家依文解義之說，指出大乘見道方向與理路，有益於禪宗學人求開悟見道，及轉入內門廣修六度萬行。講述完畢後結集出版，總共9輯，每輯約三百餘頁，售價各250元。

真假外道：本書具體舉證佛門中的常見外道知見實例，並加以教證及理證上的辨正，幫助讀者輕鬆而快速的了知常見外道的錯誤知見，進而遠離佛門內外的常見外道知見，因此即能改正修學方向而快速實證佛法。游正光老師著。成本價200元。

空行母—性別、身分定位，以及藏傳佛教：本書作者爲蘇格蘭哲學家，因爲嚮往佛教深妙的哲學內涵，於是進入當年盛行於歐美的假藏傳佛教密宗，擔任卡盧仁波切的翻譯工作多年以後，被邀請成爲卡盧的空行母（又名佛母、明妃），開始了她在密宗裡的實修過程；後來發覺在密宗雙身法中的修行，其實無法使自己成佛，也發覺密宗對女性岐視而處處貶抑，並剝奪女性在雙身法中擔任一半角色時應有的身分定位。當她發覺自己只是雙身法中被喇嘛利用的工具，沒有獲得絲毫應有的尊重與基本定位時，發現了密宗的父權社會控制女性的本質；於是作者傷心地離開了卡盧仁波切與密宗，但是卻被恐嚇不許講出她在密宗裡的經歷，也不許她說出自己對密宗的教義與教制下對女性剝削的本質，否則將被咒殺死亡。後來她去加拿大定居，十餘年後方才擺脫這個恐嚇陰影，下定決心將親身經歷的實情及觀察到的事實寫下來並且出版，公諸於世。出版之後，她被流亡的達賴集團人士大力攻訐，誣指她爲精神狀態失常、說謊……等。但有智之士並未被達賴集團的政治操作及各國政府政治運作吹捧達賴的表相所欺，使她的書銷售無阻而又再版。正智出版社鑑於作者此書是親身經歷的事實，所說具有針對「藏傳佛教」而作學術研究的價值，也有使人認清假藏傳佛教剝削佛母、明妃的男性本位實質，因此洽請作者同意中譯而出版於華人地區。珍妮．坎貝爾女士著，呂艾倫 中譯，每冊250元。

霧峰無霧—給哥哥的信：本書作者藉兄弟之間信件往來論義，略述佛法大義；並以多篇短文辨義，舉出釋印順對佛法的無量誤解證據，並一一給予簡單而清晰的辨正，令人一讀即知。久讀、多讀之後即能認清楚釋印順的六識論見解，與眞實佛法之牴觸是多麼嚴重；於是在久讀、多讀之後，於不知不覺之間提升了對佛法的極深入理解，正知正見就在不知不覺間建立起來了。當三乘佛法的正知見建立起來之後，對於三乘菩提的見道條件便將隨之具足，於是聲聞解脫道的見道也就水到渠成；接著大乘見道的因緣也將次第成熟，未來自然也會有親見大乘菩提之道的因緣，悟入大乘實相般若也將自然成功，自能通達般若系列諸經而成實義菩薩。作者居住於南投縣霧峰鄉，自喻見道之後不復再見霧峰之霧，故鄉原野美景一一明見，於是立此書名爲《霧峰無霧》；讀者若欲撥霧見月，可以此書爲緣。游宗明　老師著　售價250元。

假藏傳佛教的神話—性、謊言、喇嘛教：本書編著者是由一首名叫「阿姊鼓」的歌曲爲緣起，展開了序幕，揭開假藏傳佛教—喇嘛教—的神秘面紗。其重點是蒐集、摘錄網路上質疑「喇嘛教」的帖子，以揭穿「假藏傳佛教的神話」爲主題，串聯成書，並附加彩色插圖以及說明，讓讀者們瞭解西藏密宗及相關人事如何被操作爲「神話」的過程，以及神話背後的眞相。作者：張正玄教授。售價200元。

達賴真面目—**玩盡天下女人**：假使您不想戴綠帽子，請記得詳細閱讀此書；假使您不想讓好朋友戴綠帽子，請您將此書介紹給您的好朋友。假使您想保護家中的女性，也想要保護好朋友的女眷，請記得將此書送給家中的女性和好友的女眷都來閱讀。本書爲印刷精美的大本彩色中英對照精裝本，爲您揭開達賴喇嘛的眞面目，內容精彩不容錯過，爲利益社會大眾，特別以優惠價格嘉惠所有讀者。編著者：白志偉等。大開版雪銅紙彩色精裝本。售價800元。

喇嘛性世界—**揭開假藏傳佛教譚崔瑜伽的面紗**：這個世界中的喇嘛，號稱來自世外桃源的香格里拉，穿著或紅或黃的喇嘛長袍，散布於我們的身邊傳教灌頂，吸引了無數的人嚮往學習；這些喇嘛虔誠地爲大眾祈福，手中拿著寶杵（金剛）與寶鈴（蓮花），口中唸著咒語：「唵．嘛呢．叭咪．吽……」，咒語的意思是說：「我至誠歸命金剛杵上的寶珠伸向蓮花寶穴之中」！「喇嘛性世界」是什麼樣的「世界」呢？本書將爲您呈現喇嘛世界的面貌。當您發現眞相以後，您將會唸：「噢！喇嘛．性．世界，譚崔性交嘛！」作者：張善思、呂艾倫。售價200元。

末代達賴—性交教主的悲歌：簡介從藏傳僞佛教（喇嘛教）的修行核心—性力派男女雙修，探討達賴喇嘛及藏傳僞佛教的修行內涵。書中引用外國知名學者著作、世界各地新聞報導，包含：歷代達賴喇嘛的祕史、達賴六世修雙身法的事蹟，以及《時輪續》中的性交灌頂儀式……等；達賴喇嘛書中開示的雙修法、達賴喇嘛的黑暗政治手段；達賴喇嘛所領導的寺院爆發喇嘛性侵兒童；新聞報導《西藏生死書》作者索甲仁波切性侵女信徒、澳洲喇嘛秋達公開道歉、美國最大假藏傳佛教組織領導人邱陽創巴仁波切的性氾濫，等等事件背後眞相的揭露。作者：張善思、呂艾倫、辛燕。售價250元。

第七意識與第八意識？—穿越時空「超意識」「三界唯心，萬法唯識」是佛教中應該實證的聖教，也是《華嚴經》中明載而可以實證的法界實相。唯心者，三界一切境界、一切諸法唯是一心所成就，即是每一個有情的第八識如來藏，不是意識心。唯識者，即是人類各各都具足的八識心王——眼識、耳鼻舌身意識、意根、阿賴耶識，第八阿賴耶識又名如來藏，人類五陰相應的萬法，莫不由八識心王共同運作而成就，故說萬法唯識。依聖教量及現量、比量，都可以證明意識是二法因緣生，是由第八識藉意根與法塵二法爲因緣而出生，又是夜夜斷滅不存之生滅心，即無可能反過來出生第七識意根、第八識如來藏，當知不可能從生滅性的意識心中，細分出恆審思量的第七識意根，更無可能細分出恆而不審的第八識如來藏。本書是將演講內容整理成文字，細說如是內容，並已在《正覺電子報》連載完畢，今彙集成書以廣流通，欲幫助佛門有緣人斷除意識我見，跳脫於識陰之外而取證聲聞初果；嗣後修學禪宗時即得不墮外道神我之中，得以求證第八識金剛心而發起般若實智。平實導師 述，每冊300元。

黯淡的達賴—失去光彩的諾貝爾和平獎：本書舉出很多證據與論述，詳述達賴喇嘛不爲世人所知的一面，顯示達賴喇嘛並不是眞正的和平使者，而是假借諾貝爾和平獎的光環來欺騙世人；透過本書的說明與舉證，讀者可以更清楚的瞭解，達賴喇嘛是結合暴力、黑暗、淫欲於喇嘛教裡的集團首領，其政治行爲與宗教主張，早已讓諾貝爾和平獎的光環染污了。本書由財團法人正覺教育基金會寫作、編輯，由正覺出版社印行，每冊250元。

人間佛教—實證者必定不悖三乘菩提　「大乘非佛說」的講法似乎流傳已久，卻只是日本人企圖擺脫中國正統佛教的影響，而在明治維新時期才開始提出來的說法；台灣佛教、大陸佛教的淺學無智之人，由於未曾實證佛法而迷信日本人錯誤的學術考證，錯認爲這些別有用心的日本佛學考證的講法爲天竺佛教的眞實歷史；甚至還有更激進的反對佛教者提出「釋迦牟尼佛並非眞實存在，只是後人捏造的假歷史人物」，竟然也有少數人願意跟著「學術」的假光環而信受不疑，於是開始有一些佛教界人士造作了反對中國佛教而推崇南洋小乘佛教的行爲，使佛教的信仰者難以檢擇，導致一般大陸人士開始轉入基督教的盲目迷信中。在這些佛教及外教人士之中，也就有一分人根據此邪說而大聲主張「大乘非佛說」的謬論，這些人以「人間佛教」的名義來抵制中國正統佛教，公然宣稱中國的大乘佛教是由聲聞部派佛教的凡夫僧所創造出來的。這樣的說法流傳於台灣及大陸佛教界凡夫僧之中已久，卻非眞正的佛教歷史中曾經發生過的事，只是繼承六識論的聲聞法中凡夫僧依自己的意識境界立場，純憑臆想而編造出來的妄想說法，卻已經影響許多無智之凡夫僧俗信受不移。本書則是從佛教的經藏法義實質及實證的現量內涵本質立論，證明大乘佛法本是佛說，是從《阿含正義》尚未說過的不同面向來討論「人間佛教」的議題，證明「大乘眞佛說」。閱讀本書可以斷除六識論邪見，迴入三乘菩提正道發起實證的因緣；也能斷除禪宗學人學禪時普遍存在之錯誤知見，對於建立參禪時的正知見有很深的著墨。平實導師　述，內文488頁，全書528頁，定價400元。

童女迦葉考——**論呂凱文〈佛教輪迴思想的論述分析〉之謬**　童女迦葉是佛世率領五百大比丘遊行於人間的歷史事實，是以童貞行而依止菩薩戒弘化於人間的大菩薩，不依別解脫戒（聲聞戒）來弘化於人間。這是大乘佛教與聲聞佛教同時存在於佛世的歷史明證，證明大乘佛教不是從聲聞法中分裂出來的部派佛教的產物，卻是聲聞佛教分裂出來的部派佛教聲聞凡夫僧所不樂見的史實；於是古今聲聞法中的凡夫都欲加以扭曲而作詭說，更是末法時代高聲大呼「大乘非佛說」的六識論聲聞凡夫極力想要扭曲的佛教史實之一，於是想方設法扭曲迦葉菩薩為聲聞僧，以及扭曲迦葉童女為比丘僧等荒謬不實之論著便陸續出現，古時聲聞僧寫作的《分別功德論》是最具體之事例，現代之代表作則是呂凱文先生的〈佛教輪迴思想的論述分析〉論文。鑑於如是假藉學術考證以籠罩大眾之不實謬論，未來仍將繼續造作及流竄於佛教界，繼續扼殺大乘佛教學人法身慧命，必須舉證辨正之，遂成此書。平實導師 著，每冊180元。

中觀金鑑——**詳述應成派中觀的起源與其破法本質**　學佛人往往迷於中觀學派之不同學說，被應成派與自續派所迷惑；修學般若中觀二十年後自以為實證般若中觀了，卻仍不曾入門，甫聞實證般若中觀者之所說，則茫無所知，迷惑不解；隨後信心盡失，不知如何實證佛法；凡此，皆因惑於這二派中觀學說所致。自續派中觀所說同於常見，以意識境界立為第八識如來藏之境界，應成派所說則同於斷見，但又同立意識為常住法，故亦具足斷常二見。今者孫正德老師有鑑於此，乃將起源於密宗的應成派中觀學說，追本溯源，詳考其來源之外，亦一一舉證其立論內容，詳加辨正，令密宗雙身法祖師以識陰境界而造之應成派中觀學說本質，詳細呈現於學人眼前，令其維護雙身法之目的無所遁形。若欲遠離密宗此二大派中觀謬說，欲於三乘菩提有所進道者，允宜具足閱讀並細加思惟，反覆讀之以後將可捨棄邪道返歸正道，則於般若之實證即有可能，證後自能現觀如來藏之中道境界而成就中觀。本書分上、中、下三冊，每冊250元，已全部出版完畢。

實相經宗通：學佛之目的在於實證一切法界背後之實相，禪宗稱之爲本來面目或本地風光，佛菩提道中稱之爲實相法界；此實相法界即是金剛藏，又名佛法之祕密藏，即是能生有情五陰、十八界及宇宙萬有（山河大地、諸天、三惡道世間）的第八識如來藏，又名阿賴耶識心，即是禪宗祖師所說的眞如心，此心即是三界萬有背後的實相。證得此第八識心時，自能瞭解般若諸經中隱說的種種密意，即得發起實相般若——實相智慧。每見學佛人修學佛法二十年後仍對實相般若茫然無知，亦不知如何入門，茫無所趣；更因不知三乘菩提的互異互同，是故越是久學者對佛法越覺茫然，都肇因於尚未瞭解佛法的全貌，亦未瞭解佛法的修證內容即是第八識心所致。本書對於修學佛法者所應實證的實相境界提出明確解析，並提示趣入佛菩提道的入手處，有心親證實相般若的佛法實修者，宜詳讀之，於佛菩提道之實證即有下手處。平實導師述著，共八輯，全部出版完畢，每輯成本價250元。

真心告訴您（一）——達賴喇嘛在幹什麼？ 這是一本報導篇章的選集，更是「破邪顯正」的暮鼓晨鐘。「破邪」是戳破假象，說明達賴喇嘛及其所率領的密宗四大派法王、喇嘛們，弘傳的佛法是仿冒的佛法；他們是假藏傳佛教，是坦特羅(譚崔性交)外道法和藏地崇奉鬼神的苯教混合成的「喇嘛教」，推廣的是以所謂「無上瑜伽」的男女雙身法冒充佛法的假佛教，詐財騙色誤導眾生，常常造成信徒家庭破碎、家中兒少失怙的嚴重後果。「顯正」是揭櫫眞相，指出眞正的藏傳佛教只有一個，就是覺囊巴，傳的是　釋迦牟尼佛演繹的第八識如來藏妙法，稱爲他空見大中觀。正覺教育基金會即以此古今輝映的如來藏正法正知見，在眞心新聞網中逐次報導出來，將箇中原委「眞心告訴您」，如今結集成書，與想要知道密宗眞相的您分享。售價250元。

真心告訴您（二）——達賴喇嘛是佛教僧侶嗎？補祝達賴喇嘛八十大壽：這是一本針對當今達賴喇嘛所領導的喇嘛教，冒用佛教名相、於師徒間或師兄姊間，實修男女邪淫，而從佛法三乘菩提的現量與聖教量，揭發其謊言與邪術，證明達賴及其喇嘛教是仿冒佛教的外道，是「假藏傳佛教」。藏密四大派教義雖有「八識論」與「六識論」的表面差異，然其實修之內容，皆共許「無上瑜伽」四部灌頂爲究竟「成佛」之法門，也就是共以男女雙修之邪淫法爲「即身成佛」之密要，雖美其名曰「欲貪爲道」之「金剛乘」，並誇稱其成就超越於（應身佛）釋迦牟尼佛所傳之顯教般若乘之上；然詳考其理論，則或以意識離念時之粗細心爲第八識如來藏，或以中脈裡的明點爲第八識如來藏，或如宗喀巴與達賴堅決主張第六意識爲常恆不變之眞心者，分別墮於外道之常見與斷見中；全然違背 佛說能生五蘊之如來藏的實質。售價300元。

西藏「活佛轉世」制度——附佛、造神、世俗法：歷來關於喇嘛教活佛轉世的研究，多針對歷史及文化兩部分，於其所以成立的理論基礎，較少系統化的探討。尤其是此制度是否依據「佛法」而施設？是否合乎佛法眞實義？現有的文獻大多含糊其詞，或人云亦云，不曾有明確的闡釋與如實的見解。因此本文先從活佛轉世的由來，探索此制度的起源、背景與功能，並進而從活佛的尋訪與認證之過程，發掘活佛轉世的特徵，以確認「活佛轉世」在佛法中應具足何種果德。定價150元。

法華經講義：此書爲平實導師始從2009/7/21演述至2014/1/14之講經錄音整理所成。世尊一代時教，總分五時三教，即是華嚴時、聲聞緣覺教、般若教、種智唯識教、法華時；依此五時三教區分爲藏、通、別、圓四教。本經是最後一時的圓教經典，圓滿收攝一切法教於本經中，是故最後的圓教聖訓中，特地指出無有三乘菩提，其實唯有一佛乘；皆因眾生愚迷故，方便區分爲三乘菩提以助眾生證道。世尊於此經中特地說明如來示現於人間的唯一大事因緣，便是爲有緣眾生「開、示、悟、入」諸佛的所知所見——第八識如來藏妙眞如心，並於諸品中隱說「妙法蓮花」如來藏心的密意。然因此經所說甚深難解，眞義隱晦，古來難得有人能窺堂奧；平實導師以知如是密意故，特爲末法佛門四眾演述《妙法蓮華經》中各品蘊含之密意，使古來未曾被古德註解出來的「此經」密意，如實顯示於當代學人眼前。乃至〈藥王菩薩本事品〉、〈妙音菩薩品〉、〈觀世音菩薩普門品〉、〈普賢菩薩勸發品〉中的微細密意，亦皆一併詳述之，開前人所未曾言之密意，示前人所未見之妙法。最後乃至以〈法華大意〉而總其成，全經妙旨貫通始終，而依佛旨圓攝於一心如來藏妙心，厥爲曠古未有之大說也。平實導師述　已於2015/05/31起開始出版，每二個月出版一輯，共有25輯。每輯300元。

解深密經講記：本經係　世尊晚年第三轉法輪，宣說地上菩薩所應熏修之唯識正義經典，經中所說義理乃是大乘一切種智增上慧學，以阿陀那識—如來藏—阿賴耶識爲主體。禪宗之證悟者，若欲修證初地無生法忍乃至八地無生法忍者，必須修學《楞伽經、解深密經》所說之八識心王一切種智；此二經所說正法，方是眞正成佛之道；印順法師否定第八識如來藏之後所說萬法緣起性空之法，是以誤會後之二乘解脫道取代大乘眞正成佛之道，尚且不符二乘解脫道正理，亦已墮於斷滅見中，不可謂爲成佛之道也。平實導師曾於本會郭故理事長往生時，於喪宅中從首七開始宣講，於每一七各宣講三小時，至第十七而快速略講圓滿，作爲郭老之往生佛事功德，迴向郭老早證八地、速返娑婆住持正法。茲爲今時後世學人故，將擇期重講《解深密經》，以淺顯之語句講畢後，將會整理成文，用供證悟者進道；亦令諸方未悟者，據此經中佛語正義，修正邪見，依之速能入道。平實導師述著，全書輯數未定，每輯三百餘頁，將於未來重講完畢後逐輯出版。

佛法入門：學佛人往往修學二十年後仍不知如何入門，茫無所入漫無方向，不知如何實證佛法；更因不知三乘菩提的互異互同之處，導致越是久學者越覺茫然，都是肇因於尚未瞭解佛法的全貌所致。本書對於佛法的全貌提出明確的輪廓，並說明三乘菩提的異同處，讀後即可輕易瞭解佛法全貌，數日內即可明瞭三乘菩提入門方向與下手處。○○菩薩著　出版日期未定。

阿含經講記—**小乘解脫道之修證**：數百年來，南傳佛法所說證果之不實，所說解脫道之虛妄，所弘解脫道法義之世俗化，皆已少人知之；從南洋傳入台灣與大陸之後，所說法義虛謬之事，亦復少人知之；今時台灣全島印順系統之法師居士，多不知南傳佛法數百年來所說解脫道之義理已然偏斜、已然世俗化、已非眞正之二乘解脫正道，猶極力推崇與弘揚。彼等南傳佛法近代所謂之證果者多非眞實證果者，譬如阿迦曼、葛印卡、帕奧禪師、一行禪師……等人，悉皆未斷我見故。近年更有台灣南部大願法師，高抬南傳佛法之二乘修證行門爲「捷徑究竟解脫之道」者，然而南傳佛法縱使眞修實證，得成阿羅漢，至高唯是二乘菩提解脫之道，絕非究竟解脫，無餘涅槃中之實際尚未得證故，法界之實相尚未了知故，習氣種子待除故，一切種智未實證故，焉得謂爲「究竟解脫」？即使南傳佛法近代眞有實證之阿羅漢，尚且不及三賢位中之七住明心菩薩本來自性清淨涅槃智慧境界，則不能知此賢位菩薩所證之無餘涅槃實際，仍非大乘佛法中之見道者，何況普未實證聲聞果乃至未斷我見之人？謬充證果已屬逾越，更何況是誤會二乘菩提之後，以未斷我見之凡夫知見所說之二乘菩提解脫偏斜法道，焉可高抬爲「究竟解脫」？而且自稱「捷徑之道」？又妄言解脫之道即是成佛之道，完全否定般若實智、否定三乘菩提所依之如來藏心體，此理大大不通也！平實導師爲令修學二乘菩提欲證解脫果者，普得迴入二乘菩提正見、正道中，是故選錄四阿含諸經中，對於二乘解脫道法義有具足圓滿說明之經典，預定未來十年內將會加以詳細講解，令學佛人得以了知二乘解脫道之修證理路與行門，庶免被人誤導之後，未證言證，干犯道禁，成大妄語，欲升反墮。本書首重斷除我見，以助行者斷除我見而實證初果爲著眼之目標，若能根據此書內容，配合平實導師所著《識蘊眞義》《阿含正義》內涵而作實地觀行，實證初果非爲難事，行者可以藉此三書自行確認聲聞初果爲實際可得現觀成就之事。此書中除依二乘經典所說加以宣示外，亦依斷除我見等之證量，及大乘法中道種智之證量，對於意識心之體性加以細述，令諸二乘學人必定得斷我見、常見，免除三縛結之繫縛。次則宣示斷除我執之理，欲令升進而得薄貪瞋痴，乃至斷五下分結…等。平實導師述，共二冊，每冊三百餘頁。每輯300元。

修習止觀坐禪法要講記：修學四禪八定之人，往往錯會禪定之修學知見，欲以無止盡之坐禪而證禪定境界，卻不知修除性障之行門才是修證四禪八定不可或缺之要素，故智者大師云「性障初禪」；性障不除，初禪永不現前，云何修證二禪等？又：行者學定，若唯知數息，而不解六妙門之方便善巧者，欲求一心入定，未到地定極難可得，智者大師名之爲「事障未來」：障礙未到地定之修證。又禪定之修證，不可違背二乘菩提及第一義法，否則縱使具足四禪八定，亦不能實證涅槃而出三界。此諸知見，智者大師於《修習止觀坐禪法要》中皆有闡釋。作者平實導師以其第一義之見地及禪定之實證證量，曾加以詳細解析。將俟正覺寺竣工啓用後重講，不限制聽講者資格；講後將以語體文整理出版。欲修習世間定及增上定之學者，宜細讀之。平實導師述著。

★聲明★

本社於2015/01/01開始調整本目錄中部分書籍之售價，以因應各項成本的持續增加。

＊喇嘛教修外道雙身法，墮識陰境界，非佛教＊

＊弘揚如來藏他空見的覺囊派才是真正藏傳佛教＊

總經銷： 飛鴻 國際行銷股份有限公司

231 新北市新店區中正路 501 之 9 號 2 樓

Tel.02－82186688（五線代表號） Fax.02-82186458、82186459

零售：1.**全台連鎖經銷書局**：

三民書局、誠品書局、何嘉仁書店

敦煌書店、紀伊國屋、金石堂書局、建宏書局

2.**台北市**：佛化人生 羅斯福路 3 段 325 號 6 樓之 4 台電大樓對面

3.**新北市**：春大地書店 **蘆洲**中正路 117 號 明達書局 三重五華街 129 號

4.**桃園市縣**：誠品書局 **桃園市**中正路 20 號遠東百貨地下室一樓

金石堂 **桃園市**大同路 24 號 金石堂 **桃園**八德市介壽路 1 段 987 號

諾貝爾圖書城 **桃園市**中正路 56 號地下室 御書堂 **龍潭**中正路 123 號

墊腳石文化書店 **中壢市**中正路 89 號

5.**新竹市縣**：大學書局 **新竹**建功路 10 號 誠品書局 **新竹**東區信義街 68 號

誠品書局 **新竹**東區中央路 229 號 5 樓 誠品書局 **新竹**東區力行二路 3 號

墊腳石文化書店 **新竹**中正路 38 號 金典文化 **竹北**中正西路 47 號

6.**苗栗市縣**：萬花筒書局 **苗栗市**府東路 73 號

7.**台中市**： **瑞成**書局、各大連鎖書店。

詠春書局 **台中市**永春東路 884 號 文春書局 **霧峰**中正路 1087 號

8.**彰化市縣**：心泉佛教流通處 **彰化市**南瑤路 286 號

員林鎮：墊腳石圖書文化廣場 中山路 2 段 49 號（04-8338485）

9.**台南市**：博大書局 **新營**三民路 128 號

藝美書局 **善化**中山路 436 號 宏欣書局 **佳里**光復路 214 號

10.**高雄市**：各大連鎖書店、**瑞成**書局

政大書城 **三民區**明仁路 161 號 政大書城 **苓雅區**光華路 148-83 號

明儀書局 **三民區**明福街 2 號 明儀書局 三多四路 63 號

青年書局 青年一路 141 號

11.**宜蘭縣市**：金隆書局 宜蘭市中山路 3 段 43 號

宋太太梅鋪 羅東鎮中正北路 101 號（039-534909）

12.**台東市**：東普佛教文物流通處 台東市博愛路 282 號

13.**其餘鄉鎮市經銷書局**：請電詢總經銷**飛鴻**公司。

14.**大陸地區請洽**：

香港：樂文書店

旺角店 :香港九龍旺角西洋菜街 62 號 3 樓

電話 : (852) 2390 3723 email: luckwinbooks@gmail.com

銅鑼灣店 :香港銅鑼灣駱克道 506 號 2 樓

電話 : (852) 2881 1150 email: luckwinbs@gmail.com

廈門：廈門外圖臺灣書店有限公司

地址：廈門市思明區湖濱南路809 號 廈門外圖書城3 樓 郵編：361004

電話：0592-5061658（臺灣地區請撥打 86-592-5061658）

E-mail：JKB118＠188.COM

15.**美國：世界日報圖書部**：紐約圖書部　電話 7187468889#6262

洛杉磯圖書部　電話 3232616972#202

16.**國內外地區網路購書**：

正智出版社 書香園地　http://books.enlighten.org.tw/

（書籍簡介、直接聯結下列網路書局購書）

三民 網路書局　http://www.Sanmin.com.tw

誠品 網路書局　http://www.eslitebooks.com

博客來 網路書局　http://www.books.com.tw

金石堂 網路書局　http://www.kingstone.com.tw

飛鴻 網路書局　http://fh6688.com.tw

附註：**1**.請儘量向各經銷書局購買：郵政劃撥需要十天才能寄到（本公司在您劃撥後第四天才能接到劃撥單，次日寄出後第四天您才能收到書籍，此八天中一定會遇到週休二日，是故共需十天才能收到書籍）若想要早日收到書籍者，請劃撥完畢後，將劃撥收據貼在紙上，旁邊寫上您的姓名、住址、郵區、電話、買書詳細內容，直接傳眞到本公司 02-28344822，並來電 02-28316727、28327495 確認是否已收到您的傳眞，即可提前收到書籍。 **2**.因台灣每月皆有五十餘種宗教類書籍上架，書局書架空間有限，故唯有新書方有機會上架，通常每次只能有一本新書上架；本公司出版新書，大多上架不久便已售出，若書局未再叫貨補充者，書架上即無新書陳列，則請直接向書局櫃台訂購。 **3**.若書局不便代購時，可於晚上共修時間向正覺同修會各共修處請購（共修時間及地點，詳閱**共修現況表**。每年例行年假期間請勿前往請書，年假期間請見共修現況表）。 **4**.郵購：郵政劃撥帳號 19068241。 **5**.正覺同修會會員購書都以八折計價（戶籍台北市者爲一般會員，外縣市爲護持會員）都可獲得優待，欲一次購買全部書籍者，可以考慮入會，節省書費。入會費一千元（第一年初加入時才需要繳），年費二千元。**6.尚未出版之書籍，請勿預先郵寄書款與本公司，謝謝您！** **7**.若欲一次購齊本公司書籍，或同時取得正覺同修會贈閱之全部書籍者，請於正覺同修會共修時間，親到各共修處請購及索取；**台北市讀者**請洽：103 台北市承德路三段 267 號 10 樓（捷運淡水線 圓山站旁）請書時間：週一至週五爲 18.00~21.00，第一、三、五週週六爲 10.00~21.00，雙週之週六爲 10.00~18.00 請購處專線電話：25957295-分機 14（於請書時間方有人接聽）。

敬告大陸讀者：

大陸讀者購書、索書捷徑（尚未在大陸出版的書籍，以下二個途徑都可以購得，電子書另包括結緣書籍）：

1.**廈門外國圖書公司**：廈門市思明區湖濱南路 809 號 廈門外圖書城 3F
郵編：361004　電話：0592-5061658　網址：JKB118@188.COM

2.**電子書**：正智出版社有限公司及正覺同修會在台灣印行的各種局版書、結緣書，已有『**正覺電子書**』陸續上線中，提供讀者於手機、平板電腦上購書、下載、閱讀正智出版社、正覺同修會及正覺教育基金會所出版之電子書，詳細訊息敬請參閱『正覺電子書』專頁：
http://books.enlighten.org.tw/ebook

關於平實導師的書訊，請上網查閱：
成佛之道　http://www.a202.idv.tw
正智出版社 書香園地　http://books.enlighten.org.tw/

中國網採訪佛教正覺同修會、正覺教育基金會訊息：

http://big5.china.com.cn/gate/big5/fangtan.china.com.cn/2014-06/19/content_32714638.htm

http://pinpai.china.com.cn/

★ 正智出版社有限公司售書之稅後盈餘，全部捐助財團法人正覺寺籌備處、佛教正覺同修會、正覺教育基金會，供作弘法及購建道場之用；懇請諸方大德支持，功德無量。

★ 聲　明 ★

本社於 2015/01/01 開始調整本目錄中部分書籍之售價，以因應各項成本的持續增加。

＊ 喇嘛教修外道雙身法、墮識陰境界，非佛教 ＊

＊ 弘揚如來藏他空見的覺囊派才是真正藏傳佛教 ＊

售後服務—換書啓事（免附回郵）　　2012/09/24

《楞嚴經講記》第 14 輯初版首刷本免費調換新書啓事：本講記第 14 輯出版前因 平實導師諸事繁忙，未將之重新閱讀而只改正校對時發現的錯別字，故未能發覺十年前所說法義有部分錯誤，於第 15 輯付印前重閱時才發覺第 14 輯中有部分錯誤尚未改正。今已重新審閱修改並已重印完成，煩請所有讀者將以前所購第 14 輯初版首刷本，寄回本社免費換新（初版二刷本無錯誤），本社將於寄回新書時同時附上您寄書回來換新時所付的郵資，並在此向所有讀者致上最誠懇的歉意。

《心經密意》初版書免費調換二版新書啓事：本書係演講錄音整理成書，講時因時間所限，省略部分段落未講。後於再版時補寫增加 13 頁，維持原價流通之。茲爲顧及初版讀者權益，自 2003/9/30 開始免費調換新書，原有初版一刷、二刷書籍，皆可寄來本來公司換書。

《宗門法眼》已經增寫改版爲 464 頁新書，2008 年 6 月中旬出版。讀者原有初版之第一刷、第二刷書本，都可以寄回本社免費調換改版新書。改版後之公案及錯悟事例維持不變，但將內容加以增說，較改版前更具有廣度與深度，將更能助益讀者參究實相。

換書者**免附回郵**，亦無截止期限；舊書請寄：111 台北郵政 73-151 號信箱 或 103 台北市承德路三段 267 號 10 樓 正智出版社有限公司。舊書若有塗鴨、殘缺、破損者，仍可換取新書；但缺頁之舊書至少應仍有五分之三頁數，方可換書。所有讀者不必顧念本公司是否有盈餘之問題，都請踴躍寄來換書；本公司成立之目的不是營利，只要能眞實利益學人，即已達到成立及運作之目的。若以郵寄方式換書者，免附回郵；並於寄回新書時，由本社附上您寄來書籍時耗用的郵資。造成您不便之處，再次致上萬分的歉意。

正智出版社有限公司 啓

國家圖書館出版品預行編目資料

實相經宗通／平實導師述. -- 初版. -- 臺北市：
正智, 2014.01 -
冊；　公分

ISBN 978-986-6431-68-5（第1輯：平裝）
ISBN 978-986-6431-78-4（第2輯：平裝）
ISBN 978-986-6431-79-1（第3輯：平裝）
ISBN 978-986-6431-90-6（第4輯：平裝）
ISBN 978-986-5655-00-6（第5輯：平裝）
ISBN 978-986-5655-06-8（第6輯：平裝）
ISBN 978-986-5655-16-7（第7輯：平裝）
ISBN 978-986-5655-31-0（第8輯：平裝）

1.般若部

221.44　　102027143

實相經宗通——第二輯

著　述　者：平實導師
音文轉換：劉惠莉
校　　對：章乃鈞 陳介源 孫淑貞 傅素嫻 王美伶
出　版　者：正智出版社有限公司
電話：〇二 28327495 28316727（白天）
傳真：〇二 28344822
111台北郵政 73-151號信箱
郵政劃撥帳號：一九〇六八二四一
正覺講堂：總機〇二 25957295（夜間）
總　經　銷：飛鴻國際行銷股份有限公司
231新北市新店區中正路501-9號2樓
電話：〇二 82186688（五線代表號）
傳真：〇二 82186458　82186459
初版首刷：公元二〇一四年三月三十一日 二千冊
初版四刷：公元二〇一六年九月 二千冊
定　　價：二五〇元

國家圖書館出版品預行編目資料

人間佛教：實證者必定不悖三乘菩提／平實導師述. -- 初版. -- [臺北市]：正智, 2013.11

面；　公分

ISBN 978-986-6431-59-3（平裝）

1.佛教教理

220.1　　102018722

人間佛教

——實證者必定不悖三乘菩提

著 述 者：平實導師
音文轉換：劉惠莉
校　　對：正覺同修會編譯組、傅素嫻、王美伶
出 版 者：正智出版社有限公司
電話：○二 28327495　28316727（白天）
傳眞：○二 28344822
111台北郵政73-151號信箱
郵政劃撥帳號：一九○六八二四一
正覺講堂：總機○二 25957295（夜間）
總 經 銷：聯合發行股份有限公司
231 新北市新店區寶橋路235巷6弄6號 4樓
電話：○二 29178022（代表號）
傳眞：○二 29156275
初版首刷：二○一三年十一月　二千冊
初版三刷：二○一三年十二月　二千冊
定　　價：四○○元

售後服務—換書啓事(免附回郵)　2012/09/24

《楞嚴經講記》第 14 輯初版首刷本免費調換新書啓事：本講記第 14 輯出版前因 平實導師諸事繁忙，未將之重新閱讀而只改正校對時發現的錯別字，故未能發覺十年前所說法義有部分錯誤，於第 15 輯付印前重閱時才發覺第 14 輯中有部分錯誤尚未改正。今已重新審閱修改並已重印完成，煩請所有讀者將以前所購第 14 輯初版首刷本，寄回本社免費換新（初版二刷本無錯誤），本社將於寄回新書時同時附上您寄書回來換新時所付的郵資，並在此向所有讀者致上最誠懇的歉意。

《心經密意》初版書免費調換二版新書啓事：本書係演講錄音整理成書，講時因時間所限，省略部分段落未講。後於再版時補寫增加 13 頁，維持原價流通之。茲爲顧及初版讀者權益，自 2003/9/30 開始免費調換新書，原有初版一刷、二刷書籍，皆可寄來本來公司換書。

《宗門法眼》已經增寫改版爲 464 頁新書，2008 年 6 月中旬出版。讀者原有初版之第一刷、第二刷書本，都可以寄回本社免費調換改版新書。改版後之公案及錯悟事例維持不變，但將內容加以增說，較改版前更具有廣度與深度，將更能助益讀者參究實相。

換書者**免附回郵**，亦無截止期限；舊書請寄：111 台北郵政 73-151 號信箱 或 103 台北市承德路三段 267 號 10 樓 正智出版社有限公司。舊書若有塗鴨、殘缺、破損者，仍可換取新書；但缺頁之舊書至少應仍有五分之三頁數，方可換書。所有讀者不必顧念本公司是否有盈餘之問題，都請踴躍寄來換書；本公司成立之目的不是營利，只要能眞實利益學人，即已達到成立及運作之目的。若以郵寄方式換書者，免附回郵；並於寄回新書時，由本社附上您寄來書籍時耗用的郵資。造成您不便之處，再次致上萬分的歉意。

正智出版社有限公司 啓

承德路三段 267 號 10 樓（捷運淡水線 圓山站旁）請書時間：週一至週五爲 18.00~21.00，第一、三、五週週六爲 10.00~21.00，雙週之週六爲 10.00~18.00
請購處專線電話：25957295-分機 14（於請書時間方有人接聽）。

關於平實導師的書訊，請上網查閱：

成佛之道　http://www.a202.idv.tw

正智出版社 書香園地　http://books.enlighten.org.tw/

★正智出版社有限公司售書之稅後盈餘，全部捐助財團法人正覺寺籌備處、佛教正覺同修會、正覺教育基金會，供作弘法及購建道場之用；懇請諸方大德支持，功德無量★

14.大陸地區請洽：

香港：樂文書店（旺角 西洋菜街 62 號 3 樓、銅鑼灣 駱克道 506 號 3 樓）

廈門：廈門外圖臺灣書店有限公司

商品部：范清潔

廈門市湖裡區悅華路 8 號外圖物流大廈 4 樓（郵編：361006）

電話：0592-2230177　0592-5680816　傳眞：0592-5365089

（臺灣地區請撥打 86-592-2230177　86-592-5680816）

網址：JKB118@188.COM

15.美國：世界日報圖書部：紐約圖書部　電話 7187468889#6262

洛杉磯圖書部　電話 3232616972#202

16.國內外地區網路購書：

正智出版社 書香園地　http://books.enlighten.org.tw/

（書籍簡介、直接聯結下列網路書局購書）

三民 網路書局　http://www.Sanmin.com.tw

誠品 網路書局　http://www.eslitebooks.com

博客來 網路書局　http://www.books.com.tw

金石堂 網路書局　http://www.kingstone.com.tw

飛鴻 網路書局　http://fh6688.com.tw

附註：1.請儘量向各經銷書局購買：郵政劃撥需要十天才能寄到（本公司在您劃撥後第四天才能接到劃撥單，次日寄出後第四天您才能收到書籍，此八天中一定會遇到週休二日，是故共需十天才能收到書籍）若想要早日收到書籍者，請劃撥完畢後，將劃撥收據貼在紙上，旁邊寫上您的姓名、住址、郵區、電話、買書詳細內容，直接傳眞到本公司 02-28344822，並來電 02-28316727、28327495 確認是否已收到您的傳眞，即可提前收到書籍。 2.因台灣每月皆有五十餘種宗教類書籍上架，書局書架空間有限，故唯有新書方有機會上架，通常每次只能有一本新書上架；本公司出版新書，大多上架不久便已售出，若書局未再叫貨補充者，書架上即無新書陳列，則請直接向書局櫃台訂購。 3.若書局不便代購時，可於晚上共修時間向正覺同修會各共修處請購（共修時間及地點，詳閱**共修現況表**。每年例行年假期間請勿前往請書，年假期間請見共修現況表）。 4.郵購：郵政劃撥帳號 19068241。 5.正覺同修會會員購書都以八折計價（戶籍台北市者爲一般會員，外縣市爲護持會員）都可獲得優待，欲一次購買全部書籍者，可以考慮入會，節省書費。入會費一千元（第一年初加入時才需要繳），年費二千元。**6.尚未出版之書籍，請勿預先郵寄書款與本公司，謝謝您！** 7.若欲一次購齊本公司書籍，或同時取得正覺同修會贈閱之全部書籍者，請於正覺同修會共修時間，親到各共修處請購及索取；**台北市讀者**請洽：103 台北市

總經銷： 飛鴻 國際行銷股份有限公司

231 新北市新店區中正路 501 之 9 號 2 樓

Tel.02－82186688（五線代表號） Fax.02-82186458、82186459

零售：1.**全台連鎖經銷書局**：

三民書局、誠品書局、何嘉仁書店

敦煌書店、紀伊國屋、金石堂書局、建宏書局

2.**台北市**：佛化人生 羅斯福路 3 段 325 號 5 樓 台電大樓對面

士林圖書 士林區大東路 86 號 書田文化 大安路一段 245 號

書田文化 南京東路四段 137 號 B1 人人書局 大直北安路 524 號

3.**新北市**： 阿福的書店 **蘆洲**中正路 233 號（02-28472609）

春大地書店 **蘆洲**中正路 117 號 明達書局 **三重**五華街 129 號

一全書店 **中和**興南路一段 10 號

4.**桃園市縣**：誠品書局 **桃園市**中正路 20 號遠東百貨地下室一樓

金石堂 **桃園市**大同路 24 號 金石堂 **桃園**八德市介壽路 1 段 987 號

諾貝爾圖書城 **桃園市**中正路 56 號地下室 金義堂 **中壢市**中美路2段82號

墊腳石文化書店 **中壢市**中正路 89 號 巧巧屋書局 **蘆竹**南崁路 263 號

來電書局 **大溪**慈湖路 30 號 御書堂 **龍潭**中正路 123 號

5.**新竹市縣**：大學書局 **新竹**建功路 10 號 聯成書局 **新竹**中正路 360 號

誠品書局 **新竹**東區信義街 68 號 誠品書局 **新竹**東區力行二路 3 號

誠品書局 **新竹**東區民族路 2 號 墊腳石文化書店 **新竹**中正路 38 號

金典文化 **竹北**中正西路 47 號 展書堂 **竹東**長春路 3 段 36 號

6.**苗栗市縣**：建國書局**苗栗市**中山路 566 號 萬花筒書局**苗栗市**府東路 73 號

展書堂 **竹南**民權街 49-2 號

7.**台中市**： **瑞成**書局、各大連鎖書店。

詠春書局 **台中市**永春東路 884 號 文春書局 **霧峰**中正路 1087 號

8.**彰化市縣**：心泉佛教流通處 **彰化市**南瑤路 286 號

員林鎮：墊腳石圖書文化廣場 中山路 2 段 49 號（04-8338485）

9.**台南市**：宏昌書局 **台南**北門路一段 136 號

博大書局 **新營**三民路 128 號 藝美書局 **善化**中山路 436 號

宏欣書局 **佳里**光復路 214 號

10.**高雄市**：各大連鎖書店、**瑞成**書局

政大書城 **三民區**明仁路 161 號 政大書城 **苓雅區**光華路 148-83 號

明儀書局 **三民區**明福街 2 號 明儀書局 三多四路 63 號

青年書局 青年一路 141 號

11.**宜蘭縣市**：金隆書局 宜蘭市中山路 3 段 43 號

宋太太梅鋪 羅東鎮中正北路 101 號（039-534909）

12.**台東市**：東普佛教文物流通處 台東市博愛路 282 號

13.**其餘鄉鎮市經銷書局**：請電詢總經銷**飛鴻**公司。

阿含講記小乘解脫道之修證：數百年來，南傳佛法所說證果之不實，所說解脫道之虛妄，所弘解脫道法義之世俗化，皆已少人知之；從南洋傳入台灣與大陸之後，所說法義虛謬之事，亦復少人知之；今時台灣全島印順系統之法師居士，多不知南傳佛法數百年來所說解脫道之義理已然偏斜、已然世俗化、已非眞正之二乘解脫正道，猶極力推崇與弘揚。彼等南傳佛法近代所謂之證果者多非眞實證果者，譬如阿迦曼、葛印卡、帕奧禪師、一行禪師……等人，悉皆未斷我見故。近年更有台灣南部大願法師，高抬南傳佛法之二乘修證行門爲「捷徑究竟解脫之道」者，然而南傳佛法縱使眞修實證，得成阿羅漢，至高唯是二乘菩提解脫之道，絕非究竟解脫，無餘涅槃中之實際尚未得證故，法界之實相尚未了知故，習氣種子待除故，一切種智未實證故，焉得謂爲「究竟解脫」？即使南傳佛法近代眞有實證之阿羅漢，尚且不及三賢位中之七住明心菩薩本來自性清淨涅槃智慧境界，則不能知此賢位菩薩所證之無餘涅槃實際，仍非大乘佛法中之見道者，何況普未實證聲聞果乃至未斷我見之人？謬充證果已屬逾越，更何況是誤會二乘菩提之後，以未斷我見之凡夫知見所說之二乘菩提解脫偏斜法道，焉可高抬爲「究竟解脫」？而且自稱「捷徑之道」？又妄言解脫之道即是成佛之道，完全否定般若實智、否定三乘菩提所依之如來藏心體，此理大大不通也！平實導師爲令修學二乘菩提欲證解脫果者，普得迴入二乘菩提正見、正道中，是故選錄四阿含諸經中，對於二乘解脫道法義有具足圓滿說明之經典，預定未來十年內將會加以詳細講解，令學佛人得以了知二乘解脫道之修證理路與行門，庶免被人誤導之後，未證言證，干犯道禁，成大妄語，欲升反墮。本書首重斷除我見，以助行者斷除我見而實證初果爲著眼之目標，若能根據此書內容，配合平實導師所著《識蘊眞義》《阿含正義》內涵而作實地觀行，實證初果非爲難事，行者可以藉此三書自行確認聲聞初果爲實際可得現觀成就之事。此書中除依二乘經典所說加以宣示外，亦依斷除我見等之證量，及大乘法中道種智之證量，對於意識心之體性加以細述，令諸二乘學人必定得斷我見、常見，免除三縛結之繫縛。次則宣示斷除我執之理，欲令升進而得薄貪瞋痴，乃至斷五下分結…等。平實導師述，共二冊，每冊三百餘頁。

＊＊喇嘛教修外道雙身法、墮識陰境界，非佛教＊＊

修習止觀坐禪法要講記：修學四禪八定之人，往往錯會禪定之修學知見，欲以無止盡之坐禪而證禪定境界，卻不知修除性障之行門才是修證四禪八定不可或缺之要素，故智者大師云「性障初禪」；性障不除，初禪永不現前，云何修證二禪等？又：行者學定，若唯知數息，而不解六妙門之方便善巧者，欲求一心入定，未到地定極難可得，智者大師名之為「事障未來」：障礙未到地定之修證。又禪定之修證，不可違背二乘菩提及第一義法，否則縱使具足四禪八定，亦不能實證涅槃而出三界。此諸知見，智者大師於《修習止觀坐禪法要》中皆有闡釋。作者平實導師以其第一義之見地及禪定之實證證量，曾加以詳細解析。將俟正覺寺竣工啓用後重講，不限制聽講者資格；講後將以語體文整理出版。欲修習世間定及增上定之學者，宜細讀之。平實導師述著。

佛法入門：學佛人往往修學一二十年後仍不知如何入門，茫無所入漫無方向，不知如何實證佛法；更因不知三乘菩提的互異互同之處，導致越是久學者越覺茫然，都是肇因於尚未瞭解佛法的全貌所致。本書對於佛法的全貌提出明確的輪廓，並說明三乘菩提的異同處，讀後即可輕易瞭解佛法全貌，數日內即可明瞭三乘菩提入門方向與下手處。○○菩薩著 出版日期未定。

實相經宗通：學佛之目的在於實證一切法界背後之實相，禪宗稱之爲本來面目或本地風光，佛菩提道中稱之爲實相法界；此實相法界即是金剛藏，又名佛法之祕密藏，即是能生有情五陰、十八界及宇宙萬有（山河大地、諸天、三惡道世間）的第八識如來藏，又名阿賴耶識心，即是禪宗祖師所說的眞如心，此心即是三界萬有背後的實相。證得此第八識心時，自能瞭解般若諸經中隱說的種種密意，即得發起實相般若——實相智慧。每見學佛人修學佛法二十年後仍對實相般若茫然無知，亦不知如何入門，茫無所趣；更因不知三乘菩提的互異互同，是故越是久學者對佛法越覺茫然，都肇因於尚未瞭解佛法的全貌，亦未瞭解佛法的修證內容即是第八識心所致。本書對於修學佛法者所應實證的實相境界提出明確解析，並提示趣入佛菩提道的入手處，有心親證實相般若的佛法實修者，宜詳讀之，於佛菩提道之實證即有下手處。平實導師述著，共八輯，每輯成本價250元。預定2014/01/31起開始出版，每二個月出版一輯。

解深密經講記：本經係 世尊晚年第三轉法輪，宣說地上菩薩所應熏修之唯識正義經典，經中所說義理乃是大乘一切種智增上慧學，以阿陀那識—如來藏—阿賴耶識爲主體。禪宗之證悟者，若欲修證初地無生法忍乃至八地無生法忍者，必須修學《楞伽經、解深密經》所說之八識心王一切種智；此二經所說正法，方是眞正成佛之道；印順法師否定第八識如來藏之後所說萬法緣起性空之法，是以誤會後之二乘解脫道取代大乘眞正成佛之道，尚且不符二乘解脫道正理，亦已墮於斷滅見中，不可謂爲成佛之道也。平實導師曾於本會郭故理事長往生時，於喪宅中從首七開始宣講，於每一七各宣講三小時，至第十七而快速略講圓滿，作爲郭老之往生佛事功德，迴向郭老早證八地、速返娑婆住持正法。茲爲今時後世學人故，將擇期重講《解深密經》，以淺顯之語句整理成文，用供證悟者進道；亦令諸方未悟者，據此經中佛語正義，修正邪見，依之速能入道。平實導師述著，全書輯數未定，每輯三百餘頁，將於未來重講完畢後整理成文、逐輯出版。

人間佛教：「大乘非佛說」的講法似乎流傳已久，卻只是日本人企圖擺脫中國佛教的影響，而在明治維新時期才開始提出來的說法；台灣佛教、大陸佛教的淺學無智之人，由於未曾實證佛法而迷信日本人錯誤的學術考證，錯認爲這些別有用心的日本佛學考證的講法爲天竺佛教的眞實歷史；甚至還有更激進的反對佛教者提出「釋迦牟尼佛並非眞實存在，只是後人捏造的假歷史人物」，也竟然有少數人願意跟著「學術」的假光環而信受不疑，於是開始有一些佛教界人士造作了反對中國佛教而推崇南洋小乘佛教的行爲；在這些佛教及外教人士之中，也就有一分人根據此邪說而大聲主張「大乘非佛說」的謬論，這些人以「人間佛教」的名義來抵制中國大乘佛教，公然宣稱大乘佛教是由聲聞部派佛教的凡夫僧所創造出來的。這樣的說法流傳於台灣及大陸佛教界凡夫僧之中已久，卻非眞正的佛教歷史中曾經發生過的事，只是繼承六識論的聲聞法中凡夫僧依自己的意識境界立場，純憑臆想而編造出來的妄想說法，卻已經影響許多無智之凡夫僧俗信受不移。本書則是從佛教的經藏法義實質及實證的現量內涵本質立論，證明大乘佛法本是佛說，是從《阿含正義》尚未說過的不同面向來討論「人間佛教」的議題，證明「大乘眞佛說」。閱讀本書可以斷除六識論邪見，迴入三乘菩提正道發起實證的因緣；也能斷除禪宗學人學禪時普遍存在之錯誤知見，對於建立參禪時的正知見有很深的著墨。平實導師 述，定價300元。

黯淡的達賴——失去光彩的諾貝爾和平獎：本書舉出很多證據與論述，詳述達賴喇嘛不爲世人所知的一面，顯示達賴喇嘛並不是眞正的和平使者，而是假借諾貝爾和平獎的光環來欺騙世人；透過本書的說明與舉證，讀者可以更清楚的瞭解，達賴喇嘛是結合暴力、黑暗、淫欲於喇嘛教裡的集團首領，其政治行爲與宗教主張，早已讓諾貝爾和平獎的光環染污了。本書由財團法人正覺教育基金會寫作、編輯，由正覺出版社印行，每冊250元。

童女迦葉考——論呂凱文〈佛教輪迴思想的論述分析〉之謬：童女迦葉是佛世率領五百大比丘遊行於人間的歷史事實，是以童貞行而依止菩薩戒弘化於人間的大菩薩，不依別解脫戒（聲聞戒）來弘化於人間。這是大乘佛教與聲聞佛教同時存在於佛世的歷史明證，證明大乘佛教不是從聲聞法中分裂出來的部派佛教的產物，卻是聲聞佛教分裂出來的部派佛教聲聞凡夫僧所不樂見的史實；於是古今聲聞法中的凡夫都欲加以扭曲而作詭說，更是末法時代高聲大呼「大乘非佛說」的六識論聲聞凡夫極力想要扭曲的佛教史實之一，於是想方設法扭曲迦葉菩薩爲聲聞僧，以及扭曲迦葉童女爲比丘僧等荒謬不實之論著便陸續出現，古時的《分別功德論》是最具體之事例，現代之代表作則是呂凱文先生的〈佛教輪迴思想的論述分析〉論文。鑑於如是假藉學術考證以籠罩大眾之不實謬論，未來仍將繼續造作及流竄於佛教界，足以扼殺大乘佛教學人的法身慧命，以是緣故不得不舉證辨正之，遂成此書。平實導師著，每冊180元。

末代達賴—性交教主的悲歌：簡介從藏傳僞佛教（喇嘛教）的修行核心—性力派男女雙修，探討達賴喇嘛及藏傳僞佛教的修行內涵。書中引用外國知名學者著作、世界各地新聞報導，包含：歷代達賴喇嘛的祕史、達賴六世修雙身法的事蹟，以及《時輪續》中的性交灌頂儀式……等；達賴喇嘛書中開示的雙修法、達賴喇嘛的黑暗政治手段；達賴喇嘛所領導的寺院爆發喇嘛性侵兒童；新聞報導《西藏生死書》作者索甲仁波切性侵女信徒、澳洲喇嘛秋達公開道歉、美國最大藏傳佛教組織領導人邱陽創巴仁波切的性氾濫，等等事件背後眞相的揭露。作者：張善思、呂艾倫、辛燕。售價250元。

第七意識與第八意識？「三界唯心，萬法唯識」是佛教中應該實證的聖教，也是《華嚴經》中明載而可以實證的法界實相。唯心者，三界一切境界、一切諸法唯是一心所成就，即是每一個有情的第八識如來藏，不是意識心。唯識者，即是人類各各都具足的八識心王——眼識、耳鼻舌身意識、意根、阿賴耶識，第八阿賴耶識又名如來藏，人類五陰相應的萬法，莫不由八識心王共同運作而成就，故說萬法唯識。依聖教量及現量、比量，都可以證明意識是二法因緣生，是由第八識藉意根與法塵二法爲因緣而出生，又是夜夜斷滅不存之生滅心，即無可能反過來出生第七識意根、第八識如來藏，當知不可能從生滅性的意識心中，細分出恆審思量的第七識意根，更無可能細分出恆而不審的第八識如來藏。本書是將演講內容整理成文字，細說如是內容，並已在〈正覺電子報〉連載完畢，今彙集成書以廣流通，欲幫助佛門有緣人斷除意識我見，跳脫於識陰之外而取證聲聞初果；嗣後修學禪宗時即得不墮外道神我之中，得以求證第八識金剛心而發起般若實智。平實導師 述，每冊250元。

達賴真面目—**玩盡天下女人**：假使您不想戴綠帽子，請記得詳細閱讀此書；假使您不想讓好朋友戴綠帽子，請您將此書介紹給您的好朋友。假使您想保護家中的女性，也想要保護好朋友的女眷，請記得將此書送給家中的女性和好友的女眷都來閱讀。本書爲印刷精美的大本彩色中英對照精裝本，爲您揭開達賴喇嘛的眞面目，內容精彩不容錯過，爲利益社會大眾，特別以優惠價格嘉惠所有讀者。編著者：白志偉等。大開版雪銅紙彩色精裝本。售價800元。

喇嘛性世界—**揭開藏傳佛教譚崔瑜伽的面紗**：這個世界中的喇嘛，號稱來自世外桃源的香格里拉，穿著或紅或黃的喇嘛長袍，散布於我們的身邊傳教灌頂，吸引了無數的人嚮往學習；這些喇嘛虔誠地爲大眾祈福，手中拿著寶杵（金剛）與寶鈴（蓮花），口中唸著咒語：「唵．嘛呢．叭咪．吽……」，咒語的意思是說：「我至誠歸命金剛杵上的寶珠伸向蓮花寶穴之中」！「喇嘛性世界」是什麼樣的「世界」呢？本書將爲您呈現喇嘛世界的面貌。當您發現眞相以後，您將會唸：「噢！喇嘛．性．世界，譚崔性交嘛！」作者：張善思、呂艾倫。售價200元。

霧峰無霧—給哥哥的信：本書作者藉兄弟之間信件往來論義，略述佛法大義；並以多篇短文辨義，舉出釋印順對佛法的無量誤解證據，並一一給予簡單而清晰的辨正，令人一讀即知。久讀、多讀之後即能認清楚釋印順的六識論見解，與眞實佛法之牴觸是多麼嚴重；於是在久讀、多讀之後，於不知不覺之間提升了對佛法的極深入理解，正知正見就在不知不覺間建立起來了。當三乘佛法的正知見建立起來之後，對於三乘菩提的見道條件便將隨之具足，於是聲聞解脫道的見道也就水到渠成；接著大乘見道的因緣也將次第成熟，未來自然也會有親見大乘菩提之道的因緣，悟入大乘實相般若也將自然成功，自能通達般若系列諸經而成實義菩薩。作者居住於南投縣霧峰鄉，自喻見道之後不復再見霧峰之霧，故鄉原野美景一一明見，於是立此書名爲《霧峰無霧》；讀者若欲撥霧見月，可以此書爲緣。游宗明　居士著　成本價200元。

藏傳佛教的神話—性、謊言、喇嘛教：本書編著者是由一首名叫「阿姊鼓」的歌曲爲緣起，展開了序幕，揭開藏傳佛教—喇嘛教—的神秘面紗。其重點是蒐集、摘錄網路上質疑「喇嘛教」的帖子，以揭穿「藏傳佛教的神話」爲主題，串聯成書，並附加彩色插圖以及說明，讓讀者們瞭解西藏密宗及相關人事如何被操作爲「神話」的過程，以及神話背後的眞相。作者：張正玄教授。售價200元。

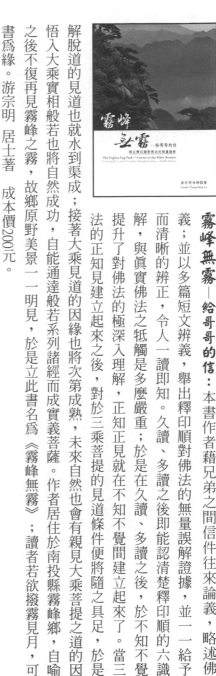

空行母—性別、身分定位，以及藏傳佛教：本書作者爲蘇格蘭哲學家，因爲嚮往佛教深妙的哲學內涵，於是進入當年盛行於歐美的藏傳佛教密宗，擔任卡盧仁波切的翻譯工作多年以後，被邀請成爲卡盧的空行母（又名佛母、明妃），開始了她在密宗裡的實修過程；後來發覺在密宗雙身法中的修行，其實無法使自己成佛，也發覺密宗對女性岐視而處處貶抑，並剝奪女性在雙身法中擔任一半角色時應有的身分定位。當她發覺自己只是雙身法中被喇嘛利用的工具，沒有獲得絲毫應有的尊重與基本定位時，發現了密宗的父權社會控制女性的本質；於是作者傷心地離開了卡盧仁波切與密宗，但是卻被恐嚇不許講出她在密宗裡的經歷，也不許她說出自己對密宗的教義與教制下對女性剝削的本質，否則將被咒殺死亡。後來她去加拿大定居，十餘年後方才擺脫這個恐嚇陰影，下定決心將親身經歷的實情及觀察到的事實寫下來並且出版，公諸於世。出版之後，她被流亡的達賴集團人士大力攻訐，誣指她爲精神狀態失常、說謊……等。但有智之士並未被達賴集團的政治操作及各國政府政治運作吹捧達賴的表相所欺，使她的書銷售無阻而又再版。正智出版社鑑於作者此書是親身經歷的事實，所說具有針對藏傳佛教而作學術研究的價值，也有使人認清藏傳佛教剝削佛母、明妃的男性本位實質，因此洽請作者同意中譯而出版於華人地區。珍妮·坎貝爾女士著，呂艾倫中譯，每冊250元。

禪意無限CD平實導師以公案拈提書中偈頌寫成不同風格曲子，與他人所寫不同風格曲子共同錄製出版，幫助參禪人進入禪門超越意識之境界。盒中附贈彩色印製的精美解說小冊，以供聆聽時閱讀，令參禪人得以發起參禪之疑情，即有機會證悟本來面目，實證大乘菩提般若。本CD共有十首歌曲，長達69分鐘，於2012年五月下旬公開發行，請直接向各市縣鄉鎮之CD販售店購買，本公司及各講堂都不販售。每盒各附贈二張購書優惠券。〈禪意無限〉出版後將不再錄製CD，特此公告。

金剛經宗通：三界唯心，萬法唯識，是成佛之修證內容，是諸地菩薩之所修；般若則是成佛之道（實證三界唯心、萬法唯識）的入門，若未證悟實相般若，即無成佛之可能，必將永在外門廣行菩薩六度，永在凡夫位中。然而實相般若的發起，全賴實證萬法的實相；若欲證知萬法的眞相，則必須探究萬法之所從來，則須實證自心如來—金剛心如來藏，然後現觀這個金剛心的金剛性、眞實性、如如性、清淨性、涅槃性、能生萬法的自性性、本住性，名爲證眞如；進而現觀三界六道唯是此金剛心所成，人間萬法須藉八識心王和合運作方能現起。如是實證《華嚴經》的「三界唯心、萬法唯識」以後，由此等現觀而發起實相般若智慧，繼續進修第十住位的如幻觀、第十行位的陽焰觀、第十迴向位的如夢觀，再生起增上意樂而勇發十無盡願，方能滿足三賢位的實證，轉入初地；自知成佛之道而無偏倚，從此按部就班、次第進修乃至成佛。第八識自心如來是般若智慧之所依，般若智慧的修證則要從實證金剛心自心如來開始；《金剛經》則是解說自心如來之經典，是一切三賢位菩薩所應進修之實相般若經典。這一套書，是將平實導師宣講的《金剛經宗通》內容，整理成文字而流通之；書中所說義理，迥異古今諸家依文解義之說，指出大乘見道方向與理路，有益於禪宗學人求開悟見道，及轉入內門廣修六度萬行。講述完畢後擇期陸續結集出版。總共9輯，每輯約三百餘頁，優惠價各200元，2012/6/1起開始出版，2013年9月全部出版完畢。

明心與眼見佛性：本書細述明心與眼見佛性之異同，同時顯示了中國禪宗破初參明心與重關眼見佛性二關之間的關聯；書中又藉法義辨正而旁述其他許多勝妙法義，讀後必能遠離佛門長久以來積非成是的錯誤知見，令讀者在佛法的實證上有極大助益。也藉慧廣法師的謬論來教導佛門學人回歸正知正見，遠離古今禪門錯悟者所墮的意識境界，非唯有助於斷我見，也對未來的開悟明心實證第八識如來藏有所助益，是故學禪者都應細讀之。游正光老師著　共448頁　成本價250元。

菩薩底憂鬱CD將菩薩情懷及禪宗公案寫成新詞，並製作成超越意境的優美歌曲。1.主題曲〈菩薩底憂鬱〉，描述地後菩薩能離三界生死而迴向繼續生在人間，但因尚未斷盡習氣種子而有極深沈之憂鬱，非三賢位菩薩及二乘聖者所知，此憂鬱在七地滿心位方才斷盡；本曲之詞中所說義理極深，昔來所未曾見；此曲係以優美的情歌風格寫詞及作曲，聞者得以激發嚮往諸地菩薩境界之大心，詞、曲都非常優美，難得一見；其中勝妙義理之解說，已印在附贈之彩色小冊中。2.以各輯公案拈提中直示禪門入處之頌文，作成各種不同曲風之超意境歌曲，值得玩味、參究；聆聽公案拈提之優美歌曲時，請同時閱讀內附之印刷精美說明小冊，可以領會超越三界的證悟境界；未悟者可以因此引發求悟之意向及疑情，眞發菩提心而邁向求悟之途，乃至因此眞實悟入般若，成眞菩薩。3.正覺總持咒新曲，總持佛法大意；總持咒之義理，已加以解說並印在隨附之小冊中。本CD共有十首歌曲，長達63分鐘，附贈二張購書優惠券。請直接向各市縣鄉鎮之CD販售店購買，本公司及各講堂都不販售。

勝鬘經講記：如來藏爲三乘菩提之所依，若離如來藏心體及其含藏之一切種子，即無三界有情及一切世間法，亦無二乘菩提緣起性空之出世間法；本經詳說無始無明、一念無明皆依如來藏而有之正理，藉著詳解煩惱障與所知障間之關係，令學人深入了知二乘菩提與佛菩提相異之妙理；聞後即可了知佛菩提之特勝處及三乘修道之方向與原理，邁向攝受正法而速成佛道的境界中。平實導師講述，共六輯，每輯三百餘頁，優惠價各200元。

楞嚴經講記：楞嚴經係密教部之重要經典，亦是顯教中普受重視之經典；經中宣說明心與見性之內涵極爲詳細，將一切法都會歸如來藏及佛性—妙眞如性；亦闡釋佛菩提道修學過程中之種種魔境，以及外道誤會涅槃之狀況，旁及三界世間之起源。然因言句深澀難解，法義亦復深妙寬廣，學人讀之普難通達，是故讀者大多誤會，不能如實理解佛所說之明心與見性內涵，亦因是故多有悟錯之人引爲開悟之證言，成就大妄語罪。今由平實導師詳細講解之後，整理成文，以易讀易懂之語體文刊行天下，以利學人。全書十五輯，2009/12/1開始發行，每二個月出版一輯，2012年4月全部出版完畢。每輯三百餘頁，優惠價每輯200元。

維摩詰經講記：本經係　世尊在世時，由等覺菩薩維摩詰居士藉疾病而演說之大乘菩提無上妙義，所說函蓋甚廣，然極簡略，是故今時諸方大師與學人讀之悉皆錯解，何況能知其中隱含之深妙正義，是故普遍無法爲人解說；若強爲人說，則成依文解義而有諸多過失。今由平實導師公開宣講之後，詳實解釋其中密意，令維摩詰菩薩所說大乘不可思議解脫之深妙正法得以正確宣流於人間，利益當代學人及與諸方大師。書中詳實演述大乘佛法深妙不共二乘之智慧境界，顯示諸法之中絕待之實相境界，建立大乘菩薩妙道於永遠不敗不壞之地，以此成就護法偉功，欲冀永利娑婆人天。已經宣講圓滿整理成書流通，以利諸方大師及諸學人。全書共六輯，每輯三百餘頁，優惠價各200元。

真假外道：本書具體舉證佛門中的常見外道知見實例，並加以教證及理證上的辨正，幫助讀者輕鬆而快速的了知常見外道的錯誤知見，進而遠離佛門內外的常見外道知見，因此即能改正修學方向而快速實證佛法。游正光老師著　。成本價200元。

我的菩提路第一輯：凡夫及二乘聖人不能實證的佛菩提證悟，末法時代的今天仍然有人能得實證，由正覺同修會釋悟圓、釋善藏法師等二十餘位實證如來藏者所寫的見道報告，已爲當代學人見證宗門正法之絲縷不絕，證明大乘義學的法脈仍然存在，爲末法時代求悟般若之學人照耀出光明的坦途。由二十餘位大乘見道者所繕，敘述各種不同的學法、見道因緣與過程，參禪求悟者必讀。全書三百餘頁，售價200元。

我的菩提路第二輯：由郭正益老師等人合著，書中詳述彼等諸人歷經各處道場學法，一一修學而加以檢擇之不同過程以後，因閱讀正覺同修會、正智出版社書籍而發起抉擇分，轉入正覺同修會中修學；乃至學法及見道之過程，都一一詳述之。其中張志成等人係由前現代禪轉進正覺同修會，張志成原爲現代禪副宗長，以前未閱本會書籍時，曾被人藉其名義著文評論 平實導師（詳見《宗通與說通》辨正及《眼見佛性》書末附錄…等）；後因偶然接觸正覺同修會書籍，深覺以前聽人評論平實導師之語不實，於是投入極多時間閱讀本會書籍、深入思辨，詳細探索中觀與唯識之關聯與異同，認爲正覺之法義方是正法，深覺相應；亦解開多年來對佛法的迷雲，確定應依八識論正理修學方是正法。乃不顧面子，毅然前往正覺同修會面見平實導師懺悔，並正式學法求悟。今已與其同修王美伶（亦爲前現代禪傳法老師），同樣證悟如來藏而證得法界實相，生起實相般若眞智。此書中尚有七年來本會第一位眼見佛性者之見性報告一篇，一同供養大乘佛弟子。

超意境ＣＤ：以平實導師公案拈提書中超越意境之頌詞，加上曲風優美的旋律，錄成令人嚮往的超意境歌曲，其中包括正覺發願文及平實導師親自譜成的黃梅調歌曲一首。詞曲雋永，殊堪翫味，可供學禪者吟詠，有助於見道。內附設計精美的彩色小冊，解說每一首詞的背景本事。每片280元。【每購買公案拈提書籍一冊，即贈送一片。】

鈍鳥與靈龜：鈍鳥及靈龜二物，被宗門證悟者說爲二種人：前者是精修禪定而無智慧者，也是以定爲禪的愚癡禪人；後者是或有禪定、或無禪定的宗門證悟者，凡已證悟者皆是靈龜。但後來被人虛造事實，用以嘲笑大慧宗杲禪師，說他雖是靈龜，卻不免被天童禪師預記「患背」痛苦而亡：「**鈍鳥離巢易，靈龜脫殼難。**」藉以貶低大慧宗杲的證量。同時將天童禪師實證如來藏的證量，曲解爲意識境界的離念靈知。自從大慧禪師入滅以後，錯悟凡夫對他的不實毀謗就一直存在著，不曾止息，並且捏造的假事實也隨著年月的增加而越來越多，終至編成「鈍鳥與靈龜」的假公案、假故事。本書是考證大慧與天童之間的不朽情誼，顯現這件假公案的虛妄不實；更見大慧宗杲面對惡勢力時的正直不阿，亦顯示大慧對天童禪師的至情深義，將使後人對大慧宗杲的誣謗至此而止，不再有人誤犯毀謗賢聖的惡業。書中亦舉證宗門的所悟確以第八識如來藏爲標的，詳讀之後必可改正以前被錯悟大師誤導的參禪知見，日後必定有助於實證禪宗的開悟境界，得階大乘眞見道位中，即是實證般若之賢聖。全書459頁，僅售250元。

真假活佛——略論附佛外道盧勝彥之邪說：人人身中都有眞活佛，永生不滅而有大神用，但眾生都不了知，所以常被身外的西藏密宗假活佛籠罩欺瞞。本來就眞實存在的眞活佛，才是眞正的密宗無上密！諾那活佛因此而說禪宗是大密宗，但藏密的所有活佛都不知道、也不曾實證自身中的眞活佛。本書詳實宣示眞活佛的道理，舉證盧勝彥的「佛法」不是眞佛法，也顯示盧勝彥是假活佛，直接的闡釋第一義佛法見道的眞實正理。眞佛宗的所有上師與學人們，都應該詳細閱讀，包括盧勝彥個人在內。正犀居士著，優惠價140元。

阿含正義——唯識學探源：廣說四大部《阿含經》諸經中隱說之眞正義理，一一舉示佛陀本懷，令阿含時期初轉法輪根本經典之眞義，如實顯現於佛子眼前。並提示末法大師對於阿含眞義誤解之實例，一一比對之，證實唯識增上慧學確於原始佛法之阿含諸經中已隱覆密意而略說之，證實 世尊確於原始佛法中已曾密意而說第八識如來藏之總相；亦證實 世尊在四阿含中已說此藏識是名色十八界之因、之本—證明如來藏是能生萬法之根本心。佛子可據此修正以往受諸大師（譬如西藏密宗應成派中觀師：印順、昭慧、性廣、大願、達賴、宗喀巴、寂天、月稱、……等人）誤導之邪見，建立正見，轉入正道乃至親證初果而無困難；書中並詳說三果所證的**心解脫**，以及四果**慧解脫**的親證，都是如實可行的具體知見與行門。全書共七輯，已出版完畢。平實導師著，每輯三百餘頁，定價250元。

起信論講記：詳解大乘起信論**心生滅門**與**心眞如門**之眞實意旨，消除以往大師與學人對起信論所說**心生滅門**之誤解，由是而得了知眞心如來藏之非常非斷中道正理；亦因此一講解，令此論以往隱晦而被誤解之眞實義，得以如實顯示，令大乘佛菩提道之正理得以顯揚光大；初機學者亦可藉此正論所顯示之法義，對大乘法理生起正信，從此得以眞發菩提心，眞入大乘法中修學，世世常修菩薩正行。平實導師演述，共六輯，都已出版，每輯三百餘頁，優惠價各200元。

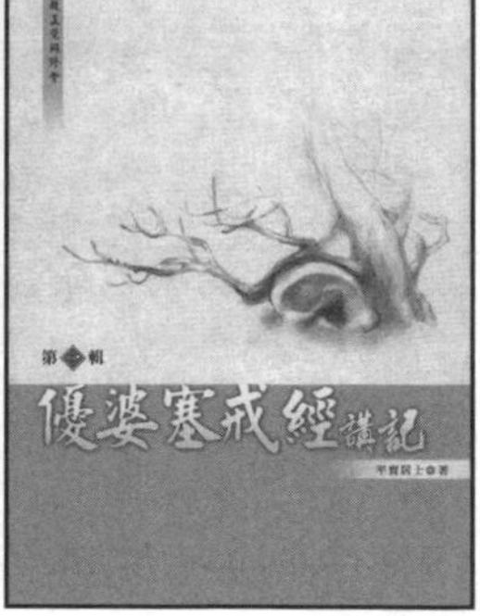

優婆塞戒經講記：本經詳述在家菩薩修學大乘佛法，應如何受持菩薩戒？對人間善行應如何看待？對三寶應如何護持？應如何正確地修集此世後世證法之福德？應如何修集後世「行菩薩道之資糧」？並詳述第一義諦之正義：五蘊非我非異我、自作自受、異作異受、不作不受……等深妙法義，乃是修學大乘佛法、行菩薩行之在家菩薩所應當了知者。出家菩薩今世或未來世登地已，捨報之後多數將如華嚴經中諸大菩薩，以在家菩薩身而修行菩薩行，故亦應以此經所述正理而修之，配合《楞伽經、解深密經、楞嚴經、華嚴經》等道次第正理，方得漸次成就佛道；故此經是一切大乘行者皆應證知之正法。平實導師講述，每輯三百餘頁，優惠價各200元；共八輯，已全部出版。

宗門密意—公案拈提第七輯：佛教之世俗化，將導致學人以信仰作爲學佛，則將以感應及世間法之庇祐，作爲學佛之主要目標，不能了知學佛之主要目標爲親證三乘菩提。大乘菩提則以般若實相智慧爲主要修習目標，以二乘菩提解脫道爲附帶修習之標的；是故學習大乘法者，應以禪宗之證悟爲要務，能親入大乘菩提之實相般若智慧中故，般若實相智慧非二乘聖人所能知故。此書則以台灣世俗化佛教之三大法師，說法似是而非之實例，配合眞悟祖師之公案解析，提示證悟般若之關節，令學人易得悟入。平實導師著，全書五百餘頁，售價500元（2007年起，凡購買公案拈提第一輯至第七輯，每購一輯皆贈送本公司精製公案拈提〈超意境〉CD一片，市售價格280元，多購多贈）。

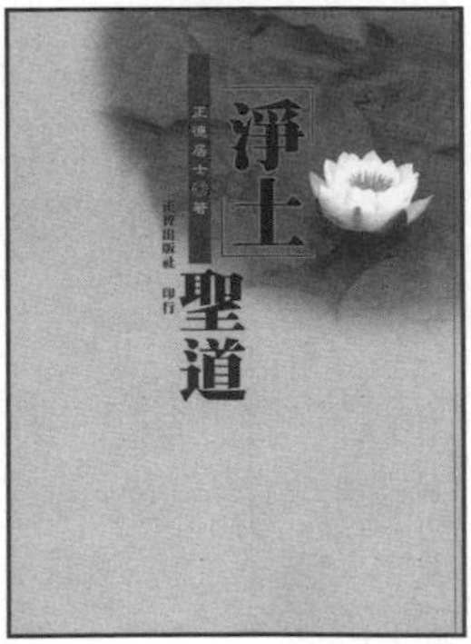

淨土聖道—兼評日本本願念佛：佛法甚深極廣，般若玄微，非諸二乘聖僧所能知之，一切凡夫更無論矣！所謂一切證量皆歸淨土是也！是故大乘法中「聖道之淨土、淨土之聖道」，其義甚深，難可了知；乃至眞悟之人，初心亦難知也。今有正德老師眞實證悟後，復能深探淨土與聖道之緊密關係，憐憫眾生之誤會淨土實義，亦欲利益廣大淨土行人同入聖道，同獲淨土中之聖道門要義，乃振奮心神、書以成文，今得刊行天下。主文279頁，連同序文等共301頁，總有十一萬六千餘字，正德老師著，成本價200元。

宗門正義—公案拈提第六輯：佛教有六大危機，乃是藏密化、世俗化、膚淺化、學術化、宗門密意失傳、悟後進修諸地之次第混淆；其中尤以宗門密意之失傳，爲當代佛教最大之危機。由宗門密意失傳故，易令世尊本懷普被錯解，易令世尊正法被轉易爲外道法，以及加以淺化、世俗化，是故宗門密意之廣泛弘傳與具緣佛弟子，極爲重要。然而欲令宗門密意之廣泛弘傳予具緣之佛弟子者，必須同時配合錯誤知見之解析、普令佛弟子知之，然後輔以公案解析之直示入處，方能令具緣之佛弟子悟入。而此二者，皆須以公案拈提之方式爲之，方易成其功、竟其業，是故平實導師續作宗門正義一書，以利學人。　全書500餘頁，售價500元（2007年起，凡購買公案拈提第一輯至第七輯，每購一輯皆贈送本公司精製公案拈提〈超意境〉CD一片，市售價格280元，多購多贈）。

心經密意—心經與解脫道、佛菩提道、祖師公案之關係與密意。二乘菩提所證之解脫道，實依第八識心之斷除煩惱障現行而立解脫之名；大乘菩提所證之佛菩提道，實依親證第八識如來藏之涅槃性、清淨自性、及其中道性而立般若之名；禪宗祖師公案所證之眞心，即是此第八識如來藏；是故三乘佛法所修所證之三乘菩提，皆依此如來藏心而立名也。此第八識心，即是《心經》所說之心也。證得此如來藏已，即能漸入大乘佛菩提道，亦可因證知此心而了知二乘無學所不能知之無餘涅槃本際，是故《心經》之密意，與三乘佛菩提之關係極爲密切、不可分割，三乘佛法皆依此心而立名故。今者平實導師以其所證解脫道之無生智及佛菩提之般若種智，將《心經》與解脫道、佛菩提道、祖師公案之關係與密意，以演講之方式，用淺顯之語句和盤托出，發前人所未言，呈三乘菩提之眞義，令人藉此《心經密意》一舉而窺三乘菩提之堂奧，迴異諸方言不及義之說；欲求眞實佛智者、不可不讀！主文317頁，連同跋文及序文…等共384頁，售價300元。

狂密與眞密：密教之修學，皆由有相之觀行法門而入，其最終目標仍不離顯教經典所說第一義諦之修證；若離顯教第一義經典、或違背顯教第一義經典，即非佛教。西藏密教之觀行法，如灌頂、觀想、遷識法、寶瓶氣、大聖歡喜雙身修法、喜金剛、無上瑜伽、大樂光明、樂空雙運等，皆是印度教**兩性生生不息**思想之轉化，**自始至終**皆以**如何能運用交合淫樂之法達到全身受樂**爲其中心思想，純屬欲界五欲的貪愛，不能令人超出欲界輪迴，更不能令人斷除我見；何況大乘之明心與見性，更無論矣！故密宗之法絕非佛法也。而其明光大手印、大圓滿法教，又皆同以常見外道所說**離語言妄念之無念靈知心**錯認爲佛地之眞如，不能直指不生不滅之眞如。西藏密宗所有法王與徒眾，都尚未開頂門眼，不能辨別眞僞，以**依人不依法、依密續不依經典**故，不肯將其上師喇嘛所說對照第一義經典，純依密續之藏密祖師所說爲準，因此而誇大其證德與證量，動輒謂彼祖師上師爲究竟佛、爲地上菩薩；如今台海兩岸亦有自謂其師證量高於 釋迦文佛者，然觀其師所述，猶未見道，仍在觀行即佛階段，尚未到禪宗相似即佛、分證即佛階位，竟敢標榜爲究竟佛及地上法王，誑惑初機學人。凡此怪象皆是狂密，不同於眞密之修行者。近年狂密盛行，密宗行者被誤導者極眾，動輒自謂已證佛地眞如，自視爲究竟佛，陷於大妄語業中而不知自省，反謗顯宗眞修實證者之證量粗淺；或如義雲高與釋性圓…等人，於報紙上公然誹謗眞實證道者爲「騙子、無道人、人妖、癩蛤蟆…」等，造下誹謗大乘勝義僧之大惡業；或以外道法中有爲有作之甘露、魔術……等法，誑騙初機學人，狂言彼外道法爲眞佛法。如是怪象，在西藏密宗及附藏密之外道中，不一而足，舉之不盡，學人宜應愼思明辨，以免上當後又犯毀破菩薩戒之重罪。密宗學人若欲遠離邪知邪見者，請閱此書，即能了知密宗之邪謬，從此遠離邪見與邪修，轉入眞正之佛道。

平實導師著 共四輯 每輯約400頁（主文約340頁）賠本流通價每輯140元。

宗通與說通：古今中外，錯誤之人如麻似粟，每以常見外道所說之靈知心，認作眞心；或妄想虛空之勝性能量爲眞如，或錯認物質四大元素藉冥性（靈知心本體）能成就吾人色身及知覺，或認初禪至四禪中之了知心爲不生不滅之涅槃心。此等皆非通宗者之見地。復有錯悟之人一向主張「宗門與教門不相干」，此即尚未通達宗門之人也。其實宗門與教門互通不二，宗門所證者乃是眞如與佛性，教門所說者乃說宗門證悟之眞如佛性，故教門與宗門不二。本書作者以宗教二門互通之見地，細說「宗通與說通」，從初見道至悟後起修之道、細說分明；並將諸宗諸派在整體佛教中之地位與次第，加以明確之教判，學人讀之即可了知佛法之梗概也。欲擇明師學法之前，允宜先讀。平實導師著，主文共381頁，全書392頁，只售成本價200元。

宗門正道—**公案拈提**第五輯：修學大乘佛法有二果須證解脫果及大菩提果。二乘人不證大菩提果，唯證解脫果；此果之智慧，名爲聲聞菩提、緣覺菩提。大乘佛子所證二果之菩提果爲佛菩提，故名大菩提果，其慧名爲一切種智函蓋二乘解脫果。然此大乘二果修證，須經由禪宗之宗門證悟方能相應。而宗門證悟極難，自古已然；其所以難者，咎在古今佛教界普遍存在三種邪見：1.以修定認作佛法，2.以無因論之緣起性空—否定涅槃本際如來藏以後之一切法空作爲佛法，3.以常見外道邪見（離語言妄念之靈知性）作爲佛法。如是邪見，或因自身正見未立所致，或因邪師之邪教導所致，或因無始劫來虛妄熏習所致。若不破除此三種邪見，永劫不悟宗門眞義、不入大乘正道，唯能外門廣修菩薩行。平實導師於此書中，有極爲詳細之說明，有志佛子欲摧邪見、入於內門修菩薩行者，當閱此書。主文共496頁，全書512頁。售價500元（2007年起，凡購買公案拈提第一輯至第七輯，每購一輯皆贈送本公司精製公案拈提〈超意境〉CD一片，市售價格280元，多購多贈）。

楞伽經詳解：本經是禪宗見道者印證所悟眞僞之根本經典，亦是禪宗見道者悟後起修之依據經典；故達摩祖師於印證二祖慧可大師之後，將此經典連同佛缽祖衣一併交付二祖，令其依此經典佛示金言、進入修道位，修學一切種智。由此可知此經對於眞悟之人修學佛道，是非常重要之一部經典。此經能破外道邪說，亦破佛門中錯悟名師之謬說，亦破禪宗部分祖師之狂禪：不讀經典、一向主張「一悟即成究竟佛」之謬執。並開示愚夫所行禪、觀察義禪、攀緣如禪、如來禪等差別，令行者對於三乘禪法差異有所分辨；亦糾正禪宗祖師古來對於如來禪之誤解，嗣後可免以訛傳訛之弊。此經亦是法相唯識宗之根本經典，禪者悟後欲修一切種智而入初地者，必須詳讀。 平實導師著，全套共十輯，已全部出版完畢，每輯主文約320頁，每冊約352頁，定價250元。

宗門血脈—**公案拈提**第四輯：末法怪象—許多修行人自以爲悟，每將無念靈知認作眞實；崇尚二乘法諸師及其徒眾，則將**外於如來藏之緣起性空**—無因論之無常空、斷滅空、一切法空—錯認爲佛所說之般若空性。這兩種現象已於當今海峽兩岸及美加地區顯密大師之中普遍存在；人人自以爲悟，心高氣壯，便敢寫書解釋祖師證悟之公案，大多出於意識思惟所得，言不及義，錯誤百出，因此誤導廣大佛子同陷大妄語之地獄業中而不能自知。彼等書中所說之悟處，其實處處違背第一義經典之聖言量。彼等諸人不論是否身披袈裟，都非佛法宗門血脈，或雖有禪宗法脈之傳承，亦只徒具形式；猶如螟蛉，非眞血脈，未悟得根本眞實故。禪子欲知佛、祖之眞血脈者，請讀此書，便知分曉。平實導師著，主文452頁，全書464頁，定價500元（2007年起，凡購買公案拈提第一輯至第七輯，每購一輯皆贈送本公司精製公案拈提〈超意境〉CD一片，市售價格280元，多購多贈）。

宗門法眼—**公案拈提**第二輯：列舉實例，闡釋土城廣欽老和尚之悟處；並直示這位不識字的老和尚妙智橫生之根由，繼而剖析禪宗歷代大德之開悟公案，解析當代密宗高僧卡盧仁波切之錯悟證據，並例舉當代顯宗高僧、大居士之錯悟證據（凡健在者，爲免影響其名聞利養，皆隱其名）。藉辨正當代名師之邪見，向廣大佛子指陳禪悟之正道，彰顯宗門法眼。悲勇兼出，強捋虎鬚；慈智雙運，巧探驪龍；摩尼寶珠在手，直示宗門入處，禪味十足；若非大悟徹底，不能爲之。禪門精奇人物，允宜人手一冊，供作參究及悟後印證之圭臬。本書於2008年4月改版，增寫為大約500頁篇幅，以利學人研讀參究時更易悟入宗門正法，以前所購初版首刷及初版二刷舊書，皆可免費換取新書。平實導師著 500元（2007年起，凡購買公案拈提第一輯至第七輯，每購一輯皆贈送本公司精製公案拈提〈超意境〉CD一片，市售價格280元，多購多贈）。

宗門道眼—**公案拈提**第三輯：繼宗門法眼之後，再以金剛之作略、慈悲之胸懷、犀利之筆觸，舉示寒山、拾得、布袋三大士之悟處，消弭當代錯悟者對於寒山大士……等之誤會及誹謗。亦舉出民初以來與虛雲和尚齊名之蜀郡鹽亭袁煥仙夫子南懷瑾老師之師，其「悟處」何在？並蒐羅許多眞悟祖師之證悟公案，顯示禪宗歷代祖師之睿智，指陳部分祖師、奧修及當代顯密大師之謬悟，作爲殷鑑，幫助禪子建立及修正參禪之方向及知見。假使讀者閱此書已，一時尚未能悟，亦可一面加功用行，一面以此宗門道眼辨別眞假善知識，避開錯誤之印證及歧路，可免大妄語業之長劫慘痛果報。欲修禪宗之禪者，務請細讀。平實導師著 售價500元（2007年起，凡購買公案拈提第一輯至第七輯，每購一輯皆贈送本公司精製公案拈提〈超意境〉CD一片，市售價格280元，多購多贈）。

禪—悟前與悟後：本書能建立學人悟道之信心與正確知見，圓滿具足而有次第地詳述禪悟之功夫與禪悟之內容，指陳參禪中細微淆訛之處，能使學人明自眞心、見自本性。若未能悟入，亦能以正確知見辨別古今中外一切大師究係眞悟？或屬錯悟？便有能力揀擇，捨名師而選明師，後時必有悟道之緣。一旦悟道，遲者七次人天往返，便出三界，速者一生取辦。學人欲求開悟者，不可不讀。　平實導師著。上、下冊共500元，單冊250元。

眞實如來藏：如來藏眞實存在，乃宇宙萬有之本體，並非印順法師、達賴喇嘛等人所說之「唯有名相、無此心體」。如來藏是涅槃之本際，是一切有智之人竭盡心智、不斷探索而不能得之生命實相；是古今中外許多大師自以爲悟而當面錯過之生命實相。如來藏即是阿賴耶識，乃是一切有情本自具足、不生不滅之眞實心。當代中外大師於此書出版之前所未能言者，作者於本書中盡情流露、詳細闡釋。眞悟者讀之，必能增益悟境、智慧增上；錯悟者讀之，必能檢討自己之錯誤，免犯大妄語業；未悟者讀之，能知參禪之理路，亦能以之檢查一切名師是否眞悟。此書是一切哲學家、宗教家、學佛者及欲昇華心智之人必讀之鉅著。　平實導師著　售價400元。

正智出版社有限公司 書籍介紹

禪淨圓融：言淨土諸祖所未曾言，示諸宗祖師所未曾示；禪淨圓融，另闢成佛捷徑，兼顧自力他力，闡釋淨土門之速行易行道，亦同時揭櫫聖教門之速行易行道；令廣大淨土行者得免緩行難證之苦，亦令聖道門行者得以藉著淨土速行道而加快成佛之時劫。乃前無古人之超勝見地，非一般弘揚禪淨法門典籍也，先讀爲快。平實導師著200元。

宗門正眼——**公案拈提**第一輯：繼承克勤圜悟大師碧巖錄宗旨之禪門鉅作。先則舉示當代大法師之邪說，消弭當代禪門大師鄉愿之心態，摧破當今禪門「世俗禪」之妄談；次則旁通教法，表顯宗門正理；繼以道之次第，消弭古今狂禪；後藉言語及文字機鋒，直示宗門入處。悲智雙運，禪味十足，數百年來難得一睹之禪門鉅著也。平實導師著 500元（原初版書《禪門摩尼寶聚》，改版後補充爲五百餘頁新書，總計多達二十四萬字，內容更精彩，並改名爲《宗門正眼》，讀者原購初版《禪門摩尼寶聚》皆可寄回本公司免費換新，免附回郵，亦無截止期限）（2007年起，凡購買公案拈提第一輯至第七輯，每購一輯皆贈送本公司精製公案拈提〈超意境〉CD一片，市售價格280元，多購多贈）。

56.**阿含講記**—將選錄四阿含中數部重要經典全經講解之，講後整理出版。
平實導師述　約二輯　每輯200元　出版日期未定

57.**寶積經講記**　平實導師述　每輯三百餘頁 優惠價200元 出版日期未定

58.**解深密經講記**　平實導師述 約四輯　將於重講後整理出版

59.**成唯識論略解**　平實導師著　五～六輯　每輯200元　出版日期未定

60.**修習止觀坐禪法要講記**　平實導師述　每輯三百餘頁 優惠價200元
將於正覺寺建成後重講、以講記逐輯出版　日期未定

61.**無門關**—《無門關》公案拈提　平實導師著　出版日期未定

62.**中觀再論**—兼述印順《中觀今論》謬誤之平議。正光老師著 出版日期未定

63.**輪迴與超度**—佛教超度法會之真義。
○○法師（居士）著　出版日期未定　書價未定

64.**《釋摩訶衍論》平議**—對偽稱龍樹所造《釋摩訶衍論》之平議
○○法師（居士）著　出版日期未定　書價未定

65.**正覺發願文**註解—以真實大願為因 得證菩提
正德老師著　出版日期未定　書價未定

66.**正覺總持咒**—佛法之總持　正圜老師著　出版日期未定　書價未定

67.**涅槃**—論四種涅槃　平實導師著　出版日期未定　書價未定

68.**三自性**—依四食、五蘊、十二因緣、十八界法，說三性三無性。
作者未定　出版日期未定

69.**道品**—從三自性說大小乘三十七道品　作者未定　出版日期未定

70.**大乘緣起觀**—依四聖諦七真如現觀十二緣起 作者未定　出版日期未定

71.**三德**—論解脫德、法身德、般若德。　作者未定　出版日期未定

72.**真假如來藏**—對印順《如來藏之研究》謬說之平議　作者未定 出版日期未定

73.**大乘道次第**　作者未定　出版日期未定　書價未定

74.**四緣**—依如來藏故有四緣。　作者未定　出版日期未定

75.**空之探究**—印順《空之探究》謬誤之平議　作者未定 出版日期未定

76.**十法義**—論阿含經中十法之正義　作者未定　出版日期未定

77.**外道見**—論述外道六十二見　作者未定　出版日期未定

31.**達賴真面目**—玩盡天下女人 白正偉老師 等著 中英對照彩色精裝大本 800 元
32.**喇嘛性世界**—揭開藏傳佛教譚崔瑜伽的面紗 張善思 等人著 200 元
33.**藏傳佛教的神話**—性、謊言、喇嘛教 正玄教授編著 200 元
34.**金剛經宗通** 平實導師述 共 9 輯 每輯三百餘頁 優惠價 200 元
2012 年 6 月 1 日出版第一輯後，每二個月出版一輯
35.**空行母**—性別、身分定位，以及藏傳佛教。
珍妮·坎貝爾著 呂艾倫 中譯 售價 250 元
36.**末代達賴**—性交教主的悲歌 張善思、呂艾倫、辛燕編著 售價 250 元
37.**霧峰無霧**—給哥哥的信 辨正釋印順對佛法的無量誤解
游宗明 老師著 成本價 200 元
38.**第七意識與第八意識？** 平實導師述 每冊 250 元
39.**黯淡的達賴**—失去光彩的諾貝爾和平獎
正覺教育基金會編著 每冊 250 元
40.**童女迦葉考**—論呂凱文〈佛教輪迴思想的論述分析〉之謬。
平實導師 著 定價 180 元
41.**人間佛教**—實證者必定不悖三乘菩提
平實導師 述，定價 300 元
42.**實相經宗通** 平實導師述 共八輯 每輯成本價 250 元
預定 2014 年 1 月 31 日出版第一輯，每二個月出版一輯
43.**佛法入門**—迅速進入三乘佛法大門，消除久學佛法漫無方向之窘境。
○○居士著 將於正覺電子報連載後出版。售價 200 元
44.**藏傳佛教要義**—《狂密與真密》之簡體字版 平實導師 著 上、下冊
僅在大陸流通 每冊 300 元
45.**廣論之平議**—宗喀巴《菩提道次第廣論》之平議 正雄居士著
約二或三輯 俟正覺電子報連載後結集出版 書價未定
46.**中觀金鑑**—詳述應成派中觀的起源與其破法、凡夫見本質 正德老師著
於正覺電子報連載後結集出版之。 出版日期、書價未定
47.**末法導護**—對印順法師中心思想之綜合判攝 正慶老師著 書價未定
48.**菩薩學處**—菩薩四攝六度之要義 正元老師著 出版日期未定。
49.**法華經講義** 平實導師述 每輯 200 元 出版日期未定
50.**八識規矩頌**詳解 ○○居士 註解 出版日期另訂 書價未定。
51.**印度佛教史**—法義與考證。依法義史實評論印順《印度佛教思想史、佛教史地考論》之謬說 正偉老師著 出版日期未定 書價未定
52.**中國佛教史**—依中國佛教正法史實而論。 ○○老師 著 書價未定。
53.**中論正義**—釋龍樹菩薩《中論》頌正理。
正德老師著 出版日期未定 書價未定
54.**中觀正義**—註解平實導師《中論正義頌》。
○○法師（居士）著 出版日期未定 書價未定
55.**佛藏經講記** 平實導師述 出版日期未定 書價未定

20.**超意境** CD 以平實導師公案拈提書中超越意境之頌詞，加上曲風優美的旋律，錄成令人嚮往的超意境歌曲，其中包括正覺發願文及平實導師親自譜成的黃梅調歌曲一首。詞曲雋永，殊堪翫味，可供學禪者吟詠，有助於見道。內附設計精美的彩色小冊，解說每一首詞的背景本事。每片 280 元。【每購買公案拈提書籍一冊，即贈送一片。】

21.**菩薩底憂鬱** CD 將菩薩情懷及禪宗公案寫成新詞，並製作成超越意境的優美歌曲。 1.主題曲〈菩薩底憂鬱〉，描述地後菩薩能離三界生死而迴向繼續生在人間，但因尚未斷盡習氣種子而有極深沈之憂鬱，非三賢位菩薩及二乘聖者所知，此憂鬱在七地滿心位方才斷盡；本曲之詞中所說義理極深，昔來所未曾見；此曲係以優美的情歌風格寫詞及作曲，聞者得以激發嚮往諸地菩薩境界之大心，詞、曲都非常優美，難得一見；其中勝妙義理之解說，已印在附贈之彩色小冊中。 2.以各輯公案拈提中直示禪門入處之頌文，作成各種不同曲風之超意境歌曲，值得玩味、參究；聆聽公案拈提之優美歌曲時，請同時閱讀內附之印刷精美說明小冊，可以領會超越三界的證悟境界；未悟者可以因此引發求悟之意向及疑情，眞發菩提心而邁向求悟之途，乃至因此眞實悟入般若，成眞菩薩。 3.正覺總持咒新曲，總持佛法大意；總持咒之義理，已加以解說並印在隨附之小冊中。本 CD 共有十首歌曲，長達 63 分鐘，請直接向各市縣鄉鎮之 CD 販售店購買，本公司及各講堂都不販售。每盒各附贈二張購書優惠券。

22.**禪意無限** CD 平實導師以公案拈提書中偈頌寫成不同風格曲子，與他人所寫不同風格曲子共同錄製出版，幫助參禪人進入禪門超越意識之境界。盒中附贈彩色印製的精美解說小冊，以供聆聽時閱讀，令參禪人得以發起參禪之疑情，即有機會證悟本來面目而發起實相智慧，實證大乘菩提般若，能如實證知般若經中的眞實意。本 CD 共有十首歌曲，長達 69 分鐘，於 2012 年五月下旬公開發行，請直接向各市縣鄉鎮之 CD 販售店購買，本公司及各講堂都不販售。每盒各附贈二張購書優惠券。〈禪意無限〉出版後將不再錄製 CD，特此公告。

23.**我的菩提路**第一輯　釋悟圓、釋善藏等人合著　售價 200 元

24.**我的菩提路**第二輯　郭正益、張志成等人合著　售價 250 元

25.**鈍鳥與靈龜**—考證後代凡夫對大慧宗杲禪師的無根誹謗。

平實導師著 共 458 頁 售價 250 元

26.**維摩詰經講記** 平實導師述 共六輯 每輯三百餘頁 優惠價各 200 元

27.**真假外道**—破劉東亮、杜大威、釋證嚴常見外道見　正光老師著　200 元

28.**勝鬘經講記**—兼論印順《勝鬘經講記》對於《勝鬘經》之誤解。

平實導師述　共六輯　每輯三百餘頁　優惠價 200 元

29.**楞嚴經講記** 平實導師述 共 **15** 輯，每輯三百餘頁 優惠價 200 元

30.**明心與眼見佛性**—駁慧廣〈蕭氏「眼見佛性」與「明心」之非〉文中謬說

正光老師著　共 448 頁　成本價 250 元

正智出版社 籌募弘法基金發售書籍目錄 2013/11/29

1.**宗門正眼**—公案拈提 第一輯 重拈 平實導師著 500 元
因重寫內容大幅度增加故，字體必須改小，並增爲 576 頁 主文 546 頁。比初版更精彩、更有內容。初版《禪門摩尼寶聚》之讀者，可寄回本公司免費調換新版書。免附回郵，亦無截止期限。（2007 年起，每冊附贈本公司精製公案拈提〈超意境〉CD 一片。市售價格 280 元，多購多贈。）
2.**禪淨圓融** 平實導師著 200 元（第一版舊書可換新版書。）
3.**真實如來藏** 平實導師著 400 元
4.**禪—悟前與悟後** 平實導師著 上、下冊，每冊 250 元
5.**宗門法眼**—公案拈提 第二輯 平實導師著 500 元
（2007 年起，每冊附贈本公司精製公案拈提〈超意境〉CD 一片）
6.**楞伽經詳解** 平實導師著 全套共 10 輯 每輯 250 元
7.**宗門道眼**—公案拈提 第三輯 平實導師著 500 元
（2007 年起，每冊附贈本公司精製公案拈提〈超意境〉CD 一片）
8.**宗門血脈**—公案拈提 第四輯 平實導師著 500 元
（2007 年起，每冊附贈本公司精製公案拈提〈超意境〉CD 一片）
9.**宗通與說通**—成佛之道 平實導師著 主文 381 頁 全書 400 頁 成本價 200 元
10.**宗門正道**—公案拈提 第五輯 平實導師著 500 元
（2007 年起，每冊附贈本公司精製公案拈提〈超意境〉CD 一片）
11.**狂密與真密 一～四輯** 平實導師著 西藏密宗是人間最邪淫的宗教，本質不是佛教，只是披著佛教外衣的印度教性力派流毒的喇嘛教。此書中將西藏密宗密傳之男女雙身合修樂空雙運所有祕密與修法，毫無保留完全公開，並將全部喇嘛們所不知道的部分也一併公開。內容比大辣出版社喧騰一時的《西藏慾經》更詳細。並且函蓋藏密的所有祕密及其錯誤的中觀見、如來藏見……等，藏密的所有法義都在書中詳述、分析、辨正。每輯主文三百餘頁 每輯全書約 400 頁 流通價每輯 140 元
12.**宗門正義**—公案拈提 第六輯 平實導師著 500 元
（2007 年起，每冊附贈本公司精製公案拈提〈超意境〉CD 一片）
13.**心經密意**—心經與解脫道、佛菩提道、祖師公案之關係與密意 平實導師述 300 元
14.**宗門密意**—公案拈提 第七輯 平實導師著 500 元
（2007 年起，每冊附贈本公司精製公案拈提〈超意境〉CD 一片）
15.**淨土聖道**—兼評「選擇本願念佛」 正德老師著 200 元
16.**起信論講記** 平實導師述著 共六輯 每輯三百餘頁 成本價各 200 元
17.**優婆塞戒經講記** 平實導師述著 共八輯 每輯三百餘頁 成本價各 200 元
18.**真假活佛**—略論附佛外道盧勝彥之邪說（對前岳靈犀網站主張「盧勝彥是證悟者」之修正） 正犀居士（岳靈犀）著 流通價 140 元
19.**阿含正義**—唯識學探源 平實導師著 共七輯 每輯 250 元

成佛之道 網站：http://www.a202.idv.tw 正覺同修會已出版之結緣書籍，多已登載於 成佛之道 網站，若住外國、或住處遙遠，不便取得正覺同修會贈閱書籍者，可以從本網站閱讀及下載。 書局版之《宗通與說通》亦已上網，台灣讀者可向書局洽購，成本價 200 元。《狂密與眞密》第一輯~第四輯，亦於 2003.5.1.全部於本網站登載完畢；台灣地區讀者請向書局洽購，每輯約 400 頁，賠本流通價 140 元（網站下載紙張費用較貴，容易散失，難以保存，亦較不精美）。

＊＊藏傳佛教修雙身法，非佛教＊＊

47.**博愛**—愛盡天下女人 正覺教育基金會 編印　回郵 10 元

48.**意識虛妄經教彙編**—實證解脫道的關鍵經文 正覺同修會編印 回郵 25 元

49.**繫念思惟念佛法門**　蔡正元老師著　回郵 10 元

50.**廣論三部曲**　郭正益老師著　回郵 20 元

51.**邪箭囈語**—從中觀的教證與理證，談多識仁波切《破魔金剛箭雨論—反擊蕭平實對佛教正法的惡毒進攻》邪書的種種謬理
陸正元老師著 俟正覺電子報連載後出版

52.**真假沙門**—依 佛聖教闡釋佛教僧寶之定義
蔡正禮老師著　俟正覺電子報連載後結集出版

53.**真假禪宗**—藉評論釋性廣《印順導師對變質禪法之批判及對禪宗之肯定》以顯示真假禪宗
附論一：凡夫知見 無助於佛法之信解行證
附論二：世間與出世間一切法皆從如來藏實際而生而顯
余正偉老師著　俟正覺電子報連載後結集出版　回郵未定

54.**雪域同胞的悲哀**—揭示顯密正理，兼破索達吉師徒《般若鋒兮金剛焰》。
釋正安 法師著　俟正覺電子報連載後結集出版

★ 上列贈書之郵資，係台灣本島地區郵資，大陸、港、澳地區及外國地區，請另計酌增（大陸、港、澳、國外地區之郵票不許通用）。尚未出版之書，請勿先寄來郵資，以免增加作業煩擾。

★ 本目錄若有變動，唯於後印之書籍及「成佛之道」網站上修正公佈之，不另行個別通知。

函索書籍請寄：佛教正覺同修會　103 台北市承德路 3 段 277 號 9 樓
台灣地區函索書籍者請附寄郵票，無時間購買郵票者可以等值現金抵用，但不接受郵政劃撥、支票、匯票。大陸地區得以人民幣計算，國外地區請以美元計算（請勿寄來當地郵票，在台灣地區不能使用）。欲以掛號寄遞者，請另附掛號郵資。

親自索閱：正覺同修會各共修處。　★請於共修時間前往取書，餘時無人在道場，請勿前往索取；共修時間與地點，詳見書末正覺同修會共修現況表（以近期之共修現況表爲準）。

註：正智出版社發售之局版書，請向各大書局購閱。若書局之書架上已經售出而無陳列者，請向書局櫃台指定洽購；若書局不便代購者，請於正覺同修會共修時間前往各共修處請購，正智出版社已派人於共修時間送書前往各共修處流通。 郵政劃撥購書及 大陸地區 購書，請詳別頁正智出版社發售書籍目錄最後頁之說明。

27.**眼見佛性**—駁慧廣法師眼見佛性的含義文中謬說

游正光老師著　回郵 25 元

28.**普門自在**—公案拈提集錦 第二輯（於平實導師公案拈提諸書中選錄約二十則，合輯爲一冊流通之）平實導師著　回郵 25 元

29.**印順法師的悲哀**—以現代禪的質疑為線索 恒毓博士著　回郵 25 元

30.**識蘊真義**—現觀識蘊內涵、取證初果、親斷三縛結之具體行門。

—依《成唯識論》及《唯識述記》正義，略顯安慧《大乘廣五蘊論》之邪謬

平實導師著　回郵 35 元

31.**正覺電子報** 各期紙版本 免附回郵 每次最多函索三期或三本。

（已無存書之較早各期，不另增印贈閱）

32.**現代人應有的宗教觀**　蔡正禮老師 著　回郵 3.5 元

33.**遠惑趣道**—正覺電子報般若信箱問答錄　第一輯　回郵 20 元

34.**遠惑趣道**—正覺電子報般若信箱問答錄　第二輯　回郵 20 元

35.**確保您的權益**—器官捐贈應注意自我保護　游正光老師 著　回郵 10 元

36.**正覺教團電視弘法三乘菩提 DVD 光碟（一）**

由正覺教團多位親教師共同講述錄製 DVD 8 片，MP3 一片，共 9 片。有二大講題：一爲「三乘菩提之意涵」，二爲「學佛的正知見」。內容精闢，深入淺出，精彩絕倫，幫助大眾快速建立三乘法道的正知見，免被外道邪見所誤導。有志修學三乘佛法之學人不可不看。（製作工本費 100 元，回郵 25 元）

37.**正覺教團電視弘法 DVD 專輯（二）**

總有二大講題：一爲「三乘菩提之念佛法門」，一爲「學佛正知見（第二篇）」，由正覺教團多位親教師輪番講述，內容詳細闡述如何修學念佛法門、實證念佛三昧，以及學佛應具有的正確知見，可以幫助發願往生西方極樂淨土之學人，得以把握往生，更可令學人快速建立三乘法道的正知見，免於被外道邪見所誤導。有志修學三乘佛法之學人不可不看。（一套 17 片，工本費 160 元。回郵 35 元）

38.**佛藏經** 燙金精裝本 每冊回郵 20 元。正修佛法之道場欲大量索取者，請正式發函並蓋用大印寄來索取（2008.04.30 起開始敬贈）

39.**喇嘛性世界**—揭開藏傳佛教譚崔瑜伽的面紗　張善思 等人著

由正覺同修會購贈　回郵 20 元

40.**藏傳佛教的神話**—性、謊言、喇嘛教　正玄教授編著　回郵 20 元

由正覺同修會購贈　回郵 20 元

41.**隨 緣**—理隨緣與事隨緣　平實導師述　回郵 20 元。

42.**學佛的覺醒** 正枝居士 著　回郵 25 元

43.**導師之真實義**　蔡正禮老師 著　回郵 10 元

44.**淺談達賴喇嘛之雙身法**—兼論解讀「密續」之達文西密碼

吳明芷居士 著　回郵 10 元

45.**魔界轉世**　張正玄居士 著　回郵 10 元

46.**一貫道與開悟**　蔡正禮老師 著　回郵 10 元

佛教正覺同修會　贈閱書籍 目錄　　2012/10/31

1.**無相念佛**　平實導師著　回郵 10 元
2.**念佛三昧修學次第**　平實導師述著　回郵 25 元
3.**正法眼藏—護法集**　平實導師述著　回郵 35 元
4.**真假開悟簡易辨正法&佛子之省思**　平實導師著　回郵 3.5 元
5.**生命實相之辨正**　平實導師著　回郵 10 元
6.**如何契入念佛法門**（**附**：印順法師否定極樂世界）平實導師著　回郵 3.5 元
7.**平實書箋**—答元覽居士書　平實導師著　回郵 35 元
8.**三乘唯識**—如來藏系經律彙編　平實導師編　回郵 80 元
（精裝本　長 27 cm　寬 21 cm　高 7.5 cm　重 2.8 公斤）
9.**三時繫念全集**—修正本　回郵掛號 40 元（長 26.5 cm×寬 19 cm）
10.**明心與初地**　平實導師述　回郵 3.5 元
11.**邪見與佛法**　平實導師述著　回郵 20 元
12.**菩薩正道**—回應義雲高、釋性圓…等外道之邪見　正燦居士著　回郵 20 元
13.**甘露法雨**　平實導師述　回郵 20 元
14.**我與無我**　平實導師述　回郵 20 元
15.**學佛之心態**—修正錯誤之學佛心態始能與正法相應 孫正德老師著 回郵 35 元
附錄：平實導師著**《略說八、九識並存…等之過失》**
16.**大乘無我觀**—《悟前與悟後》別說　平實導師述著　回郵 20 元
17.**佛教之危機**—中國台灣地區現代佛教之真相（附錄：公案拈提六則）
平實導師著　回郵 25 元
18.**燈　影**—燈下黑（覆「求教後學」來函等）　平實導師著　回郵 35 元
19.**護法與毀法**—覆上平居士與徐恒志居士網站毀法二文
張正圜老師著　回郵 35 元
20.**淨土聖道**—兼評**選擇本願念佛**　正德老師著　**由正覺同修會購贈**回郵 25 元
21.**辨唯識性相**—對「紫蓮心海《辯唯識性相》書中否定阿賴耶識」之回應
正覺同修會 台南共修處法義組 著　回郵 25 元
22.**假如來藏**—對法蓮法師《如來藏與阿賴耶識》書中否定阿賴耶識之回應
正覺同修會 台南共修處法義組 著　回郵 35 元
23.**入不二門**—公案拈提集錦第一輯（於平實導師公案拈提諸書中選錄約二十則，
合輯爲一冊流通之）平實導師著　回郵 20 元
24.**真假邪說**—西藏密宗索達吉喇嘛《破除邪説論》真是邪說
釋正安法師著　回郵 35 元
25.**真假開悟**—真如、如來藏、阿賴耶識間之關係　平實導師述著　回郵 35 元
26.**真假禪和**—辨正釋傳聖之謗法謬說　孫正德老師著　回郵 30 元

12、**枯木禪**　先講智者大師的〈小止觀〉，後說〈釋禪波羅蜜〉，詳解四禪八定之修證理論與實修方法，細述一般學人修定之邪見與岔路，及對禪定證境之誤會，消除枉用功夫、浪費生命之現象。已悟般若者，可以藉此而實修初禪，進入大乘通教及聲聞教的三果心解脫境界，配合應有的大福德及後得無分別智、十無盡願，即可進入初地心中。親教師：平實導師。未來緣熟時將於大溪正覺寺開講。不限制聽講資格。

註：本會例行年假，自 2004 年起，改為每年農曆新年前七天開始停息弘法事務及共修課程，農曆正月 8 日回復所有共修及弘法事務。新春期間（每日 9.00~17.00）開放台北講堂，方便會員禮佛祈福及會外人士請書。大溪鎮的正覺祖師堂，開放參訪時間，詳見〈正覺電子報〉或成佛之道網站。本表得因時節因緣需要而隨時修改之，不另作通知。

大乘佛法地區，已經普被藏密喇嘛教滲透，許多有名之大法師們大多已曾或繼續在修練雙身法，都已失去聲聞戒體及菩薩戒體，成爲地獄種姓人，已非眞正出家之人，本質上只是身著僧衣而住在寺院中的世俗人。這些人對於此經都是讀不懂的，也是極爲厭惡的；他們尚不樂見此經之印行，何況流通與講解？今爲救護廣大學佛人，兼欲護持佛教血脈永續常傳，特選此經先流通之；俟《法華經》講畢時，立即在同一時段宣講之，主講者平實導師。

6、**阿含經**詳解　選擇重要之阿含部經典，依無餘涅槃之實際而加以詳解，令大眾得以現觀諸法緣起性空，亦復不墮斷滅見中，顯示經中所隱說之涅槃實際—如來藏—確實已於四阿含中隱說；令大眾得以聞後觀行，確實斷除我見乃至我執，證得**見到**眞現觀，乃至**身證**…等眞現觀；已得大乘或二乘見道者，亦可由此聞熏及聞後之觀行，除斷我所之貪著，成就慧解脫果。由平實導師詳解。不限制聽講資格。

7、**大法鼓經**詳解　詳解末法時代大乘佛法修行之道。佛教正法消毒妙藥塗於大鼓而以擊之，凡有眾生聞之者，一切邪見鉅毒悉皆消殞；此經即是大法鼓之正義，凡聞之者，所有邪見之毒悉皆滅除，見道不難；亦能發起菩薩無量功德，是故諸大菩薩遠從諸方佛土來此娑婆聞修此經。由平實導師詳解。不限制聽講資格。

8、**解深密經**詳解　重講本經之目的，在於令諸已悟之人明解大乘法道之成佛次第，以及悟後進修一切種智之內涵，確實證知三種自性性，並得據此證解七眞如、十眞如等正理。每逢週二 18.50~20.50 開示，由平實導師詳解。將於《大法鼓經》講畢後開講。不限制聽講資格。

9、**成唯識論**詳解　詳解一切種智眞實正理，詳細剖析一切種智之微細深妙廣大正理；並加以舉例說明，使已悟之會員深入體驗所證如來藏之微密行相；及証驗見分相分與所生一切法，皆由如來藏—阿賴耶識—直接或展轉而生，因此証知一切法無我，証知無餘涅槃之本際。將於《瑜伽師地論》講畢後重講，由平實導師宣講。僅限已明心之會員參加。

10、**精選如來藏系經典**詳解　精選如來藏系經典一部，詳細解說，以此完全印證會員所悟如來藏之眞實，得入不退轉住。另行擇期詳細解說之，由平實導師講解。僅限已明心之會員參加。

11、**禪門差別智**　藉禪宗公案之微細淆訛難知難解之處，加以宣說及剖析，以增進明心、見性之功德，啓發差別智，建立擇法眼。每月第一週日全天，由平實導師開示，謹限破參明心後，復又眼見佛性者參加（事冗暫停）。

佛教正覺同修會　弘法行事表　2009/08/05

1、**禪淨班**　以無相念佛及拜佛方式修習動中定力，實證一心不亂功夫。傳授解脫道正理及第一義諦佛法，以及參禪知見。共修期間：二年六個月。每逢四月、十月開新班，詳見招生公告表。

2、**法華經講義**　平實導師主講。詳解釋迦世尊與諸佛世尊示現於人間之正理：爲人間有緣眾生「開、示、悟、入」諸佛所見、所證之法界眞實義，並細說唯一佛乘之理，闡釋佛法本來只有**成佛之道，不以聲聞、緣覺的緣起性空作爲佛法**；闡釋二乘菩提之道只是從唯一佛乘中析出之方便道，本非眞實佛法；闡釋阿含之二乘道所說緣起性空之法理及修證，實不能令人成佛，只有佛菩提道的實相般若及種智才能使人成佛；若不能信受及實地理解此眞理者，終將只能成就解脫果，絕不可能成就佛菩提果。每逢週二 18.50~20.50 開示，由平實導師詳解。不限制聽講資格。會外人士需憑身分證件換證入內聽講（此是大樓管理處之安全規定，敬請見諒）。

3、**瑜伽師地論**詳解　詳解論中所言凡夫地至佛地等 17 師之修證境界與理論，從凡夫地、聲聞地……宣演到諸地所證一切種智之眞實正理。由平實導師開講，每逢一、三、五週之週末晚上開示，僅限已明心之會員參加。

4、**精進禪三**　主三和尚：平實導師。於四天三夜中，以克勤圓悟大師及大慧宗杲之禪風，施設機鋒與小參、公案密意之開示，幫助會員剋期取證，親證不生不滅之眞實心—人人本有之如來藏。每年四月、十月各舉辦二個梯次；平實導師主持。僅限本會會員參加禪淨班共修期滿，報名審核通過者，方可參加。並選擇會中定力、慧力、福德三條件皆已具足之已明心會員，給以指引，令得眼見自己無形無相之佛性遍佈山河大地，眞實而無障礙，得以肉眼現觀世界身心悉皆如幻，具足成就如幻觀，圓滿十住菩薩之證境。

5、**佛藏經**詳解　有某道場專弘淨土法門數十年，於教導信徒研讀《佛藏經》時，往往告誡信徒曰：「後半部不許閱讀。」由此緣故坐令信徒失去提升念佛層次之機緣，師徒只能低品位往生淨土，令人深覺愚癡無智。由有多人建議故，今將擇於《法華經》講畢時宣講此經，藉以轉易如是邪見，並欲因此提升念佛人之知見與往生品位。此經中，對於實相念佛多所著墨，亦指出念佛要點：以實相爲依，念佛者應依止淨戒、依止清淨僧寶，捨離違犯重戒之師僧，應受學清淨之法，遠離邪見。本經是現代佛門大法師所厭惡之經典：一者由於大法師們已全都落入意識境界而無法親證實相，故於此經中所說實相全無所知，都不樂有人聞此經名，以免讀後提出問疑時無法回答；二者現代

進階班：週四晚上班（由禪淨班結業後轉入共修）。

第三講堂（三樓）：（尚未開放使用）。

香港正覺講堂　香港新界葵涌大連排道 21-23 號，宏達工業中心 7 樓 10 室（葵興地鐵站 A 出口步行約 10 分鐘）。電話：(852)23262231。英文地址：Unit 10, 7/F, Vanta Industrial Centre, No.21-23, Tai Lin Pai Road, Kwai Chung, New Territories

禪淨班：週六班 14:30-17:30。新班將在五月開課，接受報名中。

法華經講義：平實導師講解 以台北正覺講堂所錄 DVD，每逢週六 19:00-21:00、週日 10:00-12:00 放映；歡迎會外學人共同聽講，不需出示身分證件。播畢後每週同一時段續播《佛藏經》。

美國洛杉磯正覺講堂　☆**已遷移新址**☆

825 S. Lemon Ave Diamond Bar, CA 91798 U.S.A.

TEL. (626) 965-2200　　Cell. (626) 454-0607

禪淨班：每逢週末 15：30~17：30 上課。

進階班：每逢週末上午 10：00 上課。

法華經講義：平實導師講解 以台北正覺講堂所錄 DVD，每週六下午放映(13：00~15：00)，歡迎各界人士共享第一義諦無上法益，不需報名。播畢後每週同一時段續播《佛藏經》。

二、招生公告　本會台北講堂及全省各講堂，每逢**四月、十月**中旬開新班，每週共修一次（每次二小時。開課日起三個月內仍可插班）；但美國洛杉磯共修處得隨時插班共修。各班共修期間皆爲二年半，欲參加者請向本會函索報名表（各共修處皆於共修時間方有人執事，非共修時間請勿電詢或前來洽詢、請書），或直接從成佛之道網站下載報名表。共修期滿時，若經報名禪三審核通過者，可參加四天三夜之禪三精進共修，有機會明心、取證如來藏，發起般若實相智慧，成爲實義菩薩，脫離凡夫菩薩位。

三、新春禮佛祈福　農曆年假期間停止共修：自農曆新年前七天起停止共修與弘法，正月 8 日起回復共修、弘法事務。新春期間正月初一～初七 9.00～17.00 開放台北講堂、大溪禪三道場（正覺祖師堂），方便會員供佛、祈福及會外人士請書。美國洛杉磯共修處之休假時間，請逕詢該共修處。

＊＊密宗四大教派修雙身法，是假藏傳佛教＊＊

增上班：單週週末以台北增上班課程錄成 DVD 放映之，限已明心之會員參加。

法華經講義：平實導師講解。以台北正覺講堂所錄 DVD 放映。每週二晚上放映，歡迎會外學人共同聽講，不需出示身分證件。講畢後每週同一時段續講《佛藏經》。

第二講堂　台中市南屯區五權西路二段 666 號 4 樓

禪淨班：週一晚上班。

進階班：週五晚上班、週六早上班（由禪淨班結業後轉入共修）。

法華經講義：每週二晚上與第一講堂同時播放法華經講義。

第三講堂、第四講堂：

台中市南屯區五權西路二段 666 號 4 樓（裝潢中，尚未開放）。

台南正覺講堂

第一講堂　台南市西門路四段 15 號 4 樓。06-2820541（晚上）

法華經講義：平實導師講解。以台北正覺講堂所錄 DVD 放映。每週二晚上放映，歡迎會外學人共同聽講，不需出示身分證件。講畢後每週同一時段續講《佛藏經》。

禪淨班：週一晚上班、週三晚上班、週六下午班。

進階班：雙週週末下午班（由禪淨班結業後轉入共修）。

增上班：單週週末下午，以台北增上班課程錄成 DVD 放映之，限已明心之會員參加。

第二講堂　台南市西門路四段 15 號 3 樓。

法華經講義：每週二晚上與第一講堂同時播放法華經講義。

第三講堂　台南市西門路四段 15 號 3 樓。

法華經講義：每週二晚上與第一講堂同時播放法華經講義。

禪淨班：週四晚上班、週六晚上班。

進階班：週五晚上班、週六早上班（由禪淨班結業後轉入共修）。

高雄正覺講堂　高雄市新興區中正三路 45 號五樓 07-2234248（晚上）

第一講堂（五樓）：

法華經講義：平實導師講解。以台北正覺講堂所錄 DVD 放映。每週二晚上放映，歡迎會外學人共同聽講，不需出示身分證件。講畢後每週同一時段續講《佛藏經》。

禪淨班：週三晚上班、週四晚上班、週末上午班。

進階班：週一晚上班（由禪淨班結業後轉入共修）。

增上班：單週週末下午，以台北增上班課程錄成 DVD 放映之，限已明心之會員參加。

第二講堂（四樓）：

法華經講義：每週二晚上與第一講堂同時播放法華經講義。

禪淨班：週三晚上班、週四晚上班。

第四講堂　台北市承德路三段 267 號二樓。

進階班：週三晚上班、週四晚上班（禪淨班結業後轉入共修）。

法華經講義：平實導師講解。每週二 18.50~20.50（影像音聲即時傳輸）。本會學員憑上課證進入聽講，會外學人請以身分證件換證進入聽講（此為大樓管理處安全管理規定之要求，敬請諒解）。講畢後每週同一時段續講《佛藏經》。

第五、第六講堂　台北市承德路三段 267 號地下一樓、地下二樓，為開放式講堂。已規劃完成，正在整修中，預計 2014 年三月起，每週二晚上講經時段開放聽經，不需以身分證件換證即可進入聽講。

正覺祖師堂　大溪鎮美華里信義路 650 巷坑底 5 之 6 號（台 3 號省道 34 公里處 妙法寺對面斜坡道進入）電話 03-3886110　傳眞 03-3881692 本堂供奉 克勤圓悟大師，專供會員每年四月、十月各二次精進禪三共修，兼作本會出家菩薩掛單常住之用。除禪三時間以外，每逢單月第一週之週日 9:00~17:00 開放會內、外人士參訪，當天並提供午齋結緣。教內共修團體或道場，得另申請其餘時間作團體參訪，務請事先與常住確定日期，以便安排常住菩薩接引導覽，亦免妨礙常住菩薩之日常作息及修行。

桃園正覺講堂（第一、第二講堂）：桃園市介壽路 286、288 號 10 樓（陽明運動公園對面）電話：03-3749363（請於共修時聯繫，或與台北聯繫）

禪淨班：週一晚上班、週三晚上班、週四晚上班、週五晚上班。

進階班：週六上午班。

法華經講義：平實導師講解 以台北正覺講堂所錄 DVD，2009 年 11 月 24 日開始，每逢週二晚上放映；歡迎會外學人共同聽講，不需出示身分證件。講畢後每週同一時段續講《佛藏經》。

新竹正覺講堂　新竹市東光路 55 號二樓之一　電話 03-5724297（晚上）

第一講堂：

禪淨班：週一晚上班、週三晚上班、週五晚上班、週六上午班。

進階班：週四晚上班（由禪淨班結業後轉入共修）。

法華經講義：平實導師講解，每週二晚上。以台北正覺講堂所錄 DVD 放映。歡迎會外學人共同聽講，不需出示身分證件。講畢後每週同一時段續講《佛藏經》。

第二講堂：

禪淨班：週四晚上班。

法華經講義：每週二晚上與第一講堂同時播放法華經講義。

台中正覺講堂　04-23816090（晚上）

第一講堂　台中市南屯區五權西路二段 666 號 13 樓之四（國泰世華銀行樓上。鄰近縣市經第一高速公路前來者，由五權西路交流道可以快速到達，大樓旁有停車場，對面有素食館）。

禪淨班：週三晚上班、週四晚上班、週五晚上班、週六早上班。

進階班：週一晚上班（由禪淨班結業後轉入共修）。

佛教正覺同修會 共修現況 及 招生公告 2013/11/08

一、共修現況：（請在共修時間來電，以免無人接聽。）

台北正覺講堂 103 台北市承德路三段 277 號九樓 捷運淡水線圓山站旁 Tel..**總機** 02-25957295（晚上）（**分機**：**九樓**辦公室 10、11；知客櫃檯 12、13。**十樓**知客櫃檯 15、16；書局櫃檯 14。**五樓**辦公室 18；知客櫃檯 19。**二樓**辦公室 20；知客櫃檯 21。）Fax..25954493

第一講堂 台北市承德路三段 277 號九樓

禪淨班：週一晚上班、週三晚上班、週四晚上班、週五晚上班、週六下午班、週六上午班（皆須報名建立學籍後始可參加共修，欲報名者詳見本公告末頁）

增上班：**瑜伽師地論**詳解：每月第一、三、五週之週末 17.50～20.50 平實導師講解（僅限已明心之會員參加）

禪門差別智：每月第一週日全天 平實導師主講（事冗暫停）。

法華經講義：平實導師主講。詳解 釋迦世尊與諸佛世尊示現於人間之正理：爲人間有緣眾生「開、示、悟、入」諸佛所見、所證之法界眞實義，並細說唯一佛乘之理，闡釋佛法本來只有**成佛之道，不以聲聞、緣覺的緣起性空作爲佛法**；闡釋二乘菩提之道只是從唯一佛乘中析出之方便道，本非眞實佛法；闡釋阿含之二乘道所說緣起性空之法理及修證，實不能令人成佛，只有佛菩提道的實相般若及種智才能使人成佛；若不能信受及實地理解此眞理者，終將只能成就解脫果，絕不可能成就佛菩提果。每逢週二 18.50~20.50 開示，由平實導師詳解。不限制聽講資格，本會學員憑上課證聽講，會外人士請以身分證件換證進入聽講（此爲大樓管理處安全管理規定之要求，敬請諒解）。《法華經講義》講畢後，每週同一時段將續講《佛藏經》。

第二講堂 台北市承德路三段 267 號十樓。

禪淨班：週一晚上班、週四晚上班、週六下午班。

進階班：週三晚上班、週五晚上班（禪淨班結業後轉入共修）。

法華經講義：平實導師講解。每週二 18.50~20.50（影像音聲即時傳輸）。本會學員憑上課證進入聽講，會外學人請以身分證件換證進入聽講（此爲大樓管理處安全管理規定之要求，敬請諒解）。講畢後每週同一時段續講《佛藏經》。

第三講堂 台北市承德路三段 277 號五樓。

進階班：週一晚上班、週三晚上班、週四晚上班、週五晚上班、週六下午班。

法華經講義：平實導師講解。每週二 18.50~20.50（影像音聲即時傳輸）。本會學員憑上課證進入聽講，會外學人請以身分證件換證進入聽講（此爲大樓管理處安全管理規定之要求，敬請諒解）。講畢後每週同一時段續講《佛藏經》。

圓滿成就究竟佛果

近波羅蜜多 — 大波羅蜜多 — 圓滿波羅蜜多

修道位 — 究竟位

三地：二地滿心再證道種智一分，故入三地。此地主修忍波羅蜜多及四禪八定、四無量心、五神通。能成就俱解脫果而不取證，留惑潤生。滿心位成就「猶如谷響」現觀及無漏妙定意生身。

四地：由三地再證道種智一分故入四地。主修精進波羅蜜多，於此土及他方世界廣度有緣，無有疲倦。進修一切種智，滿心位成就「如水中月」現觀。

五地：由四地再證道種智一分故入五地。主修禪定波羅蜜多及一切種智，斷除下乘涅槃貪。滿心位成就「變化所成」現觀。

六地：由五地再證道種智一分故入六地。此地主修般若波羅蜜多——依道種智現觀十二因緣一一有支及意生身化身，皆自心眞如變化所現，「非有似有」，成就細相觀，不由加行而自然證得滅盡定，成俱解脫大乘無學。

七地：由六地「非有似有」現觀，再證道種智一分故入七地。此地主修一切種智及方便波羅蜜多，由重觀十二有支一一支中之流轉門及還滅門一切細相，成就方便善巧，念念隨入滅盡定。滿心位證得「如犍闥婆城」現觀。

八地：由七地極細相觀成就故再證道種智一分而入八地。此地主修一切種智及願波羅蜜多。至滿心位純無相觀任運恆起，故於相土自在，滿心位復證「如實覺知諸法相意生身」故。

九地：由八地再證道種智一分故入九地。主修力波羅蜜多及一切種智，成就四無礙，滿心位證得「種類俱生無行作意生身」。

十地：由九地再證道種智一分故入此地。此地主修一切種智——智波羅蜜多。滿心位起大法智雲，及現起大法智雲所含藏種種功德，成受職菩薩。

等覺：由十地道種智成就故入此地。此地應修一切種智，圓滿等覺地無生法忍；於百劫中修集極廣大福德，以之圓滿三十二大人相及無量隨形好。

妙覺：示現受生人間已斷盡煩惱障一切習氣種子，並斷盡所知障一切隨眠，永斷變易生死無明，成就大般涅槃，四智圓明。人間捨壽後，報身常住色究竟天利樂十方地上菩薩；以諸化身利樂有情，永無盡期，成就究竟佛道。

七地滿心斷除故意保留之最後一分思惑時，煩惱障所攝色、受、想三陰有漏習氣種子同時斷盡。 ←

煩惱障所攝行、識二陰無漏習氣種子任運漸斷，所知障所攝上煩惱任運漸斷。 ←

斷盡變易生死成就大般涅槃

佛子蕭平實 謹製
（二〇〇九、〇二 修訂）
（二〇一二、〇二 增補）

佛菩提二主要道次第概要表——二道並修，以外無別佛法

佛菩提道——大菩提道

十信位修集信心——一劫乃至一萬劫

遠波羅蜜多

資糧位

初住位修集布施功德（以財施爲主）。
二住位修集持戒功德。
三住位修集忍辱功德。
四住位修集精進功德。
五住位修集禪定功德。
六住位修集般若功德（熏習般若中觀及斷我見，加行位也）。

外門廣修六度萬行

見道位

七住位明心般若正觀現前，親證本來自性清淨涅槃。
八住位起於一切法現觀般若中道。漸除性障。
十住位眼見佛性，世界如幻觀成就。

一至十行位，於廣行六度萬行中，依般若中道慧，現觀陰處界猶如陽焰，至第十行滿心位，陽焰觀成就。

一至十迴向位熏習一切種智；修除性障，唯留最後一分思惑不斷。第十迴向滿心位成就菩薩道如夢觀。

內門廣修六度萬行

初地：第十迴向位滿心時，成就道種智一分（八識心王一一親證後，領受五法、三自性、七種第一義、七種性自性、二種無我法）復由勇發十無盡願，成通達位菩薩。復又永伏性障而不具斷，能證慧解脫而不取證，由大願故留惑潤生。此地主修法施波羅蜜多及百法明門。證「猶如鏡像」現觀，故滿初地心。

二地：初地功德滿足以後，再成就道種智一分而入二地；主修戒波羅蜜多及一切種智。滿心位成就「猶如光影」現觀，戒行自然清淨。

解脫道：二乘菩提

→ 斷三縛結，成初果解脫
→ 薄貪瞋癡，成二果解脫
→ 斷五下分結，成三果解脫

入地前的四加行令煩惱障現行悉斷，成四果解脫，留惑潤生。分段生死已斷，煩惱障習氣種子開始斷除，兼斷無始無明上煩惱。

佛教正覺同修會〈修學佛道次第表〉

第一階段
* 以憶佛及拜佛方式修習動中定力。
* 學第一義佛法及禪法知見。
* 無相拜佛功夫成就。
* 具備一念相續功夫—動靜中皆能看話頭。
* 努力培植福德資糧，勤修三福淨業。

第二階段
* 參話頭，參公案。
* 開悟明心，一片悟境。
* 鍛鍊功夫求見佛性。
* 眼見佛性〈餘五根亦如是〉親見世界如幻，成就如幻觀。
* 學習禪門差別智。
* 深入第一義經典。
* 修除性障及隨分修學禪定。
* 修證十行位陽焰觀。

第三階段
* 學一切種智真實正理—楞伽經、解深密經、成唯識論…。
* 參究末後句。
* 解悟末後句。
* 透牢關—親自體驗所悟末後句境界，親見實相，無得無失。
* 救護一切衆生迴向正道。護持了義正法，修證十迴向位如夢觀。
* 發十無盡願，修習百法明門，親證猶如鏡像現觀。
* 修除五蓋，發起禪定。持一切善法戒。親證猶如光影現觀。
* 進修四禪八定、四無量心、五神通。進修大乘種智，求證猶如谷響現觀。

自序

佛法者，謂佛菩提道之所證諸法；佛菩提道之修習內容即是成佛之道，謂唯佛菩提道有能使人成佛之法道，除此以外皆非佛法；或者謂爲聲聞菩提，名爲羅漢道；或者謂爲緣覺菩提，名爲辟支佛道；或者謂爲佛菩提，名爲菩薩道。蓋依其所證內涵差異而導致所證果位差別，不得互相混淆。聲聞菩提唯能使人成就聲聞解脫果，或者初果向、初果，乃至四果向、四果，終非菩薩所修成佛之道；緣覺菩提唯能使人成爲緣覺阿羅漢，或者轉生於無佛之世而成爲獨覺辟支佛，終不能使人成就菩薩五十二階位之果德，永無成佛之可能；佛菩提則是可以使人究竟成佛之法而函蓋二乘菩提，歷經三大阿僧祇劫之實修，福德與智慧二果都已具足圓滿，成爲人天至尊。

所言聲聞菩提之實修內涵，爲四聖諦之正理，以八正道爲苦滅之道所修內涵；佐以五停心觀、四念處觀等方便法以爲入手方便，終能發起聲聞菩提之實證，成就阿羅漢果，解脫於三界生死之苦。如是之理，學人所聞、所熏已多，於此不復贅言。

所言緣覺菩提之實修內涵，爲因緣觀；謂以十因緣確定名色非**無因唯緣**而生，乃是以本識爲因，入胎受取羯羅藍及母血爲緣，方能由本識如來藏以造色功能出生名色。如是確定名色由本識所生之後，推求本識之前都無一法可得，不得不「齊識而還」，證實一切諸法「不能過彼」。如是推定本識爲萬法源頭之後，雖不能證之，然信以爲實，乃從本識向後推究而至老死，一一確認無誤；此時證實既有名色即有生死苦，若滅名色即無生死苦，即是因緣觀之初步觀行完成。隨後即改依十二因緣法作觀，復由生死苦往前推究至名色時，應推究名色因何而從本識中不斷出生，以致賡續無量世之生死苦？隨後推知皆由種種行之執著，不能捨離種種行，於是引生名色不斷出生之動力；隨即推究爲何無法脫離對於身口意行之執著，乃知由於無明所致，皆因貪著自我而不願息滅名色及種種身口意行。確知如是無明時，即願斷盡身口意行及對名色之執著，願意永遠不受三界有，無明即告斷除；隨即再從無明向後一一觀察，確認無明若斷盡時，即無行與名色之出生等，即得不受後有而無老死等生死流轉諸苦。於是斷盡我執而成緣覺或辟支佛，然終無法成就佛果。

於菩薩而言，見道之前必須修習六度波羅蜜多，以布施等五度修集廣大福

德，藉五度所集福德而進修般若波羅蜜多；若得實證而得不退，即入第七住位，成爲習種性菩薩；進修福德及智慧等，輔以動中修得之定力爲莊嚴，實證眼見佛性境界而不退失其所見，如幻觀成就，名爲十住位菩薩；再集廣大福德，進修十行位諸行而證陽焰觀，滿足十行位功德；更集廣大福德，進修十迴向位諸行而證如夢觀，滿足十迴向位功德，了知成佛之道所必須經歷之十地諸道，於是勇發十無盡願而得入地，如是進程須歷經一大阿僧祇劫。入地之後，進修更廣大福德及十度波羅蜜多，終於圓成十地法雲智慧功德，進入等覺位中；此十地位中所修集無生法忍，下至三賢位菩薩所證眞如，二乘聖者難可思議故名別教，有別於二乘聖者之所修、所證故；而此十地位中歷經二大阿僧祇劫所修集廣大福德，亦非二乘聖者所能臆想。然此等無生法忍及廣大福德，仍未足以令菩薩成佛，猶須百劫修相好，聚集更廣大福德；於是百劫之中，無一處非捨身處，無一時非捨命時，內外財俱施，歷經百劫而圓滿成佛所必須之極廣大福德；於是成就妙覺菩薩功德，暫住兜率陀天而爲菩薩說法，觀察人間眾生得度之因緣成熟時，方得下生人間示現成佛。

如是之道，以所證眞如心第八識，以及所證眞如心之功德性爲主修，方得

入於內門廣修菩薩六度、十度等無量行，方能成就佛道；非因聲聞菩提、緣覺菩提之實修，即得成就佛道；所證內涵不同故，修證者之種性差別亦大異故。然而，聲聞阿羅漢、獨覺辟支佛等聖者，固能出離三界生死，於佛菩提道則皆未有實證，皆不得成佛；若聞菩薩演示佛菩提道者，亦皆聞而不解；然因尚無菩薩性故，於苦難眾生並無大悲之心，復以畏於無量劫生死之苦，皆不樂於修學佛菩提道；未因未證菩薩之所證法，於菩薩道懵無所知，故皆不能成佛。雖然如此，實證二乘菩提之一切聖眾，其所證之二乘菩提解脫智慧及解脫果內涵，亦不違於佛菩提道，唯是不知不證菩薩所證之佛菩提智及諸廣大福德。而佛菩提道中實證佛法之一切菩薩眾，其所證之佛菩提內涵，亦不違於二乘聖眾，然必函蓋二乘聖眾之所證；由是故說：舉凡實證佛菩提者，必定不悖三乘菩提。若有開悟佛菩提道者，所證所言違背二乘菩提及佛菩提者，當知其尚未眞實親見佛菩提道，則其所證乃屬誤會，尚未是大乘見道之人，何況成佛？以是緣故，一切實證佛菩提道之大乘賢聖，一切所證內涵，悉皆不得違於三乘菩提。

而三乘菩提之實證，於正法尚存之時，必須長住於人間修習，最爲快速；及於法滅之後，則唯有往生諸佛世界繼續修學，或往生於兜率陀天彌勒內院繼

續修學，方爲最快速之修行法道；由是而言人間佛教者，方有正理。終無眞悟菩薩願住於法滅之世虛度光陰，是故正法滅盡之後唯餘像似正法，已無了義正法實證之可能時，當求生 釋迦如來娑婆三千大千世界中之其餘淨土，或生諸佛淨土、彌勒內院，繼續勤修佛菩提道；然而終以人間修集福德最爲快速及廣大，而短劫中之佛法實證亦最快速，唯除善知識已不再來人間以致正法滅盡。由是緣故，人間佛教之正理，眞修佛菩提道之一切菩薩悉應知之；由是緣故，佛菩提道不違三乘菩提之正理皆應知之，佛菩提道含攝聲聞緣覺果證之理亦應知之，然後修習三乘菩提之時，方有實證之日，方不唐捐其功。如斯正理，末法時代一切大師與學人，於此皆應注意、研究；否則空言人間佛教，而不知 世尊之所以降生人間成佛之正義，勤修佛道終無所益，唯是徒自擾攘，亦且惱亂眾生，無益自他。今以人間佛教之正理演述完畢之後，整理成文而連載於《正覺電子報》中，今已圓滿，理合聚集篇章梓行，以利佛門四眾，故造此序略言其義，即以爲序。

佛子 **平實** 謹序

公元二〇一一年端午 誌於竹桂山居

人間佛教

引言：緣起與五個題目。

緣起：從《大乘無我觀》一書，談我與台南佛子的因緣。

維那：大眾向上一問訊！大眾請就座。（以下為平實導師的演講內容。）

引言：我們這次法會——佛法的聚會，主要是因爲我與台南曾經有些因緣；這因緣要回溯到幾年前，那時台南紡織的侯董事長去台北，要求我來台南說法；後來不久，我們就在北門鄉的侯氏宗祠裡，以非正式講演的方式乘興而談，與大眾聊了四個多鐘頭。後來根據錄音而整理成文字，也就是諸位

讀過的《大乘無我觀》。再來，是為了我們台南前講堂成立以後，因為台南親教師的邀請；所以我又來了一次，講了「心經的密意」，即是後來整理出版的《心經密意》一書。我想有很多人讀過了這本書，應當印象很深刻；因為這本《心經密意》整理出版以後，台灣與大陸有許多位法師，本來已註解了《心經》，稿子都已經校對好了，結果他們卻說要把它封存起來，不再出版了！因為，他們覺得《心經》已經不需要再有別人的註解了。這是第二次來台南演講的因緣。

第三次是二〇〇三年六月底，台南新講堂的佛像開光典禮，當天下午開講《眞假開悟》。這一次則是我第四次來台南說法。再次又來到台南，有兩個原因：第一個原因是因為我們台南共修處即將要再開新班，所以須要南下，來為大家打打氣，把緣結得更深一點。第二個原因倒是隱隱約約的，怎麼說呢？因為我們《眞假開悟》出版到現在剛好滿一周年了，也應該來作一個預定的回顧；所以，這一回台南講堂的邀請，我又接受了。再說台南同修們也已經多次的邀請，所以更得要來。有了這麼多的原因應當要來，我就爽快地答應了。另外，我要求他們提出一些好題目來，然後我針對所提的題目

來講，因爲我並沒有預設要講什麼法，而他們眞的很用心，共提出了五個題目來。

五個題目：

現在，這五個題目呢，諸位在螢幕上可以看到。第一個題目是：

一、**永嘉大師〈證道歌〉**（附論：〈證道歌〉與般若中觀之關係。）

他們提出永嘉玄覺大師的〈證道歌〉，要求我來講解。我也是有這麼一個願望，想要講〈證道歌〉和般若中觀之間的關係。第二個題目是：

二、**從阿含到唯識**——論第一義諦初中後善、純一滿淨

從阿含到唯識——講這個題目，目的是要討論第一義諦「初中後善、純一滿淨」。第一個題目我接受了，但是這第二個題目我暫不接受；是因爲我要把它保留下來，留到以後再講。這個「第一義諦的初中後善、純一滿淨」，是依附於「從阿含到唯識」的這個題目來講的，我是想把這個內容保留下來，在《阿含正義》裡面來講；因爲我預定要寫的書目裡面有這麼一套書。而且我在《阿含正義》裡面有陳述到大乘佛法的起源。但是，大乘法在阿含四大部諸經中講得很隱覆、很簡略，都是一、兩句話就帶過去了；因爲阿含要說

的法義主要是在解脫道上面來利樂眾生，所以第一義諦的部分都是以簡單一、兩句話帶過去；有時候是用「隱語」，就是以隱覆的話來講，那是由於聲聞聖人聽不懂大乘經典，才會產生這種現象。如果，從阿含中的法義來對照第三轉法輪唯識系經典裡面的法義，將會發現其實阿含中也有隱覆、密說大乘法。我現在是回到阿含裡面去探源唯識的正理，很多人對這部分很有興趣，現在就常常有人在問：「《阿含正義》出版了沒有？」我們不妨再吊一下大家的胃口，再等一段時間才出版！讓大家從《阿含正義》來瞭解、來證明第一義諦的純一滿淨，並證明第一義諦的初、中、後善。所以這一部分就留在《阿含正義》書裡面再來說明，好讓大家有更深入的瞭解，因此這個題目我就暫時把它保留下來。（編案：自二〇〇六年八月至二〇〇七年九月，全套共七輯已圓滿出齊，於各大書局上架流通。）

三、人間佛教與菩提道之差異

第三個題目是「人間佛教與菩提道之差異」，這個部分，我倒覺得很可以說，而且切中時弊。就目前的全球佛教界來講，這個題目是蠻好的，所以就把它放在這裡來講。

四、《金剛經》眞義

第四個題目是：「《金剛經》眞義」。《金剛經》的眞義是很多人所不知道的，有誤會的，也有人依文解義在講，更有人亂講；我們暫且把它保留著，因爲《金剛經》的註解，我講過很多次要留給我們理事長悟圓老和尚來講解。（大眾鼓掌…）我在這裡事先不講任何一句話，因爲這部經應該是他的舞台啊！（編案：後因悟圓老和尚多年來再三謙辭，平實導師已於二○○六年開講《金剛經宗通》了，並於講完後整理成書，總共九輯利益佛弟子眾，已經出版完畢。）

五、默照禪古今之差異

第五個題目是：「默照禪古今之差異。」這個題目對目前整個佛教界來講是非常好的，因爲可以糾正目前佛教界大師們普遍的錯誤，能夠讓佛弟子們離開錯誤的知見，並導以正知見。佛子想要尋求證悟般若，才會有機會，所以我就接受這個題目。（編案：關於默照禪與看話禪之異同細節，請參閱平實導師另一鉅著《鈍鳥與靈龜》全書共 435 頁的細說，已於二○○七年十月出版。）

因此，今天就以一、三、五，這三個題目爲主軸來講，並以「人間佛教」爲主題；因爲這幾個題目，其實都跟人間佛教有關，也是跟現在台灣的人間

佛教息息相關。將來也會整理成文字，印出來給大家聞熏受用，所以不如直接把未來會整理出來印行的書名，就定爲「人間佛教」。這也是因爲「人間佛教」的眞正意思，幾十年來已經被錯解、誤用了，所以我是希望「人間佛教」這個名稱，可以依這個演講的因緣而回復它的本來意義。也因此一緣故，所以我們就決定用「人間佛教」作爲這一次演講的主題。未來，我們也有可能會開始以人間佛教的招牌來弘法。因爲若是眞正的黃金，卻不用黃金作爲名稱，那是很奇怪底事；假黃金竟用了黃金的名稱在指責眞黃金，說眞黃金是假的，竟然還無人反駁，那也是很奇怪底事；所以也許將來我們會用人間佛教的名稱來弘法，目前我們不排除這個可能。

待會兒你們若經過辦公室，看見我們義工菩薩，可以請他們把今天講的章節內容，列出來給諸位參考；但是內涵其實有許多都是講不完的，因爲光是第一章永嘉大師的〈證道歌〉，就不可能說得完啊！永嘉大師的〈證道歌〉，我們如果眞的要講，那是要講上很久的；因爲般若之義難明，這必須要非常深細地講，眾生才容易理解。如果今天也要來細講〈證道歌〉，這麼一點時間是一定不夠用的，其他的章節就無法再談了。所以，我這個〈證道歌〉本

來是打算要爲大家影印然後再講，只是時間不夠，所以我們不唸它、也不講它，從〈證道歌〉裡面跳過去，直接跳到第二節來講〈證道歌〉和般若中觀的關係。因爲〈證道歌〉的內涵，我們在未來出書時，會把它作簡單的語譯或者註解，印入書中；今天大家不必花費時間在講解〈證道歌〉本身的意涵上面，而將來印成書時裡面的註解可以實際證明〈證道歌〉與般若眞實義的關聯。所以，接下來我就要直接從第二節開始來講，否則諸位今天在人間佛教與佛法的關係上面，將聽不到什麼內涵，只能聽到〈證道歌〉的內涵而已。

第一章　永嘉大師〈證道歌〉

第一節　永嘉大師以親證如來藏而言證道

永嘉大師〈證道歌〉：

君不見：絕學無爲閑道人，不除妄想不求眞；無明實性即佛性，幻化空身即法身；法身覺了無一物，本源自性天眞佛。五陰浮雲空去來，三毒水泡虛出沒。

語譯：諸位難道沒有看見：那個本來就在的第八識如來藏，祂是離見聞覺知而絕念無學、無作無爲的悠閑道人，祂既不勤求斷除妄想，也不企求能證得眞實理；不管是出生無明煩惱，或者展現眞實如如的體性，乃至無明的眞實性，都是此第八識如來藏本具的成佛之性，對於幻化的五陰身以及如來藏本身自體所展現的空性之功德，都是這個第八識如來藏所生、所顯之法身功德相分；一旦親證此如來藏，即能覺了此如來藏法身之自住境界中無有三界五陰十八界的任何一法、一物，而祂是本來就在的萬法根源，是具有無量

無邊天眞純淨且無漏自性的自性佛。證悟者從如來藏自住境界來看待三界萬法時，發覺那些生滅的五陰，就如同空中的浮雲一般，空有來去之相，只在如來藏的表面上來來去去；而貪瞋癡三毒又恰似水面浮泡一般地虛妄無實，一向虛出妄沒而無有眞實不壞的自體性。

證實相、無人法，刹那滅卻阿鼻業；若將妄語誑眾生，自招拔舌塵沙劫。頓覺了、如來禪，六度萬行體中圓；夢裏明明有六趣，覺後空空無大千。

語譯：若得契證此一法界實相而轉依的人，現觀如來藏心體自身本無一切人我，亦無一切法我，一念相應而親證如來藏時，在刹那之間就發現原來祂不與阿鼻地獄業相應——與阿鼻地獄之業毫不相干，從此就滅掉了對無明妄計的一切阿鼻地獄的業行！上面所說若是妄語欺瞞眾生，我永嘉玄覺便是自己招引塵沙劫數拔舌地獄惡業！一念相應即頓時覺悟，了知如來所說眞實義禪的旨趣，悟後猶待轉依法身理體而廣修普賢行，漸次圓滿菩薩六度萬行。沒有親證此一實相之前，如同眾生處於三界生死幻夢之中，明明看見有輪迴六趣的有情存在；但是覺悟之後卻如同大夢初醒一般，親見六趣有情都不是眞實的存在，甚至也沒有三千大千世界可說了。

無罪福、無損益，寂滅性中莫問覓；比來塵鏡未曾磨，今日分明須剖析。誰無念？誰無生？若實無生無不生；喚取機關木人問，求佛施功早晚成？

語譯：從如來藏自己所住的境界來說，本來就無罪無福，亦無損減或增益可言；眞如心體乃是純然寂滅之性，在祂自己所住絕對寂滅的境界中，根本不需詢問及尋覓生死與解脫。自從證悟以來看見眾生各自都有的這一面蒙塵的污垢銅鏡，是從來都未曾磨治修淨的，我今日應該很分明地剖析給大眾知道。諸位應該探求到底本來無念的是誰？本來無生的又是誰？若所悟的確實是本來無生的心，這個無生之心是沒有一法不能從祂出生的；假使不能好好地自己參究體驗一番，老是在經中所說的「機關、木人」等語句中，作文字訓詁或思惟研究，是不可能開悟明心的；若是每天求佛施以佛力加持而不肯自己努力參禪體究，要到何年何月才能成就見道的功德？

放四大、莫把捉，寂滅性中隨飲啄；諸行無常一切空，即是如來大圓覺。決定說、表眞僧，有人不肯任情徵；直截根源佛所印，摘葉尋枝我不能。

語譯：應該放開對四大之身的錯計與執著，千萬別像一般眾生那樣執取不放、把捉不捨！於此如來藏眞常心的涅槃寂滅性中，只需隨著四大之身的

需要而飲水吃飯就行了！當你悟得如來藏以後，若能了悟一切身口意行都是無常，三界一切法都是生滅壞空而無常住的自性，即能觸證如來所證第八識的大圓滿覺悟境界。此是我永嘉玄覺決定而不改易底眞實說，我也用這個親證的如來藏的妙理，來表顯眞實第一義諦的大乘教；如此實證而得決定之人，是眞實出家的僧寶；若是有人不肯我這個說法，那就由他任意地依他的情識臆想來徵詰，我是不可能被詰倒而改變說法的。想要證悟大乘眞諦之禪和子們！應當直接的截斷彎曲纏繞的種種葛藤而向根源尋覓，這是諸佛世尊親所印可的大乘眞諦宗旨；若是要捨本逐末而在經論中的文字言語上面，猶如尋枝摘葉一般的作研究、訓詁，是我永嘉玄覺作不到的事。

摩尼珠、人不識，如來藏裡親收得；六般神用空不空，一顆圓光色非色。淨五眼、得五力，唯證乃知難可測；鏡裏看形見不難，水中捉月爭拈得？

語譯：經中所說的無價摩尼寶珠，世俗人及佛門未悟、錯悟的人都不能認識祂，若是想要獲得這個無價的摩尼寶珠，只需參禪求證如來藏就行了；當你證悟第八識如來藏時，就從如來藏裡面親自收得摩尼寶珠了。證得如來藏以後來現觀，你就能看到猶如摩尼寶珠一般的如來藏，不但能映現出萬

法，而且也常常出生六識而顯現出能見之性、能聞之性……乃至能覺、能知之性等六種神奇作用；這六種性用雖然是緣起而性空的，若是將這六種神用轉而依止及歸屬於常住的如來藏以後，成爲如來藏的一部分了，也就成爲常住而不空的法性了；然後再來反觀這一顆如來藏寶珠的時候，卻又看到祂如同摩尼寶珠能顯示種種影像一樣，不斷地顯現山河大地、五陰眾生；祂自己雖然不是物質之法，卻又能生種種物質及七識心法，所以當你說祂是色法時，祂卻又不是色法。經由實證如來藏、轉依如來藏而修行，最後一定可以清淨五眼、發起五力；然而這卻是唯證乃知的事，未悟及錯悟的人窮盡意識思惟以後，仍然是很難加以猜測出來的。從鏡子中看到所映現的種種身形的影像並不困難（不落入鏡中影像而直接找到鏡子才是困難的），如同愚癡人一般想要從水中撈到那天上的月亮，要到哪一天才能拿到天上的月亮呢？

常獨行、常獨步，達者同遊涅槃路；調古神清風自高，貌顇骨剛人不顧。窮釋子、口稱貧，實是身貧道不貧；貧則身常披縷褐，道則心藏無價珍。

語譯：證悟如來藏的人是極稀有的，總是獨行無偶，往往是獨步於人間而難可覓得知音的；只有同樣是已經通達如來藏之人，才能攜手共同遊行於

涅槃路上！大凡眞悟之菩薩都會轉依如來藏而進修成佛之道，只是如來藏這個曲調太古老了；而證悟如來藏寶珠的人智慧勃發而離愚昧以後，看來是精神清朗的，這樣安住如來藏境界的人所顯現出來的風格自然而然就很清高；縱使沒有珍饈美食，使得色身不壯而瘦削，可是他的風骨卻是高峻的，然而一般人不懂得尊敬這種眞悟的菩薩，往往棄之不顧。窮於世間錢財的佛門眞正出家僧人，並不貪求錢財，由於一貧如洗的緣故所以嘴裡常常自稱貧道；其實這樣的僧人只是身上貧於錢財罷了，但他在佛法之道其實是廣有法財的，所以這樣自稱貧道的出家僧人其實是一點都不貧！這些在世俗錢財上貧窮的僧人，身上常常只能穿著破爛而有許多布毛的深色僧袍；然而若是說到佛法之道，他的心中其實是收藏著無量的無價法財珍寶。

無價珍、用無盡，利物應機終不悋；三身四智體中圓，八解六通心地印。
上士一決一切了，中下多聞多不信；但自懷中解垢衣，誰能向外誇精進？

語譯：這樣自稱貧道的僧人心中收藏無量的無價佛藏珍寶，永遠也受用不盡！這樣的貧僧可以用這種無價珍寶來利益有緣的人物，可以應機逗教而不會吝惜自己所擁有無價法寶。未來佛地的法身、報身、化身，以及大圓鏡

智等四種智慧，都可以在這個如來藏摩尼寶珠中圓滿證得；乃至二乘聖人所證的八解脫與六通，都可以用這個如來藏心的境界來印定（確認其眞假）。上品之士經由如來藏寶珠的實證而能夠對眞諦獲得決定及了知以後，就可以對一切佛法都同樣獲得決了；可是中根之人及下根之人，越是多聞上根菩薩從如來藏中直接流露而說出來的妙法時，卻是越多的人不能信受。這時候，深悟的菩薩就只能向自己的懷中，解下爲眾辛苦而汗污了的僧衣，還有誰能向外面那些愚癡無聞凡夫誇耀自己是何等的精進不懈呢？

從他謗、任他非，把火燒天徒自疲；我聞恰似飲甘露，銷融頓入不思議。觀惡言、是功德，此即成吾善知識；不因訕謗起冤親，何表無生慈忍力？

語譯：然而證悟者於此三界之中，卻是知音難尋，別人想要怎麼毀謗、怎麼非議，就任由他們去吧！但實相法界的事實卻不因爲他們不信的毀謗、非議而消失，那些毀謗與非議，就像高舉火把想要焚燒整個天空一般，最後仍將是自己疲累而徒勞無功，法界實相仍將繼續存在而且並不改變。那些毀謗與非議的言語，我聽了就當作是暢飲甘露一般，當作是逆增上緣，來幫助自己銷融業種，反而頓時更深入如來藏的不可思議境界中。我總是觀察這些

凡夫們對我所作的惡言惡語，當作是來幫助我轉化習氣種子的功德法，所以那些對我惡言惡語的人們，就成爲我的善知識了。假使不能夠因爲那些訕笑與毀謗的因緣，而示現自己不會因此而增加更多的寃家與親屬的人，又如何能表顯出證悟無生的人應有的慈悲力與無生忍之功德力？

宗亦通、說亦通，定慧圓明不滯空；非但我今獨達了，恒沙諸佛體皆同。師子吼、無畏說，百獸聞之皆腦裂；香象奔波失卻威，天龍寂聽生欣悅。

語譯：由於眞實親證如來藏本心的緣故，便能於離言說而證第一義諦的宗門也通達；對於不離言說而教導第一義諦的經教以及爲人說法的教門，也都能通達！（因此，每一位證悟者的慧力，都可以使人通達宗門和教門。唯有親證如來藏的人才能通達般若，通達般若的緣故，所以宗門可以通，說門也可以通。）對於禪定的定位以及般若智慧的定位，已經能圓滿而光明地顯現出來，決不耽溺或停滯於斷滅空、頑空的惡見當中！這個如來藏本心法界實相的道理，決非只有今日我永嘉玄覺一個人才能獨自通達與了知，恆河沙數的諸佛所證悟的實體都一樣是這個如來藏，體性完全無二！證悟者爲救護走入岐路的眾生而摧邪顯正，所說的殊勝智慧妙理，猶如金毛獅子般無畏的怒吼，這是無

所畏懼者所說；一切錯悟者就如同野狐等百獸一般，聽到菩薩說法如同獅子大吼一樣，無不爲之腦鳴欲裂！即使是香象聽聞了獅王菩薩的大吼，也是四竄奔逃而盡失原有的威風；可是天人以及龍族若是聽聞到菩薩的獅子吼法音時，卻是安寂坦然而且生起歡喜心而樂於聽聞！

遊江海、涉山川，尋師訪道爲參禪；自從認得曹谿路，了知生死不相關。

行亦禪、坐亦禪，語默動靜體安然；縱遇鋒刀常坦坦，假饒毒藥也閑閑。

語譯：回想當初爲了尋訪明師，探求心地大道的宗旨，不惜跋涉山川，遍歷江海，一心一意都只爲了參禪求悟！自從認得祖祖相傳、心心相印的本來面目，認清了回歸曹谿六祖慧能大師的路途以後，方才了知五陰的生死其實都與如來藏自住的實相境界無干。證悟之後才發現三界萬法一切都歸屬於祂，從此以後走路時也是禪，坐定之時也是禪，而且說不說話、動不動作等一切時中，都可以現前觀察而證實如來藏是從來都不動心的；轉依如來藏這樣的寂靜自性以後，自己也就安然地不再妄自攀緣了。縱然我這五陰身遭遇利刃逼害時，我心中總是一直都很坦然的；假使我這五陰身被人偷偷的下毒謀害，我還是不會怨怪下毒者，心中仍然不覺得這件事情對我是多麼重要底

事。

我師得見然燈佛，多劫曾爲忍辱仙；幾迴生、幾迴死，生死悠悠無定止。自從頓悟了無生，於諸榮辱何憂喜？入深山、住蘭若，岑崟幽邃長松下，優游靜坐野僧家，閴寂安居實蕭灑。

語譯：我的本師 釋迦世尊在遇見 然燈佛時被授記成佛，但是以前悟後多時的生死之中，也曾是多劫修菩薩行的忍辱仙人。回想我永嘉玄覺自己的修行路，一世又一世不斷地生生死死輪迴不已，悠悠忽忽地頭出頭沒已不知有幾多回了，連片刻一時都不曾止息過！一直到頓悟如來藏而體認祂的本來無生以後，對於世間的光榮與屈辱又有什麼值得憂喜與罣礙的呢？這樣證悟無生而轉依了如來藏以後，不管是踏入深山峻谷之中，或者是住在罕無人跡的幽靜野地，或於參天挺拔的松蔭底下修行度日，隨緣放曠悠閒恬適而輕鬆的遊於法海中，有時則是隨意安止山林野居思惟靜坐，這樣住於山野僧家之中安樂寂靜，自辦其道，眞的很瀟灑。

覺即了、不施功，一切有爲法不同；住相布施生天福，猶如仰箭射虛空。勢力盡、箭還墜，招得來生不如意；爭似無爲實相門，一超直入如來地。

語譯：一旦覺悟如來藏眞心的本來無生，開悟明心的事情就了了，悟後不需要施加功行於所悟的心上面，因爲一切有爲的妄心等七識的法性是不同於眞心如來藏的；住於五陰之相而布施植福的人，死後是會生到欲界天中享福，就好像仰頭舉弓向天射箭一般，一旦箭勢衰竭、力量耗盡（天福享盡）了以後，終究必將墜落回地面（終究會下墮）；所以天福享完以後，只剩下惡業種子，從天界下墮時將會招得未來世不可愛的果報，產生種種不如意的惡果，怎麼能與頓悟如來藏的實相法門，一下子便得超越而直接進入自心如來勝地的境界相比擬。

但得本、莫愁末，如淨琉璃含寶月；既能解此如意珠，自利利他終不竭。江月照、松風吹，永夜清宵何所爲？佛性戒珠心地印，霧露雲霞體上衣；降龍鉢、解虎錫，兩鈷金環鳴歷歷；不是標形虛事持，如來寶杖親蹤跡。

語譯：只需要悟得萬法本源的如來藏，就不必憂慮生滅有爲法等枝葉末節！如來藏就像清淨琉璃蘊藏著寶貴的明月一般，含藏著萬法的功能差別；既然能夠從垢衣中解下這個如意寶珠——找到五蘊垢衣中的如來藏了，從此以後就可以用這個寶珠如來藏來利益自己，也能用這個寶珠如來藏來利益他

人，並且將是永無窮盡而不會衰竭的。江中的明月映照著，清風也和緩地吹過松樹，在這樣光明清淨的好環境之中，不懂得將自己的寶珠如來藏取來自利利他，整個美好的晚上到底是在作什麼呢？就以寶珠如來藏顯現的能使人成佛之性，轉作心地戒寶珠，將自己所悟的心與已經生起智慧的自己加以印定，就成爲無事人了，因此就能把天地間的一切—霧露雲霞—都當作是自己身體所穿的衣服一樣；出家以後所得到的鉢就成爲降龍鉢，而行腳時用的錫杖也就成爲抵抗惡虎的用具了，這時何妨手握著解虎錫，於地一振，讓錫杖上的兩股金環清楚地鳴響著！這時的二樣物品已不只是在標舉著出家形象三千威儀的事持表相而已，這正是如來寶杖親自爲大眾示現法身的蹤跡啊！

不求眞、不斷妄，了知二法空無相；無相無空無不空，即是如來眞實相。心鏡明、鑒無礙，廓然瑩徹周沙界；萬象森羅影現中，一顆圓光非內外。

語譯：被我所悟證的寶珠如來藏，祂自己不需去追求眞實，祂也不必去斷除妄想；悟後就能了知眞心如來藏空無形色而且沒有妄心的行相，也能了知眞心所生的妄心生滅無常而無常住的心相；但是在這個無相之法身如來藏實相境界中，卻沒有空與不空可說，這才是法身如來所住的眞實相境界。對

於心鏡—如來藏—已經明白了，就能對諸法鑒照無礙——不再愚昧於三乘菩提了，才知心鏡如來藏的功德廓然無邊而普遍存在於恆河沙數世界中。此時就看見萬象具足而各不相同的如同影像一般顯現在心鏡如來藏中，這時再來觀察，這眞心如來藏就如同一顆寶珠一樣地照耀出圓滿的光明，而這個光明非內亦非外地照耀著。

豁達空、撥因果，莽莽蕩蕩招殃禍；棄有著空病亦然，還如避溺而投火。

捨妄心、取眞理，取捨之心成巧僞；學人不了用修行，深成認賊將爲子。

語譯：有一些人誤以爲如來藏法是爲了使眾生容易瞭解一切法空而說的不同名稱（妄說如來藏就是一切法空的方便說），因此就落入「豁達空」，成爲斷滅論者而撥無一切因果，把自己處於莽莽蕩蕩之空無境界中，自以爲已經實證佛法而證果成聖了，但這樣其實只會招引未來世恐怖的災殃與禍害。捨棄了三界有，執著一切法空的禪病，將來招引災殃與禍害的道理也是一樣的；這好比一個想要逃離水淹滅頂之苦的人，愚癡地把自己投入火聚之中想要逃避水淹一樣地愚癡。捨棄了妄心七識而想要取證眞理的人，這樣有取有捨的心行反而成爲善巧去作種種虛僞事情的人一樣（應該留著妄心來求證眞

心如來藏法身，不該把妄心自己滅掉而想求證眞心，也不該想要把妄心自己變成眞心），學佛之人大多不能瞭解上面這層道理，以爲修除妄心中的妄想，或是修除妄心對種種事物的執著，便以爲是眞正在修行了；這樣子修行，其實完全是去認取賊人而攜帶回家當作是親兒子一樣（當然此賊每天要把你的財物都偷出去，讓你流失了一切法財）。

損法財、滅功德，莫不由斯心意識；是以禪門了卻心，頓入無生知見力。大丈夫、秉慧劍，般若鋒兮金剛焰；非但空摧外道心，早曾落卻天魔膽。

語譯：這樣辛苦修行，到頭來卻只是流失或損減了法財，滅卻了自己的福慧資糧與功德而已；這一切不外是由於錯將三世的妄心意識認作是如來藏眞心的邪見所致。所以禪門裡頭都是直接認清妄心而弄清楚了眞心如來藏，因此而頓時進入本來無生的所知所見而引生的智慧力之中。若是遠離了斤斤計較的女人心性而成爲大丈夫了——證得如來藏法身而不再落入意識境界了，便是頂天立地的無畏大丈夫，就能手握金剛智慧寶劍而散發出般若智慧之鋒利，不僅能以眞空之理摧壞外道妄心，其實暗中早就把天魔的膽子給斬落了。

震法雷、擊法鼓，布慈雲兮灑甘露；龍象蹴踏潤無邊，三乘五性皆醒悟。雪山肥膩更無雜，純出醍醐我常納；一性圓通一切性，一法遍含一切法。一月普現一切水，一切水月一月攝；諸佛法身入我性，我性同共如來合。一地具足一切地，非色非心非行業；彈指圓成八萬門，剎那滅卻三祇劫；一切數句非數句，與吾靈覺何交涉？

語譯：證悟底菩薩震動了正法之雷，大擊摧滅邪說的法鼓，廣布慈悲法雲而攝受眾諸方眾生，普宣法語盡灑甘露而無不遍；猶如法界中的大力龍象，遊行所至，無邊無際的含識眾生皆蒙滋潤；三乘根器及五類種性，全都由於菩薩震法雷、擊法鼓而得以醒悟實相。這個述說眞如佛性的大乘法要，就像那雪山肥膩之草全都沒有其他的雜草混雜一樣，而這個如來藏法身所流出的妙法猶如純淨的醍醐妙味，我永嘉玄覺常常納受其中無量無邊的功德受用。如來藏的眞如法性圓滿貫通於一切法性，如來藏一法函蓋了一切法；猶如天上只有一個眞月，卻能普現月影於一切世間水中；而一切世間無數的水中月影，又全都源出於天上獨一無二的如來藏眞月。諸佛法身的自性可以與我的法身自性相通，我的法身自性同樣與諸佛法身的自性相符契。這一個法

身如來藏的密嚴境界（地即是境界）中具足了有情一切的境界，雖然祂是無形無相而非色，亦不是眾生所知的心；而祂也不會造作眾生妄心所造的種種行為與業行！這麼奇妙的如來藏寶珠，其實不用像修正妄心的惡行一般地辛苦修行，只在頓悟的彈指之間便圓滿成就八萬四千種法門之功德；在一念相應時的剎那之間，就能滅除三大阿僧祇劫以來累積下來的惡業；一切可數、不可數的文身、句身、名言戲論等世間智慧，與我所悟法身如來藏自己的靈覺妙性何曾有一點點交互牽涉？

不可毀、不可讚，體若虛空勿涯岸；不離當處常湛然，覓即知君不可見。取不得、捨不得，不可得中只麼得；默時說、說時默，大施門開無壅塞。有人問我解何宗？報道摩訶般若力；或是或非人不識，逆行順行天莫測。吾早曾經多劫修，不是等閑相誑惑。

語譯：又觀法身如來藏，凡夫、外道們對祂作了各種的毀讚，但卻從來都毀讚不到祂；祂從來不領受一切的毀讚，所以既不可毀，亦不可讚；祂的體性猶如虛空，本無邊際，絕於涯岸；不離當下現前之處而恆常處於湛然不動的境界中，您如果聽說祂都在當下分明顯現，而起心動念四下尋覓時，我

就知道您確實尚未悟得而未曾見到祂。祂是取也取不得，捨也不可捨的，就在不可捨、不可得當中，就是這麼去證、去悟、去取、去得。當你閉口不語時，祂還是在爲人了了常說；當你口沫橫飛時，祂卻又默默無語；然而不管祂說與不說，祂永遠大大敞開五蘊十八界諸門，布施給你我一切法，即使短短的片刻也從未曾壅塞或停止。有人問我永嘉玄覺畢竟是證解了什麼宗旨？我就回報說：「我是證得大般若的威德之力。」有人說我的所證是正確的，有人說我是錯誤的，這些人都是不曾親自識得如來藏的凡夫；而我悟後說法時，有時逆說，有時則是順說，莫說凡夫們不懂，即使是諸天來了也是無法猜測我所說的摩訶般若正法。我是久遠多劫以來早就修行佛法了，今天才能有這個體悟，所以我凡有言說必無虛誑，絕非信口開河隨便妄語來欺誑或迷惑眾生。

建法幢、立宗旨，明明佛敕曹溪是；第一迦葉首傳燈，二十八代西天記。法東流、入此土，菩提達磨爲初祖；六代傳衣天下聞，後人得道何窮數？眞不立、妄本空，有無俱遣不空空；二十空門元不著，一性如來體自同。

語譯：高高地建造起如來正法的大幢，明白地樹立出心法的大宗旨，這

明明就是 釋尊金口所訓示、所傳授的宗旨，也就是曹溪六祖慧能所弘揚的正法；首傳心燈的第一代祖師是大迦葉尊者，如此承續 如來慧燈的天竺祖師共有二十八代，代代都有記錄。其後正法及 佛陀的衣鉢向東流動，傳入這個具有大乘氣象的中土震旦，菩提達磨大師就是東土禪宗的第一祖；這樣六代遞傳衣鉢直到六祖慧能親受以後，禪法南傳而禪宗名聲天下大噪，從此以後禪門開悟見道者──親見自己本來面目法身如來藏的人──潛符密證的人數如何能清楚地算準數目？再說眞實心法身並不是與諸法相待而建立的，而是本然常存的；至於能覺能知底妄心本來即是緣起而性空，是從眞心如來藏中出生的；證得如來藏而進入勝義諦中，就看見本來並無一切戲論言說妄想，有見、無見悉皆遺離而了知實際上確實存在的不空之心如來藏，就依這個確實存在的法身如來藏來說空性。般若諸經中所說的二十空的法門，原本只是因機而設的方便除相之教法，對於眞悟者而言本來就用不著，所以眞悟者不需執著二十空的法門；因爲如來藏空性心，這個法身佛永遠都是同樣的不變法性，乃至如來的如來藏法體自然也是與眾生相同的。

心是根、法是塵，兩種猶如鏡上痕；痕垢盡除光始現，心法雙忘性即眞。

嗟末法、惡時世，眾生福薄難調制；去聖遠兮邪見深，魔強法弱多恐害；聞說如來頓教門，恨不滅除令瓦碎。作在心、殃在身，不須冤訴更尤人；欲得不招無間業，莫謗如來正法輪。

語譯：十八界生滅法中，能取六塵的覺知心是業根，所取的諸法是業塵；但不管是根或塵，兩者盡皆是眞心寶鏡上的痕跡污垢罷了！只有將痕跡污垢除盡以後，眾生如來藏寶鏡智慧的光明才能完全顯現映照；當能知的覺知心與所知的六塵兩皆俱忘以後，剩下的就是如來藏寶鏡所顯發的眞性光明了。可歎的是，値此末法時期的五濁惡世，眾生率多福德薄少並且業障深厚而難以化導制伏！如今距離 佛陀說法住世的時期已經很久了，眾生的邪見就越墮越深；直到如今魔說更爲盛行，正法勢力漸趨衰微，眾生之間往往彼此多存恐懼而害怕被人誤導，傷害自己的法身慧命；忽然聽聞有人宣說如來教外別傳的頓悟之教，因爲與自己的思惟所知不一樣，所以就因無明所障而心不相應，誤以爲是邪魔外道所說，恨不得將如來藏正法加以摧滅，猶如打碎屋瓦成碎片一般。但是愚癡眾生造作了這種惡業之時，是以覺知心、作主心起念來造作的，可是後來的一切災殃卻都得要用自己的身體來承受；到那時，

根本就不須呼天喊地般的投冤訴苦，或者埋怨他人在前世不把正理告訴他。假使想要不為來世的自己招得無間地獄惡業苦報，就絕對不要毀謗如來正法輪的如來藏法身無上正教。

旃檀林、無雜樹，鬱密森沈師子住；境靜林間獨自遊，走獸飛禽皆遠去。
師子兒、眾隨後，三歲便能大哮吼；若是野干逐法王，百年妖怪虛開口。

語譯：如來聖教猶如繁盛茂密而且全無雜樹生長的旃檀香木林中，沒有其他不同種類的雜樹混雜於其中（同樣的道理，唯一佛乘的大乘如來藏正法，也不容摻雜一絲一毫的外道見），於純粹而鬱鬱濃密的般若智慧功德大森林中，只有威猛的大雄獅王一般之菩薩才能安住；獅王菩薩無畏地在純有香味而無雜味的旃檀森林（眞純的如來藏功德林）中獨自安靜地邁步遊行，那時森林中的走獸飛禽（錯悟未悟的凡夫外道見），聽到了獅王（證悟菩薩智慧高廣）的獅子吼聲（破邪顯正的音聲），無不倉皇閃避而遠去。獅王所生的眾多小獅子，跟隨在獅王之後遊行旃檀林久了以後，雖然不過三歲，卻都已經能夠如獅父般的震天大吼。譬如菩薩證悟以後追隨其師廣作獅子吼的大行三年以後，就能自己簡別邪說，宣說正法而作獅子吼；如果是效法野狐追隨在獅王

身後而學獅王一樣地大吼，就只能叫出野狐的聲音罷了。所以錯悟之師若是想要效法眞悟菩薩破邪顯正而作獅子吼，終究不能如同眞悟菩薩一般眞正地摧邪顯正；禪門中的野狐，縱使已經百年修成妖怪而能變化成人形，不自量力妄想效法隨逐大雄法王而作獅子吼，結果必然只是枉開狐口而無人信受，只是自取其辱而已！

圓頓教、勿人情，有疑不決直須爭；不是山僧逞人我，修行恐落斷常坑。非不非、是不是，差之毫釐失千里；是則龍女頓成佛，非則善星生陷墜。吾早年來積學問，亦曾討疏尋經論；分別名相不知休，入海算沙徒自困。卻被如來苦訶責：數他珍寶有何益？從來蹭蹬覺虛行，多年枉作風塵客。

語譯：圓滿、究竟的頓悟法教（直指人心的禪門宗風），是絕對不鄉愿、絕對不賣人情的；對於宗門實證的法義，只要心中有任何一點疑惑而無法自己決定，就應該據理力爭地探究下去，直到正邪對錯水落石出。這絕對不是我永嘉玄覺常住山中的僧人喜歡逞強好勝，而是唯恐修行人稍有不愼誤入歧途，便要落入常見、斷見深坑，冤枉地將自己的法身慧命葬送在斷常二坑之中。於修行探求事實來說，是就是是，非就是非，是與非之間往往看似只有

毫釐的差異，但這毫釐的差異將會使佛道的修行相差千里之遙；若是所悟正確，以是爲是，依於正法而修，如同經中所說的龍女菩薩因此能夠剎那之間就轉生他國而頓時成佛；若是邪見深重，執非爲是，從於邪思而行，就如同經中所說的善星比丘一般地愚癡，將會因爲邪見而惡心當面謗佛的緣故，生身陷墜無間地獄中。回想我年輕時累積了許多學問，後來也曾經藉著探討祖師的註疏而努力地研究經論，不曾從事於眞修實證，以爲可以在經論疏文中找尋到佛法的眞意。這樣從不斷地分別經論中的各種名相法義不知應該休止的狀況中而改爲參禪，恰似身入大海之中計算海沙之數目一樣，是永遠徒勞無功而使自己困在裡面。後來才知道這種愚行早就被 如來苦口婆心地斥責爲：「放著自家寶藏不顧，卻去他家數人珍寶，於自己底道業有何益處？」我一直以來都像這樣躊躇光陰，浪費修行的生命；直到一朝醒悟觸證實相時，才知道這麼多年以來一直都只是風塵僕僕地作客他鄉，走了多少年的冤枉路而不可能回到家鄉。

種性邪、錯知解，不達如來圓頓制：二乘精進勿道心，外道聰明無智慧。亦愚癡、亦小騃，空拳指上生實解；執指爲月枉施功，根境法中虛捏怪。不

見一法即如來，方得名爲觀自在；了即業障本來空，未了應須還夙債。饑逢王饍不能飡，病遇醫王爭得瘥？在欲行禪知見力，火中生蓮終不壞；勇施犯重悟無生，早時成佛于今在。

語譯：會有這樣的情形，全都是因爲種性偏邪、發心不正、見解邪謬錯誤，才會無法通達了悟　如來所制定的圓滿頓悟大乘心地法門。定性聲聞雖然號稱精進不退，卻缺乏大乘菩提修行成佛的道心；外道俗衆縱然世智聰辯、伶俐過人，卻全無般若及解脫智慧。這兩類人對於法界實相究竟第一義諦，既可說是愚癡無智，又可算是童憨小兒一般地愚癡幼稚；但見捏指成拳，張指拳滅，遂在拳指之上，相爭色空有無，以爲實相於中可解可求；錯把標月之指視爲天上的眞月，認錯方向而枉費功夫；只懂得在六根六塵六識等十八界生滅法中，廣作文章來搞怪而使人誤信他的說法是正確的。殊不知，只有不見不取一切根塵境界法的如來藏，才是法身眞如來；這樣證得不修而本有的眞心如來藏常住而自在，才能稱爲觀自在底菩薩。若能明心了悟而從如來藏的立場來看時，一切業障本來就不存在——如來藏不與業障果報相應。若不能破參見道而未能了悟自心如來本來無生、一切業障本不存在，當然應

該繼續輪迴而償還宿昔所造積欠有情的種種業債。當大善知識解說了這個眞實的道理時，可嘆的是那些愚癡無明眾生，卻仍然像是天災饑饉的人，有幸值遇國王布施上妙食物（如同無上法王布施勝妙智慧），猶且不信不知不解，不願取飲療饑、飽腹自救，以致法身慧命不能久存。又如重病垂危，空遇無上醫王善施法藥療病，愚人卻對面不識，不求不認不受，又怎生能令病體痊癒（如何能離苦得樂、清涼無恙）？唯有菩薩種性之佛子，於證悟本心之後發廣大願不捨眾生，更修佛道利樂有情，方能常住於欲界人間，外現諸欲而與眾生同事利行，內依如來藏無生忍那伽大定，及以無量般若妙慧知見引生的力量，無畏於人間眾苦而常住於欲界中成就禪思與禪定；如此世世處在五欲之中而修離欲行，如同在火焰之中出生的紅蓮一般地可貴，像這樣的清淨蓮花終究不會有被毀壞的時候；像這樣子精勤修行的菩薩，猶如古時的勇施比丘一般，縱然毀犯重戒，理當下墮地獄；卻由於深心懺悔過失，復得親悟無生，終能頓然釋解前愆，精進修行而成爲 寶月如來，如今仍然示現存在而住世說法，廣度群生。

師子吼、無畏說，深嗟懵懂頑皮靼；秖知犯重障菩提，不見如來開祕訣。

有二比丘犯婬殺，波離螢光增罪結；維摩大士頓除疑，猶如赫日銷霜雪。不思議、解脫力，妙用恒沙也無極；四事供養敢辭勞，萬兩黃金亦銷得；粉骨碎身未足酬，一句了然超百億。

語譯：證悟菩薩破邪顯正而作的獅子吼，都是以威猛無畏之心而爲眾生解說正法與邪法的差異所在；而我永嘉玄覺只能深深地感嘆眾生的懵懂無知，感嘆眾生的邪見如同馬革一般的頑皮堅韌。無奈的是，我只知眾生多數是違犯重戒而障礙自己在佛菩提道上的修行，都看不見如來已經爲他們開示成佛要道的祕密與訣竅。以前曾有兩位比丘業習所牽，觸犯了邪淫戒律與殺生大罪；智慧宛如秋螢之光的聲聞持戒第一的優波離尊者，雖爲犯戒比丘說法，卻反而加重他們心中的重罪與疑惑結使；維摩詰大士於是挺身而出，以大乘勝義諦妙理爲二位比丘開解大乘法要，恰似烈陽逼照霜雪一般，頓時銷融了他們心中的重罪疑結。如來藏無生般若妙用所產生的不可思議解脫的力量，其中猶如恆河沙數一般無量無邊的功德妙用，眞是說也說不盡；像這樣子證悟如來藏以後，縱使座下弟子每天四事供養都很勤勞，我只說一句「有勞了」就敢放心的領受供養；假使有人來供養我萬兩的黃金，我也有功德可

以受用而全數用掉。因爲學人在禪師的教導下了知 如來所教導的佛菩提道祕訣——親證如來藏，獲得無邊的智慧功德受用，即使這位學人以粉身碎骨的方式來報恩，都尚不足以回報禪師的教導；因爲，禪師只要一句話就能使學人對佛菩提的祕密了然於心，這樣悟入以後就超越了以往百億劫學佛而始終無法進入內門的困境了。

法中王、最高勝，恒沙如來同共證；我今解此如意珠，信受之者皆相應。了了見、無一物，亦無人、亦無佛；大千沙界海中漚，一切聖賢如電拂。假使鐵輪頂上旋，定慧圓明終不失；日可冷、月可熱，眾魔不能壞眞說。象駕崢嶸謾進途，誰見螗蜋能拒轍？大象不遊於兔徑，大悟不拘於小節；莫將管見謗蒼蒼，未了吾今爲君訣。

語譯：那眞心如來藏本是萬法之王，於一切法中最高最勝，恆河沙數如來都同樣是因爲親證如來藏而成佛的；今日我已經從破敝的垢衣中解下這無價如意寶珠而隨意使用，凡是信受我已經獲得如意寶珠的人，都能跟隨我而與各人自有的如意寶珠相應。從所證的如來藏而生起的智慧中，可以了了分明地親見這個事實：勝義諦中並無覺知心，亦無任何色法物質，都無一法可

言，無人無我無法亦無佛；以此反觀恆河沙數大千世界，猶如大海中的一個小小水泡；而一切賢聖出現在人間，都如同黑夜中的電光在天空中拂過一樣，都是幻起幻滅而很快地消失於人間。即便是鐵輪聖王召來鐵輪壓在證悟者頭頂上，這位證悟者的決定心與般若智慧仍然是如同以往一般的圓滿明白，始終不會失去；諸魔即使能把天上的烈日冷卻了，把清涼的明月沸騰了，但一切諸魔依舊無法敗壞我這個眞實無二的決定說。不論有誰自稱是大法王，駕乘象王示現出證量很高深的模樣，而欺謾大眾說他已經眞正的邁進成佛的路途了，但是有誰曾經看見螳螂舉起的小小雙臂能抵抗車轍？大象決定不會遊步於野兔行走的窄迫小徑中，大悟之人則是一定不拘泥於小節——敢摧邪顯正而不怕別人說他是在講是非。勸君切莫以管窺所見的尚未進入內門的表相佛法微小智慧，來毀謗證悟者所證的猶如蒼天一般廣闊的實相智慧；您假使已經知道自己在佛菩提道的實證上面確實還沒有親證而不能如實地了知，我永嘉玄覺今天就以這篇〈證道歌〉，爲您講出佛菩提的要訣。（編案：以上〈證道歌〉，在演講時顧及時間的不足，並未講解。以上的語譯是後來出版時所作。）

第二節 〈證道歌〉與般若中觀之關係

講記：現在請直接轉進第二節來，我們要直接來談：永嘉玄覺大師所作的〈證道歌〉和般若中觀之間有什麼關係？我爲什麼會提出這個題目呢？是因爲我們台南講堂的義工菩薩們，觀察到當今的全球佛教，把般若中觀跟如來藏的唯識種智，切割成兩個或三個互不相干的法，將如來藏這個法說成和般若中觀無關，也使得如來藏看來和一切種智的唯識增上慧學無關；如此一來，使得本來完整而互有關聯不可分割的佛法，就因此而變成支離破碎了。另外一點，特別是因爲看見那些人基於見取見而作出這樣胡亂的切割，使整體佛法成爲幾個互不相關的法義，必然會對佛法產生很重大的負面影響，使後代佛弟子在實修時無法親證，所以他們訂出這個題目要我來講，應該讚歎他們有先見之明。

既然要談〈證道歌〉和般若中觀的關係，當然得要談到〈證道歌〉與如來藏之間的關係，才能談到般若中觀與如來藏之間的關係；因爲〈證道歌〉

中所說的證道，是否以如來藏爲證道的標的？是這個題目的大前提，我們當然必須先弄清楚永嘉玄覺的證道，是否以如來藏作爲實證的內容。而般若中道的觀行—中觀—是否與如來藏有關？也是佛法中很重要的題目；當代大師們久修佛法到老，竟然都是錯修錯證，原因就在於不瞭解中觀與如來藏不可分割的關聯性，才會有今天老而有名之際，同修會開始弘法以後，卻有進退維谷的窘境發生在他們身上。因爲，般若中觀的修證，事實上是依如來藏本來中道性的現觀爲基石，才有般若中觀之修證可言。而「中觀」的定義就是「中道的觀行」，中道的觀行究竟是以哪一個法（哪一個心）的中道性來作爲觀行之標的呢？這是一個被當代大師及學佛人普遍忽略的問題，卻是修學大乘佛法者的根本問題，是大到不可絲毫忽略的大問題，當然也更不容有人加以隨意切割而支離破碎。

而〈證道歌〉中所寫的就是要說明：中國禪宗的證道是以什麼修證作爲證道之標的呢？其實，都是以如來藏的親證而現觀如來藏的眞如體性，作爲證眞如——作爲般若的證道，然後才會有如來藏心依本有的眞如性而恆處中道的事實，可以被證悟的菩薩們來觀行而成就中道的觀行——中觀。所以，

如來藏與般若中觀之間的關係，我們當然要爲大家說明；然後再來探究〈證道歌〉與如來藏之間有什麼關係？這樣就知道〈證道歌〉和般若中觀之間有什麼關聯了。從這個地方深入瞭解如來藏、般若中觀、〈證道歌〉三者互相之間的關聯，就知道自己在佛菩提道中起步的時候，該以證得什麼法爲目標，該如何修證才能進入佛法內門來廣修六度萬行，今世就可以脫離無量劫以來都在凡夫位中廣修外門六度萬行，而始終進不了佛法內門的窘境了。

【講義文稿】所謂中觀，即是中道之觀行；中道之觀行，乃依如來藏之中道性而作觀行；若離如來藏之中道性而言中觀者，必墮斷滅見之意識想像所得之戲論性中觀：墮於戲論而自以爲已知、已證。

講記：首先來講般若的中觀，般若（法界實相的智慧）必定是中道觀，中道觀必然是般若。所謂的中觀，就是講中道的觀行。中道就是不偏不倚、不落於任何一邊！曾有大法師說「中庸之道就是中道」，但是其實兩者差異很大；因爲，孔老夫子是世間聖人，他所說的都是在世間法上講中庸之道，是在世間法中如何避開過於偏激而產生的過失，所以他的中庸之道只是世間法裡的中道。佛法所講的中道是函蓋世間與出世間的中道，不落在世間法的

一邊，但也不會落在出世間法的一邊，卻同時雙具世間與出世間法的。必須是全面函蓋出世間法與世間法，但不會落於其中的一邊，才是佛菩提中的世出世間法的中道。這是只有在大乘法中才有的，二乘法中沒有眞正的中道，因爲這是三賢位中已經實證心眞如的菩薩才能擁有的實相般若智慧，不共二乘聖人；而實證心眞如的人就是親證如來藏的人，外於如來藏時就沒有任何心的眞如法性可以觀察了。所以，中道就是函蓋三界萬法（也就是函蓋一切有爲法、一切無爲法）來作觀行，先觀察如來藏處於一切法中永遠是中道性，然後才觀察一切法都攝歸如來藏時也都同樣是中道，這樣的中道觀行才是眞正實證中觀的人，不是單靠意識思惟所得的假中觀——不是和凡夫一樣以意識爲中心的假中觀。所以，中觀的義理大家必須要先瞭解——中觀就是中道的觀行；凡是落入不淨的一邊就不是中觀，凡是落入不垢的一邊也不是中觀，同時落在兩邊的也不是中觀。而且，不論是落在其中一邊，或者不落在其中一邊而遠離了兩邊中的任一邊，也都不是眞正的中道觀行。這不是以意識境界的思惟了知，來決定遠離二邊而自認爲已離二邊，就可以當作是已離兩邊的。

有許多人很聰明，用意識思惟，認爲自己已經不落在兩邊了，認爲般若中觀就只是意識觀念中的一個鑑覺而已，就認爲一切法都是緣起性空而沒有法界實質的常住；但是法界絕不空幻、絕不虛妄，法界是指一切法的功能差別，是說一切法的種子。界就是種子，因爲一切法的功能差別本來全都不離中道，要能夠現觀一切法都不離中道，才是證得眞正的中觀；這絕對不是以意識爲中心的中道，絕不是用意識思惟或想像就能實證中道的。那你要如何能夠現觀一切法不離中道呢？先得要親證如來藏。如來藏又名阿賴耶識、異熟識、無垢識……，親證這個第八識心體時，你就可以現觀一切法與如來藏永遠是和合運作著，而不生不滅、不增不減的如來藏，永遠不一不異於一切法；要由親證如來藏才能作的這個觀行而親證中道，有這個中道的觀行才算是中觀的親證者。而世俗諦的緣起性空，只是針對現象界之所生法（蘊處界）等有情身心所作的觀行，來現觀五蘊、十二處、十八界全都是藉緣而生之法，其性無常故空，所觀察的對象都屬於蘊處界等所生法而含攝於現象界諸法中，不曾涉及法界實相—蘊處界根源—的觀察；而緣起性空的蘊處界，全都是從法界實相的如來藏心中出生，如來藏與祂所生的蘊處界則是非一亦非異

的關係。能如此現前觀察時，才可名爲眞實中道的觀行，簡稱爲中觀。

所以，中觀的眞正內容必須要先瞭解，要能現前觀察蘊處界確實從如來藏中出生，也要能現觀被生的蘊處界等萬法與如來藏非一亦非異，不落於一、異二邊，不落於斷、常二邊，不落於善惡、美醜、垢淨、來去、生滅等無量無數的二邊之中；這不能只是用意識心去思惟，就認爲已經證得了中觀，因爲必定與眞正的中觀距離遙遠。所以中觀的實證，是以親證如來藏爲前提的；若不能證得如來藏，就沒有中觀的實證可說。關於中道的觀行，一定是依如來藏的中道性來作觀行，所以如果離開如來藏的中道性來講中觀，就一定會落入生滅性的意識想像所得的戲論性中觀裡面，但意識卻未曾覺察到那只是意識戲論的中觀，其實仍然是落入意識戲論之中，而自以爲已經知道中觀、已經親證中觀。

我這些話絕對不是危言聳聽，因爲現在放眼觀察全球佛教，凡是講中觀的人，一百人之中有九十九人離不開意識思惟所得的戲論性中觀。因此，中道的觀行，必須以親證如來藏爲根本、爲基本條件；如果沒有證得如來藏，就不可能親自現觀一切法中的中道性。

現在中觀的意思明白了，我們再來看永嘉玄覺大師〈證道歌〉和如來藏之間有什麼關係？因爲永嘉玄覺大師可以說是中國禪宗證道的代表人物之一，他寫了〈證道歌〉，他的證量又被六祖大師印證了，當然〈證道歌〉確實有它的代表性。

【講義文稿】 譬如永嘉玄覺大師之〈證道歌〉中明說：「**摩尼珠、人不識，如來藏裡親收得；六般神用空不空，一顆圓光色非色。淨五眼、得五力，唯證乃知難可測；鏡裡看形見不難，水中捉月爭拈得？**」既說大乘佛法中所說之摩尼寶珠乃是如來藏，又說五眼、五力皆從此如來藏得，而如來藏即是第八識：阿賴耶、異熟、無垢識。故說禪宗所說親證般若中道之觀行對象，即是如來藏阿賴耶識心體也。理證如是，教證亦如是：般若系諸經所說者皆依如來藏（非心心、無心相心、無住心、不念心）之中道性而說中道之親證，故知中道之觀行，實以如來藏之中道性作爲觀行之標的也；由此可證：永嘉大師的〈證道歌〉以親證如來藏作爲實證中道觀之法門，完全契合教證。

講記：我們先來看永嘉大師的〈證道歌〉裡面怎麼說。其中有一段說：

「**摩尼珠、人不識，如來藏裡親收得；六般神用空不空，一顆圓光色非色。**

淨五眼、得五力，唯證乃知難可測；鏡裡看形見不難，水中捉月爭拈得？」

先為大家作個語譯，永嘉大師說：「摩尼寶珠—也就是眾生各自所有的如來藏—竟然大眾都不認識祂！」世間的明珠能夠映現出種種影像，而佛法中說的摩尼寶珠能夠變生萬法，就好像如來藏能夠出生有為法、顯示無為法一樣，這個人人都有的如來藏摩尼寶珠，是能夠依我們的業種要求而變生種種我們受報時所需要的意境；也就是說如來藏能夠變生我們的意根、五根、六塵與六識，然後就輾轉出生了一切法；因此，永嘉大師說的摩尼珠其實就是指我們的如來藏，「這個摩尼珠能顯現種種清淨自性、界、緣」，問題是這個摩尼寶珠，你要怎麼樣才能證得呢？永嘉玄覺說：「要從實證如來藏之中才能親自獲得。」

諸位能坐在這裡聽經聞法，可是你知道嗎？如果你沒有這顆人人都有的自家寶貝——如來藏摩尼珠，你根本沒辦法坐在這裡聽經聞法，所以你自己的如來藏就是你的摩尼寶珠啊！不但如此顯現出無漏有為法來，祂在人間萬法中也能夠顯現你的無為法性，而你的一切作為與智慧也都是靠祂在背後支援才能顯示出來。因此，想要證得這個眞理，都得要從如來藏的親證來下手；

證得如來藏寶珠以後，在如來藏中，你可以把這些功德全部都收在自己懷中，所以說**「如來藏裡親收得」**。「親」，表示不是用思惟或想像而得到的，是可以親自找得到、證實祂、體驗祂、運用祂，因為永嘉大師也說**「這個如來藏顯現出有六種神用」**，我們實證以後也證明永嘉大師的說法沒有絲毫的誇大。

為什麼祂顯現出六種神用呢？因為大家的六塵、六根、六識都從祂出生；祂出生了你的六根、六塵、六識而使你可以不斷地運作，那就表示祂有六種性用了。知道是哪六種性用嗎？就是能見之性、能聞之性，能嗅、能嚐、能覺乃至能知之性，這就是祂藉六根、六塵、六識而出生的六種神用啊！可是祂只有這六種神用嗎？不只！永嘉大師這句話只是概略而說，其實祂出生了你的意根，使你能處處作主、時時作主，但意根是由祂所生的，仍然要攝歸於如來藏啊！除此而外，如來藏還有祂自己的許多功德性，不斷現行、不斷在運作著，只是沒有證悟之前不知道而已啊！

接下來**「六般神用空不空，一顆圓光色非色」**，永嘉大師絕對是通教與通宗的，絕對不是只有禪宗裡的這個通宗而已。這個圓滿相永遠存在的光

明，不斷地在顯現；只是還沒有開悟之前老是弄不清楚，就問別人說：「在哪裡？在哪裡？」就在這裡啊！如來藏藉緣而生一切色法，所以祂有色法的功能，故說祂有「色」；如來藏若不入胎而住，就不會有你們這一世的身體；祂有變生宇宙間四大物質的功能，所以祂當然也有執持色法的功能；可是祂本身不是物質，猶如虛空，所以又名「非色」；因此永嘉大師說這顆摩尼寶珠「一顆圓光色非色」。「淨五眼、得五力」，其實也是靠如來藏才能作得到，如果沒有如來藏，就沒有辦法清淨五眼，也沒有辦法證得五力，將來當然也成不了佛。這是什麼道理呢？親證了如來藏以後就能夠知道，現在還不用著急。

所以沒有證悟的人，包括一神教的教主都一樣，都是難可測量如來藏這個實相，所以任何一個人乃至一神教的教主，都不敢說他眞的讀懂《眞實如來藏》啊！如果一神教的教主來到我面前，他也沒有說話的餘地，因爲還不懂如來藏的境界而在心中產生了惶恐嘛！因此說如來藏眞的是「唯證乃知」的不可思議心，祂的境界也眞是「難可測」。可是要找祂，得要緣於鏡子的影像去找到鏡子；但是一般人總是落在鏡中的影像裡，見來見去總是只看見

鏡裡的影像，總是看不到鏡子而很容易看見鏡中影像的形色，所以說「鏡裡看形見不難」。從鏡子裡面去找如來藏，其實也是非常容易的事；重點是說，正在尋找如來藏的人，他有沒有正知正見？他的福德因緣具足不具足？他見道的緣熟了沒有？問題都出在這裡。所以我們才要施設兩年半的基礎課程，把大眾以前所學的錯誤知見一一改變回來。如果沒有這兩年半的課程重新建立正知見，想要找祂，就像要從水中的月影去撈那天上的眞月一樣。所以永嘉大師說：「鏡裡看形見不難，水中捉月爭拈得？」

從水中去撈月亮，怎麼可能撈得到呢？不過我卻要把它顚倒過來說：「要捉得天上的月亮，可以去水裡面撈，一定可以撈得到。」禪師向來都是這樣！一個禪師這樣說，另外一個禪師一定與他顚倒說，因為兩個都對，但卻不可以沿用別人說的，要從自己的見地中來說才可以啊！可是第三個禪師說法又把他們都推翻了，所說的跟他們又不一樣；但是三個人都對，這才是眞正的禪宗。這看來好像是很玄，但是悟了就都不玄而成為義學了，以後就能通達教門的成佛之道了。這樣學禪、參禪，總有一天一定會找到如來藏，就能通禪宗公案，般若智慧就生起了，開始讀懂般若諸經了，未來一定不會再像悟

前一樣地悽悽慘慘啦！一定是快快樂樂的，因爲你怎麼說都對啊！所以我說，開悟以前若是把法說錯了，他悟後也可以把以前說錯的法圓過來；當他圓過來時，悟前所說的錯誤的法義又變正確了。同樣一句話，某禪師說：「錯了！」另外一個禪師卻說：「對了！」而兩位說的都正確，不會如同凡夫在語言文字表面看到的好像是互相有矛盾。特別是大乘法的般若，一定是如此；如果不能這樣，他那個開悟一定是錯誤的。就算 佛陀來了，也一樣是這麼說。就〈證道歌〉來說，證得「祂」——大乘法中所說的「摩尼寶珠」，也就是如來藏，就能通達種種佛法，所以說「如來藏裡親收得」。

永嘉大師又說：「**淨五眼、得五力，都是從這個如來藏才能夠證得。**」可是 佛卻又在經典裡面說：如來藏就是阿賴耶識、異熟識、無垢識。所以，禪宗所說的親證般若，《般若經》的中道所觀行的對象，其實都是如來藏，如來藏就是禪宗所悟的這個心體。理證上確實是這樣，因爲禪宗的證悟就叫作理證。理證上是如此，教證上面來講也還是如此啊！按般若系諸經裡面所說的，還是依無住心如來藏來講中道的觀行。中道講的就是如來藏的中道性，觀察如來藏中道性的修行就是中觀的實修。所以《般若經》又講到「菩

薩心、無住心、非心心、無心相心、不念心」，如果《般若經》所講的般若、所講的中道性，不是在講第八識心，那又爲什麼要講這麼多個心的名稱出來呢？所以菩薩心、非心心、不念心等幾個名相被我們提出來講之前，就從來沒有人講解這個心——沒有人說要觀照著這幾個名詞所說的心。其實這幾個不同名稱的心都是同一個心，就是第八識如來藏。

所以，由這裡就可以知道，如來藏就是中道觀行的標的——如來藏才是中觀的根本；因此，永嘉大師證道的內涵，一樣是以如來藏作爲實證中道觀之標的，而他的〈證道歌〉完全契合教理上的證量。學佛人有一個很重要的觀念一定要建立起來：所實證的佛法以及所修學的佛法，不可像印順法師一樣任意加以切割。佛法中主要有三個部分，就是解脫道、般若及唯識學上的一切種智；這三個法，不能夠切割分開。這三個法其實是一體的，只是有廣狹深淺的差別、層次粗細的不同；但因爲甚深難解，所以才要把它分類來說明。就是爲了讓眾生容易瞭解與親證，所以分爲三轉法輪來爲眾生解釋：解脫道、般若中觀、唯識種智，但其實是一體三面而不能切割的。可是這幾十年來的佛教界，在印順法師的邪思下，已經把完整的佛法割裂成三個不相干

的法，他的門下稱之爲佛法三系。這樣的作法，不但沒有弘法的功德，反而成功地造就了把佛法加以切割而成爲互不相干之破碎法的破法行爲。對這個事實，大家一定要記住，不應讓任何人再造作這種大惡業。解脫、般若以及種智，本來都是一體的，都是如來藏心的不同面向的自性，並不是三個法，因爲都是依萬法本源的如來藏而分析出來方便爲學人說法的。這三個法本是同一個法，只是爲不同根器的人而分開來說明；我們這裡先不細說，後面還會有專章解說這三法的場合，那時再來講。

【講義文稿】又永嘉大師此偈中說：「**鏡裏看形見不難，水中捉月爭拈得？**」可見大乘見道並非從緣起性空之觀行而得，謂緣起性空之觀行對象爲「**鏡裡形、水中月**」之五蘊、十二處、十八界等無常幻有之法故。鏡裡形及水中月之蘊、處、界等法緣起性空，皆是從如來藏中出生之法故；鏡外形及空中月，方是眞實法；欲求實形及眞月者，當以鏡裡形及水中月爲線索，尋覓鏡裡形之根源，尋覓水中月之根源；是故並非以鏡裡形及水中月而觀行緣起性空者，可名爲實相般若之見道也。

講記：接下來回到〈證道歌〉。永嘉大師這篇偈裡面有二句話說：「鏡裏

看形見不難，水中捉月爭拈得？」由這兩句話，可見大乘佛法的見道不是從緣起性空的觀行來獲得的，而緣起性空所觀行的對象就是「鏡裡形、水中月」，是講蘊處界等一切法緣起性空，只是二乘法。蘊處界就像鏡裡形、水中月，都是緣起性空；只有明鏡自體與天上的明月才是眞實的，圓明而能映照的才是眞正的形，鏡中的影像、水中之月都是假形，是藉因緣而顯現出來的。又鏡裡形、水中月是一切法緣起性空，緣起性空所觀行的對象是五蘊、十二處、十八界、六入。而這些法都是無常幻有的法，沒有一個是眞實不壞、眞實常住的法。所以如鏡裡形、水中月的蘊處界等法，都是藉緣而從如來藏出生的法，都不是眞實自在的法，這就叫作緣起性空；依能生蘊處界的如來藏識，來觀察所生的蘊處界緣起性空，這才是阿含中講的眞正緣起性空觀。

那個鏡外形和空中月才是實有的法嘛！如果諸位還不知道而想要找出這眞實的人體之形以及空中之月，就要藉鏡裡的人形去找出鏡外人的眞形，要從水中月的線索去尋覓眞實的空中月：那到底「祂」在哪裡？所以，並不是以「鏡裡形」和「水中月」來觀行它們的緣起性空而可以說爲佛法，是應該去找到鏡裡形的根源——鏡外的人形，去找出眞實的人形在哪裡？應該以

水中月的線索去找到天空中的明月，那才是眞月，水中月只是月影。如果只觀察五蘊的緣起性空，那是虛相法，因爲緣起性空就是無常法、虛相法，虛相法就不是我們所要證的實相。應該從蘊處界等虛相法作爲藉緣，去探究背後的實相在哪裡？背後的實相就是如來藏，因爲緣起性空法就是從如來藏來的；如果沒有如來藏出生了蘊處界，就不可能有緣起性空啊！諸位一定要把這個正確知見建立起來，這樣諸位路途遙遠來聽經的艱辛就値回票價了。爲什麼呢？因爲理通以後就能知道：緣起性空是依五陰而來，依十二處、十八界而來，但是十二處、十八界、五蘊又從如來藏來，所以緣起性空就是依據如來藏而有的嘛！那麼現在你就知道二乘菩提的緣起性空是方便法、是虛相法，而大乘法中產生緣起性空的那個如來藏，祂才是實相法。

虛相跟實相弄清楚了，對佛法就能夠一步一步建立正確的認知，應有的知見就具備了，再接下去佛道的修行就不會走偏了。你只要一直不忘記今天所聽的這些道理，你就會以這個如來藏爲中心，去尋找眞正大乘佛法的見道標的。能夠這樣的話，當緣熟的時候——時節因緣到了的時候，不悟也難啦！那時候你就可以很歡喜地說：「我當時沒有白來正覺講堂。」不然，見道的

因緣—你的開悟種子—是不會主動先幫你種到心田裡去的。

【講義文稿】何以故？如佛所說：依牛有角故說兔無角，故兔無角是虛相法。同理，依蘊處界法而說緣起性空，然而蘊處界虛妄，依之而有的緣起性空法，當知即是依虛相法而衍生之虛妄法，故緣起性空定非實相法；虛相法則不可謂爲實相中道、般若中觀也。譬如永嘉大師云：「豁達空、撥因果，莽莽蕩蕩招殃禍；棄有著空病亦然，還如避溺而投火。捨妄心、取眞理，取捨之心成巧僞；學人不了用修行，深成認賊將爲子。」釋云：……。故說應成派中觀以緣起性空作爲實證般若者，皆成爲豁達空禪，亦將永遠無法遠離取捨，皆是認賊爲子者，必流失法財也。

講記：第二，爲什麼我們要那樣說呢？因爲如同《楞伽》中 佛說的「依牛有角而說兔無角」，這兔無角就是虛相法；同樣的道理，以無常的蘊處界諸法而說有緣起性空，但是緣起性空是依蘊處界而有，而蘊處界又是虛妄的，那靠蘊處界而有的緣起性空法，當然是依虛相法而有的虛妄法！由於緣起性空是世間不易的道理，而世間法無常不實，所以緣起性空是虛相法，不是實相法；虛相法當然不可以說它是中道，只有大乘菩提的緣起性空才是眞

正的實相、眞正的中道。緣起性空所證的既是虛相法，當然不能說它是實相般若。那什麼是虛相法呢？就是三乘菩提中的二乘菩提，特別是指聲聞菩提的緣起性空，因爲緣覺菩提還能自己推知十二因緣法背後有個常住的本識；但是阿羅漢們斷了我執以後，都會恐慌，因爲斷了我執以後想到把意識、意根滅了而入涅槃時，剩下來的是不是一無所有呢？結果變成斷滅空，那怎麼辦？趕緊問 佛啊！佛就說：「你捨報之後五陰滅盡了、十八界滅盡了，可是還有一個本際啊！還有個實際、有個眞如、有個眞我，祂還在啊！所以你只要五陰自己死掉而不再入胎受生就好了，就沒事了。就讓你背後那個如來藏單獨存在，這樣就是沒有我執，就出了三界生死，就入無餘涅槃了，不是斷滅空。」阿羅漢這麼一聽，也就安心了：原來無餘涅槃不是斷滅，是眞實，是常住不變。所以緣起性空是依所生法、虛妄法的蘊處界來講緣起性空，所以阿羅漢的緣起性空不是實相。

可是阿羅漢會想要探究「緣起性空是從哪裡來的？」就好像說「兔無角」這觀念是哪裡來的？「兔無角」這個觀念是從「牛有角」來的呀！如果不是因爲牛有角，你怎麼會主張說：「兔子頭上怎麼會沒有角啊？」同樣的道理，

如果不是看見有蘊處界，你不會說蘊處界緣起性空。這樣我們就可以去探究蘊處界又從哪裡來？從如來藏來啊！到這裡，印順「法師」也不能否定、無法否定，因爲他很清楚知道蘊處界是無法出生蘊處界的。他也很聰明，正覺同修會的書一本又一本出版，他都不回應。因爲印順知道：每次一回應後，馬腳就露得愈多啊！所以蘊處界緣起性空觀是虛相法，當然不能說它是中道！因爲蘊處界緣起性空而入涅槃後，如果又無如來藏存在，那就是斷滅；既然落在斷滅一邊，怎麼會是中道？

阿羅漢滅了十八界以後，如來藏依然存在，但祂又不是空無，卻無形無色地存在。可是，入涅槃以後不是空無，也不是虛空，剩下如來藏入胎識，既無三界有，也沒有落入空無之中，非有非無；所以說，十八界滅盡以後，並不是斷滅，這才是中道的涅槃。而印順「導師」無法說明這些道理，我在這裡爲大家公開說明：縱然把十八界滅盡後剩下「如」單獨存在，剩下「實際」單獨存在，十八界已經滅盡了，涅槃本際如來藏還是沒有被滅啊！所以涅槃這個境界非斷。但是也非常，因爲涅槃若是常，就不可能有蘊處界存在了！也不可能在修行之後滅盡蘊處界了！所以虛相法的緣起性空，絕對不是

般若；因爲般若不是虛相法，因爲般若是依如來藏的親證而出生的，而如來藏是實相，親證實相才能稱爲般若。般若就是世、出世間的智慧，就因爲這個緣故，所以我們能從這裡來證明禪宗的開悟爲什麼是眞實般若的親證。

藉由永嘉大師所說的「豁達於空義」，落入豁達空中，就是撥無因果。〈證道歌〉一開宗就這麼明白地說：豁達空的人會撥無因果。永嘉大師已經把印順法師這種人料在前頭等著他啦！印順他們就是豁達空，主張一切法皆空。那麼認定一切法空的時候，就沒有因果可說了！因爲一切法空時，其實就是主張三乘無法，也就是說沒有如來藏執持種子；既然業種沒有一常住法來執持，那就是空無因果了嘛！因果空了就會生起妄見，認爲殺人放火以後不必下地獄，行善、鋪路、造橋、救護眾生，沒有善因善果可生，也沒有福報可享，因爲沒有如來藏執持善惡業的種子嘛！意識不能執持種子，意根也不能執持種子，那麼業種要存到哪裡去？當然就會撥無因果。也許有人說是存到虛空！可是虛空無法呀！虛空是色邊色，是依物質的邊際而施設虛空這個名稱——物質的外緣沒有物質的地方立個名字說是虛空。所以虛空是施設的名言，是說色法邊際的色法，所以虛空附屬於色法；既是依據於色法而有的法，

所以說虛空是色邊色。印順自己也這麼講，所以印順心中不信有天界與地獄，心中就會撥無因果，才敢公然否定 佛所說的大乘經典，謗為非佛說，這就是豁達空心態造成的惡行。若是教禪的人，只講一切法空，只會教人放下一切、放下煩惱，自己卻不肯斷我見，也不能教人斷我見，認為放下一切煩惱就是證得空性了，就是開悟了，這就是落入豁達空中，他的禪就是豁達空禪，仍是意識境界。

必須依如來藏來說一切法空，才不會變成豁達空。豁達空就是無因無果者，心中不信將來會有因果，於是出家後就敢暗中或公然修習雙身法，與許多女徒弟亂倫起來，那就是撥無因果的人。玄覺大師也說豁達空是撥無因果，因此作為說法度眾生的人，落入豁達空以後而撥無因果時，膽子變大而莽蕩起來，就敢暗中不斷地師徒亂倫了，眞是「莽莽蕩蕩招殃禍」。如果一切都錯誤的豁達而說成只是一個緣起性空，說涅槃後是空無，就會招來未來世的災禍，招來種種的災殃。

而「棄有著空」的病，也是這樣的道理。棄有而著空，是說：「五蘊是虛妄的、十二處、十八界、六入都是虛妄，一切都空；你只要認知這一切都

是無常空，那就是證空性啦！」這種說法是誰講的？是印順法師。但這種空是斷滅性的空，是頑空。像虛空一樣的頑空，什麼都沒有，連空性實相心也都不存在；像這樣「棄有」而「著空」，正是佛法中的大病，跟豁達空是一樣的道理。譬如有個愚人想要逃避溺水淹死，所以他就先跳入火坑裡面去燒死了，他認爲被火燒死了就是空，空了就不會再被水淹死了。

同樣的道理，現在佛教界的修行人絕大多數人是在「捨妄心、取眞理」；但事實上，在大乘法的般若實相智慧中，不必取也不必捨；現在會外大家都一天到晚說：「我這一念心，如果有妄念，就變成妄心，如果沒有妄念就是眞心。」有很多佛門中的法師這樣講，網路上也有很多人這樣貼文章，這都是落入取捨之中，不離取捨二邊，有取有捨的都是方法而不是證悟之標的。懂得正確取捨，就可以有方便善巧的思惟法門；若是想要讓妄念不生起，得要用方便善巧，如果沒有更好的方法，就用數、隨、止、觀、還、淨，這是修正覺知心攀緣的好方法，是要有取捨的；然而需要用到這些善巧的法門來修行的，卻都只是與覺知心相應的法，不能與涅槃及實相相應。所以，若是要有方便善巧的取捨之法，它就是虛僞的法，不是眞實法。如來藏才是眞實

法，祂是被覺知心證悟的標的，不是法門；證如來藏時，不必在那邊很努力地盤腿、打坐修定：證悟如來藏不必跟腿痛對抗。

我當年破參前，是很辛苦跟腿痛對抗的，因爲被人教導了錯誤的禪法；所以早上吃過飯了，進佛堂打坐；坐到中午下來用過齋，活動一下又開始打坐；坐到天暗了，差不多六點鐘了，知道天暗了，肚子也餓了，就下來再吃晚飯。這樣吃飯打坐、吃飯打坐，每天坐五、六個鐘頭是小事，稀鬆平常，我的腿功就是這樣練來的；從不能盤腿到可以單盤，從單盤再練到可以雙盤，就這樣子練。因爲被教錯了，落在覺知心上苦練，所以要用取捨，要用方便善巧；但是要親證如來藏，你其實可以不用跟腿痛對抗，不必練腿功，因爲開悟不是靠腿功，而是靠正知見來參禪。證如來藏以後也不必取、不必捨：不必捨妄心、取眞心。因爲妄心自己可以繼續保留著，而眞心如來藏本來已經就自己在那裡；所以你不必取，祂就已經在了；而妄心自己也不必捨，永遠都是如此，這才是親證實相的正法。

有取有捨的就不是實相正法了！最多只是二乘菩提正法。因爲實相正法的實證，不必捨妄念、取正念。我們教你作無相念佛的功夫，只是要讓你心

不散亂，心更細密而容易參禪。其實開悟不是靠禪定，功夫的訓練是要讓你能夠在另外一個方法上把你的精神訓練調柔，可以專注在禪法上用功，心夠細密了就容易悟得出來；這也就是說「悟」跟無相念佛的功夫其實無關，可是你卻必須要練習它，心細了才容易悟出如來藏。等你悟了，你會相信我的話，說：「哎呀！原來眞的跟功夫無關欸。」所以定力不需要多好，重要的是要有動中的定力。那麼學佛的人不瞭解這個道理，不懂得修練動中的修行功夫，只懂得努力靜坐，求一念不生，想要把有念的妄心變成無念的「眞心」；如果是這樣子修行的話，你只要天天作功夫就好了，修行就免了，應該只要打坐就夠了。但是，如來藏的自性是本來就清淨的，不是修行以後才變清淨的。既然是本來就清淨的，祂就永遠不會變壞嘛！所以，一般學佛人不瞭解這個道理，努力修行以後，結果卻成了認賊爲子啊！自己的兒子不認，把賊人認作兒子，當然他每天要把你的財物都偷出去——偷你的法財。這都是由於錯認妄心作眞心所導致。

所以應成派中觀主張只有六識，以蘊處界的緣起性空虛相法作爲般若實相，後來就不免成爲豁達空禪，成爲撥無因果的人。所以他們敢否定如來藏，

謗說祂不存在；所以他們敢否定極樂世界，說極樂世界不存在；所以他們敢說東方 琉璃光如來的世界也不存在，阿彌陀佛不存在，妄說 文殊師利不是歷史人物，普賢、維摩詰也不是歷史人物，又認為 觀世音菩薩也不是歷史人物，都是不存在的。他們膽敢這麼講，就是因為「豁達空、撥因果」。這些人，你向他們說因果報應，他們心中不信；他們也認為地獄並不存在，那只是聖人施設用來度化眾生，但我們認為都是眞實存在的。所以，應成派中觀是以緣生法的蘊處界所產生的緣起性空虛相法，取代了《般若經》中說的無住心如來藏的實相法。這就是豁達空，所以敢撥無因果。像這樣認賊為子，接下來當然就會流失一切的法財。

【講義文稿】親證如來藏者方能通達般若，由通達般若故，宗、說皆通，故永嘉大師云：「宗亦通、說亦通，定慧圓明不滯空；非但我今獨達了，恒沙諸佛體皆同。」由於親證如來藏故，不唯能通宗門，亦可通達教門；所以永嘉大師通宗亦通教。何以故？宗門之證悟端賴如來藏之親證故，宗門之密意全在如來藏故；教門中所說者，亦皆是以如來藏為中心，而說蘊處界無我，而說如來藏藉蘊處界而生之一切法皆無我；是故親證如來藏者，若不退轉，

依此而深入體驗者，不但可以通宗，也可通達教門；所以永嘉大師以禪宗法門之證悟故，生起勝妙智慧，宗通亦復說通，是故又說：「有人問我解何宗？**報道摩訶般若力**。」原因即在此也。由上述永嘉玄覺大師所著〈證道歌〉中種種敘述，都是以如來藏之中道體性作爲證悟之標的，可見〈證道歌〉是親證般若中觀之自證聖境，是以如來藏作爲證道之標的。

講記：只有親證如來藏的人，才能夠通達般若；因爲通達般若的緣故，所以宗門—禪宗的證悟—可以通，說門（就是教門）也可以通，所以永嘉大師是宗門也通、說門也通，定與慧全部都圓滿光明地顯現出來。但是卻不停滯於空無之中，不停滯於斷滅空之中。永嘉說的這個道理不僅僅是我今天一個人單獨通達了知，還有同修會中的許多人一樣實證了。所以恆沙諸佛所證悟的體，都是一樣的；不是只有永嘉可以開悟，只要緣熟了，大家都可以！

永嘉玄覺大師〈證道歌〉中的意思，就是說由於親證如來藏的緣故，不但能夠通達宗門，也可以通達教門，所以永嘉大師不但通宗而且通教——宗說俱通。爲什麼這樣說？因爲宗門的證悟完全要依靠親證如來藏的緣故啦！而宗門證悟的密意也全都是如來藏的緣故。宗門如是，教門也一樣，而教門

就是所有經典裡面說的，都是以如來藏爲中心來爲眾生說教，都是以如來藏爲中心來說四阿含諸經的五蘊、十二處、十八界等法無我、無常、空；所以第二、三轉法輪的般若、唯識系諸經，也都以如來藏而說祂所生的蘊處界一切法無我；所以親證如來藏的人，如果能夠安忍而不退轉，依他所親證的如來藏親自去體驗的話，他不但可以通達宗門也可以通達教門。所以永嘉大師因爲禪宗法門證悟的緣故，不但生起了勝妙智慧，而且也可以通達宗門、通達教門。所以〈證道歌〉裡面說：「**有人問我瞭解到的、證解到的，是哪一個宗旨呢？我就向他回報說：我是證得大般若的威德之力。**」永嘉大師說，證得如來藏時，才能通達大般若的智慧；我在書中說，不證如來藏的人無法生起般若實相的智慧，原因都在這裡。

永嘉玄覺大師這個說法，有沒有虛妄呢？沒有！今天我可以幫他證明。今天我能夠寫這麼多書出來，不管我已經寫出來多少書，永遠都不到我心中所知道的三分之一。已寫出來的佛法永遠不會超出已知的三分之一，所以寫出來的都是很少數；因爲寫永遠比知道的要慢，而知道的永遠會跑在前頭、愈跑愈遠；你知道的會愈來愈多，所寫出來的數量距離所知的會愈來愈遠；

法上的了知與親證會越來越快，然而寫書速度是很慢的。因爲我這一世的實證與弘法就是從禪宗的開悟開始的，是從禪宗的明心、眼見佛性開始的，然後一步一步就開始通達了。以我自己現成的例子，可以證明永嘉玄覺大師說的「**有人問我解何宗？報道摩訶般若力。**」意思是說，禪宗的所悟就是大般若智慧，就是法界的實相。每一位證悟者的智慧力量，都或多或少可以使人通達宗門和教門，這完全是如實語。而他的摩訶般若智慧力，卻是從親證如來藏而產生的，所以禪宗的開悟明心，就是證如來藏。

從上面永嘉玄覺大師所寫〈證道歌〉中種種的敘述，都是以如來藏的中道體性作爲證悟之標的，可以看得出來〈證道歌〉所說的，就是親證般若中觀的自證勝境。他完全是以如來藏作爲證道之標的，所以禪宗祖師所證的中道——禪宗的證道，永嘉大師說就是明心，就是親證如來藏心。明心就是見道，但是眼見佛性也是見道啊！而祂是另一個層次、另一個方向的見道；因爲如來藏還有另一個面向，是明心者悟後應該進一步修證的。由此我們就可以作一個結論：〈證道歌〉所講的禪宗開悟境界，就是般若實證的境界，所以〈證道歌〉敘述的其實就是般若的內涵，而〈證道歌〉所托、所依憑的，

其實也就是親證如來藏而發起的實相智慧，所以〈證道歌〉與般若中觀的關係，以及禪宗與般若中觀的關係，由這裡諸位就獲得如實的瞭解了。

第三節　離念靈知是妄心

講記：接下來第三節要講離念靈知是妄心。自從出道弘法以來十幾年了，我們不斷強調離念靈知是虛妄心，可是有很多大法師與學佛人，都把識陰離念靈知抱得緊緊的，連睡覺時也不肯放，所以每晚睡覺時一次也不肯好好的睡，就是想要保持離念靈知常住不滅；可是實在很累時，他們就會昏昏沈沈地，這時離念靈知似乎不在了，就趕快努力繼續保持清醒分明。就這樣，覺不肯好好睡，飯也不肯好好吃，都在努力保持離念靈知，卻不知道這是在妄心上用功；用功三大阿僧祇劫以後別人都成佛了，他還繼續辛苦地保持離念靈知而住在凡夫位中。想想他們這樣的生活，多麼痛苦！再回頭來看自己，當你們找到了如來藏時，根本不必辛苦保持離念靈知，如來藏永遠都會

陪著你，不會有一剎那暫時不在，祂也永遠都不會生起任何妄想雜念，你就可以每天快快樂樂地過日子，甚至你想要痛哭流涕地過日子也都可以，不必像他們那樣痛苦地保持離念靈知；而無始劫就已是無念的如來藏，祂還是繼續存在、繼續無念。你可以在痛哭流涕時觀察：**我的如來藏在啊**！也可以在歡歡喜喜時觀察：**如來藏還是在啊**！也可以在不斷打妄想、起妄念時觀察：**祂從來不起念啊**！這樣不是很好的修行方法嗎？應該像這樣痛痛快快、高高興興、不辛不苦地修行，不必每天坐在蒲團上皺眉頭跟妄想對抗。

應該要很歡喜轉依了如來藏以後，使原來不好的習慣自然地漸漸改變掉；改變掉了以後自然而然清淨了！至於惡習是在哪一天消失不見了？連自己都不知道。後來你所有的修行日子裡，都是自然而然沒有妄想、沒有罣礙了，那不是很歡喜地學佛嗎？很輕鬆就可以達到清淨的心境了。如果是落入意識中跟妄念對抗，都只是在對治的方法上用功，學佛就會學得很痛苦。學佛時所修的法應該是直接而不是對治的方法，那才是眞正的佛法啊！想要保持離念靈知，是跟妄念對抗的方法，是一種對治的法，對治的法就不是眞正的佛法。所以，當你看到有很多道場——幾乎百分之九十八的禪宗道場——都是

用修定對治的方法在求離念，都是學得很辛苦、很痛苦的。針對某些人想要學得很快樂的想法，你可以把正確的知見特地提出來救他們，這樣他們就可以遠離學佛時的痛苦，從此以後可以快快樂樂地修學佛法，不必再每天愁眉苦臉地跟妄念對抗，所以我們要特別提出來說：離念靈知是妄心。聰明人聽了，就懂得要遠離辛苦而且錯誤的方法與知見。但你這個離念靈知妄心，卻可以拿來當作工具，快快樂樂地尋找本來就沒有妄想、從來都沒有妄念的如來藏心。

【講義文稿】離念靈知是定心，定心即是意識心，唯有意識方能處定故。如永嘉大師云：「絕學無爲閑道人，不除妄想不求眞。」換句話說：究竟解脫的絕學聖人，都不是以靜坐修定而捨除語言文字妄想之修行方法，作爲證道之境界；而是不除妄想、亦不求眞實的，此即是如來藏之自住境界也，故知離念靈知絕非禪宗證道者所悟之眞實心。

講記：禪宗古今眞悟者所證得的如來藏，不是修行以後才無念、離念，而是無始劫以來就本來是離念的；所以眞悟底人，悟後不必辛苦地將覺知心保持在離念狀態中；因爲，不論覺知心是否離念，都與證悟後所住的悟境無

關：離念時是住在悟境中，有念時仍然是在悟境中，證悟後的智慧境界從來不曾一刹那間斷。開悟，是以證得能生名色（能生五色根及意識覺知心）的如來藏爲標的；悟前，覺知心是想要證悟如來藏的求悟者，是參禪者，而不是被悟之標的；悟後，覺知心是觀察所悟如來藏內涵與自性的能觀察者，而如來藏是被已證悟的覺知心所觀察的對象。所以，覺知心不論是有念或無念，都是參禪求悟者，不是開悟時應該被證得的對象。凡是錯將覺知心認作是開悟時應該被證得的對象—不論是離念靈知或是放下煩惱的靈知—這種人都是參禪知見錯誤的人，都還沒有建立基本的參禪知見，何況能夠開悟？當然也就會落入覺知心自我之中，每天都要處心積慮使自己住在離念境界中；當鍛鍊到後來確實能離念時就自以爲悟，「悟後」就每天辛苦地保持離念，自以爲是每天住在悟境中，卻仍然不能眞正通達般若。這種人若是不服眞悟底人，只因爲眞悟底人所說的證悟內容是如來藏，與自己不同，影響了自己的名聞利養，於是就心生瞋恨而寫文章誹謗，那時就不免要被眞悟者回應而加以破斥，更加顯示自己的錯悟事實。

而覺知心可以每天不斷地打妄想，也可以修定而離念，甚至由於離念及

離欲而發起初禪等定境。人類總共只有八識心王，八識心王之中，只有意識覺知心可以與定境相應，前五識及意根都不能與禪定境界相應，而第八識如來藏則是從來都不在妄想與禪定境界中；因此說，離念靈知的本質就是定心，這個能夠與定相應的覺知心當然就是意識心。因爲，離諸語言妄想而專注一境的境界就是定境，而八識心王當中只有意識心能與定心所相應而住在二禪以上定境中，那時前五識都斷滅了，所以定心就是意識心。

辨正完離念靈知心就是意識心以後，關於禪宗的證悟，我們來看永嘉大師是怎麼說的：「絕學無爲閑道人，不除妄想不求眞。」眞正到了絕學無爲的時節（也就是說，既然還沒有悟，就得先瞭解所悟的內容是什麼），悟後以經典檢查而證明確實沒有錯誤，並且再深入觀察而通透了，悟後轉依本來清淨涅槃的第八識如來藏，也確實完全成功了，不再對三界境界有所愛樂，死後不必再受生於三界中了，就是絕學聖者，菩薩這個證量在聲聞解脫果中的果位是等同阿羅漢的；從此以後，對於聲聞道的解脫果修證而言，如來藏這個法，你已經無有一法可以再學習了。

證悟後，成功地轉依如來藏的本來清淨自性以後，貪、瞋、癡、慢、疑，

自然會開始漸漸消除掉。最後，確實消除完畢以後就沒什麼煩惱了，那時意識（離念靈知）覺知心就不會再輕易生起妄想了！覺知心會生起妄想的原因都是因爲煩惱多，老是掛念著財、色、名、食、睡，或者老是掛念著世俗眷屬或法眷屬，所以妄想就會很多。你若是已經轉依如來藏以後，由於如來藏從來不起妄想，也從來不記掛生意成功或失敗，賠了錢或賺到百億元，法眷屬很多或是走光了，祂都無所謂，祂都不牽掛。當你轉依祂這種清淨性以後，歷緣對境之中漸次修行，妄想自然就漸漸地消除了。悟後不必再去求悟眞心，也不必保持眞心的存在，因爲眞心從來不曾一刹那離開過；更不須用修定的方法來修除覺知心中的妄想雜念，因爲所悟的眞心如來藏是本來就不曾也永遠不會生起妄想的；你也不必去保持眞心常在，因爲眞心如來藏本來就在，祂本來就跟你同在一起，將來也會永遠與你同在一起，直到你死後入胎自己永滅爲止，而祂還會繼續出生下一世全新的另一個五陰而有全新的覺知心。所以你悟後不必往外面去求、去找，也不必去保持祂，祂永遠不會因爲你沒有用功就不見了，不會因爲你沒有繼續保持離念就變成離開「悟境」。

若是要找這個法界的根本因如來藏，得要向自心如來藏方向尋找，不該

外於如來藏心而向外面去追求種種法，想要用來改變第六識妄心離念靈知成為第八識眞心，這其實仍然是落在妄心中，哪裡能找到眞心如來藏呢？參禪人都想求證一個常住不壞的眞實心，卻總是被惡知識誤導，一心想要將生滅性的第六識妄心改變成第八識眞心；縱使能夠改變成功，這樣經由修行而轉變成的「眞心」卻是本無今有的有生法，有生則有滅，這個所謂的「眞心」將來一定會有壞滅時，絕對不可能常住不壞，怎能說是眞心呢？而第八識如來藏本來常住，本來就在而不曾有生，所以未來一定無滅。祂也不曾一刹那離開過，更不是由妄心第六識改變成的，所以你只要直接尋覓眞心如來藏就行了，不必辛苦遠求而一直無法使意識永遠離念。所以，眞正的參禪人都應該要尋找這個法界根本因——第八識如來藏。

界，又名種子，又名功能差別；法界，即是諸法的種子、諸法的功能差別；法界因的意思，是指諸法功能差別的根源——諸法都以祂為因。由於萬法都從如來藏出生，所以祂是一切法界的根本因——法界因，一切法的功能差別全都從如來藏中出生。正覺同修會外的大師們都是想要將意識覺知心修行變成眞心，但意識永遠是以意根與法塵為助緣，才能從如來藏中出生的，

是生滅法；意識永遠不可能是法界因，不論你怎麼修祂，都無法使祂變成眞心如來藏，祂永遠都不可能轉變自性而能夠像如來藏一樣出生名色，祂永遠是妄心、生滅心。禪宗的參禪用功，並不是在意識覺知心的有念或離念上用心，而是以意識爲工具，要去找出眞心如來藏——要求證以前都不知道何在的眞實心如來藏。如來藏常常在我們眼前，不必向外去求；當你找到祂以後，徹底轉依祂的本來、自性、清淨、涅槃等四種本有的體性以後，你就解脫了，自然就能像祂一樣沒有煩惱而沒有妄想——除非起願想要利樂眾生。當你證得如來藏而解脫了，從此不必像證得離念靈知的自以爲「開悟者」，必須每天辛苦地保持覺知心「一念不生」的離念。落入離念靈知而自以爲悟的人，最怕起心動念，因爲他們認爲：一動念，「悟境」就消失了！那其實是假的開悟。

證悟如來藏的人都不用如此！不必每天保持離念靈知，因爲眞心如來藏是本來就離念，所以不必我們每天靜坐求覺知心離念，來保持覺知心成爲眞心。可是錯認離念靈知爲眞心的修證者呢？他們卻時時想要求「眞心」常住——求覺知心可以常常離念，因爲他們認爲：當覺知心中一念生起時「眞心」

就是離去了，離念時眞心就回來繼續存在，其實同樣是識陰六識覺知心。由於這種錯誤知見、自以爲悟，所以就必須每天辛苦地保持意識覺知心離念，生怕別人來接觸自己而無法永遠離念，於是日子就過得不快樂，「悟後」的「修行」就修得很痛苦。而我們從來不必如此痛苦，悟後儘管覺知心繼續爲眾生的利益而不斷地思惟、起念，眞心如來藏則仍然維持著原來的離念境界，用不著我們爲祂加功用行來使祂離念。悟後我們也不必去求眞心常住不失，因爲眞心如來藏自己就一直都在那兒，本來就與我們妄心覺知心同在一起的，而且是永遠不會一剎那暫時不在的。所以究竟解脫的絕學聖人，都不是用離念來對治妄念的方法去修定、捨除覺知心中的語言文字妄想，而是從求證本來無念的如來藏來下手悟入。

莫說大乘法中如此，在二乘法中也是如此！慧解脫阿羅漢們並沒有很高深的禪定功夫，往往只有初禪、二禪而已；他們絕大多數人是連第四禪的定境都沒有證得，但他們一樣已經可以出三界啊！何必要修離念的定功？慧解脫的阿羅漢們，無妨覺知心中每天語言文字都不斷絕，設想如何爲眾生說法，或是與別的阿羅漢討論法義，都不曾在離念上面用功的，他們只要把我

執斷了就可以出三界啊！慧解脫阿羅漢就能出三界了，卻不必用修定的方法來除妄想，不必每天壓制語言文字妄想雜念；眞悟底菩薩一樣是不必每天辛苦地保持離念，不像現代錯悟大法師們每天辛苦地保持覺知心離念而誤以爲是求得眞心了，離道實在太遠了！就連慧解脫聖者所得的初禪，也不是因爲修定而發起的，其實是由於離欲而發起的，所以慧解脫阿羅漢們不必每天與妄想雜念對抗。然而當代號稱大乘法，號稱唯一佛乘、無上乘的大禪師、大法師們說的妙法，在自稱證悟以後竟然還要用打坐修定的對治法，去跟覺知心中的妄念或煩惱對抗，說離念靈知才是大乘禪宗的悟境，才會讓人誤以爲大乘妙法反而不如二乘小法了！今天台灣大乘法中的修行人在這些錯悟大法師們的影響下，配合印順以聲聞解脫道取代大乘佛菩提道的思想，不就開始大量投入南傳佛法中了嗎？

所以，絕學的聖人——於解脫道無可再學的聖人，悟後都是不除妄想也不必再求眞實—不必每天保持離念而誤以爲離念後是眞實心—「**不除妄想不求眞**」。他只要把離念靈知常住不壞的錯誤見解除掉，把對於自我的執著除掉，根本不須要每天打坐跟妄念對抗，死時就可以出三界了！所以，阿羅漢

們也都是「不除妄想不求眞」的。就連二乘法都不墮入離念的對治法中，那麼更勝妙的大乘法宗門頓悟之修行更應當如此——你只要找到如來藏以後轉依如來藏就好啦！我們意識妄心就依止如來藏無所住、無妄想雜念的境界來安住，漸漸地改變意識覺知心，使意識覺知心能如同從來無念、從來無煩惱的如來藏一般安住下來，轉以如來藏爲眞實的自我，而如來藏卻從來都沒有五蘊我的我性——既不執著五蘊也不執著如來藏自己，於是覺知心自己就漸漸遠離我執了，這樣就可以出三界了。

那麼轉依如來藏後是怎麼安住的？如來藏不貪求一切法、也不厭惡一切法，那你又何必厭惡而說：「這冰淇淋太好吃了，我不要吃，免得生起執著而被繫縛了，所以我要故意去吃比較不好吃的糖水冰棒。」所以，眞正開悟了以後，如果面前有好吃的，你就隨緣而吃，不好吃的也照樣吃，不會特地選擇難吃的食物，都不貪味，證悟後的菩薩就是這樣生活及弘法啊！因爲如來藏的體性是不貪亦不厭的，祂雖然不貪求好的事物，但也不會排斥好的事物，也不會爲了修行而故意去取不好的物品，這才是眞悟菩薩轉依如來藏以後的修行境界；必須以如來藏爲依，才能無所畏懼地常住於人間而利樂眾生

永無窮盡，最後終於能夠成佛。但如果是二乘俱解脫的實證者阿羅漢，那就不一樣了；如果他準備要入滅盡定，你把最好的物品送上去，他會說：「丟掉！丟掉！」不但不會接受，反而會如「觸蛇振手」一樣地直覺反應而拒絕你。如果你要是強行留下來給他，他一定會把它丟出屋外去，因爲二乘聖人有取捨、有厭憎。

但是如來藏對任何事物都無所謂，所以是永遠自在無憂的；由此緣故，出家菩薩轉依如來藏以後，穿金戴銀無所謂，綾羅綢緞也沒有關係；臂釧手環可以佩戴，粗布麻衣也一樣看待，從來都無所謂。不僅如此，佛陀在世時的大乘法中絕大多數等覺、妙覺菩薩們，都是頭戴寶冠、胸佩瓔珞……等種種莊嚴隨身，但仍然是出家菩薩。你們看那些等覺菩薩們的畫像，不就是這樣嗎？在佛世時身現比丘像的 彌勒菩薩，如今住在兜率天宮的內院弘法，不也是這樣嗎？觀世音菩薩佩戴的瓔珞，都是價值百千萬兩金，佩在身上時卻是無所住的，根本不當一回事看待；文殊與普賢兩大菩薩，不也是一樣地莊嚴嗎？渾身上下盡是寶物莊嚴，但他們心中都沒有任何貪著啊！但是，這些金銀瓔珞等莊嚴具，阿羅漢們卻是戴不住的，戴了可就會渾身難受。

聲聞人如果能像菩薩一般眞的親證實相了，能夠轉依了如來藏，就不須要逃避三界萬法了呀！但你可以在三界中很安然自在，全身佩掛珍寶、瓔珞莊嚴而示現福德之身，也是無所謂的；若是爲了攝受聲聞種性的人，身現苦行、修遠離行的比丘相，只穿著糞掃衣而遠離所有的色身莊嚴具，一樣是無所謂；因爲轉依如來藏的本來無所住、永遠於無所住體性而安住下來之後，已經沒有取或捨的必要了嘛！只是依當時的因緣狀況來示現應有的身相，來度化眾生。譬如有智慧的富家子繼承了很多財產時，他不會刻意拋棄掉；他想：**「我家財萬貫，有幾百億元，每年都分出孳息來布施給眾生。以後如果我快要死了，就趕快把它捐掉；我這樣捐出去而留給需要的眾生，一樣可以利樂眾生。」**他根本不害怕被財產繫縛住，但他也都不貪著，這就是已經轉依如來藏成功的人。如來藏就是這樣，不貪也不厭——並非不貪而生厭，永遠是中道性；當代那些大法師們所墮的離念靈知意識心境界，是無法跟如來藏相提並論的。

離念靈知心是意識，不管在什麼情況下，祂永遠都是同時具有貪與厭等兩邊性的，永遠是不離兩邊的；不管你怎麼樣用功修行，永遠都是具有兩邊

性，但是當代所有大法師們竟然都不能觀察到這一點。有名師向徒弟們開示說：「**你們要每天打坐，每一座要坐兩個小時，不許亂動心。**」（編案：這是大陸王驤陸所傳「心中心」法的精要，元音老人及徐恆志都是他的徒眾，都如此教導徒眾們。當正覺開始弘法以後，他們改稱：前念已過、後念未起、中間無念時的極短暫離念靈知就是眞如。）認爲靜坐修一念不生，能夠保持意識靈知心離念不動時，就是證悟了！這其實是以定爲禪，永遠都悟不了的，因爲永遠都是在意識生滅境界中流轉。如果你專修打坐不久以後迅速證得第四禪，在四禪等至位中能夠息脈俱斷——捨清淨及念清淨，那就是證得不動無爲了，能使離念靈知覺知心住於定境中不動，但這仍然是住於定中。即使像這樣勝妙的離念靈知心，仍然不可能一直都住在定中，以後總是要出定的，出定時爲人說法就不再離念了；但你爲人說法滔滔不絕時，你的如來藏卻依舊離念而不起妄想，這才是永遠地離念。

一般人則是只住在極粗淺欲界五塵境界中的離念境界，談不上入定，更不是證悟；但他們卻總是說：「**離念靈知境界就是禪宗開悟境界。**」當他們開口解說自己定中離動相，或是開口解說自己定中是安住於靜相時，請問：

他們的覺知心——離念靈知——能不能離動靜兩邊？當他們開口為人解說或是下了座時，就都不能不動心啊！動了心，依他們對開悟的定義，就是離開悟境了！那他們此時就是變成沒有開悟的了！譬如他們住在「定中」，當我對他們說話時，他們聽到了沒有？（眾答：聽到了。）是聽到了！聽到時就是心動了嘛！眞正證悟而離動靜兩邊時，沒有「聽到」可說，也沒有「沒聽到」可說，這才是離兩邊的。請問：**離念靈知能不能夠住在既有「聽到」又有「沒聽到」的境界中**？不行啊！但般若中道所說的中道心，能夠不掉進「沒聽到」那邊，也不會掉進「有聽到」這邊；只有如來藏自身才能住於這種境界，這才是如來藏的中道性。因爲外聲塵是由祂在聽的，而祂根據外聲塵來變現了內聲塵；變現了內聲塵以後，祂卻是不聽的，而且祂是永遠都如此的，從來不因爲覺知心有念或離念而改變祂這種境界，菩薩悟後就是要這麼轉依祂。可是離念靈知意識心卻是永遠都作不到的，永遠會落在有聽到一邊，或落入沒有聽到另一邊，是永遠都離不開兩邊的。這是一切大法師們都可以拿來檢驗的，所以離念靈知絕對不是禪宗證道者所悟的眞實心，根本無法與禪宗永嘉大師的〈證道歌〉印證。

【講義文稿】永嘉大師又說：「無明實性即佛性，幻化空身即法身。」能出生無明者方是眾生成佛之性，能出生幻化無常五蘊身者方是萬法之生身。現見離念靈知不能出生一念無明種子，亦不能出生色蘊、識蘊、受蘊、想蘊、行蘊故。

講記：學佛的人都會說：「要除掉無明。」當代所有宣稱開悟的大法師們也都是如此，但是永嘉大師卻說：「無明實性即佛性，幻化空身即法身。」永嘉大師說：無明的眞實性即是成佛之性。這是什麼道理？請問大家：你的無明種子從哪裡來的？是從如來藏心中流注出來的啊！一切的眾生我—色受想行識—五陰「我」全部，都是從如來藏中生出來的啊！我們有無明，也是因爲如來藏中藏著使我們流轉生死的一念無明種子。所以與五陰等我相應的無明，不也是要從如來藏中生出來的嗎？而如來藏自己卻是「無智亦無得」的，所以無明從來都不跟祂相應，證悟者依如來藏而住時，當然也就「無無明，亦無無明盡」了！然而，學佛人參禪而悟得如來藏，現觀如來藏法界的實相時，卻可以因此而了知法界萬法的根本因，現前觀察一切法界全都是從如來藏中出生的，而如來藏從來都不了知這些實相，看來又似乎是癡癡呆呆

地，似乎是標準的無明相——祂是從來都不會有智慧來爲大家說法的，而祂卻可以使人成佛，那麼如來藏的無明之性不就是成佛之性了嗎？

這個幻化的、無常空的、緣起緣滅之五陰身，乃是緣起而生的啊！那麼請問：你們這個色身是從哪裡生出來的？（眾答：從如來藏來。）再請問：你們的受想行識又是從哪裡來的？（眾答：從如來藏來。）終究還是從如來藏中生出來的啊！你能不能拍胸脯保證說：「**我這個色身是我覺知心自己製造出來的，一定不是由如來藏幫我製造的。**」有沒有人敢這樣保證？有把握的人請舉手（大眾都無回應……）沒有人敢舉手啦！爲什麼呢？因爲剛入胎的時候，你連覺知心自己在哪裡都還不知道——因爲覺知心都還沒有從如來藏中生出來呢！你一入母胎以後，前世的覺知心永滅，永無再度現前的時候；在五色根還沒有被如來藏造成以前，這一世的覺知心是不可能藉五色根爲緣而出生的；覺知心既然都還不存在，怎能製造出你們的色身呢？

人們的離念靈知心就是覺知心，就是意識心；嬰兒還沒有學會語言文字時，意識都是處在離念靈知的狀況中，卻已經能夠分別冷熱、痛癢、乾溼、父母、親人了；然而嬰兒這個覺知心是離念而靈知的，正是意識心，還是得

要依附於色身五根的完好不壞，才能從如來藏心中生出來；若是沒有這個色身又沒有無色界定，或是人間的色身壞了，這個覺知心離念靈知還是無法從如來藏中生出來，都還不能存在呢！所以，覺知心是緣生法，是依他眾緣而生起的；當祂依於眾緣而生起時，卻是從根本因如來藏中出生的，不是單有眾緣就能出生的。這個離念靈知既然要依於色身五根及意根爲助緣，才能從如來藏中出生，顯然覺知心離念靈知是比六根中的五色根還晚出生，還得要靠這個色身來作助緣，才能生起及存在，還不如這個色身五根，又如何能反過來出生色身五根呢？所以，離念靈知心絕對不是生命的根本，當然就不可能是禪宗祖師所悟的、人人都有的「本來面目」；因爲離念靈知心是先有五色根以後才能出生的，既是有生的、後生的，怎能說是「本來」的面目？

初入胎時覺知心還沒有出生——還不存在，但當時已有一個眞實心處胎來製造我們的色身了！這個能製造我們五根身的心，才是禪宗祖師們所悟的「父母未生前的本來面目」。那麼這個色身是誰造的呢？當然是如來藏製造出來的，被製造出來以後也必須時時刻刻依止於如來藏，是歸如來藏所攝持的，所以我們就給這個色身安上一個名稱，叫作「如來藏色」；說色身歸如

來藏所有，而不是歸覺知心離念靈知所有。這樣，要尋找如來藏的方向，諸位大概就知道了：知道不是向虛空中去尋找，虛空中沒有你的如來藏。所以，諸位！你們一個一個坐在這裡，你們的如來藏色與如來藏法身當然也就同在一處，與你們同時坐在這裡，色身與如來藏不一亦不異；所以當前這個「**幻化空身**」就是「**法身**」，這就是永嘉大師悟後看見了實相法界中的事實，所要表達的意思。

那麼也許有人心中這麼說：「**那我知道啦！如來藏就是我這個身體。**」那又錯了！身體是如來藏所生的，身體就像鏡裡形、水中月，不等於如來藏；我說的是，要以這個身體作處所，去尋找如來藏，這就是參禪。身體固然是如來藏所出生的，固然是由如來藏幻化出來而沒有常住不壞的自性——是無常而幻化的，然而身體與如來藏非一亦非異；若說身體不是如來藏，那就是說身體不是如來藏所生、不是如來藏所攝持的；然而事實上並不是如此，因此，永嘉大師說：**幻化空身就是法身**。因爲，只有能出生應身如來五蘊的那個如來藏心，是因地就已具足存在的，而祂有使人修行成佛的自性，才叫作具有成佛之性；能夠出生有情幻化無常五蘊身的如來藏，同時也是萬法的根

源，祂才是萬法的生身；祂既然是萬法的生身，當然祂就是法身。

話說回頭，我們大家都可以返觀：離念靈知——一念不生的這個靈知心——根本無法出生無明種子，也沒有辦法出生色蘊五根，更無法出生受、想、行蘊，乃至出生離念靈知心自己。因爲，離念靈知本身屬於識蘊所攝，是由眼耳鼻舌身意等六識共同組成的，而離念靈知只是識蘊六識的功能。識蘊所攝的離念靈知既然是被生的法，是依色身及六塵爲助緣才能被如來藏出生，怎能被人出生爲識蘊以後再回頭來出生識蘊自己呢？同理，你這個色身是被如來藏所生的，所以不能如同愚人一般地說：「**我這個色身被出生以後再由色身來出生我這個色身。**」這個道理是講不通的。所以離念靈知是從如來藏中，藉如來藏所生的六根與六塵爲緣才能出生的，不可能被出生了以後再由自己來出生離念靈知自己。祂既不能自己出生自己，也不能出生色身，更不可能出生一念無明種子，那祂當然是緣生法——是有生之法；一切有生之法當然是緣生法，其性是空——是無常空的體性，當然不是佛教中所說眞實猶如金剛一般常住不壞的空性，所以不是《金剛經》中所說的空性。

【講義文稿】離念靈知有人、有法，故非禪宗證道之標的；如永嘉大師

歌中所說：「證實相，無人法，刹那滅卻阿鼻業。」然而離念靈知有人、有法，離念靈知即是識蘊故，識蘊即是所生法故，故離念靈知非是無人亦無法之實相。離念靈知常與六塵萬法相應，相應即是趣到一邊，是故從來不能離兩邊，即知是不住中道者。唯有如來藏不趣六塵中任何一法，是故不墮兩邊。

講記：離念靈知是有人、有法，不是無人、無法，因爲祂從來都能了知你、我、他；而時時刻刻住在了知你、我、他的境界中，心中一直都是有你、我、他，當然離念靈知心中就更會有各種法相存在了，就與永嘉玄覺大師的所證不同，所以祂不是禪宗明心開悟見道時的證悟標的，因此永嘉玄覺大師的〈證道歌〉說：「證實相，無人法，刹那滅卻阿鼻業。」證得實相的人，當下就能現觀如來藏實相法界中確實無法亦無人，那是不是證了如來藏實相以後就馬上死掉了？不是啊！證悟的人無妨離念靈知覺知心還在，但是卻能同時現觀一切法中無人、無法；不只是因爲現觀一切法的「無常、無眞我」而無人與無法，而是現觀如來藏本身沒有五蘊我的體性，沒有十二處我的體性、十八界我的體性，也沒有六入我的體性；如來藏本身也從來都不與六塵萬法相應；貪瞋癡慢疑等煩惱也永遠與祂不相應，只會與離念靈知心相應。

乃至睡眠這個法，睡眠是你離念靈知心的事，如來藏是從來不睡覺的，與離念靈知意識心大不相同；所以，眞悟底人轉依如來藏——從如來藏的立場來看待一切人我、一切法，一定會發現如來藏根本不與人、法相應，所以如來藏自始至終都住於無人亦無法的離兩邊境界中，這個其實就是無餘涅槃中的境界。

住在意識境界中的時候，當然會有一切法、能了知一切法；但如來藏無始以來不曾對六塵起過一念了知，所以從如來藏心體自己的境界來看，沒有任何一法可知或可說，當然更不會有人我可分別的了。《心經》所講的「心」是在講什麼心呢？當然是講如來藏眞心啊！在《心經》中所說眞心的境界中，明明就告訴你：從如來藏自己的立場來看時，沒有五蘊，沒有十八界，沒有三十七道品，沒有涅槃，沒有無明，連悟後所證的「無明盡」也不存在啊！因爲，從如來藏的境界來看一切法時，根本沒有所謂的無明，也沒有所謂滅掉無明可說；有無明是妄心離念靈知的事，想要滅掉無明，以及滅盡了無明而產生了佛地的究竟實相智慧，也是離念靈知的事，都不是如來藏所相應的境界；所以當你證到如來藏的時候，就會發覺：**「原來法界實相就是祂，**

原來《心經》講的就是祂。」如果你從祂的立場來看一切人、來看一切法及一切眾生時，沒有人、沒有法、沒有眾生可說；因爲從祂的立場來看一切法時，既然從來都不與六塵中的任何一法相應，從來都沒有一切法可說，所以永嘉大師說，證得實相的人，依自己的慧眼所見，實相境界中——如來藏所住的境界中——確實「無人、法」。

那麼再來看那一些謗大乘佛法、謗如來藏勝法的當代大法師們，依聖教所說，以及依謗法、謗賢聖的因果來說，將來他們死後要下地獄（當然，這不是我在詛咒他們，而是毀謗三界中最重要勝法的業果自然所作的報應）；可是等你們眞的證悟以後，你們從實相境界中來看時，又會這樣說：「他們將來死後下地獄時，其實根本就沒有下地獄。」因爲，下地獄以後住在地獄境界中受苦的，是來世的離念靈知心而不是如來藏；如果以如來藏來看，他們來世的五陰生在地獄中時，他們每一個人的如來藏是隨同來世五陰處在地獄中，卻依舊是無生死、離六塵覺受而不受地獄苦報啊！因爲他們的如來藏是從來都不與六塵相應的，哪裡會有地獄中的痛苦來觸受呢？那麼他們的如來藏當然是不領受地獄境界的，當然依舊是外於地獄境界的，怎能說是住在地

獄中呢？所以從如來藏自身的境界來看時，並沒有阿鼻地獄的業果可受、可說啊！謗勝妙法、謗大乘賢聖而成就的阿鼻地獄之業果苦受，是他們來世五陰中的識陰離念靈知底事，是由來世的離念靈知等七識心去承受的；而他們的如來藏才不管什麼阿鼻地獄的業，因爲來世受苦時所領受的痛苦六塵，都是由來世離念靈知七識心所相應的——是處處作主、時時了知的七識心的事，而如來藏是從來不作主的，也是從來都不會領受六塵相的，怎能與來世地獄中的痛苦六塵相應？當然在來世的地獄身中，他們的如來藏還是不會住在地獄境界中。由於如來藏從來不分別善惡，從來不領受善惡果境界，從來不與善心所及惡心所相應，所以那些謗法的大法師們，他們來世的如來藏，也不會設法使來世的他們免除地獄業果的苦受。

當你眞的證悟了，一定能夠如此轉依現觀這實相境界；當你如此轉依如來藏而親見實相中無人我的清淨性時，再來反觀蘊處界的自己，如果以前曾經謗過如來藏勝法、謗過大乘賢聖，那你將會不再顧慮面子了——不會再一心想要保持面子。依如來藏的眞實境界來看，如來藏何曾要過什麼面子？都無人我、亦無諸法可了別了，還有面子可說嗎？即使從離念靈知心來講，面

子一斤賣不了四毛錢，也沒有什麼面子可說；何況如來藏的境界中，從來就沒有什麼面子可說。禪宗祖師曾這麼形容本來面目：「無背無面。」如來藏既然無面亦無背，還要顧忌什麼面子呢？悟後也現前看見如來藏在地獄身中從來都不領受地獄業果，這樣子轉依如來藏以後，不是轉依的一刹那中就在理上滅掉了阿鼻地獄業、無間地獄業了嗎？這時確實看清楚實相了——知道實相法界中從來都沒有地獄業可說，當然就得如實轉依如來藏了；當你轉依成功時，沒有面子需要照顧了，當然就可以用七識心去公開發露以前謗法及謗大乘賢聖的惡行而公開懺悔了！當代的大法師們若能夠如此返觀如來藏本來就沒有地獄業，而且公開懺悔了以後，他們捨報後就不會出生於無間地獄中，那麼後世五陰也跟著沒有地獄業了；這時，現觀實相中沒有地獄業可受，也確定後世的五陰不會生在地獄中領受地獄痛苦了，那不是太好了嗎？眞的太好了！所以悟的當下，只要一看清楚而轉依成功了，眞的是如同永嘉大師所說的「刹那滅卻阿鼻業」一般，眞是超划算的。

但是，離念靈知有頭有臉、有背有面，從來都知道自己的頭、臉、背、面，離念靈知就只是覺知心中不起一念；當離念靈知在每個早上剛醒來而存

在的時候，本身就是我、人，不曾外於蘊處界我。而世俗法中所謂的人，就是指這個離念靈知；如果離念靈知永斷而永遠不現前了，我們就不說他是人，就改稱爲屍體了。所以，當身體長期不正常而導致意識離念靈知心長期不能運作的時候，我們就把那個「人」加上兩個字，稱爲「植物人」，這是一般世俗的說法（其實植物人若不是在睡眠位中，也是有意識心在運作的，只是完全不能動作而無法表示意思而已，所以若改稱爲「嚴重殘障者」，應當是比較貼切的說法；因爲，植物人才會沒有意識，而所謂的「植物人」其實仍然有意識存在而無法表示意思）；並不是所有的植物人都不是人，而是世俗人以爲「植物人」已經沒有意識了，就冠上植物人的名稱，其實多數的「植物人」也有清醒時，雖然都無法動作而無法表示意思，好像是全然不省人事一般，但他們還是有清醒時與眠熟時的區分，在清醒時意識覺知心還是存在著的。所謂人，都是有意識心的，也就是會有離念靈知可以正常運作，所以人就是由離念靈知來當的——並不是每一個人都沒有處在離念靈知境界的時候，因爲妄想是有時生起而有時不存在的；而人們醒著時，總是時時都有離念靈知自覺是人類；當離念靈知存在時，立即了知你、我、他的存在。

因此，當離念靈知存在的當下就已經有「人、我」了！而離念靈知本身就是五蘊我、識蘊我——十八界合成的我，當然不能高聲主張說「我不是我」，或者睜眼說瞎話說「我沒有我、我不知道自己」。既然離念靈知明知有自我—明知自我的存在—怎能說「我不是我、我沒有我」？那不是癡人說夢嗎？而當代宣稱證悟的大法師們不都是如此自稱證得無我了嗎？正是癡人說夢啊！因此，離念靈知既然時時了知有人、有我，而人我存在時一定會面對六塵中的種種法，所以離念時無妨對六塵中的一切法了然分明，自始至終都不能離六塵及稍離離念靈知自我而存在，仍然不能自稱是無我，當然更不是無法的境界。

或者有人說：「無念時的離念靈知，了了分明而不起分別。」那我請問他：「你離念而了了分明時，如果坐到牛屎上面，你知道嗎？」他說：「知啊！我了了分明而離念、離分別的知啊！」再問：「了了分明的時候有沒有分別？」他們往往會說：「沒有分別啊！」我說：「那你為什麼知道要用毛巾擦掉屁股上的牛屎？」這表示：其實心中都沒有語言文字而了了分明時，已經是分別完成了！怎能說是沒有分別呢？所以覺知心不因為離開語言文字就變成白

癡一般地無分別了！離念時都還是了了分明的，了了分明時就是分別完成了！所以他們都是癡人說夢，卻還不知道自己正在夢中說著夢話呢！

因此，離念靈知存在的當下，沒有一刹那不跟六塵中的萬法相應；因爲離念靈知存在的當下，一定沒有辦法離開六塵中的萬法，一定會跟法塵相應，否則離念靈知就會立即斷滅，無法存在及運作；既然已經跟法塵相應了，當然就已經有人、有法囉！而這離念靈知的本身就是識蘊或者識蘊的功能，識蘊以及識蘊的功能都是所生法，是五蘊我所攝的「人」，不是永嘉大師所說的「無人」。所以離念靈知絕對不是無分別心，一定不是無人又無法的實相；因爲，離念靈知經常—每一刹那中—都和六塵萬法相應，這個和六塵萬法相應的離念靈知，就是八識心王中的意識心，已落在人與法的每一邊了！所以，落在離念靈知中自稱「開悟」的人，當你向他點個頭，他也立刻對你拱手作揖，那表示他離念靈知知道你在向他點頭示敬：當離念靈知心自認爲沒有分別的時候，是仍然能分別你已向他點頭的，所以他的離念靈知心知道應該回禮——要向你作揖回應。這證明離念靈知心是跟萬法相到的，這明明是有人亦有法，不是無人亦無法。

如果證到沒有語言文字的離念靈知境界時就叫作開悟，那可好了！所有的人出門時在路上看見每一條狗，都應該要向牠們頂禮，都要去禮拜牠們；因爲牠們也是住在離念靈知的「開悟」境界中——牠們的覺知心中從來都沒有語言文字，遠比修行離念的人類修得更好。若是看見樹上有一隻鳥在那邊吃果子，那些大師們也應該趕快拿一些果子供養牠，因爲牠也是離念的聖者；牠從出生以來每天都住在離念靈知境界裡面，牠的覺知心中與「開悟」的大法師們同樣，一直都沒有語言文字又能了了分明；那是與佛門落入離念靈知中的「證悟」者境界一樣或者更高明，所以和大法師們一樣應該也都是「開悟聖者」。那些落在離念靈知境界中自稱開悟的大法師、大居士們，當然都應該要供養牠。這樣看來，我們人類長大有智慧以後似乎遠不如傍生、似乎遠不如剛出生的嬰兒；因爲人類覺知心中常常有語言文字，依「開悟」的大法師們的法義來認定，層次似乎是比畜生道的動物更低。

所以說，誤將離念靈知的意識境界當作開悟境界的大法師們，知見確實大有問題；因爲那種境界都是與六塵相到，不是離六塵流轉境界的。當離念靈知心與六塵相到的時候，就已經落到六塵中而了別、分別完成了，除非不

接觸六塵！但是，離念靈知若是不接觸六塵時，一定會立即斷滅而無法存在。離念靈知心既然接觸了六塵而了了分明，就是跟六塵相到了；已經落在六塵中，不就是落在一邊了嗎？落在六塵、落在知那一邊時，就會產生貪厭及不貪厭等法，所以離念靈知是不能住在中道的。不管他們口才多麼好，多麼會演說中道，那其實都是以玄想、幻想的觀念來住在想像的中道裡；當他們說中道時，或者進一步說離念靈知不住兩邊而住於中道法的時候，我們都可以當面破斥他們，只是我們還沒有這樣作而已。譬如南泉禪師向徒弟趙州從諗開示說：「道不屬知、不知，知是妄覺，不知是無記。」所以，後來有人問道時，老趙州說：「老僧不在明白裡。」因爲，明白就是知，不離六塵，即是妄覺，不離兩邊。那麼，三界內外一切法，只有一個如來藏識能夠不趣向六塵中的任何一個法，因爲祂對六塵是離見聞覺知的，也不返觀自己是否存在，所以永遠不墮入「人、法」兩邊，永遠不墮知與不知兩邊。只有證得如來藏的人，才能有這樣的現觀；證得這種現觀的人，才能眞的懂實相，才眞的有般若智慧，才是永嘉大師所說的「證實相、無人我」的人。

【講義文稿】離念靈知必須在六趣中才能存在，既在六趣中，當知即是

夢猶未醒也！是故永嘉大師云：「夢裏明明有六趣，覺後空空無大千。」只有親證空空無大千、無六趣之如來藏，完全符合《心經》所說無一切法的境界，方是眞正夢醒者。夢醒者方能常住中道：現見如來藏不斷亦不常、不生亦不滅、不墮六塵而又不離六塵……等無量無數之中道性；是故證得如來藏者方是親證般若中觀者。

講記：所以說，離念靈知，祂必須在六趣中才能存在；離念靈知一定生活在六道中，若不是在人間，那就是在天上，不然就是在地獄……等種種三界有的境界中；唯有在六道中，離念靈知心才能存在；若是離開六道境界時，離念靈知就不能存在了！那麼，離念靈知當然一直都是在六道當中，而無餘涅槃的出生死境界卻是不在六道當中的，那就是如來藏自己獨存的境界。由此可知，離念靈知永遠無法住入無餘涅槃中，因爲無餘涅槃是在三界六道之外。當然，這已證明一件事實：證得離念靈知的所謂「開悟」者，他們的人生大夢是還沒有醒呢！因爲，離念靈知心只能處在三界夢中，不可能離開三界大夢而繼續存在；而悟後所見的眞心是沒有六趣境界的，是本來就不住在三界境界中的，所以永嘉大師說：「夢裡明明有六趣，覺後空空無大千。」

就如同在一場人生大夢中，永遠是六趣分明的；不幸的是，離念靈知心是永遠無法離開三界六趣境界而單獨存在的。但是一旦悟了如來藏識，眼見如來藏識處在三界中，卻不與三界六塵萬法相應，祂不曾住在三界境界中。所以悟後雖然離念靈知心還住在六趣當中，卻已是「無大千」了：你從所悟到的如來藏之立場來看的時候，如來藏自身有沒有看見大千世界的存在呢？沒有！三千大千世界是七識心所住的境界，是七識心才會看到三千大千世界的所有境界相，都是七識心所住的境界，是在六塵當中才能顯現三千大千世界的；但如來藏出生了六塵萬法以後，也就是出生了三千大千世界以後，祂卻從來不住在三千大千世界的境界當中。祂無妨一直在三千大千世界裡面運作，使有情隨業受報而且能繼續造作新業，但祂卻從來都不住在這些境界裡面。證得如來藏而能這樣現觀的眞悟者，看見了這樣的實相境界時，確認實相法界中的眞心是無人、無法、無世界的，就轉依如來藏的自住境界來說三千大千世界並不存在，因爲如來藏從來都不了知三千大千世界，而悟後的覺知心已經轉依如來藏的這個境界了，所以永嘉大師說「覺後空空無大千」。

在眞心如來藏空無一法的當下，但又不妨繼續保有五陰七識心，不妨礙

眼睛、眼識看出去時，三千大千世界及六趣繼續存在，使覺知心開悟以後仍然正常地在三千大千世界中運作著；所以你自己的如來藏本來就不在三千大千世界裡面，本來就不在生死輪迴當中，何必急著求離開生死輪迴？你的如來藏本來就沒有在輪迴，輪迴的五陰你，又是只有一世而不會生到下一世去，來世已是另一個全新的五陰，所以此世五陰的你也沒有輪迴；這樣從世間相及實相來看時，本來就沒有生死，沒有生死就不叫作輪迴，就是本來自性清淨涅槃。既然眞心本來就沒有生死，你覺知心卻還一直在求離開生死；那個求，就已經是取捨了；有取或者有捨，就是落在兩邊中的一邊，已經不是中道了！所以，只有親證「空空無大千」、「無六趣」的如來藏，才能完全符合《心經》所說無一切法的境界，這樣才是眞正夢醒的菩薩——確實已經從人生大夢中醒過來了。只有眞正夢醒的人才能夠常住於中道，因爲夢醒的人可以現前看見如來藏不斷也不常、不生也不滅，看見實相法界如來藏中本來就無生死，才能不落於六塵中又不離六塵萬法——不即也不離；這時已經看見實相心如來藏與萬法的關係都是不一亦不異、不即也不離，已能如此現觀祂與萬法間的無量無數中道性。所以證得如來藏的人，才是親證實相般若

而有中道觀行能力的人。尚未證得如來藏的人，都是沒有這個能力的，所知所作的實相觀，都是錯誤的觀行；所知所作的中道觀行，也都是錯誤的中觀，不符合〈證道歌〉的意涵，因為永嘉玄覺大師所悟的內容完全都是如來藏所住的中道。

【講義文稿】 離念靈知並非眞正無念之心，只能有時無念，並非本即無念、永遠無念者，故非般若實相心。誠如永嘉大師所云：「**誰無念？誰無生？若實無生無不生；喚取機關木人問，求佛施功早晚成？**」離念靈知既然常常有念，當知不能離於兩邊，能念與所念都是世間一邊之法故，則非般若實相心。

講記：但是離念靈知並不是眞正無念的心，所以有時候古時眞悟祖師說：「**離念靈知是常，是永遠不滅。**」但他們所講的離念靈知，並不是當代那一些錯悟的大師們所講的意識覺知心的離念靈知，因為覺知心的離念靈知不是常無念，而是有時起念、有時無念。從來沒有一個落在覺知心離念靈知中的「開悟者」敢拍胸脯保證說：「**我證的覺知心離念靈知是永遠離念的。**」他們永遠都不敢這樣保證的。因為就算他的定力再怎麼好，已經證得非非想

定了，他還是會在定中起念的，所以不是常離念，不是常不念，否則又如何會出定呢？所以他們是只能有時無念，不是永遠無念。而證悟祖師說的眞正離念靈知是「了了**常**知」，是**常**而離念——是常住不曾間斷的，是本來就離念而且是一切時離念的。只有本來離念的才是眞悟祖師所說常住的離念靈知，這是本來就已遠離六塵中的一切念，並且這個依如來藏而別稱的離念靈知是從來都不在六塵中運作的。而錯悟大師們的離念靈知都是在六塵中的覺知心離念，當他們正在離念的狀況中時，還是一樣對六塵有所了知，並且是夜夜斷滅而非常的靈知，不是常恆而離念的—不是古時眞悟祖師所悟的常而永遠離念的六塵外的靈知心—不是能夠靈明不昧地了知六識所無法了知的六塵以外的法界中事。而他們的覺知心離念的狀況，其實也是知，一直是不離六塵見聞覺知的，所以他們識陰六識的離念靈知並不是眞正的靈知，因爲他們的離念靈知心不是眞的靈感——對六塵外的法界中任何一法全都不靈、不知；而且六塵中的識陰離念靈知是無常的，夜夜斷滅；夢中雖然有知，但睡覺時多數時間祂都不知——睡眠無夢時祂什麼也不知道，因爲祂這時斷滅了，怎麼能叫作常而眞的靈知？又如何是了了常知呢？其實覺知心的靈知

是呆得不得了，祂只是在六塵裡面伶俐而已啊！對六塵外的實相法界中事是一點都不知的。

眞正常住的離念靈知，祂在六塵中呆得不得了，卻是在六塵外的種種法中很伶俐，但永遠不會在六塵萬法中取代識陰覺知心離念時對六塵的分別功能。那麼，什麼才是眞悟祖師所說的離念靈知、了了常知呢？我們要用眞正的離念靈知來糾正錯悟者的離念靈知。所以，如果我哪一天出來講：「離念靈知是眞如。」那也沒有錯啊！因爲，我講的是永遠離念而且永遠都靈感的靈知、常住不滅的靈知，正在死時祂知道，正在活時祂也知道；正在夢時祂知道，無夢時祂也了了常知；包括這個地球、這個三千大千世界應該要壞掉時祂也知道，若已需要在另一處虛空中再生出另一個三千大千世界時祂也知道；這只有第八識如來藏才辦得到，那才眞的叫作靈明不昧的眞知——才能叫作靈知。錯悟者的覺知心離念靈知，對此根本就不懂；既然根本不知道，那怎麼會靈？一點都不靈啊！所以，錯悟者的離念靈知都是意識心及前五識——離語言妄念時的覺知心，必然不是本來就無念的，所以離開定境時還是會起念——將來一定會再生起語言妄念。既然不是本來無念，也不是永遠無

念的，那就不是般若實相心啊！因爲覺知心的離念靈知是學佛以後的修所成法，將來修行的緣散壞時還是會壞掉而繼續生起語言妄念的。

誠如永嘉大師所說的：「**誰無念？誰無生？若實無生無不生；喚取機關木人問，求佛施功早晚成？**」他這個說法，如今那些大師們讀了還是悟不了啊！永嘉大師已經明著說：這個本來無念的心、本來無生的心，才是眞正的無念與無生的實相心；這個本來無念、本來無生的如來藏心才是永遠的無念，也只有這個心才眞正的無生——永遠的無生。所以永嘉大師才要質問當時的禪宗自稱證悟者：「**誰是眞的無念之心？誰是眞的無生之心？如果是眞實無生的心，祂是沒有一法不能生的；如果不懂這個道理，老是意識思惟來研究經中所說機關與木人等譬喻，或者不停地求佛施功加持自己，要到何時才能成就佛道呢？**」

如果所悟的離念靈知是只能有時候無念，不是永遠的無念，也不是本來就眞的無念，那他們所悟的離念靈知一定不是本來就不生的心，其實是每天晚上睡著就死了——滅了，每天早上醒來就又有生，這不是永嘉大師所說眞正的無念心，也不是眞正的無生心。永嘉大師又點出來：如果是眞正無念的

心，祂同時也是無生的心，是本來就在而沒有出生過的，是無始以來本自存在的；這個眞正無生的心才能出生一切法，本來就在而從來無生的心，是沒有不能出生諸法的：「**若實無生無不生。**」可見永嘉大師早就把正確知見寫出來告示天下人了：只有本來離念而不是修行以後才離念的心，才是眞正無生的法；只有本來就在的無生之法，才能出生一切法，才是父母未生前的本來面目，才是本地風光。這已經很清楚地表明一件事實：被生的意識離念靈知心是不可能出生一切法的。

這個道理，其實在《楞伽經詳解》裡面我早就寫過了，在當年整理《起信論講記》時，只是重寫一遍而已。可是那些大法師們所悟的六識離念靈知，能生出萬法嗎？生不了啊！連眼根一法都生不了，更別說是出生六塵、六根乃至萬億法了。而覺知心離念靈知想要保持一夜不斷都很難，顯然是夜夜斷滅的法；夜夜斷滅的法，明天早上再出生時，不可能無中生有，還是得要依靠別的法作助緣，才能再度從如來藏心中出生，怎麼還能出生別的法？所以，一定是本來就在而從來都不曾出生的心，而且是永無刹那間斷的法，才是能生諸法的眞實心；能生萬法的法才是眞正無生的法—祂從來沒有出生過

—祂是本來就存在而無始的，但祂卻可以出生一切法，這樣才是符合法界實相的眞悟智慧，才能說是禪宗所悟的智慧。這樣證得法界實相的人，才能出生實相般若智慧；若是落在識陰六識的知覺性中，是永遠無法稍微了知法界實相的。

因此，若是想要證得般若中道觀，唯一的入道之途就是參禪究取第八識如來藏心，找到如來藏心的時候就是開悟般若實相了。如果悟不了的話，有個簡單的方法：「**喚取機關木人問。**」因爲《楞伽經》中有說機關與木人的譬喻，假使你的智慧夠，其實是可以悟入的。問題是，該要怎麼問才是正問？而落入意識境界中的世間表相大師們，就專在機關與木人上面亂解一場，自認爲已經知道經中所說機關與木人的密意，其實都錯會了！假使有人懂得求佛的話，要像《金剛經》中所講的那樣求佛：不要以色求佛，不要以受想行識求佛。若是懂得每天這樣求佛的人，不必幾年也是一樣可以悟入的；但是古今的表相大師們卻都同樣落入識陰之中，不然就是落入色陰之中行來去止、進前退後，自以爲悟，都是「以色求『我』、以受想行識求『我』」，都是不懂如何求佛的人。所以永嘉大師的頌中說，不懂佛法、不懂參禪的人，

每天把那個裝有機關的木頭人拿來研究、取來分析思惟，當然是悟不了的。由於悟不了，於是就去求佛：「拜託啦！趕快讓我證悟、讓我成佛啦！」他們都不知道要求取自性佛，不知要尋覓自心如來——自己的如來藏；因爲不懂這個道理，每天求一念不生、住在識陰離念靈知中，卻又每天晚上在佛像前一直努力求佛施加功德，使自己早日開悟、早日成佛，都是以色、以音聲求佛的愚人。

但是我要聲明的是，如果不懂我所說的密意，以這樣錯誤的知見來求佛，或者自己也很努力施功打坐，要到何時才能成佛啊？所以，眞正的開悟般若，並不是要你努力打坐求離念而跟大腿的痠痛對抗；像這樣無智施功或求佛，什麼時候才能證悟、才能成佛啊？而且，永嘉大師的意思是：覺知心的離念靈知既然常常有念，當然祂永遠都不可能離兩邊。因爲離念、離所念，永遠都是落在世間法中的一邊；而離念靈知能念，能念又是另一邊。所以，離念靈知是能念——祂有所念，所念的又是什麼呢？都是與貪、瞋、癡、慢、疑，財、色、名、食、睡相應的法，那又是另外一邊；是同時具足能念的覺知心自己，以及所念的種種煩惱法。凡是落入六塵中的心，永遠都無法離兩

邊：若不是落入清淨的一邊，就是落入不淨的一邊。

只有如來藏才是永遠不落入淨垢兩邊的心，因爲祂從來都不與六塵相應，怎麼會落入淨或垢等兩邊之中？所以永嘉大師說：「**我所悟的一念不生的心，祂從來沒有念，從來不會生起語言妄念，也不會想念任何一法，當然也不會想要努力住在一念不生定境中。**」覺知心離念靈知卻是往往起了念時，還不知道自己已經起了語言妄念；即使正在一念不生之際，也還是能了知六塵、還是能離語言而作各種了別的，那也是妄念，怎麼能說是離念的？能夠本來就不住在一念不生中的心，也是未來之中永遠都一念不生的，那才是眞悟祖師所說常住的離念靈知；這是只有如來藏才能作得到的，但祂卻是從來不曾在六塵中起過一念，這樣才能永遠都離兩邊而處中道，卻又同時能照顧到兩邊的世間法。所以，覺知心的離念靈知境界，不離能念與所念，也永遠都不離兩邊；不離兩邊的心，當然不是實相心，因爲不是恆處於中道嘛！

【講義文稿】若不能知意識心之種種變相，落入意識心中，即與大乘般若之見道無緣。意識有種種變相，譬如最爲末法錯誤開悟者所津津樂道者，即是離念靈知心—離卻語言文字妄想之覺知心—此即是意識變相之一。但自

古以來，常有人落入其中，不能自省，錯以爲悟，成大妄語。

講記：如果不能夠知道意識心有種種變相，而落在意識心中，那麼這個人就與大乘的見道無緣；可是意識心——或者說識陰六識覺知心——有種種的變相，譬如現代末法時代的錯誤開悟者——諸大山頭的大法師們，都是落到覺知心的離念靈知中，或是落入放下一切五欲煩惱時的覺知心中！他們的離念靈知心，講的是離開語言文字妄想的覺知心，也是放下種種世俗煩惱而不思惟、牽掛的覺知心，這就是意識變相中最普遍的一種；但是自古以來，就一直有很多的表相大法師落在這裡面，沒有辦法自己反省察覺，反而把這種境界錯誤地認作是開悟的境界，就成爲大妄語人了。

其實六塵中的離念靈知境界，或是屬於未到地定相應的境界，或者只是欲界人間的制心一處之粗淺功夫（連定境都談不上），或者是四禪八定的境界。從欲界定、未到地定、初禪、二禪乃至四空定中，全都是離念靈知的境界，也全都屬於與定有關、與定相應的覺知心境界，並非如來藏的實相境界。這些全都是識陰覺知心或獨頭意識覺知心的境界，所以覺知心的變相有很多種，不懂的人往往誤以爲進入定境中而離語言文字妄想時，就是證得無分別

心，就是開悟了！其實都是錯誤的見解，都是悟錯的凡夫見解。即使進入無想定中，或者進入滅盡定中，都仍然與中國禪宗的般若禪開悟無關；因爲無想定中是意識斷滅的定境，而滅盡定中不只是意識斷滅，並且連意根的五遍行心所法都停止了兩個——受與想，但是仍然與實證如來藏的智慧境界無關。這些都可以說是意識覺知心的變相境界，若是不懂而誤會了，卻又極力照顧面子或名聞利養，不肯聽從眞善知識的勸導，不肯實際去觀照覺知心或意識心的種種變相境界與虛妄性，就直接認定是開悟的境界，也就不可能轉變邪見、棄捨邪見，當然更不可能再起心動念去尋覓本來就一直存在著的如來藏心，那麼不但滅不了大妄語業，也將永無證悟的時候。

【講義文稿】另一種人則是依文解義而錯執教門文字相，滋生誤會，便有可能因此而成就謗法重罪。譬如古時二乘法中常說「心、意、識虛妄」，是故古時中國禪宗祖師常言：「離『心、意、識』參。」皆教人應遠離心、意、識。然而當時中國佛教二乘法極爲流行，而二乘法中所說心、意、識，皆是同一意識心，並非大乘法中所言「如來藏爲心、末那識意根爲意、意識爲識」，而是說：過去位之意識名心、現在位之意識名識、未來位之意識名

意。是故古時禪宗祖師所言「離心意識」所言之心、意、識三名，皆指同一意識心；若不知禪宗祖師說這句話時的背景，徒自依文解義，則生大過。

講記：另外一種人是依文解義而錯誤地執著教門中的文字相，沒有自己詳細而如實地思惟，於是就在粗略的思惟中，或是在不如實的思惟中，站在先入爲主的邪見中作了邪思惟而產生了很多的誤會，就可能因此而造了謗法的重罪；這在末法時代的今天，是經常可見的現象。譬如有很多人追隨日本一分信仰基督教的佛學研究者，針對中國傳統佛教的如來藏妙義，誣謗爲外道的神我，說不是禪宗的所悟內涵；在台灣很有名的印順法師，以及印順派門下所有的法師與居士，全都如此極力毀謗菩薩藏妙法，成爲《楞伽經》裡面 佛說的一闡提人；因爲他們所謗的如來藏，正是菩薩藏的主要內容。菩薩藏的妙理，自始至終全都圍繞著第八識如來藏及祂所含藏的一切種子而說、而修、而證、而成佛。所以毀謗了如來藏的人就是毀謗菩薩藏的破法者，都已成就無間地獄業。

又譬如說，二乘法中常常說心、意、識虛妄，這是正確的；因爲在二乘法中所說的心、意、識，全都是意識心；而我們中國古時候禪宗祖師也常常

說：「參禪時要離心意識參。」都教我們要遠離心意識啊！於是有許多人還沒有弄清楚二乘法中所講的心意識，還沒有弄清楚古代禪宗祖師所講的心意識之前，就引經據典而毀謗說：「古時的禪宗眞悟祖師都說要遠離心意識，心就是第八識如來藏，意就是意根末那識，識就是意識等六識，所以你們正覺同修會所悟的既是第八識如來藏心，那你們就是悟錯了。」從表面聽來，他們的毀謗之言似乎是有道理的。但是古代禪宗祖師這種開示，有其時代背景，不該像他們這樣亂解釋、亂毀謗；因爲古時初弘期的中國佛教，禪宗還沒有開始大行其道，當時大多是俱舍宗的天下；而俱舍宗所弘揚的法義是聲聞解脫道，不是大乘佛菩提道；當時弘揚《俱舍論》的宗派非常多，勢力很龐大，而俱舍宗弘揚的聲聞解脫道所說的心意識，是以三世意識界定的，不同於大乘經典所說心爲第八識，意爲第七識意根，識爲意識。

中國古代的禪宗一直傳到六祖以前，原則上是單傳而不廣傳的；直到六祖悟入後的第十五年之前，只是才剛剛萌芽階段；而六祖之前多是直系單傳，橫傳的人很少，只有四祖橫傳了一個牛頭宗；但是四祖在世時的牛頭宗並沒有人開悟，只是有法脈表相的傳承；牛頭宗傳承到第三世慧方禪師時，

仍然沒有人開悟；但是，由於四祖吩咐五祖弘忍：「牛頭山未來若是有人在你弘忍座下開悟時，仍應算是我四祖道信旁出的法脈。」所以後來牛頭山第四世法持禪師來參拜五祖弘忍，而在五祖的座下開悟，仍算是四祖旁出的法脈，認定爲四祖道信所度的人。五祖接受了四祖的吩咐，所以牛頭山的法持禪師在三十歲時來參訪五祖弘忍，在他座下悟了，還是算作四祖的徒弟；所以在六祖以前的禪宗，多數是一代又一代單傳。因爲那時候禪宗是代代單傳，在佛教界中幾乎是沒有絲毫勢力的；到了五祖傳給六祖慧能時，才由慧能大師廣傳而「一花開五葉」，開枝散葉而成爲五個宗派，開始向平民廣傳。

當禪宗開始廣傳以後的數百年間，俱舍宗聲聞法的勢力還是很大，到處在講開悟的人雖然很多，卻大多是「錯悟」的虛妄心；而他們講的都是說：「意識心虛妄——三世意識都不眞實。」但他們所講的心、意、識，指的是什麼？其實都是指意識心，而把祂分成三世來說：「過去世意識叫作心，現在世意識叫作識，未來世意識叫作意。」又如已經過去的意識，也就是昨天的意識、早上的意識、上一輩子的意識都叫作心；現在的意識就叫作識，因爲一直在識別現前諸法而沒有停止或斷滅，所以叫作「識」；至於未來的意

識，現在還沒有現前，譬如明天的意識、明年的意識、下一世的意識，目前都還沒有現前，但那動力是一直存在著而即將會現前的，所以就叫作意。

綜而言之，三世的意識都是生滅法，都是虛妄心意識，同樣都是覺知心啊！所以俱舍宗所講的心、意、識，都是意識覺知心，這是現代很多久學佛法的人所知道的。當時禪宗祖師若是想要用大乘經講的第八識心、第七識意根、第六識意識，去爲人家講心、意、識，那可眞是講不清了，也沒有人想要聽；並且禪宗的祖師們也不喜歡講經，所以乾脆就沿用俱舍宗二乘人所講的「心意識」，於是就有「離心意識參」的開示，對參禪人說：「**你們在參禪尋找眞心時，記得要離開心意識來參。**」因此，古時禪宗眞悟祖師所指的眞心，並不是俱舍宗所講的心意識中的過去心。

但是在大乘法中所講的心是第八識如來藏，意是第七識末那識，識是第六識意識覺知心，是與俱舍宗所講的「心、意、識」不一樣的。但是當時大乘法的宗門並未廣傳，仍然是俱舍宗二乘解脫道的天下，當時的佛門中人所知道的心、意、識，全都是指三世的意識心；所以古時禪宗祖師所講的「離心意識參」，所說的心、意、識，指的正是俱舍宗講的心、意、識，正是三

世意識覺知心，全都是指意識心，絕對不是大乘經中所講的心、意、識。如果不知道古代禪師所說「離心意識參」這句話的背景，隨意依文解義，就會產生大過失；就會如同不久之前悖離正覺同修會的那些人一樣，誤認爲證得第八識阿賴耶識的開悟，是祖師所破斥的「心意識」中所說的心，仍然不是眞正的開悟，就認爲阿賴耶識不是如來藏，而另外發明新的如來藏心；於是施設離念靈知心有種種功能而妄指爲眞正的如來藏——當手被刀子劃破了，我離念靈知心命令它不流血，它就不再流血；我命令它不要再痛，它就可以不再痛；他們認爲，修行到能夠這樣隨意自如的離念靈知心，那時才是證得如來藏、才是證眞如。他們認爲這樣才是證得如來藏，而這樣的如來藏並不是阿賴耶識的功能。但這其實是誤會古時禪師說的「離心意識參」的意思，是回墮於意識境界中；因爲如來藏阿賴耶識是離見聞覺知的，也是永遠都不會在這種事相上作主的。而且，意識也永遠作不到他們所說的那樣：想要不痛就不痛，想要不流血就可以立刻不流血。所以，若是想要眞實地悟入般若禪，一定要先建立正確的知見，並且接受眞善知識的指導與勸諫，才不會誤入歧途而下墮卻自以爲是增上，甚至於落入嚴重的謗法惡業之中卻還不

知道。

【講義文稿】意識心是劫奪自家法財之大賊，是消滅自家功德之敗家子，是故千萬莫錯認意識心爲眞正之常住主人。由是緣故，永嘉大師〈證道歌〉云：「損法財、滅功德，莫不由斯心意識；是以禪門了卻心，頓入無生知見力。大丈夫、秉慧劍，般若鋒兮金剛焰；非但空摧外道心，早曾落卻天魔膽。」如果能遠離意識心境界，斷除「離念靈知爲常、爲實我」的邪見，方能起心尋覓不落於意識心境界之如來藏眞實心，方能因爲親證如來藏眞實心的緣故，而頓入無生之法中；但這些都是由知見正確的力量所達成的，也是必須依靠斷除我見後之清淨意識心來參禪，方能證悟實相心如來藏，方能因爲現觀如來藏之本來自性清淨涅槃，而發起般若中道實相智慧。由此正知正見而證如來藏，生起般若實智之力量，能以蘊處界空之正理，摧滅常見外道所說「常而眞實不壞之離念靈知心」；也能破壞天魔之鉅膽，使天魔對於正法弘傳之打擊計劃無所能爲；天魔假使想要強爲，就必須先考慮被證悟菩薩破斥時而更加喪失顏面；所以如果有眞實證悟而又宗說俱通的菩薩住世時，他想破壞正法的弘傳時，一定會心存恐懼的。

講記：意識覺知心就好像家中的內賊，把自己家中的法財一直搬出去丟掉，又把很多的垃圾—我見、我執、我所執等煩惱—搬進家中儲藏起來，所以祂搬回來很多的貪、瞋、癡、慢、疑種子，還將這些垃圾很寶惜，抱得緊緊地不肯丟。卻把涅槃性、清淨性一直加以遮蓋掩埋，這就是三世意識的體性，正是六塵中的離念靈知心體性，所以祂是消滅自家功德法財的敗家子。那我們現在要好好把意識心自己，來作自我教導—教導意識也就是教導自己—要轉變覺知心成爲懂得照顧家中法財的好兒子。無量劫以來，每一世不同的意識覺知心——心意識，一直都是錯誤地認知，認爲自己是眞正的主人，認爲自己是常住的，於是永遠斷不了我見等煩惱。不但世間凡夫俗子如此，很多的佛門修行者、大法師，也是一樣認意識賊人爲自己的眞子啊！

我們十幾年來不斷地說明*意識心爲什麼是敗家子？爲什麼是妄心？*以般若的正理來講了以後，再以解脫道的正理來講；更多的是以一切種智的道理來講，再三證明了意識心的虛妄性。我們十幾年來講了很多理由，證明意識離念靈知絕對是妄心，可是那些大法師、大居士們讀了以後還是不信，十幾年後的今天仍然堅定認爲意識心（離念靈知自己）是眞正的主人、是常住

不離的主人，所以我們必須要繼續不斷地對眾生說明：離念靈知爲什麼是意識心、是妄心？祂爲什麼是敗壞功德法財的敗家子？不但我們這麼講，古時候禪師們也都這麼說。譬如永嘉大師的〈證道歌〉裡面也這麼講：「損害法財的、滅失功德的，莫不是由於這個心、意、識。」無量劫以來，一直都是由這個「過去心、現在識、未來意」的意識覺知心，在認定自己是眞實常住心而無法斷我見、明心，正是敗壞自家的功德法財，使道業難以成就——連二乘見道的取證初果都很難。

永嘉大師說：「由於這個緣故，禪門證悟者了知這個心的虛妄，才能頓入無生。」這是因爲已經了知這個離念靈知心是生滅的妄心，是意識生滅心，才願意再度起心動念去參禪而尋找眞正的實相心如來藏；這樣再來參禪時，才有可能找到第八識如來藏。當我們一旦找到了如來藏，就可以頓入無生——現前就可以觀察如來藏是本來無生，而且是永遠無生；這時已經對法界實相的本來無生，有了正確的所知與所見，再「憑仗著對這個永遠無生的如來藏，親證與轉依的知見力量，產生了功德力來修證佛菩提果」。只有證得如來藏的人，才敢——也才有資格——出來自稱是大丈夫而不會被人推翻。不管你

是不是男眾，只要如實親證了如來藏，並有了深切的體證而確實轉依於本來無生之如來藏的功德力，你就敢大聲說話，就敢為人如實說法，不然就會心虛而不敢大聲地如實說法啊！尚未證悟如來藏本來無生的人，不管他嘴上說得多漂亮，口中言語講得多麼大聲，心中總是虛虛地，知道自己還沒有腳踏實地。這個「大丈夫可以由女人來當」，現成例子就是在正覺同修會中執教的女菩薩們，她們講話作事從來不拖泥帶水、不扭扭捏捏，因為轉依如來藏了嘛！從此「秉慧劍」——慧劍提起來——就能斬盡一切邪魔知見，那「慧劍上面有般若鋒，也有金剛燄；般若的鋒利能夠斬除一切天魔外道的偏斜錯解，金剛智的火燄能夠燒除一切無明邪見。」以這一個空性心的眞實義，來摧滅外道所墮的情識知解。

永嘉大師說：「不只是以這一個空性心的眞實義，來摧滅外道的情解與思想；其實這個空性的智慧，過去諸佛早就曾經落卻天魔膽了。」天魔若是看見有　佛在人間出現了，一個個都嚇破膽；因為天魔們最執著眷屬，當人間出現了　佛陀來度化眾生時，天魔眼見一個個魔眷、魔屬被佛法度走了，魔眾愈來愈少，所以他們都害怕佛法廣傳！天魔波旬甚至於去求　釋迦佛，

就如《不退轉法輪經》中記載的，天魔請求 佛陀趕快入涅槃而不要再度化眾生；天魔原來的眷屬就會漸漸回到他身邊，這就是天魔的希望。又如天魔請求把眷屬還給他，例如天魔波旬把已經送給 維摩詰居士的一萬二千位天女們要回去，因爲天魔們的眷屬欲執著眞是很強烈。天魔的眷屬欲強得不得了，所以只要人間有佛出現，或是有眞正的菩薩出現，天魔一定會來搗蛋，希望佛法的弘揚不順利或者完全無法弘揚，這都是正常的現象。因此，我們正覺同修會如果未來繼續還有內部的法難事件，或是繼續遭受到打壓，這也是正常的，諸位都不必覺得奇怪。若最勝妙的正法在弘揚時，一直都沒有人出來破法、謗法，那才是異常！因爲，這種破壞佛法的事情，早在 佛陀時代就已經是這樣了，並不是現在才開始這樣的；所以這永遠是正常的事，因爲剛剛證悟的人，其中有許多人是此生第一次證悟的，轉依眞如心的工作還沒有全部完成，都可能會退轉而謗法。

但是對一般人而言，能夠遠離意識心的境界才是首要的任務，否則將只能永遠在外門打轉而無法進入佛法之中實修。如果能夠遠離意識心的境界，把「離念靈知是常，離念靈知是眞實不壞我」的邪見斷除掉，才有可能會起

心動念，想要去尋找另一個不落在三世意識境界中的如來藏，才會去尋找那個第八識眞實心；這樣才有機會親證如來藏，才能夠由於親證如來藏的緣故而頓入無生之法中。但是，這一些轉變與實證，都是由正確了知及親見的智慧力量才能達成；也是必須依靠斷除我見以後的清淨意識心來參禪，才能找得到如來藏，才能夠因爲現觀如來藏的本來性、自性性、清淨性、涅槃性，而發起般若中道實相的智慧及涅槃本際的智慧。由正知正見而證得如來藏，生起般若眞實智慧的力量以後，才能夠以蘊處界空的眞正道理來摧滅常見外道所說的「常而不壞的離念靈知心」邪見；也能夠藉這個智慧來破壞天魔的鉅膽，不管天魔的膽子多大，菩薩們證悟後照樣有能力把它破壞掉，使得天魔對正法弘傳的打擊計畫無法實現；因爲當天魔面對眞悟菩薩的智慧時，已經無所能爲了。

自從我們出世弘法以來，佛門中的外道以及佛門外的外道們，不斷地攻擊我們，而且背後也一直不斷地有天魔的力量在運作；但是我們沒有畏懼，我們照樣破斥外道及天魔化身的佛門外道邪見。其實天魔也只能運用一些小嘍囉來破法，從來也不敢找上門來與我當面辯論——不論是到夢中或是在定

中來辯論，他都不敢；因爲天魔根本沒有辦法破斥我所弘揚的如來藏妙法，即使他來到我面前，也無力破法，而且只能聽我說法；因爲我隨便問他幾個問題，他的離念靈知心就被破斥掉了，無法正面回應了。菩薩都是由證悟如來藏所生起般若眞實智慧的力量，才能破壞天魔的鉅膽，才能使天魔破壞佛教弘法事業的計畫沒有辦法完成，所以我們正覺同修會還是可以繼續弘法。

假使天魔眞的想要強力而爲，假使他有那個膽子敢生到人間來，想要來跟我對抗，他就要先考慮被我破斥以後更沒面子的後果，將來天界恐怕將會流傳：「**天魔波旬生到人間去，卻被蕭平實破斥到體無完膚，根本就破不了蕭平實弘傳的如來藏妙理，只能稀稀落落而不像樣地回應！**」他得要考慮這一點啊！因爲他一旦投生來人間，所有欲界天中的天人們都在看；他必須考慮這個後果，以免被破斥了以後，將來回到欲界天時，大家瞧不起他。所以，如果有眞正證悟的人住在人間，而這個人又已經通宗及通教，當他住持佛法的時候，所有天魔想要來破壞正法的弘傳時，一定會心存恐懼。所以他最多只能叫一些魔子魔孫來，他自己不敢直接來作各種破法的工作。所以永嘉大師說證悟的人：「**非但空摧外道心，早曾落卻天魔膽。**」

【講義文稿】由永嘉玄覺大師的〈證道歌〉可以證實：般若的意涵其實就是如來藏的常住性，以及所出生的一切有漏有爲法的無常空、緣起性空，和如來藏本身能生萬有而又是空性的事實，以及如來藏本身的無我性、涅槃性、中道性。所以永嘉大師的〈證道歌〉所說，其實也就是般若的眞旨；由於禪宗開悟明心的親證如來藏，能現前領受如來藏的中道性、涅槃性，發起中道觀行智慧的成就，以及現觀一切法界的根源即是如來藏，所以具有般若實相智慧的功德；因此〈證道歌〉所說的證道，就是親證如來藏而發起實相般若的智慧，實相般若智慧即是中道觀行成就的智慧。此即〈證道歌〉與般若中觀之關係所在。

講記：我們由永嘉玄覺大師的〈證道歌〉中就可以證實，般若諸經的意涵其實就是講如來藏的常住性，其實就是在說明如來藏所出生的一切有漏有爲法的無常空、緣起性空，也是在說明如來藏本身能生萬法所以是法界萬有的實相，也在說明祂本身也是眞實空性的事實——唯有如來藏才具有緣起性，緣起性空是依如來藏能生萬法的自性而說的。並且也是在說明如來藏與萬法，非一亦非異的中道正理。般若諸經也是在說明，如來藏本身是無我性、

涅槃性、中道性的，也是一切法的根源；所以永嘉大師的〈證道歌〉所說，其實也就是般若智慧的眞正意思。由於禪宗開悟明心者所親證的如來藏，能使悟後的意識生起實相智慧，讓開悟者現前領受如來藏的中道性、涅槃性、清淨性、本來性、眞如性……等，而發起了中道觀行智慧的成就；以及現觀一切法界的根源就是如來藏，所以能夠具有般若實相智慧的功德。因此〈證道歌〉所說的證道，其實就是親證如來藏而發起實相般若的智慧，而實相般若智慧既然是中道觀行所成就的智慧，那麼當然般若所說的一定就是如來藏的自住境界，以及如來藏與萬法之間的互相關係。也就是說，如來藏所函蓋的世間和出世間一切萬法的現象，就是〈證道歌〉和般若中觀的關係所在。

【講義文稿】離念靈知絕非是眞如心，夜夜斷滅、不能常在故，何況能作主？此是一切人未悟之前所墮，正是古今一切禪宗錯悟之師所墮處；今再舉宋朝大慧宗杲佛日禪師〈答向侍郎（伯恭）〉之開示爲證：

示諭「悟與未悟、夢與覺一」一段因緣，黃面老子云：「汝以緣心聽法，此法亦緣。」謂……來書見問，乃是宗杲三十六歲（尚未證悟）時所疑，讀之不覺抓著痒處。亦嘗以此問圜悟，先師但以手、指曰：「住！住！休妄想！

休妄想！」宗杲復曰：「如宗杲未睡著時，佛所讚者依而行之，佛所訶者不敢違犯；從前依師及自作工夫，零碎所得者，惺惺時都得受用；及乎上床、半惺半覺時，已作主宰不得：夢見得金寶，則夢中歡喜無限；夢見被人以刀杖相逼及諸惡境界，則夢中怕怖惶恐。自念：『此身尚存，只是睡著，已作主宰不得；況地水火風分散，衆苦熾然，如何得不被回換？』到這裏方始著忙。」先師又曰：「待汝説底許多妄想絕時，汝自到寤寐恒一處也。」

初聞，亦未之信，每日我自顧：「寤與寐，分明作兩段，如何敢開大口説禪？除非佛説寤寐恒一是妄悟，則我此病不須除。」佛語果不欺人，乃是我自未了；後因聞先師舉「諸佛出身處，熏風自南來。」忽然去卻礙膺之物，方知黃面老子所説是眞語、實語、如語、不誑語、不妄語，不欺人，眞大慈悲，粉身沒命不可報。礙膺之物既除，方知夢時便是寤時底，寤時便是夢時底；佛言寤寐恒一，方始自知這般道理；拈出呈似人不得，説與人不得，如夢中境界取不得、捨不得。承問妙喜「於未悟已前、已悟之後，有異無異？」不覺依實供通。仔細讀來教，字字至誠，不是問禪，亦非見詰，故不免以昔時所疑處吐露；願居士試將老龐語、謾提撕：「但願空諸所有，切勿實諸所

無。」先以目前日用境界作夢會了，然後卻將夢中底移來目前，則佛金鼓、高宗傅說、孔子奠兩楹，決不是夢矣。

誠如大慧宗杲所說，離念靈知心正在夢中時，已經無法自作主宰了；何況眠熟無夢時，已經滅失而不存在，焉能作主宰？所以李元松老師生了一場大病時，想要以離念靈知心與病魔對抗，結果可知：當然是抵抗不了。他也是眞修行人，隨即不顧面子，不顧現代禪之存亡，就事論事、在理言理，率直的承認：以前所謂的悟、爲人印證得果等事，是誤導眾生，是因中說果。並向大眾道歉，一心求生極樂。所以離念靈知心是夜夜斷滅的，是永遠不能離開病與苦、生與死的。如果有人說離念靈知心於眠熟時還在，請問眠熟時祂在何處？一定答不得也！只能含糊其辭地說：離念靈知當時還在，只是我不知祂在何處。那其實就是不在，只是強辭狡辯罷了！若是眞實仍在時，豈有不知之理？

講記：離念靈知心絕對不是眞如心，因爲祂夜夜斷滅，睡著眠熟時就斷滅了，不能再繼續存在，何況能夠作主呢？所以，有人說：「我們應該要時時保持覺醒，要能夠時時作主。」像這樣自稱證悟的人一定活得很痛苦，因

爲每天晚上都不能好好睡，要保持覺醒而不昏沈，要隨時隨地都能作主。那可就完了：他不能好好地睡覺了。可是他這樣每晚似睡非睡地強打精神躺在床上或坐在禪床上，又能撐多久呢？曾經有一個人，他學道家的法，想要永遠完全不睡覺。他曾經硬撐過，結果撐了多久呢？半年以後就再也撐不下去了。後來，他來跟我學了一段時間，但還是喜歡道家的有爲法，結果還是與我不相應，於是又轉回道家去了。

那離念靈知夜夜斷滅，色身才能得到完全的休息，才不會損耗；假使想要違背人間色身必須每天晚上睡覺休息的法則，每日白天及晚上都不睡覺，就算能撐上半年，最多撐個一年好了，雖然暫時可以不睡覺，但是一年過後怎麼著？累到撐不住時，才一躺下去，還是立刻就睡到唏哩呼嚕地，連大聲地打呼都不知道了，意識覺知心離念靈知還是眠熟而斷滅了，始終沒有辦法常住不斷啊！既然覺知心於夜晚眠熟時連持續存在都不可能，何況死時能作主呢？所以，最後還是無法作主，這就是落入離念靈知而自稱「開悟」者最大的苦惱處。因爲他們既然是以離念靈知爲證悟的內涵，當然要時時刻刻保持覺醒而不昏昧；所以那些離念靈知的「開悟」者，每天都爲這個事情很煩

惱，總是會想到：「我每天晚上若是睡著了，離念靈知就不能作主了。」而這個離念靈知的無念境界，其實就是一切還沒有開悟的人，或者一切悟錯的人，在眞實證悟之前所墮的地方，這也正是一切禪宗古今錯悟之師所墮的地方。

爲什麼不是只有現在的「禪師」們才會悟錯了，而是古時候的許多禪師一樣也是悟錯了呢？我們且舉個例子來說，就以上面大慧宗杲答覆別人來函的書信中所開示的內容來語譯一遍：【向侍郎！你寫信來說這個悟，說「悟與未悟，夢與覺時恒一」的這個因緣，那我就跟你說：黃面老子（古時傳說釋迦世尊跟我們一樣是黃種人，故稱爲黃面老爸）曾經這麼講過：「你以緣心聽法（這句是《楞嚴經》中講的話），你那攀緣萬法的這個靈知心、及所聽的法，仍然是所緣能緣的法，不離『緣』之一字。」】這意思是說什麼呢？因爲時間所限，這裡我們就把它省略不講，接著說：【你寫來的信裡提到的那些問題，是我大慧宗杲在三十六歲以前還沒有悟時所懷疑的地方；我以前就曾經懷疑過了，所以現在讀到你寫來的這封信，不覺就抓到了我以前的癢處。所以，我就來跟你談一談。我曾經也用這個問題問圜悟大師，圜悟先師經我這

麼一問，他當時只是伸手指著我說：「停止啊！停止啊！不要再夢想！不要再妄想！」他只這麼講。所以我大慧宗杲又問他說：「譬如我宗杲還沒有睡著的時候，凡是佛所讚歎的，我就依照佛讚歎的那些話去作；佛所訶止者，我也不敢去違犯；從前師父您所教我的，以及我自己所作的功夫，這些零零碎碎所得的境界與功夫，當我醒著的時候都可以得到受用；可是等到我夜裡一上床睡覺而半醒半覺的時候，就已經沒有辦法作主宰了，那時想要自己作主都作不了主；若是在夢境中得到金寶的時候，夢中歡喜無限；夢境中被人家用刀、用杖相逼，以及夢見種種惡劣境界的時候，在夢中又是怕怖惶恐。所以我心裡就想：『我這個身體都還在，只是睡著而已，就沒有辦法作主宰了；何況將來死的時候，身中的地、水、火、風四大分散，各種痛苦熾然，又怎麼可能不會被那個業境所回換呢？』到這裏我才著急了起來。」那時候，克勤先師這麼跟我說：「等到你所說的這許多妄想都不存在的時候，你自然就到了寤寐恒一的地方了。」」欸！禪師不懷好心就在這裡！克勤佛果大師所說的話裡面，有偏也有正；表面上看起來，好像是要你去修離念靈知的境界而住在離念的能覺能知境界中。

我們再來看大慧禪師接著怎麼說：【當初剛聽到先師這麼開示的時候，我也不相信；每一天，我都自己這樣在思惟：「睡著跟醒著的時候分明是兩段事，睡著是一段，醒來又是另一段，並不是同一個境界中的心，也不是寤寐同一，如何敢開大口說『我懂得禪』？除非佛陀所說的『睡著跟醒過來時永遠都同樣一個心』的開示都是妄語，那麼我這個禪病也就不須要除掉。」】意思是：若 佛陀說的寤寐恆一是妄語，是不可能達到的境界，也不是眞正的悟，而我現在正是這樣，所以我就不必求悟——就不必除掉這個禪病；若佛說的是眞實語，那我如今睡著跟醒著的時候，分明是兩段不同境界的心，那我這個禪病還是得要設法除掉啊！「後來發覺佛所說的話果然沒有欺騙人，其實是我自己沒有眞的了知。我因爲聽克勤先師說的一句話：『諸佛出身處，熏風自南來。』我忽然就把那些錯誤知見丟了，找到如來藏了，才知道說：『哎呀！黃面瞿曇所說的還是眞語、實語、如語、不誑語、不妄語，眞的不欺人，眞的是大慈悲，就算是粉身碎骨來報答黃面老爸，也報答不了啊！』這時，胸中有物的障礙既然除掉了，才知道原來正在作夢時的境界中有那個心，其實祂也正是醒著時的那一個心；而醒著時的那一個心也就是夢

中時的那一個心。」那麼你要去探討：「你醒著時的那一個心，是否就是夢中時的那一個？」要好好地探討是不是同一個心？如果睡著時與清醒時都是同一個心，才可以爲人家說禪、說悟，否則就不可以開大口說禪，最多只能開個小口偷偷地講幾句，不許出來當大師或寫禪書。

「當我實證了佛所說的睡著了跟清醒著的時候永遠都是同一個心，這個時候自己才知道這裡面的道理；到這個時候，想要把這個東西拈出來給人家看，也拈不出來。」因爲能拈出來的一定是有形象的東西，沒有辦法把那個無形無色醒夢一如的心拈出來。所以說「拈出呈似人不得」啊！想要送給人家也不行！就好像夢中的境界一樣，夢中的境界你沒有辦法拿出來給人家看的。若是你想要把它丟掉，也丟不掉，在夢中就是在夢中。「那麼你問我妙喜說：『在沒有悟以前跟已悟之後，有差別、還是沒差別？』你問這個，正好搔著我的癢處！所以，我不覺之間就依照我當初的情形如實招供給你。我仔細地閱讀你寫來的教誨之言，可以說字字至誠——每一個字都是很誠懇的，既不是來問禪，也不是來指責我，所以我不免就老婆一點，用我以前所疑的那個地方來吐露給你知道；希望居士你，試著將老龐居士所說的話放在

心中，不斷地提撕它，那句話就是：『但願空諸所有，切勿實諸所無。』接著先用目前日用境界，把它當作就是在作夢，然後去將夢中的移來現在醒著的時候來看，有沒有一個同一的東西；如果能依照這樣，能夠作得到，那麼佛的金鼓，高宗的傅說、孔子祭奠的兩楹，都不是夢啦！」假使悟得的心，是夢中的也是現在的，現在的也是夢中的，那不就是寤寐恆一了嗎？所以，從這裡可以看得見，古人未悟時的所知，跟現在禪師們所謂開悟的離念靈知，落處都是一樣的。

正在夢中的時候，離念靈知心已經沒有辦法作主宰；何況眠熟無夢的時候，離念靈知心已經中斷而不存在了，還能作主宰嗎？所以李元松老師生了一場大病的時候，想要用離念靈知心去跟病魔對抗，然而色身的疾病仍在，覺知心卻是會因爲色身的虛弱而使不上力，結果當然可想而知：抵抗不了。所以，只有從來都不會落在病中的另一個心，才可以抵抗病魔；祂能抵抗一切病，是因爲祂從來不曾落在任何一種病裡面，根本用不著抵抗病，一切病都害不到祂；但意識心（離念靈知心）可不行，是依色身而存在的心，所以色身病了以後，離念靈知心當然就會與病相應，當然是抵抗不了大病。我說

李老師眞的是個大修行人，那個「大」是大在哪裡呢？大在敢公開承認自己對或錯，不顧慮面子，這就是我最欽佩他的地方。到現在爲止，全球仍找不到像他這樣的一個人；到目前爲止，仍然只有他一個人作得到，眞是彌足珍貴！他不從面子來考慮現代禪的存亡，所以他是實事求是、就事論事，在理言理，率直地承認「以前所謂的悟，爲人印證證果，是屬於因中說果，過去所謂的『悟道』應只是自己的增上慢」，向佛教界公開道歉之後就一心求生極樂；所以他說：「現在南無阿彌陀佛是我唯一的歸命處。唯有『南無阿彌陀佛』是我生命中的依靠。」這個人眞的不簡單啊！

所以離念靈知心是夜夜斷滅的，永遠都不能離開病苦與生死的。如果有人說：「離念靈知心在眠熟的時候還在。」那我要請問了：「眠熟的時候、無夢的時候，離念靈知心在哪裡？」一定答不出來的。他只能夠含糊其辭地說：「離念靈知心當時還在，只是我不知道祂在哪裡。」不知道祂在哪裡，其實是因爲你離念靈知心自己中斷而消失了，還會知道你自己在哪裡啊？說穿了其實就是不在了。所以那都是強辭狡辯。如果是眞實還在的心，絕對不可能會不知道的；因爲離念靈知心的自性，是只要存在之時祂就一定會有覺知；

當祂一旦出現了就必然伴隨著了知性，不可能不知道自己何在，因為「知」就是祂的最重要體性。

【講義文稿】已證悟如來藏者，都知眠熟無夢時如來藏何在、在作什麼，豈有不知者？而離念靈知心在眠熟時就已滅失，次日或半夜則要依靠意根與法塵為助緣，才能再度從如來藏中生起，豈可說眠熟時祂還在？若在，則必須證明祂在何處、在作什麼；譬如醒時能離語言文字而分別六塵諸法，方可說祂在也！然而眠熟時的離念靈知心，根本就不存在了，何況能說明祂在何處？在作什麼？眠熟時即已如此，更何況死後？死後之離念靈知心，必須依止如來藏與意根才能入胎，入胎之後永滅而無復現之時，如何可說祂是常住心？何以故？來世再出生離念靈知之時，已換另一個全新之意識離念靈知故，所以不能銜接此世之所學，都不記憶，此即謂之胎昧，而此胎昧確實存在故。由是證明，離念靈知心絕非眞實常住法之眞如心也。

講記：就好像說，一切證悟如來藏的人都知道：在眠熟無夢的時候如來藏在哪裡。這是一切眞悟的人都知道的事，而且也都知道：當我睡著無夢的時候，我的如來藏在作哪些事情。不可能說：「**當我睡著的時候，我的眞心**

在哪裡？我不知道！」而且，離念靈知心在眠熟了以後就滅失了！由於確實滅失了，所以沒有離念靈知存在而不能了知自己正在睡覺中，得要醒過來以後才知道自己剛才是在睡夢中。離念靈知滅失了以後就變成無法，無法即不能再由空無之中無因無緣而重新出生自己，得要靠意根和法塵來作爲助緣，才能再度從如來藏因中生起，怎麼可以說眠熟的時候離念靈知還在呢？如果在，就必須要證明祂在哪裡，祂又在作什麼？不能夠只說：「祂還在，祂沒有在作什麼！」也不能說：「祂睡覺時只是閒著無聊，什麼都不作。」離念靈知心從來沒有不作事的，祂只要生起了，在每一剎那都不停地分別著。

譬如醒著的時候，離念靈知心可以離開語言文字而分別六塵諸法——了了分明，要像這樣才可以說祂還在。至於夢中，那時離念靈知心正在歡喜或恐怖；雖然一樣是沒有語言文字，也在歡喜、也在恐怖，那才叫作知道祂在哪裡。可是眠熟的時候離念靈知心根本就不在了，何況能說明祂在哪裡以及正在作什麼？

眠熟的時候已經是這樣了，更何況死了以後！死後的離念靈知心還得要依止如來藏與意根，祂才有辦法入胎；入胎之後離念靈知心就永遠斷滅了，

此世的祂在未來無量世中都不會再現起了；因爲，未來世所現起的離念靈知心，那是依未來世世不同的五根和世世同一的意根作藉緣，才能生起；至於世世不同的全新離念靈知意識，那已經是另一個意識了，不是與前一世的離念靈知意識同一個覺知心。你用這一塊木頭製造出來的椅子，以及用另一塊木頭製造出來的椅子，雖然同樣名爲椅子，卻一定是不同的兩張椅子，不可能是同一張。同樣的道理，以這一世的五色根爲藉緣而從第八識中製造出來的離念靈知心，與依下一世的五色根爲藉緣而從第八識中製造出來的離念靈知心，一定是不相同的兩個，除非離念靈知心可以不必靠五色根爲藉緣而仍然能在人間生起與存在。這已經證明離念靈知心是只能存在一世的生滅心，不能去到下一世，當然更不是從前世往生過來的。

如果有人主張這一世的離念靈知心是上一世移轉過來的，是同一個心，那好！請問他們如何能住胎十個月？豈不是要悶死了？他們在母胎中還住得了嗎？一定每天都比當兵數饅頭還要痛苦；那時，由前世入胎往生過來的離念靈知心，懂得許多世間法與語言，也知道有外面的廣大世界，那他每天都該想著：「我哪一天可以出胎去？哪一天可以出胎去？⋯⋯」那他也應該

一生出來就知道這是媽媽、那是爸爸、那是爺爺、那是奶奶，他一定早就知道的啊！而且大人說話時他也一定立刻聽懂。假使過去世出生在美國，這一世生來台灣，他至少出生之時也會講英文嘛！爲什麼都不會講？爲什麼都不知道父母、語言等等？過去世在美國生活的事物爲什麼又都忘了？可見離念靈知心是只有一世的，不是從上一世移轉過來的。

也就是說，上一世的離念靈知心不能來到這一世，這一世的離念靈知心自然也不能去到下一世，因爲每一世的離念靈知心都是以各世的五色根爲助緣才能出生與存在的，這是很簡單的道理嘛！爲什麼那些大法師、大居士們都不懂？都想不通呢？即使想不通，至少也該讀過佛法中最基本的四阿含諸經吧？四阿含中不是有 佛陀的聖言量嗎：「此陰滅已，異陰相續。」既然眾生流轉生死時都是**異陰相續**而不是**同陰相續**，陰有五陰，就表示五陰是不可能來往三世的；由此聖教，也證明離念靈知心不可能是常住心，因爲離念靈知心正是識陰六識的功能。

正因爲這個緣故，所以才會有胎昧，否則隔陰之迷又從哪裡來？又怎能存在？所以入胎後必然永滅的離念靈知心，只有存在一世，當然不是常住

心。正因爲每一世的靈知心都是單一的、獨一的，不能通三世——不能來往三世，所以此世的離念靈知心出生時不能立即銜接上一世所學的種種法，下一世的離念靈知心也不能在剛出生時立即銜接這一世的所學；出生以後只有上一世所學的種子存在，要等因緣成熟了才能觸發起來。正因爲如此，所以事實上剛出生時的離念靈知心都不懂上一世學過的世間事，得要再去當學生，經過一段修學過程以後才能再觸發往世的所學。

其實我今天也不是全部了知往世的事，而是要入定以後故意去看，才能看得到，但也沒有辦法指定想要看哪一世就看到哪一世。我雖然知道很多過去世的事，但卻不是宿命通；因爲宿命通是可以指定的，特地去看上一世、上兩世、上三世；我這個卻是不一定，是跳來跳去的，有時候看到無量劫以前的事，有時則只能看到前一世、二世，所以仍然屬於未離胎昧；下一世若是沒有再發起定力，就無法看到，仍然不離胎昧。這就是離念靈知心的體性，因爲不是從上一世移轉過來的同一個離念靈知心。因此說，離念靈知心絕對不是常住心，而是生滅心，所以不是眞實心，絕對不是眞如。

即使他們那些悟錯的大法師們自稱：「**我們的離念靈知心雖然眠熟時斷**

滅了，但是第二天早上可以不必藉如來藏爲因，不必藉意根與五色根爲緣，就能自己再生起。」縱使眞的能夠如此（其實是不可能的），仍然證明離念靈知心是生滅法，因爲晚上眠熟就斷滅了！而且那個說法也使他們成爲無因論外道、無緣論外道。因爲他們所主張的道理是：離念靈知心不必藉六根爲助緣就能存在，是自己本然就存在的；離念靈知心的種子不必含藏在如來藏中，所以不必以如來藏爲因。但這是標準的無因論及無緣論的外道論。如果他們辯稱離念靈知心就是因，但是萬法之因絕對不可能中斷一剎那，何況是眠熟而中斷那麼久？所以，離念靈知心絕對是生滅法、不是常住法。既是生滅法、非常住法，當然不可能是眞如心。

【講義文稿】又據《續傳燈錄》所載云：

師（大慧宗杲）曰：「爾六十四年前，不可元在福州鄭家。只今這聽法說法一段歷歷孤明底，未生已前畢竟在什麼處？」（鄭昂）云：「不知。」師曰：「爾若不知，便是生大。今生且限百歲，百歲後，爾待要飛出三千大千世界外去，須是與他入棺材始得。當爾之時，四大五蘊一時解散，有眼，不見物；有耳，不聞聲；有箇肉團心，分別不行；有箇身，火燒刀斫都不覺痛；到這

裏，歷歷孤明底，卻向什麼處去？」云：「昂也不知。」師曰：「爾既不知，便是死大。故曰：『無常迅速，生死事大。』便是這箇道理。這裏使聰明也不得，記持也不得。我更問：『爾平生作許多之乎者也，臘月三十日，將哪一句敵他生死？』須是知得生來死去處、分曉始得，若不知，即是愚人。」昂方心伏，始知無言無說處，一切非是。因別參請，未幾，頓有所得。

可見鄭尚明（鄭昂）尚書原學默照禪時，仍墮意識心境界之離念靈知中，不服大慧禪師之破斥默照禪，前往質問論理，被大慧禪師當面破斥之時，啞口無言，方知自己一場大錯；因了知離念靈知的錯謬處，捨除慢心，追隨大慧禪師，後來由於大慧宗杲之幫助故，方能悟得「寤寐一如」的如來藏實相心，終於發起般若實相智慧，成爲大慧的入室弟子，眞的成了賢聖菩薩。

講記：又譬如說禪宗的《傳燈錄》（後來又編了一部《續傳燈錄》），它有記載大慧禪師的說法。大慧跟一個很有名的居士說：「你已經六十四歲了，你既然說能夠默照六塵的離念靈知就是眞心，我且問你：『你離念靈知心六十四年以前，不應該說是本來就已住在福州鄭家，因爲你是那時才出生的，才剛剛有離念靈知心；你說這個離念靈知心就是眞如心，而你這個能聽法說

法的歷歷孤明底離念靈知心，在六十四年前還沒有出生以前，你這個一念不生底靈知心又在哪裡？』」一問之下，鄭尙書可就答不出來了，只好說：「我不知道以前在哪裡啊！」「你如果不知道，這離念靈知就是生大嘛！」就斷祂是有生之法，有生之法將來必定會滅，當然不是眞如心。你這個在眼前歷歷孤明面對六塵萬法的離念靈知心，父母尙未出生你以前，在哪裡呢？並不知道，可見你離念靈知心是這一世才出生的，是六十四年前才出生的，當然就是生大嘛！也就是有生的意思，不是無生之法。

「這一世暫且就算你可以生活一百歲好了，在你百歲以後，正想要退出三千大千世界以外去，想要離開生死時，得要跟著離念靈知進入棺材才有辦法。」也就是說，凡是想要出三界的人，離念靈知心得要與色身一起進入棺材中同時埋掉，不可以再有離念靈知心活著；所以說，你這個歷歷孤明底、聽法時無妄想的離念心，得要與死後的屍體一起進入棺材而消滅了，才有辦法出三界，否則就是仍然在三界中。換句話說，你這個離念靈知心得要斷滅掉，離念靈知心若不斷除掉，你出不了三界的。

大慧宗杲接著又這麼講：「我今天還是這麼講，正當死的那個時候，四

大五蘊一時解散，那時有眼睛，看不見東西；有耳朵，聽不見聲音；有箇肉團心，一樣是沒有辦法分別；有箇色身，被火燒了、刀子砍了，也都不覺得痛。請問：到這個時候，你那個會聽法說法、歷歷孤明底離念靈知心到哪裡去了？」欸！問得好！這個鄭昂（就是鄭尚明，官拜尚書）只好答說：「我也不知道！」大慧宗杲就說：「你既然不知道，那你這個離念靈知心就是會死滅的心，這離念靈知心就叫作死大，所以說：『無常迅速，生死事大。』」因爲自己的離念靈知心只有一世，是出生之時才有的，不是父母未生前就已經原有的心，當然老了以後生死事大，就是這個道理。

「到這個時節，你鄭昂尚書，來到我這裡要聰明是耍不出來的；你若想要把我所說的道理強記起來，也是記不住，因爲那不是你所知的境界。那我再問你：『你平生寫了之乎者也、許多書本，我問你：到了臘月三十日，你能用那些書中的哪一句來敵他生死？』」一句也敵不了啦！「必須要知道生來死去之處都很清楚，生是怎麼生來的？死去了以後是怎麼個過程，離念靈知心死後又是回歸到何處去？都得要清楚才可以。如果不知道，那就是愚人啦！」

你看大慧宗杲還當面罵人家大官是愚人欸！他罵人絕對不輸我，我有時責備人也不輸他。當時專修默照禪的鄭昂正是個佛法中的愚人，大慧宗杲就當面罵他。那個人是個尚書欸！鄭昂的官位很大，大慧宗杲卻照罵不誤。「鄭昂這時才清楚、才知道原來無言無說處，一切都不對，都落在離念靈知裡面，不離生大與死大。所以他就住下來，跟著大眾一起追隨我大慧宗杲參禪。後來因為另外再參請，所以不多久才頓時悟入了。」到後來還是大慧宗杲心腸好，對於鄭昂前來質問的事情都沒有記恨，沒多久就幫他開悟啦！大慧宗杲和我一樣地老婆。所以，由這裡可以見得：鄭尚明當初學默照禪的時候，還是落在意識心境界的離念靈知裡面；他是個大官，知識豐富、學養很好；就只是因為不服大慧宗杲破斥默照禪，所以帶著束香前去質問、論理，結果卻被大慧禪師當面破斥得啞口無言。後來也只好把那枝束香（閩南語稱為束柴）生火點了供養大慧禪師。

鄭尚書初見大慧禪師時講了一些話，口若懸河，提出質問；大慧禪師就讓他講，講完了，就換大慧禪師來講，鄭尚書就沒有開口的餘地了。我這一世也是這個習慣，不論是誰來找我，我總是先聽他講，然後我再來講。有一

次，在武昌街某個有名的精舍中，有三位當時小有名氣的佛教界人物，對我講了一個半鐘頭，一直在稱讚月溪法師的離念靈知多麼好、多麼正確；他們還指著整排的書櫃說：「這五千冊的書，我們都讀完了。」我當時都是一言不發，整整一個半鐘頭只管聽；但他們還是繼續講個不停，一直都沒有講完，後來我就說：「只剩下半個鐘頭，我就要去上課了，且換我來講。」我一開口講話，就沒有他們講話的餘地了；那時他們三個人面面相覷，你看我、我看你，沒有辦法答話。鄭尚書也是一樣，被大慧宗杲一罵，只好啞口無言；才知道自己所謂的開悟，原來是一場大錯。他還算有世間智慧，後來肯捨去慢心，追隨大慧禪師學法；也還是因為大慧禪師不計前嫌，肯幫助他，才能夠證悟那個睡著了跟清醒的時候永遠如一的如來藏實相心，才能證得那個生前與死後一直都在的眞如心，所以才發起了般若智慧，後來也成了大慧禪師的入室弟子。

【講義文稿】復次，離念靈知，不論是未修定力者所錯悟前念已滅、後念未起中間之短暫離念靈知，抑或是已修得定力者長時間之離念靈知，皆是意識心。何以證明之？先以教證，後以理證，即可知也！教證當如何說？譬

如 佛說：「眼、色因緣生眼識」……乃至「意、法因緣生意識」；又如 佛說意識有五種別境心所法，能了別六塵中種種境界相，亦能返觀自己之存在與否；如是意識體性與離念靈知心完全無異，除此離念靈知心以外，有念之心同是意識境界，證明離念靈知心即是意識心也！

講記：另外我們要說明的是：離念靈知，不論是沒有修定力者的短時間、剎那間的離念境界，比如說他們講「前念已滅、後念未起中間」極短暫的離念靈知，或者已經修得定力者長時間的離念靈知，都是意識心。怎麼樣證明是意識呢？我們先用教典來證明，然後再用理證來證明，就可以知道了。

教證上面怎麼說呢？譬如 佛曾經講過：「**眼、色因緣生眼識**」乃至「**意、法因緣生意識**」，又如此開示：「**諸所有意識，彼一切皆意法因緣生。**」也就是說，不論是什麼不同境界中的意識，不管是多麼粗或多麼細的意識覺知心，全都是要假藉意根與法塵爲藉緣才能夠出生的。又譬如 佛說意識心有五種別境心所法，能深入而清楚地了別六塵中的各種境界，正是離念靈知心的功能。這離念靈知心也能夠返觀自己是不是存在著，這就是證自證分；有這種證自證分的心即是意識，離念靈知心正是如此，可以了了分明地反觀自

己的存在、行爲、思想，當然是意識心。像這樣子，證明離念靈知心跟教證中所說的意識體性是完全一樣、完全符合的；因爲八個識裡面，除了意識心以外，沒有一個心能夠具有離念靈知心的這種境界，由此可以證明離念靈知心其實就是意識心，這在教證上已經很清楚證明了；所以離念靈知心當然是假藉意根與法塵爲緣才能出生與存在的生滅法，不是常住的眞如心。

【講義文稿】又以理證言之：離念靈知心不能離於六塵存在，是故離念靈知心所住最微細之境界相爲非想非非想定中，仍然有定境中之法塵存在，不離定境中之法塵境界；過此三界最微細之法塵境界，則離念靈知心滅失不存。以其不離六塵境界而證明離念靈知確爲意識心。

講記：我們再用理證來講，離念靈知心沒有辦法離開六塵而獨自存在。大眾回家以後都可以自己去體驗，不管是在定中或是平常時，乃至夢中、打坐修定之中，都可以證驗離念靈知離不開六塵。即使有人說他的離念靈知心眞的可以離開六塵而繼續存在，但是我們說明了之後，他就不敢再講這些話了！因爲離念靈知心所住最微細的境界，就是非想非非想定中；可是非想非非想定中，仍然是有定境法塵存在的——還是不離非非想定中的法塵境界；

若是超過非非想定這個定境法塵，離念靈知心就會滅失而不能存在了。這就是說，修定者的離念靈知心所住的最微細境界，就是非想非非想定的境界相，這仍然是定境法塵，不是迥無一塵。若是在五塵中了了分明的境界，那已經是具足欲界六塵的極粗糙境界了。所以，修定者有兩個定可以滅除離念靈知心，第一個是屬於無漏定的滅盡定，第二個是未斷我見的凡夫所證得四禪後的無想定。只有這兩個定境中沒有離念靈知意識心存在，若是超過這兩個境界，就沒有定可說了。離念靈知心既然在這兩個定境當中都可以滅掉，甚至平常晚上眠熟時就斷滅而無法了知六塵了，當然是會斷滅的心；會斷滅的心怎麼會是常住的眞心呢？法界中沒有哪一個眞心是會滅的，「眞」的意思，當然是指常住而從來都不間斷；但是卻有人硬要說「常住而不間斷的眞心，就是夜夜都會間斷的離念靈知心」，這個不合道理嘛！

【講義文稿】又離念靈知心能與夢境相應，夢境則是意識心境界，這已證明離念靈知心是意識。又離念靈知心能返觀自己之存在與否，返觀之性名為證自證分；而此六塵中之證自證分，唯有意識心方有，由此證明離念靈知即是意識。離念靈知一旦現起，則必定住於意識境界中，不能住於意識心以

外之境界中，由此證明離念靈知心即是意識心。

講記：而且離念靈知心一定會跟夢境相應！夢境是什麼心的境界呢？既不是如來藏境界，也不是意根的境界，更不是前五識的境界，正是意識心自己獨有的境界；而離念靈知心是可以存在夢境中的，這樣就證明離念靈知是意識心了。而且離念靈知心能夠返觀自己存在或不存在，能返觀自己昏沈或不昏沈，這種返觀的自性就叫作證自證分。這種了別六塵中的證自證分，只有意識心才有，其餘七個識都沒有，由此證明離念靈知是意識心。長時間的離念靈知與一般情況下的有念靈知，其實都是同一個意識心，差別只在有沒有修定而能不能長時間離念而已；所以，若是前念已過、後念未起之間的短暫離念靈知，是未修定者的意識境界，遠不如修定者所證得的長時間離念靈知。但是，不論是有念的靈知心，或是短時間、長時間的離念靈知心，一旦現起時，一定會住在六塵中；也正是住在意識的境界中，不能住於意識心以外的境界；由此事實的觀察，就可以證明離念靈知正是意識心。（編案：因爲時間關係，故平實導師當場開示：「等一下你們有事情的人，可以直接先走，因爲演講預定結束的時間已經到了！有事者都可以先走，沒關係。我們可能會講到五點鐘，但一

定講不完，有可能再多講二、三十分鐘；所以你們有事的人不必舉手說明，可以直接離開，我仍繼續再講下去。」）

【講義文稿】又，離念靈知心不能存在於無餘涅槃境界中，謂 佛說無餘涅槃境界中，唯有第八識名爲「實際、本際、我」單獨存在；其中迴絕六塵、六識、六根，十八界都已不存在；而離念靈知心不能離於法塵、意根，即使是修行有成的人，他的離念靈知心連最微細之定境中法塵，亦不能離之而單獨存在，證明離念靈知心即是意識心，是能與定境相應的心，當知不能存在於涅槃中。又，離念靈知心本是意識心，乃是十八界所攝法；而無餘涅槃界中，十八界法俱滅，無一法存在，故知離念靈知心絕非眞如心。

講記：離念靈知心也沒有辦法住在無餘涅槃的境界裡面，此外 佛說：無餘涅槃的境界裡面，只有第八識稱爲「實際、本際、我、如」，單獨存在。既然無餘涅槃中已經沒有十八界，當然沒有六識、沒有六塵、也沒有六根；既然十八界都滅盡了，當然離念靈知心也是跟著滅盡了！可滅的離念靈知心當然是生滅法。即使有人宣稱他的離念靈知心可以單獨存在，那一定是自欺欺人的自我安慰；因爲，六根、六塵既已滅盡了，可是離念靈知沒有辦法離

開五塵、法塵，也沒有辦法離開意根；即使是三界中最微細的離念靈知心，都不能離開意根及定境中的法塵而存在，這就證明離念靈知心正是意識心，沒有人可以騙人說他的離念靈知心可以離開法塵而繼續存在。既然無法離開六塵，當然離念靈知心無法住在無餘涅槃的境界中，因爲無餘涅槃中是絕對寂靜的，是迥無六塵當然也沒有法塵的。

阿羅漢入涅槃時一定要滅盡離念靈知心，故離念靈知心當然不是常住的眞實心。而且離念靈知心本來就是意識心，是十八界所攝；而無餘涅槃境界中，十八界全部都滅除了，沒有十八界中的任何一法存在——六塵及意根都滅除了，沒有根與塵存在，當然離念靈知心更無法存在了！所以，離念靈知心絕對不是眞如心。眞如心是常住心，而且是出生六根與六塵的心，當然不必依六塵而存在；返觀離念靈知心卻必須有六塵全部或局部才能存在，當然離念靈知心不可能是眞如心。此外，涅槃中絕對寂靜，六塵全部滅除了，根本無知也無覺；如果離念靈知心是常住的寂靜眞心，當然應該可以住於無餘涅槃中，那麼無餘涅槃中就變成有知有覺而且有六塵或至少仍有法塵了；有知有覺也有法塵或六塵，就變成不寂靜的「外道涅槃」，不是 佛在《阿含經》

中說的絕對寂滅的涅槃了。所以，錯認離念靈知心境界為禪宗開悟境界的人，就是「常見外道」——與常見外道同樣落入意識境界中了。

【講義文稿】又離念靈知心必須有意根同時同處而支持之，方能生起與存在；若無意根與祂同時存在運作而支持之，則離念靈知心即不能存在，何況能有作用？然而無餘涅槃界中，連意根都須滅除而不存在，何況能有離念靈知心存在？莫說無餘涅槃界中，乃至粗淺如眠熟無夢之中，意根尚存在之時，離念靈知心就已不能存在、運作了，何況能存在於意根已滅的無餘涅槃位中？既不能存在於眠熟無夢之際，更不能存在於無餘涅槃界中，當知離念靈知心即是虛妄、生滅之法，絕非眞如心也。眞如心如來藏，恆存於一切三界境界中，眠熟無夢位、正死位及一切三界境界中都確實存在，而可由證悟之人互相指出及證實故，亦可存在於三界外之涅槃境界中故；如是心性功德，唯有如來藏方有，經中又說：「此阿梨耶識名如來藏，而與無明七識共俱。」故知唯有如來藏阿賴耶識方是實相心體。

講記：而且離念靈知心必須有意根同時同處來支持祂，才能生起和存在；如果沒有意根來支持祂、配合祂，那麼離念靈知心就不可能存在，何況

能夠有祂的了別作用。可是無餘涅槃界中，連意根都要滅除而不存在，何況能夠有離念靈知心存在？且不說無餘涅槃，乃至粗淺的眠熟無夢境界時——意根都還存在的時候，離念靈知心已經無法存在了，又如何能運作？何況能夠存在無餘涅槃中呢？由此就可以知道離念靈知心是虛妄法，是生滅法，絕對不是眞如心。第八識眞如心永遠與三界一切境界並存，不管是眠熟無夢時，或是正死位、無想定、滅盡定中，祂都是這樣永遠存在著；而且可以由一切證悟的人互相指出以及證實，也可以存在於三界外的無餘涅槃無境界中，這是可以由證悟者互相反覆檢驗的，這才是眞實心嘛！這樣的體性就只有第八識如來藏才有，由此可知如來藏阿賴耶識才是實相心體。

第二章　默照禪古今之差異

現在進入第二章來講默照禪古今的差異，但是我要先換一下腿；我今天上座盤腿講到現在，已經三個鐘頭了。你們都可以隨意換腿，或是隨意坐，不必太拘束。我上次來這裡演講時，有很多人很拘束，不敢換腿；只因為我沒有換腿，他們就不敢換腿。用不著如此嚴肅。

第一節　現代「禪師」所傳之默照禪

【講義文稿】現代的默照禪傳法者，不論他們有沒有以默照為名，本質都不離默照之法，如是總有四種人：第一種人，是中台山所教授的默照禪，雖然他們不用默照之名相。當他們默照自己能知、能聽、能覺的一念心如如不動時，即以能知、能聽、能覺的一念心，作為眞如心。所以惟覺法師常常如是開示：「清清楚楚明明白白、處處作主的覺知心，即是眞如、佛性。」

常言：「師父在這裡說法，你們在下面聽法的一念心，就是實相心，就是眞如佛性。」此即是返觀覺知心自己，即是證自證分；證明清楚明白、了然分明之覺知心即是意識心，絕非眞如心，更非佛性也！此即是第一種默照邪禪。

講記：第一節講：現代「禪師」所傳的默照禪是什麼？因爲有些禪師正在傳默照禪。我們的話頭禪、公案禪，他們沒有辦法修成，更沒有能力弘傳，所以就換個名堂，自稱爲默照禪。那他們的默照禪跟古時候天童宏智正覺禪師所傳的默照禪一樣或不一樣呢？我們今天要來作個比較：究竟現代「禪師」們在人間所傳的默照禪是怎麼樣說的？

現代人間佛教中，不論是在台灣或是大陸，都有人在傳默照禪；不論他們有沒有用默照這兩個字作招牌，其實他們所傳的禪都不離默照禪之法，卻與天童宏智正覺禪師所傳的默照禪所悟內容不一樣。這些默照的禪法，我們把它歸納爲四種來說：

第一種人，譬如中台山教授的默照禪；雖然他們從來不用默照禪這個名稱，但其實還是不離默照。怎麼說呢？他們的默照（或者說返觀）自己能知、能聽、能覺的一念心如如不動，以這能知、能覺、能聽的一念心來作爲眞如

心。譬如惟覺法師有一句很標準的開示，大家都耳熟能詳的：「清清楚楚、明明白白、處處作主的覺知心就是眞如、佛性。」這句話，他已經開示七、八年了，現在還沒有改掉（註）。他常常在演講時這樣開示說：「師父我在這裡說法，你們在下面聽法的這一念心，就是實相心，就是眞如、佛性。」這就是返觀覺知心的自己清楚而明白地存在，也有能見、能聞的功能，所以惟覺法師正是默照能聽、能知、能說的這一念心，把祂當作是眞如心與佛性。但這正是覺知心意識，這個返觀（默照）的本身，就是意識的證自證分；他用意識的證自證分來證明「清楚明白、了然分明的覺知心意識自己確實存在」，正是落在意識心的證自證分之中，並不是悟得第八識眞如心而觀察第八識心的眞如法性；但是他自以爲這就是眞如、佛性，這就是第一種默照（返觀）之禪。雖然他沒有講過默照這兩個字，但本質仍然是默照，是要人家默照（默默地返觀）說：「我能聽、我現在專心聽法而沒有一念妄想，我專心住在能聽法的這一念心中，這就是眞如、佛性。」由此證明惟覺法師仍然不離默照之法，所以也應該歸納到默照禪裡面來。（本書出版時編註：這是二〇〇五年九月二十四日所說。）

【講義文稿】第二種人，每日靜坐默照其心，直到語言文字妄想不會輕易生起，就以無語言文字時的靈知心——離妄念的眼識能見之性、耳識能聽之性⋯⋯乃至身識能覺之性、意識能知之性，作爲眞如佛性；以如是六識境界性之施設，而教導眾生每日靜坐，求離語言文字妄想，以六識心能見之性、能聞之性⋯⋯乃至能知覺性作爲眞如、佛性，便印證爲開悟，其實已落入自性見外道所墮的六識自性中；所以就要求座下弟子四眾必須每日坐禪，默照語言文字有否生起？然而此類人其實都墮在六識心的體性中，以六識心之自性作爲眞如佛性，名爲妄覺者，此亦是現代之默照邪禪——認定六識心的知覺性作爲佛性。近年的劉東亮、上平居士即是此類人也！因爲長時間的離念靈知心被平實所破之後，便以誤解楞嚴意旨的邪見，而主張無念時的六識心自性即是佛性，同於自性見外道。

講記：第二種人，他每天靜坐，默照覺知心，一直觀照到語言文字妄想不會輕易生起時，就用這個沒有語言文字時的靈知心的體性（不是靈知心自己，而是靈知心作用時的自性），就是以遠離妄念時眼識的能見之性、耳識的能聞之性乃至身識的能覺之性、意識的能知之性，當作佛性。這些人同樣是

以六識境界性的施設，來教導眾生每日靜坐，希望可以離開語言文字妄想，用離念時的六識心能見之性、能知覺性作爲佛性，就印證作眼見佛性或證悟佛性了，其實都與自性見外道一般無二。

這一類人往往要求徒眾們每天要坐禪或禮佛，默照語言文字有沒有生起；但是這一類人其實都落在六識心的體性裡面，錯把六識心等識陰自性當作佛性；而這其實只是妄心識陰之自性，像這樣能覺照的自性其實仍是妄覺；這也是現代的默照禪之一。因爲，若是離開了意識覺知心的默照功能以外，就不再有別的自性存在了，而這類默照功能其實正是識陰六識的自性，同於自性見外道一般無二。現代佛教界中有哪些人是這一類人呢？河北的劉東亮與上平居士就是這一類人。他們其實本來也不是以這個作爲佛性，本來是以識陰六識的離念靈知作爲佛性，是認爲長時間的離念靈知，或者是以「前念已滅後念未起中間的極短時間離念靈知」作爲眞如心；但他們因爲被平實在《宗門血脈》書中破斥了離念靈知，所以現在不得不引用《楞嚴經》，改說能見之性乃至能知能覺之性即是佛性，然後再把佛性與眞如混爲一譚，堅稱六識的自性即是佛性、即是眞如心。這就是誤解《楞嚴經》意旨的邪見，

是斷章取義、斷句取義而主張無念時的六識心的自性就是眞如佛性，這是第二種的默照邪禪。

《楞嚴經》中說：六識的能見之性、能聞之性乃至能覺、能知之性，都不是因緣生，也不是自然生。劉東亮、上平居士和他們的師父元音老人、徐恆志等人，就誤以爲六識的能見能知之性即是佛性。但是，佛陀在《楞嚴經》中談到六識自性之所從來時，已經在第一段經文中明說：「**云何見性本如來藏妙眞如性？云何六入本如來藏妙眞如性？**」然後才開始解說六識的見性等六種自性爲何是如來藏的妙眞如性；解說完了以後就作個結論說：「**是故當知見性**（聞性等六種自性）**虛妄，非因緣生，非自然生。**」意思正是說，六種自性「**本如來藏妙眞如性**」。意思是說，六識的能見、能聞、能嗅、能嚐、能覺、能知等六種自性，都是虛妄法而不是常住的眞實法，卻都不是單單只有物質四大、父精母血、無明等因緣就能出生的，也不是無因無緣而自然能出生的，都是假藉各種因緣而由如來藏中自然出生的，所以總結說：「**本如來藏妙眞如性**」。但是劉東亮、上平居士讀不懂，就斷章甚至斷句取義，誤認爲六識的自性其實就是如來藏、就是眞如的自性。眞是南轅北轍，認賊爲

子，當然無法出生實相般若智慧。而他們的錯誤知見，是從元音老人及徐恆志那裡學來的；元音老人及徐恆志則是受學於王驤陸，同樣落入識陰六識的自性中，成爲佛門中的自性見外道，與佛門外的自性見外道同墮一處。這個事實，是他們永遠都無法否認的；因爲，想要眼見佛性，他們的條件是永遠不夠的：沒有看話頭的動中深妙功夫，沒有眞如佛性的正確知見，更沒有眼見佛性前所應具備的大福德——尤其是在他們無根誹謗正法及誹謗證悟眞如佛性的賢聖以後。而他們的修行方法，其實仍然不離默照之法。

【講義文稿】第三種人，則是認爲靜坐至一念不生時，當時之覺知心靈靈覺覺而處於寂靜境界中，認爲即是眞如心；由此邪見故，便教導座下四眾弟子，應須靜坐默照，若見妄念生起則不隨，令妄念自生自滅，而以妄念不起時之離念靈知心作爲佛地之眞如心；四眾隨之每日靜坐、觀照妄念起起滅滅，而不隨妄念思想流轉，如是默照、求離妄念，仍是離念靈知心，仍是意識心，此亦是現代之默照邪禪。

近年來法鼓山聖嚴法師大力提倡默照禪，但是他所提倡的默照禪，與天童宏智正覺禪師的默照禪所悟內容完全不同，卻與日本近代「禪師」的只管

打坐相同，都是意識境界，即是第三種默照邪禪。也就是說，日本鈴木大拙所謂的「開悟」，都只是靜坐之後默觀覺知心之有無起念，到了覺知心可以長時間不生起語言文字妄念時，安住其中，心大歡喜—心花朵朵開—就稱爲「開悟明心或見性了」。如果「悟後」語文妄念又再生起時，就說是悟境退失了，或說是不住於悟境中了。這也是現代的默照邪禪，與古時天童宏智正覺禪師的默照禪所悟內容完全不同。

講記：第三種人，是認爲靜坐到一念不生時，因爲當時的覺知心很靈敏、很銳利，靈靈覺覺而處於一念不生的寂靜境界裡面，就認爲這時的覺知心即是眞如心；由於這個邪見的緣故，所以教導座下的四眾弟子，每天得要靜坐默照；如果看見妄念生起時，不隨妄念而轉，讓妄念自生自滅，然後以妄念不生、妄念不起的時候，其中能夠返觀心中無念的靈知心自己，作爲佛地的眞如心，他們就宣稱已經證得佛地眞如。他們座下的四眾弟子就依如此知見，每天都要跟隨著他們打坐，觀照妄念起起滅滅而讓覺知心在那邊看著妄念的起滅，不隨妄念流轉。這樣每天辛苦地默照來求離妄念，認爲這時就是住在悟境中。這其實還是離念靈知心，這仍然是意識心境界，與常見外道一

樣，這也是現代的默照邪禪。

近年來法鼓山的聖嚴法師也是這樣，這幾年正在大力提倡默照禪。可是他們所提倡的默照禪，跟古時候天童宏智正覺禪師的默照禪內容完全不同，而與日本近代「禪師」的只管打坐相同，都是落入意識心的境界，與常見外道完全相同，這就是現代的第三種默照邪禪。這也就是日本鈴木大拙所謂的「開悟」，都只是靜坐之後默觀覺知心有沒有生起語言文字妄念；修了很多、很多年以後，到了覺知心不起語言文字妄念，把無念的時間拉長了以後，終於能夠長時間安住在無念的境界中，心裡面就非常的歡喜，叫作心花朵朵開。當他們心花開了，就印證說是「開悟明心及見性」了。

如果「悟後」語言文字又再生起的時候，那就說是你的悟境退失了。所以聖嚴師父說「悟境是會退失的」，他所謂的悟境退失就是指語言文字又在覺知心中生起了。這也是現代的默照邪禪之一，和古時候天童禪師的默照禪所悟的如來藏內容完全不同；而且，聖嚴法師也是否定阿賴耶識如來藏的破法者，他在書中說要把阿賴耶識滅掉，又不承認有如來藏第八識的存在。

【講義文稿】第四種人，則是於靜坐中默照：「**前念已過、後念未起中**

間，極其短暫之剎那間仍有靈知心迥無妄念。」即以此短暫之離念靈知心作爲眞如、佛性，即施設其禪法，要求座下弟子悉皆每日靜坐觀察如是短暫之離念靈知；再將意識覺知心轉依此離念靈知境界，求令意識覺知心不再生起語言文字妄念，以此爲悟；雖然不墮入前五識的見聞知覺性中，卻墮於意識心的了知性中，此亦是現代之默照邪禪。此即是王驤陸傳與元音老人、再傳與現在之趙曉梅……等人之法也。河北省的劉東亮、上平居士，以前曾都是這一類的現代默照邪禪。

講記：至於第四種人，他們是在靜坐的時候默照：前念已過後念未起，這中間有個短暫的離念靈知，那一剎那間的離念靈知雖然很短暫，卻是本來就有的，所以是常住心。他們就主張說這個離念靈知心是本來就有，不是修行以後才有的。表面聽來似乎沒有錯誤：你這麼觀察妄念，看著妄念不斷的生滅；當一個妄念過去，下一個妄念還沒有生起時，在前念與後念中間有著短暫的離念靈知，這離念靈知從表面看來，並不是修行以後才有的。所以他們辯解說：「這不是因修而有，是本來就有，當然是常住的眞如心。」但是，問題來了：這個「本來就有」的離念靈知會不會中斷？是不是本來就有的？

既然公開主張說是本來就有而不是有生之心，當然得要自己先證明是不是本來就有而不是依憑別的法才能出生的心，當然也應該自己先證明這個離念靈知心不會中斷；因為，凡是本有的常住心，一定是永遠都不會有時中斷的。

這幾年以來，我破斥「離念靈知心的錯謬」，是從很多方面來辨正的，不是只有辨正一、兩點理由。我固然破斥離念靈知，但也舉出過正理：「**本來就有的才是眞正的眞如心。**」如今再請問他們：「**你們這個前後念中間短暫的離念靈知心，會不會間斷？**」當然是會間斷的啊！等我聽到他們承認說會間斷，我回頭再來破：「**你這個短暫的離念靈知是本來就有的嗎？**」他們才知道：原來這不是本來就有的心，是從睡眠中醒過來以後才有的啊！這個離念靈知既是醒來才有，所以他們現在只好默而不言，只好顧左右而言他；然後另闢戰場——另立新的題目，繼續不斷地建立一個又一個新的題目，無止盡的死纏濫打下去，眞的能夠證明自己確實有堅持錯誤知見而且絕不認錯的毅力。

所以他們被張老師寫的《護法與毀法》一書破斥了以後，一句話也不敢辨正，私下裡就放話說：「**正覺同修會常寄書來，他們寄來一本我們就燒一**

本，寄來一卡車我們就燒它一卡車。」好吧！那我們就不再寄贈了。他們既然不想得到好書來進修、提升自己，咱們就不寄。以前雖然從側面知道他們在排斥、毀謗，咱們還是繼續好意寄送給他們，只要他們能夠提升知見就行。如今他們已經公開放話說要燒掉，也確實公開燒了幾本，那我們就停寄吧！我們心量是這樣的大，他們雖然謗法，我們一樣願意送給他們；但是既然公開燒了幾本，公開的宣示不要再讀了，那我們只好放棄，絕不強人所難。我把繩子垂給他，他不想拉著繩子上來—不想要離開邪見深坑—反而放火燒繩子，那我就把繩子收回來，不然還能怎麼辦呢？只好收回來——將原來要寄贈給他們的書轉送給別人；將來他們如果迴心轉意還想要書，那時我們再寄贈吧！

所以他們把前念與後念中間短暫的離念靈知，拿來作爲眞如心，說是本有而不是修行以後才有的妄心，並且施設說這個就是趙州禪的開悟方法，其實是在毀謗老趙州、破壞老趙州的正統法脈；這只是王驤陸傳給元音老人、徐恆志，轉傳給劉東亮、上平居士……的意識覺知心境界。他們要求座下弟子，每天靜坐觀察這樣的離念靈知，然後希望能把這個意識覺知心的短暫離

念靈知的離念境界拉長，認爲這樣就是開悟而開始悟後起修了，也認爲這樣就是不退失了。這縱使可以不落入前五識的見聞知覺性裡面，但還是落在意識心的了知性裡面，仍然是夜夜斷滅的生滅法。這也是現代默照邪禪中的一種，是由王驤陸傳給元音老人，再回傳給王驤陸的外孫女趙曉梅；也是上平居士等人正在推廣的所謂「趙州禪」，就是這個意識法，這都是現代的默照邪禪；他們都忘了老趙州說的話：「**老僧不在明白裡。**」他們卻還在高聲地說：離念而了了靈知。

徐恆志老居士開始誹謗我們正法以後才不過二年，已經開始不一樣了；當他活到八十幾歲時腦筋還是很靈光的，可是這一年多以來已經急遽地惡化，現在變成老人癡呆症了！在沒有毀謗正法以前都沒事，謗法以後才快速地開始這個果報；但這還算是好事，因爲重罪輕報而提前受報了，後世就不必落入三惡道中。離念靈知既然錯了，他又寫文章公開毀謗如來藏正法，而我們出書前也事先寫信告訴他錯誤的所在，假使他願意公開懺悔，我們就不寫書辨正他的錯誤。所以，他收到我們寄的信件以後，就應該要懺悔，修正錯誤的說法；可是他不肯改正，收到我們預先寄給他的信以後，仍然不肯懺

悔改正，而且在他回給劉東亮的信件中，繼續毀謗說我們的法義錯誤，又被貼上網路繼續毀謗正法；於是短短一年多就變成這樣了，現在連親人也認不得了。這事情，你們可以去求證，可以證明我沒說謊。

所以，弘法時必須完全依止 世尊所教、所傳的眞實義，不應該誤會 佛陀在經中所說的法義，更不可以自己擅自改變以後，還妄說錯誤的法義是世尊所傳下來的。由於 世尊並不是那樣說，所以他們公開宣稱 世尊也是那樣說的時候，其實已經是謗法又謗 世尊了；謗法與謗 世尊，都是佛法中的最重罪。萬一不小心毀謗了正法，只要趕快公開修正就行了；然後趕快求悟，悟後趕快作實相懺，罪業就可以完全滅除了。面子沒有用，面子最多再維持個五年、十年、二十年，終究不再有用。就算讓他們再維持四十年好不好？可是未來無量世的極難承受的痛苦果報是多久？那可是好幾個大劫的苦痛呢！這個算盤得要好好撥算一下，這個算盤可得要放在心上，不要放在桌上——要隨心攜帶著。

第二節　天童宏智正覺禪師之默照禪

【講義文稿】天童宏智正覺禪師乃是眞實證悟者，但其所倡導之默照禪法，與其所悟實難相應；謂其所悟仍是如來藏，所開示者仍是如來藏，而其教導弟子用功求悟之法，卻是與如來藏極難相應之默照法。且舉例天童禪師之開示，證實於一切眞悟者之前。

一、**天童禪師舉：**

疏山到潙山便問：「承師有言：『有句、無句，如藤倚樹。』忽然樹倒藤枯，句歸何處？」潙山呵呵大笑，疏云：「某甲四千里，賣布單來。和尚何得相弄？」潙喚侍者：「取錢還者上座。」遂囑云：「向後有獨眼龍，爲子點破去在。」（疏山）後到明昭舉前話，昭云：「潙山可謂頭正尾正，只是不遇知音。」疏復問：「樹倒藤枯，句歸何處？」昭云：「更使潙山笑轉新。」疏於言下有省，乃云：「潙山元來笑裡有刀。」（隨即）頌曰：藤枯樹倒問潙山，大笑呵呵豈等閑？笑裡有刀窺得破，言思無路絕機關。

由此可證天童所悟亦是如來藏。

講記：另外，我們接著來講，天童宏智正覺禪師的默照禪是什麼？他是眞實證悟底人，可是他所倡導的默照禪法，和他所證悟的內涵其實是非常難以相應的。也就是說，其實他所證悟的心和所有眞悟祖師們同樣都是如來藏，而他爲人所開示證悟的內涵也是如來藏，可是他教導弟子們用功求悟的方法，卻是和如來藏很難相應的默照之法。也許有人不相信我的話，我們就舉出他的開示來證明，同時也是在本會中已經證悟者面前來證明，這樣最正確。因爲你們既然有一些人找到如來藏了，從天童禪師的開示中，就知道他所開示的是不是眞的在講第八識如來藏。

第一則，天童禪師舉出一個公案，疏山禪師來到潙山靈祐禪師那邊，開口就問：「我聽說你曾經講過『有句、無句，如藤倚樹』的公案，那我請問你：忽然樹倒藤枯時，『有句、無句』要歸到何處去？」不論是有句或無句，所歸當然都是指萬法的本源如來藏。沒想到潙山禪師聽了就呵呵大笑，那時還沒開悟的疏山禪師，聽了很不滿意，以爲潙山禪師是在笑他（這是他悟前的事），就說：「某甲我，走了四千里才來到這裡，路上的盤纏是靠賣了我的

布單才有的欸！你怎麼能這樣作弄我呢？」就是說，疎山禪師是把衣被及多出來的僧衣都拿去賣，才能夠有路上的旅費來到溈山禪師這裡；像那麼眞誠而辛苦地來參訪，溈山和尚怎麼可以這樣作弄他。「我來請問你，來向你請法，你卻不給我開示，這樣哈哈大笑就算了嗎？」溈山禪師就喚侍者說：「侍者！拿旅費來，還給這位上座。」溈山禪師倒是願意幫他付盤纏，然後向疎山講：「以後自然會有個獨眼龍爲你點破的。」

獨眼龍，就是獨具隻眼的意思；是指已經開悟的人，而以比較詼諧的口吻來稱呼開悟者。這三字當然也有一點點輕視的味道——原來只具一隻眼；意思是那個證悟者尚未透徹所悟，有待進一步深入悟境而發起更深妙的智慧。這表示，溈山禪師當時確實已有爲他之處，並不是沒有爲他指示哦！但是當時疎山禪師悟不了，因爲他看不清楚溈山的弦外之音，誤以爲溈山大笑是在取笑他的不懂；而疎山當時也確實不懂，只不過，溈山大笑其實不是在笑他，而是指示他一個入處。後來疎山禪師去到明昭禪師那邊，把這一段過程拿出來講，明昭禪師就好心爲他解說：「溈山禪師可眞的是頭正尾正，可惜是沒有遇到一個知音啊！」疎山禪師奇怪：「怎麼一代禪師的明昭也這麼

講？」他弄不清楚，只好就問：「那麼，樹倒藤枯，句歸何處？」

樹倒藤枯是一個公案，講的是大慧禪師跟 克勤先師證悟的公案。克勤先師問 五祖法演禪師，五祖法演禪師說：「有句、無句，如藤倚樹。」那時先師悟不出來，又問 五祖禪師說：「當樹倒藤枯時，又是如何？」五祖就敞開了說：「相隨來也！」克勤先師就這樣悟入了。後來大慧宗杲禪師在這一句上也沒有辦法悟入，一樣是參不出來，就問先師 克勤說：「那你當初在五祖那邊，是怎麼悟的？」克勤大師當時不肯明講，大慧禪師就說：「你當初問五祖先師的時候，也是當眾問的啊！那現在當眾跟我講，又有什麼關係？」克勤先師不得已，就講：「有句、無句，如藤倚樹。」大慧又問：「那麼樹倒藤枯的時候又如何呢？」克勤先師隨口答道：「相隨來也！」樹倒藤枯，那藤不就跟著樹倒下來了嗎？所以說相隨來也，大慧禪師當時也就悟了。可惜你們都落在文字語言上（大眾笑…），還在猜測「相隨來也」是什麼意思。那他疎山當時一樣是弄不清楚，接著就問：「那麼，句歸何處呢？」樹倒藤枯的時候，這個「有句、無句，如藤倚樹」，這個問句要歸於何處？當然是要歸於萬法本源的如來藏心啊！於是明昭禪師就微笑說：「更使溈山笑轉新！」

意思是說：你疎山假使不懂，還要重新再問這一句，將會使溈山靈祐禪師在這裡重新再為你笑一遍。欸！這一句下，疎山終於懂了，就說：「哈！原來**溈山禪師笑裡藏刀！**」（大眾中已悟者都笑……）那麼我也告訴你們：「**泥中有沙，沙中有刺。**」

天童正覺禪師舉完這個公案，就又為這公案作了一首頌：「**藤枯樹倒問溈山，大笑呵呵豈等閑？笑裡有刀窺得破，言思無路絕機關。**」意思是：疎山禪師以樹倒藤枯的句子來問溈山禪師，那溈山禪師呵呵大笑，豈是可以等閑視之？溈山禪師笑裡有刀，假使有人能窺破溈山大笑之中的殺人刀，從此就能住於言思之路已盡，而看破禪師一切機關的境界了，那時已經不再有禪師所設的機關存在了。這個境界，是只有證得如來藏的人才能安住的；正當安住於這個境界中時，卻又無妨覺知心繼續住在言思有路而處處為學人施設機關的心境中。

藤枯樹倒這一首頌，是天童禪師舉出公案宣講完了以後所說的頌；所說也完全符合實證如來藏以後產生的智慧，這已經證實天童禪師懂得這個公案中的意涵，由此可見他不是落在離念靈知上。他的頌中說：「**疎山禪師悟前，**

以藤枯樹倒的句子來請問溈山禪師，那溈山禪師卻是呵呵大笑；這呵呵大笑豈是等閒之事？」溈山禪師雖不答覆他，只是呵呵大笑，其實是用呵呵大笑來答覆疎山的請問。「溈山禪師這個呵呵大笑，難道是等閒而笑的嗎？其實是笑裡有刀。如果你勘破了這大笑之中的殺人刀，你從此就『言思無路絕機關』，你就找到如來藏了。」如來藏實相境界中還有語言文字嗎？還用得著思索嗎？對已經證悟的你們而言，那些公案—那個笑裡藏刀的公案中—還有什麼機關可說嗎？你們都已經知道了。由他這個開示，就可以知道他所悟的還是如來藏，並不是離念靈知的覺知心意識境界。

【講義文稿】

二、**天童禪師舉：**

【溈山問仰山：「子一夏不見上來，在下面作何所務？」仰云：「某甲鋤得一片畬，下得一羅種。」溈云：「寂子今夏不虛過。」仰云：「和尚今夏作什麼？」溈云：「日中一飯，夜後一寢。」仰云：「和尚今夏亦不虛過。」道了乃吐舌。溈云：「寂子何得自傷己命？」】師云（天童禪師隨即開示）：「**少當努力，老合歇心，這一夏總不虛過，爲什麼仰山道了吐舌？若點撿得出，**

禍不入愼家之門。」

由此可證天童禪師亦是以親證如來藏作爲證悟。

講記：如果還有人不信天童所悟的不是離念靈知，咱們且再來講第二則，看弘揚默照禪的天童正覺禪師又是怎麼說的。有一天他舉出一個公案來：

溈山問仰山：「欸！你仰山慧寂這個夏天都沒有上來，你在山下作什麼？」仰山答覆說：「我某甲在山下鋤得一片荒田，下了一籮種子。」說他整個夏天在山下開墾出一片荒田以後，又把一籮種子都下好了。溈山說：「你慧寂這一個夏天，眞的沒有虛過了！」說仰山慧寂這個夏天確實沒有虛過，眞的是在道業上用心，這裡面可是有含意的。那仰山接著就請問師父：「那麼和尚您這一個夏天作了些什麼呢？」溈山禪師答說：「我這個夏天，就只是日中一飯，夜後一寢。」仰山說：「哎呀！和尚您這個夏天也沒有空過了！」（大眾笑…）溈山禪師夏天時，每天只是中午吃上一齋，晚上再睡一覺，徒弟仰山禪師卻說師父如此安逸地過日子，也是一樣沒有空過這個夏天。仰山禪師說完了以後，卻又吐舌。溈山禪師卻說：「你慧寂又何必這樣自傷己命呢？」

天童宏智正覺禪師講了這個公案，然後就開示說：「年少的人，應該努力；年老的人，合該歇心。他們兩個老少，這一個夏天總是都沒有虛過日子。然而問題是：爲什麼仰山說了以後，還要吐舌出來？如果檢點得出來，乃至墮落三惡道的災禍，都不會進入你這謹慎之家的門戶中去。」欸！諸位都得要謹愼一些，你如果檢點出其中的關鍵來，你就是愼家了。據天童所說「禍不入愼家之門」，你從此以後可以安心過日子了；以禪宗的實證境界而言，再也沒有可以使你煩心的事了。假使檢點不出，卻敢公開自稱開悟，那可就禍入你家了！

那麼，由此也可以看得出來，天童正覺禪師所證悟的，確實也是如來藏啊！除了證悟如來藏以外，住在離念靈知心的境界是無法弄清楚潙山與仰山父子之間有什麼玄機的。可是，天童也並沒有講解那一句「寂子何得自傷己命」，因爲他也不知潙山意在何處。這個密意，可得悟後自己去參，我平實這裡也就省了口水。這也就是過牢關者與明心者的差異處了！平實倒是願意爲大家指個方向，眞悟者一聽，也就懂了。如同武學世家專練外家功夫者，總是太陽穴鼓鼓地，讓人一見就知道應該尊重他，因爲一見之下就知道他的

外家功夫了得；但是已到究竟地的練家子，卻是由氣功練成的內力來達成偉大的功力，從外貌上是看不出來的，他的外表很斯文，實際上卻有深藏不露的絕世武功。

【講義文稿】

三、天童宏智禪師上堂，舉：

水潦和尚問馬大師：「如何是佛法大意？」馬祖與一踏倒，水潦豁然大悟，起來呵呵大笑云：「百千法門、無量妙義，只向一毫頭上識得根源去。」師云（天童禪師拈云）：「馬大師不合放過，待伊起來恁麼道，但問：『只這一毫，從什麼處得來？』待伊擬議，更與一踏。」

由此可證天童禪師亦以如來藏爲證悟之標的。

講記：第三個公案，宏智禪師另外一天上堂，又舉出另一個公案：水潦和尚問馬大師：「如何是佛法大意？」馬大師站起身來，一腳就把他踏倒；水潦和尚被踏倒在地，隨即豁然大悟，站起身來就呵呵大笑說：「啊！百千法門，無量妙義，只向踏倒這個毫毛的尖頭上面就認得了。」他就知道實相了。天童禪師就拈來開示說：「這水潦和尚被馬大師一踏就倒地了，就說他

開悟了。那時馬大師其實不合放過，應該等水潦和尚起來這麼說的時候，再問一句：『只這一毫頭，你是從哪裡得來的？』那水潦和尚如果還開口想要回答時，就把他再踏倒一次。」眞的還得要再把他踏倒一次，因爲這是宏智正覺禪師初悟時被師父使過的一招——最後重新再打一拂子罵他：「又道不借。」從這裡看得出來：天童所悟的還是如來藏啊！這全然不是默照時的那個離念靈知，與現代那些弘揚默照禪的大法師們所墮的地方完全不同。在這個公案中可是言語喧囂驚天動地而非離念的，怎能說是離念靈知的境界？而且，天童禪師也說：「當水潦和尚悟後站起來而自認爲已經開悟了，馬祖大師其實應該再問水潦和尚一次：『你究竟是悟在何處？』正當水潦和尚想要開口答覆時，就先動腳再把他踏倒一次，不要讓他再開口。」這個意思，必須是悟了如來藏以後，才能懂得的；若是落入離念靈知心意識境界中，又如何懂得天童宏智禪師的言外之意呢？一定會誤解了天童的意思。

【講義文稿】

四、天童禪師上堂，舉：

僧問雲門大師：「如何是超佛越祖之談？」門云：「胡餅！」師云：「雲

門老子能施設，胡餅佛祖俱超越；哆哆和和兩片皮，猎猎獠獠三寸舌；不是特地展家風，也非投機應時節；生鐵鑄成無孔鎚，特團圞兮難下楔。諸禪德！且道：天童今日是下楔、不下楔？明眼人辨取。」

由此公案之開示，可以證實天童亦是以如來藏作爲明心之標的也！

講記：再來是第四則公案，且看天童禪師怎麼開示？他舉出一個公案，是雲門禪師的公案。有個僧人問雲門大師：「如何是超佛越祖？」他想要知道有誰能超佛越祖？當然是如來藏嘛！那雲門大師怎麼答？雲門禪師只答兩個字「胡餅」。舉出了這個公案，天童禪師就作了一首頌來開示：「雲門老子眞的會施設，用『胡餅』就把佛與祖全都超越了。」他講胡餅時，其實他自己也是超越胡餅的；不怕你說話，他其實不只超越佛與祖，其實是連胡餅都超越了。「雲門正是藉著哆哆和和的嘴唇兩片皮，加上猎猎獠獠的三寸舌來說法的；他並不是特地來展現他的家風，也不是針對這位當機者來投給機鋒、來回應那個時節因緣；他這個胡餅公案眞的是生鐵鑄成的無孔鎚，」鐵鎚上一定有個孔，弄個木頭插進去以後，還是鬆動而搖晃的，必須再用一頭粗、另一頭細的木片敲進鐵鎚與木頭的縫隙中，撐得牢牢地，才能作鎚子使

用；那個尖木片就叫作楔，但是天童禪師卻說：「這是生鐵鑄成的無孔鎚子，連把柄都是生鐵，是連同鐵鎚一體成形的，所以這鎚子特團圞兮，」非常的團圞，意思是這把鐵鎚根本連個縫隙都沒有，你要弄個木楔穿進鐵鎚裡去，「根本就沒有辦法。」眞正是「難下楔」。

天童宏智禪師說完了，就問：「諸禪者！你們倒是說說看，我天童禪師今天是下楔了？還是沒有下楔呢？」那個鎚子、榔頭的洞，木柄穿進去以後還是會有一些鬆動，還得用木楔插進縫隙裡，再把它敲緊，讓鎚子與木棍緊結合才能使用，那個舉動就叫作「下楔」。「你們倒是說說看，我天童禪師今天是下楔了呢，還是沒有下楔？明眼的人辨辨看吧！」那麼從這裡就知道，他還是以如來藏當作明心的標的物啊！落入離念靈知中的錯悟者，根本不懂雲門爲什麼答那僧「胡餅」；表面上看來，雲門的意思是說，胡餅是超越禪宗諸祖及諸佛的。但是雲門意在言外，可不是這意思；會得他的弦外之音以後，才知道原來胡餅的密意確實可以使人超佛越祖的。當你通了其中的密意時，天童那晚講解了這個雲門胡餅公案時，究竟是下了楔沒有？你一定知道了，又何須多言呢！若是落入離念靈知意識境界中的錯悟者，絕對是通

不了天童禪師所講這個公案的。

【講義文稿】

五、天童禪師上堂，舉：

子湖見劉鐵磨來，便問：「汝莫是劉鐵磨否？」磨云：「不敢！」湖云：「左轉？右轉？」磨云：「和尚莫顛倒。」湖便打。師（天童禪師）云：「見之不取，思之千里。劉鐵磨既不能見機而變，子湖遂乃倚勢欺人。且道：其間事作麼生？莫是『驅耕夫牛、奪飢人食』麼？要且不恁麼！爾道如何體悉？還會麼？不見道：無事上山行一轉，借問時人會也無？」

由此可見，天童宏智正覺禪師確實是以如來藏作爲禪宗明心之標的。

講記：再來是第五則，天童禪師上堂時又舉出另一個公案說：有一天，子湖禪師看見劉鐵磨居士來了，就問劉鐵磨：「你莫非就是劉鐵磨嗎？」劉鐵磨回答說：「不敢。」不敢二字的意思就是說：「正是我。」子湖禪師就問：「那麼請問你這個劉鐵磨是左轉？或是右轉啊？」劉鐵磨說：「和尚！你不要顛倒了。」子湖禪師聽他這麼說，就知道他不懂禪。這子湖利蹤禪師很厲害，一聽就知道劉鐵磨還不知道禪——悟錯了，所以聽到劉鐵磨說他顛倒

時，隨即一棒打過去。

我弘法以來接見諸方，還沒有打過人。以後可能要學子湖禪師打人了！（大眾笑…）那天童禪師舉完這個公案，就拈來說：「見之不取，思之千里。」天童禪師的意思是說：劉鐵磨看見子湖利蹤禪師為他開示的時候，早就應該要悟取子湖利蹤顯示給他的密意了；結果他還是不懂得悟取，老是在子湖利蹤禪師的言句上用心，那劉鐵磨空有大名聲，又有什麼用？子湖禪師已經把如來藏分明告訴他了，他卻不懂得悟取，還在那邊思惟妄想子湖禪師是什麼用意，其實已經千里遠了！

天童禪師舉完了這個公案以後，接著說：「劉鐵磨既然不能見機而變，」因為當子湖禪師問他左轉、右轉的時候，他就應該見機而變；如果是我呢，我就（平實導師作了個左轉鐵磨的手勢）（大眾笑…），然後我又這樣（作了個右轉鐵磨的手勢）（大眾爆笑……），子湖的左轉右轉不就結案了嗎？可是劉鐵磨不能見機而變，「所以子湖禪師就仗勢欺人。你們大家倒說說看，這公案裡面的事情到底是怎麼回事？難道還會像是那些悟錯的人所說的『禪就是驅走耕夫所用的牛、奪去最飢餓的人手中的食物』嗎？且得沒交涉！」根本就

不是以答非所問來滅卻參禪者心中的妄想，從來不是這回事。「那你們大眾且說說看，要怎麼樣去體會這個禪？還知道這個道理嗎？」他天童禪師眞是老婆，怕人家不會，所以又當面奉送說：「啊！若是沒有事情，就上山去閒轉一番吧！我天童在這裡也順便借問現在的所有禪師們：你們會不會啊？」那麼，明心的人一聽就知道，天童禪師這些話中講的就是如來藏，所以他還是以如來藏作爲證悟之標的。

【講義文稿】若猶不信，且再觀天童禪師之拈提。天童禪師舉：

魯祖問南泉：「『摩尼珠，人不識，如來藏裡親收得。』如何是藏？」泉云：「王老師與爾往來者是。」祖云：「不往來者？」泉云：「亦是藏。」祖云：「如何是珠？」泉召云：「師祖！」祖應諾，泉云：「去！汝不會我語。」頌曰：別是非，明得喪；應之心，指諸掌；往來不往來，只者俱是藏。輪王賞之有功，黃帝得之罔象。轉樞機、能伎倆，明眼衲僧無鹵莽。

若以離念靈知爲悟，則會不得天童所舉此一公案意旨，由此可證，天童宏智禪師確以親證如來藏作爲禪宗證悟之標的。

講記：如果有人還是不信，我們再觀天童禪師的拈提，他又舉出另一個

公案來。魯祖去問南泉：「『摩尼珠，人不識，如來藏裡親收得。』哪一個是如來藏？」他悟前去向南泉普願禪師請問：「哪個是藏？」永嘉大師〈證道歌〉講的如來藏，到底是哪一個？南泉回答說：「我王老師跟你往來的就是如來藏。」那魯祖還是弄不清楚如來藏在哪裡，只好從另一個方向又問說：「那麼，哪一個是你王老師與我不相往來的？」他想要從不往來的方向去問出如來藏的所在，其實哪裡會有不互相往來的而可以外於如來藏？所以南泉回答說：「不往來的也是如來藏。」因爲從南泉悟後所看到的來說，與魯祖有往來的，以及不與魯祖往來的，全都是如來藏，哪有不是如來藏的？魯祖心裡想：「往來的如來藏我弄不懂，又說不往來的也是如來藏，我還是弄不懂。」那就只好再直接請問了：「哪個是摩尼珠？」想要請南泉禪師直接說出如來藏的所在，於是南泉就大聲叫喚：「師祖！」魯祖禪師並不是南泉的師祖，而是他的名字就叫作「師祖」（大眾笑⋯），他的名字總是佔人家的便宜。當南泉大聲叫喚他：「師祖！」他就答：「有！」南泉就說：「走開啦！你不懂我的話啦！」就趕他走。

天童禪師就拿這公案來作了一首頌：「別是非，明得喪；應之心，指諸

掌；往來不往來，只者俱是藏。輪王賞之有功，黃帝得之罔象。轉樞機、能伎倆，明眼衲僧無鹵莽。」意思是說：「別是非」是在那邊了別是非；「明得喪」是能知道有得有失，這一類心固然都是妄心；「應之心，指諸掌」，如來藏卻是能夠和你這個覺知心相應的，而覺知心也屬於如來藏中的一部分，因此如來藏既能在覺知心上顯現出來，也能夠在你掌上很清楚地指示出來。一總都是如來藏，「所以往來者與不往來者，全部都是如來藏。」這已經很明白地說：不但是我南泉王老師有能與你往來的，也有不與你往來的，全都是如來藏；而你魯祖跟我南泉有所往來的，或者不跟我南泉王老師有所往來的，也全都是你的如來藏——同樣都是如來藏。「輪王賞之有功，黃帝得之罔象」，這是有典故的，講起來可就長了，今天演講沒有時間，現在暫且不談它。意思是：轉輪聖王之所以獎賞臣下，是因爲臣下有種種功勛的緣故；黃帝之所以被稱爲黃帝，都因爲他是炎黃子孫的始祖；然而想要親見黃帝，卻得要在無境界象之中去見。「轉樞機、能伎倆」，轉樞機、能伎倆，這也是兩個公案；如同戶樞的運轉一般，不論門扇如何轉動，其實全都不離戶樞，但戶樞卻往往被人所忽略。而惠能大師開示的「不斷百思想，而無一念不生

的伎倆」，仍然是眞實的開悟——不落在一念不生的意識境界中。

「明眼衲僧是絕對不魯莽」，其實惠能大師已經很清楚的講白了：離念靈知境界都不是眞悟境界，有人稱讚臥輪禪師說：「臥輪有伎倆，能斷百思想；對境心不起，菩提日日長。」但是六祖卻說：「惠能沒伎倆，不斷百思想；對境心數起，菩提作麼長。」已經很清楚說明，禪宗的用功並不是在斷除能思所想的語言文字妄想上面用功的，禪宗的實修並不是那個滅妄念的道理。臥輪禪師有伎倆，可以斷除心中一切的思想，面對境界時心都不動轉，說這樣就能使菩提日日生長。但那個並不是眞正的開悟，六祖惠能反而說：「我惠能沒有伎倆，也不想斷除種種思想；我面對境界時覺知心不斷地生起、運作，而我的菩提就在這樣作的時候不斷地增長。」這在《六祖壇經》中已經很清楚的說明過了。所以你何必坐在那邊除妄想、斷思惟，那樣子修行法，在佛菩提道上又能作什麼呢？眞的不可能因爲斷妄念而生起眞正般若智慧的；而是要用這個有思想、有妄想的覺知心，去尋找另一個本來就在、本來就沒有妄想的離念心。這樣才是禪，所以我們由這個開示也知道，天童禪師他所謂的開悟，不是默照中的那個離念的覺知心，而是如來藏。一切明

眼的出家僧人，絕對不會魯莽地錯認離念靈知爲眞心的；一定是要以六祖所說的「對境心數起」的覺知心來證得本來就「對境心不起」的如來藏，所以悟後無妨覺知心繼續「對境心數起」，而「菩提作麼長」。

【講義文稿】若復不信天童之所悟確爲如來藏，且再舉一則天童禪師自己的開示而證實之：

天童禪師持鉢歸，上堂：「生滅去來，本如來藏；清淨妙明，虛融通暢。六門我，絕攀緣；三界渠，無身相。無生路上底人，識取萬迴和尚。參！」

由此可證，天童宏智禪師確以親證如來藏作爲禪宗證悟之標的。

講記：如果還不相信天童宏智正覺禪師所悟的確實是如來藏，那我們再來看另一個公案。天童禪師持鉢歸，他是去外面托鉢募化，回來到寺院中，上堂開示說：「生滅與去來，其實本來都是如來藏中的法；清淨與妙明，其實都是虛融而通暢的。在六根門頭裡面顯示的這個眞我，一向絕諸攀緣而不曾落在六塵中。」如來藏在六根門頭中不斷地運作著，從來沒有離開過，但是卻從來絕諸六塵攀緣。然而「處於三界中的祂，卻是從來都沒有身相。」有念靈知及離念靈知卻都有身相：眼識身、耳識身乃至意識身，都有身相。

可是處於三界輪迴五陰中的如來藏，從來都沒有身相；「**無生路上的那個人**」，無生路上的人就是講如來藏。那個無生路上的人，你要哪裡去找？「**從萬迴和尚身上去找就行了。參！**」要大眾都從這裡參究。由天童禪師這個開示中，可見他所講的開悟內涵仍然是如來藏啊！

【講義文稿】復次，從天童宏智正覺禪師自身亦是由公案而悟入者，亦可證明其所悟即是禪宗諸祖所悟之如來藏也；此具載於雲棲袾宏禪師的《禪關策進》中：

宏智禪師，初侍丹霞淳；因與僧徵詰公案，不覺大笑；淳責曰：「**汝笑這一聲，失了多少好事！不見道『暫時不在，如同死人』。**」智再拜伏膺，後雖在闇室，未嘗敢忽。

宏智正覺禪師由於參究公案，而在丹霞山的淳禪師座下悟入，因此緣故，終其一生，對於丹霞淳禪師不敢稍有不敬；乃至獨自一人處於暗室時，亦不敢在心中輕忽其師，故有「暗室不忽」之美名傳世焉。由此可見，天童宏智禪師非以默照時之意識覺知心作為證悟之標的，而是在探究公案時悟入如來藏也。

講記：再不信的話，我們就來說明天童禪師是怎麼開悟的。他自己也是從公案的探究中悟入如來藏的，他並不是由靜坐默照離念而悟入的。反而我這一世的開悟卻是有點像默照禪，我在破參前幾年被這一世的師父誤導，每天打坐看著話頭而不知道應該參究，也不知道該參究什麼內容——不知道應該悟到什麼才能算是開悟。但我在最後一天時，放棄了他的知見與方法，獨自思索著「明心見性」四字，於是那天下午打坐時，在座上參究而給我參出來的。可是我後來檢討自己的開悟過程，發覺打坐是最難悟入的，都是由於被邪師誤導而每天只管打坐；還好我自己早就成功的練成看話頭功夫，只因被誤導要離念、要斷煩惱，所以就呆呆地靜坐著：能斷百思想，妄念都不起。但是靜坐了十九天，發覺這與開悟而出生智慧是反其道而行的，一定不可能開悟，因此就放棄我這一世的師父——聖嚴法師——所教的靜坐離念、離煩惱的錯誤方法，直接從「明心見性」四字下手，不過三十分鐘就解決了：心也明了，性也見了。從那一天開始，往世的所證就漸漸地現行而開始增長智慧與禪定了，於是得大安樂。

後來觀察，發覺靜坐是最難悟入的，因此不鼓勵大眾靜坐，而教導大眾

作動中功夫來參究，不是求離念的靜坐；所以每次主持禪三時，我都用公案普說及機鋒來幫助大家；在每晚普說時，有祖師的公案，也有我發明的現代公案，什麼公案都可以。那麼天童禪師是怎麼悟的？他的開悟公案載於雲棲袾宏禪師的《禪關策進》中。雲棲袾宏就是蓮池大師，在他的《禪關策進》裡面，他說：宏智禪師當初是侍奉丹霞山的淳禪師（不是丹霞天然）；當時天童禪師初悟不久，因為和另一個僧人互相討論探究一件公案時，不自覺的大笑了起來，丹霞淳禪師就責備他說：「你笑了這一聲，失掉了多少好處！你沒有看見古德這麼說嗎？『暫時不在，就如同死人』啦！」現在也有很多禪師開示說：「『暫時不在，如同死人。』所以我們一定要清清楚楚，不可以不在。」（大眾笑⋯⋯）真是差遠了！

可是天童宏智禪師聽到丹霞淳禪師這麼訶責，他知道是什麼東西了，知道丹霞禪師這個責備其實是在印證他，所以趕快再度禮拜丹霞禪師。正因為這個緣故，所以他對丹霞禪師感恩戴德，後來不論在大庭廣眾中，乃至自己一個人單獨在暗室裡，也都不敢在心中對丹霞淳禪師有一點點輕忽之心，終其一生對丹霞淳禪師都是無比的恭敬；因此，天童宏智禪師就有一個「暗室

古人譬喻說，夜裡三更很暗的時候，如果去向別人家借一幅夜明珠串起來的門簾掛在屋裡，屋裡就會照得很明亮，這就是譬喻內明嘛！那時天童正覺自認爲已經開悟了，可是丹霞淳禪師說：「你這樣講還是不算悟，你再講講看。」他正準備開口，丹霞淳禪師一拂子就打了他，又罵他：「你還說是不借夜明簾。」是啊！還說是不跟人家借，結果卻還是得要跟人家借——他還得要借用語言文字來說。丹霞淳禪師於是罵他：「又道不借！」欸！他突然間就懂得禪門中的「得意忘形」了，當他說「井裡蝦蟆吞卻月，三更不借夜明簾」時，其實還是有所借，仍然落在五蘊身形中；丹霞淳禪師卻要他悟得不借用身形言語之前的時節，要他「得意而忘形」。這時被淳禪師這麼一點，悟得深，他自己就愣住了：原來正該這樣！於是就忘了該講話回答。這時丹霞淳禪師知道他體會到如來藏了，就對他說：「你現在可以用言語講講看了，爲什麼卻不講一句讓我看看你是否眞悟了呢？」意思是他前面講的都不對，現在才眞的可以講了。

這時他講出來的當然就和以前不一樣了，他說：「我宏智正覺今天失了錢，還得遭罪。」他才剛悟，就能夠這樣講，確實是有兩把刷子。當初來時，

他說已經有內明，他認爲自己內外都通透了，都懂了啊！如今才發覺自己是現在才眞的懂！這時他倒不講內明了，反而說：「我今天丟了錢，還被人家說我是小偷，還被人羅織了偷竊的罪名。」從如來藏的立場來看，根本就無話可說了。丹霞淳就確定他悟得眞了，就說：「我今天沒空打你，暫時先下去吧！」丹霞這話也跟天童一般，不直接印證，卻用罵人的話印證了天童的所悟。你們大眾且看，他這是悟得如來藏？或是落在離念靈知心中？你們已經明心的人，看看這一段公案就能正確判斷了。

【講義文稿】再舉《景德傳燈錄》卷三十，天童宏智正覺禪師所造〈疏〉中之開示，以證其所悟乃是離見聞覺知之如來藏，絕非處於六塵中默照寂靜之離念靈知，證實今時人所弘揚之離念靈知默照邪禪，大異天童之默照禪也：

……下拳可畏，其勇卻來捋虎髭鬚；攙棒作勢，且驚看取弄蛇手段。相分圓缺，應用合宜；位列正偏，隨機中矩。毫釐有差而天地懸隔，絲糝未淨而蠅螘留連。不聞不見以降魔，箇非泛泛；自呼自應而作主，許是惺惺。匾擔頭，事事挑來；布袋裡，般般著得。……

即是眞心與妄心和合運作之具體事證也，故其所悟必是如來藏也。

講記：我們來用天童正覺禪師所寫的〈景德傳燈錄疏〉裡面的開示來證明，他所悟的是離見聞覺知的如來藏，絕不是在六塵當中默照寂靜的離念靈知；用這個文字證據，證實現代的大法師與居士們所傳的默照時的離念靈知，眞的是默照邪禪，和天童禪師所傳的默照禪是大不相同的。天童禪師在那篇〈疏〉文中有一段這麼講，他說：「**禪師這麼一下拳，**」因爲禪師出手打一個人，一定是有緣由，不隨便打人的。可是禪師打人時還眞是重手打啊！不像我有時候打人還滿體貼地輕輕打一下；禪師可不是這樣的，是下死命打的；「**那拳頭打下來眞的是可畏啊！**可是禪師悟後名聲還小，卻**把下拳時的勇猛拿來捋虎鬚。**」不管對方是什麼大座主、大居士、大禪師，證悟後的小禪師一樣上門出重拳，教大師們無法羅織他！「**證悟底禪師有時攛棒作勢，**」有時候拿起棒子來好像要打人，可是又沒有打下來，只是把棒子拿起來裝模作樣，好像沒什麼威勢，「**其實學人都得要在這裡很警覺而且敬畏地覷看，可別小看他；**」因爲眞悟底禪師拿起棒子時，雖然只是作勢打人，卻不打下來，「**那時錯悟底大師們眞的要驚看眞悟者的弄蛇手段：要小心在意眞蛇在哪裡？**」因爲證悟禪師正是在舞弄眞蛇。

「相分圓缺，應用合宜」，他在顯示什麼樣的相境隨分給你看？禪師所顯現的各種相中，是分爲圓缺二種而不是單有一種的，「在眞悟禪師所舞弄的禪機表相中觀察時，不論是圓滿的或是有缺陷的，其實都應用得很恰當；」而且「位列正偏，隨機中矩」：「總是居於正位與偏位之中，隨著學人的根機而符合規矩，絕對都有爲人處，絕不耽誤人。」可是「毫釐有差天地懸隔，絲糝未淨而蠅蝭留連」：「學人一旦錯會，只是毫釐之差，於佛法眞旨上面卻已經如同天地懸隔之遙遠；只要邊緣還有一絲一毫的米粒飯粒沒有除掉，蒼蠅與螞蟻就會留連不去。」接下來天童宏智又點了出來：「不聞不見以降魔，箇非泛泛；自呼自應而作主，許是惺惺。」「不聞不見的這個心才是能降魔的心——以不聞不見底心來降伏諸魔，這可不是泛泛等閑之心。如果是悟得能夠自呼自應的心，才能說是惺惺明白而且能作主之心。」這是在罵誰呢？正是在罵瑞巖師彥和尚證悟之前自以爲悟的糗事。瑞巖和尚眞悟之前自以爲悟，他不是每天坐在懸崖邊嗎？就坐在懸崖邊自呼自應：「惺惺著！要清楚明白，不要昏沈。」免得睡著時就掉下懸崖摔死，所以又自己答應著：「好！我得要清楚明白，別睡著了。」這叫作弄識神。自呼自應，就是要讓自己時

時刻刻清楚明白而能作主，這就是惺惺默照的意識覺知心；現代中台山惟覺法師不正是瑞巖悟前的翻版嗎？可是瑞巖後來遇到巖頭全豁禪師而證悟如來藏了！惟覺法師到今天卻還不知道應該求悟如來藏呢！天童宏智禪師擺明著說：不聞不見底的如來藏心可以用來降魔，既是不聞也不見，當然也不會作主，只能隨緣應物，又怎能在六塵中惺惺不睡而自呼自應、處處作主呢？所以才說：「自呼自應而作主，許是惺惺。」其實總不外於意識心。

接著說：「匾擔頭，事事挑來；布袋裡，般般著得。」只有匾擔頭，才能挑起一切物事；若不是匾擔頭，當然挑不起一切物事。匾擔頭就是指如來藏，如來藏能荷負有情的五陰身心，也能荷負山河大地；清清楚楚明明白白而且能夠處處作主的離念靈知心，卻是無法荷負五陰身心的，而且反而是被色陰所荷負的：一旦色陰毀壞或不正常時，離念靈知就消失了，何況還能處處作主？在布袋和尚的那個布袋裡，不論是什麼物事，般般都可以放進去，都由著布袋和尚。那個布袋正是指如來藏心，不論是要存放色究竟天人的一萬六千由旬廣大身，或是存放螞蟻、細菌的極小身，乃至存放極苦受的地獄廣大身，都可以隨意存放，所以「般般著得」。這絕對不是指離念靈知心，

因爲離念靈知心無法「事事挑來」，也無法「般般著得」。這就是天童禪師的手段。從他的疏文中所說，豈不是眞心如來藏和妄心離念靈知和合運作的具體事證嗎？所以他所悟的一定是如來藏，因爲這不是意識離念靈知所能顯示出來的境界相，而如來藏正好能夠依天童禪師所說完全如實顯現出來，所有親證如來藏的人都可以一一現觀而證實無誤。

【講義文稿】由此史實記載，可以證明天童宏智禪師所悟，實由公案而入，所悟實同禪宗眞悟諸祖所悟之如來藏也。然而今人所弘傳默照禪之法，所悟者必墮意識覺知心所住之寂靜靈知境界中，不可能悟入如來藏境界；除非眞悟者弘傳默照禪時，特別私下言其密意而指授之，猶如天童禪師私下爲人所授者。

講記：那麼由這個歷史事實的記載，可以證明天童禪師所悟的還是從公案悟入的，所以他所悟的其實跟禪宗諸祖所悟的如來藏是完全一樣的；可是現代的大法師們所弘傳的默照禪法，所悟的全都落在意識覺知心中，所悟的都是住在寂靜靈知的境界中，當然不可能是悟入天童所說如來藏的境界中；除非是另外由眞悟者所弘傳的默照禪，在弘傳時私下特別把密意另外作了指

示，就像天童禪師私下為人所傳授的一樣。

第三節　關於大慧宗杲與天童宏智間的故事

現在已經演講四個鐘頭了，接著我們要再講大慧宗杲與天童禪師之間的故事。但是，在講這個故事之前，先要宣布一件事：我們台南講堂八月四號星期三的晚上七點到九點新班開課，這是每週上課一次，這樣在正知見的熏習與拜佛定力的功夫鍛鍊上力量會比較集中一點。每週上課一次連續兩個鐘頭，如果有親戚朋友想要參加的話，可以來報名！

好！我們現在要接著講大慧宗杲跟天童禪師之間的故事。家裡有事的人可以先走，因為現在已經五點兩分了！我想今天再講到五點半就好。

第一目　大慧宗杲禪師評論默照禪的史實如下

【講義文稿】大慧宗杲禪師說：「近世叢林邪法橫生，瞎眾生眼者不可勝數。若不以古人公案舉覺提撕，便如盲人放卻手中杖子，一步也行不得。將古德入道因緣各分門類云：『這幾則是道眼因緣，這幾則是透聲色因緣，這幾則是亡情因緣。』從頭依次第逐則摶量卜度、下語商量。縱有識得此病者，將謂佛法禪道不在文字語言上，即一切撥置，噇卻現成粥飯了，堆堆地坐在黑山下鬼窟裏，喚作默而常照，又喚作如大死底人，又喚作父母未生時事，又喚作空劫已前事，又喚作威音那畔消息。坐來坐去，坐得骨臀生胝，都不敢轉動，喚作工夫相次純熟；卻將許多閑言長語，從頭作道理商量、傳授一遍，謂之宗旨，方寸中依舊黑漫漫地。本要除人我，人我愈高；本要滅無明，無明愈大。」

講記：第一目先來講大慧宗杲禪師怎麼評論默照禪，他跟天童禪師會成為好朋友，也是因為批評默照禪而成為天童禪師的好朋友；然而天童禪師也

眞的值得讚歎，但卻是大慧宗杲主動前往拜訪他而結交爲好友的。大慧宗杲禪師怎麼說呢：「近世（就是大慧禪師那個年代）我們中國禪宗叢林眞的是邪法橫生，」其實邪法橫生不是現在才有，古時候就已經這樣了，「這個邪法瞎掉衆生眼的事情眞的是數不盡。如果不用古人的公案舉出來覺悟衆生，衆生就會像盲人把手中的柱杖子丟掉一般，一步路也走不得。那些弘揚邪法的假禪師們，把古德證悟的公案中種種助人開悟的因緣作了分門別類，說：『這幾則公案就是發起道眼的因緣，這幾則公案又是透聲色的因緣，這幾則公案是教人家把凡情丟掉的因緣。』就這樣從頭把所有的公案，依照順序一則一則拿來衡量，在那裡猜測，然後用很多的言語在那邊互相商量。就算是有人知道這種禪病，也懂得告訴天下人，說佛法所講的禪與道其實不在語言文字上面；但他們卻又變成把一切法都給撥開而放置在旁邊，然後每天吃掉了現成的粥飯以後，就一堆又一堆坐在黑山鬼窟裡面，把這黑山下鬼窟裡的境界叫作默而常照，又叫作大死底人，又叫作父母未生以前底事；有時又說那個寂照靈知，叫作空劫以前底事；又說那叫作威音王佛以前底事，說是威音王佛出世以前的消息。就因爲這樣而坐來坐去，坐到屁股都長繭了，也不敢轉

動一下，說這樣叫作功夫一步又一步地漸次純熟了；然後卻拿了許多閒言常語，從頭來作道理商量，再來傳授一遍，說這樣叫作禪門的宗旨，可是方寸中依舊是黑漫漫地。本來是想要除掉人我，沒想到這樣修禪以後，人我反而愈來愈高漲；本來是想要滅掉無明才來修禪，結果是無明愈來愈大。」這是大慧宗杲回答東峰居士的函箋中，這麼斥罵默照邪禪。大慧宗杲有擔當，不但嘴中敢說，還敢落實到文字上面啊！我們也一樣，不但嘴裡敢講，也敢印在書中寄給那些被我評論的人，我們就是這樣作。

【講義文稿】世人之默照禪，必墮意識心之三世中，所以大慧禪師開示說：「心術既正，則日用應緣時，不著用力排遣；既不著排遣，則無邪非；無邪非，則正念獨脫；正念獨脫，則理隨事變；理隨事變，則事得理融；事得理融，則省力；纔覺省力時，便是學此道得力處也。得力處省無限力，省力處得無限力；得如此時，心意識不須按捺，自然怗怗地矣！雖然如是，切忌墮在無言無說處；此病不除，與心意識未寧時無異，所以黃面老子云：『不取眾生所言說，一切有爲虛妄事。』雖復不依言語道，亦復不著無言說；纔住在無言說處，則被默照邪禪幻惑矣！前所云毒蛇猛虎尚可回避，心意識難

防，便是這箇道理也。」

講記：所以末法時代大法師們所謂的默照禪，一定會落在意識心的三世中：落在過去的意識心、現在的意識心、未來的意識心中。所以大慧禪師曾經這樣開示說：「如果心術已經修正了，就不必在那邊默照打坐到屁股長繭嘛！在日用應緣的時候，也不需要用力去排遣什麼妄念；既然不須要排遣妄念，就沒有邪非了嘛！沒有邪非而正念單獨存在，迥脫於一切妄念之外，只有單單一個尋找如來藏的正念時，那麼佛法眞理是隨著種種事相而在變化諸法的，你就能在各種事相中找到如來藏了。」不要用思惟的方法，不要去思惟！就只是一個正念去找如來藏，你好好去找就好了。「這個時候，找到如來藏以後就能夠理隨事變，」理就是如來藏，那時就會看見如來藏隨著事相上的運轉，祂就去運作；「能夠理隨事變，就可以事得理融，」在事相上，你要破斥誰都可以，道理都可以講得圓滿；「當事得理融的時候，不論在什麼事情上面都很省力，」不必處處都跟語言妄念對抗，那不是很省力的事嗎？「如果到了你覺得省力的時候，那就是你學禪這個大法得力的地方了！到了這個得力的地方時，你就可以省掉無限力了，而且在這省

力的地方卻又可以得到無限的力量。」對啊！當你找到如來藏時就是這樣，找到如來藏時就證明從來都不必跟妄念對抗，那不是很輕鬆、很省力嗎？「很省力的時候你卻有無限的力量」，諸方大師講錯了，你都可以破斥他們，而他們不敢跟你吭聲；「到了這個境界的時候，心、意、識——過去的意識，現在的意識，未來的意識都不須要按捺啦！」這是台灣至今仍然在使用的一句古話——「按捺」。

「你不須要去按捺，轉依祂以後，自然而然就『怗怗地』，」自然就安靜下來了，都不必跟妄念對抗。「可是雖然這麼講，你千萬不要落在那個無言無說的默照境界中。如果這個病不除掉，就會跟意識心還沒有證悟的時候一樣，所以釋迦老爸才會這樣開示：『不要執取眾生一切言語中所說的一切有為虛妄的事情。』既然悟了以後不必依言語來說，然而卻也不一定要排斥使用言語來為人說禪；」所以不執著無言說的如來藏，也不再排斥與他人之間的種種言說。離念靈知卻是一定要執著沒有言說的境界，所以每天若是遇到有人來跟他講話，他就會生氣：「不要有言語！應當住在悟境中，你還一天到晚來找我講話！」他就生氣了！但我們從來都不會，不論是誰來找我談

話都沒有關係；因為正在言說時，同時有個無言說底，時時都無言說，這樣不是很好嗎？「如果不懂這個道理，沒有悟得如來藏，才會住入那個無言說的地方，就被默照邪禪給變幻迷惑了！我在前面所說的毒蛇、猛虎，你還可以有迴避的地方；可是一旦落到心、意、識中，」過去的意識名為心，未來的意識名為意，現在的意識名為識，「落到這個離念靈知裡面，這個心、意、識是很難防的，我說的就是這個道理。」所以大慧宗杲是真的斥罵默照邪禪，不但罵一遍、兩遍、三遍，而且一生都是繼續地斥罵，直到前往天童山與宏智正覺講清楚為止。

【講義文稿】又開示說：

「老龐云：『但願空諸所有，切勿實諸所無。』只了得這兩句，一生參學事畢。今時有一種剃頭外道，自眼不明，只管教人死獦狚地休去、歇去。若如此休歇，到千佛出世也休歇不得，轉使心頭迷悶耳。又教人隨緣管帶、忘情默照，照來照去、帶來帶去，轉加迷悶，無有了期；殊失祖師方便，錯指示人，教人一向虛生浪死，更教人：『事事莫管，但只恁麼歇去。歇得來、情念不生，到恁麼時，不是冥然無知，直是惺惺歷歷。』這般底更是

毒害，瞎卻人眼，不是小事；雲門尋常見此輩，不把作人看待。彼既自眼不明，只管將冊子上語，依樣教人。這箇作麼生教得？若信著這般底，永劫參不得。雲門尋常不是不教人坐禪向靜處作工夫，此是應病與藥，實無恁麼指示人處。」

講記：「老龐曾經講過，」老龐就是龐蘊居士，「『但願空諸所有，切勿實諸所無。』只要能夠了得這兩句，」也就是能夠很清楚知道這兩句話裡的眞意，「一生參學事畢」，禪宗門下的事就解決了，接下來就是進修一切種智。「現在有一種剃了頭的外道，」你們看大慧宗杲對誤導眾生的假禪師罵得多兇！剃了頭的外道，講的是佛門中耽誤眾生慧命的常見外道諸「大師」們。「自己眼睛看不清楚，只管叫人家死獦狚一般地休去、歇去；如果像他所講的這樣休歇，休歇到將來賢劫一千佛全都出世完畢了，也還是休歇不了的，因爲妄念還是會生起，反而會使得心頭迷悶。然後他們又叫人家說要隨緣管帶、忘情默照，」因爲要照顧那個覺知心妄念不起，「隨緣管帶」是要這個覺知心不要起妄念——隨著各種事相不斷地管帶著覺知心不要生起妄念。「這樣照來照去、帶來帶去反而轉爲更加迷悶，永遠都沒有一個了期；不論

怎麼管帶、不管怎麼默照，妄念終究還是會有生起的時候，這樣眞的是完全失掉了祖師的方便門，這樣錯誤的指示人，教人家一向都是虛度人生、浪擲生命，然後又來教人家說：『事事莫管，你只要這樣歇心，只管停歇下來就好。如果能歇得來、歇到後來是情念不生，到這個時候，』他們說這樣歇到後來就情念不生，其實根本就不可能，『到那個時候，可不是冥然無知，卻是惺惺歷歷清楚分明的。』可是像這樣說法、這樣誤導眾生的人更是毒害，這種瞎掉他人慧眼、法眼的事情，這樣瞎掉人家的道眼，這可不是小事；雲門禪師平常若是看見有人這樣說法，不會把他當作人看待的，是一定要打他的。那一些人既然自己眼睛都沒有打開，只管將禪宗冊子上所說的話語，拿來依樣畫葫蘆教別人，像這個樣子怎麼能教人啊！」自己都不懂，那怎麼能教呢？「如果有人信著這一種大師而跟著去修、去參，那是永劫都參不出來的！雲門大師平常並不是不教人坐禪向靜處裡面作功夫，而是拿這個坐禪來應病與藥，但是教人家悟的卻不是這個東西，從來也沒有教人家這樣去坐禪、去悟這個休歇默照。」大慧宗杲就這樣寫在文字上面公然斥罵默照邪禪。

【講義文稿】「李參政頃在泉南，初相見時，見山僧力排：『默照邪禪瞎

人眼。』渠初不平，疑怒相半；驀聞山僧頌『庭前柏樹子』話，忽然打破漆桶，於一笑中千了百當，方信山僧開口見膽，無秋毫相欺，亦不是爭人我，便對山僧懺悔。此公現在彼，請試問之：還是？也無？」

講記：他又舉出李參政當例子，這些都是他回答人家的信，都是明明白白寫在文字上的，從來不怕人家拿作證據來攻擊譭謗，也不怕人家來質問，他膽子夠大地說：「李參政最近在泉南，跟我大慧宗杲初相見的時候，看見我極力排斥默照邪禪，我罵說：『默照邪禪會瞎掉人家的慧眼。』他起初憤憤不平，又懷疑、又生氣；可是有一天，聽聞我以偈頌在解說『庭前柏樹子』這個話的時候，他就突然間打破黑漆桶了，」欸！一笑之中千了百當，「就在這一笑之中他就悟了，這才相信山僧我（大慧宗杲）眞的是開口見膽，說話都是直接的，不彎彎曲曲的，不騙人家的，沒有一絲一毫跟人家互相欺騙，也不是在跟別人互爭人我，所以他就跟我大慧宗杲懺悔。李參政這個人現在還在泉南，若是不信的話，可以親自去問問他：是不是如我所說的這樣？」欸！這口氣跟我滿像的哦！我也會說：你要是不信啊！那你去問誰！就是這樣，我敢公然寫在文字上。你看！他就明明白白地罵默照邪禪瞎人眼，還不

只這樣三次、五次罵呢！

【講義文稿】「富樞密，頃在三衢時，嘗有書來問道，因而打葛藤一上，落草不少；尚爾滯在默照處，定是遭邪師引入鬼窟裏無疑。今又得書，復執靜坐為佳；其滯泥如此，如何參得徑山禪？今次答渠書，又復縷縷葛藤，不惜口業，痛與剷除；又不知肯回頭轉腦、於日用中看話頭否？先聖云：『寧可破戒如須彌山，不可被邪師熏一邪念如芥子許在情識中，如油入麵永不可出。』此公是也！如與之相見，試取答渠底葛藤一觀，因而作箇方便救取此人。四攝法中，以同事攝為最彊，左右當大啓此法門，令其信入；不唯省得山僧一半力，亦使渠信得及，肯離舊窟也。」

講記：大慧宗杲還罵過富樞密這個人：「富樞密不久以前還在三衢時，曾經寫信來問道，因此我就跟他打上了一堆葛藤，我真是落草不少；可是我雖然跟他說了許多，他還是照樣滯落在默照邪禪中，已經是被邪師引入鬼窟裡面，一定是這樣的，不必懷疑我這個推斷。如今又收到他寫來的書信，也還是繼續堅持說以靜坐為最好；看他這樣老是沈浸在那個爛泥坑裡面，到這個地步怎麼有可能參得徑山禪？」徑山禪就是指　克勤圜悟大師所弘傳的禪

法，因為那個時候 克勤大師住徑山。「現在我又再一次答覆他的回信，還是要不斷地為他打葛藤，只好再一次不惜口業，把他那默照邪禪的錯誤邪見剷除掉；可是也不知道他肯不肯回頭轉腦、在日用中改為看話頭啊？」他要是肯改的話，就只要學書呆子每天回頭轉腦地「之乎者也」去看個話頭，也是可以開悟的啊！就是不知道他肯不肯回頭轉腦去看個話頭？「先聖曾經講過：『寧可破戒，就算所破的戒像須彌山這麼廣大，都不可被邪師熏進一念邪見，即使那個邪見像芥子那麼小藏在情識中都不可以，因為一旦熏進去了，就會像油被揉入麵團裡面去一樣，再也拔除不掉了。』這話講的正是此公！」大慧宗杲說，這種糊塗人就是講富樞密，還指名道姓的罵呢！「如果你有機緣能夠跟他相見時，你就試著拿我答覆他的那些葛藤的內容先看一下，然後再為他說明，就用我答覆他的信中所說的葛藤，再為他講一講，施設個方便來救救這個人。」大慧宗杲雖然責罵富樞密，也還是為了救這個人，然後又交代：「在四攝法中，以同事攝的力量最強，您應當在他左右跟他同事，應當在他左右大大的打開這個法門，讓他信入；不但可以省得山僧我大慧宗杲一半的力量，也可以使他信得及，就離開了默照邪禪的舊巢窟。」

【講義文稿】「近年以來有一種邪師，說默照禪，教人十二時中事事莫管，休去、歇去云『不得作聲，恐落今時』。往往士大夫，為聰明利根所使者，多是厭惡鬧處，乍被邪師輩指令靜坐，卻見省力；便以為是，更不求妙悟，只以默然為極則。某不惜口業，力救此弊，今稍有知非者；願公只向疑情不破處參，行、住、坐、臥不得放捨。僧問趙州：『狗子還有佛性也無？』州云：『無！』這一字子，便是箇破生死疑心底刀子也！這刀子杷柄，只在當人手中，教別人下手不得，須是自家下手始得。若捨得性命，方肯自下手；若捨性命不得，且只管在疑不破處崖將去，驀然自肯捨命，一下便了；那時方信，靜時便是鬧時底，鬧時便是靜時底；語時便是默時底，默時便是語時底。不著問人，亦自然不受邪師胡說亂道也！至禱！至禱！……應接時但應接，要得靜坐但靜坐，坐時不得執著坐底為究竟；今時邪師輩，多以默照靜坐為究竟法，疑誤後昆。山野不怕結怨，力詆之，以報佛恩，救末法之弊也！」

講記：他還在信中斥罵默照邪禪，怎麼罵呢？他說：「近年以來有一種邪師，專門講默照禪，都教人家在十二時中，」十二時是古代只有分十二個時辰，就是一整天的意思，「什麼事情都不要管，只要休去、歇去！還教人

家不可以講話，因為一講話恐怕落到現在去了，」以為只要不講話，這離念靈知就不會落入現在；「往往有很多士大夫，聰明利根的那一些人就很容易落在這裡面，他們大多是厭惡世間法喧鬧的地方，所以才剛剛被這種邪師教導，要他去靜坐，他就覺得這樣靜坐最輕鬆省事了，每天只要打坐就好；然後就自以為是，不再去追求怎麼樣可以開悟，而認為這樣每天默照，那就是禪宗裡的最究竟事了。我大慧宗杲今天不惜口業，這樣努力來挽救這種默照邪禪的弊端；因為我不斷地這樣作，所以如今才稍稍有一些人知道默照邪禪的錯誤；我希望你向這個疑情不破的地方繼續參究下去，行、住、坐、臥都不可以放捨。譬如有僧人問趙州：『狗子還有佛性也無？』趙州說：『無！』就從這一個字下手，這個字就是破生死疑心的刀子！可是這破生死疑心的刀子，它的刀柄是在每一個人自己的手中，別人下手不得，得要自己下手，」可是要下手時，應該怎麼下手呢？「須是自家下手始得，」也就是說必須要自己下手，如果離念靈知心這個邪見不能破，老是認定離念靈知心就是眞實心，你自己不肯死掉，法身慧命就活不過來，「一定先要能死掉自我，然後才能活過來；」老是認定離念靈知心就是眞心的話，你就沒辦法找如來藏了。

這是有兩個原因：第一、方向會錯誤；第二、即使找到了如來藏，也會自己推翻掉，說這個不是，就想要再去找另一個跟離念靈知心一樣的眞實心，那就永遠都悟不得，所以還得要自己下手。「如果能夠捨得性命，才能夠下得了手，」這個捨性命是什麼意思？就是把離念靈知心自己先否定掉，你這個性命捨得掉，你才有辦法去找如來藏；「如果這時還是捨不得性命，那也沒關係，只管在疑情不破之處一直尋找；如果突然間肯捨命，你就知道，原來另外那一個離見聞覺知的祂才是如來藏，」這樣，一下子就解決了嘛！「到那個時候才會相信：原來在靜中的這個也就是笑鬧中的那個，笑鬧中的那個就是安靜時的這一個；原來講話的時候也就是默然時的那個，默然時的那個也就是講話時的這個。」這根本就不是離念靈知的那個心嘛！「這時也不須要去問別人，自然也就不會被邪師胡說亂道所籠罩啦！你可要這樣好好的用功哦！我是至誠的這樣祈禱哦！……應接一切人的時候，你只管就是應接；你想要靜坐，那就只管去靜坐，只是靜坐時不可以執著靜坐時的靈知心就是究竟心；現在的這一些邪師們，都是以默照靜坐作爲究竟法，都是貽誤後時學禪的兄弟們啊！我大慧宗杲雖然是山野之人，但我不怕因爲破邪顯正而與

人結怨，所以我極力破斥邪法，用破斥邪見的護法行來回報佛恩，來救拔末法時候的種種異端邪說！」

【講義文稿】「玄沙云：『此事，限約不得，心思路絕，不因莊嚴，本來眞靜；動用語笑，隨處明了，更無欠少。今時人不悟箇中道理，妄自涉事涉塵，處處染著，頭頭繫絆；縱悟，則塵境紛紜，名相不實，便擬凝心斂念，攝事歸空，閉目藏睛；隨有念起，旋旋破除；細想纔生，即便遏捺。如此見解，即是落空亡底外道，魂不散底死人；溟溟漠漠無覺無知，塞耳偷鈴徒自欺誑。』左右來書云云，盡是玄沙所訶底病，默照邪師埋人底坑子，不可不知也。舉話時都不用作許多伎倆，但行住坐臥處勿令間斷，喜怒哀樂處莫生分別；舉來舉去、看來看去，覺得沒理路、沒滋味，心頭熱悶時，便是當人放身命處也！記取！記取！莫見如此境界便退心，如此境界正是成佛作祖底消息也！而今默照邪師輩，只以無言無說爲極則，喚作威音那畔事，亦喚作空劫已前事；不信有悟門，以悟爲誑，以悟爲第二頭，以悟爲方便語，以悟爲接引之辭。如此之徒，謾人自謾，誤人自誤。」

講記：前面罵的還不夠，所以還要繼續罵！於是大慧宗杲又如此說：「玄

沙禪師曾經講：『這個事情，沒有辦法限定，沒有辦法約制；心思路絕的這個境界，不是用修行而莊嚴起來的，』」這眞的不是用修行的方法一步一步累積上來的，「『祂本來就是眞正寂靜的！這個眞正寂靜、靜默的心，其實在動用語笑之處隨處明了，沒有一個地方不分明，從來就沒有缺少過。』」何必要你去用打坐修定的方法成爲離念靈知呢！「『現在的人都沒有辦法悟得其中的道理，所以就自己虛妄地在事相上涉入六塵中，於是處處染著，在每一件事情上都被繫絆住了；縱使自以爲悟了，但他們的悟仍是塵境分明，都離不開六塵境界，也是名與相並不相符、都不如實，然後他們就想要凝心，要把覺知心凝住不動，要把妄念都收斂了，甚至要把一切事情都歸於空無，然後把眼睛閉起來，再把眼珠子也藏好；如果有妄念生起，馬上就一個一個破除掉；一旦細想、妄想才出生，就趕快把它壓住。像這種見解的人都是落於空無，都是墮於空亡的外道，也都是魂魄還沒有散掉的死人！落在那種溟溟漠漠、無覺無知裡面的境界，哪能叫作開悟啊！都像是把耳朵塞住了去偷人家的鈴鐺一樣，都是在虛妄地欺騙自己。』」您來信所說的正是那些錯誤的知見，都是玄沙師備禪師所訶責的禪病，都是默照邪師埋人慧命的深坑，你

可不能不知道啊！所以你只要提起話頭就好：『趙州狗子有佛性？人們有無佛性？無——』，你就把這『無』字舉出來。這不需要什麼伎倆，只要行、住、坐、臥不間斷，喜、怒、哀、樂的地方也不要去生起分別，這樣每天就是『無——無——』，舉來舉去、看來看去，覺得好像沒理路、沒滋味；然而看著這個話頭，看到心頭正當熱悶的時候，那就是你放身捨命處！」怎麼說呢？你正在心頭熱悶、正在參不出來，每天就是「無—無—無—無—無——」，就一直掛著「無—無—」，突然間人家來問你什麼事情時，你不知不覺就「無——」（聲音拉很長）你就悟了啦！（大眾笑！）就這麼脫口而出你就悟啦！大慧宗杲又說：「記住啊！記住啊！千萬不要看見這種心頭熱悶參不出來的境界就退心，因為這種境界正好是你即將開悟的時候啦！你即將成佛作祖的消息到了啦！可是如今那一些默照邪師輩，都教人家無言無說，說這叫作禪門究竟境界，說這叫作威音王佛以前的事，又叫作空劫以前的事；他們都不相信有一念相應就可以開悟的法門，都認為開悟是騙人的，認為講開悟時就落到第二頭去了，就認為禪師們教人開悟，都只是方便說；都說開悟只是接引人家的方便話，是吸收徒眾的方便說法。像這一些人，都是欺騙別

人又欺騙自己，耽誤別人也耽誤自己。」

所以看大慧禪師一直在斥罵默照邪禪，今天我一樣要斥罵默照邪禪，例如今天罵得夠不夠爽快啊？（大眾笑…）還須要罵得更多，眾生才能得救。可是今天多講半個鐘頭，時間又到了。（大眾笑…）雖然很希望有時間把它講完，但依照我準備的資料看來，可能還得要講上三、五個鐘頭，實際上時間確實不允許，我們就只好比照《眞假開悟》一樣，把這些演講的內容由編譯組整理完成以後，再把檔案交給我，我再用語體文來補寫出來，所以以後還會出一本書，叫作《人間佛教》。可惜的是這個講題「人間佛教」的部分還來不及講，法會就已經該結束了！希望大家今天來到這裡聽完了，會有一些收穫；也歡迎今天第一次來跟我們結緣的所有佛門道友們，都能進入「正覺講堂」。進入正覺講堂以後，不必期待「兩年半以後一定可以參加禪三」，也不必期待「參加禪三一次就一定可以開悟」；要有長遠心，細水長流一步一步跟我們共修下來，兩年、三年中悟不了，十年總也可以悟得。也就是說：「悟」，不在一時，不爭一時。因爲過去無量劫以來被邪師誤導那麼久，都可以安分守己度過了，所以也不急在這三、五年；只要有長遠心來修行，遲

早都會開悟的。即使這一世悟不了，不見得就是不好的事情；因爲因緣還沒有成熟之前就先悟了，還有可能會造下地獄罪呢！這在同修會中已經有三批現成的例子了。所以要有長遠心，信心不退一直學下去，這就是大眾這一世可以證悟的保證，或者是下一世可以證悟的保證。但是，通常在正覺同修會中，學上十年還不能開悟的，倒是很難找到這種人；所以我們很誠懇地歡迎大家一起來共修，一起來到正覺同修會中，用這一世的時間把一大無量數劫的修行時程過掉將近三分之一，這是我們可以幫忙的。

若是要你把成佛之道的第一大無量數劫全部過完，這個我不敢保證，因爲這是進入初地的境界。想要過完第一大無量數劫，得要過去世累積的福德、因緣、慧力、定力都足夠了，才有辦法完成的。但是，第一大無量數劫的三分之一中的十分之七，我們卻是可以幫忙的，因爲一悟就進入十住位中的第七住了嘛！這個我們可以幫忙。當然，這也還要看各人的因緣，如果悟緣還沒有成熟，把你再鍛鍊兩年、三年以後再幫你開悟，這完全是爲了你的好處、爲了你的利益來考量。因爲當你的悟緣還沒有成熟的時候，我們就會希望你晚一點悟，將來「悟」的品質會好一點，悟了以後也不會退失而造下

謗法的大惡業。這當然談不上刁難的問題，禪三的錄取條件與審核，有一些人認爲是在刁難；其實絕對不是，而是要觀察各人證悟因緣，藉各種方面的觀察，來確定各人在什麼時候證悟是最好的時機。甚至於有些人在禪三時已經差不多可以破參了，我們卻故意把他支開，讓他偏掉，是希望讓他下一回再來禪三時才破參，品質會好一點。事實上也有很多人在第二次或第三次破參時，反而高興地說：「**好在我上一回沒有破參！**」爲什麼呢？因爲，很明顯顯示出來，後來破參時的品質是很好的，是很通透的。所以希望大家來正覺學法時要發長遠心，而我們也在這裡特地表示歡迎，希望大家都可以來正覺成爲我的同參。當然得要悟了才會成爲我的同參，若是還沒有悟，不算我的同參。而我們也願意幫助大家，願意在諸位悟緣成熟時幫助你開悟。可是在大家證悟的因緣還沒有成熟時，我們也絕對不作揠苗助長的壞事，一定會等候時節因緣成熟時再幫你開悟。正當時節因緣成熟時，即使你們不想悟，我還是一定要幫你悟，我們一向都是如此。我在這裡先跟大家表示歡迎，也謝謝諸位在我們台南講堂整整坐了五、六個鐘頭。其中有一些人是提早到的，那就坐了整整六個鐘頭，現在應該也覺得蠻辛苦的。在這裡，再一次表

示歡迎的意思，也對諸位一起共同圓滿這一場說法的聚會，表示感謝之意，都因爲諸位而使這個法會能夠圓滿完成，感謝大家！阿彌陀佛！（大眾鼓掌聲……）

請大眾與我一起簡單作一個迴向……（演講法會圓滿。）

（以下三十頁為平實導師後來再次演講時的內容。）

「士大夫學此道，不患不聰明，患太聰明耳！不患無知見，患知見太多耳！故常行識前一步，昧卻腳跟下快活自在底消息。邪見之上者，和會見聞覺知爲自己，以現量境界爲心地法門；下者弄業識，認門頭戶口，簸兩片皮，談玄說妙；甚者至於發狂，不勒字數，胡言漢語，指東畫西；下下者以默照無言空空寂寂，在鬼窟裏著到，求究竟安樂。」

大慧宗杲禪師在答覆李郎中的覆函中的開示，**語譯**如下：「儒家讀書人中，凡是修學佛家這個宗門法道的人，他們的問題不是因爲不夠聰明，反而是病在太聰明啊！問題不是由於沒有禪宗裡的所知所見，而是病在涉獵了太多禪宗的所知所見啊！所以，常行（「常行」是官位名稱）你雖然已經識得悟前的那一步，然而卻昧忽了自家腳跟下快活自在底消息。所有邪見中之較輕

微者，總是把見聞覺知混和了所知的公案內容而會歸爲眞實不壞的自己，都把見聞覺知心的現量境界當作是禪宗的心地法門。層次較低者則是把落在業行中的識陰覺知心，錯認爲禪宗的門頭戶口，以爲覺知心就是禪宗所悟的入處，然後就撥弄兩片嘴皮，每天向衆人談玄說妙。更嚴重的人乃至到了發狂的地步，從早到晚講個不停，無法計算他到底講了多少話，每天總是胡言漢語、指東畫西。若是下下根器的人，則是以心中默照妄念，壓抑心中妄念不起而遠離語言，住在空空寂寂的離念境界中，就這樣在鬼窟裡執著不放，想要如此求得究竟的安樂。」

「昔藥山坐禪次，石頭問：『子在這裏作甚麼？』藥山云：『一物不爲。』石頭云：『恁麼則閑坐也。』藥山云：『閑坐則爲也。』石頭然之。看他古人，一箇閑坐也奈何他不得；今時學道之士，多在閑坐處打住；近日叢林無鼻孔輩，謂之默照者是也。」

語譯如下：「以前藥山惟嚴正在坐禪時，石頭希遷禪師問他：『你在這裡作什麼？』藥山答覆師父說：『我連一點點事物都不求。』石頭希遷聽了就說：『那麼就是閑坐了。』藥山惟嚴答覆說：「若是閑坐，那就是有所爲了。」

石頭希遷認同了他的說法。你看他古人們，即使只是一箇閑坐，一樣是奈何他們不得；今時號稱學道的士大夫們，反而是多數人都停留在閑坐的方法上面了；最近這段時日，禪宗叢林裡的無鼻孔輩—法身慧命還沒有出生的人們—所說的默照法門正是這一類。」

既然以前面所舉揚的天童禪師證悟公案及開示語錄，證實天童禪師之證悟內涵仍然是如來藏阿賴耶識心體，由此可知天童宏智禪師的所悟，與禪宗古來諸祖師的證悟內涵並沒有差別。然而證悟如來藏的方法，其實並非以默照禪爲好方法，爲何這麼說呢？是因爲默照之法會使大多數人與意識心及定境相應，所以想要以默照之法來證得如來藏，是非常困難的事。事實上，天童宏智禪師只是以默照之法，作爲徒眾們息滅攀緣心的手段，以便覺知心不攀緣而轉細了以後，可以長時間安住於參禪的過程中，將來參禪時也就容易悟入了。但是，尚未入室的天童山所有徒眾們都不知其中的道理，便將天童禪師公開教授的默照法門，認作是天童禪師眞正悟得般若的方法，全都是錯會天童悟門的凡夫邪解啊！由於這個緣故，大慧宗杲禪師再三地責備天童山那些尚在門外的徒眾：竟然在不知天童宏智默照眞意的情況下，就四處教人

默照求悟。因此，就斥責爲默照邪禪。事實上，大慧宗杲的責備完全是事實而沒有一點點超過之處；也因爲這個緣故，大慧宗杲曾如此開示曰：

【而今諸方有一般默照邪禪，見士大夫爲塵勞所障、方寸不寧怗，便教他「寒灰枯木去、一條白練去、古廟香爐去、冷湫湫地去」，將這箇休歇人，爾道還休歇得麼？殊不知，這箇猢猻子不死，如何休歇得？來爲先鋒、去爲殿後底不死，如何休歇得？此風，往年福建路極盛；妙喜紹興初入閩住菴時，便力排之，謂之「斷佛慧命，千佛出世不通懺悔」。

彼中，有箇士人鄭尚明，極聰明；教乘也理會得，道藏也理會得，儒教則故是也。一日，持一片香來妙喜室中，怒氣可掬，聲色俱厲曰：「昂有一片香，未燒在，欲與和尚理會一件事。只如默然無言，是法門中第一等休歇處，和尚肆意詆訶；昂心疑和尚不到這田地，所以信不及。且如釋迦老子在摩竭提國，三七日中掩室不作聲，豈不是佛默然？毘耶離城三十二菩薩各說不二法門，末後維摩詰無語，文殊讚善，豈不是菩薩默然？須菩提在巖中宴坐，無言無說，豈不是聲聞默然？天帝釋見須菩提在巖中宴坐，乃雨華供養，亦無言說，豈不是凡夫默然？達磨游梁歷魏，少林冷坐九年，

豈不是祖師默然？魯祖見僧便面壁，豈不是宗師默然？和尚因甚麼卻力排默照以為邪非？」

妙喜曰：「尚明！爾問得我也是，待我與爾說！我若說得不行，卻燒一炷香，禮爾三拜；我若說得行，卻受爾燒香禮拜。我也不與爾說釋迦老子及先德言句，我即就爾屋裏說，所謂：借婆帔子拜婆年。」乃問：「爾曾讀莊子麼？」曰：「是何不讀？」

妙喜曰：「莊子云：『言而足，終日言而盡道；言而不足，終日言而盡物。道物之極，言默不足以載；非言非默，義有所極。』我也不曾看郭象解并諸家註解，只據我杜撰，說破爾這默然。豈不見孔夫子一日大驚小怪曰：『參乎！吾道一以貫之。』曾子曰：『唯。』爾措大家，纔聞箇『唯』字，便來這裏惡口，卻云：『這一唯，與天地同根、萬物一體，致君於堯舜之上；成家立國、出將入相；以至啓手足時，不出這一唯。』且喜沒交涉！殊不知：這箇道理，便是曾子言而足、孔子言而足，其徒不會，卻問曰：『何謂也？』曾子見他理會不得，卻向第二頭答他話，謂夫子之道不可無言，所以云：『夫子之道，忠恕而已矣。』要之：道與物，至極處，不在言語上，不在默然處；

言也載不得，默也載不得。公之所說，尚不契莊子意，何況要契釋迦老子、達磨大師意耶？爾要理會得莊子『非言非默、義有所極』麼？便是雲門大師拈起扇子云：『扇子踍跳上三十三天，築著帝釋鼻孔；東海鯉魚打一棒，雨似傾盆。』爾若會得雲門這箇說話，便是莊子說底、曾子說底、孔子說底一般。」渠遂不作聲。

妙喜曰：「爾雖不語，心未伏在；然古人決定不在默然處坐地，明矣！爾適來舉釋迦掩室、維摩默然，且看舊時有箇座主，喚作肇法師；把那無言說處，說出來與人云：『釋迦掩室於摩竭，淨名杜口於毘耶，須菩提唱無說以顯道，釋梵絕聽而雨華，斯皆理為神御，故口以之而默，豈曰無辯？辯所不能言也！』這箇是理與神忽然相撞著，不覺『到說不得處』，雖然不語，其聲如雷，故云：『豈曰無辯？蓋辯所不能言也！』這裏，世間聰明辯才，用一點不得；到得恁麼田地，方始是放身捨命處。這般境界，須是當人自證自悟始得，所以《華嚴經》云：『如來宮殿無有邊，自然覺者處其中。』此是從上諸聖大解脫法門，無邊無量、無得無失、無默無語、無去無來；塵塵爾，剎剎爾；念念爾，法法爾。只為眾生根性狹劣，不到三教聖人境界，所

以分彼分此。殊不知境界如此廣大，卻向黑山下、鬼窟裏默然坐地，故先聖訶為解脫深坑，是可怖畏之處；以神通道眼觀之，則是刀山劍樹、鑊湯鑪炭裏坐地一般。座主家，尚不滯在默然處，況祖師門下客？卻道：『纔開口，便落今時。』且喜沒交涉！」尚明不覺作禮。

妙喜曰：「公雖作禮，然更有事在。」至晚間，來入室，乃問他：「今年幾歲？」曰：「六十四。」又問：「爾六十四年前，從甚麼處來？」渠開口不得，被我將竹篦劈脊打出去。次日又來室中曰：「六十四年前尚未有昂在，如何和尚卻問昂從甚麼處來？」妙喜曰：「爾六十四年前，不可元在福州鄭家。只今這聽法、說法一段歷歷孤明底，未生已前畢竟在甚麼處？」曰：「不知。」妙喜曰：「爾若不知，便是生大。今生且限百歲，百歲後，爾待飛出三千大千世界外去，須是與他入棺材始得；當爾之時，四大五蘊一時解散，有眼不見物，有耳不聞聲；有箇肉團心，分別不行；有箇身，火燒、刀斫都不覺痛；到這裏，歷歷孤明底，卻向甚麼處去？」曰：「昂也不知。」妙喜曰：「爾既不知，便是死大；故曰無常迅速、生死事大，便是這箇道理；這裏使聰明也不得，記持也不得。我更問爾：『平生作得許多之乎者也，臘月

三十日，將哪一句敵他生死？』須是知得生來死去處、分曉始得；若不知，即是愚人。」渠方心伏。從此，遂救他不坐在無言無說處，肯來這下作工夫；今日一會，同此聽法。須知：人人有此一段大事因緣，亙古亙今、不變不動；也不著忘懷，也不著著意；但自時時提撕，妄念起時，亦不得將心止遏。止動歸止，止更彌動；只就動止處看箇話頭，便是釋迦老子、達磨大師出來，也只是這箇。】

語譯如下：【到了今時，諸方山頭有一類默照邪禪在弘傳；他們看見讀書、當官的人們被塵勞所障，心中不安寧、不實在，便教導他們要「寒灰枯木去、一條白練去、古廟香爐去、冷湫湫地去」，把這些東西拿來教人止息塵勞，你們說說看：這樣子學禪，還能把落在塵勞中的覺知心給休歇下來嗎？殊不知，這個覺知心猢猻子不死，如何能使塵勞休歇下來？這個覺知心，入胎來這一世時是打先鋒的心——是祂想要入胎時才能入胎的；而這一世死時是色身與受想行陰先死，覺知心六識是最後才消滅的；這個入胎時打先鋒而死時殿後底覺知心不死，如何能使塵勞休歇下來？這種錯誤的學禪風氣，往年在福建那邊的禪路上是極為興盛的；我妙喜在紹興年間被謫遣而剛剛進入

福建住菴時，便曾經極力排斥它，說那一類禪是「斷佛慧命，千佛出世不通懺悔」。

當時福建的默照禪法門中，有一個士人名爲鄭尚明，非常地聰明；他對經教中的法義都能理會得，道家的道藏也能理會得，至於儒家道理也一樣能理會得。有一天，他帶了一片香柴來到我妙喜的方丈室中，他當時的怒氣簡直可以用手捧出來給大家看，當時他聲音很大而且臉色很嚴厲地說：「我鄭昂有一片香柴，還沒有燒來供養過誰，我要以這一片香柴來與和尚你理會一件事。我單單說這個默然無言，是佛法行門中第一等的休歇處，和尚你卻大力地隨意詆譭訶責；我鄭昂心中懷疑和尚你其實還沒有修到這境界，所以你心中信不過這個默照法門。且看釋迦牟尼佛在摩竭提國，三七日中掩著房門都不出聲音，這難道不是佛的默然？古時毘耶離城有三十二位菩薩各說不二法門，最後的維摩詰都無一句話，文殊菩薩卻讚歎他眞的懂不二法門，這難道不是菩薩默然？還有須菩提在巖中宴坐，無言無說，這難道不是聲聞默然？天帝釋提桓因看見須菩提在巖中宴坐，於是就如同下雨一般地從天上降下天華來供養，也是無言無說的，這難道不是凡夫默然？又如達磨大師游歷

梁國與魏國時，他在少林寺後山冷坐九年，這難道不是祖師默然？魯祖山的師祖禪師凡是看見僧人來參訪時，就面壁而背對來訪的僧人，這難道不是宗師默然？和尚你因爲什麼道理卻大力排斥默照禪，把默照禪當作是邪道而說默照爲非理？」

當時，我妙喜就回答說：「尚明！你向我所問的這些話也是有一些道理，等我慢慢爲你解說吧！我如果說得不行，便反過來燒一炷香供養你，並且頂禮你鄭尚明三拜；我如果說得行，就接受你燒香與禮拜。我也不跟你說釋迦牟尼佛以及先德說過的語言，我且直接針對你家裡所有的內容來說，也就是一般人所說的：借來婆子所用的披肩，披在自己肩上莊嚴了以後，再來向婆子拜年。」

於是我就問鄭尚明：「你曾經讀過《莊子》嗎？」鄭尚明回答說：「這書，我爲什麼不曾讀過？」我妙喜又向鄭尚明說：「莊子曾經說過：『所說的若是全部都能具足，那麼從早到晚所說的都是已經究竟說到眞實的道理；若是所說總是缺三漏四而不能說到眞實理，那麼從早到晚講了整整一天的結果，所說的無非都是落在事間物象上面，無法觸及眞實的道理。道之理與物之象，

若是想要敘述到最究竟的地步，單靠默而不言的方法，其實不單單是不足以載明道之理，甚至於連物之象也不足以清楚地說明的。因此，說法時必須非言亦非默——不該說時則不說、不該默時則不默，這樣子來爲人說法時，所說的眞義才有可能講到最究竟的地步。』這可是你鄭尚明以前在儒家學法時所曾讀過的道家《莊子》書中的道理。我妙喜也不曾看過郭象的註解或是諸家的註解，我如今便只根據自己杜撰的道理，來說破你鄭尚明剛才所說的這個默然。」

我就向鄭尚明說：「你難道沒看見孔夫子有一日大驚小怪地說：『曾參啊！我的法道是以一個重要的法理來貫串起來的。』曾子聽了就回答說：『是的。』鄭尚明你這個大老粗，纔聽聞到一句『是的』，便來我這裡惡聲惡口，卻向我這麼說：『只這一句〈是的〉，就足夠與天地同根、萬物一體，可以用來幫助君王成就超越於堯舜之上的功德；也足夠用來成家立國、出將入相；甚至於啓手動足之時，也都不出這一句〈是的〉。』其實你所說的都與正理不相干！你根本就不知道：孔老夫子所說的這個道理，都是由於曾子所說能具足解說孔子的道理，也就是由於孔子所說都是具足解說儒學的道理；其餘

的徒眾們都不會，卻再度提出來問：『這是什麼道理呢？』曾子看見他們理會不出來，卻不直接解釋，反而向第二頭回答他們的所問，就說孔老夫子的道很深妙，不可以無言無說而使人瞭解，所以就用語言來說明：『夫子所說的道，不過就是以〈忠、恕〉二字來貫串罷了。』我且爲你大略說明其中重要的理由：道理與物象這二個法，其最究竟之處，並不是在言語上，也不在默然處；言語也無法具足顯示，默然也無法具足顯示。你的所說，尚且不能契合《莊子》之意，何況想要契合釋迦老爸及達磨大師的眞意呢？如今你莫非想要理會《莊子》的『不是言語、亦非默然而眞實義有所究竟』麼？其實便是雲門大師拈起扇子時所說：『扇子面，一震跳上三十三天，直直地撞到天帝釋提桓因的鼻孔；在東海鯉魚身上打一棒，天上就下起雨來，那雨就如同傾盆而下。』你若是能夠體會到這裡面的道理，那麼雲門禪師這個說話，其實便是《莊子》所說底、曾子所說底、孔子所說底一般。」鄭尚明聽我這麼說了以後就不再說話了。

我妙喜老漢又向他說：「你雖不說話了，可是你的心尚未降伏下來，我是看得很清楚的；然而，古人決定不在默然的境界中安坐，這道理，你也已

經明白了啊！你剛才舉說的釋迦掩室、維摩默然，何妨看以前有一個座主喚作僧肇法師，他把那個無言說的境界舉出來向大眾說：『釋迦老子掩閉房門於摩竭提國，維摩詰菩薩閉嘴於毘耶離城，須菩提宴坐時自稱並無言說而顯示正道，釋提桓因及梵天等人都無所聞而歡喜降下猶如雨點一樣多的天華，這些都是由於正理與其心神相應而自然運作出來，所以口中便因爲這個緣故默然無言，怎麼可以說他們是沒有法辯的能力？都因爲法辯也無法把眞實理等語言變成即是眞實理本身啊！』這些賢聖的境界正是眞理與覺知心忽然相撞著，不知不覺間就『到了說不得的地方』；這時所有賢聖們雖然都是口中不語，其實他們說法的聲音卻是大如響雷，所以說：『難道可以說是無力申辯？其實是中辯所不能到達的境界啊！』到了這個地步，世間的聰明辯才，想要拿出一點點來用都沒辦法；能夠到得了那樣的田地時，才能夠說是可以放身捨命的地方。這樣的境界，必須是當事人自證自悟才算數，所以《華嚴經》說：『如來的宮殿沒有邊際，覺悟這個法爾自然的人，才能住在其中。』這是從古以來諸聖人的大解脫法門，沒有邊際也沒有數量、沒有獲得也沒有所失、沒有默然也沒有言說、沒有去也沒有來；在每一個極微小之處都是本

來如此，而每一剎那之中也是本來如此；在每一念之中是本來如此，而每一法中也是本來如此。都只因爲眾生的根性狹窄下劣，不能到達三乘聖人的境界，所以才要爲大眾區分那個、區分這個。殊不知實相境界如此廣大，無智眾生卻向黑山下的鬼窟裡默然坐於有爲境界中，所以先聖訶責那種境界爲解脫深坑，是陷入自以爲解脫的極深坑塹中，正是禪門認爲最應該怖畏的地方；若是以神通或道眼來觀察那個境界，其實正好像是在刀山劍樹、鑊湯鑪炭裡坐著一般。講經說法的座主家，尚且不會停滯在默然的境界中，何況自稱是祖師門下客，卻敢說道：『才一開口，便是落在今時了。』其實都與禪悟無關！」那鄭尚明聽我說完了，不知不覺就禮拜我。

我妙喜又說：「你雖然是禮拜我了，然而後面還有事情等著你呢。」到了晚上，他又來進入方丈室，我便問他：「你今年幾歲？」鄭尚明說：「六十四歲。」我又問他：「你六十四年以前，是從甚麼處來到鄭家的？」他開口不得，被我用竹篦向他脊梁骨打去，鄭尚明便被我趕出方丈室外。第二天又來我方丈室中說：「六十四年前，都還沒有我鄭昂，爲什麼和尚你卻問我鄭昂是從甚麼處來的？」我妙喜就說：「你在六十四年以前，不可能是原來就

住在福州鄭家，當然是從別處往生過來的。只如目前你鄭昂這個能聽法、能說法的這一段歷歷孤明底覺知心，在六十四年前還沒有出生以前，畢竟是在甚麼地方？」他答覆說：「不知道。」我妙喜就說：「你對此若是不知，這便是『生大』有生之法。你這一生就暫且算是能活夠一百歲，一百歲之後，你若是等著想要飛出三千大千世界外去——想要離開三界生死，必須是把這個能聽法說法、能坐著離念的歷歷孤明的靈知心送入棺材消滅以後才能作得到；正當那個時候，四大五蘊一時分解散失了，有眼而不能看見種種物，有耳而不能聽聞到聲音；還有個肉團心在，可是分別的功能已經不能運作了；還有一個身體在，但是被火燒、被刀砍時都不能覺知痛楚；到這個地步，你鄭尚明歷歷孤明底覺知心，卻是到什麼地方去了？」他答覆說：「我鄭昂也不知道。」我妙喜就說：「你既然這個也不知道，這便是『死大』會壞死的心；所以才說無常迅速、生死事大，便是講的這個道理。到了這個地步，運用聰明也弄不清楚，想要再記住一生之所學也沒辦法了，我再進一步問你：『你一生寫出了許多之乎者也等文章，將來臨命終時，你能用哪一句來抵抗生死？』必須是清楚地了知生時是如何生來，而死後是死去何處，要弄得很

清楚才可以；若是不知道生從何來、死往何去，就是愚癡人。」

那時他鄭尚明方才心伏。從此時開始，我就救出他來，使他不再每天坐於無言無說的離念境界中，並且肯來這法會下作功夫；今日這一場法會時，也和你們共同坐在這裡聽我說法。你們必須要知道：每一個人都有這一段大事因緣，從最古的時候直到現在一直是不變也不動的；不該把祂忘記了，也不該一直在想著祂；只需要時時刻刻記住話頭，別讓話頭丟了；當妄念生起的時候，亦不可以硬要將覺知心停止或壓抑下來。因爲即使能夠停止了種種動心而歸於止，可是停止了動心以後，這個覺知心接著還會動得更厲害；你們只須在動和止的地方看個話頭就行了，當你忽然遇見了祂，即便是釋迦老爸、達磨大師現身出來爲你說，也只是這個。」

大衆且看千年前的鄭尚明尚書，官兒不小，也學得錯誤的默照禪，每天坐在離念靈知境界中自以爲悟；後來聽說大慧宗杲破斥默照禪，說爲默照邪禪，又說教人修學默照禪的人就是邪師。那鄭尚明仗著官大，又仗著自己聰明博學，精通儒、釋、道三家，於是帶著一片束柴（沈香木片），怒氣衝天來到大慧宗杲方丈室裡質問，並且舉出 佛的默然、菩薩默然、聲聞默然、凡

夫默然、祖師默然、宗師默然，正是有備而來，厲聲向大慧宗杲提出質疑；大慧禪師等他說完了，不疾不徐說了《莊子》書中所說的道理，先用這個道理匡住了鄭尚明；然後再以鄭尚明的墮處來破斥他，都不引用佛言祖語，這才使得鄭尚明不得不心服。

想那鄭尚明初來乍到之時，還以為大慧宗杲沒有離念靈知的功夫，殊不知大慧宗杲不僅有離念靈知的功夫，還有更高的定境呢！那鄭尚明以一己粗淺之離念功夫，尚且未能證得初禪，便傲視於大慧禪師，不知大慧宗杲始自佛世迴小向大以來世世不離初禪，可見鄭昂與那些鄉井中的窮措大沒什麼不同。就如同今時兩岸某些小有名氣的法師與居士，一齊嘲笑平實沒有離念的功夫，但他們還懂得無相念佛的功夫麼？還能實證根本禪定麼？平實可都是實實在在親證的。當年的鄭尚明，就像今時以管窺豹的愚人一般；但他有個好處，就是肯當面尋人辯論法義，從來不曾躲在暗地裡放冷箭——譬如現代某些弘法者專以化名在網路上無根毀謗，所以後來能被大慧宗杲所度，真實悟入般若禪，發起了慧眼，親自證實默照禪的離念靈知境界全然非法。今時那些人卻無一人肯來當面尋找平實辯論法義，都怕沒面子。然而面子一斤賣

得了幾兩銀？只要能夠不顧面子，縱使辯輸給平實，當了平實的弟子以後，不數年也就眞正的悟入了；不但省了今生繼續摸索佛法的痛苦，活了法身慧命，又滅了謗法與謗賢聖的惡業，豈不兩全其美？卻總是捨不下面子，二十年來總是讓平實候之不獲。有智之人應當效法鄭尚明尚書，肯捨下文人最重視的面子，前來尋覓大慧宗杲辯論，方有悟入之因緣。何況平實心性與大慧一般無二，但凡願捨面子者，只要肯來論法，平實總不埋沒人。這是平實度人將近二十年的感想，今日藉機一吐爲快。

大慧宗杲禪師當年，每每公開指責天童宏智正覺禪師的徒眾們所弘揚底默照禪是「默照邪禪」；只因默照禪之法，耽誤許多學人落在離念靈知之中，每以靜坐時或行住等時候，默照一切境界而不動心，執取六塵中的離念靈知以爲眞如心。凡此類人，禪宗史上未記載者極多，不唯今時方有。大慧宗杲憫諸禪人，因此不得不加以破斥，自然會在默照禪弘揚以後，常常加以破斥。有記載者，除上來所舉鄭昂之事例以外，復有他例；若是無名小卒之以口語毀謗大慧者，即無緣得被大慧禪師所度，便無記錄。今且再舉一例爲證：

【臨安府淨慈肯堂彥充禪師。師，潛盛氏子，幼依明空院義堪爲師；首

參大愚宏智、正堂大圓，後聞東林謂眾曰：「我此間別無玄妙，秖有木札羹、鐵飣飯，任汝咬嚼。」師竊喜之，直造謁，陳所見解。林曰：「據汝見處，正坐在鑑覺中。」師疑不已，將從前所得底，一時颺下。一日聞僧舉：「南泉道：『時人見此一株花，如夢相似。』」默有所覺，曰：「打草秖要蛇驚。」次日入室，林問：「哪裡是巖頭密啓其意處？」師曰：「今日捉敗這老賊。」林曰：「達磨大師性命在汝手裏。」師擬開口，驀被攔胸一拳，忽大悟，直得汗流浹背，點首自謂曰：「臨濟道：『黃檗佛法無多子。』豈虛語邪？」遂呈頌曰：「為人須為徹，殺人須見血；德山與巖頭，萬里一條鐵。」林然之。】

語譯如下：幼小時依止明空院的義堪法師為師父；當彥充禪師開始參禪以後，第一次參禮的禪師是大愚宏智、正堂大圓。後來又聽聞東林禪師告訴大眾說：「我這裡並沒有其他人所講的玄妙禪可以修學，只有木片煮成的濃湯，以及鐵製的觀賞用的飯，一任你們咬去咀嚼。」彥充禪師聽到這個消息，心中暗地裡歡喜，於是直接前往晉謁，並且當面鋪陳了自己所悟底見解。沒想到東林禪師聽了卻說：「根據你的所見境界，正好坐在六塵的鑑覺之中。」彥充禪師聽

了以後，不停地懷疑自己以前所悟的內涵，於是便將從前參禪所得的內涵，一時隨風丟下，從頭再參。有一天，彥充禪師聽聞一位僧人舉說一個公案：「南泉普願禪師說：『當代的參禪人看見這一株花的時候，總是猶如夢中所見一般。』」彥充禪師這時雖不出聲答語，卻似乎是有所覺悟的，於是就說：「拍打雜草之目的，只是爲了想要蛇驚走。」第二天進入方丈室中，東林禪師問他：「什麼處是巖頭關起門來向德山暗地裡說明牢關密意的道理？」彥充禪師答說：「我今天捉敗你這老賊了。」東林禪師故意說道：「達磨大師的性命已經在你的手裡了。」彥充禪師正準備要開口答話，沒想到突然被東林禪師攔胸打了一拳，這時彥充禪師忽然大悟，方知剛才其實還是沒有眞的開悟——幾乎成就大妄語業了，這時嚇出一身冷汗，可以說是汗流浹背了；這時才點頭對自己說道：「臨濟義玄禪師說：『黃檗禪師座下會得佛法的人，其實並沒有幾人。』難道是虛說的嗎？」於是就呈上悟後所作的頌說：「爲人助悟時必須要作得徹底，想要殺掉人們的我見時必須要見血；德山宣鑑與巖頭全豁師徒二人，縱然遠隔萬里之遠，他們師徒二人可眞是同一條鐵打成的——始終沒有不同。」這時東林禪師便印可彥充禪師的悟境。】

想當時，彥充禪師向東林禪師口稱「今日捉敗這老賊」時，自以為這回一定悟對了，所以敢對東林禪師說大話，便以祖師的言語方式說話。沒想到東林禪師是個老賊，懂得勘驗再三，不願草草為彥充錯印證。於是故意用印證的口吻說：「達摩大師的性命已經在你手裡了。」那時彥充其實還是真妄不分，如同臨濟義玄初出道時一般；他正準備開口答覆東林的所問，沒想到東林禪師突然往彥充胸前打了一拳；彥充禪師這時方知剛才還是悟錯了，原來這時才是真的悟了。當他想到幾乎落入大妄語業中，若不是東林禪師慈悲又打了自己一拳，而不是不理會自己有沒有真悟就放人，那麼自己將是造下大妄語業的人了！這時警覺到嚴重性了，於是嚇出一身冷汗來。這時他心中當然是感激東林禪師的，於是說了一首偈來讚歎東林，藉以表達感恩之意：「為人須為徹，殺人須見血；」也為了表示他已經知道禪宗師徒相傳都同樣是法界本源的真實心，從來沒有不同，於是這麼說：「德山與巖頭，萬里一條鐵。」平實便藉這個公案，警覺所有當代大師與學人們：讀了幾則公案以後，千萬別自以為悟，否則便落入大妄語業中，捨壽後果報難酬。須知禪宗有一句名言：「毫釐有差，天地懸隔。」千萬不可將自己未來百劫的法身慧

命及五陰所受的果報當作兒戲。

又譬如馬大師與懷讓大師的故事所示：坐禪不得成佛。這是何故呢？都因為坐禪求悟的人，每每墮入離念靈知中，或者求離煩惱而不起妄念，或者誤以修定之法求離妄念，都落入意識境界中，從來不曾同於天童宏智的默照禪所悟的如來藏心，焉得以靜坐默照而言之為大乘宗門禪？由於這個緣故，大慧宗杲被宋高宗貶謫於閩南時看見這種不如法的禪，便訶責那些落入離念靈知心中而自以為懂得維摩默然的人們，稱之為默照邪禪。然而大慧宗杲被放回徑山以後，就立即前往天童山面見宏智正覺禪師，想要解決默照邪禪的問題；直到相見之後，方知天童宏智的默照禪中別有密意——默照之法只是為了消除眾人的攀緣心，以利日後參禪求悟；而天童宏智正覺禪師的所悟其實是與大慧一樣，都是契符如來藏親證之法，其實與臨濟一脈並無稍異；但是為了覆藏密意的緣故，只對有緣弟子才會加以說明。也就是說：參禪人應該時時寂默，觀照四威儀中之如來藏何在？這麼一來就與臨濟一脈相同，絕無殊途。由於這緣故，天童宏智此後便與大慧宗杲禪師成為莫逆之交，甚至將身後事親筆遺書委託大慧禪師為他主持。

第二目　大慧宗杲禪師與天童宏智禪師間的最後交情

【（天童宏智禪師）十月七日還山，飯客如常。八日辰巳間沐浴更衣，端坐告眾。顧侍者索筆作書，遺大慧禪師，屬以後事。又書偈曰：「**夢幻空花六十七年，白鳥煙沒秋水連天。**」擲筆而逝。龕留七日，顏貌如生；壽六十七，僧臘五十三。大慧夜得書，即至山中，以十四日，奉師全身葬東谷塔；道俗送者增山盈谷，無不涕慕。自師之逝，風雨連日；及葬開霽，事畢如初。】

語譯如下：【天童宏智正覺禪師於十月七日還山，與前來山中參訪的客人一同吃飯，猶如平常款待客人一般。第二天的辰時將過，即將交入巳時之間（次日早上七時至九時之間），沐浴更衣，端坐告知眾人即將捨報了。又面向侍者索取筆紙寫了信函，交代要送去給大慧禪師，在信中咐囑自己的身後事——把自己的後事——委託給大慧禪師全權處理。然後又寫了偈說：「**夢幻空花六十七年，白鳥煙沒秋水連天。**」寫完就擲筆而逝了。於是裝龕奉留七日，顏貌如同生時一般；天童宏智禪師的壽命共六十七歲，出家的時間共有五十三年。大慧宗杲禪師那天晚上得到天童山送來的遺書，隨即連夜趕到天童山

中，前後共以十四天的時間為他主持後事，然後供奉天童禪師的全身於東谷塔中下葬；佛門修道之人以及世俗中認識天童禪師的人，這時共同前來送葬，滿山滿谷的人，對天童禪師無不涕淚交流地思慕著。自從天童禪師逝世那天開始，風雨連日不停；等到要下葬的那天就放晴了，當下葬的事情都辦完了以後，又如同天童禪師初捨報時一樣的刮風下雨了。】

第三目　鈍鳥與靈龜

天童禪師歿後約六十年，天童山的弟子們都已無法悟得大慧門下弟子所悟的如來藏，便開始謠傳：大慧宗杲在天童宏智禪師臨死之時，特地前往天童山探視天童禪師的疾病，同時送終；那時曾被天童禪師授以棉花，預記大慧禪師將會於背上生瘻，可以用那些棉花塞住瘻疾產生的爛洞；當大慧宗杲的背瘡長時間惡化時，每天就用那些棉花塞住膿爛的洞，以免不斷地流血；後來棉花用盡時，大慧宗杲也就身亡了。這種傳說，直到二十世紀末，都還有人繼續在流傳，不斷地以訛傳訛。但事實上根本就不是如此。

一者，大慧宗杲是猶如天童於捨壽前不久才開始示現輕微的病癥，並不

是長時間罹患背疾痛苦而亡。譬如《佛祖歷代通載》卷二十所載大慧宗杲的事誼如下：

【（被貶入閩南時）閔諸方學者困於默照，作〈辯邪正說〉以救其弊；泉南給事江公創庵小溪，延請師居，緇素篤於道者畢集；未半年，發明大事者數十人。……（被宋高宗放回而住持徑山以後）師春秋高，求解寺任；辛巳春得旨，退居院之明月堂，然宏法爲人，老而不倦。上（宋孝宗）即位，特賜號大惠禪師。隆興建元自恣前一夕，有星殞于院之西，流光赫然，有聲如雷，師示「微」疾。八月九日學徒問候，師勉以宏道，徐遣之曰：「吾翌日始行。」至五鼓，親書遺奏；侍僧固請留頌，爲寫四句，擲筆就寢，湛然而逝。壽七十有五，塔全身於堂之後。】

語譯如下：【大慧宗杲禪師住在閩南時，憐憫諸方學者困於默照禪中，始終無法證悟，便寫了一篇〈辯邪正說〉用來救護眾人離開默照禪所陷墮的弊端；泉南給事（給事爲官位名稱）江公創建草庵於小溪，延請大慧禪師居住，於是出家人與在家人中，凡是篤心修道的人又都全部集合到草庵來了；在大慧禪師指導下，還不到半年的時間裡，證悟的人就已經有數十人了。……

後來大慧禪師（回到徑山住持數年以後）由於年事已高，上書皇帝請求解除徑山住持的任務；辛巳年的春天得到皇帝允准的意旨，於是退居於徑山寺院之明月堂，然而他仍然繼續弘法爲人，老而不倦。等到皇上（宋孝宗）即位時，特賜封號爲大惠禪師（註：大惠通大慧）。隆興建元年自恣日的前一個晚上（結夏安居結束前一晚：農曆七月十四日），有流星殞墮于徑山寺院之西邊，流光非常地光明而顯然，流星落地之時的聲音如同響雷一般，這時大慧禪師開始示現有輕微的疾病了；又過了二十餘天，到了八月九日，學徒們前來問候時，大慧禪師勉勵大家應該用心在弘揚正道上面，然後漸漸遺離眾人說：「**我明天才會離開。**」到了五鼓天明之時，親自寫了遺奏，請弟子們代爲上呈給宋孝宗；當時奉侍大慧的僧人們堅固地請求大慧禪師留下一首頌，於是大慧禪師就爲他們寫下四句偈，寫完之後把毛筆用力擲到地上，然後上床就寢，心境清明地逝世了。大慧宗杲禪師的壽命有七十五歲，弟子們就以大慧禪師的全身，葬於明月堂後面預先建造的靈塔中。】這已經明確地載明：大慧宗杲禪師是在流星墮下之後，才開始示現捨壽前的微疾，在二十四日後方才捨壽，並不是久年罹瘻痛苦之疾。

又譬如《釋氏稽古略》卷四所載：

【宋杭州徑山佛日禪師，名宗杲。生江東宣州寧國奚氏，嗣法佛果圜悟勤禪師。初，紹興七年詔住徑山。辛酉十一年五月，為張九成上堂，言「神臂弓」；朝廷毀其衣牒，竄衡州。至是，二十一年十一月，移梅州。未幾，詔復形服，蒙恩北歸；四方虛席以邀，不就。十二月二十三日，詔住明州阿育王山廣利禪寺。紹興二十八年，詔再住徑山。孝宗隆興元年八月十日，示寂於徑山明月堂；世壽七十五歲，僧臘五十八夏。葬全身於寺山，賜謚普覺，塔曰寶光。】

語譯如下：【宋朝杭州徑山佛日禪師，名字為宗杲。出生於江東宣州寧國的姓奚的人家，繼承法脈於佛果圜悟克勤禪師。大慧宗杲禪師初弘法時，是在紹興七年，由皇帝詔命住持徑山道場。辛酉（紹興）十一年（公元一一四一年）五月，為張九成而上堂開示時，公開稱讚張九成新製的「神臂弓」，認為有此種新武器就可以北伐而贏得戰爭，救回被金朝所俘的徽宗、欽宗二帝（但宋高宗心中其實不想救回徽、欽二帝）；秦檜藉此為由，向宋高宗進讒言，於是朝廷毀壞大慧宗杲的僧衣及戒牒，將大慧宗杲流放竄徙到閩南衡

州。到達以後因爲大慧仍繼續度人，惹來宋高宗與秦檜的不悅，於是又在紹興二十一年十一月，再詔命大慧遷移到梅州。到梅州不久以後，因爲時局吃緊而想要獲得佛的庇祐，宋高宗才又詔命大慧宗杲回復僧人外形而發還僧服，隨即「承蒙皇恩」而向北方回歸；此時大慧所經之處，四方道場都空出住持之位以邀大慧，但是大慧都不遷就各大寺院住持之位。到了那一年的十二月二十三日，宋高宗又下詔，命大慧宗杲住持明州阿育王山的廣利禪寺。到了紹興二十八年（公元一一五八年），宋高宗又再詔命大慧宗杲重新住持徑山道場。宋孝宗即位改元，於隆興元年八月十日（公元一一六三年），大慧宗杲示現圓寂於徑山的明月堂；世間壽命是七十五歲，他出家的時間共有五十八年。門人隨即將大慧宗杲遺體全身埋葬於寺院的後山塔中，宋孝宗頒賜聖號爲「普覺」禪師，其舍利塔賜名爲「寶光塔」。】由此證明大慧宗杲確實是捨壽之前不久，方才示現有小疾，其實是捨壽前的氣力弱劣微疾，並不是背上生瘡多年乃至後來潰爛而逝世，所以不用火葬。

又如宋朝少師保信軍節度使充醴泉觀使魏國公張浚所撰《大慧普覺禪師塔銘》如是記載：

【（被貶到衡州）凡十年，徙梅州。梅州瘴癘寂寞之地，其徒裹糧從之，雖死不悔；噫！是非有以眞服其心而然耶？又五年，太上皇帝特恩放還，明年復僧服，四方虛席以邀，率不就。最後以朝命住育王，聚眾多，食或不繼；築涂由凡數千頃，詔賜其莊名般若。又二年移徑山，師之再住此山，道俗歆慕，如見其所親。雖老，接引後進，不少倦。居明月堂凡一年，以終將示寂，親書遺奏；及寄聲，別右相湯公；又貽書於浚。了賢請偈，復取筆大書，不少亂。】

語譯如下：【（被貶到衡州）的時間總共有十年，然後又被遷徙到梅州。梅州這個地方對北方人來說，是個瘴癘而且人煙稀少的寂寞之地，然而大慧宗杲的門徒們各自攜帶糧食來隨從他，有的人雖然因此死在梅州，卻是至死都不曾後悔過；唉！這難道不是有其原因而眞正服膺於各人心中，才能作到這個地步嗎？又經過五年，太上皇帝（宋高宗）特地恩賜放還南京；次年回復大慧的僧人身分，四方道場都空出住持之位以邀大慧前往，大慧全都不肯就任。最後還是因為朝廷下了命令，大慧才不得不去住持育王山道場，隨後即因為聚集而來的僧眾實在太多了，糧食往往不夠；於是率領僧眾闢築水田

總數約有數千頃之多，又廣建了許多僧房而構成了莊院的規模，於是宋孝宗頒賜莊院名稱爲般若莊。又過了二年再移居徑山，大慧禪師的再度住持徑山，出家修道及世俗之人全都欣喜仰慕，見了大慧之時就好像是看見他們至親的親人一般。大慧禪師這時雖然已經很老了，可是對於接引後進的利人之事，卻是從來不曾稍有倦怠。大慧宗杲居住明月堂總共約有一年，由於終究將會示現圓寂，所以就親自書寫了遺奏，命人在他過世後上呈宋孝宗；同時也託人帶話，向右丞相湯公告別；又再寫了遺書給張浚。臨行前，侍僧了賢請求大慧禪師寫下一偈，以作紀念；於是大慧禪師又重新取筆特地書寫一偈，心地不曾稍有迷亂。】

這其實是正念而終，何曾是久病之後始告衰亡的現象？如果是後背罹患瘻疾嚴重、破爛成洞而導致命終的話，手臂尚且不可能舉得起來，若欲強舉時，一定會導致痛楚不堪而心境迷亂，何況還能三度執筆寫信及偈呢？所以，背上罹患瘻疾、腐爛成大洞、久病而亡的說法，其實只是大慧歿後六十年的天童山虎丘禪師弟子一脈，爲了想要與大慧門下傑出的門人互爭鋒頭，才編造出這一類的虛言假語，根本不符合歷史記載的事實。

二者，天童宏智禪師捨壽前的九月初旬下山辭眾，「七日還山飯客如常，八日辰巳索浴更衣端坐，索筆作大惠書，屬以後事」，並未示疾，是故天童並未通知近在二十華里外的大慧禪師探疾；所以大慧並不需要前往天童山探視宏智禪師疾病。直到捨壽之前，大慧都不知天童宏智罹病，怎麼可能會有天童禪師病篤而通知大慧前去探病時，以鈍鳥二字笑責天童侍者的說法？又如何會有天童死前倡言大慧是靈龜，以及贈與棉花的事情？可見都是子虛烏有的說法。

事實上是天童宏智健康無恙下山辭眾，回山時依舊健康款待大眾，次日臨入滅時才寫遺書，交代在他捨壽之後才送往育王山給大慧禪師，請大慧爲他主持後事；所以大慧禪師並不知道天童禪師有無疾病，更不知道天童禪師即將捨報，所以那天晚上仍然在育王山爲大眾說法；正在說法之時，突然接到天童山使者送來天童禪師的遺書，才連夜趕往天童山主持後事的；既有體力能夠連夜趕往二十里遠的天童山，並且爲宏智正覺主持後事多日，當然不可能是久病纏身的人，如何會有在天童禪師死前就前往探視及受贈棉花的事情？由此可以明確地證明，所謂鈍鳥與靈龜的故事，其實只是住持於天童山

的虎丘紹隆禪師後人，傳法六十年以來始終遠遠不及大慧宗杲的後人，他們爲了想要貶抑在徑山弘法的大慧後人，藉以取信世人前往天童山參學，以求名聞利養，所以便作了這些虛言假語、構陷大慧禪師；目的是想要使人從事相上誤以爲大慧禪師的證量低下，對大慧禪師的證量生疑，那麼天童山的虎丘禪師後人才能與大慧門下分庭抗禮。然而，誣謗賢聖之事，果報非輕；如是傳言，不可爲憑；佛門中人務必引爲戒，愼莫犯之。讀者若欲知其詳情，請閱拙著《鈍鳥與靈龜》專書之細說。（編案：已於二〇〇七年十月出版。）

緒說：人間佛教的眞實義

（以下爲二〇〇七年十二月演講於台南市立文化中心的記錄）

台南市立文化中心陳修程主任：

各位來賓！今天的主講者　平實導師、還有貴賓們都已經進場了，現在我們以熱烈掌聲歡迎他們！（大眾鼓掌聲……）謝謝各位！謝謝各位！〈人間佛教的眞實義〉演講會，演講開始！現在請偶發事件指揮官「高苑科技大學」蔡文元博士爲我們報告。（大眾鼓掌聲……）

蔡文元博士報告：

各位來賓！各位居士大德！偶發事件指揮官在這兒報告：本文化中心演藝廳共分三層樓，一樓兩旁門外各有三道安全門，直接通往戶外；二樓及三樓對外通道在兩旁，門後各有兩個樓梯及兩部電梯通往一樓大門口。演講中萬一有緊急情況發生時，請各位來賓、各位居士大德先生，在座位上坐好，

不要慌亂，聽由現場指揮人員指揮。若需疏散時，一樓來賓請由兩側之安全門迅速離開，二樓及三樓之來賓，請由兩旁門後之樓梯疏散；請勿搭乘電梯，以維安全。謝謝！

今天的演講會，邀請到崑山科技大學工學院院長周煥銘博士，為我們主持這場演講事宜。現在用熱烈掌聲歡迎我們主持人出場。（大眾鼓掌聲……）

主持人（周煥銘博士）：

平實導師！張理事長！陳主任！各位親教師！各位法師！各位大德菩薩！阿彌陀佛！（大眾回應：阿彌陀佛！）

今天非常高興，也非常榮幸，能邀請到 平實導師南下，為我們作這一場演講。在進入正式演講會開始之前，將先邀請兩位貴賓為我們致詞；首先邀請正覺同修會理事長，同時也是這一次演講會主辦單位正覺教育基金會的執行長張公僕——張執行長——為我們致詞！我們以熱烈掌聲來歡迎張執行長。（大眾鼓掌聲……）

張執行長：

導師！文化中心陳主任！各位法師！各位居士大德！各位貴賓！大家

午安！（大眾答：午安！）本人謹代表正覺教育基金會，歡迎各位蒞臨今日的講座！這一次要特別感謝台南市立文化中心，提供這麼寬敞又舒適，而且視訊效果是全省第一流的演藝廳；看到今天現場幾乎是座無虛席，更輝映這一場講座的殊勝和莊嚴。那麼這些年來 平實導師的著作已經超過了一百本，發行的總冊數也已經超過了一百萬冊，所揭示的勝妙法義和行門，已經對當今的佛教界產生了重大的影響。今天是 平實導師十多年的弘法生涯中，第一次對外公開的演講，有其特別的意義。在座的每一位能夠參與這個盛會，自有其殊勝的因緣。以下就不耽誤各位的寶貴時間，再次謝謝大家參加！謝謝！（大眾鼓掌聲……）

主持人（周煥銘博士）：

感謝張執行長的致詞。接下來，我們邀請這一次演講的合辦單位，同時也是這一次演講場地的主人——台南市立文化中心主任陳修程先生。歡迎陳主任爲我們致詞！我們以熱烈掌聲歡迎陳主任！（大眾鼓掌聲……）

文化中心陳修程主任：

我們最最景仰的 平實導師、正覺教育基金會張執行長、崑山科技大學

工學院周院長、各位親教師、各位善信大德，大家午安！阿彌陀佛！（大眾回應：阿彌陀佛！）

我想，文化中心非常高興，有這樣一個機會，可以跟正覺教育基金會來合辦這樣一個殊勝、莊嚴的盛會：一場〈人間佛教眞實義〉的演講會。我想，文化中心成立二十餘年，長期以來，我們所作的就是在導正社會人心，賦有社會教育的功能；任何能夠提昇人民的人文素養，包括導正社會風氣，我想都是我們願意去作的。而正覺教育基金會長期以來也是在作這樣的一個工作，所以有這樣一個殊勝的因緣，我想我們樂觀其成，也全力給予協助。今天眞的非常高興，在這邊也謹代表文化中心致上最大的歡迎之意！也感謝我們正覺教育基金會，給台南市立文化中心這樣一個爲大家服務的機會。我想，這樣一個殊勝的因緣，正覺 平實導師第一次公開對外演說是選擇在台南市，而且選擇在文化中心，我們感覺到無比的榮幸。在這個五濁惡世的末法時期，群魔亂舞、人心惶惶，我覺得唯有佛教可以匡正人心、導引修正大家的行爲；唯有我們自己先正心，才能夠面對種種的困難。

今天很高興能夠有這樣一個機會，能跟我們正覺教育基金會合辦，也請

到我們 平實導師來到台南市立文化中心，今天裡裡外外都是人潮洶湧（編案：這時已經有許多人只能坐到外面迴廊了，而且人潮仍在持續增加中），讓我們感受到佛法才是我們目前這個時代最需要的一個正覺正法，唯有大家實在修行、老實修行，才可看到未來。今天也很高興再次表達我的歡迎跟感謝之意！在此敬祝大家—色身康泰、學法無礙、早證菩提！阿彌陀佛！（大眾鼓掌聲……）

主持人（周煥銘博士）：

感謝陳主任的致詞，今天 平實導師為我們講的題目是〈人間佛教的眞實義〉（主持人接著以台語複誦：〈人間佛教的真實義〉。以下引言則是用台語發音）。現在請各位貴賓大德，眼睛閤起來，咱來好好思考幾個問題：咱大家所熟悉的、所認識的「人間佛教」是怎樣的佛教呢？咱所說的「人間佛教」又是什麼款的佛教呢？咱是不是都認為只要存好心、說好話、作好事，就是眞正的「人間佛教」呢？咱是不是還有很多人認爲只要提昇人的品質就是建設人間淨土？這就是「人間佛教」的具體表現嗎？其實，這都不是！這都不是佛所講的眞正的「人間佛教」。那這樣講起來，到底什麼才是眞正的「人

間佛教」呢？那這樣講起來，佛所說的「人間佛教」到底是以什麼為基礎？到底是以什麼為前提呢？今日的演講主題〈人間佛教的眞實義〉裡面，平實導師會為我們詳細來開示，會為咱細說分明。我現在不再耽誤大家聽平實導師為我們開示的寶貴時間（以上台語發音）。我們再次以熱烈的掌聲來歡迎平實導師昇座，為我們開示〈人間佛教的眞實義〉。（大眾鼓掌聲……）

（以下是平實導師的開示。在大眾鼓掌聲中，平實導師上座……）

謝謝大家！阿彌陀佛！

這個「人間佛教」的內容，以前在會內曾講過二次；但是因為資料太多，也因為想要把「人間佛教」完整的內容，在將來印行流通而完整地利益大眾，所以，以前還講不到一半時，四個鐘頭時間就都用完了；接下來今天就是要把剩下的部分繼續講完。但是，會中有好幾位老師說：「**可能還是會講不完吧？只有四個鐘頭欸！**」但是我會儘量試著把它講完，所以大綱中有一些經文舉證的部分，我將會省略不說，等將來整理成文字出書時再補寫上去。

關於「人間佛教」的內容，今天本來應該是要從第二章第二節開始講，但是因為時間不夠，而且那個部分大多是古人的事情，我想他們跟現代「人

間佛教」題目的關聯比較不直接，所以我想把它跳過去，留到將來我們整理出書的時候，再寫入書中，今天就不講它。（編案：已經補寫編入書中，詳如前面章節中的文字所說。）

第三章　實證佛法必須具足三德

【講義文稿】佛法與你的緊密關聯：

一、你探究哲學後有沒有成果？（玄學？義學？）

二、哲學與佛學之關聯。（宇宙萬有及生命之本源）

三、你願意被誤導嗎？（救護眾生與人身批評之異）

四、你學佛後，學得快樂或痛苦？（前途茫然↑↓次第實證）

講記：今天我們將從第三章開始講，第三章內容是〈實證佛法必須具足三德〉。其實很多人並沒有眞正的瞭解佛法，但是在講述「人間佛教」時，在說明「人間佛教」的眞實義之前，我們有幾個題目必須先與大家說明一下，我們要探討的是：佛法跟你的緊密關聯。到底佛法跟你有什麼緊密的關係？因爲這才是最重要的。如果佛法跟你沒有關係的話，那你不必這麼辛苦，把這一世的許多時間花在佛法的修行上。

針對這個部分，我提供了四個題目來跟大家探討：

第一個題目要先請問大家：「你探究哲學以後有沒有成果？」有很多人會想要學佛，其實是因為探究哲學的關係；也許你們之中有人現在仍然在探究哲學，只不過聽說有這麼一個演講，所以就來聽聽看。但是我現在要先問你：「探究哲學許多年以後，有沒有成果？而哲學的本質是什麼？」其實哲學討論的本質，目的是要探討萬有的根本——宇宙萬有的根本到底是什麼？這應該是哲學中最主要的探討部分。可是哲學所探討的，都是在思想上面去推論、演變，並不是去實證到宇宙萬有的根源；因此說，哲學充其量，只是一類思想。

但是，哲學探討到最後，還是不得不進入到佛法中來，除非僅以思想——玄學——為滿足，而不是以探討究竟的眞相——義學——為滿足。如果眞的是想要探討義學，就是要確實的證實宇宙萬有的根源，也就是說：「宇宙是從哪裡生出來的？有情生從何來？而宇宙為什麼會壞滅？有情死往何處？」這其實就是哲學家一直在探討的，從以前蘇格拉底以來，一直都是如此的。但他們終究無法去實證萬有的根源，終究無法瞭解「生」是從哪裡來？「死」又歸結到何處去？這就是哲學家的困境，也是哲學研究的現況事實。但是，佛法

並不一樣，佛法是義學；爲什麼佛法是義學呢？因爲佛法是講究實證的，不單單只是思想。生從何來？是可以實證的；死後要歸結到哪裡去？也是可以實證的；所以佛法是義學，而不是思想。但是，我們並不因此而否定哲學，因爲哲學「思想」也不錯，可以從思想上引導人們向上；只是不究竟，畢竟它只是個「思想」。在佛法的修行之中卻不一樣，因爲是可以實證的：可以使你在實際上去證明：原來我是從何處出生的，原來我死後是歸結到哪裡去。當你對「生從何來、死歸何處」已經實證了，對於「死歸何處」的探討也就歸結完成了！那時你不妨再發起願心：「**我也要幫助所有跟我有緣的人，要讓他們和我一樣證實這一點。**」那麼你就已經成爲菩薩了！所以，佛法是「義學」，它是實證的，不只是一個「思想」而已。

接著要來跟大家提示「哲學與佛法的關聯」：哲學探討的是宇宙萬有以及生命的本源。也就是求眞的意思，只有眞實的才是究竟的善，才是三界中最完美的法。但是，生命的本源並不是我們的覺知心，覺知心只是意識或六識全部，而以意識爲主要。覺知心是靠著我們的身根、意根、六塵，以及無明、業種的和合，才能夠有這個意識覺知心生起及存在。所以，意識—我們

這個覺知心—不管有念或無念之時，祂都是需要有很多的緣才有辦法存在或者出生，所以這意識不是萬有的根源。因此，萬有的根源究竟是什麼？這就是佛法所要實證的課題，而這並不是哲學的思惟所能夠弄清楚的，也不是聲聞解脫道所能弄清楚的；是只有實證的佛法才能確實地探究，而不是作文字訓詁、經論討論所能夠得知的。所以，哲學走到最後、探究到最後，這一世沒有辦法探究到萬有的根源，下一世再繼續探究；這樣研究哲學無量世以後，終究得要走入佛法中，否則沒有辦法究竟。因此說，哲學還是可以作為一個初階，探究到後來還是應該要進入到佛法中來，否則探究宇宙萬有的根源是不可能成功的。

一般的哲學家一直都在探討一個問題：「**上帝與撒旦存在嗎？**」上帝與撒旦是不是可以證實其存在？這是哲學家一直在探討的，因為上帝無法實證，撒旦也無法實證：全都是無法再三地被不同的人共同證實其存在。可是在佛法中認為「上帝」是在的——「上帝」一直與你同在，「上帝」就是你這一世生命出生的根源，也是婆羅門教所說的祖父或大梵天、大自在天，統名為造物主，但他們都不知道其實就是各人自己的第八識如來藏。你之所以

會出生在人間，是由於你自己的「上帝」跟你在一起，不是由與別人共有的、同一個大我的上帝跟你同在一起。一神教徒祝福大眾時常常這樣說：「願上帝與你們同在。」我也一樣祝福大家！但不是「願」，而是說：「你自己的『上帝』本來就與你同在。」這個「上帝」是誰呢？「上帝」就是出生你的色身、出生你的覺知心的第八識如來藏，祂才是眞正的造物主，也是製造覺知心之眞主；山河大地也從這個造物主來，但祂不是一神教講的造物主耶和華、上帝，而是你的第八識如來藏。

可是一神教說：「上帝存在的當下，也有撒旦存在啊！」那我們說撒旦是誰呢？就是你的六個根本煩惱、二十個隨煩惱，這就是你自己專有的魔鬼；而這些都是你可以實證的，並不是想像中才會有的法。所以，哲學家找不到上帝而主張說：「上帝是人類創造的。」但是在佛法中，你卻是可以找到自己專有的「上帝」，並且是每天都與你同在，這就是禪師講的：「夜夜抱佛眠，朝朝還共起。」而這個如來藏卻是只有佛門中的菩薩們，追隨諸佛修學才能實證的；由這裡來推究，不論是外教、或者是哲學的探討，終究還是要回到佛法中來，只是有的人回到佛法的時間早，而有的人比較晚。即使是

一神教的上帝天神，他們在無量無數劫之後，終於瞭解了：原來山河大地確實不是自己在以前所創造的，而是由許多「上帝」共同創造的。耶和華身中也另外有一個「上帝」，原來是那個「上帝」造了自己：耶和華自己的偉大天身及覺知心，也都是他身中的那個「上帝」幫他創造出來的。那時，就是他走向佛法而成爲菩薩的時候啦！哲學中的探討也是一樣的，所以哲學最後的歸宿就是佛法。我說的這些話，諸位都可以先在心中打上一個問號，無妨。不過如果有緣，將來你離開了表相佛法而走上了實證的佛法，當你實證了自己身中的造物主，你就會相信我今天所說的確實是絲毫無誑，完全如實。

第三點我想要提示大家的是：**你願意被誤導嗎**？這個問題很重要！因爲後面所說的，對於第一次來聽我演講的諸位來說，應該是有一些麻辣的！但不會很麻、也不會很辣！剛好是你可以接受的地步。可是我先要提示諸位：**你願意被誤導嗎**？我想，每一個人走向學佛的路，都希望是正確的成佛之路，可以很快樂的走在正確的成佛之道，也期待可以很迅速地走完這一條路，所以，當然沒有一個人願意被誤導。在這上面，我要請大家先瞭解「救護眾生與人身批評的差別」，這個差別必須先請大家瞭解。救護眾生是因爲

基於眾生被誤導，以致學佛三十年之後，仍然是渺渺茫茫，不知道學佛應該要怎麼學才正確。有心人花大錢買了一套大藏經回來，那三藏十二部要讀到什麼時候呢？而且又讀不懂！所以有許多人學佛五十年以後，垂垂老矣，只好抱恨而終。這就是被誤導的眾生之生動寫照，卻是很令人洩氣的事實。那你先要問自己：「**我願意或不願意被誤導？我在學佛的路上是不是希望一直都在正確的路上、都不走入岔路？**」先要問自己這一點。如果能像這樣釐清了自己正確的觀念，知道法義辨正與人身攻擊的差異性，知道我今天所講的都不是人身攻擊，而是想要幫助諸位免於再被誤導，走向正確的道路，那麼這一場演講，你將會聽得很歡喜。

救護眾生時一定要辨正法義，否則是救不了的！這就像玄奘菩薩說的：「**若不摧邪，難以顯正。**」正法的外表所顯示出來的，跟相似佛法差別不是很大；所以，如果不用錯誤的法來作詳細的對比說明，一般人是無法瞭解正法與表相佛法的差異所在，所以才會說：「**如果不破斥而摧伏邪說，就很難顯示正法的不同所在。**」這是玄奘菩薩所說的！因此，救護眾生時，爲了想要使眾生都能正確地理解佛法，遠離岔路，就一定要拿錯誤的法跟正確的法

來作比對，這樣眾生就容易瞭解其中的差異，就容易被救護成功了！至於「批評」，是屬於人身攻擊，是對一個人的身、口、意行作評論，那才叫作批評。然而法義辨正全然不同於批評，是都在法義上面來論議，不說個人行為上的是非，所以法義辨正是大家都應該要接受的。因為接受了法義辨正，就代表你將會開始遠離被誤導的情況，那麼你在探討宇宙萬有的本源這條路上將會走得很快速，也會走得很輕鬆。所以，能接受法義辨正，正是你學習佛法進入實證佛法階段的重要觀念與態度；因此對這二者的差異性，請大家要把它區分開來。若是將法義辨正誤認是人身批評，一定會障礙自己探討生命眞相—父母未生前的本來面目—的各種實證；因為想要實證這個生命的眞相，就必須揚棄情執而追求眞相，當然就不該執著面子與師徒情分，應該不講人情而實事求是，才有可能遠離別人的誤導而證入生命眞相的境界中。我想，諸位都是不想被誤導的人，都是追求眞相的人，所以一定不會厭惡法義辨正；因為，只有法義辨正才能使你確實理解表相佛法與實證佛法的差異性，才能遠離以前被誤導的邪見，開始邁向親證生命實相的智慧境界中。

第四要請問大家：你學佛以後是學得痛苦呢？或是學得快樂呢？學得痛

苦的原因是什麼？是因爲前途茫然啊！不曉得自己到底應該要怎麼樣修行，才可以在佛法上—生命眞相的智慧—有所實證？這是最難的！有好多人進了我們正覺的時候在抱怨說：「我早知道有正覺這個法，就不必像以前那樣枉修了三十年，又痛苦、又漫長。」但問題是出在哪裡呢？就是出在對於前途的茫然，不知道如何去實現親證生命眞相的目標，所以修到後來，不得不走向南傳佛法去修解脫道。解脫道就是羅漢道，並不是佛道，那只是佛道中的一個很小的部分而已；但是現代南北傳佛法都一樣，連最淺的解脫道法義也都被大師們給誤導了，所以很多人走向南傳佛法多年以後，連斷三縛結、證初果都非常困難，依舊是一法無成；又繼續努力修足了十年南傳佛法以後，最後不得不放棄而走進密宗去了，那就離佛法更遠了！這個原因就是說，不知道佛法的內涵是什麼，更不知道佛法的次第是什麼，所以修習羅漢道十餘年以後，最後還是放棄而走向密宗了；當他們進入密宗的那一天，就已經是離開佛法了！但是探究爲何會發生這種現象的原因，其實就是因爲在此之前都沒有來作法義辨正，使得大家都沒有正知正見，表相佛法才可以繼續成功地誤導大家，於是只好四處奔走求法而不可得，永遠都對眞正的佛法

實證茫然無知，當然是學得很痛苦。

那麼，如果你學佛學得快樂，當你學得很快樂時就表示說：你已經知道佛法次第實證的內容，並且你也已知道自己在次第實證的內容上面，入門的第一步「見道的功德」已經親證了，你也知道接下來該如何繼續前進。這樣一來，你學佛就會學得很快樂。所以，你如果問我們正覺同修會的會員們說：「你學佛快樂嗎？」他們都會告訴你：「很快樂！」因爲有了方向、有了目標，也有次第，已經知道自己正在哪個階段中，接著即將進入哪一個階段；並且這些階段也都是可以實證，而不是只在理論上面說說而已。那麼請問大家：「你是不是學佛之後，想要學得痛苦呢？」我想你們從來都不願意，沒有一個人願意！那如果再問說：「你想不想學佛學得很快樂呢？」我想大家一定是心有戚戚焉，而且都會認同。

接著我們現在假設一個前提：假設你已經確定不想要停留在哲學的層次，想要實證生命的眞相，想要了知宇宙萬有的本源，也不願意繼續被誤導；而且你希望實證而快快樂樂地學佛，一步一步地次第實證，不想停留在思想的階段中。我們假設你已經處在這個狀況下，那麼我們就可以進入今天的主

題了。由於這個主題是在講〈人間佛教的眞實義〉，所以我們先要讓大家瞭解：人間的二乘聖人所修的羅漢道——聲聞解脫道，以及大乘菩薩所修的佛菩提道——大乘不可思議的解脫道，二者的差異。如果這個差異不弄清楚，那麼學佛就會變成學羅漢；學佛與學羅漢的差異若不弄清楚，修學佛法以後就會變成是修學聲聞解脫道，不是修學成佛之道。事實上，解脫道不必刻意去學，因爲在佛法中已經函蓋了二乘聖人所證的解脫道，並且這個二乘聖人所證的解脫道是可以實證的——在大乘佛法中。

而且二乘解脫的羅漢道、緣覺道，歸結到最後還是要由大乘的菩薩來住持，否則就會中斷，這也是一個事實。所以，現在南洋有阿羅漢沒有？答案是：沒有！因爲七、八百年前的人證阿羅漢以後就入涅槃去了，不再來人間了，導致住在人間的解脫道聖者位階越來越低，人間的阿羅漢越來越少；證得初果與二、三果的人也都漸漸離開人間，眞正的解脫道法義於是失傳了；到最後，親證解脫道的人間聖者就全部消失了，這就是南傳佛法五百餘年來的實況，早就沒有初果到四果的聖人了。然後，將來人間會不會再有阿羅漢呢？會！由誰來使人間繼續有阿羅漢呢？由菩薩來教導聲聞種性的人，去次

第親證阿羅漢果；所以二乘解脫道的法義若是想要弘傳不斷，歸結到最後，仍然是要靠菩薩來護持及弘傳，這也是眼前可見的事實。講到這裡，接著當然得要講解聲聞解脫道的內容了。

第一節　聲聞解脫道不能令人成佛

第一目　略說二乘聖者之解脫內涵

【講義文稿】一、略說二乘聖者之解脫內涵：斷見惑、思惑，是只斷現行，不斷習氣種子隨眠；亦不破所知障，更不能斷盡所知障。

二、略說大般涅槃之意涵：具足四種涅槃，方能成佛。

講記：那麼我們現在進入第一節，來談〈聲聞解脫道不能令人成佛〉。

這一節的第一目之中，我們要為大家略說：二乘聖者的解脫內涵，是斷見惑、斷思惑，二乘聖者的所斷就是這兩個，所證則是初果到四果與緣覺果。如果要勉強再加上一個，就是我所執著的斷除。二乘聖人的修行分成四果與

辟支佛果，我們演講時間不夠，就不談辟支佛果與聲聞果的四向，只談聲聞四果。這四果裡面，初果所證即是斷我見，也就是斷身見；斷了身見之後疑見跟著斷，戒禁取見也會隨著斷除，這就是斷三縛結而成爲初果人。

斷我見，在佛世很稀鬆平常；但是到了末法時期的現在，已經非常困難了！以前有很多人自以爲已經證初果、二果、三果，甚至有人自稱已證得第四果而成爲阿羅漢。我以前也遇到過，有人自稱阿羅漢，來找我，要我爲他印證；我說：「**你連我見都還沒有斷，身見具在，我怎麼能爲你印證爲阿羅漢？**」而且我從來都不爲人家印證聲聞果，雖然我也能教人取證聲聞果，但是我對聲聞人沒什麼興趣。可是他們那些自稱證果的「聖人」都落在哪裡呢？都是落在意識上頭，所以我見根本就沒斷，全都只是凡夫啊！卻都敢僭稱是阿羅漢。

諸位學佛以後，絕對不會再錯認你的色身是常住法；大家都知道色身是變異無常的，終究會死啊！所以色身不是眞實法。色身的我是虛妄、假合的，大家也都知道受、想、行、識是假合而有的，卻往往只在文字上知道，仍然和以前一樣落入識陰中，卻自以爲已經斷了身見——我見。凡夫都以五陰身

爲常住的自我，這個身見之中最難斷除的就是意識心—覺知心—常住的身見。識陰共有六個識，爲了見色而有眼識，爲了聞聲而有耳識，乃至爲欲了知種種諸法而有意識。很多學佛人知道識陰是虛妄的，卻又總是誤以爲意識覺知心是常住的。可是，意識被含攝在識陰中，只是識陰六識中的一個識；意識永遠都不可能是常住法，因爲每一世的意識永遠都是只有存在一世。

從理上來說，意識每天晚上睡著以後就不在了——間斷了，間斷以後要在第二天早上重新再生起時，一定要有仍在的心與其他的藉緣才能再度出生、再度運行，所以意識覺知心不可能是常住法。再不然，工作很累了，吃過午飯、打個盹，睡著了，那時候意識也間斷了。如果精神很好，冷不防後腦勺一記悶棍打下來，意識也間斷了。正當悶絕的時候，醫師都說那個病人的意識不在了；因爲他已經沒有辦法覺知，這表示他的意識覺知心已經不在了。由這些現象可以證明意識覺知心是會中斷的。

這個意識死了以後沒有辦法到下輩子去，最多只有到中陰的境界；然後入胎了，這一世的意識就永遠消失了。等到下一輩子有意識出現的時候，那已經是在母胎中三、四個月以後的事了！但是那時的意識覺知心非常地笨，

因為什麼都不懂，連胎外的世界都還不知道，他對世界的全部認知就是母胎中的世界。等到出生了以後，才懂得要對外面的世界來見色、聞香等等，可是這個意識已經是全新的意識，是依這一世全新的五色根—也就是色身—而有的；而上一輩子的意識覺知心是依前世的五色根爲緣而出生的，不是依這輩子的五色根爲緣而出生的；所以下輩子的意識覺知心當然也不是這一世的意識，所以每一世的意識都只能存在一世，不能來往三世，可見意識覺知心是會斷滅的。

又譬如說：如果修得無想定，進入定中時意識也斷滅了；若是捨報之後出生到四禪天的無想天中，意識也是斷滅而不存在了；或者阿羅漢進入滅盡定中，意識也是斷滅了。那麼這樣看來，意識實在不偉大，是在許多時候都會斷滅的；這個不偉大而常常斷滅的意識，有智慧的人爲什麼要把祂誤認爲是眞實而常住的呢？但這個意識正是眾生最貪愛、最執著的自我，當眾生認定這個意識覺知心常住不壞時，就是已經落在我見中，正是凡夫異生。可是意識有很多種的變相，在三界中有很多種不同狀況的意識；這是末法時代的大師與學人們同樣都無法判斷的，但是這個見解在正覺同修會中卻只是修學

大乘法的基礎。能夠現前觀察意識覺知心的虛妄，確實曉得意識是有間斷的心，是依眾緣而生起的；你已經如此確實觀察過了，那麼你也證實意識不是常住的，了知意識覺知心很脆弱，確定祂沒有辦法延續到未來世去；當你如此現前觀察了以後，對於意識的心所法受想行三陰的虛妄性，當然也能確實了知，那麼你的我見在這時也就確實斷除了。

你如果現前觀察意識覺知心確實是如此，這就是符合斷身見的現量智慧！如果自己沒有睡眠的經驗（事實上不可能沒有），假設自己從來不曾睡覺，所以不曾體會過自己睡著了以後意識會斷滅，但仍然可以從比量上來看意識覺知心會不會斷滅。譬如看別人睡著以後，意識覺知心還在不在？可以看看妳的丈夫或是你的妻子，以及你的子女、你的老父母，當他們睡著的時候，你在旁邊輕輕跟他們說話交代事情，看看明天他們曉不曉得你的交代？你將會發現，他們都不曉得你昨晚曾經對他們講過什麼事情，因爲他們眠熟時意識已經不在了，這就證明意識或識陰六識在睡熟以後都是斷滅不在的了。這是從現量觀察而比量自己意識一樣會斷滅，由此也可以瞭解意識是虛妄的。

那麼這樣子現量觀察、比量觀察完了，你也可以從至教量——也就是從佛陀所說的聖教量上面來印證。佛在阿含部的經中有很多地方這麼說：「眼、色因緣生眼識，耳、聲因緣生耳識……乃至意、法因緣生意識。」這很顯然是在告訴我們：要有意根與法塵作爲助緣，意識才能生起；不論是有念的意識或者離念的意識—不論是有念的靈知或離念的靈知—都是要以意根及法塵爲助緣才能出生的。佛又說：「諸所有意識，彼一切皆意、法因緣生。」換句話說：「不論是什麼狀況下的意識覺知心，譬如地獄中的意識，畜生道、鬼道、人間、天界的意識，定中或定外的意識，粗意識或細意識，凡是意識覺知心，全部都一樣，都是要有意根及法塵爲助緣才能出生。」所以才會說：「諸所有意識，彼一切皆意、法因緣生。」這就是從聖教量上面來告訴我們：「一切粗、細意識都是虛妄的。」當你能夠從聖教量去瞭解意識的本質，當你能夠在善知識的教導下，如實瞭解各種不同狀況下的意識都是生滅的，當你能夠從比量及從現量去觀察意識確實是生滅的，你就知道受想行陰也是生滅的，當然就能確定五陰自己全都不是眞實而常住的，確定自己五陰只是暫時而有，不是永遠存在。這樣一來，你的我見也就斷除了！從此以後不會再

錯認五陰十八界中的任何一陰一界是常住的，這就是斷身見或我見。這個部分，《阿含正義》中講得很詳細，請大家直接閱讀參考，這裡就不細說了。

當你眞的斷了我見，從此以後你將不再迷信大名聲者；當你聽別人說到任何一位善知識時，不論他們的名氣有多大，也不論他們是否完全沒有名聲，那時你聽過他們解釋初果的實證方法與內容時，就會知道那位大師或沒沒無聞的人有沒有斷我見，那麼從此你就斷了兩個疑：第一個疑見，是那些善知識們是否斷了我見？你對他們就不再有懷疑了。因爲你已經有智慧可以直接斷定對方是沒有斷我見的凡夫，或是斷定對方確實斷了我見而知道對方最少是初果人。這就表示你對天下善知識的疑已經斷了，你已經有智慧能判斷對方所說之聲聞初果的見地是否正確，心中都無疑惑，這就是斷第一種疑見！

第二種疑見是對於解脫道的證果是否可能？你已經可以自行確定：這是可能的！所以對於解脫道的實證，你不再有懷疑，這是第二種的斷疑見。若是再說有第三種疑見，譬如要以什麼智慧才可以被稱爲初果聖人？你已經知道：是由斷除「五陰有眞實不壞我」的邪見而獲得見地，而被認定爲初果聖

人。那麼，你對於解脫道上的疑結確實已經打開了，以前對眞實三寶的疑結也就跟著打開了，這樣你就斷了我見與疑見等兩個結啦！確實是把我見斷了、疑見也斷了。

那麼接著，當有人（不論他是佛門中的大師，或者是外道的大師）施設錯誤的戒禁，禁制你說：「你必須要依照我的規定，每天得泡水三個小時才可以解脫；一日不泡水就是犯戒，要下地獄。」你一聽就知道他這個戒禁是胡亂施設的，因爲泡水不能斷我見與我執，當然不得解脫，泡到皮膚爛了也沒有作用。有人告訴你說：「你要每天行善，歡喜的行善，終其一生都不休止，快快樂樂、歡歡喜喜不斷的行善，你就能得解脫。」那你也會發覺：「我的師父這樣要求我每天行善，這個行善卻是跟斷我見無關啊！既然是跟斷我見無關，我一生努力行善之後，最多就是死後往生欲界天享福，怎能解脫呢？」因爲這與斷我見無關，當然就不可能證得初果解脫啊！那你就知道他所施設的那個戒禁是錯誤的。如果有人告訴你說：「你一定要修苦行，要吃最粗糙的、最難吃的，還要每天爲眾生辛苦的作事，這樣不斷地修苦行，你就可以得解脫。」那你也會觀察出來：「這樣努力修苦行的結果，我見還是斷不了

的，因為都是覺知心的境界，仍然落在意識裡面。」你知道這樣是無法斷我見的，當然是與解脫道的實修無關。他要求你每天作苦行，說能得解脫，你就知道他對你施設這個戒禁是錯誤的，那些戒法或禁行都與解脫的實修無關。這已經顯示：事實上你已經斷了戒禁取見。這樣子，總共有三個會讓你繼續輪轉於欲界六道中的結，已經被你自己解開了！這就是斷三縛結的人，就是初果人。

為眾生辛苦地工作，或努力修苦行都很好，但是同時要懂得「如何斷我見？」這樣才是正確的基礎佛法修行。這就是說，你已經能夠分辨什麼人施設給你的戒律是正確的；也知道什麼人施設給你的戒律跟解脫道無關，知道那些戒禁都是錯誤的，依照他的戒法努力去修苦行，是無法得解脫的；因此你就知道那個人或那位大師的戒禁取見還沒有斷除，那麼你已經知道：**若要得解脫，是要從斷我見開始的；會阻礙自己回墮我見、能幫助自己斷我見的戒律，才是自己所需要的**。這才是已斷戒禁取見的人。至於如何才能斷我見？你也已經知道了；所以將來你如果為人家施設戒禁的時候，就不會亂施設，對錯誤的戒禁已經無所取了，那表示你的戒禁取見已經斷了，這是斷第三個

結。這樣三縛結斷了，你就是初果人啦！這是可以自己透過修學正知見，然後一步一步去現觀，去確定自己有沒有斷我見，這就是解脫道的第一步修行，也就是聲聞法羅漢道的見道——證得初果。

接著是要斷思惑，斷思惑的過程就是解脫道的悟後起修。把見惑斷了以後，是有解脫道的見地了，可是性障還沒有除掉，三界愛仍然存在；所以，見道之後要發起修道的過程，就是斷思惑。斷思惑的第一階段就是對貪、瞋、癡（三界愛）要儘量淡薄，藉著斷三縛結的見地，觀行三界境界的過失，使三界愛淡薄了；那麼貪少了、瞋也少了、愚癡也減少了，那就是薄貪、瞋、癡的境界，稱爲「薄地」，就是二果人。初果是見地、二果是薄地，到了二果以後再努力修行，把我所的執著給消除，特別是修除欲界愛，對欲界中五塵的貪愛修除了，那麼只要你有未到地定，自然就會發起初禪，就進入三果位了。初禪並不是刻意修來的，初禪是有了未到地定以後，經由智慧觀察而把欲界愛的性障修除了，當五欲的貪愛滅掉以後，五蓋就消除了，初禪就會自動出現。也許正在走路時出現了，也許正在蹲馬桶時出現了，也許你正在吃飯，也許正在課誦，或者正在打坐，這都不一定，但它隨時可能會出現。

那就是說，當你已經離開了欲界愛，因此初禪就自動現起了，這已證明你的欲界貪愛確實是消失了——你眞的已經離開欲界的繫縛了。這個時候再配合你的見地，也就是初果所得的智慧—所斷的三縛結產生的見地—再用功斷除對眾生的瞋心，那你就成爲三果人了。

三果人又名「離地」，已經遠離欲界五欲貪愛的境界。已經離欲界地，所以三果人又稱爲離地。由於他已經離開欲界地了，所以在人間捨身以後將不再回來人間了，他將會生到色界天去；若是最遲鈍的三果人，在初禪天死了以後，接著一世又一世都是往上受生，最後成爲阿羅漢而取涅槃；有的三果人可以在死後的中陰境界中取涅槃，有的三果人歷經天上的一世就取涅槃，也有人是一世又一世上流到無所有處天才取涅槃，共通的現象就是他們都不會再回到人間或欲界天中來，所以三果人又名「不還」。但是遲鈍的三果人很容易退失，爲了保證不退，所以最好進修二禪，使得欲界愛永遠不會再現前；正因爲初禪距離欲界很近，所以三果人也有退失的；如果能夠進修二禪，離欲界就更遠了，那麼三果的功德將永遠不會退失。這時候二禪完成了，三果堅固不退，就可以去探討五個上分結是什麼了。這五個上分結探討

清楚了，進而把它斷除了，那就是四果人——慧解脫阿羅漢。但是慧解脫很難修，是因爲對於「很微細、很微細的我」繼續存在著，仍然有微細的喜樂，因此就落入我慢相中，無法取證四果。必須連想要捨五蘊十八界的這個捨心都不存在了，才有辦法取證慧解脫果；如果這些都能捨了，五上分結都不在了，那就能實證慧解脫。這是在短短一世之中就可以完成的，不像菩薩修行成佛要三大阿僧祇劫。

但是成爲慧解脫以後，他只是斷三毒煩惱的現行，並未斷除三毒的習氣種子隨眠，習氣種子還是隨眠在第八識心中。所以聲聞頭陀第一的大迦葉尊者聽到大菩薩奏樂時，他不知不覺就聞歌起舞了；他對欲界五塵已經沒有貪著，可是習氣種子使然，使他不知不覺地跳起舞來。所以難陀尊者每次上座說法時，一定會先看女眾那一邊，他不會先看男眾那邊；他也很喜歡看女人剛起床後衣衫不整刷牙洗臉時的半裸露模樣，因爲他過去很多世以來都跟女人混在一起；他很喜歡女人，那就是他的習氣種子啊！又譬如畢陵尚慢，也是如此。所以阿羅漢們只是斷現行——不會再有三界愛的現行，但是捨壽前仍然會有欲界愛或色界、無色界愛的習氣種子流注，而不會進展爲三界境界

貪愛的現行；這表示，阿羅漢們還不曾開始斷除習氣種子的隨眠，但卻是貨眞價實的阿羅漢，眞的能在死後進入無餘涅槃中。

所以解脫果的取證並不難，難的是你有沒有那個信心，難在你懂不懂聲聞羅漢道的修證內容——沒有被假名善知識所誤導，也難在有沒有善知識正確地指導。其實，解脫道的修證並不難，如果你們想要眞的瞭解，我在這裡順便推銷我的著作，我有一套《阿含正義》已經出版，已經把解脫道鉅細靡遺寫在裡面，你們好好去讀，會得到大受用；只要反覆地讀上兩年，依照書中的說明自己去觀行，絕對勝過你以前所修二十年的解脫道，解脫果是確實可以實證的，但要記得：必須好好修學基本的定力——未到地定，才能使初果的取證得以確認。

那麼成爲阿羅漢時能不能成佛呢？不能！先從事相上來說好了，當年世尊入涅槃以後，有哪一位阿羅漢敢站出來說他當場可以繼任佛位？沒有！慧解脫阿羅漢們都不敢出來繼任，俱解脫者也不敢出來繼任，乃至三明六通和十大弟子等大阿羅漢們也都不敢出來繼任佛位。爲什麼呢？因爲大乘法中的菩薩，才剛明心者所說的法，不迴心的三明六通大阿羅漢們就已經聽不懂

了！可是這些明心的菩薩敢繼任佛位嗎？也不敢！因爲上面還有眼見佛性的菩薩，證量不是他所能知道的，所以他也不敢。那麼見性的菩薩敢自稱成佛嗎？也不敢，因爲上面有十行位的菩薩。十行位菩薩上面還有十迴向位，十迴向位上面還有十地菩薩，當然都不敢宣稱紹繼佛位。就算有人已經修到第十地了，說法如雲如雨，稱爲法雲地的菩薩，而他們也不敢自稱成佛啊！因爲上面還有等覺菩薩、妙覺菩薩 普賢……等人，也還有 文殊、維摩詰等妙覺菩薩，他們也都不敢自稱成佛啊！因爲被授記成佛的人是當來下生成佛的 彌勒比丘，卻還是要等到五億七千六百萬年以後才會來人間成佛。彌勒在佛世是現比丘相，現在住於兜率陀天中則是天人相，如今已經是一生補處的妙覺菩薩，只有他才能在以後先來人間成佛，也仍然不敢在 世尊圓寂後立刻紹繼佛位。所以，再怎麼輪也輪不到阿羅漢來繼承佛位。連菩薩都不敢繼承佛位了，阿羅漢們又聽不懂菩薩所講的法，怎麼敢站出來紹繼佛位呢？所以他們只能稱爲阿羅漢，而這還只是從事相上來說的。

唉！這一些說法好像有一點麻辣哦！不曉得聽起來是否會有一點刺耳？如果你剛好是學南傳佛法的人。不過剛剛我已經作過假設了：假設你是

不願意被誤導的，也假設你是願意在佛法上有所實證的，而且是想要修學佛法而不是學羅漢道。由於這個假設的前提你們已經接受了，所以我們要給你的是勝妙的法——包含羅漢道的佛菩提道，當然就得要說明佛菩提道為何含攝了羅漢道，也要如實地說明羅漢道無法使人成佛的道理。

好！言歸正傳。當一個人修到成為阿羅漢以後，為何還是無法成佛？第一、他的煩惱障所攝習氣種子隨眠還沒有修除掉。第二、他還沒有斷除所知障。斷所知障，跟斷見惑、思惑的內容是不一樣的。斷見惑與思惑可以成為阿羅漢，所觀行的內容都是在我們自身中——五陰、六入、十二處、十八界。可是五陰、六入、十二處、十八界都是三界中的法，都是三界現象界中現前存在的法，諸位若有智慧時，都可以觀察得到；但是阿羅漢所觀察到的這些現象界中的法，全都是三界中法，不屬於實相法界。實相法界，是我們五陰十八界的根源。五陰十八界從哪裡來的？於此不知或無法了知，就是所知障，這是修證佛法而非羅漢法的人所應知道的實相。努力在佛法中修行以後，對實相法界仍然不能了知；正因為被遮障而無所知，就稱為所知障。

譬如大家常常會反問自己：「**我為什麼會生在人間？我生來人間是為了**

什麼？」就如很多人常常在問自己：「生從何來？我到底是從哪裡來的？」又如有些小孩子也會問媽媽：「我從哪裡來的？」沒有學佛的媽媽就說：「我生你的啊！」那小孩接著問：「那我什麼時候進入妳肚子裡面？」媽媽聽到這個問題時，就沒辦法回答了！佛菩提道——眞正的佛法，就是要探討我們大家是從哪裡來的——生從何來？人之所以出生總有一個根源啊！並不是單憑父母的因緣，也不是單憑業力與無明就可以出生啊！業力與無明又是存在什麼地方？總不可能是在虛空吧？因爲虛空是無法，虛空不能收藏無明以及業種。這些都是學佛法者應該要探討的實相法界，是學佛的菩薩們所應該實證的，在羅漢道中是不必實證這個實相法界的。佛陀在北傳的聲聞法四阿含中，乃至南傳的阿含（也就是尼柯耶）裡面，以及北傳的大乘佛法——第二轉法輪、第三轉法輪的種種經典中，都曾告訴我們：**生從如來藏來，死後仍歸如來藏**。但是，這個實相法界如來藏，阿羅漢們只要信受 佛說的眞實有、常住不壞就行了，不必親證；菩薩們卻是必須親證的，因爲這是大乘道—成佛之道—的入門，也就是大乘見道時必須親證的實相心。親證了實相心如來藏以後，能夠現觀五陰身心都是從如來藏心中生起的，就是知道實相

了；這時才可能發起般若智慧，才能現證中道觀。

如來藏心有很多不同的名字，祂被稱爲心、所知依、阿賴耶識。阿含中簡稱爲識，或稱爲本際、實際、如、入胎識、住胎識。在般若系的經中叫作不念心，因爲祂從來不會想起任何一法、一事，也不會憶念任何一法、一事。這個不念心又名非心心、無心相心、菩薩心、無住心，這都是般若諸經中所講的；這些般若諸經中所說的不同名稱的心，其實還是在講第八識如來藏心。在第三轉法輪的經中說祂叫作阿賴耶識，又說祂是異熟識，成佛的時候改了個名字叫作無垢識，通稱爲如來藏。一切有情之所以出生，都是從如來藏中出生，不論是欲界、色界或無色界中的有情。或許您是第一次來聽我說法，心中覺得不然，心想：「我的出生是我媽媽幫我生的。」因爲人們最眷念的還是母親嘛！母親那麼辛苦生了我，怎麼可以把她的功勞推翻掉？但是我請你回家以後向媽媽問一句話，問媽媽說：「媽媽！以前我入胎的時候，妳有沒有今天幫我製造一個心臟，明天再幫我製造一個胳臂，後天再幫我製造一條腿？有沒有？」媽媽一定說：「沒有！你是自然而然就生長了。」媽媽一定這樣說，所以媽媽是提供那個因緣給你——提供那個環境與物質，由

你的如來藏藉母血來出生了你的色身，然後才藉著色身來出生了自己所有的六塵，再藉著已經出生的色身與六塵來出生了「覺知心」，然後你才算具足了，才能生存於人間。

所以，十八界全都是自己的如來藏所生的。生從何來？答案是從如來藏來！而這個如來藏不是三界之各種現象界中的法，這個如來藏並不是斷見惑與思惑之時所能知道的；因爲斷見惑與思惑而成爲阿羅漢，是針對如來藏所生的五陰十八界的虛妄與生滅來作觀行，從來不涉及能出生五陰十八界的如來藏心。弄清楚了這一點，那麼諸位就可以瞭解：佛法的實證是要從實證如來藏來下手的，以實證如來藏作爲佛法的入門——大乘見道；可是阿羅漢實證解脫道而斷見惑與思惑時，都不必涉及這個部分，而成佛卻一定要把親證如來藏作爲第一步的實證，然後才能次第成就佛道。由這個道理來看，諸位就可以瞭解：原來修羅漢道是無法成佛的，因爲他們所修的，與佛法入門實證所應該修的不同。

因此，我們在這裡作一個結論：修證解脫道而不想實證如來藏——不求禪宗開悟——的出家人，他是聲聞僧！雖然他也許已經同時受了菩薩戒，但是他

以聲聞戒作爲主戒，把菩薩戒作爲別解脫戒；而他所修的法又是聲聞法解脫道——羅漢道，不修大乘見道的實證如來藏心，那他的本質還是聲聞僧。但是，他明明是菩薩的心性，爲什麼修的卻是聲聞法？走的卻是羅漢道？而他所安住的境界正是聲聞的境界呢？那個過失其實不在他自己，而是過在善知識。因爲當代的善知識沒有眞的弄懂羅漢道與佛菩提道的差別：既不懂聲聞法與佛法的差別，更不懂羅漢道的見道是什麼地方異於佛菩提道的見道。所以誤導了隨學的人，因此才會有當代許多的聲聞僧存在。而這些聲聞僧其實大部分人還是具有菩薩種性的，是可以修證菩薩法的，不應該只教導他們聲聞法。

同樣的道理，在家二眾的修行也是一樣，總是把學羅漢當作學佛——用羅漢道當作佛道來修行。當然這過失也不在學人，而是在教導的大師們自己弄錯了。由此看來，修學解脫道不能成佛，修學佛菩提道才能成佛。因爲修學解脫道是無法破除所知障的，更無法斷盡所知障，只有佛菩提道才能打破所知障—實證如來藏而親證法界的實相—於是發起了般若智慧而常處於中道。當你找到了你的如來藏，你就可以現前觀察：我的五陰十八界確實是從

如來藏中出生的。那麼，生從何來的第一個問題，你就解決了！

至於死了以後，譬如阿羅漢把五陰十八界滅盡了，永遠不再出生於三界中了，那麼他們死後是歸結到哪裡去呢？還是如來藏。所以，不迴心的阿羅漢們死時不再受生而成爲無餘涅槃——無餘涅槃中沒有任何一法存在，唯一存在的是如來藏心，不再出生中陰身而不再去投胎，也不再受生於色界、無色界；三界中永遠都不再看見他們了，永遠沒有他們的十八界存在於未來世了，只剩下如來藏獨存，這就是無餘涅槃。所以阿羅漢死往何處呢？答案是：死往如來藏——沒有任何去處。所以，無餘涅槃其實是滅盡十八界，使如來藏單獨存在而沒有意識存在了，全無見聞覺知了，是絕對的寂滅而不再有生死的輪迴。所有阿羅漢們都是知道這一點的，這在北傳、南傳的阿含諸經中都還可以找到明文證據的。問題只是：不迴心的阿羅漢們並不曉得自己的如來藏在哪裡啊！而這個道理，其實在北傳的四阿含中早就講過了，並不是在大乘經中才講的。這是因爲阿羅漢們在世時也與菩薩們一起聽聞　世尊宣說的大乘經，他們後來結集起來就成爲四阿含中的一部分；所以四阿含中對這個第八識也是大致上說過了，並不是在大乘經典中才開始這麼說的。那麼阿

羅漢既然不證法界的實相，當然不可能打破所知障，更無法斷盡所知障，所以他們是無法成爲菩薩的，當然更不可能成佛。

第二目　略說大般涅槃

關於大般涅槃的取證，總共有四種涅槃要修證；這就是說，必須要先親證法界的實相——萬法的本源。而蘊處界的緣起性空，縱使具足觀行而證得羅漢果了，所觀行的對象都只是生滅性的蘊處界；既是生滅法的緣起性空，不屬於蘊處界根源的本住法，所以仍然只是虛相法，不是實相法，因此無法證得實相，當然就不會有般若智慧。斷盡所知障的人，是經由親證如來藏而證得法界的實相，然後一步一步進修，次第而進，總共歷經了五十二個階位，最後才能成佛。這個過程是要斷盡所知障的，也是要同時斷除一切習氣種子的隨眠——不再有習氣種子隨眠在第八識中了，這樣修證三大阿僧祇劫才能具足成就四種涅槃。

佛地所具足的四種涅槃，諸位熟知的是阿羅漢所得的有餘涅槃、無餘涅槃；這兩種涅槃，菩薩在成佛的過程當中一樣要實證，但是另外兩種涅槃呢？

卻是只有菩薩與佛才能證的。譬如說菩薩開悟明心了，他剛剛進入見道位了，就可以現前看見自己的如來藏、有情眾生的如來藏，是能出生五陰的如來藏，是能出生十二處、十八界的如來藏；這個如來藏心是本來就存在的，不是有生的心，而是本來就在的心；祂具有本來性，是本來而有，法爾而有，不是被生的法；菩薩與諸佛也都找不到一個方法可以壞滅祂，所以祂的體性猶如金剛，永不可壞。這是實證了如來藏—法界實相—的本來性。

這位明心的菩薩，也可以同時現前觀察這個如來藏是有自性的。因爲祂能出生五陰十八界，祂還能出生山河大地、宇宙萬有；明心的菩薩可以現前觀察，證實如來藏確實有這些功德；所以說祂是有自性的，不只是名言施設。當代有些名聲響亮的大法師們膽子很大，把佛所傳的如來藏否定了，說如來藏只是個名言施設，公開宣稱沒有如來藏這個心可證；但其實，如來藏是確實存在的，也是可以實證的，而我們正覺同修會中已經有很多人實證了。那麼如來藏是有自性的，因爲祂出生了山河大地，出生了我們的五陰十八界，所以有自性；而這些自性也能由親證如來藏的菩薩們，透過現前觀察而證實祂能生萬法的自性。這樣觀察完了，就知道如來藏有兩個體性了：一個是本

來性，另一個是自性性。

可是，這個如來藏祂還有第三個體性，叫作清淨性。祂永遠都不會有貪染，永遠不貪愛任何諸法，永遠不被任何一法所染污，所以祂有清淨性。而祂這個清淨性不是修行以後才得來的，祂是本來就存在著清淨性。這個清淨性也是無法加以毀壞的，不論誰想要毀壞祂的清淨性，都是永遠不可能成功的，這是祂的第三個自性。祂還有另一個本來就在的涅槃性；關於涅槃，不曉得諸位學佛以來有沒有思索過涅槃的意涵？當阿羅漢入了無餘涅槃，五陰十八界都滅盡，沒有任何一法存在了，是不是斷滅空——緣起而性空呢？佛陀在阿含中說過：阿羅漢們所證的涅槃是清涼、眞實、寂靜、常住不變。顯然，無餘涅槃中不是斷滅空，所以不該單以緣起性空來解釋無餘涅槃。

那麼，眞實而常住不變的無餘涅槃中究竟是什麼？當阿羅漢受生到人間來，有了五陰十八界，具足人類五陰；當他後來修行而成爲阿羅漢以後，捨壽時把五陰十八界全部滅盡，不再受生於三界之任何一處。當五陰十八界全部滅盡以後，他的如來藏還在—單獨存在—而不再去投胎，也不再受生於色界或無色界中，因此不再有五陰十八界，當然就不會再有生死了。所以，阿

羅漢的涅槃是依他的如來藏不再投胎受生而施設的；因此，無餘涅槃並不是眞實法，無餘涅槃是依阿羅漢的如來藏獨住而不生一法之境界施設的。換句話說，你身中有如來藏，而你的如來藏本來就是不生滅的，不生、不滅就稱爲涅槃；無生、無死就稱爲涅槃，而不生也不死的境界，是滅掉了五陰的生死以後只留著不生滅的如來藏自住之境界。所以，阿羅漢的涅槃其實仍然是如來藏啊！

可是這個如來藏不是阿羅漢入了涅槃以後才有的，而是還沒有入涅槃，還在凡夫位的時候，或者你進入到賢聖位的時候，你身上本來就有如來藏，而你的如來藏本來就是不生不滅不生不死的，祂自己就是涅槃。所以，如來藏不論是在凡夫位或在賢聖位中，如來藏自己從來都是涅槃；當你明心成爲菩薩而能現前當下觀察如來藏本來存在的時候，你的如來藏依然不生不死，這就是涅槃，這就是如來藏的涅槃性。菩薩明心見道以後，現前觀察如來藏具有本來性、自性性、清淨性、涅槃性，把這四個自性合起來時就稱爲「本來自性清淨涅槃」。這就是大乘別教三賢位的第七住位菩薩之所證，凡是不迴心的阿羅漢都無法了知；阿羅漢無法證知這個涅槃，唯有菩薩才能證。

這個本來自性清淨涅槃，是眼前就存在的，不是死後才有這個涅槃的。但是，有的大法師卻在私底下這麼說：「那蕭平實所證的涅槃是現前就存在，那跟外道的現見涅槃還不是一樣？」因爲早就有人以斥責的口吻毀謗說：「如來藏是外道的神我。」也有人比較客氣地拐個彎毀謗說：「如來藏富有外道神我色彩。」我想諸位都已經聽過或讀過這種說法，可能也已經聽了幾十年了！但是，事實上，如來藏與外道的神我一樣嗎？我們還是要探究一下，否則很容易就被誤導。而我知道你們都是不願意被誤導的，因爲你們一直都坐在這裡聽我說法；如果你願意被誤導的話，一定不會喜歡繼續聽我這一場演講，一定會起身走人。我也在此先聲明：你如果聽到不喜歡的地方，可以馬上起身就走人，我將會視而不見，不會冷嘲熱諷。但是，如果你不願意被誤導的話，就一定要弄清楚：外道的神我、梵我，跟如來藏有什麼差別？這一定要弄清楚，因爲這跟你的道業有切身的利害關係啊！如果你想要修習的是實證的佛法，不是思想式的假佛法，所以不願意被誤導，那麼這對你來講是一個切身利害的關係，一定要弄清楚。

外道的神我，是說有一個造物主—唯一的眞神—他能出生一切有情，也

能出生山河大地。但是根據他們的聖經記載，那個唯一的眞神還是有我性的，是具足五陰體性而非離五陰體性的，可見那外道的神我，仍然是三界中的有情；而有情的五陰都是會壞滅的，只是時間的早晚差別而已。爲何說外道的神我仍然是五陰的體性呢？因爲，那個神如果不高興了，便降下大水把眾生淹死，只有他喜歡的那幾個人可以不死。他如果不高興了，起瞋心了，便降下大火把眾生給燒死。所以外道的神我、大我，是跟我們人類的覺知心一樣的，他們都脫離不了欲界貪與色界瞋的境界。這樣的神我是什麼心呢？當然是意識心。就是我們現前會分別善惡、會想東想西，也是會起貪瞋的心，也是有時候會厭離某些境界的覺知心，正是意識心，正是六識合成的識陰。可是如來藏心卻是出生識陰六識的第八識眞實心，又名阿賴耶識，是出生覺知心識陰、意識的離見聞覺知的心，那怎麼會與外道神我的識陰相同呢？外道神我上帝，也是被他的第八識如來藏所出生的；上帝神我的識陰，也是被他的如來藏所生的；如來藏是能生，上帝神我是所生，能生與所生是相對的，而所生的神我是依附於能生的如來藏才能存在的，怎麼可以說第八識如來藏跟外道神我識陰一樣呢？我想，只有老糊塗或是別有居心的人，才會這麼說

吧！否則就是根本不懂佛法。

又有一種人說：「一切的有情都是大梵天所生，他是我們的天父。」外道有時則是尊稱爲祖父。大梵天就是初禪天的天主，因爲已經離開欲界愛，所以成爲梵天；而他在人間時曾經修集大福德，他的初禪又是具足修證所成，因此生到初禪天時就成爲大梵天，統率梵輔天與梵眾天。可是《阿含經》中有記載，大梵天王有一天下來人間來向 佛供養、請法，佛陀當著大家的面前問他說：「大梵天啊！大家都說世界與有情是你創造的，你說說看，是不是你創造的？」大梵天默然無語，因爲他明知不是自己創造的，但他也不想被梵輔天與梵眾天的天眾們聽到他否定的答覆；被聽到了，眾天對他就不再崇拜了，他的威德就降低了，就不容易率領天眾了。大梵天王第一次默然不答，佛又再一次問他，還是默然不答。最後 佛說：「你得要說老實話哦！」他才不得不答覆說：「其實山河大地跟一切有情不是我生的，可是眾生要這麼講，我也沒辦法。」這就是實情啦！那麼「大梵天」所知的是什麼心呢？還是意識心等識陰六識。他也不知道有一個能創造他自己五陰的如來藏，他也不曉得啊！所以他無法生起實相智慧，還得要來人間向 佛陀請法。那大

梵天王的覺知心就稱爲梵我，這個外道的梵我既然是意識等六識心，就是識陰或者單說是他的第六意識，這當然也是由他的如來藏所生。那麼，請問：**如來藏是不是等於外道的梵我**？當然也不是嘛！不論印順法師等人把外道神我、梵我，解釋成沒有見聞覺知而不可知的，其實仍然只是狡辯，因爲那將成爲思想而非眞實可證的法；既然不是可證的，只是他們創造出來的說法、思想，當然就不是佛法了！因爲佛法是義學，是可以實證的，不是憑空想像的名相。

梵我既然是被大梵天王的如來藏所生，顯然梵我與如來藏是不同的法，顯然如來藏不可能是梵我。而且，如來藏是離見聞覺知的，是能生的法；神我與梵我都是有見聞覺知的，都是所生的法，當然如來藏不可能富有外道神我、梵我的色彩。所以，不能因爲無法證得如來藏，就把祂否定掉，說祂是外道的神我或是梵我；那是謗法的行爲，也是用常見外道的意識法，去取代佛陀所說最勝妙的萬法根本如來藏。只要落入意識心中而否定如來藏，就不會求證如來藏，就永遠都無法證得如來藏，那他所知的中觀就會變成戲論，他的般若就會變成戲論而被他判定爲性空唯名，而成佛所憑藉的一切種智也

一樣會變成戲論——唯有名相而無種子等法可證；那麼增上慧學—萬法唯識的增上慧學—所說的一切種智，就會被他們改變成虛妄唯識論。可是，增上慧學的唯識學總共有兩門：有眞實唯識門、也有虛妄唯識門，二者是緊密關聯的，不能夠切割。而他們卻是把最勝妙的眞實唯識門切割了丟掉，只保留最差的部分——虛妄唯識門，而這樣來主張「唯識是虛妄法」。

其實他們都不該這麼說，因爲諸佛之所以能夠成佛都是靠唯識學所說的一切種智。彌勒菩薩當來成佛時也一樣是靠唯識學的一切種智，而諸地菩薩的無生法忍即是道種智——還沒有修到究竟佛地時的一切種子智慧；而唯識學是大乘佛法中的增上慧學，絕對不是沒有明心的人所能眞修實學的。沒有明心之前修習唯識學，只能夠在意識上研究揣摩，只能夠成就思想的層次，而不是義學的實證。而明心的菩薩所證得的本來自性清淨涅槃，就是由於親證第八識阿賴耶識而現觀的；第八識即是唯識學中的眞實唯識門所演述的妙義，意根與識陰等六識才是虛妄唯識門所說的生滅法。

講到這裡，已經講完三個涅槃了！阿羅漢所證的有餘涅槃及無餘涅槃，入地的菩薩也是要實證的。菩薩尚在第七住位明心的時候所證的是「本來自

性清淨涅槃」，依這個本來自性清淨涅槃，進修到了初地滿心時，是有能力可以取證有餘涅槃、無餘涅槃的，但是菩薩並不取證這個二乘涅槃，一直留著最後一分思惑而不斷除；留到了三地滿心時，四禪八定已經具足，也在一大阿僧祇劫以前就斷我見了，當然是可以取證滅盡定而成就俱解脫果，可是菩薩仍然不取證俱解脫果，還是保留最後一分思惑而繼續進修無生法忍——精修佛菩提道中的一切種智；修到了六地滿心時，若是不取證滅盡定，就無法往前修了，這時才勉強地取證滅盡定而轉入第七地中。

接著，七地滿心菩薩的證量是俱解脫的阿羅漢、三明六通大阿羅漢所不能知的「念念入滅盡定」，但是菩薩依然特地留著最後一分思惑。這時候，佛才會再來加持他進入第八地，然後繼續發起大悲願，在三界中繼續利樂有情；一直進修到佛地時，如來藏中的一切種子都不再變異了，這叫作斷盡變易生死。因爲對於如來藏心中的所有種子都已具足了知，即是成就了一切種智；當祂成就了一切種智的時候，就不再有分段生死與變易生死了，這時既不住於生死中（純依大悲願繼續在世間利樂有情永無窮盡），卻又不住於無餘涅槃中，也就是到達無住處涅槃的境界了。這樣，說諸佛具足了四種涅槃，

這第四種涅槃就叫作無住處涅槃：不住於生死，也不住於涅槃中。

所以成佛之後，不會永滅有爲法而入住無餘涅槃中，而是到處去示現成佛，到處去利樂眾生，永不休息。這是依初地入地時所發的十無盡願來履行的大悲願，這就是佛地所證的四種涅槃：有餘涅槃、無餘涅槃、本來自性清淨涅槃、無住處涅槃的內容。這個時候一切種智已經圓滿了，自然就具足佛地的大圓鏡智等四種智慧而成爲究竟佛。佛陀的四種智慧：大圓鏡智、平等性智、妙觀察智、成所作智，是從第七住位所證的本來自性清淨涅槃入手的，卻是要長劫進修到一切種智圓滿了，才能具足這四智的。那麼具足了這四智才能具足四個涅槃，才能稱爲大般涅槃；而這個大般涅槃的具足，也是要從親證如來藏爲根本的大乘佛法以後，繼續進修而次第實證無生法忍的道種智才能夠完成的，所以仍然是依如來藏來修證大般涅槃。

在因地實證了如來藏，就能夠有般若智慧生起，就有中道現觀的實證。中觀其實就是中道的觀行，實證了中道的觀行時名爲證得中道，不再只是中道的觀行位了，這時的中觀已是中道的現觀而不是觀行，不再稱爲中觀，而稱爲實證中道。當你實證中道的現觀時，雖然還只是三賢位而已，但已經可

以稱爲菩薩僧了。證得如來藏，現觀中道了，成爲菩薩僧，已不在凡夫（僧）數了，那麼成佛之道就正式展開了，接著進修以後你自然會漸漸知道成佛之道應該怎麼走；所以從明心的時候開始，你已經知道將來必定可以成佛。然而成爲阿羅漢以後卻不知道要如何進修才能成佛，因爲阿羅漢道的實證並不涉及法界實相如來藏的實證，而成佛所憑藉的一切種智卻是如來藏所含藏一切種子的實證，這卻是要從實證如來藏心以後才能開始的，這就是說：解脫道是無法使人成佛的，成佛必須要修學佛菩提道。

第二節　佛法只有二主要道

想要實證佛法又能學得快樂，必須瞭解三德、實證三德。已實證三德者，即是以如來藏爲中心而成爲菩薩僧；由如來藏的進修而延伸成道種智——一切種智的分證，方是入地菩薩。

【講義文稿】一、略說佛菩提道所證三德：法身德、般若德、解脫德。

二、三德只有二主要道：三德皆攝屬佛菩提道，其中之解脫德具足含攝二乘解脫道，謂斷煩惱障之現行；亦斷二乘聖人所不斷之煩惱障習氣種子隨眠，非僅斷見惑與思惑。

三、藏傳佛教密宗（函蓋天竺坦特羅密教及西藏密宗）之本質：

1、宗喀巴的二種道次第廣論，都是雙身法。

2、密宗非但不能使人成佛，亦不能使人證得解脫果，連世間禪定、世俗神通都無法證得，更會使人沉墜三惡道，無量世流轉生死、受諸苦痛。

講記：我們接著進入第二節來說明為何「佛法只有二主要道」。再提示諸位：想要實證佛法又能學得快樂，你必須要先瞭解三德——要先實證三德。然而三德的實證，還是要以如來藏為中心才能證得，然後從如來藏不斷地延伸出去，最後成就了一切種智時就是成佛了。這樣去一步一步進修的人，才是菩薩僧，這已經不是聲聞僧所知的了。

第一點，我們先來談佛菩提道所證三德的大約內容。在這裡沒有辦法講得很詳細，因為我們時間很不夠；這時已經是兩點三十八分了，我們才講這麼一點點；後面有一些比較不重要的部分，我稍後將會只是讀過一遍，不加

以講解，留待以後出書時再補作註解。因爲這一節所講的內容對諸位都非常重要，這可以讓你建立整個佛菩提的架構出來；有了整個架構，你學佛時就不再茫然了！那時你將會知道：學佛時應該要先從哪裡切入，從哪裡入手，然後一步一步去進修。聽完以後你將會建立一個方向，也有了整個次第，你就知道學佛的路該如何走。

首先要略說三德。我們常常看見大陸拍攝的片子，其中有一齣古裝劇這樣演出：清朝有個皇帝名叫乾隆，他很喜歡附庸風雅，也自稱在學佛，想要讓人覺得他好像很懂佛法的樣子，所以他就把內眷侍者叫作三德子；文獻記載他的祖父康熙也有一個內侍者太監，名稱也叫作三德子；其實不論是哪個三德子，他們連一德也無。而康熙與乾隆皇帝呢，他們同樣是連一德也無；因爲清朝的皇帝們全都是精修藏傳喇嘛教雙身法，全都落在意識境界中，當然是一德也無的。那我們且來說說這三德，等我講解完了，諸位就會知道他們確實是沒有三德。

先來談法身德：阿羅漢不知道眞正的法身，但他們自以爲有證得法身，因爲他們誤會「五法爲身」的眞義了。法身是以五法爲身，是哪五法呢？是

戒身、定身、慧身、解脫身、解脫知見身，而這五法以什麼爲身？以如來藏爲身。因爲如果不是有著如來藏常住不壞，就不可能有這五法，那麼如來藏也就不能稱爲法身了；因爲若是沒有如來藏，連五陰十八界都不可能存在了，何況能有這五分法身呢？所以戒、定、慧、解脫、解脫知見身這五法，都是以如來藏爲身，所以法身就是如來藏。證得如來藏的人，就知道這五法都要以如來藏爲身，才能存在及作用；於是有了關於法身的智慧，就是有法身德了。阿羅漢們也有聲聞法中的五法：戒、定、慧、解脫、解脫知見，可是他們這五法所依的如來藏在何處？不迴心的阿羅漢們並不知道，所以他們沒有法身德。

大家都知道佛有三身：法身、報身以及應化身。法身就是佛的第八識無垢識，還在因地時就稱爲阿賴耶識，又名如來藏；成佛的時候這個如來藏就改名爲無垢識，這就是佛地的法身。佛的法身能夠變生佛的莊嚴報身，在色究竟天宮解說一切種智，攝受諸地菩薩；那就是三十二大人相、八十種隨形好，一一好又各有無量好的莊嚴報身，這是佛的第二身，稱爲報身。佛陀還有第三種身，稱爲應身及化身；應身是說祂往世所度的徒弟們，在人間道業

成熟的因緣時節到了，所以降神母胎，出生在人間，這就是應身，是感應我們大家道業成熟的因緣來生在人間。那麼 世尊示現入滅以後呢，就以化身來感應有緣人，所以直到現在仍然還有很多人會夢見 釋迦牟尼佛，或者在定中得到 佛陀的召見，這就是化身。佛陀也會變出許多化身去他方世界長時間攝受眾生，這也是化身。

報身與應身、化身都依法身無垢識而出生，沒有法身無垢識就不會有報身以及應身、化身；所以當你明心的時候，發覺自己有這個法身，也會發覺原來諸佛也是由這個法身所出生。明心後，你知道法身何在，也知道法身的功德性，就有法身德；這時也會知道法身在因地就已經有本來性、自性性、清淨性、涅槃性了，那你就知道四種涅槃的本質都不是修來的，這也是法身德。菩薩所見阿羅漢的涅槃也是本有的：只是把遮障涅槃境界的煩惱修除掉，而使原有的涅槃顯現出來。那你明心後這樣子看清楚了，已經知道法身的所在了，這就是第一分的法身德；剛明心的七住位菩薩就有了這個法身德，只是還不圓滿而已。但是不迴心的阿羅漢們並沒有證得這個自性法身，所以他們就沒有這個法身德啊！

明心的菩薩證得這個如來藏法身，就知道阿羅漢入了涅槃以後，原來還是這個如來藏自住的境界─絕對寂靜─沒有絲毫的六塵、六識，也不再出生任何一法，所以涅槃中是絕對寂靜的。由此，菩薩就已知道「原來無餘涅槃裡面的境界就是這樣」，他依自己現前當下的如來藏來看─看如來藏自己的境界─把和如來藏同在一起的五陰十八界自己排除掉，來觀察自己的如來藏單獨存在時的境界是如何？這時就會知道原來「阿羅漢入了涅槃之中就是那個境界」。所以，菩薩知道阿羅漢入了涅槃以後是什麼境界，阿羅漢自己卻不知道，因爲阿羅漢們沒有證得涅槃中的本際──如來藏；而阿羅漢入涅槃以後卻是滅了自己，自己都不存在了，又如何能觀察無餘涅槃中的境界？所以，我從實際理地來說阿羅漢沒有證得涅槃，原因是他們沒有證得這個法身，所以他們沒有法身德，就沒有菩薩所證的本來涅槃的智慧所產生的解脫德，只有苦修而得的解脫德而沒有本來涅槃的解脫德。

再來談般若德。有了法身德，也觀察到五陰是由如來藏所出生的，是與如來藏和合運作的，就可以現前觀察如來藏與五陰不一不異，就能住於中道而不會落到一邊去；不會像有些人說如來藏與五陰是一，也不會像有些人說

如來藏與五陰是異；不論他們說一或說異，實際上如來藏與五陰永遠都是不一不異，不會被改變。而如來藏與山河大地也是非一非異，因爲山河大地也是從如來藏生，可是山河大地不等於如來藏。然後也可以觀察這個如來藏——自己這個法身——一直都是不生也不滅，因爲祂無始本有，沒有一法能生祂，只有祂來生我們，所以祂永遠不會落到生的一邊，也不落到滅的一邊；遠離生滅兩邊，當然就是中道了！

再觀察這個如來藏不斷也不常，因爲如來藏這個心永遠不會斷滅，無始以來不曾斷滅，你明心後也是永遠無法找到祂會斷滅的時候，也沒有任何一法可以斷滅祂，所以性如金剛而不可壞。這時知道如來藏是不斷的，而這不斷並不是等於常；因爲，外道所說的常其實都是無常，只是外道們並不知道；而這個如來藏也不是常，因爲祂有種子不斷地在流注，種子不斷流注也就是功能不斷在出現；功能既然不斷地出現，而功能不是常，是會演變的，所以又叫作非常；那就是說，如來藏心體不斷，而心中所含藏的種子不常，同時具有不斷亦不常的功德，成就了中道的正理，當然就離開斷常兩邊了。

所以當你證得如來藏的時候，你可以從很多很多的面向去觀察這個如來

藏永遠是中道性的。從此以後你不會再落在兩邊中的一邊，或是具足兩邊而離開中道，永遠是處於中道而兼顧到兩邊，可以不離開兩邊就處於中道；如果有人是要離開兩邊才能處於中道，那就不是眞正的中道了，那就是悟錯了，就是意識思惟所得而不是親證中道。這樣的中道觀行實證所產生的智慧，就是實相般若智慧，這時就表示你明心以後已經有了般若德。這時，如果你是個畫家，那麼你畫完一幅畫，在落款的時候，可以寫上二德子的名號，也可以刻一個「二德子」印章蓋上去，你夠資格了。

再回來談解脫德。然後你再來觀察現在生死之中有沒有涅槃境界存在？你將會觀察到：原來你正在生死輪迴當下，已經是住在涅槃中了！這可不是外道現見涅槃哦！因爲這不是欲界中的境界，也不是初禪、二禪、三禪、四禪中的境界，這五種境界正是外道所誤會的涅槃境界，稱爲五現見涅槃，都仍然是三界中的境界，都還沒有超出色界境界呢！而你所證的境界是如來藏自住的境界，是三界外的境界，從來都不是三界中的境界，從來不是五陰、十八界的境界，而且都不是想像的，它是你的自心現量。你可以觀察：**我在生死輪迴當中，我的如來藏是涅槃的，是不生不死、是不斷不常、是不生不**

滅的；我的如來藏自身是不來不去的，祂本身就是涅槃，而我自己就住在如來藏中。說白一點，所有的有情都在自己的如來藏中生活，因此所有的有情都住在涅槃中——都是本來涅槃解脫，只是自己都不知道，都找不到涅槃而不得解脫。

這個涅槃的實證就是解脫，這解脫的功德是可以實證的，你可以現前觀察到，這就是有了解脫德。阿羅漢死後入了無餘涅槃的境界，而那個無餘涅槃中的境界是在自己現前的五陰中就已經同時存在的，是本來涅槃解脫的，當你能夠如此現觀時，就說你已經有解脫德了。到這時，當你的畫作畫好了，可以落款的時候，就可以改個名字叫「三德子」，就把「三德子」的印章蓋上去，你絕對夠資格。清朝的皇帝如雍正、乾隆等人以及他們的侍者都是沒資格的，因爲他們全都落入識陰、落入意識境界中，連一德也無。

這樣子，證了如來藏以後就有法身德、般若德、解脫德；這就是三德，只是不像諸地那麼具足，也不像佛地已經圓滿。但阿羅漢只有解脫德裡面的極少分，有實修的解脫而沒有這種本來解脫的智慧；因爲入了無餘涅槃以後，他自己五蘊已經全都不在了，怎麼能知道無餘涅槃裡面是什麼呢？而他

們生前也無法現前看到眼前本來存在的無餘涅槃中的境界，因爲他們都沒有證得法身如來藏；而如來藏獨住的境界就是無餘涅槃的境界，所以阿羅漢們的解脫德是很不具足的；他們對涅槃的所知而產生的解脫德智慧，根本沒辦法與七住位菩薩的解脫德相提並論。可是七住位菩薩見惑斷了，思惑卻還沒有斷呢，就能夠有這樣的解脫德，是阿羅漢所不能知的。

當您具足了這基本的三德，次第進修以後，慢慢地你就會成佛（不能說快速成佛啦！只能說慢慢地會成佛），因爲要三大阿僧祇劫的悟後實修。但是，三大阿僧祇劫的過程有快有慢，有的人一秒中就過一大劫，有的人修完一大劫才只過了成佛之道裡的一秒鐘，這是因人而異的，也就是長劫入短劫或是短劫入長劫的意思；這在《解深密經》中有說，現在我們且不談它。（再次跟大家說明一下，如果中途想要去洗手，隨時都可以離席。）

第二點，三德是成佛的根本，而三德的根本卻是如來藏，一定要親證如來藏以後才能獲得三德。可是這三德，把它們分析歸類起來，卻只有兩個主要道：一個是佛菩提道，另一個則是解脫道。三德的解脫德之中的一小部分，就是羅漢道所修的解脫道；可是佛菩提道函蓋了三德的全部，而三德中的解

脫德也具足含攝二乘人所修的解脫道果德；也就是斷除種種三界煩惱—見思惑—的現行，並且進一步斷除二乘聖人所無法斷的煩惱障習氣種子的隨眠。所以，佛菩提道中所修的解脫道不是只有斷見惑與思惑而已，同時還要斷除煩惱障的習氣種子隨眠；這個是很困難的，這要花很長很長的時間，也就是要花掉將近二大阿僧祇劫才能完成，是從三賢位中就得開始修除習氣，到七地滿心位才圓滿的，不是像阿羅漢的解脫道可以在一世中完成。因此，二乘聖人所證的解脫德只是三德的解脫德裡面的一小部分，而三德全部都是含攝在佛菩提道裡面的；所以佛菩提道是具足二道的，也就是函蓋二乘人所修的**解脫道**，以及大乘人所修的不可思議解脫道及**佛菩提道**。函蓋了這二道—具足了這兩個主要道—的佛法實證以後才能成佛，而羅漢道只有修解脫道，並且羅漢道的解脫道所完成的解脫實證，還只是三德中之解脫德其中的一小部分而已。假使您已經確實瞭解了這些內容，您才有可能在這一世之中確實實證佛法，而不只是在外門熏習知見及修集資糧而已。

接著談**第三點**，但我還是先要再一次的提醒諸位：**您願不願意被誤導**呢？如果不願意被誤導，那接下來聽到我所講的內容，您就不要生起煩惱，

因爲您已經是不想被誤導的人。可是自古以來，誤導眾生的事卻是一直都存在著的，而誤導眾生最嚴重的則是西藏密宗，又叫作「藏傳佛教」，其實他們大部分是喇嘛教，只有覺囊巴一派才是眞正的藏傳佛教。爲什麼我要說喇嘛教是假的藏傳佛教，是誤導眾生最嚴重的假佛教宗派呢？是因爲喇嘛教的法——四灌——打從一開始的灌頂，就已經是用雙身法的理念來爲徒眾們灌頂的。當假藏傳佛教的信徒跟喇嘛們作過結緣灌頂了，眞的想要投入假藏傳佛教去修學時，那就要開始作第一灌了。在第一灌要正式開始時，爲您灌頂的上師要先作觀想，觀想完成以後才爲信徒灌頂；喇嘛要先觀想頭上有所謂的「佛父、佛母」擁抱交合，要觀想交合已經達到至樂——到達性高潮了，然後有了不淨物質從「佛父、佛母」的下體流出，喇嘛們說那就是爲您灌頂時所必須的甘露；然後觀想那個不淨的物質流下來以後，從正在觀想的喇嘛自己頭頂頂門灌進去，然後再觀想從喇嘛的尿道出來，再觀想灌到受灌頂的徒弟頂門進去，這就是密宗正式入門的第一灌——初灌頂。無比清淨、出三界生死而不在三界法中的清淨佛道，竟然需要這種欲界中的不淨物來灌頂，這還能說是佛法嗎？稍微有世間智慧的世俗人一聽就知道這是不是佛教了！

何況是已經眞正在學佛的人，竟會相信這樣邪淫而且下流的假藏傳佛教密宗，眞是太荒唐了！

說明過了，接著要請問諸位：「您願意或不願意被作這種灌頂？」您如果不願意，就應該要很歡喜地說：「哎呀！還好，我沒有上當！我今天終於知道內情了。」可是喇嘛上師在爲您灌頂的時候，絕對不會把他觀想的內容事先告訴您。這只是正式入門的第一灌，就已經是如此了！而他們修練的拙火與氣功，以及盤腿時的跳躍功夫，其目的也全是爲了修雙身法作準備的，是爲了在以後與異性徒弟交合時可以住在長時間的淫樂中而不會洩精，才需要練這些功夫，其實這些功夫都與佛法的實修完全無關。第二灌的細節我們且不講它，因爲道理是一樣的，不同的只是用年輕美貌的女人供養喇嘛，喇嘛就在密壇中與女人或女人們交合，然後收集全部不淨物，放入弟子的口中，使密宗弟子生起淫慾所以心喜而生起樂受，這是第二灌的主要精神所在。然後第三灌時，女弟子就得跟喇嘛，男弟子就得跟女性上師眞刀實槍上床實修啊！所以師徒亂倫是免不了的，犯重戒而下地獄，也只是時間遲早的問題罷了！至於第四灌，也就是跟那些師兄、師姊一起在密壇中輪座雜交—

—每一個人都要與在場的所有異性同修交合，而每一次交合時雙方都要達到性高潮。這個喇嘛教祕密灌頂的眞正內容，可能是你們很多人不曾聽過的，這表示您雖然修學了假藏傳佛教密宗，但是還沒有走到第二灌以上的階段，那您就該慶幸說：「還好！我今天已經先知道了。」

以上是喇嘛教實修的部分，至於密宗喇嘛教的學理部分，我們也得要說一說。現在台灣與大陸都有很多人在修學宗喀巴的《菩提道次第廣論》，其中所說的中觀的理論都只是意識思惟所得的理論，而且都是以六識論的常見思想作爲中道的觀行內容，全都落入意識常住的邪見中，其實都與般若實證的觀行無關，也與求證中道的觀行全然無關，所以假藏傳佛教所說的顯教理論部分，也全都是戲論而無關佛法的教義。並且，兩岸所有修學宗喀巴《廣論》的團體，他們都不講論中止觀的部分：他們都只講前面的三個大單元，後面兩大單元的「止觀」部分全都不講。不講的原因只有兩個：第一、教導者自己也不知道後面的止觀在講什麼，因爲語詞很晦澀，有許多的密語、隱語，連他自己也讀不懂。第二種人呢，他是知道其中的意思，但是不敢講；因爲宗喀巴的《菩提道次第廣論》，後半部—超過五分之二—的內容所說的

止觀，其中將近一半的篇幅也是雙身法，而另一半的止觀內容也是全都導向雙身法，全都是爲其中隱說的雙身法來作準備的。可是，崇拜宗喀巴而盲目跟隨修學《廣論》的人，有誰知道這些內情呢？我們今天把它提出來，並不是誹謗，因爲這是事實，是假藏傳佛教密宗永遠無法否認的事實；所以《菩提道次第廣論》的「止、觀」內容，是知道的人不敢講，而不知道的人無法講。因此，《菩提道次第廣論》的弘傳者，都只有講前面三大單元，後面止觀的部分都停下來不講。

如果是宗喀巴的《密宗道次第廣論》，那就從頭到尾都是明講雙身法；像這樣的假藏傳佛教密宗——喇嘛教的邪謬法理，您願意學嗎？假使您受了菩薩戒，或是已受聲聞戒而出家了，學了宗喀巴的兩種《廣論》以後，鐵定要下無間地獄的，因爲那些實修都是嚴重毀破十重戒的。假使你受了五戒，學了雙身法，也是要下墮一般地獄的。如果一般人學了雙身法而且與喇嘛上床實修了，那可是師徒亂倫啊！因爲一定要經過第三灌的師徒合修亂倫階段，才能繼續深入修學藏傳佛教密宗—第四灌輪座雜交—而與其他的異性同修一一合修，或是後來再個別邀約其他的密宗異性同修來合修雙身法；但是

還沒有師徒上床合修而完成第三灌以前，是不許跟任何密宗異性合修的。但是第三灌的密灌，一定要師徒亂倫，一定要跟異性上師上床合修。如此一來，師徒亂倫以後，即使是不受佛戒的人，還是得下墮三惡道，因爲這是三界世間法爾如是的因果律，誰都無法赦免誰。密宗喇嘛教自己施設了十四根本戒，想要逃避這種因果律，說得冠冕堂皇，說那樣是在修證佛法而完全無罪；可是命終之後還是得要依因果律而下墜無間地獄，誰也赦免不了他們，因爲宣稱能赦免他們的往世大修證的大法王們，都已經在地獄中了。

我想諸位聽到這裡，應該已經確實知道假藏傳佛教密宗的本質了！如果您還是不相信，回家以後可以把宗喀巴的兩種《次第廣論》，全都找來詳細閱讀研究。但是您先要有一把鑰匙，我們把它簡稱爲「達文西密碼」，您閱讀之前必須要先知道它書中的暗語意涵。比如說它講金剛杵，那是講男性的性器官；它講蓮花或者講金剛鈴，講的是女性的性器官；講寶珠時，有時是說男性的龜頭，有時是說女性的陰蒂；講界、點或種子時，是說精液；放點就是射精生子的意思，所以喇嘛是有兒女的。依此類推，您這樣把密碼套上去讀宗喀巴的兩種廣論，其中的雙身法內容就可以大概讀懂了，不會再有絲

毫的錯誤。譬如宗喀巴的二種《廣論》中所說的種子，有時又稱爲「界」，卻不是佛法唯識學中所講的如來藏中所含藏的一切種子——一切功能差別；他們講的種子、界，就是指男性精液。你們這樣把它套進去讀，就能讀懂其中的密意啦！我今天送給你們《廣論》的達文西密碼了（大眾鼓掌……）。假使您手裡沒有《密宗道次第廣論》，因爲藏傳佛教密宗常常有人辯稱沒有雙身法這回事，所以我們已經把它貼上網作爲證明了；您可以上「成佛之道」網站去讀，或是下載來讀；只要您把這個密碼套上去，您就會讀懂其中的祕密了。

《菩提道次第廣論》，很多人手上都有，只是不知道其中的止觀是在講什麼。它的止觀部分，您也可以把這個達文西密碼套上去讀；用這密碼一打開：「**哎呀！原來宗喀巴在講這個哦！**」您就通了。那麼，要不要繼續再深入假藏傳佛教密宗修學呢？或者說，要不要讓您的另一半繼續學密呢？您的配偶會不會因爲雜交而染上愛滋病回來傳給您呢？您就可以自己下判斷啦！作了正確的判斷與決定，從此以後您就可以步上眞正佛法的坦途了。

第三節　具足三德方能成佛

接著我們來講「具足三德方能成佛」。如果已經圓滿具足三德了，當然就有三身、四智，那就是已經成就一切種智的究竟佛了。成爲究竟佛是依靠一切種智，一切種智是指了知一切種子的智慧。那麼一切種子是收藏在哪裡？種子又名功能差別，又名爲界，而我們的無明種子、業種，以及六根、六塵、六識等種子——功能差別，也就是所有的種子，究竟收藏在哪裡？是在我們各人的如來藏裡面。當我們證得如來藏以後，就可以去觀察如來藏自己的功能差別，並且也可以觀察如來藏含藏了我們五陰十八界的哪一些種子？這樣一步一步進修，三大阿僧祇劫修過了，所有的種子您已經都能具足理解了，都具足實證了，那時您對所有的功能都可以具足運用了，那麼就是有了一切種智；有了一切種智時就是成佛了，三德便具足了；那時您的三身具足了，四智也圓明了，您就是已經成就一切種智的究竟佛。一切種智還沒有具足圓滿證得時，就稱爲道種智，屬於諸地菩薩的無生法忍；而這三德，

如果不依如來藏，就沒有三德可以實證了，這已經在剛才說明過了。如果不是有法身如來藏，那您如何能證得如來藏而有法身德呢？因爲連法身都不存在了，而五陰十八界又是虛妄法，都是會壞滅的，那麼這一世死後，下一世的五陰十八界又要從哪裡生出來？當然，生滅法一定要依靠不生滅法才能存在啊！這就是哲學上以及佛學學術研究中所說的「假必依實」的道理。

所以 佛陀說：有爲法是依無爲法才能存在的，而無爲法就是如來藏！如來藏是一切法的所依，所以稱爲法身。如果沒有如來藏，就沒有二乘菩提可說，因爲二乘菩提是依蘊處界的緣起性空來觀察的，具足現觀了蘊處界的緣起性空，才能斷除我見、斷盡思惑，所以緣起性空觀是依蘊處界而有的；可是，蘊處界卻又依如來藏而有，佛在《阿含經》說：由於這個「識」—如來藏—來入胎、住胎，才會有色身，才會有人類的蘊處界出生。沒有蘊處界的出生、存在與無常，就沒有緣起性空觀可以實證，而蘊處界卻是依如來藏而有的；所以事實上，二乘聖人所證、所修、所觀行的緣起性空觀，還得要依這個法身如來藏才有，因此他們的解脫德還是要依附於如來藏。

那麼般若中觀更是如此啊！因爲般若講的是法界的實相，中道的觀行就

是在觀行如來藏的中道性；意識是不符合中道性的，因為意識有時清淨了，是落到清淨一邊；有時貪染了，卻又落到染污一邊，所以意識不符合中道性。但如來藏永遠是中道性，而一切諸法的根源也是如來藏，從般若智慧所演說出來的佛法全都是法界的實相；一切諸法的功能就統稱為法界，而一切諸法功能的實相就是如來藏，一切諸法全都離不開如來藏，離了如來藏就沒有任何法存在了。證得如來藏時，就會生起法界實相的智慧，就是般若智慧，就有了般若的功德；所以般若德也是依如來藏而有，這在大乘法中稱為「開悟」所得的智慧。而法界實相的開悟，只有一種，沒有兩種，也就是明心。明什麼心呢？明常住心、明萬法根源心。不可能是明意識心，也不可能是明意識的離念境界；因為意識心是生滅法，祂不具足三德，不是三德的理體，祂連一德也無，所以三德依如來藏而有。

假使能夠證得緣起性空法，成就羅漢道的四果解脫，也只是證得解脫德的少分，並不具足解脫德。如同剛剛我們所說的「阿羅漢能入無餘涅槃，但是不知道無餘涅槃中的境界是如何」，可是菩薩明心了就可以如此現觀：當五陰十八界不在的時候即是無餘涅槃，是剩下如來藏自己，那是什麼樣的境

界。所以，佛法是在人間就可以實證的，不必要到天界去才可證，也不必像定性聲聞得要五陰死滅了才說是證得涅槃，而是現前當下佛法就已具足的。這樣來修學佛法，你就可以修得很快樂；因爲你有法身德，有解脫德，也有般若德。

當你來這裡聽我講「人間佛教的眞實義」，如果你已經明心的話，你可以一面看著自己是在涅槃境界中。當你在前來台南文化中心的路上，也許口渴了，買了一杯冰淇淋，在計程車上就吃了起來：「欸！很好吃！又香又甜。」可是在這享受冰淇淋的時節，無妨仍是涅槃，心想：「哎呀！學佛眞是快樂啊！」可是如果你是學羅漢，譬如阿羅漢去托缽，在路上他只能看著前面一丈以內的地上，不許東張西望；到了人家門前振錫而立，當人家送出飯菜來時，卻不可以去分別那飯菜好不好吃。當人家送飯菜出來時——尤其出來的是女主人，那就不能瞧著人家的臉。可是菩薩卻沒關係，菩薩當面看著，可是心無邪念；當面看著人家女主人時，卻仍然是住在涅槃中；人家布施完了，菩薩要爲施主祝願，因此就誠懇看著女主人，很歡喜地祝願：「祝願施主未來世福德無量，菩提早成。」這樣自然地攝受對方進入佛菩提道，卻是心中

依止於涅槃境界，無所謂貪染或離染可說。這樣才是眞正學佛，而不是像羅漢一般，得要滅了五陰以後才算是住在涅槃中。

證道的菩薩學佛時總是學得快快樂樂地，不必每天時時刻刻與語言妄念對抗，那眞是學得很痛苦。學佛學得不快樂，都是因爲還沒有證得法身，因此就沒有證得三德，沒有功德受用。也就是說他沒有眞的進入佛門，才會學得不快樂；或是錯把學羅漢當作是學佛，所以學得痛苦。諸位看看我們這一場演講，是我們台南共修處的同修們辛苦去籌備出來的，他們忙得不得了，大家身體都很累，但是卻忙得非常快樂；因爲他們於三德都有所證，或者是已經知道自己即將實證三德了。

你如果想要獲得這三德，希望可以快快樂樂地學佛，那你就得要設法實證如來藏，證得禪宗所講的開悟明心，也就是進入大乘的見道位中。當你進入大乘的見道位以後，你會更辛苦，但是也會更快樂；因爲，進入了大乘佛法的殿堂——進入了佛的家裡，你將會發覺：「唉呀！好多的珍寶都是要送給我的。」確實都是要給你的，你要一直不斷地把它們搬回你家中；哪個家呢？你心中這個家。佛都不吝惜，都準備好了，要讓你儘量搬回家；可是搬

得愈多就愈辛苦，但是搬得愈多也就愈快樂啊！就好像世俗人經商貿易，生意愈好就愈累，簡直累得一塌糊塗；然而錢卻賺得愈多，心中就愈快樂。大乘法就像是這樣，正因爲是有這三德的受用，因此殊勝莊嚴受用無邊。

好！三德既然離不開如來藏，那你若是想要得到三德，其實很簡單，你只要證得如來藏就夠了！這時就有初分的三德了。證如來藏的時候，不單只是證如來藏哦！同時也是初果人，因爲一定會同時斷除了三縛結。聲聞初果人不知道你的三德，你卻知道聲聞初果人斷三縛結的一切見地，菩薩的可貴就在這裡。因此，你如果想要快快樂樂地學佛，就應該走上學佛底路，別走上學羅漢底路。而且諸佛與諸羅漢的智慧證量及解脫證量，那是天差地別的；您自己應該想一想：是要學得很快樂而很有智慧、具足解脫二種生死呢？或是要學得不快樂，而智慧遠不如諸佛，又只能解脫分段生死呢？

那麼，接著再來說：縱使能夠證得緣起性空的法，其實也只是解脫德的少分而已，不能具足解脫德。這就是我剛剛講過的，成爲阿羅漢卻還不知道本來自性清淨涅槃是什麼；可是你一旦明心了，當場就可以把本來自性清淨涅槃從四個面向來現前觀察、證實祂：是不是本來性？是不是自性性？是不

是清淨性？是不是涅槃性？這都是不迴心阿羅漢們所不知道的。所以說：如果要修學佛法，下至修學羅漢法—即使不修學佛法而只修羅漢法—也都必須依八識論來修。如果不依八識論來修，那是連羅漢法都修不成的，連初果都無法證得。

大家就當場來檢驗看看我這個說法有沒有道理，假使否定了第八識如來藏，又確實有能力具足觀察五陰十八界的緣起性空，將會產生什麼結果？這五陰十八界，我們拿十八界來說，也就是六根、六塵與六識。這六根裡面有個意根，意根是無色根，是意識的所依根；祂也是心，不是物質，不是色法。那麼其餘的五根：眼、耳、鼻、舌、身根，都是有色根；這五個有色根又分成扶塵根與勝義根。勝義根就是我們的頭腦，包括大腦、小腦、延腦，整個頭腦就是五勝義根的集合體；我們外面所看得見的：眼如葡萄、耳如荷葉、鼻如懸膽、舌如偃月，身體則是像一個肉桶！這些都叫作扶塵根，是五根中的扶塵根，而五根的勝義根都集合在頭腦裡面，這些是色法根。所以，六根中有五個有色根，還有一個心根叫作意根——意識心所依之根。有了六根以後，接著還有六塵——色、聲、香、味、觸、法。當六根接觸六塵的時候，

如來藏就生出了六個識——眼、耳、鼻、舌、身、意等六個識。這六個識加上你的意根——心根，請問：這時是有幾個識呢？是七個識囉！而這七個識全都攝歸「名色」的「名」之中。好！阿含部的經文中很明確的告訴我們：現象界中，我們的五陰十八界中已經有七個識。如果否定了意根，意識就不能現起了，那還能修阿含解脫道嗎？而且，否定了意根就是把阿含解脫道推翻了，不信受《阿含經》所說的八識論法義，觀行時一定會偏差，又怎能確實斷我見呢？根本就無法實證羅漢道，何況能證佛道？所以不該否定第七識。現前可以證實的六識之中的意識，還得要依意根的存在及配合運作才能出生，因爲意識是**「意、法因緣生」**嘛！

這樣子，總共有七個識了！可是 佛說：還要有另一個識入胎，才能有色陰出生，然後才能有眼等六識心出生。佛陀問阿難說：「如果這個識不入胎，能有名色嗎？」名已經函蓋意識等六識了。阿難尊者回答說：「不行。」佛陀又說：「如果這個識入了胎，隨即又出胎，母胎中的嬰兒名色能增長嗎？」阿難尊者答：「不行。」佛陀又說：「這個識入胎以後出生了名色，嬰兒身體具足，離開母胎而出生了；然後這個識就離開嬰兒了，那嬰兒會繼續成長

嗎？」阿難尊者說：「不行。」可是，名與色函蓋了十八界，名與色裡面已經有五色根以及七個識了，因爲意根也包含在名之中，而六識也包含在名中；佛陀又說另外還有一個識入了母胎，才能出生了「名、色」；這樣子，阿含中不就是講八個識了嗎？當代那些修學南傳佛法的人們，竟然還跟隨著印順法師在主張六識論，說第七、八識都是由第六意識中細分出來的，那不是心想顚倒了嗎？

以上所說的，都是聖教量裡面的記載，白紙黑字分明寫著，並不是我蕭平實杜撰的。而且，只有北傳的四阿含諸經這麼說嗎？不然！南傳的《尼柯耶》——南傳的阿含——也是如此說的，那還是八個識啊！那麼大家想想：如果阿含聲聞法——羅漢法——是主張只有六個識，那他們會想：「阿含中說：入無餘涅槃時是要把五陰十八界全部滅盡的，那我將來捨壽時想要入涅槃，一定要把五陰十八界都滅盡。然而我的六個識都滅了，卻沒有第七識可滅；可是阿含聖教中說意根也要滅掉，那我不是應當要找到意根再來滅？那我何時才能找到意根？我又不信有意根，那我何時才能證涅槃？」因爲他們認爲只有六個識，這時他們就無法斷我見囉！因爲他們會恐怕將來入了涅槃以後成爲

斷滅空，當然得要主張意識心常住不壞才行，就落入我見中了。

那麼阿羅漢也一樣，在成爲阿羅漢之前，一定會先考慮到這一點：我把自己斷滅了以後，入了無餘涅槃中，是不是斷滅空？阿羅漢一定會把這個顧慮提出來問。這個問題若是由凡夫所問的，佛陀就會把它當作無記的問題來處理；但是若由證果聖者提出來問時，佛陀可就不把它當作無記來處理了！佛陀說：涅槃是眞實、寂滅、清涼、常住不變。既是眞實，又說阿羅漢證得的涅槃是常住不變，當然無餘涅槃不是斷滅空。既然 佛陀說阿羅漢證得的涅槃一樣是眞實，也是常住不變；可是無餘涅槃中沒有六塵、沒有六識、也沒有六根，所以是絕對寂滅，其中沒有任何的五陰我、十八界我存在，當然也就不可能有煩惱，所以說它是清涼，卻不是斷滅空。那麼，這樣講解完了，諸位就瞭解了：必須認定人人都有八識，才願意滅掉意根與識陰總共七個識而入涅槃；這時全然都無十八界我了，卻仍然不是斷滅空。所以，如果你想要修證佛法乃至修證羅漢道，都必須要承認：一切正常的人都有八個識，否則你連羅漢道都無法修——連聲聞法解脫道都無法修；因爲在斷我見的時候是要把十八界全部否認的，是要能現前具足觀察十八界的每一界都是虛妄

法。如果是六識論者，顯然是無法斷我見的；因爲把六識給否定了以後——從阿含聖教中也知道入涅槃時是要滅掉六識全部的，那時將會成爲斷滅空，心中當然不願意證果是這樣證的，當然就會認定意識心常住不壞，就無法確實斷我見，而初果也就不可能證得了。那時假使還自稱是證果的人，那就是大妄語！你想：有人願意在修行成功以後成爲斷滅空嗎？我跟諸位報告：連斷見外道都不願意成爲斷滅空。他們嘴裡說斷滅、無後有，實際上他們還是很喜歡下一輩子自己繼續存在，深心中是期待自己還會往生到下一世去的。

所以，如果是六識論者，在二乘法中也無法修出成績來，連斷我見都不可能；當他們想要斷我見的時候，一定會考慮到入涅槃時將會成爲斷滅空啊！那就不得不在堅持六識論的同時，又去施設一個意識的細心常住不滅的說法。然而他們說意識細心是從意識細分出來的，卻不屬於意識所攝，這不是世間最顚倒的人嗎？因爲這是連世間法的邏輯都講不通的說法。所以，六識論的應成派中觀師，不論是印順法師或達賴喇嘛，不得不再去施設一個意識的細心或極細心常住不滅，認爲入了涅槃以後，意識的細心或極細心還存在不滅，正好是回到八識論的邏輯中，卻是永遠無法懂得眞正的八識論，永

遠無法實證初果的證境而繼續否定第七、八識，永遠無法斷我見，所以說這些人正是欲學羅漢卻違背羅漢道的愚癡人。

然而，問題是：意識的細心是不是意識？意識的極細心是不是意識？這是他們最大的問題。事實上，意識的細心是意識，意識極細心也還是意識，而且 佛陀曾說：「**諸所有意識，彼一切皆意、法因緣生。**」既然一切意識都是以意根與法塵相觸的因緣而出生，當然一切意識都是生滅法；從至教量及證果者的現觀來看，這都是不可推翻的至理。然而那些主張六識論的人，依循阿含聖教，就算是修到後來想要入涅槃時，或者在欲證初果位而想要否定六識的全部時，就不免要在知見上落入斷滅見，也不免要在實證上落入斷滅空，自然無法斷我見而證初果；否則就必須強詞奪理，當然那時心中也知道自己的說法是強詞奪理；那麼他們修學及弘揚人間佛教的理想是無法成就的，一定會被有智慧的聲聞證果者或證悟的菩薩所破斥。

當他們繼續堅持六識論時，在人間佛教中——在人間不論怎麼樣努力修學佛法——都必然是無法成就的，因為本質已經是斷滅空，連自己都不會信受而只能假裝信受；這樣疑見縈繞不斷，怎能實證羅漢道？當然是連初果都無法

證得的。所以說，若是不承認八識論，那麼在聲聞道中也是無法修行成就的。因此，修學解脫道—學羅漢—若是想要成就的話，不論是想要證初果乃至阿羅漢果，都必須要先信受八識論。因爲，從阿含聖教中已經證明：阿含羅漢道，不論南北傳的聖典記載中，都是八識論的正理，從來都不是六識論的常見外道歪理。修學南傳佛法的人們，都必須要信受阿含聖典中所說的「取陰俱識」、「入胎出生名色的本識」；這個入胎出生名色的本識，是時時攝取五陰而與五陰同在一起的第八識，也就是本識、入胎識；承認了這個第八識，才有可能遠離斷滅見，才有辦法斷我見，才有辦法把十八界的虛妄性觀行清楚之後承擔下來，於是初果就證得了；否則是無法承擔的，一定是連我見都斷不了的。

乃至加修四禪八定、三明六通而成爲大阿羅漢了，也仍然必須要信受八識論，否則他就無法成爲阿羅漢，一定會退回凡夫位中；因爲他不可避免地要去探究：入涅槃以後是不是斷滅空？這是所有須陀洹、所有二乘法中實修實證者，在觀行蘊處界緣起性空的過程當中，一定無法避免而會碰觸到的問題，絕對不可當作無記的問題來處理。因爲，解脫道的修行是在現觀蘊處界

的緣起而性空，既然一切諸法都是緣起性空，又跟斷見外道有什麼差別呢？這當然要先探究清楚！如果沒有探究清楚而想要斷我見、想要否定六識自己全部，絕對是不可能的；因爲他將會碰觸到斷滅空的見解或境界，這就是印順派的學人不得不新創意識細心（細意識、細心、微細意識）常住說、滅相眞如常住說的由來，也正是印順法師及其派下的所有法師都無法斷我見、證初果的根本原因。所以在凡夫位中想眞修解脫道的人，一樣是要承認八識論的，必須遠離六識論的邪見。至於修學佛菩提道—學佛—的人也是一樣，都必須承認有八識、依止八識論正見；否則絕對不可能證得第八識如來藏，將會只證到第六識；然後認定第六意識（或細意識、極細意識）是最終心、不壞心，於是我見便根深柢固盤繞在他深心之中；取證聲聞初果，當然是遙遙無期的。

第四章　釋印順人間佛教與佛菩提道之差異

我們接著要進入到第四章來說明：印順法師的人間佛教思想本質，跟佛菩提道的正理有什麼差異？

這個題目很重要。如果不能理解他的「人間佛教」本質與佛菩提道所說的人間佛教有什麼差異，就無法離開印順法師弘傳的邪見，也就永遠無法離開六識論的常見或斷見本質。此外，提出人間佛教的主張時，應該解說他提出人間佛教的緣由；不能只引經中「諸佛終不在天上成佛」一句話，就否定了天界佛教、諸方世界佛教存在的事實，卻始終講不出「諸佛唯在人間成佛」是依什麼立意、什麼原因而這麼講、這麼作，也講不出諸佛為何要教導菩薩們常在人間修菩薩道的原因。而我們將會在今天把其中的某些比較直接的原因加以說明。至於較為間接的原因，由於時間不夠，就不作說明了！

第一節　菩薩散處人間各種行業中——僧衣能使人證悟？

在第四章的第一節中先說：菩薩散處於人間各種行業中。這一節的子題是說，僧衣能不能使人證悟？

菩薩散處於人間的各種行業中，上從出家為僧、示現離欲的比丘、比丘尼，中如國王、高官、富賈，下如販夫走卒乃至娼女等身分中，都可能有菩薩住於其中；他們都是已經證得佛菩提果的人，但是卻不一定身穿僧衣。如果僧衣能使人證悟，那可就太好了，大家都要為此而興奮鼓掌，然後都去買了件僧衣在佛前供養，供養以後撤下來，把頭髮剃光了，去加受比丘、比丘尼戒，自己把僧衣穿上去，就一定可以證悟了。但是，不論證悟佛菩提或證悟羅漢道，都不是靠穿僧衣，而是靠「心」。只有「心」才能使人證悟三乘菩提，而什麼樣的心能使人證悟呢？是要具有正知正見的心，才能使人證悟三乘菩提。這個正知見，大家一定要先建立起來；若沒有正確的觀念，所學的佛法將會跟著偏差，因為一定會蔑視未穿僧衣的眞善知識，落入僧衣崇拜

中，永遠只會跟著某些尚未證悟的僧人修學，而蔑視或排斥未穿僧衣、或蔑視雖穿僧衣而說法與一般出家人不同的善知識；因爲一般僧人多數是尚未證悟三乘菩提的，那麼他只認定身穿僧衣的人而追隨修學一世之後，仍然還是茫無所措，而且也將會學得很痛苦——不論他是學佛或學羅漢都一樣。所以，常常有人學佛學到後來，事業不順，家庭鬧革命，跟親屬的關係都變得很疏遠；因爲他們學法時始終無法入門，而且花了很多時間而無所成時，就會花更多時間修行而忽略了家庭及事業，後來就導致學法、家庭、事業，三者全都出了問題。

因此，如果眞的想要學佛，就一定要有正確的修行知見與方法，在實證上就不會有大困難；也可以有時間照顧到家庭與事業，然後一生就可以快快樂樂地學佛，並且家庭和樂、事業順利；當然也不會白來這一世，更不會像印順派那些人學得那麼痛苦。我想，諸位都不願意白來這一世，也都不願意痛苦地學佛而使家庭及事業受到負面的影響，並且更不樂意在痛苦的學佛過程中，卻一世都無法實證絲毫。大家都希望能快樂地學佛，並且很快樂地實證，這應該是人同此心、心同此理啊！

在這個心態下，平實得要先藉著 善財大士五十三參的內容，舉證出來讓大家瞭解：依心來修學，才能快快樂樂地實證，別再落入僧衣崇拜中。我已經穿了二千四百多年的僧衣了，從上一世就下定決心：假使不是必要，我未來世將不再穿著僧衣，效法 善財大士一般修習菩薩的童子行，不再落入僧衣崇拜中，以心爲歸，來實修菩薩道。五十三參的善知識，使 善財童子從凡夫位到達等覺位，是示現在一世之中完成的；如果有這樣的機會，諸位願意不願意來修童子行？我想應該大家都願意。也許女眾們會這麼說：「**童子行，我沒辦法修。**」那妳們來世也可以修童女行，一樣可以五十三參之後成佛啊！而且，來世是否還是女人身？也是不一定的。所以我想，妳們應該也是願意這樣修的。童子、童女，是大乘法中的兩種出家人，譬如 文殊童子、普賢童子、迦葉童女；大乘法中還有另外兩種出家人，是比丘、比丘尼，這就是大乘法中的四種出家人。再加上在家人，大乘法中就有五眾；而在家人又有男女性別的差異，這就有六眾了；爲了出家的緣故，當然也會有沙彌……等眾。但是，在 善財大士的五十三參裡面，大乘法中的童子、童女、比丘、比丘尼，全部都有。我們就依 善財大士的五十三參來略談菩薩們：

【講義文稿】文殊師利菩薩爲　善財童子開示云：「善哉！善哉！善男子！乃能發阿耨多羅三藐三菩提心，求善知識，親近善知識；問菩薩行，求菩薩道；善男子！是爲菩薩第一之藏，具一切智，所謂求善知識，親近、恭敬而供養之。是故善男子！應求善知識，親近、恭敬，一心供養而無厭足，問菩薩行：『云何修習菩薩道？云何滿足菩薩行？云何清淨菩薩行？云何究竟菩薩行？云何出生菩薩行？云何正念菩薩道？云何緣於菩薩境界道？云何增廣菩薩道？云何菩薩具普賢行？』」

講記：由這一段等覺菩薩的開示，可以知道修學佛法的首要，第一步就是尋覓善知識；找到了善知識以後，第一步驟就是要親近，總不能距離於三千里之外而想要跟善知識學法。親近之後則是要作供養，供養之後得要奉承。奉承，就是侍奉與承事。（不過這在我們正覺同修會中不一定通用，因爲我們正覺同修會中的善知識並不接受供養，除非身現出家的童子相、童女相、比丘相、比丘尼相。）親近、供養、奉承之後，接著還要在法義上求問；也就是說，要從善知識那裡把解脫道弄清楚，把佛菩提道弄清楚，把見道應該有的知見、方法與次第弄清楚，當然也要把追求見道功德前應該有的心態、次法、

資糧、條件弄清楚，然後跟著善知識修學，不久之後，佛法就可以有成就啦！

接著，平實在此要教導大家依成佛之道的內涵來觀察。大乘法中的善知識有不同的層次，大略來說有六個階段，這六個階段若加上一生補處的妙覺位可以分為五十二階。六個階段講的就是十信、十住、十行、十迴向、十地、等覺等六個階段，然後就成為妙覺、如來了。但是這六個階段加上妙覺位，可以細分成五十二個階位，也就是從十信位的初信位開始，一直到最後的妙覺位，這就是所有菩薩取證佛果前必須經歷的所有階位。《華嚴經》所說的 善財大士五十三參，就是成佛之道所應修學的五十二個階位；在這五十二個階位中，總共要參訪五十三位（次）善知識；如果能夠一一親歷而參學，就能具足佛法。善財大士是大福報的菩薩，一生之中具足五十二階位的善知識，所以能進入 彌勒菩薩的大寶樓閣中，獲得了大寶樓閣中所有的佛法珍財，成為等覺大士；而他是修童子行的，是大乘法中示現在家身相的出家人，所以就被稱為 善財「童子」。

講到這裡，也許有人想：「唉呀！你講的是《華嚴經》，可是人家都說《華嚴經》是後人假造的。」但是在我們正覺同修會中卻不認為是假的。譬如說，

有八個字是諸位耳熟能詳的：「三界唯心、萬法唯識。」當你明心的時候，你確實可以觀察三界一切有情都同樣是有這個心啊！不論是欲界、色界、無色界的有情，全都同樣是由這個心來成就的，再也找不到有別的人（或者心）可以成就三界的有情了。而你眞悟以後也可以現前觀察：萬法都從八識心王和合運作而出生的，確實是萬法唯識。這都是可以實證及現觀的，怎麼說它是僞經呢？只有受持六識論邪見的人才會說它是僞經，因爲他們讀不懂而無法相信《華嚴經》中不可思議的說法；但是在我們正覺同修會裡，《華嚴經》中所說的法是可以實證的，所以《華嚴經》絕對不是僞經；並且《華嚴經》中的法義函蓋了一切佛法，具足解說成佛之道的次第與內容。若是沒有《華嚴經》所說的全部法義，世尊演說的成佛之道就不具足了；因爲欠缺了成佛的過程與內容，就沒有具足五十二位階的次第與內容可以依循修習而成佛了！那麼這樣一來，就是在指責 佛陀還沒有完成化緣，應該重新再來受生一次，把未講的成佛之道次第與內容都具足講解完畢以後，才可以離開這個星球再去別處度化眾生。而我們也已經在前面講解過了：南北傳諸經所講的阿含羅漢道，確實是無法使人成佛的。

《華嚴經》中講解五十三參，但是善財童子的五十三參，總共參訪了五十二階位的善知識，這些善知識遍布於人間的各種階層之中，或者在家、或者出家、或者貴爲國王、宰官（專門判罪犯剁腳後跟的執法者）。平實在這裡謹依《六十華嚴》善財大士所參訪的善知識，舉而示之。這五十三參中的善知識，甚至也有身分卑賤至當妓女的；而這些善知識們—也就是說這些菩薩們—在世間法中的身分是隨緣的，並不確定或執著一定要現哪一種身相；所以眞正在修學佛道的時候，不可以依身分表相來觀察。

那麼平實就依《六十華嚴》善財大士所參訪的善知識，大略舉出來說（只舉出他們的身分與名稱就好，參訪請法的過程與內容就不說了）。在十信位中，善財大士初參比丘功德雲、第二參比丘海雲、第三參比丘善住、第四參良醫彌伽、第五參長者解脫、第六參比丘海幢、第七參優婆夷休捨、第八參仙人毗目多羅、第九參婆羅門方便命、第十參童女彌多羅尼。童女彌多羅尼即是大乘法中的出家人，身是在家相而專修童女行。在五十三參中所有的比丘、比丘尼，當然也都是大乘法中的出家人（身相上面有別於童男、童女菩薩，乃現聲聞僧相），不是二乘法中的出家人，因爲都是學佛而非學羅漢的。

再來是　善財大士參訪的十住位菩薩：第十一參比丘善現、第十二參童子釋天主、第十三參優婆夷自在、第十四參長者甘露頂、第十五參長者法寶周羅、第十六參長者普眼妙香、第十七參國王滿足、第十八參國王大光、第十九參優婆夷不動、第二十參比較特別，是外道身相的隨順一切眾生。

在十行位中，第二十一參長者青蓮華香、第二十二參海師自在、第二十三參長者無上勝、第二十四參比丘尼師子奮迅、第二十五參淫女婆須蜜多、第二十六參長者安住、第二十七參童子妙覺菩薩　觀世音（特地示現者）、第二十八參童子正趣菩薩（也是示現）、第二十九參天人大天、第三十參道場地神名爲安住。

再來是十迴向位：第三十一參夜天婆娑婆陀、三十二參夜天甚深妙德離垢光明、三十三參夜天喜目觀察眾生、三十四參夜天妙德救護眾生、三十五參夜天寂靜音、三十六參夜天妙德守護諸城、三十七參夜天開敷樹華、三十八參夜天願勇光明守護眾生、三十九參林天妙德圓滿、四十參童女釋迦瞿夷。

善財大士所參訪的十地菩薩們是：第四十一參佛母摩耶夫人、四十二參三十三天正念天王中的童女天主光、四十三參童子師遍友、四十四參童子善

知眾藝、四十五參優婆夷賢勝、四十六參長者堅固解脫、四十七參長者妙月、四十八參長者無勝軍、四十九參婆羅門尸毗最勝居士、第五十參之童子、童女名爲德生、有德。至於妙覺位的善知識，是第五十一參比丘　彌勒、第五十二參童子　文殊師利、第五十三參童子　普賢。

好了！這樣介紹完了以後，諸位可以來分析及瞭解了：這五十三參中，現聲聞相的出家菩薩總共有七位，其中六位是比丘、一位是比丘尼，這六位身穿僧衣而示現聲聞相的比丘菩薩中，前五位比丘，有四位比丘還在十信位中、一位比丘是十住位中的第一住初住位，都還沒有開悟明心。但是有一位比丘尼證量蠻高的，她已經到了十行位中的第四行了！也就是說，她已經明心而且是眼見佛性（眼見佛性者是第十住位），然後再往上進修到第四行位；破邪顯正的事情，對她而言已經是輕而易舉的事了，所以她的證量已經很高了。最後一位現聲聞僧相的菩薩比丘則是　彌勒菩薩，他是因爲在僧團中代佛攝受聲聞相僧人的緣故，所以示現比丘相。

那麼再來看看現童子相、童女相的出家菩薩（保持在家身的樣貌出家修童子行、童女行，才稱爲童子與童女）像　文殊師利、普賢都稱爲童子，善財大

士也稱爲童子；可是 維摩詰菩薩就不稱爲童子，因爲他示現爲在家相而住在自己家中，也有妻子、女兒，所以他不是出家人而是在家人。在大乘法中出家而修童子行、童女行，他的出家身分，在外觀上是與在家菩薩一樣的，並不容易分辨出來；大家也可以看到經中的記載，文殊、普賢、觀音、勢至等人，都是穿著華麗、莊嚴，佩戴瓔珞、寶釧、寶冠，而且都留著飄飄長髮。我們想要回復 佛陀時代的大乘寺院氣象，所以我們正覺祖師堂將來會有四位常住：三位是比丘，一位是童子。將來正覺寺建好了，這個規模當然將會擴大，寺中的常住人員將會有童子、童女、比丘、比丘尼等四眾，全部都是菩薩僧，要使佛世的大乘氣象重新恢復過來。

童子或童女在佛法中的定義，與中國世俗法中的定義不同。在大乘佛法中，童子或童女並不是指年幼的孩童，而是出家常住僧團而無家累的菩薩，身相雖然與在家人相同，但卻是受持菩薩戒的童貞行，完全是以大乘佛法爲歸的出家人。所以，在大乘法中的童子或童女，有二十歲的人，也有三十來歲的人，也可以有五十、七十幾歲的人，全都稱爲童子或童女。我們正覺也設計了童子、童女的僧服（菩薩服），上面有繡著幾個字——正覺寺常住，但

與僧服有些不同；我們將來也不會使寺中的童子童女菩薩僧，像 文殊、普賢一般的華麗穿著，畢竟距離等覺位還很遙遠，不許自大而在表相上亂學一氣。

所以，童子與童女本來就是大乘法中的出家人，而 善財大士五十三參中的善知識們，其中示現童子相與童女相的出家菩薩有幾位呢？我統計出來總共有十二位，就是：彌多羅尼、釋天主、觀世音、正趣、釋迦瞿夷、童女天主光、善知眾藝、童子師遍友、德生、有德、文殊、普賢等十二位童子、童女行的出家菩薩；這十二位修童子、童女行的菩薩們，其中有一位是在十信位，有一位是在第二住，有兩位是十行位，有一位是第十迴向位，有五位是地上菩薩，有兩位是妙覺地。至於其中示現爲十行位的 觀世音與正趣菩薩，是由他方來此受生、示現的大菩薩，來協助 世尊弘法；來這裡示現的這兩位菩薩，其實本身並不屬於十行位所攝，但是當時人間既沒有這兩個階位的菩薩可供 善財童子參訪，爲了圓滿 善財童子的因緣，所以感應來這裡示現；而其中十行位的示現，根本目的就是方便接引眾生而已，所以只是藉著因緣來示現。

由這裡，就可以知道示現童子相、童女相的出家菩薩，也是遍於十信位、十住位、十行位、十迴向位、十地跟等覺等六種階位中，可說是遍六種行位中全部都有；可是從身分跟表相來看，跟在家菩薩的穿著似乎是一樣的。所以，你們在禮拜 文殊、普賢，禮拜 觀音、勢至的時候，有沒有注意到他們是長髮飄逸、天衣莊嚴，還有胸佩瓔珞，臂膀還有臂釧，然後腰帶也是很名貴的，世間名牌都比不上的；並且他們還有比三太子的風火輪更好的交通工具—他們的輪寶—也就是他們的蓮座，十方世界來來去去時，就只要踩在蓮座上，一念就到。很多人禮拜 觀世音菩薩時，並不知道他到底是在家人或是出家人？老實說，是連想都不曾想過。所以，有很多排斥在家菩薩的聲聞凡夫僧，他們很討厭在家人出世弘法，認爲在家人所說的法義根本不值得聽聞一下，更別說是信受了！他們每天都在禮拜 觀世音菩薩，卻不曾注意 觀世音菩薩長髮飄逸，而且衣服華麗、胸佩瓔珞、臂掛寶釧、頭戴寶冠，完全是在家人的模樣。可是聽我這麼一說，也許又有人認爲說 觀世音菩薩是在家人，又不肯禮拜了，然而實際上他卻是出家人。

也有出家人拜了 文殊菩薩以後心想：「欸！文殊菩薩生得這麼莊嚴，可

是為什麼要穿這麼華麗？所有出家人都只能穿染色衣，布料都要染成灰色、壞色，為什麼他竟然可以穿天衣，每天穿戴得這麼莊嚴？這哪能叫作出家？」於是乾脆直接否定 文殊菩薩在佛教史上存在過的事實。其實，他才是真正的出家人！聲聞法中的出家人，並不需要一世又一世地示現福德的廣大，因為捨報後就要入無餘涅槃了，那當然要捨離世間的一切我所貪愛；而大乘法中的等覺、妙覺菩薩只是示現天人相，而這全然不是聲聞法中的出家人應該有的，是大乘法中的出家菩薩才應該有的——示現福德的廣大圓滿，卻又沒有世間福德貪愛的習氣種子。

你們可以看看在娑婆世界示現的大乘法中的六大菩薩，以及其他菩薩們有幾位現聲聞出家相？六大菩薩中只有一位 地藏王菩薩！可是穿著在家服飾的 文殊、普賢及五十三參中的其他童子、童女等大菩薩們，其實也都是出家人啊！但是，這一種出家是在大乘法中才有，所以大乘法中專修童貞行的出家人有四種：示現聲聞相的比丘、比丘尼，以及示現在家相的童子與童女。所以從這裡來看，其實我們修學佛法時一定要特別注意，一定要建立正確的觀念：只要出離世俗家而受持童貞行，修學大乘法，雖然仍舊穿著在家

衣服，仍然是出家菩薩。可是有一個例外，如果在大乘法中已經進入初地了；從此地開始，不管他住在家中而有配偶，或者出家修童貞行，都是出家人——心出家而非身出家，都是 佛的眞子，住於自己的家中而仍然被稱爲住如來家，更有資格稱爲菩薩僧。這是因爲，他們已經能取證無餘涅槃了，是有能力出三界家而發起受生願—世世繼續生在人間弘法度眾—才不入無餘涅槃的，當然更有資格稱爲出家人。這是說心出家，以及出三界家，而不是只有表相上的「身出家」而不能出三界家的凡夫。

譬如五十三參中的初地菩薩，我們剛剛看到十地菩薩中的第一位，是第四十一參的善知識佛母摩耶夫人；她是有能力取證無餘涅槃的，只是特地不取證；所以她雖然在天上示現天人相，其實仍然是出家人，這也是菩薩僧。所以在大乘法中學佛，一定要先建立正確的「次法」觀念，別只在「法」上用功；否則，有一天縱使遇見了 文殊菩薩，心中還是會排斥而說：「欸！我已經出家了，**我是僧寶呢！你文殊、普賢卻都是在家人，我幹嘛要禮拜你？**」別以爲沒有這種人，以前有三明六通大阿羅漢迴心大乘而證悟了，三度帶著聲聞凡夫僧上兜率天，這大阿羅漢每次總是很恭敬地禮拜現天人相的 彌勒

菩薩，那聲聞凡夫僧卻三次都不禮拜妙覺菩薩 彌勒，只因爲看見了 彌勒菩薩不是穿著僧衣而現在家相；當然也就因爲如此，三度見了 彌勒菩薩卻全無所證；這已證明他的道業就敗在崇拜僧衣上，眞是愚癡人。

　　這個正確的次法觀念一定要趕快建立起來，文殊、普賢、觀音、勢至、彌勒，他們的本質都是出家人，不是在家人！即使是 維摩詰菩薩，或者佛母摩耶夫人將來示現在人間時，也許又隨順世間法而結婚了，故意要生幾個菩薩子、菩薩女來利益眾生，但他們仍然是 佛的眞子，還是出家人！雖然，他或她們可能手邊帶著孩子，每天在撫養孩子，依然是出家人，因爲他們都入地了啊！這叫作聖位的菩薩僧。這些大乘出家菩薩們，爲了滅盡貪著別人恭敬供養的習氣種子，所以乃至已經成爲等覺、妙覺菩薩了，都還是不示現聲聞僧相，仍穿著世俗衣服而示現在家相；但他們都是有能力出三界的，而且也有無生法忍而進入聖位了，當然更有資格稱爲大乘法中的出家人。這意思是說，是否爲大乘法中的出家人，是依心出家—出三界家—來定位的，不是依身出家來定位的。但是，如果三賢位中的菩薩出家剃髮著染衣以後，或者仍住在世俗家中，但他們都明心了，那也都是菩薩僧啊！一樣都是僧—因

爲他們的心已經看見無餘涅槃中的寂滅境界了—是依心出家來說僧，而不是依身出家來說僧。這個大乘法中屬於次法上的正確觀念，大家都應該要趕快建立起來，那麼從今世到未來世的佛道修學過程中，才不會當面錯失了自己所遇到的眞善知識。

話說回來，五十三參中的大乘出家菩薩，其中示現在家相的童子、童女等出家人共有十二位，聲聞相的比丘、比丘尼等出家人共有七位；總共是十九位出家人，其中卻有十二位出家人示現在家相。所以，五十三參中的出家人總共只有十九位，剩下的都是在家菩薩；而這些在家菩薩們，或者是凡夫菩薩，或者是菩薩僧，卻是遍處於各行各業中，有的是貴爲妙覺菩薩—假設善財童子當年曾經參訪到 維摩詰菩薩的話—那他表相上也是在家人，廣有資產，依照當時天竺的習俗，應該還有妻、妾、子女。而其他的在家菩薩們也有貴爲天人、天神的，也有貴爲世間國王的，也有示現爲外道身分而不一定是 善財大士曾經參訪過的。譬如有一部經很有名，叫作《大薩遮尼乾子所說經》，大薩遮尼乾子示現爲外道身分，但其實是個大菩薩，來護持 佛陀的正法——影響外道們共同護持正法。也有人示現爲高級妓女，譬如十行位

中的婆須蜜多，她是個淫女——高級妓女；誰若是愛慕她的美色要去見她，當然是要付出一大筆錢才見得了她，然而往往才一見她就開悟了；所以婆須蜜多也是個證悟很深的菩薩，當然是眞正的善知識。

婆須蜜多是個高級妓女，莊園很廣大，佣人很多，人長得非常漂亮，同時名聞於世的事情是：她有實證勝妙的大乘佛法。但是有的人去見了她，剛見面仍然悟不了，得要跟她談笑以後才能開悟般若，那樣的根器就差一點了。有的人見了她以後還要跟她拉拉手才會開悟，那更差了！有的人是見了她以後還得要跟她擁抱一番才會開悟，那又更差了。可是還有層次更差的各類人，等而下之再等而下之，則是見了她以後，得要跟她親親嘴才能開悟。甚至於最差的根器是要跟她上床一夜，到了第二天早上才能悟入；這種人可就沒有辦法度人啦！因爲能夠自度就很好啦！但是你看婆須蜜多卻是示現當高級妓女。當然，假藏傳佛教—黃紅白花四大派—把她拿來攀附，妄稱他們所傳的就是婆須蜜多的法，其實根本就錯了！婆須蜜多幫人家拉拉手悟了，也許她收了三百萬台幣；如果是要上床一夜才能悟入的呢，也許要收對方一億元台幣；可是她幫人家開悟的內涵是第八識如來藏，是能夠出生意識

覺知心的如來藏，可不是假藏傳佛教弘傳的大樂光明中的被生的意識覺知心，那根本是兩碼子事，所以假藏傳佛教其實根本沒有資格攀緣附會於婆須蜜多，本質只是喇嘛教而非藏傳佛教。

言歸正傳，大家可以瞧瞧這些菩薩們：五十三參中的善知識菩薩們，你不能單從他的表相身分去看。譬如有的人是宰官，宰官就是判官，以現代名詞而言就是法官；這一判下來，這個犯人是應該要剁腳後跟，讓他永遠不能走路，才不會再欺負眾生，於是就這樣判了、剁了，但這也是菩薩。爲什麼要有這樣的菩薩？因爲對治那種最下劣的眾生，剛強難化，無法在一世中轉變他們的心性向善，一定會繼續殘害眾生，那就要用這種金剛手段；否則還會有很多好人被傷害或殺死，而判官菩薩自己卻不是以惡心來判刑、行刑的。所以，大乘菩薩是什麼樣的身分都有，有出家的身分：童子、童女、比丘、比丘尼。然而大乘法中更多的是在家菩薩，可是你看五十三參中的許多在家菩薩證量都不低哦！

又譬如從第四十一參開始，這十地中的十個位階的聖位菩薩，共有六位是在家人：佛母摩耶夫人、優婆夷賢勝、長者堅固解脫、長者妙月、長者無

勝軍、婆羅門尸毗最勝居士；只有四個位階中的五個人是出家菩薩：二地童女天主光、三地童子師遍友、四地菩薩童子善知眾藝、十地菩薩童子德生及童女有德，卻都是以在家相出家的菩薩僧，沒有一位菩薩示現聲聞僧相。台灣有一句俗諺說得好：「海水不可斗量，世人不可貌相。」也許哪一天你開車出門時，不小心撞到一個人，他跟你道歉說：「對不起！我不小心讓你撞著了！有沒有嚇著您？」說個不好，也許是個三賢位乃至入地的菩薩；以現在的台灣而言，這是有可能的。

以前當然是沒有這個可能的，但在我們弘法十幾年以後，現在的台灣已經有這個可能了；所以眞正想要學佛法的人，千萬不可拘泥在聲聞僧的表相中；那件僧衣自己不會開悟，也不會幫穿著的人開悟；同理，菩薩衣自己不會開悟，也不會幫人開悟；只有覺知心可以開悟——由覺知心意識來證得如來藏而發起般若智慧，但是必須要在正知正見以及不崇拜表相的前提下。會外的人們若是遇見了我們正覺祖師堂的常住，或是將來遇見了正覺寺的常住時，若是遇見專修童貞行的常住菩薩僧，那位菩薩若不是穿著我們的菩薩僧服，還眞的不會知道他們是出家人呢！但因爲我們的菩薩僧服上面繡著「正

覺寺常住」幾個字，人家也許會知道這是大乘法中的菩薩僧。

可是要當我們正覺寺的出家常住僧，最低標準是要離了婚，或者還沒有結婚；而且想要住進我們寺院之前，至少要明心不退，這是我們常住菩薩的最低條件。目前我們只有一個祖師堂，因爲正覺寺到現在還在申請變更地目之中，今年還無法動工；而正覺祖師堂爲了舉辦每年四個梯次的禪三時需要許多寮房，不夠供給更多的常住菩薩安單，所以現在只能容納四到五位出家菩薩常住。但是大乘法的出家人，佛陀時代的大乘門庭，我們將會在正覺寺建成之後擴大規模，那時將會有更多的出家菩薩住進去，是由專修大乘法的比丘、比丘尼、童子、童女等菩薩來當常住菩薩僧；我們不接受聲聞僧來安單，當然更不接受假藏傳佛教的喇嘛外道來掛單。

講到這裡，我要作個結論了：修學佛法的是心，不是身體表相，更不是僧衣或菩薩衣。如果有人打妄想說：「你們正覺寺常住的童子、童女所穿的菩薩衣借我穿幾天，也許我穿了那件菩薩僧的衣服就能開悟了。」我公開保證：不可能因爲穿了正覺的菩薩僧衣就開悟。因爲那一件出家衣服穿在身上時，不會有幫助開悟的功能。要不然你找我們祖師堂裡面的比丘或童貞行

者，向他們懇求說：「你們的僧衣借我穿一穿，也許我會開悟！」就算眞的讓你穿上一年以後，還是一樣悟不了；因爲，開悟是由於覺知心意識具備了開悟應有的知見與心地功夫以後，心細了、方向正確了，才能參得出來；有人出家穿著僧衣七十年以後非常有名氣，可都還悟不了呢，所以不是依靠僧衣，而是依靠心地的功夫與正知正見。因此說，不會因爲身上穿著僧衣就代表有證量，也不會因爲身上穿著菩薩衣就代表有證量。

可是大乘法有一個妙處，如果你的知見夠了，次法等條件也夠了，哪一天我借一件正覺祖師堂常住的衣服讓你穿，你穿好了還眞的能悟呢！而且不必穿很久就悟了，眞的是可以悟——確實可以讓你在僧衣中找到你的如來藏。這裡面當然是有蹊蹺的，那就不便公開講了！等將來悟了，也就知道蹊蹺在哪裡了。這就是說，你要把見道所應有的資糧（福德、正知見、心地功夫……等）圓滿起來，這才是最重要的。你應該去考驗、檢查或者理解善知識的證量是什麼？依他的實際證量作爲你所應歸依的內涵，而不是依他在家或出家的表相身分。至於善知識的實際證量，其實是可以從他的言語開示或著作中加以瞭解的；譬如都符合聖教，也能夠歷經諸方大師、諸方學人，從

經教上以及理證上面加以考驗，已是經過千錘百鍊以後，他的法義仍然可以屹立不搖而不可推翻，那你當然可以認定說：「這個就是眞正的符合聖教量，這個才是末法時代的眞善知識。」

要這樣判別眞假善知識，而不應該以是否具有聲聞僧的身分表相輕率來判定，作爲你所歸向、認同、追隨、修學的標準；想要能夠具有這種辨別的能力，當然要先瞭解菩薩僧與聲聞僧，要先瞭解出家菩薩與在家菩薩的區別，才不會繼續執著於出家相中之聲聞相，這就是平實今天特地爲大家舉出善財大士五十三參的內容，來加以分析比較的目的。當然，世尊解說的 善財大士這五十三參，其實也是一個示現，爲了表顯成佛之道的位階次第以及所修習的內涵；由 世尊來爲我們解說以後，菩薩們就知道成佛之道的修證內容與次第了。否則，就表示 世尊的化緣還沒有完成，那麼祂就必須再來人間受生一次，補講成佛之道的五十二個位階與修證內容。

那麼菩薩爲什麼會示現於三界、五趣、六道眾生之中，特別是示現在人間呢？這當然是有緣故的。也就是說，菩薩若是想要成佛，就必須要修一切種智；可是這一切種智，其實就是了知如來藏所含藏的一切種子的智慧。但

是，如來藏所含藏的一切種子，在三界中的哪一界中最能夠具足現行呢？答案是：欲界，特別是人間。可是欲界中的畜生道、餓鬼道、地獄道中都不好修行，因爲苦多而樂少乃至純苦，生活資源的取得很不容易，根本沒有閒暇來修行，並且幾乎沒有遇到善知識的因緣；而欲界六天又不免耽著於享樂的境界中，所以欲界中的人間才是最好修行的地方。因爲人間是苦樂參半的，既辛苦而想要離苦，又有人身而且能夠有時間與閒暇來學佛法。

又比如說，諸佛也常常指派菩薩在人間傳揚佛法，所以人間遇到善知識的因緣是最好的；而且欲界中的人間是所有種子現行的因緣都有機會具足——一切藏在如來藏中的種子，在欲界的人身上面都可以現行，不像在天界會有許多種緣缺的環境存在；所以一切種子的親證，在欲界中的人間才是最好的，所以菩薩常常會示現在人間，其原因就在這裡。也正因爲菩薩悟後想要證得各種現觀，其實是在欲界的人間最有因緣——於人間無量有情的煩惱身上才最有觸發的機會；所以諸地無生法忍的智慧果，也就是諸地現觀圓滿的因緣，都是以人間爲最具足的。

又譬如前面所說的：菩薩證悟以後，如果是以出家身而示現爲童子、童

女相，則必然會因爲他所悟般若智慧的緣故，被少數有智眾生恭敬、供養，但卻不被聲聞種性眾生所恭敬、供養，也不會被大乘法中的多數凡夫所恭敬、供養。雖然不容易受到眾生的恭敬、供養，從世間法上看來似乎是比較吃虧的，但其實是對自己好的；因爲眾生通常不會看得起現在家相的菩薩，眾生看得起的往往是穿著比丘、比丘尼僧衣的菩薩。所以，如果你修學大乘法而想要迅速修除性障，那麼示現童子相、童女相是最好的。因爲一方面沒有家累，可以全心全力來利樂眾生、實證佛法，也不會因爲受到眾生的恭敬、供養而生起慢心。所以當眾生看不起童子、童女的時候，瞋慢等習氣種子自然會被觸發而引起微細的現行，那時就是童子、童女菩薩們修除習氣種子的最好機會，而這時也是諸地現觀的因緣最容易出現的時候。

如果是身披僧衣（現聲聞相）的出家人，那可就不一樣囉！因爲身上的僧衣有 佛陀加持的威德力，所以不論修證的高下，即使仍是凡夫位的聲聞僧，也永遠會被信佛的眾生所恭敬、供養，何況能有眾生敢於辱罵、誹謗？當然眾生更不敢輕視現聲聞相的證悟菩薩僧，那也就比較難讓如來藏中累劫所藏的貪瞋煩惱習氣種子現行，想要斷除染污的貪瞋習氣種子就會比較困難

——修斷的時間一定會比較長，而成佛的時間當然也跟著拉長了。這一些習氣種子若是不能現行而轉變，當然就會一直潛藏、隨眠在如來藏中，很難滅除。正因爲這個緣故，所以 善財大士五十三參中，修證較高的十迴向位菩薩以及諸地菩薩，都沒有示現聲聞相的菩薩，連 世尊旁侍的 文殊、普賢也都示現童貞相；只有妙覺位的 彌勒菩薩，爲了幫助 世尊攝受聲聞出家眾，才示現爲聲聞比丘相。

因此，在大乘法中，凡是處在高位的菩薩，大部分不示現聲聞相，這都是爲了加速修除習氣種子的緣故；只有在考量攝受智慧較低劣的眾生時，或者考量正法可能提前滅亡而不得不假藉僧衣的威德時，才會特地示現聲聞相：以聲聞身相的身分，在弘法困難的時期來幫助度化眾生，使正法不會危亡。這是因爲大多數的眾生不能眞實瞭解佛法，更不瞭解大乘的眞實義，所以比較容易崇拜穿著僧衣者的身分，菩薩因此才會這樣作。

如果您想要避免這兩種成佛的遮障因緣，應該在圓滿三賢位而入地以後，或者進入十迴向位以後，委屈自己來示現在家菩薩的身相，世世化入世間的種種身分之中，不貪求世人恭敬，也不受世人供養；乃至爲護正法而廣

受淺學佛弟子的誤解與攻訐，也能夠永遠心不後悔，繼續努力不輟，這樣就可以迅速滅除習氣種子的隨眠，可以早成佛道。由於早成佛道的緣故，轉而能夠提前利益更多的眾生。當然，也可以出家來修童子行、童女行，而不受聲聞僧所敬重。譬如很多修學南傳佛法的比丘、比丘尼們，他們是不太瞧得起大乘菩薩的，所以他們寧可不供 文殊、普賢，寧可供奉大迦葉、阿難尊者。可是他們不知道金色頭陀大迦葉與阿難尊者其實是菩薩僧，早就是入地的菩薩；大乘佛法的經教密意是由 世尊以教外別傳而密傳下來的，卻是由金色頭陀經由阿難尊者傳下來的啊！所以阿難尊者早就迴小向大而證入十地之內了，但那些聲聞僧們並不瞭解這一點。

當然，我這個說法是有根據的，譬如聲聞法中頭陀行第一的大迦葉尊者，在迴心大乘之前是不太尊重 文殊師利菩薩的；有一次結夏安居的三個月中，文殊菩薩分在三處跟女人共同過夏，似乎是在三處皇宮裡面跟女人共同結夏安居。人家結夏安居是不許走出道場以外的，他卻是在皇宮裡面跟宮女們住在一起，他是這樣結夏安居的。好了！三個月結束結夏安居而解夏了，文殊菩薩回來參加僧眾自恣，大迦葉尊者就想要敲雲板集眾；集眾的目

的是要把 文殊師利趕出道場，說 文殊菩薩違犯結夏安居的規矩，還與宮中的女人處在一起；當他舉起木槌正要打下去的時候，不料漫山遍野整個天空都是 文殊菩薩，有百千萬億 文殊，這時 佛陀就問大迦葉：「**你想要把哪個文殊擯出去？**」那時大迦葉也不知道該怎麼辦啊！於是手拿著木槌卻打不下去了，因爲這一打下去，大眾都來了，他要如何把哪一尊 文殊菩薩趕出去呢？這可是 文殊慈悲，提早示現，這漫山遍野都是 文殊，滿天都是 文殊，要趕出哪一個 文殊？哪一個才是本尊或是犯戒者呢？

這個公案的記錄就只到這裡，沒有再記錄後面的發展。這公案中，佛陀並沒有責罵大迦葉，只問他說：「**你要趕出哪個文殊？**」克勤大師就拈來說了：「**正當那個時候，如果大迦葉把雲板敲了，你文殊還能逃得出去嗎？**」說 文殊其實還是在這裡面，究竟是在哪裡面？當然是在如來藏裡面！可是如來藏在何處？這個公案有誰參得出呢？這得要來同修會好好學過以後再去參，才有辦法悟啦！但是，由這個實際發生過的公案可以看得出來，再從其他的歷史事實中也可以看得出來，聲聞人是不太看重菩薩的。雖然他們很怕菩薩，可是出家菩薩如果違規了，他們是很想要加以處理的。問題是 文

殊在三處皇宮跟女人過夏幹了什麼？他已經度了她們：爲她們宣說大乘法，讓她們都入大乘法中，將來也可以證悟，這就擴大了大乘法的菩薩陣容。

佛對 文殊的證量以及 文殊的度眾作略都很清楚，可是迴心前的大迦葉不曉得，他認爲出家修童子行的 文殊，應該跟聲聞僧比丘、比丘尼一起結夏安居，怎麼可以離開道場？而且是在皇宮中與許多女眾住在一處？他是以未斷習氣種子的聲聞羅漢所知，來臆測一大阿僧祇劫前就斷盡習氣種子的文殊菩薩，所以在解夏自恣時才想要把 文殊趕出去。結果拿著槌子卻不敢敲雲板，因爲他不曉得應該趕出哪一個 文殊？這時他當然已經知道 文殊的證量不可思議，這種證量不可思議的大菩薩當然是不會犯戒的。從這裡，大家也可以看得出來，大乘法所證的清淨性並不是從表相來看的，而是從心地來看的。也不是從諸大菩薩的天衣飄飄、長髮飄逸、瓔珞莊嚴來看的，而是從心地來看，不許單從表面上的行爲來看。所以，單從聲聞出家的表相，認爲穿著僧衣的人就是比較有智慧或者一定有證量，這樣在三乘菩提中常常是會看走眼的。

接著再說，如果過了三賢位，在諸地中要修十度波羅蜜，更應該出家用

童子行、童女行來修，或者甚至於就乾脆用在家菩薩的身分來修，讓人家輕視都無所謂；這樣，就能夠因爲不受恭敬而使自己的瞋習種子，在歷緣對境當中不斷地出現，然後不斷地去轉變它，於是瞋恚的習氣種子就可以加速消除。由是緣故，菩薩凡是已入諸地的人，正因爲智慧深利而無人敢於隨意誹謗故，應當改以佛弟子四眾所不恭敬而容易忽略其身分的在家菩薩身分，或童子、童女出家菩薩身分，世世自度度他，直到等覺位而且有佛降生人間時，方才又示現聲聞相的出家身，在事相上代 佛統御僧團，分擔 佛陀的辛勞。

第二節　當今台灣佛教之人間佛教弘法者心態

接著進入第二節中，要講的是當今台灣佛教中的人間佛教弘法者的心態。可是在講這個部分之前，還是要再跟諸位問一遍：「你願意被誤導嗎？你學佛的過程是痛苦，還是快樂呢？」（有人回答：快樂！）哎呀！好多人學得快樂喔！你們想要快樂地學佛而且有成績，或者是想要痛苦學佛而沒有成

績呢？（大眾答：要快樂！）欸！諸位都很有智慧呢！學佛眞的要快快樂樂地，而且要學有所成才是。因爲我這一世還沒有離開胎昧，所以當年—這一世—初進佛門學佛，直到破參前那十九天的參禪過程都是很痛苦，因爲沒有眞的善知識教導我正確的禪法及開悟的內容，而我這一世的師父教導我的知見卻又全部都是錯誤的。我不願意大家重蹈我的痛苦覆轍，我希望大家都很快樂的，並且這一世修行會有成績。快樂學佛而有成績，與痛苦學佛而沒有成績比較，當然大家都要選前者嘛！只有愚癡人才會選後者。

好！在這個前提下，來談當今的台灣人間佛教弘法者的錯誤心態，你就不會聽得痛苦。假使你以前曾經是那種人間佛教的信奉者，那麼我今天不教你離開人間佛教，而是要請你改換爲另一種人間佛教，也就是回到正確的人間佛教，這才是我今天來這裡演講的目的。而以前的人間佛教，你們去學習時都覺得很痛苦；譬如學習《妙雲集》，不論如何努力去讀，還是讀不懂，知見混亂到一塌糊塗，腦筋幾乎都要變成漿糊了！可是你來學習我們弘揚的回歸 佛陀本懷的人間佛教，卻是可以實證的妙法；實證以後，般若諸經你都可以讀懂，《心經》就不必再背誦了。我早就把《心經》忘掉了，但是你

若要問我《心經》裡面的內容，我都可以為你解說；若是要叫我背給你聽，我卻背不出來，已經忘了。

能夠把《心經》的經文給忘了，才是實證者（導師豎起大拇指，大眾鼓掌）。這就好像張三丰傳太極拳給張無忌時說：「記住了沒有？」張無忌說：「我記不住！」張三丰卻說：「**把它全都忘掉！儘管去打就對了。**」欸！他就成功了，這就是得魚忘筌的意思。《心經》不用背，《心經》不用記，因為《心經》所講的都是你自心的現量；你如果證得自心眞如的時候，你就有能力為人講《心經》；只是講得比較好、比較差的不同而已，但一定會講得正確，不會錯誤。所以我已經記不起《心經》全部，如今一個人獨自誦時一定只能記得住一部分；你若是要叫我獨自一人背誦，一定背不完全，但是我可以請出經文來為人宣講。這就是說，大乘法應該要這樣學，應該實證而成為自己心中的法，而不是依靠死記經文或別人說過的開示，諸位都應當如此。

接著再來看看台灣現在的人間佛教，以及我們所主張的人間佛教，二者之間有什麼差異？第一個部分先談他們的心態；他們以意識離念靈知或者意識的直覺，作為證悟的標的，否定了第八識如來藏而弘揚緣起性空，是以六

識論來建立細意識爲常住法，而否定了第八識，所以落入常見外道法中。他們不懂眞正的佛教，而將聲聞教（羅漢法教）當作佛教（菩薩法教），獨尊凡夫聲聞僧而排拒大乘勝義菩薩僧，獨尊聲聞羅漢法而排斥大乘佛法；實質上是以聲聞法的解脫道、羅漢道，來取代大乘法的佛菩提道、菩薩道。像這些事情，都是當今的人間佛教中常常可見的邪說；由於這個緣故，所以我們有前面的那一些舉例辨正的必要。

現在再來談一些印順法師人間佛教的錯謬處（如果今天時間不夠用，我將會只講一小部分就跳到後面來講「法與次法」；如果時間夠，我將會把它講完）。聲聞僧與菩薩僧的差異，諸位前面已經聽過我對三德的說明了，應該已經大概瞭解大乘佛法異於聲聞羅漢法之處了。但是，獨尊聲聞羅漢法的法師而貶抑了大乘佛法的法師，或是獨尊聲聞法的法師而貶抑了在家的菩薩法師，這一類人都是不知道大乘在家、出家菩薩僧（童子、童女）實質的淺學者，這正是當今台灣人間佛教弘法者的基本心態，這與世尊古時所提倡的人間佛教是大異其趣的。

那麼，什麼是法師——法師的眞正定義是什麼意涵？在阿含中有說：自

己已斷我見，也能教別人斷我見；自己已斷思惑，也能教別人斷思惑，即是法師。就是說，否定五陰而能夠爲眾生具足演述五陰虛妄的人，才是世尊所說的法師，不是因爲身穿僧衣就可以名爲法師，這是阿含諸經中所說的聖教。如果是在大乘法中，應該這樣說：自己證悟了，也能教別人證悟，就是法師。自己見性了，也能教別人見性；乃至自己得無生法忍了，也能教別人親證無生法忍，這就是法師。所以，依《阿含經》中所定義的法師，以及大乘經中定義的法師而言，法師即是說法之師，而且是說法如實的人，那就稱爲法師了。這樣的人間佛教，才是我們重新給的第一個定義，卻是佛世本來就如此的。因此，能教導大眾否定五陰（特別是粗細意識心）常住，令人遠離常見、我見的人，就是聲聞法中的法師，名爲聲聞僧；在這個基礎上再悟得自心眞如而發起實相般若，也能爲人傳授實相般若而演說佛菩提道正法的人，就是大乘法中的法師，亦可名爲大乘菩薩僧。

對於聲聞僧、菩薩僧的差異有所瞭解以後，再來看現在台灣佛教的怪象；常常有一些印順派的僧人這麼說：「我們師父說：『我們出家人不許看居士寫的書。』」請問：這是聲聞僧，還是菩薩僧？（大眾答：聲聞僧。）欸！

諸位都很有智慧。因爲你們已經瞭解 善財童子五十三參中的菩薩們，有童子、童女、比丘、比丘尼，也有當宰官的，也有國王、夜天，也有林神、山神、地神，甚至還有當高級妓女的菩薩僧。由此就可以知道了：法，只要是正確的，是依心而修的，就不必管他是在家或出家了。

諸地菩薩有那麼多，其中八成以上是在家人；在五十三參的諸地菩薩之中，有四個階位的五位出家人，他們卻又都是示現在家相的，就是童女天主光、童子師遍友、童子善知眾藝、童子德生、童女有德等菩薩；而且《維摩詰經》與《勝鬘經》的主角—也就是說法者—也都是在家人，這是諸位想要眞學佛法而非修學羅漢法時應該先瞭解的。那麼，那些不讀居士所寫書籍法義的印順派僧人心態，正是落在聲聞法中；因爲他們只認僧衣而不認法，這就是崇拜聲聞僧衣的愚人，連菩薩僧衣都還不懂呢！他們不曉得，這聲聞相的僧衣不是只有小乘人能穿，大乘菩薩也能穿啊！所以大乘菩薩之中，也有許多人是穿僧衣的，不一定是只穿在家衣服的童子、童女等出家菩薩，但他們都不瞭解。所以他們只弘揚印順法師自己獨創的滅相眞如，只弘揚假藏傳佛教喇嘛教應成派中觀的六識論邪見；當平實講出人人都有八識，又寫出許

多弘揚八識論的書來流通以後，他們無法應付——無法在法義上提出辨正來證明他們的法沒問題，於是就常常對座下的出家徒弟們宣示這樣的言論：「出家人不讀居士寫的書。」那意思是不是說：維摩詰菩薩講的經也不該讀了？如果將來有一天 維摩詰菩薩應化來我們地球，當他講經時，他們到底要不要來聽經？這是很值得他們探討的。

那些印順派人間佛教的思想中，同聲一氣地支持聲聞僧、聲聞法，數十年來極力排斥菩薩僧，極力排斥菩薩法——成佛之法，公然違背 佛陀的本懷。他們不但在法上以聲聞羅漢法來取代成佛之法，而且他們弘揚的聲聞法還是錯誤的聲聞羅漢法，不是正確的聲聞羅漢法。他們又在事相上對徒眾們作了這樣的錯誤教導：「出家人不讀居士寫的書。」用這種主觀而非客觀的邪思謬想來排斥示現居士身的菩薩們，或者排斥示現童子身、童女身的大乘菩薩們。也因為這種邪見，所以他們否定了 文殊、普賢，認為 文殊、普賢不是人間歷史上眞實有的人物；但問題是，文殊師利的紀念塔如今還在，而維摩詰菩薩的紀念塔也還在，這可不是我們造假的哦！所以，有心學佛的人，不應該認同他們錯誤的觀念，而應該回到大乘法來，將來聲聞法才不會

像現在的南洋佛教一樣失傳了。

印順派的道場，以前所修的都是在聲聞法上用功，但都是用大乘的身分、名義在修小乘法，也用大乘的身相在弘揚小乘的法，而他們所修所弘的小乘法，又是被印順法師加以支解以後的錯誤羅漢法，那當然不是眞正的佛法。假使他們弘揚的解脫道是正確的，充其量也只是羅漢法，不是佛法。那麼由於他們心態的錯誤，所以他們對當來下生成佛的 彌勒菩薩所講的《瑜伽師地論》也加以否定，只因爲 彌勒菩薩現在天宮中示現的是天身——在家身；只因爲他所說的是大乘法，是八識論的正法，而他們無法實證，所以乾脆加以推翻。

由於落入錯誤的心態中，所以他們也否定了 無著菩薩、世親菩薩所造的《顯揚聖教論》、《攝大乘論》、《攝大乘論釋》等，將其中所說的第八識妙義全面否定；而這些論雖然非常地勝妙，印順派的這些人間佛教弘揚者卻不理會，一味地否定其中的妙理；但是又恐怕別人指責他們毀謗賢聖及破法，所以又註解了菩薩們的妙論，卻註解成常見外道、斷見外道法的六識論內容。他們也是直接、間接的從 彌勒菩薩、維摩詰菩薩的法義中受學了以後，

才能夠寫出一些作品出來；但是他們這些作品卻從法義的本質上去加以曲解，本質仍然是在否定菩薩們論中大力弘揚的八識論。他們卻沒有想到：無著與世親菩薩能夠寫出那麼勝妙的論，其實也是從 彌勒菩薩修學《瑜伽師地論》而來的，能令當時及後代佛弟子眾大得受用，都不是聲聞僧眾所能理解；這是因爲印順派的僧眾及信徒們，都還住在十信位中，而他們崇拜聲聞僧的心態都尚未修除的緣故。

且不說 彌勒、無著、世親……等菩薩所造的深論，乃至淺如七住位、十住位的菩薩之所證，都已經不是阿羅漢之所能知的；而印順和他派下的所有法師與學人們，至今全都未斷我見：或者主張欲界中的離念靈知粗意識爲常住我，或者主張欲界中的直覺（粗意識）爲常我，或者主張不可知、不可證的細意識爲常住我，全都落在識陰意識中，我見分明未斷，連聲聞初果斷三縛結的見地都還沒有，又怎能稍稍知道大乘菩薩的所證呢！那他們一味地否定，只有對他們自己的道業不利，對大乘正法卻不會有重大影響；因爲當大乘正法在快要失傳的時候，常常會有菩薩來繼續弘傳而延續及重新發揚起來。菩薩不會只管自己的道業，到了他該出頭時就會出頭；所以菩薩法仍將

會繼續綿延不絕地把大乘佛菩提道傳下去，並且可以再把二乘法給重新復興起來。

可是，當印順派的法師們否定了大乘法以後，聲聞心態就永遠無法消除了！他們都沒有想到：他們所研究的許多大乘、小乘的經典，其中有很多是鳩摩羅什三藏法師所翻譯的，可是鳩摩羅什三藏法師在被稱爲法師的時候，他卻是示現在家相而且是在家身。因爲那時他被國王所逼迫而必須要娶妻，可是他仍然是修清淨行，因此就以居士身翻譯經論，就以居士身而被稱爲三藏法師，這也是大家應該要瞭解的。而那一些心存聲聞心態的台灣人間佛教的大小法師們，他們究竟信不信受 彌勒、無著、世親、玄奘、惠能、克勤等大乘菩薩僧呢？他們究竟信不信受《瑜伽師地論》等大論中所說的大法呢？而且 彌勒是被 世尊授記當來下生成佛的菩薩，他所傳的根本論的法義，都是古今一切出家、在家菩薩們實證的大乘法，也是成佛之道中應該實修的佛法而不只是羅漢法，可是他們身爲大乘法中的出家僧人，竟然不信。

那麼無妨再來看看般若系列諸經之中，有許多、並且是大部分示現在家相的菩薩們，例如由示現在家相的出家人 文殊菩薩與 佛的對談而記錄下來

的，而 文殊是不穿僧衣的。再來看看《法華經》〈普門品〉所說的主角 觀世音菩薩，也是示現在家相的！因爲大乘菩薩們是不計較身相的，只是隨順因緣而示現在家或出家的身相，大家都只看重實際上的修證。再來看《華嚴經》中的記載，善財大士五十三參的內容，那其實就是遊盡普賢身啊！然而普賢身即是三界世間法中的一切境界相，絕非單是出家菩薩—特別是絕非聲聞羅漢僧—等境界中之法相智慧，反而是在家生活中引生的法相智慧最多。

五十三參整個完成時，如果不是像 普賢菩薩所指示，不是像 善財菩薩一世去完成的話，當然就不是示現，而是眞實地一步又一步實修而進展；這或者必須整整三大阿僧祇劫，或者是能將長劫化入短劫中，卻都是歷盡十方世界才能遊完普賢身。所以，上一輩子也許在東方 琉璃光如來的世界中修學，這一世來到娑婆，下一世又跑到西方 阿彌陀佛極樂世界去囉！像這樣無量世中十方三界跑來跑去，那是無量廣大的世界；像這樣子三大阿僧祇劫修學完成了，才算是遊盡了普賢身，可知普賢身是何等的廣大！可是，普賢身究竟有多麼大？只有這麼大！（此時導師面帶微笑以右手稍稍屈指，手指作半握拳狀。）爲什麼只有這麼大？因爲你遊盡了十方三世的世界以後——遊

盡了普賢身以後，其實都不曾在你的如來藏之外啦！都在你的如來藏裡面遊諸世界啊！那麼如來藏有多大？有時候比這個（導師第三次面帶微笑，舉右手半握拳表示）還要小欸！細菌的如來藏有多大？眞的很小！可是當牠的業種現行而滅盡了，哪一世修成無生法忍而發願生到色究竟天宮去，身量一萬六千由旬，那時他如來藏又有多大？可是這樣千變萬化而遊盡了十方三世以後，三大阿僧祇劫完成了，算是遊盡普賢身了，可是普賢身的遊歷都只是在你的如來藏中遊。等你眞正開悟了，你會親自證實這一點。

那麼從這樣的現觀來看，遊盡了普賢身以後，即將成佛之前，把無量世中的五十三參內容回頭檢視一番，難道這三大阿僧祇劫中的修行過程，你每一世都只跟出家人學法嗎？這五十三參裡面共有幾個出家人呢？其中有童子、童女、比丘、比丘尼，卻仍然是少數的出家菩薩，大部分都還是在家菩薩呢！並且 文殊、普賢二菩薩與 善財童子雖然都是出家身，卻又都示現在家身相；而 善財大士五十三參中之十迴向位及地上菩薩們，都是大乘佛法六行位中的高階菩薩，除了 彌勒菩薩代 佛處理聲聞僧團事務，所以示現比丘身相和合同事，其他地上菩薩卻不曾有一人是示現聲聞身相；但這五十三

參卻又是三大阿僧祇劫所修普賢行的內容。當代那些心存聲聞心態的人間佛教大、小法師們，究竟信不信大乘廣大普賢行之開示與行門？顯然他們都是不相信的，因爲他們心中只相信一個錯誤的說法：大乘非佛說，大乘諸經都是後人創造的。

由於心態錯誤的緣故，當然會導致學法方向錯誤，也必然會導致不信正確的實證方法論，那麼他們所有人這一世的修學結果，全都不可能有佛法或聲聞解脫道的實證。所以，錯誤的觀念必須有人詳實的說出來，而原來陷入錯誤觀念中的凡夫僧及學人都應該要趕快改變，應該建立這個正知見：**只要有正確而且可以實證的法，自證也能教導別人同樣地親證，那就是佛門中的法師**。只要他能幫我實證，他就是法師，就是我的善知識，不必管他是在家身或出家身。有一句俗話，諸位都要記得：「有奶便是娘！」（大眾爆笑……）這本來是罵人的話，但在佛法修學的過程中正要如此；誰有法乳給我，他就是我的奶娘，我就認他作奶娘。這跟俗話講的「有奶便是娘」的文字表義，豈不是正好相符嗎？有很多俗話用到大乘法中來，往往是正確的。

如果不是祛除了聲聞的心態——祛除了崇拜聲聞僧衣的心態，要如何能

在大乘法中有所實證呢？因爲大乘法的本質，從來就是不論身相的啊！大乘法的本質一直都是函蓋了二乘法，而這個大乘法的本質與內涵，也都在三界中的出家、在家所有善知識身上。大眾若是想要修學眞正的大乘法，期待學得很快樂，並且希望這一生中確實可以有所證，不會在將來老去時仍然一無所證，就應該先建立對大乘法應有的正確觀念；如果觀念與心態錯誤了，就會導致學法方向的錯誤，隨即導致不信受正確的方法論，一世的修學就全無佛法乃至聲聞法的實證。不幸的是：繼承喇嘛教應成派假中觀的印順派法師及古今的所有喇嘛們，都是這一類不幸例子的代表者。他們終其一生都以錯誤的知見而信受了六識論，這些信受六識論的人出家後，除了喇嘛們額外享受了許多美麗愚癡女人的色身供養以外，顯教中的印順派法師與學人們，都是一世精勤痛苦修學以後，直到捨壽時終究無所成就；而假藏傳佛教的喇嘛教所有喇嘛們也同樣無所實證，並且還要爲邪淫的雙身法實修而下墮三塗。您若是有了正確的佛法知見及聲聞法知見，就能信受八識論大前提；進而修學以後，《阿含經》中所說的解脫道一定可以實證，佛菩提道也能實證，這樣一世可以快樂地學羅漢或是學佛，用一句儒家說的話，叫作「不亦樂乎」！

又譬如說，在密宗喇嘛教裡面—特別是假藏傳佛教的黃教—他們很歧視在家人。常常有黃教的喇嘛們私下對在家徒弟們說：「你們居士們是一壺永遠煮不開的水。」修學假藏傳佛教邪法的新竹鳳山寺法師們也是這樣說。可是問題來了，現在有好多居士們證得如來藏而開悟實相般若了，是他們所不知道的，到底這些居士們的水煮開了沒有？這眞的很値得探究。這都肇因於修學假藏傳佛教的喇嘛與顯教法師們一樣都是六識論者，所以幾百年來始終無法眞的悟入大乘佛法，連聲聞羅漢道裡斷我見的見地都沒有，始終不離凡夫所墮的意識境界，才會永遠離不開雙身法——雙身法的境界正是識陰六識的境界。現在喇嘛教的紅教裡有一位上師，很努力在重新翻譯經典，也在提倡如來藏；可是，我懷疑：他的如來藏說，骨子裡還是意識，只是變個樣來吸引大眾啊！這有可能只是因爲現在如來藏妙法已經興盛了，他不得不追隨啊！不然，人家就不來學紅教的密法了，那他們喇嘛教密宗該怎麼辦？可是骨子裡，可能還是用意識的種種變相來取代如來藏的，這樣就不太好了。

而我們也應該要返觀正統佛教中的佛門一切大師、學人所熟知的大乘勝義僧，我們可以看到那些佛門大師們每天在禮拜的文殊、普賢、觀音、勢

至；現在兜率天宮的 彌勒菩薩也是現在家相，當然也許會有人禮拜 維摩詰，而且也有人禮拜摩耶夫人啊！摩耶夫人也是大乘法中的勝義僧，但她卻示現女人相，如今還示現作天人相，現正住在天宮中，這是大家應該要注意到的。因爲，這些人都是大乘法中的勝義菩薩僧，並且他們大多是位列於等覺位，只有摩耶夫人位在初地，其餘都是位在菩薩究竟位中。這四位等覺菩薩都同樣是佛的旁侍，不久之後都將遞補佛位。當代那些執著聲聞解脫道，崇拜聲聞僧衣而心存聲聞心態的大法師們，難道從來都不禮拜這些等覺、妙覺大士？是否對這六位等覺、妙覺大士也心存輕想，只因爲他們都穿著在家人的衣服而示現在家相？

所以，眞正想要修學大乘妙法，又希望一世之中確實可以有所證的人，都不應該管善知識示現什麼樣的身相；有奶便是娘，應該這樣認取奶娘才對；他們若能幫助你，你就禮拜他們嘛！不必管 觀世音菩薩是否示現爲送子娘娘或示現爲魚籃觀音，只要他能幫你開悟就可以了！只要他能幫你排除學法上的種種困難，讓你在佛菩提道中很容易實證，這就夠了！管他是不是送子觀音、馬郎婦觀音，別理會他有沒有穿著僧服，只要他是眞正的 觀世

音菩薩而不是鬼神假冒的，這就夠了，應當這樣來看待。

接下來說：有很多的大法師、大居士們歸命 彌陀世尊，求生極樂淨土；將要在極樂世界紹續 阿彌陀佛佛位的 觀世音與大勢至兩位大菩薩，淨土宗的佛子四眾們，有許多人得到他們的深恩庇佑；我個人雖在禪門中，此世也一樣得到 觀世音菩薩的加持；當他們在極樂世界佐弼 彌陀世尊來接引眾生、庇佑吾人時，卻都是示現在家相的，不曾示現為聲聞僧的法相。可是他們都是大菩薩，也都是貨眞價實的出家菩薩。而當代那些人間佛教的法師與居士們，都只尊崇聲聞僧的僧相，一味排斥大乘法中示現在家相的勝義僧；我不曉得印順派那些人間佛教的大法師們，他們對此有什麼看法？他們到底信不信 觀音與勢至呢？或許他們因為從來都不相信有極樂世界、從來不相信有 阿彌陀佛、觀世音、大勢至菩薩的存在，所以心中沒有任何感覺。然而，是否因為他們不相信，西方三聖就會不存在？但是不管怎麼樣，不管他們信或不信，都不會因為他們不信，就使 觀音、勢至兩大菩薩不存在；未來仍將會有人繼續得到他們的加持與庇佑，這正是學人對大乘法中的次法所應有的基本觀念，所以大家的觀念一定要修正。

那麼，他們因爲不相信第二轉法輪與第三轉法輪諸經都是 佛陀親口所說，所以對《法華經》也是完全不信的；由此緣故，他們私心中對極樂世界阿彌陀佛、觀世音、大勢至的存在也是抱持著絕對不信的心態。然而奇怪的是，他們卻在佛教徒之中假借極樂世界、西方三聖的威神力和名義，常常在舉辦三時繫念，也在幫人家助念或舉辦超薦法會；當他們以西方三聖的名義來獲取佛教的資源時，心中卻不信有西方三聖，這樣難道不是在欺矇眾生、欺騙佛教界嗎？口中及書上都否定極樂世界 阿彌陀佛，卻還要假借 阿彌陀佛的名號來幫人家助念、超度，來獲取錢財；又每週都舉辦唸佛法會來聚集眾生、收斂錢財，而他們弘揚的法卻是破壞 阿彌陀佛八識論正法的六識論邪見，正是大力弘揚常見外道的六識論邪見，這難道是人天師範的出家僧寶所應該作的正事嗎？

像這樣不誠實的心態，連儒家正心誠意的基本行誼都已經不存在了，何況是人天師範的僧寶所應該作的事呢？這樣輕視 阿彌陀佛及觀世音、大勢至菩薩，卻又不斷地利用祂們的名義來聚集資財，再用所得到的資財來否定西方三聖的存在，這種心口不一的出家人，眞的是匪夷所思，令人啼笑皆非。

然而，西方三聖卻不會因為他們的否定而不存在，仍然會有許多人獲得冥祐與庇護。

接下來還有很多是今天來不及講的，我想以後再把它補寫到書上，今天就直接跳過去。因為我們預定留下一個鐘頭的時間，來回答諸位當場提出的問題；所以現在只能跳到最後面來講第三節，並且還只能夠略講而已。（編案：以下是由平實導師在後來補寫的，演講當時並未講述這部分。）

印順派的法師與學人們，總是把 觀音、勢至否定，說他們不是佛教史上的人物；但是，他方世界的菩薩們不可以化現來此嗎？佛教眞的只侷限在人間而且只是地球一隅嗎？十方世界中都沒有佛教嗎？天界都沒有佛教嗎？像他們這樣的人間佛教，從時間上、空間上及法義上看來，未免都太膚淺了！不能因為他們感受不到 觀音與勢至的庇護，就否定他方大菩薩們的存在，更何況《法華經》中說 觀世音菩薩是受生於佛世而在娑婆世界中眞實存在的人物呢。他們都因為身披僧衣而受到印順法師的邪見影響，敢公然否定諸大菩薩們；在這種情況下，諸大菩薩們覺得他們感應的因緣尚未成熟，當然不會讓他們感應到；然而實際上大菩薩們都是在事實上存在的，而

且歷史上也不乏被他們護祐的大師，我們無妨舉例來說明如下。

譬如有唐一代大師，後來身列聖位的玄奘大師，在他西行追求大乘妙法，尚未抵達天竺之時，他的學養早已超越諸家大師，早已精通聲聞論典；他還沒到達天竺之時，已經是名震西天的大法師了——他的名聲早已傳遍西天了，因爲他已通達《俱舍論》證解脫果了，也明心了，只是還無法弄清楚整個佛道次第才需要去西天求法；但是當他到達天竺以後，尚且都不嫌棄在家菩薩，一一追隨修學佛法；正由於這個緣故，才能親隨多位在家菩薩修學，譬如長年婆羅門、蜜多斯那……等人；像這樣不斷地追隨諸家善知識而不在他們的身相上著眼，最後才能成就三地無生法忍的智慧。何況末法時期的今天，心中仍然存著聲聞心態的大法師們，乃至才剛出家、戒疤未乾的聲聞僧人，這些人連最粗淺之聲聞法《俱舍論》的正義、涅槃之正理，都已完全誤解，我見尚且斷不了，怎能及得上當年早已精通《俱舍論》的玄奘法師？但這些僧人竟敢輕視玄奘精通二乘法以後所精勤修學、實證的大乘法？竟敢對精通大乘法的在家菩薩們蔑視，一味主張阿含中所說的聲聞解脫道即可令人成佛，而一味排斥大乘諸經？眞是令人百思不得其解。而他們都是自命為人

間極有智慧的人，竟然連這樣粗淺的事相上可以思而知之的道理都不懂，究竟他們的智慧何在？

又譬如一切種智的修證，全都必須世世出生於三界中來修學——特別是生在人間來世世修學；這是說，一切種智的修證，必須具足了知如來藏中所含藏之一切種子；而如來藏中一切種子的現行，則是以生在人間一切境界中來歷練時最為容易現行，也最為具足；由於這個緣故，應當以兩大阿僧祇劫的時間，經歷人間種種境界，來獲得各種現觀境界發起的因緣，因此當然應該世世出生在世間人的境界中親自經歷；這樣看來，當然以在家身最容易經歷，這才是人間佛教的眞義所在。然而崇尚聲聞心態的大法師輩，他們究竟信不信受成佛所憑藉的一切種智？究竟懂不懂一切種智的修證？而處處輕視懂得一切種智的在家菩薩們的修證。

大眾也可以從古代歷史記錄中，看到崇拜聲聞僧衣的凡夫僧，是如何愚癡而失去了實證佛法或羅漢法的勝妙因緣，都只因為愚癡無智而崇拜自己身上披的僧衣所致。譬如三明六通的天軍大阿羅漢，尚且以他在聲聞無學位的大比丘僧的身分，親往兜率天宮追隨 彌勒居士學法；我們再回頭來觀察當

代那些少聞未證的凡夫比丘、比丘尼們，竟然以凡夫身而空腹高心，棄捨眞修實證的在家菩薩們，極力否定之。他們自身已經失去了在聲聞羅漢道中以及大乘佛法中的大利益，竟然還教令座下的弟子們「不可受學於在家菩薩的深妙正法」，更是剝奪了座下四眾的大利益；這眞是自誤而且誤他，可以說是無智到極點了！這樣的聲聞僧，何曾稍微知曉大乘法要的深意？

如今印順派的人間佛教法師與居士們，大多是屬於崇尚表相僧寶身分的凡夫、愚人，他們對僧寶的眞實義並不曾深入理解，私心之中總是說：一切居士都應該聽命於出家人。從來不討論在家菩薩們在戒定慧三學上的證量，從來都是視同一體加以排斥；他們心中絕對不肯承認大乘法才是究竟的佛法，總是認定聲聞羅漢所證的解脫道即是成佛之道；也因爲他們心中從來不肯承認大乘五十二位階的果證，所以就不相信世間眞實還有在家身分的地上菩薩，更何況能夠歸命而修學及實證？都是落在僧衣身分及面子上，這就是印順派的人間佛教弘傳者所擁有的心態：既凡亦愚。

以上所說，並非空穴來風，我們當然要提出事實來。其一：【城西道北有大菴羅林，林中有一七百歲婆羅門；及至觀之，可三十許；質狀魁梧，神

理淹審；明《中、百》諸論，善《吠陀》等書；有二侍者，各百餘歲。（玄奘）法師與相見，延納甚歡；又承被賊，即遣一侍者，命城中信佛法人，令爲法師造食。其城有數千戶，信佛者蓋少，宗事外道者極多；法師在迦濕彌羅時，聲譽已遠，諸國皆知，其使乃遍城中告唱云：「支那國僧來，近處被賊，衣服總盡。諸人宜共知時。」福力所感，遂使邪黨革心；有豪傑等三百餘人聞已，各將斑氎布一端，并奉飲食，恭敬而至，俱積於前，拜跪問訊。法師爲咒願，并說報應因果；令諸人等皆發道意、棄邪歸正，相對笑語、舞躍而還。長年歎未曾有，於是以氎布分給諸人。各得數具衣直，猶用之不盡，以五端布奉施長年。仍就停一月，學《經、百論、廣百論》。其人是龍猛弟子，親得師承，說甚明淨。】

其二：【其國有大德名蜜多斯那，年九十，即德光論師弟子，善閑三藏。法師又半春一夏，就學薩婆多部《怛埵三弟鑠論》（唐言《辯眞論》）。二萬五千頌，德光所造也）、《隨發智論》等。】

其三：【復往杖林山居士勝軍論師所。論師，刹帝利種，幼而好內外經書，五明數術無不窮覽；每依杖山，養徒教授，恆講佛經；道俗宗歸者，日

數百人；諸國王等，數來視禮，洗足供養、封賞城邑，時人號爲步異，此云食邑者。法師就學《唯識、決擇論、意義理成、無畏論、不住涅槃論、十二因緣論、莊嚴經論》，及聞《瑜伽、因明》等訖。】

此外，主張人間佛教的印順派弘法者，往往以僧寶高高在上的姿態，心中自高，常常輕視在家人，乃至不屑與語；然而二乘法中的在家弟子，親證阿羅漢果者，其實也並不少，被載入阿含部經典中的在家阿羅漢也有幾個事例，這是四阿含諸經明文所載的眞實例子，因無事跡而未被載入者應當更多。即使到了佛滅後數百年之際，這在天竺仍然是不乏其例的。譬如《大唐慈恩寺三藏法師傳》卷二所載天竺的史實：

【城東五、六里，至一山伽藍，尊者烏波毱多(唐言近護)之所建也，其中爪髮舍利。伽藍北巖有石室，高二十餘尺，廣三十餘尺，四寸細籌塡積其內。尊者近護說法，悟道夫妻俱證阿羅漢果者，乃下一籌；單己及別族者，雖證不記。】

由這個明文所載的史實來看，在進入像法時期的天竺，當時親證二乘菩提阿羅漢果的在家居士，人數仍然很多，所以記載說「乃至細籌塡積，難以

勝數」；而且，這些細籌所計數的都是夫妻二人同證的。從這個史實來看，證得阿羅漢果的在家人是很多的，今天那些弘傳人間佛教的印順派凡夫僧，都不應該因爲身披僧衣的緣故，就自視過高，否則恐怕再過三十世以後，仍然會由於崇拜僧衣身分的緣故而繼續障礙自己所學的羅漢道與佛菩提道。

此外，繼承喇嘛教應成派假中觀的印順派人間佛教弘傳者，他們心中並不承認第二、三轉法輪諸經是 佛陀親口所說，也不承認 文殊、普賢、觀音、勢至爲事實上曾與 釋迦世尊對話的菩薩，所以他們常常這樣子說：「文殊、普賢、觀音、勢至都不是歷史上確實存在的人物，都是後人虛構的。」然而確實有更多的佛弟子受到 觀世音菩薩的加持，平實也曾領受 觀世音菩薩的加持；而且，玄奘菩薩也曾經多次親遇 文殊等大士示警及加被，得免於難，詳載於《大唐故三藏玄奘法師行狀》中：

【……將（玄奘）法師參正法藏，即戒賢法師也；其人博聞強識，佛法及外道經書一切通達；又最耆宿，時年一百六十歲，眾所共尊，不敢片其名，故號爲正法藏。法師隨入謁，方牽師資，務盡其敬；頂禮讚歎訖，正法藏命法師及諸僧坐，問從何處來？報：「從支那國來，欲於師處，學瑜伽

等經論。」聞已啼泣，喚弟子覺賢，令說三年已前病惱因緣。覺賢曰：「和上去今三年已前有患，四支拘急，如火燒刀判之病；意厭此身，欲不食取盡。於夜中，夢天人黃金色，謂和上曰：『汝勿厭此身，身是法器，修習難得。汝過去曾作國王，多惱眾生，故招此苦；當自悔責，禮誦行道，廣通正法，業累可除；直欲不食捨之，終不得了；死已受身，還得受苦；猶如井輪，迴轉無息。復三年餘，有支那國僧，欲來於此學諸經論；已發在路，汝可待之，爲演說付授；彼人得已，當轉流通；以此功德，汝罪自滅。我是曼殊室利，憐愍汝，故來相告，當依我語。今日已後，所患亦當漸除。』語已而滅。從爾來，和上漸則安隱。」正法藏又問：「汝在路，經今幾時？」報曰：「過三年，向欲四年。」既與昔夢狀同，深相慰喻。法師親承斯記，悲喜不能自勝，更起禮謝。】

玄奘大師追隨學於正法藏論師之後的事跡如下：

【及聞瑜伽、因明等訖已，於夜中，忽夢見那爛陀寺，房院荒穢並繫水牛，無復僧侶；法師從幼日王院西門入，見第四重閣上有一金人，色貌端嚴、光明滿空，遙指寺外，謂法師曰：「汝隨我看。」即循指外望，見村邑林池

爲火焚燒，並成灰燼。金人曰：「汝可早歸，此處卻復十餘年，戒日王崩，印度荒亂，惡人相害，當如此地，汝宜知之。」言訖不見。法師覺已怪歎，向勝軍說之。答曰：「三界無安，能知不爾。此聖人之垂誡，不可不依。」是法師所行，皆爲菩薩護念；將往印度，告尸羅而駐待；淹留未返，示無常以勸歸；若所爲不契聖心，誰能此祚？永微之末，戒日王果崩，印度飢荒，並如所告。】

然而印順派的法師居士等人，絕不相信有大乘經中所說的文殊、普賢、觀音、勢至……等大菩薩的實際存在，只因爲他們都還沒有能夠感應諸大菩薩示現的福德，無法感應到大菩薩的加持，所以便在書中或說法時，公然否定這些大菩薩們的存在。然而，像他們這樣的心態，確實是可以被議論的；也就是說，世尊所說的古仙人道縱使眞的已經失傳而不復存在於人間了，縱使末法時期過完以後的眾生，由於緣猶未熟而難以得遇，也不可以因此便說法界中沒有這些不受生爲此界人類的大菩薩們存在；這些大菩薩們，總是要等待諸佛出於人間的時候，才會爲了護持諸佛而來示現在人間的。同樣的道理，諸大菩薩並不是閑著無聊專等好奇者及不信者來感應，連眾家神祇想要

求見都不容易，何況是在眾生悟緣未熟之前，何必徒勞一場來示現給他們看見？縱使眞的前來示現，對他們終究是不會有實質利益的；當然是要等待緣熟之際才會示現感應，這樣才能使眾生承蒙法益。

能使人證悟般若實相之深妙大乘正法也是一樣的道理，一定要等待大眾的法緣成熟以後，眞善知識才會出現在人間；眾生的法緣若是還沒有成熟時，縱使眞善知識出現在人間了，也是不會出世弘法的；若是不觀因緣就強行出世弘法時，不久就會被人殺害，深妙法終究還是無法繼續弘傳下去；當然要等待緣熟了，然後才出世弘揚，這樣弘法才能夠使正法繼續廣弘下去。這就好像平實出世弘法一樣，不可以早於此時，也不該晚於此時；今時恰恰好，這都是眾生得法的因緣所導致的。由此緣故，不該因爲自己沒有辦法面謁大乘菩薩，就隨便毀謗說實際上沒有諸大菩薩住世；當然也不該因爲自己沒有辦法眞正悟入般若，就說其實沒有如來藏的眞如法性可知可證。然而，這些事相，卻正是印順法師等一派人，心中從來不信有 彌陀、觀音、勢至、文殊、普賢……等諸佛菩薩，也不相信 釋迦佛的威神巍巍與一切種智，所以將 釋迦佛貶抑爲同於世人一般：單純只是由於慈悲而不捨眾生，所以名

之為佛；都不必親證如來藏，不必證眞如、一切種智；只要以凡夫的智慧，經由世世常修慈悲眾生的菩薩行以後就能成佛了！這就是現代大力弘揚人間佛教的印順……等人的心態也！由於這緣故，他們心中都不相信更勝妙於四阿含諸經的第二、三轉法輪諸經是　釋迦牟尼佛所說，往往恣意否定而無所顧忌。

此外，對於以前曾在平實座下得法的人，我也有幾句話相贈：也就是說，唯有直心才有可能實證佛法；心若不直，縱使已經知道般若諸經中的密意了，仍然是無法轉依所知道的般若密意而無法滅除我見的，必定還會返墮離念靈知意識心中，再度生起常見外道見——重新再認取意識心的變相為常住的眞如、如來藏，終究難免會因為自大而產生種種臆想邪見，甚至於會造作謗法及謗賢聖的大惡業。在此，暫且舉出《六十華嚴》中　彌勒菩薩開示的聖教，獻給那些曾在平實座下得法的人：【譬如犁無有扼，則不堪用；菩提之心亦復如是，離正直心，於如來法無有實義。】深願那些離去的人，趕快回復當年初遇平實時的直心，趕快棄捨世俗法上的心態。假使能夠如此，不久之後一定可以知道自己應該作些什麼事，也一定能夠知道自己所不應作的

事。若是眞的能夠像這樣子，絕對不會只能自利，並且還能夠大大地利益別人；那麼，將來成佛之道的完成時間，就不會很久遠了！（編案：以上是演講當時因時間所限而未講述的內容，後由平實導師補寫所成。）

第三節　印順法師的人間佛教與佛菩提道的差異

接著進入第三節，要來談一談印順法師提倡的人間佛教，與 佛陀所說的佛菩提道，究竟有什麼差異？

第一目　墮於斷滅本質及玄想涅槃的印順法師人間佛教

也就是說，印順法師的人間佛教是墮於斷滅本質的，同時也是墮於玄想涅槃之中，全都是無法實證的，連他自己也是一樣無法實證自己所提出的見解。這可以分爲四點來說：

第一、由於印順法師的人間佛教法義，所主張的根本教理是六識論——

每一個人都只有六個識，並沒有第七識意根與第八識如來藏的存在。當他們這樣子主張時便落入六識論的見解中，接著一定會誤解阿羅漢們所證的解脫道，他們將會落入我見之中，連初果都無法證得。不論他們自稱如何懂得修證，不論他們宣稱已經證得初果乃至第四果了，這個事實是絕對不會改變的，他們不免會成為因中說果的人（編案：後來果然證實印順法師所謂的成佛，仍然是因中說果）；因為入涅槃時是要滅盡五陰十八界的，是要把一切粗細意識都滅盡的，於是他們所說的涅槃，一定會變成斷滅本質的斷滅空，這是他們堅持六識論以後的第一個落處。

第二、由於否定了第八識如來藏的緣故，當他們觀察五陰十八界全都生滅無常以後，也讀到阿含諸經中所說「阿羅漢入無餘涅槃時五陰十八界俱皆滅盡」的經句了，心中唯恐入涅槃時會墮於斷滅空而違背了三世因果的正理，恐怕他人譏笑他們是斷見外道，只好又發明「細意識常住說」，另立生滅心細意識作為受持因果業種的心，來延續三世因果昭昭不爽的現象界事實。然而，三界中最細的意識是非想非非想定中的意識，再也沒有更細的意識了，卻仍然是意根與法塵相觸為緣，才能從如來藏中生起的生滅心，這生

滅性的意識當然是無法受持業種的；印順建立了細意識常住說，來證成持種及受報的因果律，自然也是無法成立的。

而且，細意識仍然只能保持一世，因爲細意識、極細意識、一切意識，都一樣是由意根、法塵二法相觸爲緣才能出生的，當然一樣都是沒有辦法去到後世的。當這一世的五色根毀壞時，這六識捨壽後轉入中陰身中，那時一旦入了母胎，一切粗細意識就全部斷滅了，無法住胎，更無法去到未來世；那麼這種只能存在一世的細意識，又如何執持各類種子去到後世酬報？所以印順對細意識常住的建立當然是不可能成立的。所以印順的人間佛教本質正是六識論，如果他們所理解及弘揚的阿含解脫道的涅槃之理是正確的，那麼他們將不可避免地墮於斷滅的本質裡面。當平實寫了很多本書來評論印順以後，印順以及他的所有隨從者，都無法在法義上面回應，都只能在世俗表相上顧左右而言他，自稱無法實證的自己是上駟，反指能夠實證的平實是下駟，宣稱他們沒有時間也沒有意願來回應，成爲逃避法義辨正責任的凡夫出家人。

第三、當初爲了彌補細意識亦屬生滅法這個過失，印順法師只好又新創

「滅相不滅名爲眞如」的新說，以免他們所說的般若成爲斷滅空，卻又成爲新創佛法。可是，滅相能稱爲眞如嗎？五蘊滅了以後只剩下滅相，這個滅相其實就是空無；那麼空無如果可以是眞實、是如如，當他的存款五百萬元領出來時，那個晚上不巧被火燒了，燒掉以後的五百萬元不存在而成爲滅相了，那個五百萬元的滅相就變成眞實的了！那麼他的五百萬元的滅相應該可以長存的了！我想，印順自己也不會認同這樣的說法，那麼他又如何可以自稱他所說的滅相眞如是實相而不是虛相？若是進一步探究眞相，他的說法其實不能成立，因爲滅相是依附於五蘊尚存之時而說的相對法；現在的滅相是相對於被燒掉以前的存在相，是相待法而不是絕待法，本質仍是相待於現在仍然存在的五陰十八界，而說將來滅盡五陰十八界以後是滅相；當五陰十八界滅盡時已無自我了，他心中的蘊處界滅相自然也隨之煙消雲散而滅失了，如何能說是實相眞如呢？而且，滅相其實就是滅盡而變成空無了，所以那是斷滅法而不是實相法，怎能說爲眞如？

第四、印順等人否定了無餘涅槃的實我、實際、我、如、本際、如來藏以後，離開了本際如來藏而求無餘涅槃的實證，那麼印順所說的涅槃一定會

墮於玄想之中，而他心中所以爲、所認知的無餘涅槃，也將變成不可親證，所以印順所說的涅槃並不是眞正的原始佛法。因爲，原始佛法的四阿含諸經所說的涅槃，是眞實、清涼、寂靜、常住不變的，這是四阿含諸經中明文所載的至教；而印順主張的涅槃卻是不眞實的滅相，是斷滅空，所以他弘揚的佛法並不是眞正的原始佛法，也不是眞正的人間佛教。因爲 佛所說眞正的人間佛教所證涅槃、眞如，是眞實而且是常住不變的法理與實證，那就是如來藏的境界。所以，當代佛教界人士，凡是修學印順的法之後，普遍存在的一個現象，就是對佛菩提道茫然無知。而且心中很痛苦：學的時候痛苦，到臨死了還是痛苦。精勤研讀《妙雲集》諸書一世之後，終究只能含恨而終，因爲永遠都不可能親證羅漢道或佛法，連聲聞初果都無法證得，更別說是大乘菩提了。

第二目　否定真正般若智慧的印順法師人間佛教邪思

否定了眞正般若智慧的印順法師，他的人間佛教提出六識論的基本主張，使他否定了般若實相智慧的根源，也就是否定了如來藏的眞如中道性。

由於般若實相智慧，以及般若中道的觀行境界，都是以親證如來藏而現見法界中的實相及本來中道的境界，才能發起實相般若智慧及中道智慧的；當印順否定第八識如來藏的存在時，他所弘揚的般若修證理論及實證，就會成為意識思惟所得的戲論，使他對般若的實際修證成為玄想而非實證，也使他的法理成為哲學思想而非可以使人實證的佛法。這樣一來，印順派的法師、居士們，就很容易也很方便跟佛學學術界、哲學界人士來往應酬了！但是，他們對於法界實相的認知就會成為戲論式的玄學，同於西方哲學家對法界實相的臆測所產生的戲論玄學一般，這已經不是義學了；所以印順所提倡的是處處法義殘缺割裂的人間佛教，並不是 世尊所提倡的真正人間佛教。

第三目　印順法師人間佛教否定真正成佛之道

印順法師提倡的人間佛教，本質上是在否定真正的成佛之道，當然不是真正的佛法，而且還是破壞真正佛法的破法者。成佛的唯一方法就是成就一切種智，這是唯一的成佛之道；而成就一切種智的入門，就是親證如來藏心的所在，現觀如來藏的中道性，現觀萬法都從如來藏中生起而出生了實相法

界的智慧；而且，一切種子智慧的親證，是要現觀如來藏中所含藏的一切種子，才能生起及圓滿一切種智。可是印順法師把一切種智的根源—第八識如來藏—加以否定了以後，他們對一切種智與道種智的修證就成為永無可能，根本無法在人間成佛，連想要成為初見道位的菩薩都不可能，也使他們自己無法斷我見而永遠處於凡夫位中，連聲聞初果都無法證得，那就不是 世尊所倡導的眞正人間佛教了。

因為 佛陀在人間所傳的大乘法是實相般若及一切種智，這二者都是要仰賴如來藏的親證與現觀，以及對如來藏所含的一切種子的具足親證與現觀，才能夠成就三賢位的實相般若智慧，也才能成就諸地的道種智（尚未圓滿的一切種智），這才是眞正的人間佛教。但印順的人間佛教卻是否定實相般若智慧的根本——如來藏，也否定了一切種子智慧的根本——如來藏含藏的一切種子，所以他們的修證就不免落空了。這也就是印順派的法師與居士們數十年來努力研讀印順著作以後，卻都連聲聞初果也無法實證的原因。

第四目　印順法師人間佛教否定廣大深妙的十方佛教

十方虛空無邊無際，世界國土不可限量，當然會有某些處所的世界是適合有情生存的，而那些有情之中也必定會有某些世界的有情緣熟而適合佛教在那裡弘傳；這是有必然性的，不可能是無窮無盡的宇宙之中只有我們這個地球世界適合有情生存。而且，娑婆世界也並不是只有地球人間，欲界天及色界天是確實存在的，而欲界天身及色界天身也是平實早年就已證得的，由此可見娑婆世界確實有天界存在。然而印順法師的人間佛教，竟然否定了娑婆世界的天界佛教，只因爲他無法實證欲界天身及色界天身，就直接加以否定了！他的人間佛教是有排他性的，雖然沒有明言天界不曾有佛教存在，卻是不斷以「唯有人間有佛教」的主張，來變相指稱娑婆世界的天界沒有佛教存在。但是當印順否定天界佛教的存在時，那麼，他所弘揚的聲聞解脫道義理就必須要重新改寫了！因爲，在他所主張的人間佛教道理之中，絕對無法解釋須陀洹、斯陀含、阿那含捨壽往生天界的現象與至教；而初果至三果聖人必定是往生天界以後，或再來人間，或不再來人間，然後才取無餘涅槃的。

這已經顯示天界必定有已證解脫果的聲聞聖人，難道聲聞聖人所住的天界會沒有佛教存在嗎？事實上，當他們住在天界時，天界就必然會有佛教的二乘法義隨緣弘傳著，怎能單單主張人間佛教而從來都不承認天界佛教呢？這與釋迦如來弘揚的佛教中，認爲天界也有佛教而以人間爲主的至教，是全然違背的。

娑婆世界的天界既然必有佛教中的二乘聖人住世，當然一定會有佛教的二乘法流傳。二乘聖人可以往生天界，難道證量更高、智慧更妙的大乘聖人，不能夠往生天界住持佛教中的大乘正法嗎？難道報身佛不可以住在色究竟天宮，爲往生天界的諸地菩薩演說一切種智嗎？印順書中暗示唯有人間有佛教，如今依據阿含聖教及平實親證的欲界天身、色界天身，證明確實有天界，也從至教量中所說聲聞果、菩薩果的比量上推斷天界確實有佛教。在娑婆世界確實有天界，以及確實有天界佛教的正理下，虛空中無窮無盡的穹蒼中，必然會有他方世界及其天界存在，當然也必然會有他方世界佛教及天界佛教的存在。這是現量及比量上都可以證實而不是非量，那麼印順法師爲何可以眼光短淺而全無證量地妄推而暗示說，娑婆世界的天界佛教及他方世界佛教

皆不可能存在，而單單主張只有娑婆世界的人間有佛教？

由此緣故，印順從來不承認有他方世界的佛教，於是特地否定淨土諸經中所說的東方琉璃世界佛教及西方極樂世界佛教，極力主張地球一隅的人間佛教而強烈暗示其餘處所都無佛教存在；把完整而廣大的佛教侷限在一神教「聖經」所說的狹窄視野中，等同一神教的短淺所知。印順這樣作的目的何在？著實令人費解。由於印順否定娑婆世界的天界佛教，也否定十方虛空無量世界的廣大佛教，已經使他所主張的人間佛教成為宇宙中及娑婆世界三界中的不完整佛教，他的人間佛教本質其實是將佛教侷限化、狹窄化、矮小化，居心叵測。然而 釋迦佛下生人間所說的佛教，卻是以人間為主要而函蓋天界的，也是函蓋十方三世的；只是特地為眾生解說，在諸方世界的佛教中，仍然是以人間為主要，因為人間是上升與下墮的樞紐，也是使如來藏含藏的種子現行的因緣最足的地方，印順若是在這種前提下來說：「**諸佛終不在天上成佛。**」雖然沒有經文依據，才是勉強符合 佛說的人間佛教。因此印順將 佛所說的人間佛教侷限化、狹窄化、矮小化了，這與 佛陀下生人間所說的人間佛教本懷大相違背，當然不是眞正的人間佛教。

第五目　印順主張人間佛教的心理背景

印順所主張的人間佛教的心理背景其實很簡單，也就是：既不能實證它，不如就推翻它，自己另外建立新的成佛之道。譬如印順所說：

「特別是，當時的印度，充滿了自利的、獨善的、苦行的學風；為適應這類眾生的根性，所以說聲聞、緣覺法。如根性利，富有利他的意向，當然就專以大乘法教化了。淨土的眾生，大抵是唯一大乘；然論到唯一大乘，也還有不同：有從二乘迴向入大乘的，到底不免帶有自利的習氣，以智證為先；有從天乘而發趣大乘的，常含攝有神教的秘密因素，所以都以信仰為先；有從人乘而直趣大乘的，即所謂人本的大乘佛法，都特重人間的利樂悲行。」

從印順這一段註解來看，就知道他所主張「人間佛教即是大乘佛教」的精神了！印順所謂的人間佛教與大乘佛教，其實是合一的——大乘佛教就是人間佛教，除了人間的大乘佛教以外，沒有天界佛教。而且，他所定義的大乘佛法是人本的，是屬於人間的利樂悲行為中心的，不需要實證如來藏而生起實相般若智慧，只要以意識思惟理解般若諸經的義理就夠了。因為人間的

利樂悲行都是意識境界，不需要有超過意識所知境界的實證，這樣才能符合人本的、人間的利樂悲行，也就是凡夫的人類菩薩行的成佛之道；在此大前提下，慈濟的證嚴法師當然就不必求證如來藏而發起其意識所不能知的實相般若智慧，只要能夠每年都花很多時間來利益眾生在生老病死身心痛苦上的減輕，努力修習凡夫人類的慈善事業，也就足夠使人成佛了。於是慈濟人都不必修學禪定，也不必參禪求證般若，更不必斷我見、我執，只要好好在人間以種種物資利樂眾生而長養悲心，也就夠他們成佛的了。既然印順主張人間佛教就是大乘佛教，而人間的大乘佛教是不必實證實相般若的，也不必修證世間禪定的，純屬凡夫位的人類菩薩行，所以印順便在沒有斷我見、沒有實證般若智慧及全無禪定證量的情況下，在捨報前同意把他的傳記加上一個副書名「看見佛陀在人間」。也就是說，純屬凡夫位的釋印順——既未斷我見也未證般若而仍住於凡夫知見中的釋印順，他自己及徒眾們都認爲他已經成佛了。

印順由於不能實證如來藏，故無法發起實相般若，無法成爲賢聖，乾脆加以全面推翻，別創新說，因此印順首先主張：**以凡夫知見而修的菩薩行就**

可以使人成佛，既不必證一切種智，也不必斷見惑與思惑，更不必有禪定及四無量心、五神通的證量，只要當個凡夫菩薩一直不斷地利樂眾生，這樣就可以成佛。當聲聞聖人檢查印順的修證時，一定會發覺印順並沒有斷我見，更別說是斷我執及我所執了；當大乘賢聖檢查印順的修證時，一定會發覺印順連實相般若智慧都還沒有發起，仍無法進入菩薩道五十二位階的第七住位中；更無相見道位的通達般若功德，當然也是不會有諸地無生法忍的實證，純屬世間法中的凡夫。而他已經自稱成佛了。在印順所主張的「人本的大乘佛法即是人間的利樂悲行，這就是唯一大乘」的大前提下，於是他的信仰者就認爲：凡夫位的人菩薩行，不斷地實行下去也可以成佛。而慈濟功德會的釋證嚴正是他的眞實奉行者，慈濟就教導眾生：你要繼續利樂眾生，用凡夫行繼續不斷地去幫助眾生，這樣一世又一世的救濟眾生，時間久了就可以成佛了！於是證嚴法師便自稱或同意徒眾們稱她爲「宇宙大覺者」，這就是印順主張的：凡夫的菩薩行可以使人成佛。

印順的第二主張，從以上所舉的這一段開示中，也可以看得出來，他認爲：聲聞凡夫的解脫道可以取代大乘賢聖的成佛之道，證得聲聞法的四果也

等於具足證得菩薩道五十二位階的最後果位而成佛了。所以，只要修學聲聞法解脫道，就可以成佛了！因此，釋迦佛並沒有什麼了不起，只是阿羅漢罷了，並沒有另外更高層次的佛位可證。這正是印順想要推薦給大家的印象，卻又不敢明講；於是就必須曲折婉轉的講上一大篇道理，而一般讀者弄不清楚他的暗示，於是就讀得很辛苦而不知印順之所云了。因此，印順窮其一生是不求斷我見的，因爲在他所弘傳的六識論前提下，斷了我見就必然會成爲斷見外道；不斷我見又會成爲常見外道，所以他就變出種種說法來暗示大家：我見是不必斷除的——只要把意識覺知心分析出一個細心，而這個意識的細心是常住不壞心，這就等於是斷我見了；他認爲這樣既不會落入常見之中，也不會落入斷見之中。

然而，如果聲聞解脫道及佛菩提道都是這麼簡單的話，那麼聲聞解脫道及佛菩提道就跟基督教完全一樣囉！也跟天主教、道教、一貫道都一樣啦！假使眞的可以用印順這樣的思想一以貫之，那麼大家乾脆都去學一貫道就行了，又何必要有佛教存在人間？釋迦如來宣稱三乘菩提的實證教義，也將隨之成爲無意義的虛語了！然而，事實上並不是這樣；意識覺知心不論分析到

如何的微細，終究還是意識心；而意識從來都是要以意根與法塵爲助緣，才能從如來藏中出生的，永遠不離有生有滅的本質，不論印順如何施設細意識、極細意識等名詞出來，一切意識依舊不能外於意法因緣生的範疇。所以，凡夫的菩薩行絕對不可能使人成佛，必須要有斷我見、斷我執、斷我所執的聲聞解脫道實證；還必須要有凡夫位的六度萬行來聚積大福德，才有可能圓滿六住位應證的斷除我見及熏習般若知見的具足，也才有可能實證般若智慧；還要繼續廣修福德，以及永伏性障如阿羅漢的福德，才有可能圓滿三賢位的般若智慧而進入通達位中，成爲初地菩薩；然後還要有更大的福德，才有可能深入無生法忍而地地增上，最後到達佛位。單有斷我見、斷思惑的阿羅漢所證解脫道功德，仍不能使人成佛，更何況印順未斷我見的凡夫知見，連羅漢道都無法成就，何況能夠成佛？若是不知這裡面的種種眞相，非但無法證得聲聞的解脫道極果，連聲聞初果都無法證得，何況是成佛之道？這些都是大家應該要先建立起來的知見。

第四節　真正的人間佛教

那麼，在第四節中，平實要與大家談的是眞正的人間佛教。我的意思是：印順派的法師們所弘揚的人間佛教是仿冒的人間佛教，不是 佛陀所弘揚的正牌人間佛教。這就是說，您如果想要對佛法的眞正法義—對義學—有所實證，應該要先瞭解眞正的人間佛教，才不會被冒牌的人間佛教說法給迷惑了；然後一生努力修學之後，才會有眞正的果實——一生努力所得都是貞實——內涵飽滿全無虛假。

所謂「諸佛終不在天上成佛」，似乎是阿含與大乘經中的聖教，卻只是聲聞人所創造的說法；但若諸佛選在天上成佛，必是因爲人間當時並沒有可以實證佛法的有緣人所致，否則就無法攝受人間的有緣人實證佛法了，所以佛教仍然是以人間的弘傳爲主要；對此一命題，佛教界始終沒有異議。可是人間佛教的眞義，必須要依止眞正的佛菩提道修證，才可以說是眞正的人間佛教；如果只以解脫道的修證來當作人間佛教的實證與弘傳，就應該改名爲

人間羅漢道，或者說人間聲聞教，不能稱爲人間佛教。可是，佛菩提道修證的首要——入門，是以親證如來藏作爲見道入門之標的；如果不能親證如來藏，就不可能證得眞如而發起般若總相的智慧，也不可能進修般若別相的智慧，更不可能進而修證諸地菩薩所證的無生法忍，也就是道種智。

而道種智的親證，唯一之途就是從修學一切種智來入手，而一切種智是現觀如來藏心中所含藏的一切種子而生起的智慧；若能滿足一切種智的親證，就是成佛之時；當一切種智的親證還沒有圓滿的時候，就稱爲諸地菩薩的道種智，也就是諸地菩薩的無生法忍智果。由這個眞實理，大家都可以瞭解眞正的人間佛教，是以實證如來藏來作爲最初也是最後的依歸。如果否定了第八識如來藏，堅持意識—不論是細意識或極細意識—是最初心及最終心，而說有人間佛教可修、可傳，其實是連羅漢道—聲聞解脫道—都談不上的，更別說是佛菩提道了，那麼他們所說的成佛之道，就純屬妄語而無一絲一毫三乘佛法的本質了。因爲已經同於外道知見了，尚且進不了二乘菩提的初果證境中，何況能進入二乘聖人所不知的大乘菩薩的證境中？竟然能夠奢言成佛之道，豈非愚人的癡心妄想？由於印順的人間佛教所弘傳的聲聞解脫

道—羅漢道—又正好是錯誤的、不能使人斷我見的邪理（因爲他堅持的是六識論，主張意識的一分是常住我，一定會使自己及信受者全都落入我見中），那麼他的人間佛教所說的成佛之道，就成爲妄語邪見了！

那麼，即使印順所傳的人間佛教是正確的羅漢道，已不是他現在所弘傳的錯誤羅漢道，他仍然不許主張人間佛教，只能稱爲人間聲聞教或人間羅漢道；因爲眞正的羅漢道—解脫道—是要否定一切意識的，也因爲羅漢道的法義與成就，並不一定完全都在人間完成啊！譬如說：初果人要七次人天往返，還是要生到天界再來人間啊！又如二果人想要出三界，也是要生到欲界天以後再回來人間一次；所以天界還是有佛教，不能只主張人間佛教而否定天界佛教。那麼三果人還是要往生天界才能出三界，甚至於有的三果人很鈍根，必須往生色界天的初禪天中，然後一天又一天的往上一天的天界出生及死亡，最後到達無色界頂，才能出三界；所以，天界是必然有佛教存在的，印順派的所有人在主張人間佛教時，仍然不能否定天界的佛教。

綜而言之：依六識論來修行的人，連我見都斷不了，何況想要斷我執—斷思惑呢！所以，人間佛教的弘揚，必須要函蓋天界佛教及他方世界的一

切佛教；但是改以人間佛教作爲中心，這才是眞正的佛菩提道，才是眞正的成佛之道，這樣才是符合 釋迦如來本懷的眞正人間佛教。如果是像印順法師他們所說的人間佛教，否定了西方極樂世界的佛教，否定了東方琉璃世界的佛教，否定了他方世界極多佛世界的存在，也否定了娑婆世界兜率天內院彌勒菩薩所住持的天界佛教，又否定了娑婆世界色究竟天的 盧舍那佛仍然在宣講一切種智的天界佛教，那麼印順法師所說的人間佛教，實際上是將廣大無垠的佛教的實質，縮小在此人間，而且是人間地球小小的一隅，這不可能是 釋迦如來所說的眞正人間佛教。

並且，印順派的法師與居士們，遵循印順書中的教導，將諸佛廣大的功德加以貶抑，類比爲世間凡人的境界：不必斷我見，因爲仍然落入意識細心中；不必斷我執，因爲連我見都還斷不了；不必發起實相般若智慧，因爲只要用意識思惟中道的正理就夠了；不必實證法界實相，因爲沒有如來藏可證而不須求證萬法都從如來藏中出生，自然就不必知道萬法的根源；更不須修證一切種智，因爲沒有如來藏可證，故無如來藏所含藏的一切種子可以實證。這就是釋印順承襲自假藏傳佛教密宗應成派假中觀的六識論思想，所以

上面所說的三乘菩提中應證的法義與實境，都可以不必修證；而且，連世間凡夫所證的四禪八定、五神通的內容，也都不必實證就可以成佛了——因爲印順連初禪定境都還沒有實證，就已經宣稱成佛了。

像這樣的凡夫知見，連證得初禪的世間凡夫都不如，何況能實證聲聞初果與菩薩的實相般若智慧？這樣子，當然更不可能遠到十方世界去住持正法，利樂眾生，怎能奢談十方佛教？當然只好主張十方虛空之中只有地球上有佛教，他們就這樣主張人間佛教。所以，我們只能夠說印順的人間佛教是世間法，也是從凡夫狹隘、膚淺的心態中想像建構出來的人間小法，連聲聞佛法的邊都沾不上，何況能與《法華經》說的唯一佛乘佛法的廣大深妙實質互相契合？當然絕對不是眞正 釋迦如來的人間佛教思想。

譬如《雜阿含經》卷二十五第六四〇經中，明白宣說記載的，佛陀將末法時的解脫道正法（其實是一切三乘佛法，但小乘人聽聞大乘經而結集起來的正法卻只成爲四阿含解脫道正法）流傳的付託，同時託付給人間比丘及忉利天主釋提桓因，以及四王天的四大天王；這其實也與釋提桓因在忉利天的說法堂中常常爲天人說法有關吧！既然釋提桓因是忉利天的天主，常常在說法堂

中爲天人說法，可見事實上不是像印順所暗示的天界沒有佛教。這當然也有《雜阿含經》的經文爲證：

【爾時世尊作是念：「我若以教法付囑人者，恐我教法不得久住；若付囑天者，恐我教法亦不得久住，世間人民則無有受法者；我今當以正法付囑人、天，諸天、世人共攝受法者，我之教法則千歲不動。」爾時世尊起世俗心，時天帝釋及四大天王知佛心念，來詣佛所、稽首禮足，退坐一面。爾時世尊告天帝釋及四大天王：「如來不久當於無餘涅槃而般涅槃，我般涅槃後，汝等當護持正法。」爾時世尊復告東方天王：「汝當於東方護持正法。」次告南方、西方、北方天王：「汝當於北方護持正法。過千歲後，我教法滅時，當有非法出於世間，十善悉壞。閻浮提中，惡風暴起，水雨不時，世多飢饉；雨則災雹，江河消滅，華果不成，人無光澤。蟲村鬼村悉皆磨滅，飲食失味，珍寶沈沒，人民服食粗澀草木……。」】由此證明天界確實也有佛教存在，而這也是現在仍可稽核證實的原始佛教的至教量中說的。

此外，印順的人間佛教認爲一切法空，諸佛圓寂之後也應該是斷滅空而成爲空無，不該仍有他們所無法了知的三界外的實相法存在，所以印順派的

人間佛教弘揚者，往往一味地否定如來藏妙理，一味廣說如來藏只是名詞施設而無這個第八識心可證，這也是印順派人間佛教的重要本質之一。然而，如來肉身滅度後，猶有法身常住，法身當然不該解釋爲斷滅空；由此緣故，不可以說 如來涅槃後是空無、是斷滅空、是一切法空：

【佛告阿難曰：「我滅度之後，法當久存。迦葉佛滅度後，遺法住七日中。汝今，阿難！『如來弟子爲少。』莫作是觀；東方弟子無數億千，南方弟子無數億千。是故阿難！當建此意：我釋迦文佛壽命極長。所以然者：肉身雖取滅度，法身存在。此是其義，當念奉行。」爾時阿難及諸比丘聞佛所說，歡喜奉行。】

並且，平實在《阿含正義》中也援引阿含部的經典文字，提出阿羅漢入涅槃後是有或無的問題，證明 世尊對此問題並非全以無記來處理的；而是觀察提問者的情況，而作不同的處理。所以有時說涅槃不是斷滅空，而是眞實、常住不變。又如《法苑珠林》卷八所載：

【如《因果經》云：「爾時善慧菩薩功行滿足，位登十地，在一生補處，近一切種智；生兜率天，名聖善，爲諸天主說於一生補處之行；亦於十方國

土現種種身，爲諸眾生隨宜說法。期運將至，當下作佛，即觀五事：一者、觀諸眾生熟與未熟？二者、觀時至與未至？三者、觀諸國土，何國處中？四者、觀諸種族，何族貴盛？五者、觀過去因緣，誰最眞正應爲父母？觀此五已即下生者，不能廣利諸天人眾，仍於天宮現五種相，令諸天子皆悉覺知菩薩期運應下作佛：一者、菩薩眼見瞬動，二者、頭上華萎，三者、衣受塵垢，四者、腋下汗出，五者、不樂本座。諸天眾見菩薩有此異相，心大驚怖，身諸毛孔血流如雨，自相謂言：『菩薩不久捨於我等。』爾時菩薩又現五瑞：一者、放大光明普照三千大千世界；二者、大地十八相動，須彌海水諸天宮殿皆悉震搖；三者、諸魔宮宅隱蔽不現，四者、日月星辰無復光明，五者、天下八部皆悉震動不能自禁。是諸天見菩薩身已有五相，又睹外五現希有事，皆悉聚集到菩薩所，頭面禮足，白言：『尊者！我等今日見此諸相，舉身震動不能自安。願爲我釋此因緣耶？』便答天言：『善男子！當知諸行皆悉無常，我今不久捨此天宮，生閻浮提。』于時諸天聞此語已，悲號涕泣、心大憂惱，舉體血現、迷悶於地，深歎無常。爾時有天子即說偈言：

菩薩在於此，開我等法眼；今者遠我去，如盲離導師。

又如欲度水，忽然失橋船；亦似嬰孤兒，喪亡其慈母。
我等亦如是，失所歸依處；方漂生死流，了無有出緣。
我等於長夜，爲癡箭所射；既失大醫王，誰當救我者？
滯臥無明床，長沒愛欲海，永斷尊者訓，未見超出期。
爾時菩薩以偈答曰：
我於此不久，當下閻浮提，迦毘羅施國，白淨王宮生；
辭父母親屬，捨轉輪王位，出家行學道，成一切種智。
建立正法幢，能竭煩惱海；關塞惡趣門，淨開八正路；
廣利諸天人，其數不可量；以是因緣故，不應生憂惱。」

由此阿含部等經典中的聖教可以證實：天界一樣是有佛教弘傳的，絕對不是只有人間佛教在弘傳著，那麼，印順法師又憑什麼理由而可以不斷地暗示說「天界沒有佛教在弘傳」？

且觀世親菩薩創造的《俱舍論》，自從此論已被小乘人所宗奉傳學以後，世親菩薩爲什麼卻又轉信大乘法，而且終生以大乘法爲歸，努力弘傳而不曾中輟？甚至爲了弘揚大乘法而寫了許多大乘法的論著，成爲千部論師？只要

好好探討其中的原由、如實理解其中的原由以後，就知道印順派的人間佛教弘傳者，誤執聲聞佛教解脫道爲唯一成佛之道，私以凡夫僧爲人間最尊貴者，私心中輕視諸多出家與在家的大乘實證菩薩，當然都是不如理、不如法的。印順派極力否定八識論，宣稱凡夫位的菩薩行可以使人成佛，宣稱凡夫位的解脫道即是唯一佛乘的大乘道；這些人，假使想要在將來捨報時免除割舌謝罪之痛苦，想要免除割舌謝罪之後仍然逃不掉地獄罪的人，都應當以世親菩薩作爲效法的對象，在捨壽前要公開殷重的懺悔，並且盡形壽努力護持弘揚大乘法——成佛之道，卻是爲了什麼緣故而到今天仍然不能警醒？當然都是只在面子、名聞上面用心；在面子上用心的用意所在，當然是與公開懺悔之後能不能繼續在佛教界中立足的考慮有關。

而今印順派的所有法師、居士等人，仍然繼續誤會四阿含的眞義，對聲聞解脫道的證境依舊不知進趣。縱使今天有人把阿含諸經中解脫道的眞義講清楚了，他們已能遠離以往對於四阿含經義的誤會，也仍然應該轉進大乘般若實義的妙法中，而以親證如來藏的眞如性相作爲最、最急要之務；因爲，四阿含所說的法義都是方便說的緣故，只是爲了急求解脫三界生死的聲聞人

而方便施設，是幫助聲聞人在解脫道上可以快速實證而作的方便宣說，並不涉及唯一佛乘的佛菩提道次第與深妙內容。以此緣故，平實在這裡勸請印順派的所有法師與居士——那些仍然執著所謂的原始佛教的法師與居士們：對於自己所誤會的四阿含眞旨，應當迅速深入研究而加以釐清，了知　佛陀在四阿含諸經中確實曾經密意說有如來藏、第八識、我、眞如、本際，並不是滅盡生滅性的五陰十八界以後成爲斷滅空，也不是滅盡蘊處界以後成爲細意識獨住的境界；因爲意識的細心不論細到何種程度，也都是無法獨住的，一樣是必須有意根與法塵爲因緣才能存在的，細意識根本無法存在於三界外的無餘涅槃無境界的境界中。

把這些聲聞羅漢法的道理都弄清楚了，然後應該迴心大乘、求證如來藏，而在如來藏心體上，來現觀祂在一切法中所顯現的眞如性、中道性；像這樣子實證眞如、實證中道的觀行完成了以後，才有能力進趣佛菩提道的正修，也就是進修一切種智；依一切種智的次第進修，才有可能漸次成就佛道。要像這樣世世受生在人間，使如來藏中的種子容易現行而一一證知，才能夠說是眞正的人間佛教啊！平實心中誠願印順派學人，諸如星雲、證嚴、聖嚴、

昭慧、傳道等人審細思惟而裁決，並且也要能夠確實比對聖教諸經，在證明平實以上的說法完全正確無訛以後，再精進地力行大乘妙法而實際上加以求證；將來親證之後，就可以共同弘揚眞正的人間佛教，共同護持 釋迦世尊正法於人間，使正確的人間佛教永續不絕。

此外，諸地菩薩大多以居士身相而出家，或者處身於家中修行而漸成佛道的原由，在這次演講中當然也要宣說一些：一者，諸地菩薩若是以在家身常住人間弘法時，每一世都會被淺學無智眾生所輕視、所毀謗，不可能以在家身相來獲得恭敬、供養；諸地菩薩在這種情況下一世又一世受生、弘法，當然很容易在無量逆境中發起各類習氣種子；當這些習氣種子不斷現行時，菩薩就很容易修除習氣種子的隨眠。二者，一切種智的諸地滿心現觀境界的因緣，在人間各種世俗法中，具有更多的因緣可以現起，使諸地菩薩更容易具足修證諸地滿心應有的無生法忍現觀境界，可以更迅速修證、地地增上。這就是地上菩薩多數受生示現爲在家身來修成佛之道的主要原由，也藉在家身修持佛菩提道而與往世無量結緣過的眾生，一世又一世了掉宿緣。

但是，假使 釋迦佛的正法已經無人住持的時候，假使當時菩薩不出家

住持正法時，佛教正法將會滅亡，那麼諸地菩薩就不應該再這樣考慮自己的道業利益，那時就應當犧牲自己迅速修證無生法忍、迅速成佛的大利益，改爲發心出家示現聲聞相或童子、童女相，出世住持正法。這時應當是心心念念以復興三寶、廣弘我佛正法爲己任，不可以再考慮自身道業的快速增上而不樂於出家，不該把 釋迦世尊的遺法置之不顧，坐令 釋迦正法法脈陷入危亡關頭而仍然置之不理。

然而，在家佛弟子聽聞我這樣的說法以後，也必須回頭再來反省：一切居士們都不應該因爲平實這樣如實宣示了以上的義理以後，就對大乘法中示現聲聞相、童子相、童女相的出家菩薩們心存輕想。也不應該輕視聲聞僧，若是有緣得遇的時候，仍然應該如同以往一樣地恭敬、供養，否則就會成爲嚴重遮障道業的愚癡行爲了！如果是因此而產生了輕忽出家菩薩及聲聞僧的口行與身行，將會成爲破壞佛教僧團或貶抑賢聖僧的過失，這些事相的造作，都將會成爲抵制凡夫聲聞僧團的惡行，未來也將使佛子們厭惡出家而不再有人住持寺院，這也會使佛教在未來間接地沒落。假使將來縱使會有這些罪業，其實都不是平實今天所造成的，而是對平實所說的正理無法全面理

解，乃至誤會平實所說正理，落入只知其一而不知其二的愚癡知見中，都不干平實的事。凡是抵制三乘法中的賢聖僧或凡夫僧，都屬於不通懺悔的地獄業，唯除抵制那些否定正法及以外道見取代佛法正見的破法僧人；凡我佛門中的一切在家居士，對此務必小心在意，千萬不可輕忽！因爲，現在的出家菩薩中，不論現聲聞相或童子、童女相者，已經開始有證悟的賢聖了。

由於這個緣故，所有佛弟子們應當繼續鼎力護持一切出家修持正法、弘揚正法的賢聖。也應該細心分別那些未悟言悟、誤導眾生一起陷入大妄語業的聲聞相出家法師，更應當細心分別「假藉護法之名而破壞正法、否定正法」的聲聞相出家法師；對這些打著弘揚佛法而實際上是在抵制第八識妙法而弘揚常見、斷見外道法的破法者，即使他們是身現聲聞相的出家人，都一樣應該默擯及遠離他們。假使您是已經實證解脫道或實證佛菩提道的佛弟子，就應該站出來，就法論法而破斥他們的法義錯誤之處，但是都不要作人身攻擊，應該這樣來救護他們及救護眾生。由於這個緣故，一切佛弟子們都應該依據實際證量來觀察一切出家、在家的菩薩眾、聲聞眾，深入了知 佛陀所說的人間佛教眞實義理，也要深入了知現代倡導人間佛教者的偏斜心態，然

後就可以知所當爲、知所當離。

講到這裡，其實還有很多的正法與證據，沒有辦法一一舉示給諸位；我想，諸位若是在同一時間聽得太多了，可能也會覺得耳朵有一點長繭，所以我就把許多的法義與證據省略不講了。現在時間已經是四點五十八分了，已經不早了，所以我希望再把一個重要的觀點，臨時作個補充說明，因爲這個觀點很重要——對於眞正想要學佛而不是學羅漢的人而言。然後我再來講解「法與次法」，希望在五點十分以前可以把這個部分講完。我要補充說明的是：

人間佛教的弘傳，必須以菩薩僧及菩薩道爲最後的歸依，不許以聲聞僧及聲聞道作爲最後歸依的對象。因爲聲聞僧及聲聞道，沒有能力同時弘傳菩薩道，不可能同時住持佛菩提道；而且聲聞聖僧都會入涅槃或生往天界，人間的聲聞聖僧一定會越來越少，導致聲聞道無法久續流傳下去；可是，菩薩所修的佛菩提道（菩薩道）卻可以住持聲聞道——解脫道，使人間繼續有聲聞聖僧存在，也可以幫助大眾修證佛菩提道，使人間繼續有菩薩僧存在。所以人間佛教既然不稱爲人間**聲聞**教，而稱爲人間**佛**教，就應該以大乘佛菩提

的法爲修持上的最後歸依，應該以菩薩僧爲修持上的最後歸依——當　佛陀應身已經不住在人間的時候。在此情況下，當然大眾都必須對聲聞僧與菩薩僧的同與異有所瞭解。

什麼是菩薩僧？第一種是凡夫位的菩薩僧。就是以菩薩戒爲正解脫戒，而以同時所受的比丘、比丘尼戒作爲別解脫戒，心存大乘法的出家人。他們雖然還沒有證悟，仍然是菩薩僧，因爲他們已經開始在熏習及長養菩薩性及大乘正見了。第二種是勝義菩薩僧，這有兩種情況：其一、這些人是已經證悟大乘菩提的人，意思是說，他們已經斷了我見而又證得如來藏，已經發起實相般若智慧了；而他們只受菩薩戒，但是不受聲聞戒，如此純依菩薩戒而出家修童子行、童女行，這是其中的第一種勝義菩薩僧。其二，不但受了菩薩戒，同時也領受了聲聞戒，身現聲聞出家相而不是菩薩出家相，但是也都證悟了，這也是勝義菩薩僧——身現聲聞相的勝義菩薩僧。

至於我剛才所講的凡夫菩薩僧，他們雖然還沒有悟入般若，那也沒有關係；由於他們已經把聲聞戒擺在次要而認定爲別解脫戒，把菩薩戒確認爲正解脫戒，這也屬於菩薩僧，只是仍然處在凡夫位中，但依舊無礙於菩薩僧的

實質。如果說狹義的菩薩僧，是指狹義的勝義菩薩僧，那就不管你是示現出家相或在家相，也不管你有沒有領受聲聞戒，只看你有沒有無生法忍—道種智—的實證。狹義的菩薩僧，只限已經入地的菩薩摩訶薩；這是由於經中說過：一切已入諸地的菩薩們，不管是在家身或出家身，都叫作「超凡夫地，證離生法；生如來家，住佛種姓」成眞佛子。所以入地以後，不管你是在家、出家，全都是勝義菩薩僧。較爲廣義的勝義菩薩僧，其實是如同聲聞法中的證果一樣，只要證悟般若而不退失的人，都算是廣義的勝義菩薩僧，並不依出家與在家身相來界定。這是狹義與廣義的菩薩僧界定，一併說給大眾瞭解；但是這些事實的說明，有可能會引起執著聲聞僧相的某些法師不滿，演講完畢以後，他們可能會開始在網路中對平實的說法作出歪曲的解釋來攻擊；但這不是平實所在意的，所以我還是要把眞相告訴大家，希望諸位今天來聽聞平實這一場佛法演說以後，都能得到眞正有益道業的知見，就不枉諸位今天來聽這一場演說。

那麼，菩薩道的實證有些什麼內容呢？菩薩道，主要就是修證菩薩藏的法門，而菩薩藏的實證是以如來藏爲中心來實證的；這是因爲一切種智的修

證，是要靠了知如來藏所含藏的一切種子來完成的。而般若的實證，也是要依靠現前觀察如來藏自身的實相、中道、眞如、涅槃、本來而有……等體性，才能實證的。而實證如來藏的行門有兩種，就是凡夫的外門六度波羅蜜，以及證悟後進入第七住位開始進修的內門六度波羅蜜，這是凡夫位及見道位菩薩所應修的佛道。把外門及內門廣修的菩薩六度修學滿足了，才能進入大乘見道的通達位中，成爲初地的入地心菩薩。想要修學菩薩藏的人，都應該這樣子修學。當您圓滿了三賢位的修證而成爲初地的入地心菩薩以後，生如來家、成佛子住，就得要改修十度波羅蜜了；這當然全部都是內門廣修的，可是仍然是要以如來藏作爲無生法忍的修證標的，而所修學的對象是如來藏心中所含藏的一切種子，也就是專門修證一切種子的智慧——修證諸地菩薩所應修的道種智。這就是在智慧法門部分所說的菩薩所修的道，名爲菩薩道。

那麼，什麼是聲聞道呢？這是說，凡是所學所修的法道，是屬於解脫道，是專門針對蘊處界等法來修斷我見、我執、我所執；這個法道之中從來都不必涉及法界實相—萬法功能差別從何處出生—的知見熏習與實證，只求斷除見惑與思惑的現行，在捨報時可以不再受生而出離三界分段生死，不必求證

實相般若眞如智慧，也不必求證一切種智，所以都不需以求證如來藏作爲見道入門的內容。這樣修學的結果，只能使人成爲阿羅漢或辟支佛，不能使人成爲勝義菩薩僧，當然更不能使人成佛，這樣的法門就是聲聞道。

什麼是聲聞僧呢？第一種聲聞僧：出了家專門修學聲聞解脫道的凡夫僧，就是聲聞僧，這也是人間的僧寶之一。雖然他是心量較小而不敢求受菩薩戒，所以他們只修聲聞道——只修解脫道，不敢眞修菩薩道，但他們仍然是僧寶之一。雖然仍只是聲聞法中的凡夫僧，但你還是不能輕易地批評他，只能從法義上來討論他的說法。我們台灣有沒有這樣的聲聞僧呢？這是不受菩薩戒的聲聞僧，我想應該是沒有！因爲台灣佛門中的出家人都是兼受菩薩戒的，所以出家受戒時才會有「三壇大戒」的名詞嘛！可是這些已受菩薩戒的出家人中，心態確實已經落到聲聞僧之中的人其實並不少；但他們自己並不知道已經落入聲聞僧的心態中，而且他們也不是天生的聲聞僧、聲聞心態，而是出家受戒時在戒場中被作了錯誤的教導以後，才開始轉成聲聞僧的——不論他們自己是否承認是聲聞僧。平實既然知道這個事實了，當然有義務要把他們導正過來，那麼他們將來在大乘法中才會有見道的因緣。

所以，聲聞道是以解脫道的斷我見、斷我執，也就是斷見惑與思惑，最多再加上斷我所執，作為全部的修行方法；終極目標是證阿羅漢果，死後一定出離三界生死，永遠不再來三界中受生。但是，也許有人發覺到了：「你**蕭平實似乎少講了一種聲聞僧——聲聞聖僧，難道聲聞僧之中都沒有聖僧嗎？**」從目前的文獻上來看，當代聲聞法中已經沒有聖僧了，連聲聞初果都沒有了；包括南洋的佛教界或台灣的南傳佛法中，全都一樣。也許有人不相信，那麼平實就從五百多年前南洋覺音論師所寫的《清淨道論》來說明：從覺音論師的著作中，可以看出他連我見都還沒有斷除；而南洋佛教五百多年以來都是遵循他的《清淨道論》而修學、流傳下來的，都是不直接研讀《尼柯耶》的；在此情況下，他們能否斷除我見，也就可想而知了。

也就是說，我們必須檢視現代所謂的南洋阿羅漢，他們能斷除我執嗎？當然不能斷除，因為他們連我見都斷不了。這可以從一件事實來證明：五百多年以來，南傳佛法的弘傳地區，都尊崇覺音論師的《清淨道論》，專學此論而不直接從南傳阿含——《尼柯耶》——下手研讀及奉行；而《清淨道論》所能教導大家的，卻是無法斷除我見的理論與知見，更別說是斷五下分結、五

上分結了，所以目前南洋乃至全球都還沒有聲聞聖僧存在，連聲聞初果都沒有。雖然如此，但是平實認為將來應該會有聲聞法中的聖僧出現，因為我們《阿含正義》最近已經開始出版了！他們若是能懂中文，也能依照《阿含正義》（編案：七輯已全部出版了）中所說的觀行內容實地精修，將來至少會有斷我見的聲聞聖僧出現，但是目前仍然沒有聖僧。

言歸正傳，我的意思是說，凡是以聲聞心態而領受聲聞戒，專修解脫道，不受菩薩戒的人；或是受了菩薩戒以後，卻把菩薩戒當作次要的戒——別解脫戒，而把聲聞戒認作正解脫戒，那就不是菩薩僧，也不是在修學成佛之道；他只是依止聲聞凡夫僧而修習聲聞道，不是依止菩薩僧及修學菩薩道；那他就是聲聞僧，不是菩薩，當然更不是菩薩僧。

第五章　人間佛教的正修行，必須注意之事項：「趣法次法」

第一節　趣「法」

【講義文稿】趣「法、次法」：當方向與方法確定以後，開始正式修學時，應兼顧法與次法。

法：一、方向的建立：

1、方向的建立，即是理論架構，是修學佛法的基礎。方向是指知見，依不同的知見修行將產生不同的結果。解脫道修學的方向：斷我見、我所執、我執。佛菩提道修學的方向：證如來藏而觀察如來藏心的總相功能與清淨自性、眞如法性，方能發起般若實相智慧；進證如來藏含藏的一切種子，成就一切種智，方能成佛。勿作佛學研究而墮於文字、依文解義。

2、依八識論爲前提而修行者，若能如實了知蘊處界的內容，則聲聞解脫道的修習，此世至少可證初果。依八識論爲前提，大乘佛菩提道的修習，

此世多能開悟明心；二道皆可實證。

3、依六識論爲前提而修行者，聲聞解脫道的修習，盡劫亦不能斷我見、不能實證初果，永被三縛結所繫；依六識論修習佛菩提道（參究禪宗以求證悟般若），必墮意識境界中，永劫不能實證如來藏，無法證得第八識的眞如法性，不能生起實相般若智慧。所有六識論者精進修習佛法，皆必偏差而枉修一世。

二、**必須重視方法論**：

1、不論聲聞人所修解脫道，或菩薩所修成佛之道，都必須有完整的理論架構，及確實可行的觀行方法，才有可能實證。解脫道的方法論：如何了知我見的內容？如何斷我見？如何斷我所執、我執？應有具體觀行的方法。佛菩提道的方法論：如何見道……等。

2、其理論必須完全符合經教聖言量，其實修方法必須有次第並且可以實證，實證的結果可以依比量及現量加以檢驗，必須通過聖教量的檢驗。

3、若欠缺方法論，所言不論如何勝妙，終將只是畫餅充饑；若欠缺完整理論架構，縱有實證，亦只是入門而無法悟後勝進。

講記：最後，平實再為大家特別叮嚀的是：人間佛教的正修行過程中，必須注意的事項，即是諸位常常在經中讀到的四個字：趣法次法——平等地趣向法與次法。大家進入佛門以後，都希望修行能有成績，而成績就是您所親證的法；可是在準備證法之前，得要先具足次法；次法若是不具足，您就不能得到法。不論是聲聞道的法，或者是菩薩道的法，實證時都一樣要「趣『法、次法』」。

第一目　先建立正確方向

好！現在先來談「法」。想要得到法，第一個部分先要建立方向，方向建立好了，才能談得上趣法、然後證法。建立方向的第一點，是說對於法的理論架構，您得要先弄清楚；如果想要修的是羅漢道——解脫法，對於《阿含經》解脫道的理論架構就必須要先弄明白，才能夠建立實證時的正確方向。

您如果是想要修佛菩提道，那麼您對佛菩提道的理論架構也要先弄清楚；弄清楚了，就擁有修學的基礎了。所以，不論是學羅漢法或佛法，都必須先建立方向，也就是建立正知正見。如果依不同的知見來修行，一定會產

生不同的結果；譬如依六識論來修學解脫道，平實保證你斷不了我見，當然更斷不了我執。如果您是依八識論作爲知見，建立了這樣的正確方向來修解脫道，想要斷我見則是可能的，甚至想要斷我執時也是可能的。同樣的道理，依八識論來學佛，您才有可能證得如來藏；如果是依六識論來修學佛菩提時，佛菩提見道的第一步就是開悟般若，而開悟般若的實質內涵就是先要明心，也就是親證第八識如來藏；假使是依六識論來求明心呢，最後證得的當然會是意識覺知心，只是在意識的種種變相——譬如在五欲中的粗意識或想像而不可證的細意識——上面廣作文章，終究是悟不了第八識如來藏的；那麼學禪之後自認爲開悟時所認定的最後識，當然就變成是證得離念時或某種境界中的意識心，就與禪宗或法相唯識宗所悟的第八識如來藏迥異了！那當然無法被認定爲眞正的開悟，而且將來以聖教量自行印證時，也將無法通過聖教量及禪宗公案的檢驗，終究沒有絲毫的功德受用，而實相般若智慧也無法生起來。

倘若是站在六識論的知見基礎來修學佛菩提，當您自認爲開悟時所認定的最究竟識當然會是意識，結果當然只能證得意識境界，落入粗意識或細意

識境界中，同於常見外道，仍然是落在三界中而無法證得三界外的實相心。可是意識卻是生滅法，不論是如何微細境界中的意識心，永遠都是由意根與法塵為因緣而從如來藏中出生的。所以依六識論來修佛菩提，是不可能見道的，自然也不可能進入佛法的內門來廣修六度萬行。一定要依八識論大前提來修學，您才有辦法證得第八識如來藏，也才有辦法進入佛法的內門之中來勤修六度萬行。這就是依六識論與八識論不同前提來建立方向時，必然會產生不同的結果出來：六識論者無法斷我見而不可能實證聲聞果，也無法證得第八識如來藏而不能實證佛菩提果；八識論者則是可以使您斷我見而證聲聞初果，也能使您悟得第八識如來藏而成為實義菩薩僧。

所以，聲聞法解脫道的修行方向，一定是要依《阿含經》中說的八識論來修行；否則一定會落到第六意識中，絕對無法斷除我見，更無法進一步去斷除思惑以及我執，因此六識論是害人的邪論啊！即使是在南傳佛法中修學羅漢道時都是如此的，若是修學佛法成佛之道時，當然更是如此了。那麼，當您建立了八識論以後，修學過四阿含聲聞羅漢法時，一定會斷我見，不可能斷不了我見的。那時再來學禪，已經知道前六識是所生法，而意根（第七

識末那識）當阿羅漢捨報的時候，還是可以滅掉，也是應該要滅掉的；那麼，十八界全部滅盡以後，唯一剩下的當然就只是最究竟的第八識如來藏囉！這時候您就會知道及確定自己是想要進入佛法的內門中修行，而不是想要進入聲聞法的內門中修行。那時您會這樣子想：「我想要開悟實相般若時所證的標的，當然就是如來藏了，也就是第八識。」這樣子，您參禪的方向才能夠正確。方向正確了才有可能證悟，否則永遠都會繞著意識去打轉，總是落入意識的種種變相之中，想要證悟如來藏就遙遙無期了！

所以，佛菩提道修學的入門方向是要親證如來藏，當然要先承認祂的存在，不是繼續堅持六識論而否定第八識如來藏的存在。由此可知，佛菩提的實證是以親證如來藏的所在作爲入門而成爲見道者，然後經由觀察如來藏心的種種功能以及祂的清淨性，才能夠發起實相般若的智慧；接著再觀察祂的本來性與涅槃性，就能了知阿羅漢所無法了知的無餘涅槃中的本際；然後進而去實證如來藏所含藏的一切種子，當您圓滿具足證知如來藏所含藏的一切種子時，一切種智便成就了，您就是究竟成佛了。而這個過程是必須要經由親證如來藏心以後，才能一步又一步去達成的。這不是思想，不是哲學、玄

學，而是可以實證的法界實相；所以千萬不要去作佛學上的研究，別落入文字、名相之中去作經典文字的訓詁及考證，否則終究只能成爲佛學專家而不是實證者，那就變成佛學思想家而不可能有所實證，依舊只是三乘菩提中的凡夫；當人間出現了實證的菩薩僧時，這位佛學專家就只能處處被菩薩僧辨正而無法正當的提出法義辨正來回應。

當一個學佛人進入佛學研究的領域而不求實修的理論與方法時，難免會被外國一神教專門研究佛學的「博士」們所誤導而落入六識論中，於是永遠進不了內門來修羅漢法或佛法，他將永遠是依文解義者。如果人間一直不斷有依文解義者出來爲你們說法，你們怨不怨呢？你們會不會怨恨他？（有人答：會。）因爲你們是未成之佛啊！已成之佛說：「明明我講的不是這樣，竟然有人說我講的是那樣的說法，那是在誣賴我。」所以過去佛會怨他。而現前諸位未來佛也在怨他，未來世的學羅漢及學佛眾生也會怨嘆被他所誤導，所以說是三世佛怨嘛！也正因爲這個緣故，佛門中才會有「依文解義，三世佛怨」的說法。因爲現在已成之佛若是聽到他們說錯了佛法、羅漢法，又看他們還在狡辯說那就是諸佛所說的法義，那麼諸佛

都同樣會是啼笑皆非的啊！

如今還在人間住持正法的十方佛也都會說：「這種愚弟子，竟然把諸佛所說的法講成那個樣子，還說是我們諸佛講的，眞是謗佛啊！」所以現在佛也是要「怨」他的啊！未來諸佛當然就是諸位啊！諸位未來佛也要怨他：「都是你誤導我落入六識論邪見中，害我永遠沒有辦法證得羅漢法，也害我無法進入內門廣修菩薩六度萬行，永遠都在門外廣修菩薩六度而進不了門。」所以諸位一定也會怨他，那當然眞的是三世佛怨。所以千萬不要作依文解義者，我相信諸位也都不希望被依文解義的人誤導，都希望能被有實證的人來教導，這樣我們這一世就有機會實證羅漢法或佛法，這才是眞正的「趣法」。

在大乘法中，您如果找到了如來藏，那時也是會斷我見的，否則就一定會退失；若是不退失的人，當然同時是斷我見的人，當然也是證得聲聞初果的聖人了。而且，在大乘法中，同時也是把三大阿僧祇劫中的第一大阿僧祇劫，超越三十分之六了！短短的一生之中就能超越第一大阿僧祇劫的三十分之六，何樂而不爲？而如來藏確實是可以實證的，自古以來那麼多禪宗祖師都實證過。現在當代，也有許多人在正覺同修會中實證了；實證了以後會怎

麼解說佛法呢？歡迎諸位每週二到我們台南講堂來，看平實是怎麼講《金剛經》的。絕對不是像你們以前所聽過、所讀過的那樣，這才是實證的人講經。

所以，大家都不想要依文解義，也不想被人誤導；我們既然要學佛，就要快快樂樂地實證。但並不是學得快樂就沒事了，如果學得快樂就算是眞正學佛了，那麼學習如何遊山玩水、學習布施眾生，也都是很快樂的事啊！然而那是沒有用的，因爲無法斷我見而證聲聞果，也無法證如來藏而證菩薩果；所以，除了一定要快快樂樂地學習以外，還要有所實證；並且這個實證是可以透過經教檢驗的，完全是符合聖教量的。不但如此，還得要能通過比量的檢驗，更可以通過現量的檢查，這樣才是快樂的學羅漢及學佛而又有所實證。假使您能夠這樣，才是眞的「趣法」，那麼您這一世就沒有白來一趟了。

第一目的第二點：建立八識論的方向就能實證佛法。如果依八識論的前提來修行，在你已能如實了知蘊處界內容的前提下，以聲聞解脫道的實證目標來修學，這一世是一定可以證得初果的；若是依六識論的前提來修學解脫道，這一世絕對沒有機會證得聲聞初果，永遠斷不了我見。如果依八識論的

前提，你這一世大乘佛菩提道的修行，也會有開悟明心的機會；不論你有沒有來正覺修學，都是有這個機會的，只是機會比較少而已；因為，你已經不會再落入意識裡面去了，一定會往尋覓如來藏的方向去前進，那你就是眞正「趣法」的人，可能就有機會親證實相般若啦！如果一直都不來正覺修學也沒關係，這一世沒機會，下一世也許會有機會啊！因為八識論的正法種子已經種進你的心田去了！若是下一世還沒有機會親證如來藏，無法悟入般若禪，那麼也許十世、百世以後你就有機會。不過，你如果進到正覺同修會來，可能這一世就會有機會證悟了，因為平實確實已經幫助很多人實證如來藏而發起般若智慧了。

那麼，為什麼平實要鼓舞大家在大乘法上實證，而不鼓舞大家在羅漢法上實證？因為當您實證了大乘法以後，聲聞道的解脫果也會同時獲得。台灣鄉下有一句歇後語講得很好：「摸蜊仔兼洗褲——一兼二顧。」當您實證如來藏而得到大乘法的時候，也可以同時得到羅漢法。譬如您得到這個法的時候同時可以得到那個法，而得到那個法時卻不能同時得到這個法，那您到底要選擇得到哪一個法呢？我想諸位都有智慧來作抉擇，這是很容易瞭解的道

理。譬如，當您得到了一千萬美元時，同時也可以得到一千萬元台幣；相反的情況，若是得到一千萬元台幣時，卻不能同時得到一千萬美元；讓您選擇其中的一種，那您當然會選擇得到那一千萬美元啊！因爲那一千萬美元可以函蓋那一千萬元台幣，讓您同時都帶回家，何樂而不爲？

佛菩提道的勝妙，就在這個地方。我把四阿含讀過兩遍，一遍是在悟前讀的，另一遍則是悟後讀的，卻不曾深入加以研究；但是，我雖然從來不研究阿含，但卻可以寫出《阿含正義》，讓那些號稱阿含專家的學術研究者都無法提出評判。其中的原因在哪裡？原因正是因爲我證的是大乘法！而大乘法函蓋了二乘法，當然可以同時通達四阿含經義。大乘法不但函蓋了二乘法，並且能在證悟後把藏傳佛教密宗所謂的「即身成佛」法，全都看透透了。包括喇嘛們所不知道的，我都已經把它寫在《狂密與眞密》中了。

譬如藏傳佛教證量最高的人，是能夠把雙身合修時所排出的不淨物重新吸回身中；然而當他們把不淨物排出以後再吸回身中時，其實是無關於證量的。我寫在書中告訴他們說：「你們吸回身中時只是吸入膀胱裡面，你們不久以後還是要排出去，那仍然是不淨物，仍然是被排出身體之外啊！」他們

對這一點從來不知，而我已經把它寫出來。因爲我三百年前在西藏時，早就把這個功夫練成了，親自證實是與佛法完全無關的功夫，讓他們無法這樣指責：「你又沒修成這個功夫，怎會知道與佛法無關？」事實上，這根本與佛法無關；縱使您還沒有練成這個功夫，從三乘菩提的實證上也可以知道根本是與佛法無關的功夫。縱使他們今天眞的有人練成了，也眞的吸回精液原來的所在了，一樣不能因此而斷我見、斷我執，也一樣不能明心親證如來藏而無法證眞如，更不能眼見佛性，一切種智的修證就更無份了；說穿了，那種功夫與境界全都與三乘菩提的實證無關，只是外道的閨房技藝而已。所以我都知道，他們假藏傳佛教密宗四大教派的所有喇嘛都瞞不了我的；而他們假藏傳佛教古今所有喇嘛、大師們，有人懂這個道理嗎？都不知道！我卻已經在好幾年前就把它寫在《狂密與眞密》書中了。這就是學成大乘道的最好證明：大乘道是具足圓滿一切法、函蓋一切法的。

然而，解脫道羅漢法卻不能函蓋菩薩道大乘法，羅漢法解脫道只是大乘法中的一小部分。至於假的藏傳佛教密宗呢，其實是外道喇嘛教；眞正的藏傳佛教只有覺囊巴一派，其他四大派只是喇嘛教，是冒名爲藏傳佛教，都只

是在三乘菩提的門外繞來繞去，從來不曾進門，卻說他們早就得到了三乘菩提，並且還說證量比三乘菩提更高，其實都只是佛法及羅漢法的門外漢。由平實所親自經歷的過程與所證的實質內涵，證明了建立正確方向的重要性；而建立正確方向時則要依於正確的知見，所有正確的知見都建立在一個大前提下：八識論。除了殘障人士因為五根毀壞造成某些識無法現行以外，人人都有八個識，這是欲界法界中的事實，也是可以經由大乘法的參禪而實證的。絕對不可依六識論來修學佛法或羅漢法，否則你們大家辛苦一世以後，終將唐捐其功，白來人間一趟，辛苦勤修到年老以後只能抱恨而終；下輩子再來人間學法時還是會一樣複製一遍同樣的過程，要到何劫何世才能證得初果或證得實相呢？當然，有人心想一定會證啦！我也認同未來有一年一定會實證的，那一年就是「驢年」、「貓年」，那又是多麼悲哀的事啊！所以我才要三番兩次苦口婆心地說：「**在學羅漢法或佛法以前，一定要先建立八識論的正知見。**」這是第一目建立方向裡面的第二點。

第一目的第三點：依六識論來修習者，永劫無法實證三乘菩提。若你是依六識論為前提——是排斥八識論的大前提來修學聲聞解脫道，那麼即使是

很努力修完這一整劫的時間了，您將仍然是個凡夫，永遠被三縛結所繫縛，不可能實證初果，更別說是親證實相般若了。因爲，凡是依六識論來修學的人，不論是學聲聞解脫道，或是學大乘禪宗求證般若，都一樣會落到意識裡面去。這理由很簡單：若是總共只有六個識，那就是意識最勝妙；而且，除了意識覺知心以外，就再也沒有別的心了；接著若是依照四阿含中的聖教開示修學觀行，確定意識是意法因緣生的生滅法而否定了意識以後，一定會成爲斷滅空；若是誤以爲否定六識以後會成爲斷滅空，就不肯否定意識心，就會認定意識覺知心是常住法，於是就落入我見之中，連我見都斷不了，何況能證得聲聞初果？所以，知見偏差而落入六識論之後，不論是修學大乘法或者修學聲聞解脫道，再怎麼辛苦努力修行，最後一定都是唐捐其功的。

第二目　必須重視方法論

剛剛談的是「法」的輪廓，是在修證「法」上面—修證聲聞法以及佛法上面—所應該注意的大前提，讓大家正確地「趣法」。但是，修學佛法或聲聞解脫道時還必須重視方法論：不論是聲聞人所修的解脫道，或是菩薩所修

的成佛之道，都必須有完整的架構與理論，以及確實可行的觀行方法，那麼您依著正確的理論架構及方法，如實去作觀行以後才有可能實證。

在聲聞解脫道的方法論上面，首先要瞭解：斷我見時所斷的內容是什麼？這必須要具足了知。我見之所以難斷，就是對我見的內容不瞭解嘛！如果正確的瞭解以後再去觀察：我見的所緣是五陰、十八界。錯認五陰或十八界中的全部或局部是常住不壞的自我，我見便一定無法斷除。對我見的內容具足了知以後，才有辦法一一挑出來檢視，看看它是不是虛妄的？是不是緣生法？這樣才有辦法斷我見；但前提是必須確定八識論爲正說，否則永遠無法斷我見，所以這個部分的方法論必須要先瞭解。那麼斷我見以後想要從初果轉入二、三、四果時所應斷的思惑內容又是什麼呢？在實證解脫果時一樣是必須要先瞭解的內容，然後才能夠瞭解要怎麼樣去斷除它。今天無法爲大家講解見惑與思惑的內容，因爲時間不夠；而且現在要說明的是「趣法、次法」，不是在講解聲聞解脫道的實修。

第一點、正確的方法論，其前提爲正確的理論架構，然後才會有正確的方法論可以實行；有了正確的方法論，付諸實行以後才有可能實證。所以正

式進修解脫道的實修階段之前，一定要先瞭解方法論。所幸，如今平實已經把方法論寫在《阿含正義》裡面了，大家只要好好去讀，不要囫圇吞棗而誤會平實在書中所說的義理，就可以深入瞭解方法論了。那麼佛菩提道也是一樣，它的理論架構與方法論到底是怎麼回事？在實證之前，你必須要先瞭解。譬如，如何是大乘的見道、明心？禪宗的明心與大乘的見道有什麼關係……等？這些都是理論架構；這部分，平實已經寫了很多的書，大家去讀過就可以漸漸的瞭解。瞭解了以後要用什麼方法去實修呢？那就是方法論的部分了！這個部分，平實是以《無相念佛》、《禪—悟前與悟後》、《公案拈提》等書來作解說，所以平實也已經在方法論層面寫了許多的書籍加以解說了。

第二點、「法」的理論架構與實行時的方法論，必須符合現量、比量、至教量。法的理論架構，平實已在許多書中作了辨正，您如果曾經深入研讀了，應該是不會有疑惑的，也已經知道全都是符合至教量的。但是，當您依照平實書中所說而加以實修以後，如果有一天真的有所實證了，這個實證的結果必須是可以依現量和比量加以檢驗的，最後還是要通過至教量的檢驗才算數；這些則是證悟後的檢驗方法，仍然不脫方法論。如果沒有這些不同方

法的嚴格驗證而且通過了，就輕易地自稱開悟了，並且還爲人家印證，那是會害人害己的，後果也是很嚴重，因爲這是要下地獄很多劫的；而且地獄中的時間比人間的時間更長，譬如有的地獄一天等於人間一個大劫，同樣是三十天爲一個月，十二個月爲一年；有的地獄一天等於人間二萬年，他的一生等於人間一劫之久。假使大妄語業及害人同犯大妄語業的事，造得很久、很大、很具足，那眞不知道何時才能再回到人間修學正法了。

第三點、如果欠缺正確的理論架構，那麼他所說的方法論就一定是錯誤的，實修以後終究不可能成爲正確的實證境界；只會成爲誤會後的境界而自以爲已經實證了。若是沒有正確的理論架構，而寫出或講出了實證上的方法論時，不管他所說的道理聽起來有多麼勝妙，那也只是畫餅充饑啊！因爲他的方法論一定是錯誤的，根本無法使人實證。就好像今天在這個台南文化中心，諸位看見我後面三尊佛菩薩的聖像，是照相以後再用儀器把它放大印出來的；雖然是照相以後製作出來的，但是終究與雕像的原樣有所不同。同樣的道理，你是要畫出來的不能充饑的餅？或是要眞正的餅？得要作一個抉擇。如果跟著那一些似是而非的法繼續學下去，然後依照錯誤的方法論去實

修以後，終究只能畫餅充饑，肚子還是餓——法身慧命仍然無法飽足。事實上，不論您在法上是眞的實證，或是假裝說已經有所實證，其實都瞞不了自己，因爲早就知道自己腳跟下並不實在。可是您如果把眞的餅吃了，飽就是飽，也瞞不了自己，因爲腳跟下是很實在而不虛幻的。這意思就是說，正確的理論架構、方向，以及正確的方法論，是大家學解脫道或佛菩提道時必須特別注意的層面；若是不注意這個層面，只看到表相上的名氣、道場、徒眾數目都很大，就以爲他的理論架構及方法論都正確，那就不免一生精勤修行而終究徒勞無功。

第二節　趣「次法」

【講義文稿】次法——次法的修習：

1、「施論、戒論、生天之論，欲爲不淨、上漏爲患、出要爲上」，乃修習解脫道及佛菩提道之基礎。若不信次法修習所得的因果，即是心地不淨

者，所修解脫道、佛菩提道都將不能成功。

2、次法的修習，可以修除性障、成就福德，是佛菩提實證前必須具備的基本條件。

3、發願不捨人間一切有情，願盡未來際與人間眾生結緣而救度之。捨此無由成佛，攝受眾生即是攝受佛土故。

4、人間具足一切法種故，不同階段的現觀因緣皆具足故，方能使人具足一切種智而成佛。

5、應教導隨學者廣修次法，否則自身成佛之時劫將極久遠；但次法的修習，以在五濁的人間最容易成就。

講記：以上所說的是屬於趣向「法」的部分，簡略的說完以後，接著應該說明趣向「次法」了。單單只有法的修學，而無次法的修學，仍然不可能在法上有所成就；這意思是說，凡是修學三乘菩提正法時，自己是應該具備一些條件的；否則，縱使極努力修學正法以後，仍將只是知識、常識，無法使自己在法上的理解與觀行獲得成就。也就是說，次法的條件還不具備而先理解了法，那些法終究只是知識而非實證，那麼所證的法就不是真正的法；

因為深心之中必定無法轉依自己所理解出來、所觀行出來的法，就不會有解脫或實相般若的功德受用；所以，在次法上的修習，是與法的修習一樣重要。而次法的修習，很重要的目的就是使自己引生對於法的實證上面的趣向，也就是培植解脫果取證的趣向與條件，或是培植佛菩提果取證的趣向與條件，當他現觀解脫或實相境界成功時才可能轉依成功。若是沒有次法的修習成績，而希望能在法上有所取證，是絕對不可能的；因為縱使世智辯聰而能理解法，也將只是知識而不能相應——無法成功地轉依；乃至善知識幫助而實證了法以後，仍然無法與自己的所知相應——轉依不成功，於是聲聞解脫果及菩薩佛菩提果的取證，都將成為戲論；嚴重者，乃至由於生疑不信而產生謗法、謗賢聖的結果。

至於「次法」的第一個部分，平實很簡單的說給大家知道，也就不必浪費已經不夠的時間再來細講了：

第一：施論、戒論、生天之論，欲為不淨、上漏為患、出要為上。這是修習解脫道以及修習佛菩提道的基礎，凡是有外道或凡夫來覲見佛陀求法，佛為他們說法時都是有次第性的：先為求法者解說布施之論——先說明

布施的道理；若是請法者能夠聽進心裡，心中確實能夠接受布施必有因果的正理以後，下定決心願意誠心誠意修學布施了，再爲他宣講持戒的因果道理；持戒必有的因果他也能接受了，然後再爲他宣講修行十善業可以往生欲界天，以及五欲不淨而應該離開欲界境界；若再加上修定以後就可以往生色界天，而出離欲界境界才是出離生死的重要關鍵。假使他能信受了，再解說色界境界仍然不是眞實的無漏，這個已在欲界天之上的禪定天境界還是有災患，依舊沒有離開生死苦；然後再告訴他說，證得四空定而往生到無色界時，仍然是無明的境界，還是要設法出離無色界的境界，出離才是最重要、最無上的解脫境界。當這些道理講完了，再觀察這個人能不能接受；如果他能接受，這時就說他心地白淨，如同一條白色的絹或細布，是易爲染色的，然後才爲他解說如何斷我見，如何成就阿羅漢道的法義，這時才會開始爲他演說四聖諦、八正道的解脫之理。世尊接引學人時都依這個次第來說法，所以說「施論、戒論、生天之論，欲爲不淨、上漏爲患、出要爲上」，就是實證解脫法之前應該知道的「次法」。

在聲聞解脫道中已經是如此重視次法的了，在大乘法中更是如此；所以

菩薩六度、十度都一樣要從布施開始說，如果連布施的道理與因果都聽不進去，見了佛門出家人時，心裡嘀咕著說：「哼！他還不是跟我一樣是人，我為什麼要供養他？」於是就不肯供養僧寶，也不肯護持正法；一旦聽到說要努力護持正法時，就趕快把口袋按緊一點，免得鈔票飛出去了。這就表示他還沒有資格實證解脫道，更沒有資格實證佛菩提道。所以，想要實證三乘菩提的人，同樣都要以布施為先，這就是想要實修三乘菩提的人首先應該注意到的「次法」。

第二：性障（貪欲、瞋恚、掉悔、疑、睡眠等五蓋）也得要修除，盡量減少我所的貪著以及減少瞋心；還要持戒清淨，不要害眾生、騙眾生；這個布施與持戒都能修得好，心性是可以符合這個要求的，然後接下來才教你如何精進實修。至於精進的時候，究竟是要邪精進呢？或是要正精進呢？這也得要有智慧加以選擇。此外還要同時修忍辱，如果忍不了辱，就無法精進，只要被人家罵幾句話以後就會退轉了。尤其古時候，不論是在聲聞法中或是在大乘法中，求法一直都很難；凡是進了禪師的門，往往先大罵一頓再講。有的禪師是進了門以後都不罵，卻是先打一棍再講；每天早上一進來，他就一

棍把你打出方丈室外去，每天都用打的。得要能夠經得起打，才有機緣證悟啦！所以忍辱行一樣是很重要的。可是你們別擔心，來正覺同修會共修，一定不會挨打；平實從來不打人，平實只會詳細地教導理論架構與實證的方法，從來不打人的。以上所說，是在簡略說明「施論、戒論、生天之論，欲爲不淨、上漏爲患、出要爲上」，這是修學聲聞羅漢道時基本的次法；修學更勝妙、更深廣的佛菩提道，當然更不能免掉這些次法的修習。

那麼，爲什麼平實要講「次法」上的修學呢？因爲次法的修學、熏習，可以滅除性障，可以成就福德；這個福德，特別是在修證佛菩提時必須具備的基本條件，不單只是修學聲聞解脫道時所應該具備的。這個基本條件—次法—若是不具足，不但是想要開悟般若時會產生很大的困難或阻礙，連想要斷除我見都不可能。

第三：在次法的修習上面，您還得要發願不捨人間一切眾生，願意盡未來際與人間眾生結緣，來救度他們。因爲捨離了眾生就不可能成佛。諸位想想，娑婆世界的成就是 釋迦牟尼佛一人成就的嗎？極樂世界的成就是 阿彌陀佛一人成就的嗎？不是！要靠攝受眾生。攝受眾生就是攝受佛土。如果你

現在發願說：「**我將來成就了，我的佛世界要如何、如何……**」那你發了那個願以後，你要開始攝受眾生，讓眾生接受你所發的那個願；當眾生接受你發的願以後，你去幫助他們，他們接受你的攝受後，當未來因緣成熟的時候，你那個佛世界就成熟了，就會成就。這要靠你的如來藏跟你所攝受眾生的如來藏共同來變現，所以攝受眾生就是攝受佛土；攝受了眾生，就是成就了你將來成佛時的佛土，沒有一佛是不攝受眾生而能成就佛土的，所以你一定要發願。你要走佛菩提道，將來要成佛而不是成羅漢，就一定要攝受眾生。可是攝受眾生時要怎麼攝受呢？是教他們落在常見裡面嗎？是教他們斷見法而落在斷見裡面嗎？不行！他們有一天會發現：**你害我不能斷我見，不能證初果，都是你害我落在六識裡面，所以我無法往第八識的方向去尋找**。那這樣還能攝受眾生嗎？不可能的。所以攝受眾生的前提是給他們正確的方向，然後給他們實證的正確方法，這才是攝受眾生。這樣，你發願成佛才有可能，否則四宏誓願就白白在　佛前發願，佛聽了會笑啊！

第四個次法：要發願常住於五濁惡世的人間。原因有二：第一、人間的環境，能使如來藏中含藏的一切種子具足現前，只要是因緣已經成熟時，就

容易具足現行。這是因爲人間具足十八界法，而色界、無色界不具足十八界法，種子具足流注出來的因緣就比較少；而且人間的有情具足五欲八風，而欲界天的五欲八風少了很多，色界、無色界更沒有五欲八風，所以天界不具足使各類種子廣泛現行的環境，就無法在一切種智上面具足實證；因此，菩薩應該發願世世常住人間，不生天上，人間佛教的修行就是這個道理。

第二、人間苦樂參半，眾生較易度化；在人間也比天界容易成就度眾的功德，那麼世世自度之時也同時度化眾生，使自己對於修證上地境界時所必須具備的福德，比較容易修集具足，想要次第進升到上一地去，就比較容易。所以應該發願常住人間而自度度他，這是自利而且利人的事，何樂不爲？

第五個次法：應該同樣的教導跟隨於您而修學佛法的人，使他們追隨您共同廣修次法。如果您對徒眾們沒有好好教導他們修學最基本的次法，也就是「施論、戒論、生天之論，欲爲不淨」，沒有好好去教導他們從這上面去修除基本的性障，那麼「上漏爲患、出要爲上」的修證就更不可能了，您的徒弟們將不可能成就基礎的道業，而您將來也將因此而無法成佛；因爲您成佛的機緣尚未存在，他們的道業成就機緣也將因此而不存在，所以您一定要

同樣教導他們修學各種次法。當您自己努力修學次法時，也要教導隨學大眾一樣努力地修學次法，這樣您成佛才會快。否則的話，您一直不教他們修學次法，他們的法就不能成就；而您的次法一直修學，您對法也一直不斷深入實證；這樣繼續下去而沒有改變，直到成佛的時候到了，將會只有您一個人成佛，而沒有一個證果的徒弟。可是，無量劫來的三界中沒有這樣的佛啊！這表示，當您的徒弟沒有努力修學次法時，您仍將不能成佛。所以，您不但自己要努力修學次法，同樣也要教導徒弟們努力修學次法。

第三節　總結

【講義文稿】一、法：如上所說，具足解脫道及佛菩提道應知的概念，若能常常思惟整理，即能使以往所修的玄學轉變成義學，亦能了知哲學思想的侷限性，並能證實宇宙萬有及一切生命的本源，超越人類文化的層次；這才是確實能提升身心靈的實修方法，捨此都將落入三界境界中。依此正理而實修者，學佛或探究哲學時，才能快快樂樂地一一實證、一一現觀，不再茫

然無所進趣；由實證的功德與智慧故，捨報時也能自由自在決定生處，不論往生天界或人間，都能繼續在成佛大道上往前大步邁進，同時也能世世都確實地利樂人天，這才是人間佛教的眞義。

二、次法：深信因果。禮敬佛法僧、歸依佛法僧。受學於眞善知識——勝義聲聞僧、勝義菩薩僧。修集福德：孝順父母、恭敬長輩、供養上師、護持正法、長養慈悲、救護眾生令彼「趣『法、次法』」。法與次法二者都已圓滿時，即是成佛時。

聲明：爲把握時間，無法講得很詳細。但對初學者而言，已經足夠。演述圓滿。發問、釋疑。交流時間：一小時。

講記：好！接著平實要作個總結了！如同上面所說，已經具足解脫道以及佛菩提道應知的正確概念以後，能夠常常去思惟、整理，就能夠使以往所修的玄學轉變成義學，也能夠了知哲學思想的侷限性，也能了知世間其餘宗教的侷限性，那就能夠將自己對法及次法的修習，如實履踐而親自實證；然後就可證實宇宙萬有以及一切生命的本源，那你就可以超越人類文化的層次。人類文化的層次都是意識境界，不管他的意境多麼好、多麼高，終究都

是意識的境界——意境，所以才會有人被讚歎爲「意境深遠」。但是不論意境多麼深遠，終究只是意識的境界，無法超越意識所知的層次。然而菩薩所證的是超意境，而且是超越聲聞聖境的（其實，聲聞聖境已經超意境了），所以我們那一片CD的名稱才會叫作「超意境」嘛！因爲這不是意識思惟所得的境界。當您不再落入三界法中，就可以超越意識境界了。依這樣的正理來實修，來學佛，或者探究佛學，都可以快快樂樂地一一實證、一一現觀，從此以後就不再茫茫然而無所進趣。

由於實證的功德與智慧的緣故，捨報時也能很自由自在地決定自己的生處；這是因爲您證得如來藏以後就不再固執地作主了，已經可以隨緣自在了！這時，由於不作主而有了實相般若智慧及至少初果解脫的威德，就有了隨緣自在的功德、福德，所以您就可以自己作主往生想要去的處所；乃至十方諸佛淨土，也都可以隨意往生，您想往生的世界的法主佛陀，沒有不接受的。所以不作主的人，才眞正能作主啦！因爲已經有了一分解脫德及一分法身德與般若德，當您將來往生的時候，十方佛世界沒有一個世界不歡迎您；這就好像考試得到了可以進入台灣大學最好科系的第一高的分數，例如總分

六百分，而您考得五百九十九分，您提出要求說：「我想要來你成功大學就學，好不好？」成功大學當然歡迎。您說：「要不然我來銘傳大學就讀吧！」當然更歡迎，求之不得啊！同樣的道理，當您證悟佛菩提以後，智慧是超越人間一切未悟有情的，也是超越聲聞法中的證果聖人，那時您不論是想要往生哪一個佛世界，沒有不歡迎您的。

那麼，這就是您在**法**與**次法**上面實證而產生的功德和受用；假使您能夠依照平實所說的趣向**法**與**次法**的道理，如實修習，並且發願世世常住人間自度度他，那您就能夠繼續在成佛大道上面大步往前邁進，也能世世都確實地利樂人天，這才是人間佛教的眞義啊！如果老是在凡夫境界中混，老是在外道的意識境界裡面混，想要以凡夫位的果證與智慧來修菩薩行，而想要在未來證得佛菩提果；或者老是想要以侷限在人間，而且是侷限在地球一隅的人間佛教來求證佛菩提果；說句難聽的話，連菩薩果與聲聞果都無法實證，何況能證得佛果？所以說，印順派的人間佛教諸師，他們以六識論邪見爲基礎，以凡夫的人菩薩行而求佛果的理論，完全不足取法。眞正的人間佛教，不該只是他們這樣粗淺的所知與所見。

那麼**次法**的方面還要作些什麼事呢？要深信因果，要禮敬佛、法、僧，要供養佛、法、僧；最重要的事情，是要受學於眞善知識，不但趣向**法**，也要趣向**次法**。如果是修解脫道，就受學於實證的勝義聲聞僧或勝義菩薩僧；如果是要修學佛菩提道，就必須受學於實證的勝義菩薩僧，這也是**次法**中的一部分。

次法的修習，除此以外，還要修集福德。福德有很多方面：譬如孝順父母、恭敬長輩、供養上師（不是假藏傳佛教的密宗上師哦！）也要護持正法、長養慈悲、救護眾生，同時也教導眾生如實地趣向法與次法。當你的法與次法圓滿的時候，而你所教導的眾生們在法與次法上面也修學到某一個層次，應該證道、得道了，那時就是你成佛的時候了。

這些次法的內容，常常被許多人忽略；然而，忽略了次法的修習，他們在法上的實證就會受到阻礙；就如同身力不夠矯健的人，無法登上最高峰；同樣的，佛法的最高峰，或是解脫道的最高峰，都是要有矯健的身力才能登上去；這個矯健的身力，指的是次法的修習具足了。法如同美麗華貴的牡丹花，而次法如同伴隨那幾朵華貴花朵的大量綠葉；若不是有那麼多綠葉的助

益，牡丹是開不了花的。懂得這個道理，就懂得次法的重要性了；那麼，同時修集次法以後，法的實證自然是水到渠成而不困難了。

爲了把握時間，所以我們沒有辦法把**趣法**與**趣次法**講到很詳細，都只能夠大略的解說；不過，對於第一次來聽聞平實說法的人來講，我相信這樣已經夠詳細了。我們雖然省略了許多比較不重要的法理，但是，今天終究是讓大家瞭解「人間佛教的眞實義」了！我們「人間佛教的眞實義」講述，就到這裡圓滿。（大眾鼓掌……）

那麼接著下來，喔！很抱歉！因爲我把時間超過三十八分鐘了，不過接下來的時間我們仍然儘量依照預定的一個鐘頭時間給大家發問，當場爲大家解釋學佛上的疑問，時間仍然預定是一個鐘頭；在解答疑難時，各位大德如果有事的話，隨時都可以先離場。想要繼續留下來聽聞問題與解答的話，我們都很歡迎！我們還是會維持一個鐘頭的時間給大家。但是，這一個鐘頭的發問跟解答，一定會如同以往每次的臨場解答一樣，常常有一些出乎意料之外的問題，以及出乎意料之外的回答，是諸位可能從來都沒聽過的。所以，歡迎諸位假使沒有急事的話，可以繼續留下來；若是眞的沒時間而有事情要

處理，當然隨時都可以先離開。好！看看有哪些發問的問題。

現場即時問答：

主持人周煥銘博士：我們非常感謝　平實導師為我們作這麼精闢的佛法開示，接下來是　平實導師為各位大德、菩薩所提問題的解惑時間。目前各位大德所提的問題已經相當多了，有這麼多張！這邊大概有將近五十張，將近兩百個問題。我們今天依序請　平實導師一一來為我們解惑，但很有可能一時之間沒辦法完全回答完，不過我們將會把各位大德所提的問題，也就是沒有回答完的問題，安排在往後的《正覺電子報》〈般若信箱〉中回答，請各位菩薩期待！

平實導師：好！現在我們先挑出了十五張來，是不是比較有代表性的？（周煥銘博士：是照次序！）哦！是照次序！這是依發問的便條紙提出的先後順序拿出來的。好！我們來開始回答：

問一：如果以後的女孩子愈生愈少，那些沒有肉體的如來藏在哪兒？

答：這一張裡面有四、五個問題，我們先回答這第一個問題。在三界中

——特別是欲界，欲界中不可能有「沒有肉體的如來藏」，因爲沒有肉體的如來藏只有在無色界中才有；而無色界的天人還是要有四空定的證量，才能生到無色界去。所以即使人間所有家庭都不願意生養女孩子，那也沒有關係，如來藏自有去處，永遠都不會沒有去處；因爲人道與三惡道中，是永遠不怕沒有如來藏來受生的。所以欲界中永遠還是會有有肉體的如來藏，這樣作簡單的解答，節省時間。

問二：眞的有世界末日嗎？

答：有！確實有世界末日，是再經過幾千、幾萬億年以後，當這個大劫結束時；但不是永遠的消滅，而是有時世界生、有時世界滅。基督教說有世界末日，言語上是正確的，但是他們的定義和時間都講錯了，他們說的世界末日只是大水災或大火災，根本不是世界末日。世界末日就是整個銀河系毀壞的時候，我們佛法中說「世界有成、住、壞、空」，同一個具有三個千的大千世界，就是一個銀河系；整個銀河系世界是同時成、住、壞、空的，當然會有末日。但現在是在住劫，再經過幾千或幾萬億年以後，賢劫的千佛都過去了，將會漸漸開始邁入壞劫；壞劫之後到最後變空，可能是爆炸之後而

沒有這個世界了！這才是世界末日。可是在另一個空間，已經又有另一個三千大千世界在這世界即將毀壞時就開始在形成了，這裡的眾生都可以往生過去那邊繼續生活。所以宇宙之中的所有世界都有成、住、壞、空的循環過程，當然是有世界末日的，因此說世界有壞滅的時候。

但是，一神教講的世界末日太狹隘了，而且他們的上帝創造的世界是只有地球世界，不是像我們講的三千大千世界整個銀河系；而且，他們的《聖經》所講的世界是平面的，當然不是指這個地球，所以這個地球世界顯然不是上帝創造的，可見上帝的徒眾其實是在說謊，他沒有創造這個世界；因爲他創造的世界是平面的，而這個世界地球卻是圓球形的。《聖經》還說地球爲宇宙中心，以前伽利略說我們的大地是圓的，因爲他發明望遠鏡而觀察天上的星星是圓球形的；更早的哥白尼主張「日心說、地動說」，否定了一神教說的太陽繞地球說；這兩位科學家都動搖了一神教神學教義的核心基礎，被教會視爲大逆不道的邪說；結果教會依據他們的聖經，想要把哥白尼、伽利略處死；後來是透過學術界，再透過國王的力量，才把他們救下來。因爲《聖經》所講上帝創造的世界是平面的，所以顯然這個世界不是他創造的——

—地球不是上帝創造的。所以，一神教的上帝並沒有創造世界的能力，當然就沒有造人的能力，因此說《聖經》的說法是騙人的，是上帝說謊或者編造《聖經》的人說謊。

可是世界確實有末日，因爲到了壞劫來臨的時候，接著就爆炸而碎爲微塵以後，這裡也就空了，所以世界有末日。但是你不必擔心，因爲天塌下來時自有長人扛著；而你也不會斷滅，當世界末日來臨時，你已經生到極樂世界或另一個新出現的世界去了！或者生到欲界天、初禪天、二禪天、三禪天、四禪天去了，可以一直往上往生，所以不必害怕有世界末日。但是，在世界末日來臨之前，你一定會有足夠的機會證得解脫，所以你不必擔心世界末日的來臨。

問三：那麼人類和動物怎麼辦？死嗎？

答：當然要死啊！雖然死了，但是可以生到極樂世界、他方世界，也可以生到天界啊！至於地獄有情也可以生到其他世界的地獄中繼續受苦，所以，當世界末日來了，大家都不必害怕，所以不必擔心。

問四：那神明和鬼怪呢？

答：神明和鬼怪也會死啊！也會跟著我們一樣生到他方世界，或者生到天上去，所以世界末日來臨了並不可怕。

問五：眞的有神明和鬼怪嗎？

答：有！有！所以，常常有一些神在幫我擋掉一些妖魔鬼怪，也有護法菩薩幫我擋掉妖魔鬼怪，所以假藏傳佛教密宗很多喇嘛在修誅法，派遣鬼神想要誅殺我，眞的太多了！卻都沒有用。他們修誅法時，是用麵人，寫上蕭平實的名字，然後作法誅殺，可是我都沒有感覺到。這表示，他們所謂的護法神，都只是山精鬼魅一類，層次很低，被派來台灣時，遇到了佛法中的護法神，根本就沒有辦法靠近我。護法神是確實存在的，因爲有時候我所知道的事情也是護法神告訴我的。那鬼呢？我也有一次見過鬼影，可是他不敢讓我看，一閃就走了，所以這個是眞實有。好！這第一張快速的答完了。

問六：（第二張）中陰身的形成與七、八、六識之間的關係爲何？

答：喔！這是個大問題欸！這個是了生脫死的人才能知道，我們在增上班《瑜伽師地論》裡面有談過了，但是在這裡無妨簡單地說一下。中陰身，是在這個肉身死壞的時候如來藏捨身了，當如來藏捨了肉身一分，就在屍體

附近產生一分的中陰身，「如秤兩頭，低昂時等」：這邊捨了一分屍體，那邊就有一分中陰身，如來藏在屍體這邊就只剩下九分；當屍體這邊如來藏剩下五分的時候，表示如來藏已經轉移五分出去了，這時中陰身就有五分的如來藏；當屍體中的如來藏只剩下一分的時候，中陰身的形成已經有九分了；當如來藏捨盡屍體時，中陰身就圓滿具足了；當中陰身具足了，如來藏就是全部轉到中陰身去了，完全不在這個色身上了。

雖然如來藏離開屍體了，對屍體色身仍然有不可知執受存在，但這不是你們所知道的，現在先不談它。那麼，當如來藏全部處在中陰身時，意根也就同時存在中陰身裡了，那時意識覺知心就會在中陰身裡出生了！而中陰身以香爲食，類似人間，所以中陰身階段同樣會有八個識。因此說，中陰身仍然有意識能夠了別，只是不像在人間那麼伶俐而已；所以中陰身身上仍然與在世時雷同，類似我們活著的時候有六、七、八識一樣，這是大略的說明。

因爲仍然有六、七、八識，所以能看見下一世有緣的父母，才能去投胎嘛！因爲有意識覺知心存在，所以往生投胎以前，看到兒子、女兒在那邊哭，不管他們是眞哭、假哭，亡者都知道；但是前去拍子女們的肩膀講話時，他

們卻都沒有感覺，所講的話他們也都沒有聽到；這時才知道是陰陽兩隔，眞的無法溝通啦！眼看著沒辦法溝通了，也無法再度回到前世的人間去，所以只好死了心，再去投胎。如果這個愛戀親情的執著很重，捨不下金孫與財產，那就只好留下來了：「唉呀！我這個愛孫啊！我眞捨不得離開。怎麼辦？」就只好留下來，每天繼續看著他，同時看著媳婦、兒子有沒有虐待他？可是看著、看著，看了七天，快到第七天的時候，中陰身又開始衰弱了，開始消失了，然後第七天滿足了，又出生了另一個中陰身。這時才知道：「這個中陰身並不可靠！」不可靠，才終於願意離家去投胎。

所以，你們家裡如果有老人家，捨報後要告訴他這個道理：「中陰身這個身體不是很好，因爲只有七天生命。七天以後就壞了，以後會再有一個新的中陰身出生，但是那個中陰身已經不如現在這第一個中陰身了！那你現在往生，福報會比下一個中陰身往生時的福報更好。假使你拖到愈後面往生，中陰身就會愈差，往生後的來世福報也跟著愈差。所以您可別捨不得我們，要趕在第一個中陰身壞掉之前快去往生。」當他往生去別人家了，就不會再老是騷擾你啦！不要像世俗人一樣誤以爲說：「『公媽』有拜有保庇。」閩南

人所謂的「公媽」，其實就是往生到鬼道去的親人。親人如果往生到鬼道去，成為大福鬼、大力鬼的機會是很少的，大部分是餓鬼；他們過的日子通常都不太好，能夠不跟你搗蛋就算很好了，還想要他們庇祐你唷？所以要勸導他們趕快去往生！他們為了自己來世的幸福，很快去投胎變成別人的兒子、女兒，你家就沒事了，你家裡就不會再有不平安的事了。你們學這個法，要會用，學了就能用來教導他們。

這就是中陰身的境界，正因為中陰身有意識，因此，看見了未來世有緣父母時，他就去投胎了！如果他中意了來世的父親，下一輩子就生為女兒；若是中意了母親，下輩子就生為男孩；一般凡夫都是這樣起顛倒想而入胎的啊！入胎以後意識就不在了，前五識也消滅了，只剩下意根與如來藏。住在受精卵中的意根，並不會了別五塵，對法塵的了別也很差，並且也不會反觀自己，所以在母胎中意根與如來藏存在的境界，諸位想不想知道啊？（大眾答：想！）想！那我告訴你：就像你睡著無夢一樣，就像你悶絕了一樣，就只是這樣而已！（大眾笑……）你們也許本來以為說：「好玄妙哦！我一定想要知道。」沒想到事實上，剛住母胎的境界並沒有什麼可以知道的！就像你悶

絕了、眠熟了一樣。

等到五根初具，眼等五根的大概雛形已經有了，才終於能夠接觸到很下劣的五塵，終於能夠了知一點點五塵；這時是意識剛生起的時候，可是功能一樣是很差，什麼都沒有辦法了別，就只是觸知而已。想要具足識陰六識的功能，那就得要到出生以後，才能圓滿具足嘛！這就是中陰身形成與七、八、六識的關係，就簡單地這麼說，因爲時間不很夠。我儘量答完，看能夠答多少，就儘量答。

問七：（第三張）我是因福智教師成長營（哦！是那個廣論團體啦！）的同事而加入達賴喇嘛日常法師的廣論班，至今三年。廣論上下冊，久修上冊；再來是精進班、再來是上《華嚴經》。聽師父（編案：這是指平實導師）提到密宗灌頂，眞是太訝異了，請問你說達賴喇嘛也作如你所說的灌頂嗎？

答：對！但是那種灌頂，不對一般人灌；假藏傳佛教他們來台灣灌頂時都只灌結緣頂，只是結個緣而已；得要眞正進入密宗了，才會作我剛才所說的灌頂。那是什麼樣的人才算是眞正進入密宗呢？是已經如法作了初灌，也就是已經作了第一灌。接受結緣灌頂以後，仍不算進入密宗，你還在密宗門

外。眞正作了初灌，也就是作了正式的第一灌了，爲你灌頂的假藏傳佛教喇嘛，一定要用我剛剛所講的那種觀想狀況來爲你灌頂的，這時你才算是眞正進入密宗了。這時算是剛剛入學，接著你要修拙火，修練氣功；在這個階段，喇嘛覺得你對密宗有具足信心時，才會要求你作第二灌；那時你得要提供明妃給喇嘛交合，他再以物質的「甘露」——以喇嘛的精液與明妃淫液的混合物作爲甘露，放在你的舌頭上，讓你在嘗味時生起快感，第二灌就完成了。當你把氣功、拙火修練好了，能夠自由自在地控制而不會不愼射精了，才會爲你作第三灌，女眾在那時是要與喇嘛上床合修的；若是男眾，那時可得提供一、二位女性，自己要在密壇中與喇嘛及女性合修雙身法，由喇嘛作實況指導。作完了第三灌以後，才可以跟密宗裡的異性同修另約時地合修雙身法；第一次與別人合修時就是第四灌，正式開始自己修練樂空雙運、樂空不二，那你才算是眞正密宗裡的人。

至少要作完第一灌，才能算是密宗裡的人；如果只是結緣灌頂，那都不算，只是作個朋友或外護罷了！這就像你走進道教的廟中，準備了一些水果供養神祇，也上個香，那是當作開始往來的好朋友一樣，還沒有正式開始修

道；所以結緣灌頂完了，還不算是進入密宗。所以如果有被達賴喇嘛灌頂，若是像他來台灣灌頂時那樣一大堆人同時灌頂，那都只是結緣灌頂，還不算是密宗的人，所以你還沒有重大的共業，別擔心！

如果是參加密宗裡的「如法」灌頂，就是正式作了四灌中的第一灌以後，才算是進入密宗了！但是在第一灌時，喇嘛往往都還不會告訴你密宗的內容，也不會把他在灌頂時所作的觀想內容告訴你；在他要為你作第二灌的時候，才會告訴你其中的內容，因為第二灌時你得要準備至少一位明妃（佛母），供他交合以後才會以物質而非觀想的「甘露」來為你灌頂。可是密灌總共有四灌，第三灌是慧灌，這時就要跟異性上師上床合修囉！那時喇嘛將會弄個雙身佛像在密壇中供養，然後就得要開始師徒亂倫了！師徒亂倫完畢了，就是地獄業完成啦！其中的細節，包括第四灌的內容，平實已在《狂密與眞密》中作了很詳細的說明。他們所不敢講的，我都代他們講了；他們在大陸、台灣不願意公開傳揚的祕密，平實也代他們公開傳揚了。但他們在外國是公開說明而不保密的，所以才會有許多電影明星跟著達賴，因為他們都很貪淫。然而，當平實公開宣傳假藏傳佛教密宗雙身法的祕密時，同時也把

他們的祕密與盲點都破斥了；所以你們去讀《狂密與眞密》，就可以知道全部內容了。

但是我剛剛也有講過：《菩提道次第廣論》後面兩章所講的止觀，其實也是男女合修的雙身法，只是講得很隱晦。至於宗喀巴所寫的《密宗道次第廣論》，則是一開始就講男女雙身法。那麼《菩提道次第廣論》的邪見錯謬部分，包括止觀的部分，我們《正覺電子報》已經連載好幾期了，一直到最後止觀的雙身法部分，全都會加以如實地評論，這就是《廣論之平議》。這是我們會中一位徐正雄居士所寫的，他正是從新竹鳳山寺日常法師的廣論團體出走，而進入正覺同修會中悟道的。他學佛之前、之初，已經有病，才想學佛而進入廣論團體，然後轉入正覺同修會；病情逐步惡化到後來，醫師說過他只剩下不久的生命，他卻是不管的，一心將《廣論之平議》寫好，然後就在殊勝的狀況下往生了。他本來發願要生到西藏去，想要從西藏內部將密宗的根本導正過來，這是他本來所發的願；但是看目前的因緣發展，西藏那個地方的民眾對正法實證的福報仍然不夠，因此徐菩薩後來就改爲先去極樂世界上品上生。（編案：據家屬及其親教師說，最後捨報前已改爲繼續生在娑婆世界

利樂有情。）

他已經去了，可是他的《廣論之平議》還在繼續連載中，請大家回去好好地讀，就會知道廣論的虛謬所在。如果您還沒有訂閱《正覺電子報》（電子報是免費的），您可以訂閱電子版，也可以訂紙版本，都是免費的。如果您還沒有使用電腦，可以訂紙版本，只要把姓名、地址、郵遞區號寫了，寄給我們，我們就免費寄給你，連郵資都不用。新竹鳳山寺日常法師的廣論團體已經弘傳很久了，其實《廣論》中的法義錯誤連篇，全都落在意識、識陰之中，弘揚的所謂般若都是常見外道見，而且都是爲了想要引導大家進入後兩章「止、觀」的雙身法中而說的。《廣論》中的這個目的是很清楚的，可是日常法師弘揚《廣論》那麼多年，止觀的部分他始終都不敢講，不斷地延後，這有兩個可能：第一、他不知道那是雙身法，也不知道那裡面在講什麼？所以無法宣講。第二、是另一個可能，他知道是在講雙身法，但是他不敢講。因爲假使明講了，他們鳳山寺是否就得準備關門、封山？關於《廣論》的內涵，請諸位每個月都讀《正覺電子報》，漸漸就會瞭解。瞭解了以後，當然就知道喇嘛們爲您作正式的密宗灌頂時，一定是依雙身

法的理論為您灌頂的。

問八：（第四張）永遠到底是什麼？學佛的目的是什麼？真的有佛的存在嗎？註：沒有看過。

答：1、「永遠到底是什麼？」永遠，就是如來藏，就是法身佛，就是你自己身中的法身佛。你那個法身佛永遠存在，即使十方諸佛的大威神力能夠合為一力，而想要用來毀壞一隻螞蟻的法身佛，也是一樣作不到的，所以當然是永遠的。因為一切萬法都從這個法身佛如來藏中出生，而所生法是永遠都沒有辦法回過頭來破壞能生的法，所以三界中沒有一個法可以毀壞你的法身佛；因此你的如來藏確實存在，是確實可證的。而這個法身佛是永遠不壞的，除此以外都是可壞的法。譬如說：假使將來你成佛了，你有四智圓明、有一切種智，雖然這是新生出來的法，因為你本來沒有一切種智，也沒有四智圓明；但是你成佛以後，盡未來際，這四智以及一切種智都會永遠存在，因為是依法身佛如來藏的本來性而有的。可是，假設（我們現在作一個譬喻來假設），假設有一天你說：**「唉呀！度眾生太累了！況且永遠都不能入涅槃，真的好累、好累喔！」**因為成佛以後是要無止境的度眾生（這當然是假

設，成佛後實際上不可能會有這種心態的），假使因爲覺得很累，所以想要入無餘涅槃了，當你入了無餘涅槃以後，你的法身佛還是常住不壞的啊！而十八界等萬法全都滅盡了，卻滅不掉法身佛如來藏，所以說只有祂才是永遠。三界內、外（假使可以說有三界外），三界外唯一的法，就是如來藏，就是你的法身佛常住不壞；除此以外，沒有任何一個法是常住不壞的。（有人上來提示時間）已經十八時啦？本來是預定到十七時結束的。如今十七時早就過去了！這樣好不好，給我一個截止的時間好不好？好！繼續再解答。

2、「學佛的目的是什麼？」是爲了自己成佛、解脫生死、有實相的智慧、無所不知。上帝的全知全能其實是騙人的，因爲他連自己的法身佛在何處都還不知道，連自己和眾生是怎麼被生出來的都還不知道，他怎麼可能是全知全能的呢！所以，成佛時，你可以瞭解法界的實相，可以有無量無邊的智慧，都不是凡夫眾生所能知道的；也可以解脫於生死的輪轉，這就是成佛的目的。但成佛的最大目的就是可以利益無量無邊的眾生，讓他們也能同樣解脫生死的痛苦以及證得生命的實相，這就是成佛的最大目的。

3、「眞的有佛存在嗎？」有！過去世的記憶就不談，只說我這一世就

好了。我在這一世破參明心後（破參前的我們就不談它了），破參後蒙　佛召見，那時我才知道：在佛前，那種椅子我是不許坐的啦！（導師手指演講台右手邊，也就是台南市立文化中心主任坐的那一排椅子。）只能坐旁邊的小凳子。那時候修行還很差，如果是到了八地時，就會有資格坐那種椅子了。這是我親身的體驗，所以佛是眞實存在的。並且我這一世無因無緣竟然會發生的重大事相，是如何跟上一世的事情相聯結的，佛陀都清清楚楚地告訴我。而我上一世收養的女兒（因爲上一世我是獨身修童貞行，在江、浙生活，那時收養了那個女兒），這一世也投胎到台灣來了！上一世我沒有出來弘法，我的一個在家徒弟，他的兒子在上海開了紡織廠，後來也把工廠搬到台灣來；我知道上一世與他的因緣，但他卻不知道；我重新生在台灣，年紀比他輕很多，但他很信任我，卻不知是什麼緣故；我雖然知道，卻不能說，誰會相信呢！所以，「有沒有佛呢？」有！

那些過去世的事情，在我被召見時，佛爲我說明了，所以我知道這一世悟後該作什麼？這些沒有人願意作的破邪顯正的事情，得罪諸方而吃力不討好，對自己完全沒有利益的事情，只有由我來承擔。爲什麼願意這樣？因爲

佛陀交代了嘛！那你就不能不作啊！我沒有第二句話可說，奉行就是了！既然有被召見的情事，而定中也見過、夢中也夢過啊！你說到底有沒有佛？當然是有嘛！所以我跟你證實是有！雖然你註明「沒有看過」，那是因爲 佛陀很難遇見，不管誰想要遇見 佛陀都很難！若是沒有特殊的因緣，想要見到佛是很困難的，因爲 佛陀不是閒著無事的。有好多菩薩：譬如諸地菩薩、天界的菩薩，他們很多人都想求見，卻沒有很多機會，所以是很難得有因緣遇見佛。遇見菩薩的機會就比較多，因爲諸地菩薩召見的機會原本就比較多，而 佛陀召見的機會就很少了；但不能因爲沒有被召見過，就說沒有佛存在。所以我說：眞的有佛！（平實導師向某同修說：搭車時間到了，就給我一個訊號。）

問九：（第五張）1、南無阿彌陀佛！請問在修行中必須修定，而誠如所言（導師說明：因為在六點二十以前一定要結束這個演講，要趕搭高速鐵路去，現在只剩十五分鐘，我儘量趕快一點答），誠如老師所言有動中定、靜中定，當不論處於動中定或靜中定時，身體會自然搖動，請問這是性障很重的現象嗎？

答：這不是性障很重，而是因爲氣脈動了，當氣脈動了身體才會自動地搖！還有一種搖動並不是氣脈動，而是潛意識中很喜歡定中那種輕微搖動的現象，所以才會不自覺地搖動起來，那卻是由意根掌控，而由意識領受的。

問十：2、性障是什麼？如何修除性障？那又如何觀行？

答：您問這個題目大了！因爲性障有五個，也就是五蓋啊！貪欲蓋、瞋恚蓋、掉悔蓋、睡眠蓋、疑蓋，這五個法障礙學人修道。可是這五蓋要怎麼修學才能除去？有的人以修定的方法去把它壓住，有的人是依靠斷我見去漸漸把它修除；有的人則是斷我見以後進而明心，知道一切世間法全都虛妄而不眞實，用轉依蘊處界緣起性空現觀境界的方法，或是用轉依於清淨如來藏境界的方法，而約束自己的意識去依照如來藏的清淨性、涅槃性去修行，所以性障就漸漸消除了。性障消除了以後，只要你有了基本的定力——也就是未到地定，那時你的初禪就自然發起了。所以消除性障有這兩條路：一個是從見道，不論是二乘的見道或大乘的見道去消除；另一個就是靠定力把它壓住，不是消除而是壓住，這是由兩個方法來制伏或是消除性障。至於您所問的「**如何觀行？**」那就要來正覺上課囉！在課程中，讓親教師一一來爲您說

明。因爲單單是這五蓋，在〈小止觀〉的講解中，就要講好幾個月啊！當然不可能在這幾分鐘就把它講完。

問十一：（第二個問題）在家修行者，如果已具三歸依條件，又能在歷緣對境中自守戒律、自我觀行，雖未受菩薩戒，可否稱菩薩僧？如果已明心而未受戒，可否稱爲菩薩僧？

答：我剛剛已經講過，菩薩僧有狹義的、也有廣義的說法。如果以廣義的來講，一定要明心，要受菩薩戒才能夠被稱爲菩薩僧；否則至少得要出家持童貞行，以菩薩戒爲正解脫戒，才能稱爲菩薩僧。那麼最好是出家修童子行、童女行，並且明心了，這樣來稱爲菩薩僧，是比較安全的。這雖然是狹義的解說，我這樣回答，您覺得好不好？另外，明心而不受菩薩戒，或是受了菩薩戒而仍然認定聲聞戒是正解脫戒，把菩薩戒認作是別解脫戒，那也不可以被稱爲菩薩僧，但這是比較罕見的特例。那你若是明心了，也受了菩薩戒，並且出家了，那就一定可以成爲菩薩僧。

問十二：（第六張）1、請問第八識再往上修，有無第九識？（大眾笑…）已有人主張有第九識，師父認爲如何？

答：好！請您讀一本書：《學佛之心態》。我們的正德老師寫的《學佛之心態》書後，有附錄了我所寫的一篇文章，這是我用兩天一夜的時間寫出來的一篇長文，說明了如果第八識之上還有第九識時，將會有什麼過失。那個過失，說之不盡啦！我只略寫了而已，把較大過失略列出一百九十種，因為只是粗分而不細分，其實某些過失裡面都會有兩三個過失歸類在一種，你若去看，是寫出三、四百個過失；這只是略說而已，其實過失太多了，諸位去讀過以後就會知道了。有時祖師說有第九識，其實還是第八識；說有第十識時，也仍是第八識，只是改個九識、十識的名稱而已，同樣都是那個第八識心。所以，正常人總共都只有八個識，諸佛在人間示現成佛時也是只有八個識；時間不夠，所以我只這樣作個簡略的說明。不論是第九識或第十識，都只是改個名稱而已，仍然是只有八個識。

第八識叫作阿賴耶識，到了第八地時，這第八識不再稱呼為阿賴耶識了，只稱為「異熟識」，即是一般學人所說的「第九識」，但其實仍然是第八識，只是改了名稱叫「第九識」。修到了佛地時，改名叫作「第十識」、「無垢識」，仍然是原來的第八識。再上去就沒有了，因為無垢識就是究竟佛的

境界了，仍然是八識並存。假使第八識再上去還有別的識，那就會天下大亂了！連人間的一切人都無法生活了。只能這樣簡單的答覆，詳細的內容請您讀《學佛之心態》後面的附錄文章。

問十三：2、「打破虛空方證法身」，是印證第八識，師父認為如何？

答：我認為不必打破虛空就該證第八識了，打破虛空也可以證第八識。這是因為，若是有人認為虛空實有，他也可以證得第八識。這是認為虛空是色邊色——虛空是附屬於物質的一個法，是依物質的邊際無物處，來施設那裡是虛空，所以虛空附屬於色法而有，所以虛空叫作「色邊色」；這樣，認知虛空是有法的人，也可以證得第八識，只要他對如來藏的知見是正確而具足的，然後參禪破參了。所以，虛空有沒有打破，對於實證如來藏的人而言，一點兒都沒有關係；因此，打破虛空與否，與親證第八識並沒有關聯。就好像說，如果一條狗懂得我所說的話，而牠的菩薩性也夠，而牠是前世發願去度畜生的，那我也可以幫牠開悟，跟牠是不是狗的身分無關。同理，開悟與否，跟是否打破虛空無關的。（還剩下九分鐘。）

問十四：請開示有漏有為法，修除有漏後是成為無漏有為，還是無漏無

爲呢？有爲種子轉變清淨後種子是消失了嗎？還是轉變成清淨呢？

答：若要講有漏有爲法，這樣短的時間內沒辦法回答。而且一定要先解釋有漏法，再來解釋有漏有爲法，這樣就可以瞭解有漏與有爲。簡單的說，什麼是有漏？凡是會導致功德喪失的都叫作有漏，貪、瞋、癡、慢、疑就是有漏，三界愛就是有漏。有爲，從覺知心來講，有所企圖的、有所貪著的就是一般人說的有爲，這個範疇的有爲就是有漏的意思；從心來講，不貪著，沒有任何企圖，只是利益眾生，那就是無漏。可是當你斷了我見以後，你所修的世間善法就有一部分變成無漏的有爲法了。譬如說：你成爲初果以後，你知道從世間法去利樂眾生而修集來的福德都是假的，因此不執著而繼續利樂眾生，那你就有一分無漏的有爲法功德，簡稱爲無漏有爲法；可是如果還是喜歡說：「唉呀！我多作一些善事就能多累積一些福德。」這個部分就成爲有漏的有爲法。

又譬如說：如果哪一天有一位慈濟委員斷了我見，他也有定力，但因爲他遵照《阿含正義》很努力去觀行而終於斷了我見；斷了我見之後，他有一分解脫的功德了；從此以後，他繼續利益眾生，當他以初果功德繼續利益眾

生以後，就有一分的無漏法存在；這是因爲他的有爲法中已經有一分是遠離了貪著的，是遠離了福德的貪愛；雖然他仍然有大部分還是貪著福德的，因爲利益眾生可以得到很多福德啊！未來世果報無量無邊啊！但是當他在利益眾生的時候，那一分還有貪著的部分，是依貪著來世福德的心態爲眾生作事的，那個部分即是有漏法。而他爲眾生去作事，作事的本身也是有爲法，所以他基於世間福德的心態去作的事，就成爲有漏有爲法。可是他已經有一分的解脫功德啦！他依那一分的解脫功德而爲眾生作事時，他所作的事情是有爲法，可是那一分的無漏的功德並存著，使那一分的有爲法成爲**「無漏的有爲法」**，就是無漏有爲。這樣略說，大家就瞭解了！

好！如果有一天他成爲阿羅漢，他爲眾生的一切所作所爲，雖然同樣都是有爲法，卻都是純無漏性的，那他所作的一切事情就全部成爲無漏有爲法。同樣的道理，如來藏爲你作了非常非常多的事，祂都是無漏有爲法。可是，祂也有有漏有爲法的部分，譬如祂不斷供給你無明種子啊！也供給造惡業的種子、貪著不淨的種子啊！可是你不能怪祂，因爲那些種子都是上一世的你造作了以後交給祂的；上一世的你塞給祂以後，下一世祂就還給你。所

以祂也有這一部分的有漏有爲法，但卻跟祂的心性不相干，祂只是忠實的把種子流注出來而已，所以祂本身是無漏性的；可是祂有許多的功能，所以祂具有無漏的有爲法。

那麼有漏有爲的種子轉變清淨以後呢，就不會再有染污了。就好像說你（不是說你啦！說你就不恭敬了），譬如說：有個人掉在茅廁裡面，你把他救了上來，幫他梳洗、盥洗，也抹了香水，再給他清淨的衣服、香美的食物以後，你要求他說：「欸！你再跳下去好不好？」他一定說：「不好！」同樣的道理，當你把黃金煉成了以後，絕對不會想要把家裡的黃金再去跟地上的沙子混在一起融化。所以，清淨以後一定不會再有染污，這就是見道、修道的功德啦！所以，轉變成清淨種子以後不會再變成染污種子，只有轉依清淨性的如來藏自性而不斷地把染污種子變成清淨種子，不會有人把清淨種子再變成染污種子。（我們還有三分鐘，再來答一張看看！）

問十五：成佛位階，《楞嚴經》有五十五個位階，爲何正覺只有五十二個位階？謝謝！

答：《楞嚴經》中說的菩薩其實還是一樣五十二個位階，但因爲其中有

多講了四加行，加上原來的五十一個位階的實證，就成爲五十五個位階。在入地前要有四個加行，把這四個加行位階合起來就有五十五個，結果還是五十二個位階，因爲四加行仍然屬於見道位所攝，所以還是一樣五十二個位階，所以沒有差別，只是因爲法眾的因緣不同而作了不同的說法。那麼在大乘法的見道裡面，也說眞見道之前一定要有加行，要作四個加行：煖、頂、忍、世第一法，到了世第一法時，已經能夠雙印能取、所取空；也就是現觀能取的覺知心是無常的、虛妄的，而所取的六塵也是自己的本心所生的，也是虛妄的；這樣雙印能取所取空，把能取的覺知心自己以及覺知心所取的相分六塵完全推翻否定以後，才有可能會去尋找如來藏，才有可能找得到如來藏；否則，一定會繼續往識陰的方向深入去作錯誤的開悟，會成爲大妄語人。

而這四個加行，在《楞嚴經》中卻不特別強調，因爲當時的法眾早已超過這個位階了。這四個加行的目的就是在斷我見、我所見，要斷得乾淨、斷得很徹底；斷得很徹底以後，那麼所熏習的聞所得慧的般若正見就可以運作；般若正見能運作時，你就能證得如來藏，那就跳過四加行位了，也就進入第七住位了；但這四加行位仍然是眞見道位所攝，並沒有因此而增加了四

個位階；依這樣來說，到了等覺、妙覺位時仍然是五十二個階位。但是，《楞嚴經》是從三賢位滿足以後想要進入初地的立場上，來說明應該如何精修四加行才能入地；所以，這個四加行就成爲見道位最後階段的相見道位所攝；依這樣的正理來說到等覺位，還沒有講到妙覺位；這樣從初信位到等覺位，總共五十一個階位加上四加行位，就成爲您所說的五十五個階位，而事實上四加行仍然是見道位所攝，不能視爲另外增加的位階，所以事實上仍然是正覺同修會所倡導的五十二個位階，與《華嚴經》講的一樣，二者之間並沒有衝突！（第九張有三個問題，但只剩下一分鐘，可能答不完了！先答第一個問題看看吧！）

問十六：1、佛淨土之東西南北是如何定義？及宇宙之方位如何定義？

答：這是依整個蓮華藏世界海來定義東西南北，不是依我們這個地球世界來定義東西南北。依銀河系是沒有辦法定義東西南北的，依地球也無法定義十方虛空的東西南北。一定要依整個蓮華藏世界海，才能來定義東西南北；所以這不是由我們來定義的，而是由諸佛才能定義。

2、爲何天道一天是人間好幾年？（引磬聲響起……）對不起！時間已

經到了！好了！已經六點二十分了。（大眾鼓掌……）

平實導師：因為我們要去趕搭高鐵，車不等人，所以由我們去等車。好！謝謝諸位今天的光臨，成就這一場法會，功德無量！阿彌陀佛！（大眾鼓掌……）

主持人周煥銘博士：由於時間的關係，我們這一場演講就到此結束！今天這場演講能夠圓滿成功，要感謝很多人，首先，我們要感謝 平實導師為我們開示這一場佛法講座，我們以熱烈的掌聲再一次感恩 平實導師的慈悲（熱烈鼓掌聲……），同時我們要感謝台南文化中心陳主任以及幾十位文化中心的義工，謝謝他們的協助，我們這一場演講才能夠如此順利，我們也以熱烈掌聲來感謝他們！（熱烈鼓掌聲……）我們也要感謝正覺同修會各講堂的義工的協助，尤其是台南講堂的義工菩薩，他們默默的、無私的付出，我們請以熱烈掌聲來謝謝他們！（熱烈鼓掌聲……）最後要感謝各位大德菩薩的參與，若沒有各位的參與，這場演講將會遜色不少。各位菩薩！你們知道嗎？你們這是在莊嚴道場啊！是在見證佛教正法弘傳的歷史時刻，是不是我們也以熱烈掌聲為我們自己鼓勵讚歎一下！（熱烈鼓掌聲……）各位菩薩大家好！

我的主持工作就到此結束，那我現在將麥克風交給司儀余老師，阿彌陀佛！（掌聲……）

余老師：各位菩薩！今天非常感謝各位蒞臨這一次的法會，今天參與盛會的貴賓總共大概有三千五百位，那麼在這裡也必須跟外場護持的同修們報以十二萬分的歉意！讓你們委屈坐在外面，把內場座位都讓給來賓大德們，實在是非常的不得已！好！我們再一次熱烈的掌聲，謝謝我們 平實導師為我們的開示！（大眾鼓掌……）那我們就請 平實導師還有各位貴賓先進貴賓室休息。稍後有一些散場的事宜要跟各位報告，請稍待。最後我們再次用熱烈的掌聲請我們的 平實導師及各位貴賓先進貴賓室休息。（大眾鼓掌……）

跋——藉無門慧開禪師語，與當代佛門四眾共勉

《無門關》隨附《禪箴》曰：

循規守矩，無繩自縛；縱橫無礙，外道魔軍。
存心澄寂，默照邪禪；恣意忘緣，墮落深坑；
惺惺不昧，帶鎖擔枷。
思善思惡，地獄天堂；佛見法見，二鐵圍山。
念起即覺，弄精魂漢；兀然習定，鬼家活計。
進則迷理，退則乖宗；不進不退，有氣死人。
且道：如何履踐？
努力今生須了卻，莫教永劫受餘殃。

語譯：遵循及嚴守著祖師所說的規矩來修禪的人，是沒有人用繩索把他

綁住而自己願意被無繩之繩所繫縛的愚人；若是從來都不被祖師言語所繫縛而自覺縱横無礙的人，雖然口才辯給以致誰都扳不倒他，但他其實卻只是從外道法中進入佛門裡的魔軍罷了。

每天都把自己的覺知心處在澄澄湛湛的寂靜境界中，時時返照而不生起語言文字，正是古時宗師所斥責的默照邪禪；若是反過來，盡都隨自己的意志而處心於似無所緣的境界中，卻又是墮落於邪見深坑中的愚癡人；若是每天都要保持清楚覺醒而不昏昧，其實只是落在意識心中帶鎖擔枷的辛苦罪漢。

若是離開了清楚覺醒而不昧的境界，改爲思索善法與思索惡法時，將來捨壽後又不免往生地獄或天堂之中；若想要不墮入善惡法中而生起佛見與法見來思惟時，是不懂實相法界離見聞覺知的無法、無我、無智亦無得的境界，就不免墮入二種鐵圍山中，出不了三界生死。

若是警覺地觀照心中的妄念，一旦有妄念生起之時隨即警覺而離開妄念，可就是不離識陰、想陰而成爲弄精魂底死漢子；若是不理會妄念而直接枯坐去修習禪定，卻只是在鬼家裡作活兒的事，這是以定爲禪的愚人，永遠

都活不了法身慧命。

已經學禪到了這個地步時，若是再往前推進，可就會迷失了法界實相的眞理；若是到此之時，又生起了觀望的心態而退卻下來，可就不免乖違宗門眞理的實證了；若是因此而不進也不退，不思求證宗門的般若禪，那只是一個還有呼吸的死人。

大家且說說看：禪宗門下這件事兒，究竟應該如何親自履踐呢？努力啊！努力啊！就在這一世之中，務必要了卻它，千萬別讓這件事兒繼續留著困擾自己，讓這一大劫中應受的其餘生死痛苦來繼續擾惱自己。

無門慧開禪師作了這麼一首偈，來教導大家，無非是幫助大眾去黏解縛，並無一法與人；只是教大眾把遮障禪悟的邪見消除掉，剩下的唯一路途，可就是佛門四眾應該要走的正路了，於是無門慧開禪師又作了如下的開示：

從上佛祖垂示機緣，據款結案，初無剩語。揭翻腦蓋，露出眼睛；肯要諸人直下承當，不從他覓。若是通方上士，纔聞舉著，便知落處；了無門戶可入，亦無階級可升；掉臂度關，不問關吏。豈不見玄沙道：「無門，解脱之門；無意，道人之意。」又白雲道：「明明知道只是者箇，爲甚麼透不過？」

恁麼說話，也是赤土搽牛嬭。若透得無門關，早是鈍置無門；若透不得無門關，亦乃辜負自己。所謂：「涅槃心易曉，差別智難明；明得差別智，家國自安寧。」皆紹定改元，解制前五日，楊岐八世孫，無門比丘慧開謹識。（《無門關》）

語譯：由上面所列舉的佛與祖師垂下的開示與禪悟底機緣，我無門慧開禪師也只是根據各款不同的機緣加以提示，了結了以上這些公案[1]；而我從一開始提示之時，就不曾講過一句多餘底話。我無門慧開正是揭翻腦蓋，把火眼金睛都給顯露出來了；肯定是要你們眾人直下就承當起來，不必再去隨從他人求覓慧眼了。如果您是個通達禪門方術的上士之人，才剛剛聽到我無門慧開這麼一舉出來提示，立刻就能知道我無門慧開的落處了；到這時，就知道禪門之中根本就沒有門户可以進入，也沒有什麼階級可以一步又一步地升進；像這樣子甩著手臂而直接度過城門關卡的人，根本就不需要去詢問守關的小官員：「我是否可以通關？」您難道沒看見玄沙師備這麼說嗎：「無門，

[1] 註：「這些公案」是指《無門關》四十八則公案拈提。

解脫之門；無意，道人之意。」而且，白雲守端禪師也這麼說：「明明知道只是這個，爲甚麼卻總是透不過去？」像白雲老師這樣子說話，眞像是在紅土上面擦牛奶一般。如果您自稱是眞的透得過〈無門關〉的人，那您早就是可以鈍置我無門慧開的人了；若是讀到這裡時還透不過我施設的這個無門關，您其實也眞的是辜負了自己。祖師們常常如此說：「涅槃心是比較容易曉了的，然而悟後應知的差別智可就很難明白了；假使眞的能夠明白禪宗悟後應修的差別智了，那麼自己家中與廣大的邦國，可就全都自己安寧了。」旹紹定改元，解制前五日，楊岐八世孫，無門比丘慧開謹識。

以上是藉無門慧開禪師的開示，來與當代佛門四眾互勉。既然我們都自承是修學大乘法的人，是學佛而非學羅漢，當然應該以實證大乘見道爲首要之務；而大乘見道的首要之務，即是親證如來藏而現觀祂的本來自性清淨涅槃，以及現觀祂的眞實如如法性——證眞如，便能通得過禪宗的公案考驗，也能通達般若諸經所說的中道實相正理，頓成大乘菩薩僧。但是，誠如無門慧開禪師所引：「涅槃心易曉，差別智難明。」並不是證得涅槃心以後就能了生脫死，還有許多佛道是要跟著眞善知識繼續修學的。

最後，平實仍然不免要先爲當代佛門四眾提示一個大前提：無論如何，您都要信奉八識論來求斷我見；唯有絕對信受八識論的大前提，才能使您觀行五陰十八界時確認一一都是生滅無常之法，如實現觀意識的生滅性，才能確實斷除我見；我見確實斷除了以後，方有可能證得第八識如來藏；否則，一旦落入六識論中，一定會認定意識心常住，就不可能斷除我見，當然更不可能實證如來藏了，那麼一世所學、所修、所證，可就全都成爲戲論，唐費寶貴的一世光陰，於己於人終無所益。最後回到實證的層面來說，不論是聲聞初果的取證或菩薩七住位的開悟明心的菩薩果取證，都必須有基本而相應的降伏欲界愛的禪定力作憑藉，才能有所實證，否則觀行之後縱使已知初果的所斷，縱使已知菩薩的所證，終究無法轉依成功，對他而言都只是知識而非實證，因爲初果人或菩薩轉依解脫或實相的功德，他都不可能生起。因此，想要實證聲聞初果的學人，或者想要實證菩薩果而不退失的人，都必須修學深厚的無相念佛功夫或證得未到地定的定境，否則三乘菩提的觀行，對他而言終究只是知識而非如實的解脫智慧、般若智慧，因爲他必定無法成功地轉依。以上誠摯之語，唯願當代佛門一切大師與學人，都能鑑照。

目次

如聖教所言，成佛之道以親證阿賴耶識心體（如來藏）爲因，《華嚴經》亦說**證得阿賴耶識者獲得本覺智**，則可證實：證得阿賴耶識者方是大乘宗門之開悟者，方是大乘佛菩提之眞見道者。經中、論中又說：證得阿賴耶識而轉依**識上所顯真實性、如如性**，能安忍而不退失者即是**證真如**、即是大乘賢聖，在二乘解脱道中之解脱功德至少爲初果聖人。由此聖教，當知親證阿賴耶識而確認不疑時即是大乘開悟眞見道也；除此以外，別無大乘宗門之眞見道。若別以他法作爲大乘見道者，或堅執**離念靈知**亦是實相心者（堅持意識覺知心離念時亦可作爲明心見道者），則成爲實相般若之見道內涵有多種，則成爲實相有多種，則違實相絕待之聖教也！故知宗門之悟唯有一種：親證第八識如來藏而轉依如來藏所顯眞如性，除此別無悟處。此理正眞，放諸往世、後世亦皆準，無人能否定之，則堅持離念靈知意識心是眞心者，其言誠屬妄語也。

——**平實導師**——

一切誤計**意識心爲常**者，皆是佛門中之常見外道，皆是凡夫之屬。意識心境界，依層次高低，可略分爲十：一、處於欲界中，常與五欲相觸之離念靈知；二、未到初禪地之未到地定中，暗無覺知而不與欲界五塵相觸之離念靈知，常處於不明白一切境界之暗昧狀態中之離念靈知；三、住於初禪等至定境中，不與香塵、味塵相觸之離念靈知；四、住於二禪等至定境中，不與五塵相觸之離念靈知；五、住於三禪等至定境中，不與五塵相觸之離念靈知；六、住於四禪等至定境中，不與五塵相觸之離念靈知；七、住於空無邊處等至定境中，不與五塵相觸之離念靈知；八、住於識無邊處等至定境中，不與五塵相觸之離念靈知；九、住於無所有處等至定境中，不與五塵相觸之離念靈知；十、住於非想非非想處等至定境中，不與五塵相觸之離念靈知。如是十種境界相中之覺知心，皆是意識心，計此爲常者，皆屬常見外道所知所見，名爲佛門中之常見外道，不因出家、在家而有不同。

——**平實導師**——

執著離念靈知心爲實相心而不肯捨棄者，即是畏懼解脫境界者，即是畏懼無我境界者，即是凡夫之人。謂離念靈知心正是意識心故，若離**俱有依**（意根、法塵、五色根），即不能現起故；若離**因緣**（如來藏所執持之覺知心種子），即不能現起故；復於眠熟位、滅盡定位、無想定位（含無想天中）、正死位、悶絕位等五位中，必定斷滅故。夜夜眠熟斷滅已，必須依於因緣、**俱有依**緣等法，方能再於次晨重新現起故；夜夜斷滅後，已無離念靈知心存在，成爲無法，無法則不能再自己現起故；由是故言**離念靈知心是緣起法**、**是生滅法**。不能現觀離念靈知心是緣起法者，即是未斷我見之凡夫；不願斷除**離念靈知心常住不壞之見解**者，即是恐懼解脫無我境界者，當知即是凡夫。

——**平實導師**——

人間佛教

——實證者必定不悖三乘菩提

——平實導師 述

ISBN:978-986-6431-59-3